社会学经典教材译丛

[美] 斯蒂芬·K·桑德森 著
Stephen K. Sanderson

高永平 译

宏观社会学

第4版

Macrosociology
An Introduction to
Human Societies
4th edition

中国人民大学出版社
·北京·

前　言

　　对于那些对人类社会采取比较的、历史的和进化的视角的教师来说，《宏观社会学》可以被用在社会学的入门课程中。它不仅研究工业社会，也研究所有的前工业社会——狩猎采集社会、园艺社会、游牧社会和农业社会。它还考察，在人类漫长的历史和史前史中，这些社会是怎样从一种社会转变为另一种社会的——特别是在最近的 1 000 年里。在我看来，这样的宽阔视野具有数个好处：提升科学的严谨，因为比较是科学的本质；提高对抗种族中心主义的能力；对极端重要的社会变迁问题给予强烈关注；提高学生们适应全球性社会秩序的能力——我们就生活在这样的秩序中间。比较的和进化的视角提供了令人着迷的学习经验，这种经验能够为我们提供更多关于我们自己社会的洞见。多年来，我从对人类行为和人类社会的比较中获得了许多乐趣，我很高兴与他人分享我所学到的东西。

　　在《宏观社会学》的第 4 版中，我着力对文本进行删减、理顺和简化。本书的第 1 版篇长 500 页，而随后的两版分别增加到了 565 页和 600 页。说实话，那有些太长了，因此我决定把它删减到第 1 版的大致长度。我通过压缩一些冗长的讨论和删去一些不必要的章节来实现这一目的。当然，本书的核心内容维持不变。各章的变化罗列如下：

　　第一章：修订了对理想主义者和冲突策略的讨论；增加了新的特别话题：为什么美国人偏爱牛肉。

　　第二章：修订了对人类进化的讨论，并对其进行大量的润色工作；修订并更新了对语言的讨论；更新了对类人猿语言的研究的讨论；修订了对社会生物学特殊论题的讨论。

　　第三章：简化了对适应的讨论。

　　第四章：更新了对作为"原始富裕社会"的狩猎采集者的讨论。

　　第五章：增加了一个特别话题：冬节。

　　第七章：修订了对早期资本主义的讨论。

　　第八章：更新了对现存的后社会主义社会的讨论。

　　第九章：更新了一些统计数据，更新了对依附理论的经验研究的讨论，增加了"全球化的进程"一节。

　　第十章：修订了对国家社会主义体制下的社会分层的讨论，更新了对社会分层和后社会主义社会转型的讨论，增加了关于社会分层和福利国家的特别话题。

　　第十二章：简化了对早期现代国家的出现的讨论，增加了讨论革命和国家崩溃的特别话题。

　　第十三章：增加了对种族主义的新定义；扩展了对种族主义的讨论，特别是关于它是否存在于古代世界和中世纪世界的问题。

　　第十四章：更新了一些数据，更新了对社会性别的社会学诠释的讨论。

　　第十五章：本章和原版第十六章中关于西方现代家庭的内容被压缩，并合并为一章；扩展了对单偶制、一夫多妻制和一妻多夫制的讨论。

　　第十六章：理顺了本章的内容，扩展了对教育扩张的本质的讨论，更新了一些数据。

　　第十七章：增加了新的一节：轴心时代与基督教的兴起；增加了有关基督复活和千禧年运动的特别话题。

　　第十八章：更新了对环境退化的讨论。

　　我承认，可能不是所有人都喜欢《宏观社会学》的章节安排。它是按主题进行排序的，因为大多数教师都是这样安排入门课程的，不过有些教师可能偏爱按时间排序或者历史顺序安排课程。我们可以通过进行下列重排来实现这一点：

概念和理论基础：第一、二、三章；

前工业社会和前资本主义社会：第四、五、六、十一、十五章，以及第十四、十六、十七章的相关内容；

资本主义社会/经济、工业资本主义社会和社会主义社会：第七、八、十、十二、十三章，以及第十四、十五、十六、十七章的相关内容；

第三世界：第九章和第十二、十四、十六章的相关内容；

未来：第十八章。

我非常感谢印第安纳大学布鲁明顿分校（Indiana University-Bloomington）的 Arthur S. Alderson，他对新版的改进提出了有用的建议。电子出版有限公司（Electronic Publishing Services, Inc.）的 Margaret Dornfeld 是本书的项目编辑，她的帮助使本书得以顺利印刷。我还想感谢本版本的审稿人：内华达大学雷诺分校（University of Nevada-Reno）的 Garrett Olmsted，州立布鲁菲尔德学院（Bluefield State College）的 David L. Harvey，康涅狄格大学（University of Connecticut）的 John Teddy Ambenge，辛辛那提大学（University of Cincinnati）的 David J. Maume, Jr.，匹兹堡大学（University of Pittsburgh）的 Peggy A. Lovell，约翰·霍普金斯大学（Johns Hopkins University）的 Christopher Chase-Dunn，州立薇诺娜大学（Winona State University）的 Brian C. Aldrich，以及明尼阿波利斯社区学院（Minneapolis Community College）的 Jack Sattel。像以前的版本一样，我把本书献给我的妻子 Ruth，以及我的孩子 Derek 和 Sarah，在我开始本书的写作的时候，他们尚未出生，本书第 1 版付样的时候，他们正牙牙学语。现在他们已经长大，足以阅读和理解本书——不过他们未必愿意这样做！

斯蒂芬·K·桑德森

目 录

第一章 社会学与对人类社会的科学研究

1　　人类社会生活的多样性非常引人注目。有些社会很小，并且组织化程度很低；有些却规模庞大而极端复杂。有些社会依赖猎捕野生动物和采集野生植物为生，而另一些社会则依赖农业过活，还有些依赖现代工业为生。在那些依赖工业为生的社会里，有些拥有资本主义经济，而另一些则建立了社会主义制度。在一些社会里民主政府占据主导地位，而另一些社会则拥有威权政府。历史上的很多社会根本没有正式的政府，即使当今的很多社会也是如此。在世界上的多数文化中，男人倾向于娶多个老婆；但是在现代工业社会，这种实践为法律所禁止。有些社会里的人们珍视雄心和竞争，与此相反，另一些群体的成员则强调高度的合作与分享。妇女在很多社会里被认为低人一等，并且也被男人们如此对待；而其他很多文化则认为女人和男人基本上是平等的，女人也获得了相应的对待。这样的列举还可以无限制地进行下去。

　　尽管人类的思想和行动变异范围巨大，但是所有社会或大多数社会之间仍然具有一些共享的特点。

2　所有的社会都拥有经济体系、婚姻和家庭规范、维持法律和秩序的手段，以及某种形式的宗教信仰和礼仪；所有的社会都禁止或反对乱伦；不存在女人统治的社会，也没有任何社会把指挥战争的主要责任授予女人。简而言之，人类社会之间既有共同点，又各具特色；既相似，又不同。

　　人类社会生活的另一个值得注意的特点是，所有的社会都会变迁。例如，当代美国人生活的社会在过去的 200 年里经历了巨大的变迁，这个社会目前仍然在经历剧烈的社会变迁。曾经发生的变迁深刻而迅速，而且变迁的速度仍然在加快。可是还有一些社会变化很小，尽管它们经历的时间很漫长。

即使在今天，人们仍然可以发现这样的一些人类群体：他们依赖捕猎野生动物和采集野生植物为生。这些群体固化了其生活方式，这一生活方式与其数千年前的祖先的生活方式区别甚微。

　　怎样解释这些现象？为什么社会在如此广泛的特征上彼此相似？为什么它们在一些重要方面彼此不同？为什么有些社会的变迁迅速并且规模宏大，而其他社会的变迁却缓慢并且微乎其微？以上问题就是本书的关注焦点，本书是对关于社会生活的一门科学的概述，这门科学的名字叫作社会学。

社会学的性质

微观社会学和宏观社会学

　　社会学是对人类社会生活的科学研究。社会学家探究人类思想、行为的本质和原因——这些思想和行为的类型已经被规范化了，并且具有可重复性。与心理学家不同——他们关注的焦点是特定个人的思想和行动的特征，社会学家仅仅对群体和社会成员之间共享的思想和行动感兴趣。不过，社会学是一个广泛和多样化的学科，而且社会学家的类型多种多样，他们为了不同的目的而研究不同的事情。

　　依照常规，我们要区分两种不同类型的社会学，即微观社会学和宏观社会学。微观社会学探究那些发生于小规模社会群体中的思想和行为类型。那些把自己定义为微观社会学家的人对下列事情很感兴趣：面对面社会关系中的言语和非言语交流、陪审团的决策过程、朋友群体的形成和瓦解、群体成员身份对个人世界观的影响。

与此相反，宏观社会学致力于研究大规模的社会模式。它关注社会整体及其主要构成因素，如经济、政治体系、家庭生活规范以及宗教体系的性质。它对彼此互动的各个社会所构成的世界网络给予持续的关注。很多宏观社会学家把自己限制于研究特定时期的某个特定社会。例如，美国的宏观社会学家常常把自己限于对当代美国社会特征的研究。其他宏观社会学家的探索领域则要稍宽一些，他们把自己的研究兴趣扩展到对当代不同社会的比较研究。还有一些宏观社会学家更进一步，他们专注于对人类社会全方位的比较研究，包括过去的和现在的社会。

本书只涉及宏观社会学，而且它符合最宽泛意义上的宏观社会逻辑（macrosociological in the broadest sense）。它致力于对社会之间主要相同点和不同点的系统考察，而且它还关注社会所经历的变迁的性质。

本书所展示的宏观社会学类型，与其他两个社会科学的概念和理论之间存在着重大的重叠：人类学（anthropology）和历史学（history）。

人类学致力于对人类进行研究，是一个宽泛的领域。实际上，它是一个复合性的学科，包括既相互分立又紧密联系的四个亚领域。文化人类学人群的目标是，在前工业或者原始人群中，对有组织的社会生活加以理解。文化人类学家的一个主要关注点是构建民族志，或者是对当代原始人群的生活方式进行详细描述。当然，文化人类学家并不仅仅对不同文化的描述感兴趣。他们很多人花了大量的时间，试图构建自洽的理论，以解释不同的文化类型为什么会同时存在。因此，文化人类学家既投身于解释性的研究，也投身于描述性的研究。生物人类学（biological anthropology）主要致力于通过检查早期人类的化石遗存，理解人类生物进化的过程。人类语言学（anthropological linguistics）研究人类语言的性质和形成过程，以及语言和社会生活模式之间的关系。考古学（archaeology）则是这样一个人类学分支：它关注古代社会的遗存。通过研究这些遗存，考古学家希望了解社会生活的类型，以及发生在过去的主要社会变迁。人类学的这些亚领域之间彼此密切相关，而且某个亚领域的学者经常会借鉴其他亚领域的发现。

历史学是一个庞大和多样的研究领域，它旨在对过去发生的事情进行描述和解释。很多历史学家研究社会生活的各个面相——这些面相是早期社会所特有的。

历史学、人类学的很多发现和理论（特别是文化人类学和考古学）构成了本书的重要部分。这些发现和理论，将与社会学家针对当代工业社会性质所创立的理论结合在一起。其结果就是形成一个基础广泛的、比较性的宏观社会学和历史的宏观社会学。只有采用这种基础广泛的研究路数，人类社会生活的本质和原因才能得到合理的理解。实际上，这就是社会学探索的主要目的。

科学在社会生活研究中扮演的角色

如前文所述，社会学是对人类社会生活的科学研究。科学最鲜明的特征就是其经验研究方法。科学家要求，任何真理都必须置于严格的审查之下，并且由对世界的观察结果来进行验证。真理之所以是有效的，并不是因为它在直觉上是有理的，也不是因为一个有声望的人或群体主张了它，而是因为它和已知事实之间具有较高的一致性。

很多科学家花了大量时间从事基础性的描述工作：对他们关注的现象进行认定、定性和分类。不过，描述本身并非科学的目的，而仅仅是科学探索的初级阶段。科学的最终目的是解释：对被调查现象背后的基本原因进行认定。社会学中的科学解释随着理论策略（theoretical strategy）和理论的构建逐步深化。所谓理论策略，是指一组具有高度普适性的（global）基本假设、概念和指导性原则（orienting principles）（cf. M. Harris，1979）。从最广泛的意义上看，它们适用于所有的社会现象。它们的目标是创立特定的理论，并启动各种研究途径以验证这些理论。理论是一种特定的说法或一组说法，旨在解释特定的现象。因此理论比理论策略要狭窄得多，也更具特殊性。理论策略适用于范围广阔的现象，并由很多相互联系的理论构成。虽然这些相互联系的理论适用于不同的现象，但它们之间也有共同之处，因为它们都来自同一组具有普适性的假设、概念和原则。

社会学家致力于对理论策略和理论的经验性进行验证。一种理论策略，只有当它能够产生经得起经验检验的理论的时候，才是一个好的理论策略。对那些产生了为经验所支持的理论，并且继续产生这样的理论的理论策略，我们怀有高度的信任。相反，如果一个理论策略只包含少数为经验所支持的理论，却包含很多虚假理论，人们就会将它判定为一个不充分的理论，并对它缺乏信任。对于进一步的研究和理论建构来说，它将是一个糟糕的指南。

值得注意的是，所有的理论策略都会包含一些被认定为虚假的理论。不过，对任何特定理论的否定，都不是否定整个理论策略的充足基础。如果一个理论策略包含了许多被经验支持的理论，那么继续依靠它就是合理的，即使我们不接受它所包含的一些理论。

在当代宏观社会学中，存在着各式各样的理论策略。当然，所有这些理论策略，都既有支持者，也有诋毁者。下面我们就讨论一下这些理论策略的一般性质，并且提出一个作为本书指导框架的理论策略。

当代宏观社会学中的主要理论策略

唯理主义策略与唯物主义策略

唯理主义策略　采取唯理主义策略的社会学家曾经长期主张，唯理主义的研究方法对研究人类社会生活更有好处。唯理主义的研究方法——这样的流派有好几个——试图通过考察人类的心智能力来解释社会生活的基本特征。唯理主义者相信，人类的独特性建立在这样的事实之上：人类把象征意义附加在其行动之上。人类创建了复杂的观念和理想的网络，并且使用这些心灵建构（mental construct）来指导其行为模式。不同社会所特有的不同行为模式，被看做这些不同的观念和理想的结果。不过，唯理主义者通常不大关注下述问题：这些不同的观念和理想最初是怎样起源的？这是他们的理论的一个严重缺陷。

5　在当代社会学中，最显赫的一个唯理主义理论策略被称为社会建构主义。它其实是一个理论家族，包含两个主要的分支，分别被称为符号互动论和本土方法论。它们通常被认为是微观层面的研究途径，而不是宏观层面的研究途径。不过，它们对宏观社会学具有重大意义，并时常在这一层面上获得应用。符号互动论是起源于美国 20 世纪早期的社会学研究方法，而且一直是一个有影响的研究视角。它强调个人的下述能力：通过符号进行互动，并且将其对社会现实的主观定义赋予他们所面对的社会情境。一个早期的符号互动论者威廉·艾萨克·托马斯（William Isaac Thomas）提出了"情境"的概念定

义，他用下述说法解释这个概念："如果人们把一个情境定义为真实的，那么它就具有真实的后果。"托马斯是在强调，人们对现实的主观定义是如此强有力，以至于它能够产生与此主观定义相符的后果，无论这些定义在客观上是否真实。当代符号互动论有两位著名学者，分别是赫伯特·布鲁默（Herbert Blumer）和霍华德·贝克尔（Howard Becker）。布鲁默（Blumer, 1969）的立场比较极端，他强调，个人具有定义情境并依据该定义开展行动的无限能力。贝克尔的立场不太极端，不过他仍然把社会现实的社会定义作为其理论立场的关键。例如，他写了一篇著名的文章（Becker, 1963），并在其中主张，吸食大麻的经验来源于对毒品效果的社会定义，至少与毒品对其身体的实际生理效果同样重要。他认为，如欲体验吸食大麻的快乐经验，一个人必须是某个群体的成员——该群体把吸食大麻定义为是快乐的。如果不是这样，（吸食大麻的）效果可能会大相径庭。

本土方法论（ethnomethodology）是晚近出现的一个理论策略，它把符号互动主义对现实定义的强调推向了极端。这一视角的关键说法是"现实的社会构建"（the social construction of reality）（Berger and Luckmann, 1966）。作为一种极端形式，它意味着社会和社会生活并不是一个客观存在，或者说，并非现实。相反，它仅仅作为一系列观感、定义或说法，存在于人们的心中。本土方法论的"鼻祖"是哈罗德·加芬克尔（Harold Garfinkel, 1967）。加芬克尔和许多受其影响的学生对同一个问题感兴趣，这一问题曾经长期困扰着功能主义者：历久不变的社会秩序、社会延续性和社会稳定性。不过，当功能主义者把这些秩序看做客观存在的时候，本土方法论者却把它视为与众不同的主观存在。对后者来说，社会秩序纯粹是定义性的（definitional），它之所以持续不变，是因为人们对其主观定义的固守（attachment）。本土方法论者声称，他们对发现下述事实最感兴趣：人们怎样构建现实？人们对他们创造出来的特殊定义有着怎样的执着，为何如此执着？

另一个版本的唯理主义可以在当代美国社会学家塔尔科特·帕森斯（Talcott Parsons, 1937, 1966）的著作中发现。帕森斯认为，任何社会的核心都是社会共享的意义、信仰和价值所构成的网络。社会成员创造的信仰和价值，能够型构（structure）

他们组织其社会生活的基本方式。例如，帕森斯认为，现代西方社会是围绕着某些基本价值组织起来的，这些基本价值与基督教和自由民主息息相关。他相信，因为西方人发展出了这些宗教的和政治的价值系统，所以他们才能够解决特定的社会问题，而这些社会问题仍然困扰着其他的社会——这些社会的成员依照非常不同的信仰和价值生活。

唯物主义策略　唯物主义强烈否定上述那些理论。唯物主义者不是把观念和理想看做优先的原因，而是试图使用实际的、物质的人类生存状况来解释社会生活的基本性质。这些状况涉及物理环境的性质、技术水平，以及经济体系的组织状况。唯物主义者把这些因素看做构成人类生存状况的基本前提。人类生活的第一个关切是对自然环境的适应，这种适应必须通过构建技术和经济体系来实现。一旦这个特定的技术和经济体系被创造出来，它们就会限制人类将要创造的其他社会模式。唯物主义者通常认为，观念和理想来源于先期创造出来的社会模式。与唯理主义者相似，唯物主义者承认人类心灵的创造能力。与唯理主义者不同的是，唯物主义者坚称，观念和理想不能够自我创造，它们作为对先前建立的社会状况的反映而兴起。

对社会生活的唯物主义思路开始于 19 世纪著名的社会理论家卡尔·马克思（Karl Marx，1818—1883）和弗里德里希·恩格斯（Friedrich Engels，1820—1895）。马克思和恩格斯（Marx and Engels，1970，1846 年初版）发展了他们称为"唯物史观"（materialist conception of history）的理论，这一理论后来被称为历史唯物主义（及辩证唯物主义）。对社会生活的这一理论思路，是在与当时存在于德国哲学中的唯理主义相对立的立场上建立起来的。虽然历史唯物主义被构建出来，主要是被当作理解现代资本主义社会的工具，但是马克思和恩格斯知道，它也可以用于所有类型的人类社会，包括以前的和现在的。

马克思和恩格斯把人类社会分成两个主要部分。他们把其中之一称为基础结构或者经济基础，有时又叫作生产方式。经济基础被分为两类：生产力和生产关系。生产力包括经济生产所必需的原材料和社会产品——现有的技术水平和自然资源的特定性质，例如土地的质量。生产关系指的是对生产力的占有关系。马克思和恩格斯注意到，在有些社会里，生产力是公共所有的（整个群体所有）；而其他一些社会则出现了生产力的私人所有。占有生产力所有权的群体能够迫使其他群体为它工作。马克思和恩格斯还注意到，不同的社会拥有不同形式的私人生产关系。

马克思和恩格斯所认定的人类社会的另一个成分是上层建筑。这一成分由不包括在经济基础中的社会面相构成，如政治、法律、家庭生活、宗教、观念和理想。

马克思和恩格斯认为，一个社会的经济基础和上层建筑是直接联系在一起的。虽然他们注意到，上层建筑偶尔会影响经济基础，但他们认为，主要的因果链条是从经济基础指向上层建筑的。换言之，他们相信，在一个社会的上层建筑中所发现的人类思想和行动，主要是由该社会的经济基础塑造的。他们还认为，上层建筑里的社会变迁，是由已经发生于经济基础中的社会变迁导致的。这就是他们的唯物主义理论的核心。

长期以来，马克思和恩格斯的唯物主义被大多数社会学家否定，它被认为是一个不充分的社会生活研究策略。不过，近几十年来，它获得了极大的活力，而且很多当代社会学家坚持马克思和恩格斯所倡导的唯物主义的因果原则。当然，还有很多当代社会学家继续否定这一原则——完全否定或者部分否定这一原则。一般来说，当代的唯理主义者完全否定它，他们青睐与马克思主义所确定的因果关系相对立的原则。还有人部分否定它，声称它拥有一定的有效性，但它把社会现实的性质过度简单化了。这些社会学家常常主张把唯物主义策略和唯理主义策略综合在一起。他们认为，社会生活是物质状况与观念、理想的共同产物。

本书在研究社会生活时将采用明确的唯物主义思路。本书承认，马克思和恩格斯所创立的基本原则从根本上来说是有效的。当然，本书的唯物主义思路是一个经过修订和更新的历史唯物主义版本。

功能主义

20 世纪 40 年代，被称为功能主义的理论策略成为社会学分析的一部分。它在 50 年代达到了其影响的高峰：那时，功能主义成为大多数社会学家使用的标准的理论策略，而且它几乎没有遭遇理论对抗。不过，从 60 年代开始，功能主义的理论主导地位遭遇了严重的挑战，而且它的适用性越来越受到质疑，它进入了一个快速衰落的过程。不过，尽管今天的大多数社会学家不再把功能主义方法运用于对社会生活的研究，但是功能主义仍然被不少社会学家（a significant sociological minority）认真地奉行着（Sanderson and Ellis，1992）。实际上，从 80 年代开始，一个显著的功能主义复兴潮流出现了（J. C. Alexander，1982，1984，1985）。

功能主义的基本原则主要有以下内容：

（1）社会是由相互联系和相互依赖的各个部分构成的复杂系统，每一个部分都会显著地影响其他部分。

（2）社会的各个部分之所以存在，是因为它在维持社会整体的生存或者良好状态（well-being）方面发挥着重要功能。

（3）当社会的某个构成部分对社会整体的功能得到认定时，它的存在原因才能获得解释。

（4）所有的社会都具有整合自身或团结自身（hold together）的机制，其中最重要的机制之一就是社会成员忠诚于（commitment）一组共享的信仰和价值。

（5）社会倾向于一种平衡或内稳定状态（homeostasis），而且社会任何一个部分的扰动都倾向于导致社会各部分的再适应，以便恢复原有的平衡。

（6）社会变迁的发生次数比社会稳定少得多，不过，当变迁真的出现的时候，它通常会产生对社会整体有益的结果。

功能主义者对唯物主义和唯理主义之间的辩论表现出了兴趣，但是几乎没有人明确选择支持任意一方。虽然少数功能主义者强烈地偏向唯理主义一方，但他们大多数人采取了中立立场。他们认为，物质因素、观念和理想都会对社会模式的性质产生举足轻重的影响。这一立场与功能主义者的典型主张相一致：社会是一个由相互依赖的各个部分构成的系统，每一部分都对其他部分产生致命的影响。如前文所述，功能主义在 20 世纪 60 年代受到了严厉的批评。现将针对功能主义提出的各种批评总结如下（Dahrendorf，1958；P. Cohen，1968；Zeitlin，1973）：

（1）功能主义者倾向于过度强调人类社会是一个高度和谐、稳定和整合良好的系统。

（2）因为过度强调和谐和稳定，所以功能主义者倾向于忽略或者轻视社会冲突是大多数社会的基本性质。

（3）因为夸大和谐、轻视冲突，所以功能主义者倾向于在对社会生活的研究中鼓励保守的倾向。

也就是说，他们看起来在为下述主张争辩：无论一个社会现存的安排是怎样的，维持这种安排都是必要的。

（4）一般来说，功能主义者把他们对社会的研究限制在一个单一的时间点上（现在），并且在其对社会生活的研究中采取一种显著的非历史的思路。

（5）因为功能主义者无视社会生活的历史维度，所以他们在解释社会变迁时面临极大的困难。

（6）在功能主义者看来，社会似乎是这样的：它们是一些实体（entity），其存在与组成它的个人没有关系。因而，功能主义者所从事的是社会生活的戏剧性虚构（dramatic reification），换句话说，他们向社会强加（assign）了一个它并不能合理地拥有的现实水平（level of reality）。

我们必须在功能主义和功能分析之间做出重要的区分（G. A. Cohen，1978）。这一区分解释了上文所提到的虚构指控。功能主义涉及前文所确立的基本的实质性原则；而功能分析则截然不同，它不是建立在一组实质性原则的基础之上，而是代表了一种基本的方法论技巧，即假设对于一个特定的现象，我们必须从其适应意义（adaptive significance）来进行分析和理解，也就是说，从其对实现某种目的或目标的有用性来进行分析和理解。功能分析广泛应用于社会科学中，与前文提到的功能主义原则不相干。实际上，那些强烈反对功能主义的社会理论家在发展其理论的时候，也会应用某种类型的功能分析。例如，马克思很可能会对现代功能主义表示反感，不过他还经常从事某种功能分析。还有一个例子，有些现代社会理论家试图解释为何古代以色列人视进食猪肉为禁忌——目前，这一禁忌仍然为正统派的犹太人所尊奉。他们曾经通过下述途径来解决这一问题：考察该禁忌对古代以色列人有实际用途的各种可能性——它怎样帮助他们解决其面临的各种基本问题（M. Harris，1974，1977）。这种研究方法是功能分析的经典事例。

另一种思考功能主义和功能分析之间的区别的方法是，考察两种思路之间分析水平的不同。功能主义的一个重要特征是"社会需求"的观念。功能主义者相信，社会和生物有机体很相似，它们都拥有必须被满足的基本需求，以使其继续存在，或者至少是平稳地运行。社会生活的基本性质——社会结构——突生（emerge）出来，以满足这些需求。虽然初看起来，"社会需求"的说法似乎完全合理，但仔细考察就会发现它问题重重——如果它不是完全荒谬（downright mystical）的话。仔细思考就会明白，社会不会在任何意义上有需求，只有个人有需求。虽然人们发展出了生活在一起的特殊需求——这是正确的，但拥有这些需求的仍然是具体的、有血有肉的人，而不是某种抽象的"社会"。功能分析承认这种关键的区分，并且认为这种区分对其探索模式有基础性的意义。那些从事功能分析（不是功能主义）的人们主张，特定社会现象所承担的目的或者目标，总是具体人群的目的或目标。功能分析承认，我们所谓的"社会"本身并不是一个实体，它仅仅是我们用来指称人类集体的一个名词——这些人以某种特定的方式互动，以满足其自身的需求和愿望。

对功能主义的主要批评的有效性或高或低，但这些批评不适用于功能分析。虽然本书不提倡或者说不使用功能主义的原则，但本书确实使用功能分析。不过，本书主要是在唯物主义的情境中如此行事，而且往往与所谓的冲突主义思路结合在一起使用。

冲突理论策略

美国社会学中通常被称为冲突主义的理论出现于20世纪60年代。实际上，冲突理论的出现是两位早期理论家所提出的观点的复活，即马克思和另外一位著名的德国社会学家马克斯·韦伯（Max Weber，1864—1920）。虽然马克思和韦伯都是冲突理论家，而且在很多方面意见一致，但他们所发展的冲突理论的不同版本却大异其趣。现代冲突理论因此被分成了两种类型：新马克思主义冲突理论和新韦伯主义冲突理论。在这两者中，新马克思主义的版本更加著名、影响更大。

不同的冲突理论的共同之处，或者说马克思和韦伯意见一致的地方，是对下述观点的否认：社会倾向于某种共识与和谐，在这样的共识与和谐中，社会各方面为了每一个人的幸福而合作。冲突理论把冲突和斗争——不同个体与群体相互对立的利益和关切——看做组织社会生活的主要决定因素。换言之，社会的基本结构主要取决于个体和群体争取稀缺资源的努力，他们争取这些资源以满足其需求和愿望。因为这些资源总是在某种程度上供给不足，所以为得到它们而引发的冲突总会出现。马克思和韦伯从不同的视角把这个概括性的想法应用于他们的社会学理论上。

马克思认为，个人之间或群体之间结构化的冲突形式，主要是通过私人生产关系的建立而产生的。在人类社会生活进化的某一个特定时间点上，私人生产关系开始取代生产力的共同占有，社会开始分化为占有生产力的群体和不占有生产力的群体，即社会阶级。在任何一个阶级分化社会，占有生产力的社会阶级有能力压迫其他的社会阶级，并强迫他们为前者的特殊利益工作。因此，主导的阶级与从属的阶级就通过经济剥削过程相互联系。自然，从属阶级痛恨被剥削，威胁要反抗主导阶级，并且剥夺其特权；但是，主导阶级意识到了下层反抗的可能性，创造了一个强有力的政治机构——国家，它有能力以武力镇压这样的反抗。

因此，马克思把阶级斗争看做人类社会最基本的冲突形式。这种冲突回荡于整个社会。它引发其他形式的社会冲突，并且在塑造非经济性的社会模式（诸如政治和宗教）中发挥了主要作用。马克思最关注阶级斗争在现代资本主义社会中所发挥的作用。马克思说，在社会历史上，存在于奴隶主与奴隶之间和地主与农民之间的阶级分化占据了主导地位；但是在资本主义社会里，主要的阶级分化出现在资本家和工人之间。资本家以资本（土地、建筑、机器、原材料、资金）的形式占有生产力，并且努力生产能够出售并且赢利的产品。赢利的手段本质上是对工人阶级进行剥削——通过支付少于他们生产的产品的全部价值的工资来实现。资本主义社会的根基就是资本家和工人之间的剥削关系，只有把阶级关系放在舞台的中心，作为整体的资本主义社会的性质才能得到恰当的理解。

现代马克思主义的冲突理论策略，主要是上述观点的形式化和精致化。现将这一策略的主要原则罗列如下：

（1）社会生活是相互对立的个体和群体之间进行冲突和斗争的主要舞台。

（2）冲突和斗争会针对很多珍贵的资源而发生，不过经济资源、政治权力是个体和群体争斗的主要标的。

（3）个体之间和群体之间斗争的典型结果是，社会分裂为经济上的主导群体和经济上的从属群体。

（4）一个社会中的基本社会模式，极大地取决于经济主导群体的社会影响，这种社会影响与其人数不成比例。

（5）社会内部和社会之间的社会冲突构成了社会变迁的强大推动力量（powerful agent）。

（6）因为冲突和斗争是社会生活的基本特征，

所以社会变迁是常见的和多发的。

显然，马克思主义的冲突理论策略本质上是唯物主义的，而不是唯理主义的。这并不奇怪，因为马克思事实上既是唯物主义思想的创立者，也是冲突主义思想的创立者。在马克思主义冲突理论看来，社会冲突主要源于为获得支撑生活的物质条件而进行的争夺，而且这两个现象都是决定一个社会的特有社会模式的关键因素。

马克思和韦伯之间一个重要的不同意见涉及马克思的唯物主义。韦伯相信，冲突以更为广泛的方式出现，而不仅仅与基本的物质冲突有关（R. Collins，1986a）。韦伯认识到，针对经济资源的冲突是社会生活的基本性质，不过他认为其他类型的重要冲突同样也会出现。韦伯倾向于强调其中的两种。他认为，政治舞台上的冲突是非常基础性的。对他来说，在很大程度上，社会生活是围绕着下述两件事而进行的斗争：权力，一些人和群体对另外一些人和群体进行的支配。此外，他认为争夺权力的斗争并不仅仅是因对经济利益的欲望而起。相反，他认为，在很大程度上，它是立足于自身的（an end in itself）。韦伯认为，争夺权力的斗争不限于正式的政治组织，而是发生在所有类型的群体之中，如宗教组织和教育组织。

韦伯经常强调的第二种冲突是针对观念和理想的冲突。他认为，人们经常为了使自己的世界观获得主导地位而进行斗争，不论这种世界观是一种宗教学说、社会哲学，还是关于什么是最好的文化生活方式的观念。人们不仅会为了观念和理想而斗争，而且还会把这些观念和理想当作其他类型斗争的工具，如政治斗争。也就是说，人们可以为了权力而斗争；与此同时，他们还试图说服对方，他们真正追求的不是权力，而是正确的道德或哲学原则的胜利。

显然，韦伯既不是唯物主义者，也不是唯理主义者。实际上，现代社会学家在提到韦伯的时候，常常把他当作下述思想家的典范：他在其社会学研究中，结合了唯物主义和唯理主义两种解释模式。韦伯认为，观念不仅仅是背后的物质状况的产物，它们本身就常常具有重要的因果价值。

在韦伯和马克思之间，还有两个基本的对立意见。其中一个涉及利己行为的起源。马克思假设，在出生的时候，个体没有倾向于利己或不利己的自然趋势；他们变得利己的可能性与他们变得利他或富有合作精神的可能性同样大，是社会的性质决定

了他们所展示出来的行为类型。如果人们行为自私，那是因为他们的社会促使他们这样做。相反，韦伯虽然并没有明确地说，但是他似乎假设人类在本性上是自利的，而且自利行为会出现于所有的社会。社会决定自利行为怎样展现自己，不过自利这件事本身是自始至终存在的。

这一不同见解引发了关于另一个问题的不同见解：社会冲突能够在未来的社会里被解决吗？马克思回答说"能"，韦伯回答说"不能"。马克思认为，一旦生产力重新回到整个社会的怀抱，基本的冲突就会被消灭。当社会主义取代资本主义的时候，阶级就会被消灭，阶级斗争就会消失，一种新型的社会主义人格——这种人格关心人类整体的幸福——就会取代具有资本主义特征的、自私和贪婪的人格。韦伯采取了一种更加悲观的（有人会说是更现实的）态度。他相信，斗争是重大的和根深蒂固的社会生活原则之一。在未来的任何社会中——不论它是社会主义的、资本主义的或是其他什么主义的，人们永远会为某些类型的资源而斗争。韦伯预测说，社会分化或分裂是所有复杂社会的永恒特征，尽管它们采取的特殊形式、分化的严重程度可能会大相径庭。

虽然很多现代社会学家服膺马克思主义和韦伯主义的冲突理论策略，但是这些理论策略远没有获得普遍支持。不过，本书将会为马克思和韦伯开创的冲突理论提供支持，并且进行大量的应用。在马克思这一边，本书倾向于他所倡导的冲突理论的唯物主义版本；不过在韦伯这一边，本书倾向于下述看法：人类天然具有自利性，而社会冲突是人类社会的永恒性质。

进化理论策略

进化主义理论策略试图描述和解释长时段的社会变迁顺序。总体上，进化主义者认为，从早期到现在，很多社会经历了大体相似的社会变迁，他们关注这些变迁的性质，并解释它们为什么会发生。

埃里克·奥林·赖特（Erik Olin Wright，1983）为我们提供了一个更加精确的进化主义理论的定义。他提出，所有的进化主义理论共享如下特征：

（1）它们把历史归入一些阶段性的类型（a typology of stages）。

（2）它们假设，这种阶段顺序代表了社会进化所遵循的方向。

（3）它们假定，向新（或更高）阶段运动的概

率比向旧（或更低）阶段逆向运动的概率要高。

（4）它们认定了一种或多种机制，这些机制据说能够解释（社会）从一个阶段到另一个阶段的运动。

赖特努力地指出，进化主义理论并不需要假设说，社会行进的阶段顺序只是一个僵死的顺序，或者社会进化是社会本质上固有的某种潜在趋势或潜能的自动展开过程。进化论者甚至不需要假设说，进步总是会发生。他们承认衰退出现的可能性。他们还承认，对很多社会来说，在历史上的很多时期，长时段的稳定国家（而不是社会转型）可能是它们的正常秩序。重要的是，这样的视点能够获得确认并得到很好的理解，因为关于进化主义理论的性质还有很多错误的概念存在。

在19世纪后半叶，社会生活的进化主义理路在社会学家和人类学家中都极为流行。实际上，那时进化主义的理论思维主导着当时的两个学科。19世纪最著名的进化主义者之一，是英国的哲学家和社会学家赫伯特·斯宾塞（Herbert Spencer，1820—1903）。他发展了一种社会进化理论，在某些方面，这一理论与达尔文的生物进化理论很相似。斯宾塞试图理解宇宙中所有事物的运作——通过把它们简化为一个普适的原则。他把这一原则叫作"进化规律"（Law of Evolution）。根据这一规律，宇宙中所有的事物都有一个倾向："从一个非确定、非协调、同质性的状态进入一个确定的、协调的和异质性的状态。"斯宾塞的意思是，所有的事物都倾向于从一个简单和非特化（unspecialized）的形式发展为一个复杂和特化（specialized）的形式。斯宾塞把这种普适的倾向视为解开宇宙重大谜团的关键。他认为，人类社会不过是宇宙的宏大倾向的一个特殊例子，而这一倾向是宇宙本身所固有的。

19世纪另一个著名的进化主义者是美国人类学家路易斯·亨利·摩尔根（Lewis Henry Morgan，1818—1881）。摩尔根更加关注技术的进化。他把人类历史分为三个阶段，每一个阶段都与一个不同的技术发展水平相联系：蒙昧、野蛮和文明。蒙昧阶段的特征是，人们主要依靠捕猎野生动物和采集野生植物过活。向野蛮阶段过渡的标志是对植物和动物的驯化，以及整体技术的进一步发展。文明的出现标志着"原始社会"（摩尔根称之为societas）向"文明社会"（摩尔根称之为civitas）的过渡。摩尔根把表音字母和书写的出现看做这一阶段的主要特征。

虽然上述观点和其他早期进化主义者的观点很激动人心，但它们包含了严重的缺陷。缺陷之一是这样一种倾向：把很多对进化转型的描述，冒充为对这些转型的解释。斯宾塞的著作尤其具有这样的特点。斯宾塞主张，社会进化是其本质所固有的。他似乎认为，这一观察是对"社会进化为何出现"这一问题的充分解释。但是，他只注意到进化倾向于发生，对于"它为何发生"这一问题，他什么也没说。19世纪的进化主义思想的另一个缺陷是，它们具有文化中心主义特征。进化论者认为，自己的社会（西方社会）比其他社会更高贵；处于早期进化阶段的各个社会，代表了通向进化论者自己的社会的各个低级阶梯。因而他们声称，社会进化是进步的标志，是人类理智、幸福和道德的一般进步的标志。他们倾向于把西方文明看做社会进化的终点，以及人类进步的千禧年的顶峰。今天，很多现代社会学家和人类学家激烈地否定这些观点，这一点将在第三章得到充分的展示。

因为存在上述缺陷和其他的一些缺陷，所以在19世纪接近尾声的时候，进化主义思想受到了严厉的批评。随着对它的批评的逐渐累积，进化主义被很多社会科学家完全抛弃了。在20世纪头几十年里，社会科学家把自己的注意力转移到了其他问题上，不再处理长时段的社会变迁问题。不过，进化主义并没有死亡，它仅仅是休眠了而已。从20世纪40年代开始，它经历了一次重要的复兴，而长时段进化变迁的全部问题开始再一次占据很多社会科学家的头脑。今天，很多社会学家和人类学家再一次拥抱了研究社会生活的进化主义理路。

不过，目前并不存在一个单一的研究人类社会的进化主义策略，而是存在很多进化主义理论，它们大多数可以被归类于两种进化主义的研究策略之一：功能主义的进化主义策略和唯物主义的进化主义策略。虽然在前文所认定的意义上，这两个策略都是进化主义的，但在很多方面，它们的不同之处多于相同之处。在下述两个问题上，它们的假设极为不同：哪些进化事件最重要？怎样解释这些事件？

功能主义的进化主义策略涉及把功能主义理论应用于对社会进化的研究（A. D. Smith，1973）。在这一策略中，社会进化被看做社会分化（social differentiation）以及社会复杂性提高的过程。随着社会的进化，它们会发展出多样化的构成部分，而且这些构成部分以复杂的方式相互联系着。人们认为，日益提高的分化程度产生了更高的适应能力。通过发展日益增多的内部多样性，社会成功适应其环境的能力越来越强。这显然意味着，复杂的社会比不复杂的社会更"高级"。

14 功能主义的进化论思想家认为，社会进化来源于社会作为整体系统的需求。因此人们假定，进化变迁可以为整个社会带来有益的结果。这一想法是帕森斯著作的一个显著特征，而帕森斯是最著名的功能主义进化理论家。例如，他主张，社会分层——财富和权力的不平等——的进化是一个重要的社会进化成就，从总体上来看，它对社会成员产生了有益的影响。他相信，对社会成员的不平等奖赏是一种手段，用以激励某些个体承担责任、担任权力重大的职位。有声望的个人和群体会运用他们的权威职位，从事那些为社会成员谋利益的活动。因此，帕森斯把社会分层的出现看做一个重要的进化"突破"。

功能主义的进化主义理路很少成为19世纪进化主义理论家的主导观念，但它们却拥有共同的缺陷。例如，功能主义的进化主义策略倾向于认为，当代西方社会是所有社会中适应性最强的社会。他们通常还认为，小规模的简单社会具有较低的适应能力。这一观点是极端的文化中心主义。此外，与一般的功能主义一样，功能主义的进化主义理路显然面临着同样的批评，因为它不过是代表了功能主义在进化研究中的应用。与其他功能主义者相似，功能主义的进化主义者过度强调社会和谐，轻视社会冲突的程度和重要性。他们还主张，任何社会的性质都产生于功能需求。因为功能主义代表了对一般社会的一种不充分（inadequate）的研究理路，所以功能主义的进化主义就代表了一种对长时段社会变迁的不充分的研究理路。

唯物主义的进化主义策略则截然不同。这一理路旨在把一般的唯物主义策略应用于对社会进化的理解之中。它假设，社会变迁最可能开始于支撑生活的物质状态。这些变迁一旦出现，就会引发一个社会的社会模式及其观念和理想的变迁。与功能主义的进化主义者不同，进化主义的唯物主义者并不做如下假设：进化性变迁会改善社会适应形式。他们也不做如下假设：进化性变迁必然增进整个社会的利益。相反，他们强调，对社会中的很多人来说，这些变迁也可能导致生活质量的恶化——如果不是更加可能的话。进化主义的唯物主义者认为，冲突和斗争在人类社会生活中极为重要；而且他们相信，这些现象与进化性变迁密切相关。他们认为，冲突

和斗争既是社会进化的原因，又是其结果。进化主义的唯物主义者和马克思主义的冲突策略之间存在着极大的相似性。

本书的理论策略

对于人类的社会生活，本书坚持一种进化主义的唯物主义观点。说这一观点是进化主义的，是因为它关注长时段的社会变迁。人们关注下述问题：人类社会之间的相似之处和差异是怎样的？为什么会是这样的？它们是如何肇始、维持和改变的？说它是唯物主义的，是因为它坚称，人类生存的物质条件是社会之间相似或不同的主要原因。由于进化 15 主义的唯物主义与冲突主义的理论策略之间有许多共享的原则，因此这些原则将在本书中占据重要地位。虽然冲突主义的理论策略和进化主义的唯物主义理论策略并不相同，但是它们之间存在着大量的交集，而且其相似之处远远超过其不同之处。

在本书中，进化主义的唯物主义策略和冲突主义的理论策略，与功能主义和唯理主义形成鲜明的对比。前文已经讨论过功能主义所面临的主要困难，而唯理主义理路所面临的主要困难是，它遗留了一系列未解决的关键问题：不同的观念和理想源自那里？它们怎样又为什么会改变？当这些观念和理想被视为社会生活的主导原因时，对这些问题的回答就显得很紧迫了。因此，对这些问题的回答的失败，只能使唯理主义策略失去效力。（后面的章节会表明，唯物主义者能够回答下述问题：不同类型的物质条件源自哪里？它们怎样改变，为何改变？）关于唯物主义进化论，我们将会在第三章进行详细的讨论。届时，我们将正式宣布其主要原则，还会为下述主张提供理由：进化主义的唯物主义是一种更高级的理论路数。

小 结

1. 社会学是对人类社会的科学研究。微观社会学专注于研究发生在相对较小的群体和社会情境中的社会行为。相反，宏观社会学专注于研究大规模的社会模式（如社会整体）和更庞大的全球网络（社会即置身其中）。宏观社会学通常强调比较的视角和历史的视角。

2. 社会学的调查研究需要各种理论和理论策略。理论策略是高度抽象的一系列概念和原则，而理论代表了对这些概念和原则在特定现象上的应用。理论策略由一些相互交叉的（mutually interpenetrating）理论之网构成。

3. 包括了宏观社会学的现代社会学是一个高度分裂的学科，其特征是包含重大的理论多样性和理论分歧。因此，数量繁多的理论策略相互展开竞争，以争取当代社会学家的服膺。这些理论包括唯物主义、唯理主义、功能主义、新马克思主义和新韦伯主义的冲突主义理论策略，以及社会进化主义的功能主义版本和唯物主义版本。表1—1总结了这些理论策略的基本特征，以及它们在本书中所发挥的作用。

表1—1   宏观社会学的理论策略一览   16

理论策略	主要特点	在本书中的角色
唯物主义	假设人类存在的物质条件，如技术水平、经济生活方式、自然环境的性质，是人类社会组织的主要原因，也是其中所发生的主要社会变迁的原因。	本书自始至终采用唯物主义策略。
唯理主义	为人类心灵及其创造物，如思想、观念、象征符号、语言等，在决定社会组织和社会变迁方面的重要性而争辩。	本书自始至终批判和拒绝唯理主义理论。
功能主义	功能主义试图解释说，人类社会生活的基本特征是对社会系统的需求和要求的反映。它假设说，现存的社会特性应该——在某些重要方面——归功于社会整体及其主要亚系统的存在和良好运行。	本书自始至终都在讨论各种功能主义理论，但一直在批判它们，并认为它们言过其实。
冲突理论策略	这一策略把社会看做一个舞台。在这个舞台上，不同的个体和群体为了自己或他人的需求和愿望而相互争斗。冲突和斗争导致了支配和服从，为了自己的利益，占支配地位的群体运用它们的权力来改造社会结构。马克思主义的冲突理论是唯物主义的，它强调阶级斗争；而韦伯主义的冲突理论则更为宽泛，它强调冲突和支配（conflict and domination）的多维性。	本书自始至终采用冲突论的视角，这种视角同时利用了马克思和韦伯的洞见。
进化理论策略	这一策略旨在对长时段的社会转型进行描述和解释，并假设这种社会转型展现了某种整体方向性。功能主义的进化理论重点关注社会复杂性的提高，并认为复杂性是对功能有效性的提升和对社会进步的提示。唯物主义的进化理论强调，社会进化是对变化着的物质条件的反应，它对把"进化"和"进步"等同起来的想法表示怀疑。	本书采用一种唯物主义（以及冲突导向的）版本的进化主义策略，并自始至终把它当作一种整合性的理论策略。

特别话题：美国人为何喜爱牛肉

近年来，唯物主义者和唯理主义者争论的一个焦点是，为什么不同的社会具有不同的饮食爱好和饮食习惯。在第三章，关于两种著名的饮食禁忌的唯物主义理论将会被检视：印度教徒对食用牛肉的禁忌和古代犹太人对食用猪肉的禁忌。不过，我们将针对与家务密切相关的事情进行讨论：美国人对牛肉的偏好。

美国膳食对牛肉的强调是众所周知的。不过，还有什么比汉堡更美国化？虽然汉堡是被引入的，但是它与美国的联系大概比和任何其他社会的联系都密切。而且，贯穿20世纪，牛肉一直是美国人招待客人   17
共进晚餐时所选择的肉类。因此，在美国的膳食习惯中，牛肉似乎具有最高的声望。怎样解释这一倾向呢？

对这一现象的一个唯理主义的解释是由马歇尔·萨林斯（Marshall Sahlins, 1976a）提出的。在萨林斯看来，美国人对牛肉的重视源自一种古老的印欧文化密码，这一文化密码把牛与男子气概联系起来。可是这一解释似乎没有任何说服力，而且似乎还存在着自我否定的显著理由。正像埃里克·罗斯（Eric Ross, 1980：182）所指出的那样，既然"同样模糊的印欧意识形态遗产，在印度的牛肉上体现为一种极端的禁忌，而不是一种倾向性，那么这一意识形态显然不能解释美国人对牛肉的消费"。罗斯本人创立了一种与此不同的激进解释。他的理论强调，环境的、技术的和经济的因素才是美国人这一膳食实践的主要原因。

美国人的膳食并非一直强调牛肉。19世纪后半叶之前，猪肉才是美国人最重要的肉类消费品，而不是牛肉。猪似乎特别适应殖民地时期和后殖民地早期的林地，因此，猪被广泛地饲养。虽然人们也养牛，但是牛肉只占当时肉类消费的一小部分，它们并不能对养猪业构成威胁。

除了猪能很好地适应18世纪和19世纪美国的林地环境这一事实外，当时猪肉的盛行也可以从肉类包装技术的角度来加以理解。正像罗斯注意到的那样，在19世纪后半叶之前，人们只消费很少量的鲜肉。只有在距离很近时，猪群和牛群才被赶到市场上屠宰，它们的鲜肉才得以如此消费。可是，猪群很难被赶着走，而且它们在这一过程中经常死亡。因此，为了保存猪肉，烟熏和腌制的处理方法受到人们的重视。一般来说，与牛肉相比，熏制和腌制的猪肉味道更好，所以猪肉自然就比牛肉更受欢迎。

大概从19世纪70年代开始，对猪肉的重视开始转向牛肉。罗斯认为，这一转变可以理解为各种物质环境变化的综合结果：北美大平原向养牛业的开放、铁路冷藏车的发明，以及美国资本主义向西部边远地区的扩张，使得人们开始重视养牛业。19世纪70年代，大平原草地上的水牛——它们对草地的系统性破坏作用开始于19世纪30年代——基本上被消灭了。这使得繁殖牛群的牧场出现了，而且养牛人开始遍布草场，数量越来越多。当北美大平原上的牛群放牧与铁路的扩张、冷藏车厢的发明结合在一起的时候，从猪肉到牛肉的转变就发生了。罗斯（Ross，1980：201-202）解释说：

> 不过，在牛肉大规模生产的集中化过程中，特别具有决定意义的是新的制冷技术的发展。"这一技术能使我们最大限度地利用牲畜存货……能使对肉的配送体系变成全国范围的和世界范围的。它避免了易变质食品的腐烂。由于它使消费周期延长，所以（肉类）的消费需求极大地增加了。"（Clemen，1923：8）虽然这也在一定程度上刺激了新鲜猪肉的交易，但它主要还是改进了牛肉的冷藏技术，因为它使得集中屠宰和新鲜（有包装的）牛肉的大规模生产变得可行。而这样的新鲜牛肉可以在味道特别是价格上与猪肉进行有效的竞争……
>
> 而且，美国的生猪很快就被置于一个非常不利的地位，因为它们不是那种可以生产新鲜猪肉的种类，而是那种生产适于腌制和熏制的猪肉的类型，它们的肉柔软并且多脂……因此，19世纪70年代以后，随着肉类包装业进入公司资本主义时代，这一行业——虽然仍然倚重于猪肉——改变了其侧重点。

18

20世纪对牛肉的侧重必须从美国资本主义发展的角度来理解。主要的肉类包装公司被吸纳进了庞大的资本主义联合企业中，这些联合企业的出现明显造成了家庭小农场的衰落，而这类家庭小农场通常与养猪业联系在一起。而且，自1960年以来，牛肉消费的增长一直是美国资本主义的有机组成部分（Ross，1980：213）：

> 超级市场连锁经营积极地促进了牛肉的消费，也使其有利可图。实际上，超市连锁店往往与牛肉生产商关系密切。"加利福尼亚科恩县土地公司"在亚利桑那州、新墨西哥州、加利福尼亚州拥有200万公顷的牧场，而且在科恩县也有自己的牧场。在西夫韦有限公司（Safeway，Inc）前市场副总裁的领导下，这个公司在20世纪50年代变成了一个主要的牛肉生产商。1967年，科恩公司被天纳克公司（Tenneco Corporation）接管了。

1960年以来，美国牛肉消费的大多数增长与汉堡的日益流行有关。目前接近半数的牛肉消费是碎牛肉。快餐汉堡的特许经营已经变成美国流行文化中最突出的一面。正像罗斯注意到的那样，快餐汉堡的日益流行源自下列因素：郊区发展的逐渐加快，以及工作女性数量的巨大增长。不过，我们实际上不能离开美国的国际资本主义来理解这一现象。美国肉类包装企业加工的大多数牛肉都产自中美洲。因此，罗斯指出，美国牛肉的高消费水平"继续依赖于草场的存在——不过，它现在是国际资本主义（生产）过程的一个组成部分，在这一过程中，肥沃的土地被变成了养牛场……并且退出了当地的粮食生产（subsistence production）"（Ross，1980：214）。

推荐阅读

Collins, Randall. *Theoretical Sociology*. San Diego: Harcourt Brace Jovanovich, 1988. 该书毫无疑问是

有关当代社会学理论的最好的教科书。作者是美国最杰出的社会学家之一，文笔极佳，该书充满了富有洞见的分析。

Collins，Randall. *Four Sociological Traditions*. New York：Oxford University Press，1994. 该书对冲突理论、功能主义和社会建构主义（social constructionism）进行了极为清晰的综述。与科林斯（Collins）大部头的教科书相比，它更为简洁和易读。

Harris，Marvin. *The Rise of Anthropological Theory*. New York：Harper & Row，1968. 该书对文化人类学中相互竞争之理论策略的发展过程进行了出色的和全面的梳理。大多数讨论围绕着唯物主义和唯心主义策略之间的对立而展开。

19

Harris，Marvin. *Cultural Materialism*：*The Struggle for a Science of Culture*. New York：Random House，1979. 该书提出了哈里斯（Harris）所称的"文化唯物主义"的理论策略的三个要素。这种策略与本书的进化论唯物主义策略大体相同。该书还讨论并严厉地批评了一系列替代性的理论策略——不同派别的人类学家和社会学家目前正在鼓吹这些理论策略。

Ritzer，George. *Sociological Theory*. Third edition. New York：Knopf，1992. 在全面阐述从经典思想家到当代思想家的社会理论方面，本书可能是现有著作中最好的。

Sanderson，Stephen K. *Social Evolutionism*：*A Critical History*. Oxford：Blackwell，1990. 该书对19世纪中叶到目前的社会科学中的进化理论进行了对比、对照和评价。它还对社会进化论和生物进化论进行了一次系统性的对比。

Sanderson，Stephen K.，and Lee Ellis. "Theoretical and political perspectives of American sociologists in the 1990s." *The American Sociologist* 23（2）：26 - 42，1992. 该文报道了一次全国性的调查，这一调查显示了各种不同的理论策略在当代美国社会学家中的受欢迎程度。

Sociological Theory. 该杂志是一本致力于研究社会理论中的最新成果、辩论和争议的杰出杂志。它一年出三期。很多图书馆有订阅。

Theory and Society. 该杂志是另一本致力于研究现代社会理论的杰出杂志。它是一本双月刊。很多图书馆有订阅。

Tucker，Robert C.（ed.）. *The Marx-Engels Reader*. Second edition. New York：Norton，1978. 马克思和恩格斯著作的一本选集。对于两位伟大思想家所创立的很多杰出观念，它都进行了很好的介绍。

Zeitlin，Irving M. *Rethinking Sociology*：*A Critique of Contemporary Theory*. Englewood Cliffs，N. J.：Prentice-Hall，1973. 该书对当代社会学中很多杰出的理论策略进行了批判性的讨论。它还对功能主义进行了出色的批评。

12　宏观社会学

第二章 生物进化与人类社会和文化的出现

20　人科动物是一种非常特殊的生物。与其他所有的有机体一样，人类拥有一个经过了长时间进化的生物结构。这一生物结构决定了人类怎样行动和思考。它开启了人类思维和行动的巨大可能空间，但是也为人类可能的思维和行动设定了明确的界限。与很多其他生物一样，人类是社会性的动物。他们生活在群体和社会之中，并且在生存和生活中的需求满足上相互依赖。不过与其他生物不同的是，人类是文化的动物。他们，而且只有他们，创造了共享的思维和行为传统，并发扬这种传统。只有人类能生产复杂的工具，创造货币体系，任命或选举政治领袖，相互结婚，参与宗教仪式，或者将特定的象征性价值和信念赋予这些活动。简而言之，人类与其他生物有很多相似之处，但他们也是独一无二的。

　　本章将探究作为生物的、社会和文化生灵的人科动物的本性。本章将检视生物进化的一般过程，并且展示人类是怎样从数百万年之前的类人猿祖先进化而来的。本章还将讨论，人类被叫作"独一无二的、背负着文化的动物"意味着什么，并且描述人类的一些生理特征，这些特征使人类能够发明、传播和修饰文化。

21　生物进化的基本原则

进化生物学的发展

　　与人们通常的假设不同，并不是查尔斯·达尔文（Charles Darwin）第一个表达了进化的观念：生命的形式来自相互的转化和修正，而且这种转化和修正形成了一个连续不断的链条。达尔文之前的一些先驱，包括他自己的祖父伊拉莫斯·达尔文（Erasmus Darwin），通过进化性修正的假说对生命的多样性进行解释。因此，在对进化的信念上，达尔文绝不孤独。他对进化思想的独特贡献，是他所持有的解释进化的机制。他把这一机制称为"自然选择"。通过自然选择而进化的观念是他1859年出版的伟大著作《物种起源》的主导思想，这一理论原则已经被大多数现代生物学家和生物人类学家广泛接受，成为解释进化过程的关键。

　　达尔文自然选择的理论异常简洁。他论证说，在每一代，任何有机体的群体都会产生多于生存量的后代。因此，在这些有机体当中，为生存而进行的斗争就出现了，而性状适于成功地进行生存斗争的那些个体，相较于其他个体，就有了优势。它们更可能长到生殖年龄，留下后代，并将其基因传给下一代。它们的基因特征于是就成为该群体基因库的特征。

　　达尔文形成了一种虽不完整却自洽的对进化的理解，尽管他对遗传过程并不熟悉。实际上，在发表《物种起源》的1859年，遗传学这门科学还不存在，而达尔文自己的遗传理论也根本就不完备。这需要等待格里戈尔·孟德尔（Gregor Mendel）来建立统摄所有遗传性状的原则。孟德尔在花园里的豌豆上进行了一系列实验，并于1865年发表了他的发现。可是，他的工作成果并没有引起注意，而达尔文和那些声援他的学者，在还没有充分认识遗传过程的情况下，被迫面对充满敌意的批评，并捍卫其自然选择理论。这使得这一理论在19世纪剩下的时间里处于脆弱的地位，妨碍了它获得广泛的智力支持。大多数的生物学家愿意接受进化观念本身，但

第二章　生物进化与人类社会和文化的出现　**13**

是却大力抵制作为进化机制的自然选择（Mayr，1982，1988）。

不过事情很快就发生了变化。20世纪初，孟德尔建立的遗传原则被重新发现并加以应用，进而使下述问题得到了更加确定的理解：自然选择实际上是怎样发挥作用的？到20世纪30年代早期，遗传科学扩展到了对全部种群的遗传研究，种群遗传科学因此诞生。人们很快就意识到，不仅新的种群遗传学与达尔文主义的自然选择相符，而且两者可以被整合进一个新的综合的进化理论。这一理论通常被称为现代综合进化论，它在下列著名生物学家的领导下于40年代形成：狄奥多西·杜布赞斯基（Theodosius Dobzhansky，1962）、朱利安·赫胥黎（Julian Huxley，1942）、乔治·格劳德·辛普森（George Gaylord Simpson，1949，1953）以及恩斯特·迈耶（Ernst Mayr，1942，1963；cf. Mayr，1982，1988，1991）。

大致上，现代综合理论的基本原则可以表述如下（Futuyma，1986；Mayr，1982，1988，1991）：

（1）进化是个适应的过程，或者说，有机体的性状作为适应环境的手段而存在——这些有机体即置身于这一环境中。

（2）基因多样性——这种多样性是通过基因重组和基因变异形成的——为进化提供工作的原材料。

（3）基因多样性随机出现，也就是说，无论它是否对有机体有用。

（4）当自然选择过程对基因多样性发挥作用的时候，进化就出现了，它保留和强化有用的基因，并消除有害的基因。自然选择恰恰是基因变异的反面，也就是说，它是系统性的，而不是随机的。

（5）进化是逐渐发生的。也就是说，它是发生于长时段中的微小遗传变异的一步步的积累。

（6）进化是一个创造性的过程，它制造出复杂的生物学设计，但其运作却没有任何"设计者"——设计仅仅是微小适应性状的积累的最终产品。

（7）进化并非一个目的导向的过程，而仅仅是一个努力实现区域适应（local adaptation）的过程。

（8）进化是机会性的，也就是说，它只能在特定时刻，在已经存在的遗传材料（genetic material）上工作。

（9）进化的证据是如此确凿，以至于人们无法对它提出严肃的质疑。这些证据来自古生物学（化石记录）、实验和在原生环境中对物种进行的博物学观察。

现代综合理论，有时又被称为新达尔文主义，目前仍然是主导性的理论框架，当代的进化生物学家一般都通过它来理解进化过程。不过，从20世纪70年代开始，一些进化学家开始对这一理论框架的某些假说提出挑战。例如，尼尔斯·埃尔德里奇（Niles Eldredge）和斯蒂芬·杰伊·古尔德（Stephen Jay Gould，1972；Gould and Eldredge，1977）曾经挑战过新达尔文主义的关键假设，即进化是小规模改变的逐渐积累——宏观进化不过是微观进化的积累而已。埃尔德里奇和古尔德提出了另外的理论，他们把它称为"间断性平衡"（punctuated equilibria）理论。这一理论认为，进化发生于快速和突然的进发（rapid and sudden burst），这些进发不断打破长时间的进化稳态（evolutionary stasis）或连续性。

当然，对现代综合理论的挑战以及其他挑战，目前仍然充满争议，而且它们仅仅获得了少数进化生物学家的认可（cf. Stebbins and Ayala，1981；Futuyma，1986）。实际上，它们也许根本就不是什么挑战，因为类似于"间断性平衡"的理论实际上就可以追溯到达尔文，而且它可能与现在综合理论对逐渐进化的强调相一致（Dawkins，1986）。

无论如何，上文所陈述的现代综合理论的假设需要全面的和进一步的解释。

遗传和基因变异

对一些遗传原则的认识对于合理地理解自然选择是怎样发生的这一问题非常重要。

遗传的基本单位是基因，即生物化学信息的单位。基因由所有生物的基本建筑材料——脱氧核糖核酸，或简称为DNA——构成。DNA具有精确复制自我的特殊能力。由于基因由DNA构成，所以它们能够制造自身的精确复制品——从上一代到下一代，进而无限制地使自己获得永生。

在大多数情况下，基因在下一代中完美地复制自己。不过，这一复制机制偶尔也会出错，而基因在精确复制自己时失败的现象，被称为基因突变。在动物的任何群体中，这样的突变总会发生，每一代至少发生数次。由于突变基因持续产生，所以动物群体中的基因多样性总会出现。出现于有机体中的绝大多数突变基因都是有害的。不过，有时候突变基因也可能为携带它的有机体带来益处。

在有机体群体中，基因突变是遗传多样性的两个主要来源之一。另一个主要来源是遗传重组（genetic recombination），它源自有性生殖，即有机体的遗传基因来自双亲。遗传重组和突变所产生的多样性受到选择力量的持续作用，该选择力量系统地消除有害的性状，保留有用的性状并使其永久化。这一力量被称作自然选择。虽然自然选择可以作用于遗传多样性的两个来源，但对于大规模的生物学改变来说，源自基因突变的多样性是必不可少的。

自然选择与适应

自然选择是一个这样的过程：大自然选择特定的遗传物质，进而使动物适应自己生活的环境。自然选择是一个使动物在特定的环境中存活与繁殖的适应过程。如果一个物种对它的生存区域高度适应，如果这一生存区域大体上稳定，没有变化，那么我们就可以假设这个物种不会经历进一步的（任何实质性的）进化。（当然，自然选择目前仍在发生，因为每一代都必须为生存而斗争。不过，自然选择并不制造进化改变。）

当然，如果环境开始发生重大改变，那么物种可能就不再适于生存。为了对变化了的状况进行再适应，物种必须进行一定程度的进化改变，否则就会受到灭绝的威胁。它能否改变取决于很多因素。比如，面临变化环境的一个动物物种，可能会在其后代中制造一系列的突变基因。由于这些基因大多会对携带它们的有机体有害，所以它们大多会在其下一代（或者至少在很少的几个世代里）被消除。这是因为携带这些基因的有机体不能很好地存活和繁殖，因而不能在其后代再生产，不能保持它们的基因。因此，自然选择选择性地消除这些有害突变，或者使其尽可能地减少。

不过，如果出现的突变基因为有机体带来一些好处，并帮助它们适应变化的环境，那么该有机体就可能繁荣生长并活到生殖年龄。它就可以通过把基因——包括有益的突变基因——传给下一代的方式来复制自己。该突变基因将会被数个有机体携带，而相对于那些没有这些有利基因的有机体来说，这些有机体会具有一个微弱的适应优势。这些具有有利基因的有机体进而生长、繁殖，并且留下更多的突变基因的复本。最初的突变基因将会在该物种的总体基因池中扩散，而且它可能最终改变整个物种的特性。如果是这样，那么在此动物物种中就发生了一个微小的进化改变。

当然，在这个物种中，在合适的时间，其他有益的突变也可能出现。这样的话，它们也会被保留并通过自然选择在该物种中传播。在足够长的时间

之后，这些基因改变可能会积累到一个节点，在这个节点上，物种会拥有一种截然不同的遗传结构。它可能会变得十分不同，以至于变成了一个与曾经的物种不同的新物种。

基因突变的过程对进化极为重要。它提供了类型最重要的新的基因多样性，自然选择就在这一基础上工作，而且如果没有这些基因突变的话，重大的进化改变就不会发生（Dobzhansky, 1962）。因此，大规模的进化是自然选择与基因突变之间进行互动的结果。

在上文所述进化过程（scenario）中，通过进化修正（evolutionary modification），面临环境变化的物种成功地适应了新的环境。进化过程导致了"适者生存"，适应性的基因被保留和复制，而不适应的基因逐渐被消灭。适应性基因不过就是那些在特定的环境中为有机体带来适应优势的基因。类似地，不适应的基因就是那些不能良好地适应环境的基因。一个基因的适应性完全是相对的，而且一个基因是否是适应性的，是由环境来决定的。一个有机体的适应性必须从其不同的繁殖成功度来定义。一个能够在未来留下更多后代的有机体比其他的有机体具有更高的适应性。

19世纪甚或是20世纪早期，很多非达尔文主义的理论与达尔文主义的自然选择理论共存，而这些理论本质上来说都是目的论的（Bowler, 1983, 1988）。它们把进化看成一个目的导向（goal-directed）的过程，或者是一个"低等"有机体努力变成"高等"有机体的过程。进化被看成日益改进甚至完善的过程，这一过程的顶点就是人类。达尔文的自然选择理论并不依赖于——实际上极力反对——这样的目的论假设，而现代综合理论（modern synthetic theory）的成功，则把目的论驱逐出了自然界。通过自然选择实现的进化完全不是目的导向的。实际上它也不可能是，因为自然选择所依赖的自然材料，即遗传多样性，是完全随机地、非系统性地发生的。正像前文所指出的那样，进化是机会性的，只能在已有的东西上工作；而在任何时候，它都不能决定自己拥有什么东西。正像达尔文所强调的那样，是自然过程造成了生命的复杂多样性，而生命已经在地球上存在了35亿年，这其中当然也包括所有的人类物种。

人类进化

人类——人科动物的成员——进化的故事跨越

了过去的 400 万年。最早的人科动物出现在南部非洲和东部非洲。他们看起来大概更像猿而不是人，不过他们拥有两个特征，这两个特征被人类学家视为典型的人类特征：直立的姿势和双足行走。这些个体被统称为南方古猿，他们的体型和脑容量都很小。大约经历了 200 万年之后，他们变成了两个人类物种——能人和后来的直立人。这些物种体型要高大得多，脑容量也大得多，尽管在智力上他们距离现代人类还很遥远。大约 50 万年之前，我们这一物种的古代型或早期类型——智人——出现了。与他们的两个前辈——能人和直立人——一样，他们广泛地分布于非洲、欧洲和亚洲。

在完全现代的人类出现之前，已知的最后一个人类物种被称为尼安德特人（the Neanderthals），他们于 20 万年前到 3 万年前之间生活于欧洲和中东地区。从很多方面来说（智力只是其中之一），他们和完全的现代人很相像，但拥有特别粗短的身材和粗大的眉弓，这些特征被解释为对自己生存的极端寒冷气候的适应。曾经有人认为尼安德特人是我们自身物种的直接祖先，不过，近年来这一想法在很多学者中失宠了。20 世纪 80 年代形成了一种替代性的理论，即所谓的"走出非洲"或"夏娃"假说。这一理论认为，所有现代人类的祖先都是非洲人（Stringer and Andrews，1988；Cann，1987；Cann, Stoneking, and Wilson，1987；Klein，1989）。其基本思路是，解剖学上的现代人类大概早在 20 万年之前就在非洲进化成了，他们中的有些人在不晚于 4 万~6 万年前移居到了亚洲和欧洲（也可能更早，在 10 万年之前）。他们一旦到达欧洲和亚洲，就与尼安德特人（在欧洲和中东）和古智人（archaic H. sapiens，在亚洲其他地方）相遇了。由于现代人拥有更强的适应能力，所以他们把其他的物种推到了灭绝的境地。这种情况可能是通过更强大的生存技能（更高的技术，更好的觅食技巧，等等）、战争，或者二者相结合发生的。

现代人类的单一起源说虽然得到了大量坚实证据的支持，但仍然充满争议，并且受到了一些学者的严重挑战。这些学者鼓吹一个替代性的理论，即"多源进化"理论（Frayer et al.，1993；Wolpoff，1989）。这一理论认为，在非洲、欧洲和亚洲，现代人类沿着几条独立的线进化。当然，每一个大洲上现代人类的进化都不是完全独立的，因为千万年来大量的移民和基因交换发生于三个大洲的人口之间。

在一本宏观社会学的教科书中，不可能对这一极端复杂的学术上的争议进行裁判，只有生物人类学家和分子生物学家（molecular biologists）有能力解决这一问题。不过，目前，主张"走出非洲"的单一起源理论的理论家似乎占了上风，我怀疑他们最终会战胜其理论对手（Stringer and Gamble，1993；Shreeve，1995）。无论如何，这将是一个引人入胜的辩题，值得我们继续关注。

什么是人类进化中的重大进展？主要的变化里程碑是什么？最关键的一个变化是，向直立状态和双足行走的转变。实际上，我们认为，这些是人成其为人的主要特征。直立状态和双足行走的发展非常重要，因为这些特征解放了双手，否则双手仍然要被用于行走。解放了的双手可以被用于其他的用途，最重要的是使用工具。人们知道，其他灵长目动物也会制造和使用粗糙的工具，但只有人类广泛地使用工具。没有直立双足行走的发展，工具的使用能否以某种重要的形式出现，是大为可疑的；创造文化的人科动物是否能进化出来，也是大为可疑的。

工具的重大长处是，它在环境开发上拥有巨大的优势。人类中工具使用的出现，使他们最终发展出复杂的技术，该技术又进一步提高了文化发展的水平。不过，其他因素在文化发展方面也很重要。其中最重要的就是大脑日益增长的容量和复杂性。这种增长给了人类巨大的学习能力。在适应自然的能力方面，人类开始获得巨大的可塑性（flexibility），他们不再简单地接受基因的裁制来适应环境。随着他们开始如此行事，他们也开始在更广阔和更多样的环境中成功地生存。

人类进化的独特性

人类进化中最重要的发展是文化的发生，它的存在把人类与其他动物区别开来。文化的出现显然与大脑的进化和学习能力的扩展有关。特别是，一种独特的人类交流方式使得文化的发展成为可能：符号交流。虽然所有的动物也都相互交流——传递与行为有关的信息，但是只有人类通过符号来进行交流。

符号交流与语言

非人类的交流体系采用了多种多样的形式，涉及许多感觉器官。与人类交流一样，大多数的动物交流也包含声音和非声音两个因素。在非声音层面，交流通过使用嗅觉、触觉和视觉来进行。蜜蜂通过一种叫作"摇摆舞"——这种摇摆舞很像是一个"8"字——的方式来传递关于新食物来源的信息（E. O. Wilson，1975）。很多灵长目动物和其他哺乳动物通过撒尿标记的方式来宣示它的领地，以警告可能的闯入者。黑猩猩则是拍打彼此的手和脸，并且深情亲吻（Jolly，1972）。在声音层面，灵长目动物和很多哺乳动物都会制造各种声音，每种声音都会传递一些信息。

虽然非人类交流体系极其多样化，但是所有的交流体系都有一个基本特征：它们的基础都是对信号（sign）的应用。信号的独特性在于，信号和它试图传达的意义之间的关系，是先天规定好的。蜜蜂的舞蹈、黑猩猩的哼哼以及鬣狗的嚎叫都是先天设定好的交流行动。其中，动作及其意义之间有一个严格限定的、一一对应的关系。因此，信号是封闭的，或者说是非创造性的交流机制，它们的意义被严格预定了，没有任何附加新意义的可能。

人类交流的独特之处是，它建立在符号的基础之上。符号和信号的区别是，符号的意义是任意的。符号的意义由使用它的人决定，人们以一种特定的方式来使用它。因此，符号不像信号那样死板和严格。与信号不同，符号是开放的，或者说是创造性的：它们能够承载新的或者不同的意义（甚至同时代表不同的意义），而这取决于其使用者的表达方式。信号和符号都传递信息，不过因为符号具有开放性和创造性，所以它们的工作效率要高得多。符号不仅使交流更加有效，而且能够传递更大量、更复杂的信息，而信号则不能。

一个个的符号为语言——人类的独特成就——提供了建筑材料。实际上，语言可以被定义为对符号的复杂排列。随着语言的产生，人类跨越了一个进化门槛。

查尔斯·霍克特和罗伯特·阿舍尔（Charles Hockett and Robert Ascher，1964）曾经确定了真语言的四个主要特征。首先，语言具有开放的性质。构成语言的符号可以加载新的和多样化的意义，这与信号系统的意义的前定性正好相反。而且，说话者可以说出新的表达方式——这种方式从没有人说过或者听过。这使得语言具有了创造性，因为它能够制造新的表达方式、新的意义，以及表达方式和意义的新组合。其次，语言具有所谓"移位"

（displacement）的特征。"移位"指的是言说看不见的东西、过去的东西甚至不存在的东西的能力。相反，信号则被局限于与其表达相关的场合。例如，霍克特和阿舍尔指出，狐猴不能发出食物呼唤，除非它们已经发现了食物。再次，模式化的二元性（duality）也是语言的独特性质。一方面，语言对基本的音素具有一个基本的系列模式，这一模式在孤立存在时是无意义的；另一方面，这一模式又把这些个体性的因素结合到确定的语序中去——这赋予它们以意义。信号系统没有这样的二元性，每一次发声仅仅携带一个单一的、前定的意义（predetermined meaning）。最后，语言通过学习来传播。这种传播方式与信号系统的遗传传播形成鲜明对比。

语言的起源

语言是何时起源的，是怎样起源的，这一问题仍然是辩论的主题。语言学家们在"语言有多么古老"的问题上针锋相对。有些人把它看做较为晚近的发展，也许不超过 10 万年（Bickerton，1990；Noble and Davidson，1996）；其他人则相信，可能早在 100 万年以前（Hockett and Ascher，1964），或是 200 万年前，甚或更早（Pinker，1994），它就已经开始进化了。

理解语言起源的一次重要努力是由德莱克·比克尔顿进行的（Derek Bickerton，1990）。比克尔顿认为，人类不可能从前语言状态直接进入语言状态。因此，他设想存在一个中间状态的交流系统，并将其称为"原始语言"（protolanguage）。他认为是原始语言为语言的发展铺平了道路。比克尔顿主张，原始语言是 4 类言说者所特有的：被训练使用所谓的"信号语言"的猿、两岁以前的儿童、早年被剥夺了语言使用机会的成年人，以及使用洋泾浜语言（pidgin language）的人。

比克尔顿引述了吉尼（Genie）的故事。吉尼是一个 13 岁的女孩，她被自己的父亲关在卧室里，隔绝于任何语言之外。当她 13 岁试图学习语言时，她只能说出下面这样的东西：

> 要奶。
> 麦克晕过去了。
> 大象，长鼻子。
> 苹果酱油买商店。
> 在学校洗脸。
> 告诉门关上。
> 很悲伤，爬山。

我要柯蒂斯演奏钢琴。

爸爸拿木头。打。哭泣。

吉尼说话具有两岁以前儿童的鲜明特征,不过这里有一个进展正常的孩子塞斯(Seth),他刚刚两岁多一点(Bickerton,1990:166):

我还想穿那个吱吱作响的鞋子,爸爸。

让我们找一块石头敲响它。

球跑哪里去了?球在哪儿?

杰弗里来了。这是你的饼干怪兽(cookie monster)。这是另一种饼干怪兽。

在比克尔顿看来,原始语言和语言之间的关键差异是,原始语言中缺乏句法(syntax)——构成复杂句子的能力——和语法性词语(grammatical item)。比克尔顿相信,吉尼只能掌握原始语言,因为人过了早期的关键发展阶段之后,就无法掌握语言了。

原始语言出现于什么时候?比克尔顿估计它可能与能人同时出现,如果不是这样的话,也肯定与直立人同时出现,大约在 150 万年之前。不过,他表明,只有完全的现代人出现之后,真语言才出现。他提出,这一转型可能很快就完成了。他怀疑,真语言的出现是在大脑里的某种特殊的内部重组之后成为可能的,而这一重组是某一个体的单一遗传突变的结果。他指出,向语言的急剧转型是技术变迁的需要,也是观念发展的需要,而这种观念发展与完全的现代人如影随形。

> 在这件事情上最有力的证据可能是化石记录。对于化石记录来说,少数的几个没有争议的事实是,直到直立人发展末期,标本①的工具库仍然没有什么发展。特别是,几乎没有新的人工制品被创造出来。只有在我们自己这个人种出现之后,下列制品才出现:带刃工具、洞穴壁画、石制小雕像、阴历(moon calendar)②,以及其他种类丰富的人工制品。

威廉·诺贝尔和伊恩·戴维森(William Noble and Iain Davidson,1996)虽然否认比克尔顿的主张——"前语言(prelanguage)阶段"和"语言阶段"之间存在一个"原始语言阶段",但是仍然同意他的另一个主张,即语言是一种相对晚近的进展。他们认为,语言的出现不会早于 10 万年之前,甚

至可能不早于 7 万年之前。从本质上说,他们对后一个时刻的推理与比克尔顿的推理是一样的。他们主张说,有些考古学证据所提示的现代人行为中的预测和计划能力——意识的或"有意识的"行为,最早不会早于 10 万年前。他们还坚持认为,这样的行为必然要求语言的存在。

语言起源的第三个观点是由斯蒂芬·平克尔(Steven Pinker)在其著作《语言直觉》中提出来的。平克尔同意比克尔顿的主张,即从逻辑上来说,语言必须出现在某种类型的原始语言之后。不过,他对比克尔顿的下述主张持怀疑态度:语言突然性地起源于一次单一的基因突变。他倾向于采用一种更加渐变主义的解释。平克尔还倾向于把语言的起源时刻大大地往前推。他提出,能人和直立人可能拥有某种类型的语言。他甚至提出,语言的第一缕痕迹可能出现于更新纪的灵长目动物中!

虽然对语言起源争议的断定都只是初步的,但可能的情况是,语言是一个相对晚近的现象,而且理由就是比克尔顿、诺贝尔和戴维森所提出的那些。语言的出现表明了某种概括能力和行为类型的存在——这些能力和行为仅仅与现代人类联系在一起。语言反映的是展望和计划的能力,目前没有可靠的证据显示能人和直立人具有这些能力,更不用说更新纪的灵长目动物了。

作为进化适应手段的语言

虽然在比克尔顿和平克尔之间存在着有关语言发展速度和进化时间的不同意见,但他们一致坚定地认为,语言的进化对人类具有决定性的意义。那么,语言为什么如此重要呢?对这个问题的回答是,它使得人类交流的效率大大地提高了,使得交流效果大大地增强了,而可能对生存概率产生重大的影响。平克尔(Pinker,1994:367-368)解释说:

> 如果说当代的狩猎采集者可以发挥某种借鉴作用的话,那么我们的祖先绝不是除了"应该躲避那一头乳齿象"之外不会谈论其他话题的咕咕哝哝的洞穴人。狩猎采集者是成功的工具制造者和优秀的业余生物学家,他们对其赖

---

① 即化石标本,借指当时的人。——译者注

② 直译为"月亮历法",即依据月球周期制定的历法。——译者注

以为生的动植物的生命周期、生态和行为有详细的认识。在任何与此类似的生活形态中，语言毫无疑问都是大有用途的。在亲属和朋友之间，对这些来之不易的知识进行交换必然回报颇丰，而语言则是这样做的主要途径。

进行精确信息交流——关于时间、空间、物体，以及谁对谁做了什么——的语法工具的设计，可不能像谚语"热核苍蝇拍"那样（不着边际）。反省能力特别有用……有了这个能力，说话者就能够把一个物体提升到任意精确的水平。这种能力大有用途，它可以区别下述两种意思：要到达一个遥远的地方，你是走大树前面（in front of the large tree）的那条小路，还是走另一条小路，那棵树在它的前面（the large tree is in front of）。它能区分下述两种意思：你可以吃那个地方的动物，或是那个地方的动物能吃你。它也能区分下述三种意思：水果已经成熟，水果已经熟过了，水果将会成熟。它还能区分下述两种意思：如果走三天路，你能否到达那里；或者，你是否能够到达那里后再走三天路。

语言的巨大有用性提示平克尔，它是一个与大脑容量和能力的提高同样重要的进化适应手段。平克尔认为，语言已经进化为一种基本的人类本能。他这样说的意思是，语言的逻辑结构已经被植入了人类的大脑中。当然，语言的内容——特定的词语和某种语言的语法特征——是习得的，不过大脑天生就具有某种"语言器官"。这是一个强有力的看法，而平克尔搜集了大量的证据来支持它。最重要的一组证据是，儿童能以令人惊叹的速度掌握语言，他们拥有无限制地创造词组和句子的能力，尽管他们从来没有听过这些词组和句子。

使用更社会学化的说法，我们可以说，语言的极端重要性在于，它为文化的发展铺平了道路。所谓文化，就是由工具、思想和行为所构成的体系，这一体系为人类提供了独特而有效的适应手段。语言是复杂的符号体系，而文化则要求人们具有象征化的能力（symbolization capacity），因为文化对信息——这些信息是通过社会习得的——的储存和传播手段特别依赖。

符号交流是人类特有的吗？

最近，人们试图教大猩猩学习简单的语言，该实验的结果使得人们怀疑人类符号化能力的独特性。

很多学者依据这些结果总结说，符号交流并非人类独有的，因此人类和其他动物之间的鸿沟不像以前人们认为的那样大。

戴维·普力马克（David Premack，1970）曾经训练一只叫做萨拉（Sarah）的黑猩猩学习一种符号系统。萨拉被要求将各种塑料筹码放置在一个磁力板上，每一个筹码都代表一个单词，而筹码的顺序则代表一个词组。萨拉显然掌握了大约 130 个单词的用法。盖德那夫妇（Gardner and Gardner，1969）运用一种奖励和直接指导体系训练黑猩猩华舒（Washoe）理解美国哑语（American Sign Language for the Deaf，ASL）。华舒最终能够掌握超过 100 个单词，而且盖德那夫妇声称，华舒能够把很多单词串成短句。弗兰辛·帕特森（Francine Patterson，1978）曾经成功地教会一只雌性大猩猩蔻蔻（Koko）说美国哑语。蔻蔻能够使用大约 300 个单词，据说它还能够把单词串成句子。苏·萨维奇-拉姆堡（Sue Savage-Rumbaugh，1986）曾经训练两只年轻的雄性黑猩猩舍尔曼（Sherman）和奥斯汀（Austin）学习一种符号交流系统，在这个交流系统中，它们（两只黑猩猩）可以通过计算机键盘做出回应。萨维奇-拉姆堡使舍尔曼和奥斯汀成功地学会与她和其他训练者沟通，甚至在它们之间进行沟通。

迄今为止最大的成功事例发生在倭黑猩猩（Pan paniscus）身上。萨维奇-拉姆堡、拉姆堡和麦克唐纳（Savage-Rumbaugh，Rumbaugh，and McDonald，1985）曾经在一只雄性倭黑猩猩坎茨（Kanzi）身上做实验——运用曾经使用在舍尔曼和奥斯汀身上的方法。坎茨比上述两只黑猩猩走得都远。在比舍尔曼和奥斯汀早得多的年纪，它就可以想象性地（representationally）使用符号（也就是说，可以理解不在场的物体或事件），而且它比舍尔曼和奥斯汀更能做出即兴的（spontaneous）而不是反应性的（prompted）或被动的（imitated）回答。在符号沟通实验中，在它与舍尔曼、奥斯汀和其他类人猿之间存在着显著的差异。坎茨显示出它能够理解英语口语，甚至似乎能够理解那些没有涉及它的两人对话。

这些实验最初赢得了人们极大的热情，但是在 1979 年，当赫伯特·泰瑞斯和他的同事们（Terrace，1979；Terrace，Petitto，Sanders，and Bever，1979；cf. Terrace，1985）发表了两篇文章之后，这种热情就大大地消退了。他们在一只叫作尼姆·齐姆斯基（Nim Chimpsky）的年轻雄性黑猩猩身上做了实验，并录了像。在仔细地分析了这些录像带以后，他们得出结论说，它并不是像我们所理解的那样在学习语言。泰瑞斯声称，尼姆的发声是反应性的，而不是即兴的，它不能对物体进行命名——泰瑞斯认为命名才是语言的关键特征。而且，据说尼姆的复合发声（combined utterance）并没有体现出真正的语法或者句法依据。泰瑞斯把这些结论推广到了介入语言训练的其他类人猿（坎茨除外，因为对它的研究是后来进行的）。

泰瑞斯的结论受到了萨维奇-拉姆堡（Savage-Rumbaugh，1985）强有力的挑战，她认为泰瑞斯对语言进行定义的标准太严格。她声称，当意义被沟通时，语言就存在了，而这明白无误地发生了——当她在舍尔曼和奥斯汀身上进行实验的时候，以及在其他类人猿的语言训练工作中。她还声称，类人猿的很多言语是即兴地和想象地发出来的。当然，她注意到，类人猿并不具有像人类那样完全的语言能力，并认为它们会有那样的能力本身就是匪夷所思的。但无论如何，它们的能力符合语言的很多特征。

31 我们对这一系列研究能说些什么呢？一个显而易见的结论是，类人猿具有比克尔顿意义上的原始语言能力，但这不是真正的语言——后者显然是人类所独有的特征。也就是说，人类能够在下述意义上进行符号交流：共享为符号所任意地①代表着的意义。不过，语言的两个关键内涵——语法和句法，却不在上述意义之中。我们还可以得出很多其他结论。我不愿意成为一个扫兴的人，但我确实没有很多热情描述关于类人猿语言训练的所有研究。即使类人猿拥有原始语言能力，在野生环境中，这些潜能也完全没有实现。即使它们拥有原始语言，也是高度受限的，与年幼儿童的原始语言相比，两者判若云泥。

斯蒂芬·平克尔的看法更加消极。他声称，类人猿并不是在学习真正的符号语言，它们不过是依赖于它们固有的姿势语言罢了。他还声称，类人猿实际上没有任何语法能力，它们在对话过程中没有顺序，不过是给伙伴发信号，而且很少即兴地发信号，因而需要训练和塑造（才能如此）。平克尔（Pinker，1994：342）总结说，类人猿在语言上的失败显然"并非它们的羞耻，即使是人也不能做得更

好——如果他只能接受像黑猩猩那样的训练，只会'呼呼'地尖叫的话。这样的对等实验②在科学上意义是一样的"。

社会、文化和人类适应

组织的社会模式

如果某个种类的动物生活在一起，相互交往，为了生存而互相依赖，那么这个物种就是社会性的。人类之所以是社会性的，是因为他们生活在一个有组织的群体中间，我们把这个群体叫作社会。可是这并不能让人类变得独一无二，因为很多动物物种也生活于社会之中，而且这样的社会组织模式也不限于所谓的高等物种。很多昆虫就生活在颇为精致和复杂的社会群体里，这个社会群体的成员紧密地相互依赖以便生存。简而言之，在动物世界中，社会化的生活是一个广泛存在的现象。

不过，社会生活并不是随机地分布于各种动物种类中的。一个物种的进化地位与组织的社会类型直接相关。一个物种在生命种系等级（phylogenetic scale of life）上的位置越高，它展现出有组织的社会生活的可能性就越大。因此，虽然只有某些昆虫生活在社会中，但大多数哺乳动物都展现出了有组织的社会生活。

不过，假设蜜蜂、黑猩猩和人类的社会基本上是相似的可能是一个严重的错误。对于上述物种来说，社会存在的特定性质和基础截然不同。蜜蜂、蚂蚁和黄蜂的社会生活是复杂而精致的，不过这几个物种的个体行为却完全由本能机制（instinctual mechanism）控制。社会性昆虫被一系列成型的行为反应提前编码了。学习在它们的行动中实际上不起作用。

上述对社会行为之基础的描述，不适用于非人类的哺乳动物。例如，虽然黑猩猩的社会生活在很大程度上是由基因决定的，但是新近的研究显示，学习在其社会行为中扮演了重要的角色。在这一事例中，学习的作用体现了下述一般规律：一个有机体的进化复杂性越高，学习的影响就越大（van den Berghe，1978）。

---

① 即符号和它所代表的意义之间没有必然联系，如英语的"dog"与其意义"狗"之间并无必然联系。——译者注

② 即像训练黑猩猩说人话那样，训练人说黑猩猩的话。——译者注

这一规律也有助于理解人类社会的基础，因为只有在人类这一物种身上，在塑造社会行为时，学习的作用才超过了生物因素的作用。不过，简单地声称人类的社会生活高度依赖于学习，道理也不充分。指出下一点是非常关键的：人类行为是通过文化来学习的，因此，人类社会——与其他所有动物社会都不同——是一个由文化提供秩序和规范的体系。

文化和人类适应

文化概念对于研究人类行为和人类社会是必不可少的。不幸的是，对于这个概念的意义，目前还没有形成共识。有些社会科学家仅仅用它来指称个人赋予其行为的符号意义，因而包括行为本身——考虑到行为也是文化的一个组成部分（cf. Goodenough, 1969; D. M. Schneider, 1968）。本书的立场是，对文化的这种定义过于狭隘，因为人类社会生活有许多相关面相，这一定义却将它限于其中一个面相之上。相应地，我们将以宽泛的方式定义文化，即社会成员的社会生活方式的全部，包括工具、知识、思考和行动的既定方式；而人们通过语言学习、分享这些内容，并且从一代传给下一代。文化的定义强调，它是一个复杂的整体，包括三个相互关联的现象：工具和技术，简称为"技术"——人类将它们发明出来以适应其环境；个体作为社会成员参与其中的行为类型；共享的信念、价值和规范——人类创造了它们，将其当作定义相互关系以及与自然环境关系的手段。

文化具有四个主要特征。首先，文化立足于符号之上。符号对文化来说非常重要，因为符号是对大量信息进行储存和传播时所必不可少的机制，正是这些信息构成了文化。其次，文化是习得的，通过学习而不是生物遗传进行传播。（不过，这并不意味着人类的生物性质与文化的本质无关。实际上，所有的人类文化都依赖于生物学基础，而人类的生物性质在一定程度上决定了人类发展出来的文化的性质。）再次，文化是社会成员共享的一个体系，也就是说，它代表了社会成员的集体，而不是其个体。虽然各个不同的个体在接受或者遵从文化典范的程度上有所不同，但从定义上讲，文化是一个社会所有社会成员的集体代表。最后，文化倾向于被整合在一起。文化的各个不同部分或成分倾向于相互适应，它们看起来相互一致，尽管冲突、摩擦和对立仍然存在。

人类学家和生物学家都付出了大量精力，以区

分社会的概念和文化的概念。人们一般用社会来指称"存在于人们之间的模式化了的关系"，而文化常常被看做"这种模式化关系的产物"（即技术、信仰、价值以及各种规则，这些规则既服务于这种模式化的关系，也源自这种模式化的关系）。虽然这一区分对于各种分析性的目的来说可能是有用的，但它是高度人工化的（artificial），它与人类生活的具体现实格格不入。因此，这一区分不值得推荐，而且其坏处很可能大于其好处。相应地，为了避免这一区分，追随那些使用一个杂糅的（hybrid）术语"社会文化体系"的人们可能更有裨益（M. Harris, 1985b; Lenski and Lenski, 1987）。这一术语的真正好处是，它使构成"体系"的全部因素得以彰显——个体就在这个体系中经营他们的生活。社会文化体系的性质以及适当地划分它们的方法，是第三章的主题。

文化的真正重要性是它的适应性。文化为人类创造了适应生存条件的新手段，而这种适应模式远比生物学适应优越。在一个较低的种系（phylogenetic）发展水平上，社会本身变成了适应机制，而这一机制是从生物学适应的长期过程中脱胎出来的。随着社会进化到了更高的复杂水平，随着从信号体系发展出符号体系的条件变得成熟，作为进化的产物，文化诞生了。所有这些都发生以后，社会文化体系就成为舞台上的主角了。在这一体系中，文化超越并最终取代了生物学因素，成为人类适应能力的首要基础。

文化是人类独有的吗？

最近研究发现，一些非人类的灵长目动物常常使用一些初级的工具。这一发现导致一些观察家向"文化为人类所独有"的常规知识发起挑战。例如，黑猩猩使用草茎作为原始工具，把白蚁从洞里掏出来。黑猩猩在使用这些工具之前，还对它们进行塑形和修理（Jolly, 1972）。人们还发现，一群日本猕猴发展出了这样的做法：在进食土豆和小麦之前先清洗它们。这些做法在群体成员中通过学习获得，尽管是通过观察而不是通过直接教授（Jolly, 1972）获得。狒狒曾经以石头为武器，而黑猩猩似乎曾经瞄准目标，并用木棒击打物体（Jolly, 1972）。

这些原始形式的工具使用必须被看做文化的原初形式。这些工具使用的形式，在一个物种的不同群体之间也有所不同，因此它们是习得的、共享的类型，不能用生物遗传的说法来解释它们。不过，

针对所谓的非人类"文化"做出突兀的结论也是不合适的。虽然非人类的灵长目动物具有一些文化的基本要素，虽然人类和其他灵长目动物之间的区分必须被看做数量性的（quantitative），但这一数量性的区别是如此之大，以至于提出下述看法也是可行的：从所有实用的角度来说，文化是人类所特有的创造物。从技术的角度来说，人类并非拥有文化的唯一物种，但是与其他任何动物相比，人类在文化创造上都是出类拔萃的。从来没有一个观察者发现崇拜神祇、支付彩礼或者在山洞里涂抹壁画的黑猩猩。

文化中心主义与文化相对主义

雄心勃勃的人类学家和社会学家很快就认识到的一个人类生活的特质是，不同社会文化体系之间有着巨大的差异性。社会科学家发现，他们经常会面对与自身文化截然不同的文化。在第一次面对完全不同的文化时，人类学田野工作者常常有令人恐怖和震惊的经历。拿破仑·查格农（Napoleon Chagnon）生动地描述了他与南美洲的雅努玛玛印第安人（Yanomama Indian）的第一次会面（Chagnon，1983：10-11）：

> 我抬头望去，倒吸了一口凉气！我看见数十个粗壮的、裸体的、浑身是汗的、丑陋的男人正从他们拉开的弓的弓柄处俯视着我们！一大卷绿色的烟草夹在他们的下牙和嘴唇之间，这让他们看起来更加丑陋。一缕浓绿色的黏液从他们的鼻孔里流出来，并吊在鼻孔上——这黏液垂吊得如此之长，以至于黏在了他们的胸肌上，或者从下巴上垂下来。当我们来到村庄的时候，男人们正在向他们的鼻子里吹一种致幻药。这种药物的一个副作用就是流鼻涕。鼻涕里永远充满绿色的粉末，而且他们通常让鼻涕自由地流淌……我的下一个发现是，这里有数十条凶狠的饿狗，它们在我的腿上撞来撞去。它们绕着我，似乎我就是它们的下一顿饭。我抓着自己的笔记本傻站在那里，无助又可怜。然后，腐烂的植物和污物的恶臭向我冲来，几乎让我呕吐。我被吓傻了。对一个来到这里和你们住在一起，学习你们的生活方式，并将成为你们的朋友的人，这是什么样的欢迎方式？

> 当我们走在去小船的路上的时候，我思考着一个问题：在我还没看到他们是什么样子之前，就决定花一年半的时间住在这个部落里，

是否明智？我毫不羞耻地承认，如果有某种外交手段让我离开，我当场就会结束我的田野工作。

查格农所经历的极端文化冲击并不限于职业的社会科学家。这种冲击可能而且实际上曾经被下述所有人经历过：他们突然遭遇到与自己的生活方式截然不同的生活方式。这一反应源自一种被称为"文化中心主义"（ethnocentrism）的现象：每个人都具有认为自己的生活方式高于其他所有的生活方式的倾向。因此，查格农被他所看到的吓坏了，因为在他以访问者的身份接近那个部落之前，西方工业文化并没有使他为下述现象做好准备：拉开的弓箭、裸体、鼻孔中流淌下的绿色黏液，以及肮脏的环境。在很大程度上，我们都是我们自己文化的产物，而且我们所有人都倾向于认为，我们自己的生活方式是最为可取的，而其他文化则代表了不那么可取的生活方式的不同等级。文化中心主义是一种普遍存在的人类现象。雅努玛玛印第安人也不例外。查格农报告说，由于他不是雅努玛玛人，所以雅努玛玛人倾向于认为他低于人类。雅努玛玛人是世界上最富有敌意和最好战的群体，可是当查格农向他们描述美国人在越南战争中的所作所为时，他们表达了他们的道德厌恶（morally repelled），并认为那样的行为是野蛮的、非人道的！

文化中心主义对我们研究其他文化造成了特殊的困难，这是因为，如果足够强烈的话，它对任何类型的客观研究（因而也是准确的研究）都设立障碍。如果查格农不能克服他的文化中心主义，那么他连最不成功的研究项目也无法进行。人类学家和社会学家通过一种对立的理念来解决这一问题，这个理念被称作"文化相对主义"（cultural relativism）。文化相对主义是这样一种理念，即没有任何文化是内在地高于或者低于其他文化的，由于每一种文化都代表了一种解决人类基本问题的适应方案，所以所有的文化都"同等有效"（equally valid）。文化相对主义者相信，一种文化的标准不能被用来评价另外一种文化，因而，用于评价某种文化的标准只能是该文化自身。如果我们运用这一理念来评价雅努玛玛人杀女婴行为（选择性地杀死女婴）的适当性，我们实际上只能说"虽然对我们来说它是错的，但是对他们来说却是可以接受的，而且我们不能对其进行道德谴责（categorically condemned）"以及诸如此类的话。而且，我们是通过承认下述事实来说这些话的：对雅努玛玛人来说，杀婴是"正当

的",因为它是解决人类生存问题的一种手段。

³⁵ 作为一种道德或伦理框架,文化相对主义受到了严厉的批评,而且它也没有能够构成一种令人满意的伦理体系（Kohlberg, 1971; O. Patterson, 1977）。文化相对主义的问题是广为人知的。首先,它迅速地堕落为一种"治疗疾病的疾病"（Kohlberg, 1971）。也就是说,"它导致了对一种公然的非人类行为的认可"（Hatch, 1983: 81）。例如,在"对他人的生活方式要宽容"的名义下,一种严格的相对主义态度会让我们赞同下述事情:纳粹灭绝犹太人的努力、古罗马奴隶制和新世界的黑奴制度、雅努玛玛人对妇女的轮奸,以及其他从合理标准来看罪恶昭彰的无数文化现象。此外,文化相对主义可能会使"习惯的独裁"（tyranny of custom）永久化——通过消灭个人自主空间的方式（Hatch, 1983）。

实际上,甚至对很多文化相对主义者来说,文化相对主义的缺陷都是明显的。他们有些人实际上在实践中违反了他们先前主张的原则。例如,20世纪早期文化相对主义的主要建构者露丝·本尼迪克特（Ruth Benedict）在讨论文化差异的时候,系统性地侵蚀了自己的相对主义立场（Hatch, 1983）。在她的著作《文化类型》（1934）中,本尼迪克特清楚地显示,她对某些特定的文化特质（cultural trait）的偏好甚于其他文化特质。例如,她表达了对某些特定文化的厌恶——暴力在这些文化中发挥了主导作用。

埃尔文·哈奇（Elvin Hatch, 1983）针对文化相对主义提出了自己的建议,这一建议克服了它的基本缺陷,与此同时又保留了它的价值所在:对宽容的呼唤。哈奇建议用它所谓的"人道原则"来评判其他文化。这一原则主张,可以使用下述标准来评价文化:它是否通过拷打、牺牲、战争、政治迫害、剥削等方式来伤害人们。它评判文化的标准还有,该文化是否为其成员提供了物质生存条件,也就是说,人们远离贫困、营养不良、疾病等坏事的程度。除了上述思路,人们实际上并不能对文化进行有意义的评价（Hatch, 1983: 138）。

相对主义的盛行与那些落在人道主义原则之外的制度有关,因为这里存在真正多样的价值观,而且没有合适的跨文化标准来评价它们。我们或者其他任何人所能够做出的最佳推理也不能准确地指出下列西方事物的优越性:婚姻形式、饮食习惯、法律制度,以及诸如此类的

东西。我们应该对其他社会里的这些制度表示宽容,理由是,人们应该自由地选择他们的生活方式。

虽然哈奇的建议似乎对文化相对主义有很大的改进,但是,不幸的是,这样一个复杂的伦理问题不可能这么容易得到解决。即使是哈奇大力修正过的文化相对主义版本,能否真正被当作可接受的道德哲学,也仍然令人高度怀疑。不过,即使我们反对相对主义的这些版本,我们也必须承认,文化相对主义是有用的和必需的——作为探索社会文化体系的实用性的指导性假设。因此,它具有方法论上的——如果不是伦理学上的——价值。它之所以具有方法论上的价值,是因为它迫使我们以文化类型的适应性特征来检视文化类型。没有文化相对主义作为方法论工具,我们将会戴着一套文化眼罩去面对其他文化,其结果是,无知将会被永久化,而社 ³⁶会文化系统的基本工作机制却无法被揭示。

文化、亚文化和反文化

文化的概念用以指称一个社会的全部生活方式——这个社会被当作整体来看待。不过,在那些高度复杂的社会文化系统里,如在西方工业社会里,承认这些社会中已存的文化类型具有多样性,是非常必要的。因此,社会学家发展出了亚文化和反文化的概念。

亚文化是存在于一个规模较大的文化框架中的规模较小的文化。亚文化的成员共享某种特定的文化,该文化与在规模较大的文化中占主导地位的文化有所不同,与此同时,它们一般也接受和共享较大文化中的文化范式。例如,美国大学生构成了一种亚文化,因为他们行动和思考的方式与众不同——与作为整体的美国文化相比。复杂工业社会里的各种民族群体——这些群体从文化或民族起源上被区分出来——展示了区别更加鲜明的亚文化类型,因为从某种角度来看,他们的思考和行为方式是独特的。大学教授、医生、煤矿工人以及职业运动员也体现出某种特定的亚文化差异,这些差异源自职业区别。当然,还有许多亚文化存在于复杂社会中,而种族、宗教、地域和社会阶级则是亚文化区别的重要标准。

与亚文化一样,反文化也是存在于较大文化中的包含区别性范式的文化。不过,与亚文化不同的是,反文化的成员通常并不认同占主导地位的文化范式。相反,反文化倾向于把自己建立在对主流文

化的敌意和拒绝上。一些反文化是真正具有革命性的，因为它们申明（predicated upon）自己有一个希望，即对主流文化进行根本性的改变。当然，大多数的反文化并不背负这样的革命意图，相反，它们是围绕着下述意图组织起来的：退出文化生活的主流。20 世纪 50 年代的"披头士"（beatniks）和 60 年代的"嬉皮士"（hippies）可以归入这一类型。西方社会中最近出现的反文化是 80 年代的"朋克族"（punkers）。

小 结

1. 生物进化是有机体获得使其最好地适应特定环境的性状的过程。通过环境对遗传变异特别是遗传突变的选择，进化得以实现。对有机体来说，大多数突变都会带来负面的效果，这些突变会通过携带该突变的有机体的死亡或者不育而被清除。当然，有益的突变会被选择性地保留下来，因为那些携带它的有机体有生存优势。优势有机体和劣势有机体之间的生存几率不同，这就是所谓的自然选择。

2. 人类生物进化的过程跨越了过去的 400 万年。我们最早的祖先是更新纪灵长目动物，在距今 200 万年到 400 万年之间，他们生活在东非和西非的热带稀树草原上。一段时间之后，他们让位给了能人和直立人，这些人体型更大，也更聪明。50 万年之前，各种类型的古智人在非洲、亚洲和欧洲从直立人进化而来。大约 20 万年之前，欧洲和中东的古代人被尼安德特人取代。我们目前的种类——现代人——的起源，是一个激烈争论的话题。有一派学者认为，完全的现代人大约在 20 万年前在非洲进化出来，并最终移居到了欧洲和亚洲，在那里，他们把当地的人口推向了灭绝。另一派学者声称，在过去数十万年时间里，人类大体上是在三个大陆独立进化出来的。前一派人主张尼安德特人是进化的一个终点，而另一派人则主张他们是我们的直接祖先。

3. 在人类进化过程中，最重要的进展是向直立姿势和双足行走的转变，掌握使用工具的能力，以及大脑容量和复杂性的极大提高。

4. 人类进化过程的另一个伟大成就是符号交流和语言的发展。虽然其他所有动物都运用信号进行沟通，但是人类所使用的符号、声响或者手势却是任意的、习得的和共享的。复杂的符号系统构成了语言。

5. 语言是一种意义非凡的进化性适应，不过人们在下述问题上存在广泛的争议：它是什么时候，又是怎样从早先的信号系统进化而来的？德里克·比克尔顿所描述的过程涉及了从原始语言到语言的转变，他认为这一转变突然发生于大约 20 万年之前。威廉·诺贝尔和伊恩·戴维森也把语言视为一种相对晚近的发展，出现于大约 10 万年之前。斯蒂芬·平克尔认为，语言的发生很缓慢，但要早得多。他推测，能人和直立人大概已经拥有了某种类型的语言，而且语言的起点很可能发生在更新纪灵长目动物时代。

6. 在过去的 30 年里，人们虽然做了很多实验来教授类人猿学习基础语言，但这些实验的真正成果却远远低于实验的初衷。在最好的情况下，类人猿也只表现出有限的符号使用能力，而类人猿与人类之间的交流鸿沟是巨大的。

7. 对人类来说，语言的巨大意义在于，它使文化成为可能。虽然有些动物也具有初级形式的文化，即所谓的"原文化"（protoculture），但只有人类拥有真正的文化，或者说是由工具、知识、习得的和共享的思考及行动方式构成的体系。很多动物生活在社会里，不过只有人类生活在社会文化系统中，或者说生活在由文化组织成的社会里（societies organized culturally）。

8. 文化是一种具有巨大适应意义（adaptive significance）的人类成就。它使人类能够应对数量庞大和种类繁多的生存问题。文化已经替代生物本能，成为人类最主要的适应手段。

9. 文化之间差异巨大，而所有文化中的大多数人都对文化差异做出"文化中心主义"的反应，即假设自己的生活方式高于其他所有人的生活方式。社会科学家一般都认为，文化中心主义是一种不幸的特质，它对有意义的社会学的理解构成了障碍。很多社会科学家接受了所谓的"文化相对主义"原则，以之为对抗文化中心主义的手段。这一原则倡导对文化多样性的宽容，并且主张所有的文化特质——在自己的文化情境中——都是有价值的。对社会科学家来说，虽然这一原则在方法论上是有用的，但它却不能构成一个充分的道德哲学。实际上，很多社会科学家，包括那些在其他情况下会为文化相对主义辩护的人，都尖锐地批评下述文化实践：压迫、剥削、奴隶制，以及各种各样的人类暴行。

10. 在复杂社会里，总有一些亚文化存在，其文化特质在某些方面与主导文化明显不同。这些存在于较大文化之中的较小文化被称为亚文化和反文化。亚文化通常接受占主导地位的文化，而反文化　则在某种程度上拒绝占主导地位的文化。

特别话题：社会生物学争论

生物学中最新的理论策略之一是社会生物学。当这一策略在 20 世纪 70 年代开始出现的时候，它在社会科学中制造了一种更加激烈的争论。虽然这一争论热度目前已经有所缓解，但争论并没有消除，而且它所讨论的是很关键的问题。

社会生物学家试图发现人类的社会行为在多大程度上是遗传性状——该性状又是人类这一物种的整体特征——的结果。换言之，他们对认定人类本性的基本特征感兴趣。他们把自己的假设建立在达尔文的模型之上，即生物通过自然选择进化。他们相信，当人类从其灵长目祖先进化而来时，他们从其祖先那里继承了一些特定的性状，而这些性状在现代人中仍然存在。他们主张，这些性状对社会行为的很多模式具有直接影响。社会生物学家并不主张人类的社会行为是我们的遗传程序的简单产物，他们承认，大多数人类行为源自特定社会和文化环境中的特殊学习形式。不过，他们认为，人类行为并不完全是习得的，它的很多方面处于基因的控制之下。

在列奥尼尔·泰格尔和罗宾·福克斯（Lionel Tiger and Robin Fox, 1971）的著作中，我们可以看到社会生物学推理的一个著名实例。泰格尔和福克斯指出，人类装备有生物语法（biogrammar）——一系列基本的生物学指南，这一指南使他们具有特定的行为倾向。他们并不认为这些指南是固定的、不可更改的本能。相反，他们将其看做一般的行为倾向，这些行为倾向可能被特定的学习经验修正，甚至被消解（neutralized）。他们把下列内容视为人类生物语法的核心要素。

（1）人类具有构建等级制的群体和社会的强烈倾向，在这样的群体和社会里，对地位的竞争无比重要。

（2）男性倾向于在一个政治联盟中结合在一起，并通过这一联盟实现对女性的主导和控制。

（3）人类倾向于在母亲和孩子之间形成相互依存的强大纽带（strong mutual attachment）。

（4）人类（特别是男性）倾向于从事各种形式的攻击和暴力行为。

（5）人类倾向于保卫领地空间，对抗外来的入侵者。

通过比较人类行为和当代非人类灵长目动物的行为，泰格尔和福克斯得出了上述结论。他们注意到，大多数非人类灵长目动物都以雄性对雌性的主导为基础来组织社会。他们据此推理说，贯穿人类的进化历史，这一基本的灵长目动物生物语法被保留了下来。因而，现代人类构建等级制的、竞争的以及男性主导的社会体系的倾向，深植于我们的基因之中。运用同样的生物进化论推理，泰格尔和福克斯也得出了下述结论：母子纽带、攻击倾向和领地守卫（territoriality）也是深植于我们的生物学本性之中的。

泰格尔和福克斯的主张是一种理论思维方式的特殊版本。其他的社会生物学家则将亲属选择（kin selection）理论作为他们的指导原则（E. O. Wilson, 1975；Symons, 1979；Trivers, 1985）。这一理论建立在许多社会生物学家最近做出的理论假设之上：基因，而不是个体或物种，是自然选择发挥作用的单位（cf. Dawkins, 1976）。坚持这一假设的进化生物学家声称，自然选择的目的是保存某种特定的基因，并使其在最大程度上出现于后代之中。

亲属选择理论（也许它更合适的标签是"策略原则"）假设，很多类型的行为来自个体使其"总体适应性"（inclusive fitness）最大化的倾向。所谓"总体适应性"，是指某个个体自身的适应性与其全部亲属的适应性的总和——后者是其亲属的基因的体现。亲属选择理论的一个重要应用是我们可广泛观察到的一种现象，即亲属关系密切的个体之间的利他行为。例如，该理论认为，当亲代为其子代做出某种牺牲行为的时候，它在帮助它们存活下来并进行繁殖，进而在未来的世代中留下更多自己的基因拷贝。因此，这种利他行为的目的是使亲代的总体适应性最大化。

亲属选择理论成功地解释了动物的很多行为特征。例如，它成功地解释了社会昆虫极端的利他品质（W. D. Hamilton, 1964），以及其他动物的利他行为（cf. Barash, 1977；van den Berghe, 1978）。有些社会科学家相信，它可以充分地解释人类社会行为的许多特征。由于该理论成功地解释了许多种类的动物中亲属纽带的重要性，所以，有人主张，它可以帮助我们解释人类亲属体系的普世性，也可以解释为什么很多社会对亲属关系极为重视（van den Berghe，1979）。还有人建议，在解释人类广泛存在的性别角色行为方面，该理论也前景可观。

大多数社会学家对社会生物学的反应是负面的。他们坚称，绝大多数的人类行为是通过文化习得的，而且人类本性的最基本特征是其可塑性及其学习的能力。诸如地位竞争、男性主导或母子纽带等现象，被看做文化的创造物，而这些现象在不同社会之间、在社会的不同部分之间大相径庭。很多负面的反应是出于政治上的考量。很多社会学家感到，社会学是一种新型的社会保守主义，它希望使许多社会变迁逆转。社会生物学家常常被称作性别主义者（sexist）和种族主义者，它的奠基人之一，动物学家爱德华·威尔逊（Edward O. Wilson）曾经在科学会议上受到过骚扰。

在心理学家和人类学家当中，社会生物学的待遇要好得多。因此，社会学家对这一理论思路的轻蔑程度是绝无仅有的。针对美国社会学家的一次调查（Sanderson and Ellis，1992）发现，只有3％的社会学家把社会生物学认同为其倾心的理论观照；而且社会学家在解释广泛的人类行为时认为，生物学因素所发挥的作用是极其有限的。更晚近的针对社会理论家的一次研究（Lord and Sanderson，1997）得到了类似的结果。可是，20世纪80年代针对文化人类学家的一次研究发现，他们中的很多人对社会生物学颇为接受。在社会生物学著作的作者中，心理学家常常占有醒目的位置。

即使社会生物学能够经受得住对它的批评，下述问题仍然没有答案：在对人类社会生活的研究中，它能在多大程度上成为一个有前途的研究策略？很多社会生物学家欣然承认，不同的人类社会之间的基本差异更多的是社会和文化因素作用的结果，而不是生物学因素作用的结果。出于以上原因，针对普世的社会特征或者高度相似的社会特征的研究，他们乐观其成。此外，社会生物学家大概不能对"重大社会转型"的研究课题提出什么洞见，这一课题吸引着宏观社会学家们，也对本书影响甚巨。

不过，虽然社会生物学具有明显的缺陷，但是它确实有做出重要贡献的潜力。我们很难赞同下述人类行为与人类生物本能没有任何关系：男性主导、地位竞争和社会等级制。最近几年人们积累的大量证据表明，杀人（Daly and Wilson，1988）、民族性和文化中心主义（van den Berghe，1981；Reynolds，Falger，and Vine，1986）、精神和情绪障碍（Gazzaniga，1992）、乱伦禁忌（Shepher，1983）和同性恋（Ellis and *40* Ames，1987）等现象，有着重要的生物学根源。社会生物学在应对性存在（sexuality）问题方面似乎已经做出了重要贡献（Symons，1979），也对与性存在密切相关的那些现象颇有贡献，如性别角色、亲属团体和婚姻等，本书第十四章和第十五章将要对此予以展示。从社会生物学的总体适应和繁殖成功的角度来看，这丝毫不值得奇怪。

不幸的是，社会生物学在社会学家那里受到的冷遇更多地来自意识形态因素，而不是来自对社会生物学的科学效度的严格评价。我在前文提到的社会生物学争论的政治蔑视，已经使这一点昭然若揭。社会学家强烈的人道主义立场和社会改革倾向经常使他们感到社会生物学主张的威胁。社会学家错误地认为，这些主张意味着社会现状不应改变。社会学家似乎还感到，他们的职业身份也受到了一种理论策略的威胁——该理论策略把生物学当作最重要的解释因素。因为社会学家倾向于认为他们的身份建立在这样的基本假设之上：社会生活必须用社会和文化因素来进行解释。

但是社会学家的恐惧是没有根据的。生物学因素发挥作用的说法并不意味着社会不可以按照我们所希望的方式被改变。实际上，如果能够认定生物学因素施加于人类行为的各种方式，那么我们将可以更聪明地进行社会变革。毫无疑问，如果生物学因素是重要的，那么把头埋进沙子里并不能让它们走开。如果它们是重要的而我们又忽视它们，那么我们变革社会的努力必然失败。害怕生物学会威胁到我们的职业身份，这一恐惧也是没有根据的。甚至社会生物学家自己也承认，社会因素解释和文化因素解释的生存空间仍然是巨大的。其中的关键是，考察上述因素怎样和生物学因素进行互动，进而产生特定的行为模式，而社会学家（还有人类学家）最精于此道。

当然，因为本书具有强烈的宏观社会学特点，所以社会生物学在本书中作用有限。特别是，本书关注长时段的一般社会进化类型，这把其他因素推向了醒目的前台。

推荐阅读

Bickerton, Derek. *Language and Species*. Chicago：University of Chicago Press，1990. 该书对语言的性质和起源进行了出色的分析。

Chagnon, Napoleon. *Yanomamö：The Last Days of Eden*. San Diego：Harcourt Brace Jovanovich，1992. 这是一本著名的民族志的最新版本，它对文化的性质问题提出了洞见，还生动地描述了那些必须加以克服的障碍——这些障碍妨碍我们对其他文化进行科学有效的理解。

Dawkins, Richard. *The Blind Watchmaker*. New York：Norton，1986. 该书对现代综合进化论（modern synthetic theory of evolution）进行了一流的阐述和辩护。文笔绝佳，有意吸引范围广阔的读者。

Degler, Carl N. *In Search of Human Nature：The Decline and Revival of Darwinism in American Social Thought*. New York：Oxford University Press，1991. 该书记录了 20 世纪 30 年代美国社会科学对人类行为之生物学解释的拒斥，也记录了环境主义（environmentalism）的兴起。它还显示，这一智识进展（intellectual development）更多地根植于政治意识形态之中，而不是在科学之中。

Futuyma, Douglas J. *Evolutionary Biology*. Second edition. Sunderland, Mass.：Sinauer，1986. 它是一位杰出的学者撰写的关于进化生物学的一流教科书。它对各种理论问题和经验问题都进行了出色的讨论。

Hatch, Elvin. *Culture and Morality：The Relativity of Values in Anthropology*. New York：Columbia University Press，1983. 该书出色地讨论了社会科学中的文化相对主义，涉及它的起源、支持者和反对者、长处和短处，及其目前的学术地位。

Klein, Richard G. *The Human Career：Human Biological and Cultural Origins*. Chicago：University of Chicago Press，1989. 该书对人类的生物进化进行了很好的阐述。

Mayr, Ernst. *One Long Argument：Charles Darwin and the Genesis of Modern Evolutionary Thought*. Cambridge, Mass.：Harvard University Press，1991. 该书对达尔文理论的创立，对它以现代综合进化理论的形式所获得的最终成功，进行了出色的总结。迈耶（Mayr）是对进化理论的现代综合做出了主要贡献的人，作为达尔文思想的阐释者和说明者，他无可匹敌。

Pinker, Steven. *The Language Instinct：How the Mind Creates Language*. New York：William Morrow and Co.，1994. 本书对语言的生物学起源进行了极富说服力的分析，文笔优美。

Trivers, Robert. *Social Evolution*. Menlo Park, Calif.：Benjamin/Cummings，1985. 这是一位重要的社会生物学家撰写的出色的社会生物学教科书。该书选择这样一个标题很不幸，它意指社会行为在自然选择的影响下进行进化，而不是在人类社会和文化的影响下进行进化。

41

42　　本章将构建一些概念和理论基础，这些概念和理论对于研究人类的社会生活是至关重要的。通过提供一种三元（tripartite）的分类模式——将社会文化系统分为三种基本的成分，我将进一步探讨社会文化系统的概念。本章也将开始对社会文化进化的研究，我将讨论这一过程的一般性质及其可能出现的各种方式。我在第一章提到的研究社会生活的"进化唯物主义的理论方法"，将会在本章获得全面的探讨。这一理论策略的基本原则将会正式获得表述和讨论，我也将尝试展示它作为一般性理论工具的有用性。

社会文化系统的基本成分

　　宏观社会学分析的基本单位是这样一个社会文化系统：它是一个人类集合体，这些人运用各种手段来适应他们的物理环境；他们进行模式化的（patterned）社会行动；他们分享信仰和价值观，而这些信仰和价值观是为他们理解自己的集体行动而设计的。当然，作为系统性分析（systematic inquiry）的

43　开端，把社会文化系统分解为一些基本成分是必要的。这使得我们探索各个成分之间的关系——观察一个或多个成分怎样影响其他成分——成为可能。只有通过这种方式，我们才可能发现，社会文化系统——作为一个功能整体——是怎样运作的。

　　社会科学家们曾经提出过划分社会文化系统的许多方法。本书提出的程序与马文·哈里斯（Marvin Harris, 1979）发展的程序很相似，马文·哈里斯提出了一种划分图式（scheme），这一图式详述了马克思的著名区分：经济基础和上层建筑（见表 3—1）。

对理解社会文化系统的结构和功能来说，这一图式是一种极为有用的分析工具。

物质性的基础设施

　　物质性的基础设施由基本的原材料和社会形式构成，而这些东西是人类生存和适应所必不可少的。一个社会的基础设施是它最重要的基本成分，因为没有它们，生存是不可能的。基础设施本身又由 4 种基本的亚单位构成。

　　技术　技术包括信息、工具以及人类用以适应自然环境的各种技艺（Lenski, 1970）。它不仅包括各种物理性的或实体性的（concrete）工具或物体，还包括人类以特定方式加以应用的知识。因此，椅子、犁和汽车都是技术的构成因素，当然也包括下述事物：驯化野生动植物的知识。

　　经济　一个社会的经济是一个有组织的体系，在这个体系中，商品和服务在个人和群体之间被生产、分配和交换。所谓生产涉及下列事情：生产什么？谁生产？哪些工具和技术被用于生产？谁拥有进入生产过程的基本材料？分配涉及进行下述活动的方式：生产出来的物品怎样分派给社会中各种各样的个人和群体？当个人和群体为了某些有价值的东西而相互转移其他有价值的东西的时候，交换就发生了。一个社会分配产品和服务的手段，大体上取决于生产这些产品所使用的手段。

　　生态　生态包括人类必须加以适应的自然环境之总体。它涉及下列事物：土壤的类型、气候的性质、降雨的模式、动植物的性质，以及自然资源的可得性（availability）。从严格的意义上来说，生态

并非社会文化系统的一部分，它是社会文化系统必须加以适应的外部环境。不过，由于生态因素经常是社会生活各个面相的关键决定因素，所以，此处生态被看做社会文化系统的基础成分。

人口 人口因素是指那些涉及人类的人口性质和动力机制的因素。人口的规模和密度，它的增减和稳定性，它的年龄和性别构成也是任何社会研究都必须知道的重要事情。人口因素还包括人口管理或者出生控制的技术，以及这些技术被应用的强度。

44

表 3—1	社会系统的基本构成
上层建筑	一般意识形态 宗教 科学 艺术 文学
社会结构	社会分层（或其缺失） 种族和民族分层（或其缺失） 政治 劳动的性别分工与性别不平等 家庭和亲属群体 教育
经济基础	技术 经济 生态 人口

社会结构

44 社会文化系统由有组织的社会生活模式构成，这些生活模式由社会成员执行，不包括那些属于基础设施的社会模式。必须注意，社会结构常常指的是实际的行为模式，而不是人们对于这些模式的想象，或者对它的心理认知（mental conception）。换言之，社会结构由人们的实际行为构成，而不是由下列内容构成：他们说他们要干什么，他们想干什么，他们想他们应该干什么。对目前的目的来说，社会结构由 6 种亚单位构成。

社会分层（或其缺失） 社会分层指的是一个社会里拥有不平等的财富和权力群体。并不是所有的社会都有社会分层。在对任何一个社会的研究中，注意它是否分层都是非常关键的。如果它是分层的，则必须获知其分层的特定性质和程度。

种族和民族分层（或其缺失） 这指的是在一

个社会里，各种不同群体是否被以种族或者民族特征进行区分，如果被区分的话，这些群体是否拥有相互不平等的社会地位。（所谓种族群体，是指那些具有可观察的生理特征的群体，民族群体则是指那些表现出文化区别性的群体。）在人类历史上，很多社会并没有种族或民族分层。可是，在最近的数百年里，种族/民族分层成为许多复杂社会的显著特征。

政治 这指的是一个社会为维持内部法律和秩序而采取的组织化手段，以及管理和处理社会之间相互关系（intersocietal relationship）的手段。所有的社会都有政治系统，尽管该系统的性质在不同的社会中大相径庭。

劳动的性别分工（gender division）与性别不平等 这涉及在劳动分工中向男人和女人分派特定责任和角色的方式。它还包括在一个社会里，男人和女人拥有不平等的地位、权力和特权的方式，及其不平等程度。虽然劳动的性别分工和性别不平等是普遍的，但在不同的社会里，这一现象所采取的特定形式之间仍有巨大的差异。

家庭和亲属群体 所有的社会都拥有家庭的亲属体系，或者是围绕着婚配和繁殖而组织起来的社会文化模式。当然，这些系统的特殊性质在不同的社会之间大相径庭。此外，一个社会内部的亚文化 45 往往会通过不同的家庭和亲属模式表现出来。

教育 所谓教育，就是任何形式的正式的或准正式的文化和知识传授体系。大多数社会缺乏正式的教育体系，不过没有一个社会没有发展出某种向下一代传递知识、技能和价值的程序。

意识形态上层建筑

意识形态上层建筑涉及一个社会的成员进行思考、概念化、评价和感受的既定模式（patterned ways）——这与他们的实际行动形成对比。虽然结构指的是行为，但上层结构指的则是思想。上层建筑包括下列成分。

一般意识形态 这指的是一个社会或它的某个部分所特有的占主导地位的信仰、价值和规范。所谓信仰，是关于“什么是对，什么是错”的共享的认知假设。它们关注下列事物：宇宙的性质、什么样的儿童培养技术能够造就人格健康的儿童、男人和女人之间的区别是什么，以及成千上万的其他事情。价值观被定义为"关于价值的观念"。价值观为我们的经验赋予秩序：什么是好坏、对错、美丑、可欲与不可欲（desirable and undesirable），不一而足。规范代表了共享的标准和规则，这些规则与社会行动是否得当有关。规则是社会试图向其成员灌输的"哪些该做"和"哪些不该做"的原则。所有的社会都创造信仰、价值观以及规范，但这些现象的多样性是惊人的。

宗教　宗教由共享的信仰和价值构成，这些信仰和价值与人们对超自然的存在、权力和力量的假设有关。人们认为，这些存在、权力和力量会直接干预社会的运行，或者至少与社会运行有间接关系。与社会文化系统的其他许多成分相似，宗教也是人类社会生活所具有的普遍特征。

科学　科学是依赖观察和实验获得知识的一系列技术，亦即事实证据、论证和证明的总和。它不仅包括创立知识的技术和程序，还包括逐渐积累起来的知识本身。从这样的角度来认识的话，科学就不是一种普遍的文化，它仅仅繁荣于某些特定的时间和地点。

艺术　艺术是社会文化系统中普遍存在的成分。它由象征性的形象或符号构成，对社会成员或社会的某一部分而言，这些形象也代表着拥有美学的、情感的或者智识性的价值。该象征性形象或符号具有某种物理性质。

文学　文学也是由象征性的形象和符号——这些形象和符号具有美学的、情感的和智识性的价值——构成的。不过，在这里，形象和符号是词语性的（口头的或者书面的），而不是物理性的。从这个角度来看，神话、传奇和莎士比亚戏剧都可以称为文学。

社会文化进化的性质

什么是社会文化进化？

用术语"进化"来定义社会文化系统的变化有一个问题，那就是该术语的文字意义本身就具有误导性。正像埃尔曼·塞维斯（Elman Service, 1971a）曾经注意到的那样，这一术语源自拉丁文"evolutis"，意为"打开卷轴"（unrolling）。这清楚地显示了，进化涉及"展开"或"发展"的过程。

在这个过程中，社会文化系统最终实现了其最初的内在潜能。这意味着，进化是一种趋向于某种"目标"或最终状态的运动，而且社会以和胚胎大致相同的方式进化——最终变成一个生活于母体之外的健康有机体。问题是，社会文化进化完全不是这个样子的。与生物学进化一样，社会文化进化没有任何"目的"或者"目标"。它没有任何趋向于最终状态的"展开过程"。

为了避免社会文化进化的性质被错误地建构，必须远离这一术语的文学意义及其带来的挥之不去的危险。我们可以把社会文化进化粗略地定义为一个变迁的过程，通过这一过程，一种社会文化形式转变为另一种。以这样的方式进行概括，社会文化进化涉及质变，而不是量变。所谓量变，就是从不太像某种东西（less of something）到很像某种东西（more of something）的变迁，或者相反的过程。相反，质变是新的形式或类型代替旧的形式或类型的变迁。当然，质变本身是一系列事先发生的量变的结果。当量变积累了一定的时间之后，它们会变成那些我们称为质变的变迁。不管怎样，只有达到质变水平，我们才能说进化性转变出现了。因此，一个依赖狩猎采集获得食品供给的社会转化为一个依赖农业获得食品供给的社会，这一转变是一种进化性变迁；从农业到工业的转变也是如此。与此相似，在一个社会中，一个从来没有的社会阶级的出现，也是一种进化性变迁。但是，在一个社会里出现的村庄数量的扩张，并不是一种进化性变迁——如果新的村庄本质上是旧村庄的复制品的话。

不过，除了质变所暗示的意义之外，进化还有更多的含义。因此，为了完善我们对社会文化进化的定义，我们需要补充说，变迁显示了某种方向性（directionality）。也就是说，社会文化进化是一种模式性的变迁，它体现了一种线性的趋势。例如，提高了工具、技艺的复杂性和有效性的技术水平之变迁，就体现了一种方向性的趋势。阶级不平等程度的提高，也是这一趋势的体现。

很多进化论者认为，社会文化进化的主要方向是社会复杂性的提高（cf. Parsons, 1966, 1971）。例如，罗伯特·卡内罗（Robert Carneiro, 1972）声称，这就是进化的本义——指向复杂性提高的变迁，对这一概念的任何其他用法都会削弱、贬低它。虽然必须承认，日益增长的社会复杂性是社会进化的重要维度，但是，没有理由把它视为最重要的甚至是唯一的维度。社会文化进化有很多维度，因而也有很多方向，我们不能把自己限制在仅仅分析其中之一的藩篱之内。

社会文化进化涉及整个社会文化系统，也涉及该系统的单个组成部分。经常出现的情况是，变化开始于某个组成部分（subcomponent，又称亚成分），然后再引起其他组成部分的变化。这样，整个因果链就被启动了，最终导致整个社会文化系统的转化。

47　　有些学者坚持认为，应该区分术语"历史"和"进化"。这方面最著名的是莱斯利·怀特（Leslie White，1945）。怀特的主张是，历史主要是关于特殊的事件和变迁的，而进化所涉及的是作为人类社会普遍特征的变迁模式。依据这一视角，关注历史就是要把自己的注意力限制于某一特定社会的历史变迁的特定细节，而关注进化则是把自己的分析扩展到惯常的、系统的变迁——这些变迁是所有社会或大多数社会所共有的。虽然怀特的划分有一定的道理，但是这种划分更多的是一种矫揉造作和夸大其辞。社会文化系统的所有变化都可以被视为进化性的，只要它们涉及质变的、方向性的转型——整体的转型，或者是一个或多个部分的转型。确实如此，不论这样的变迁仅仅发生在一个社会之中，还是在数百社会中都出现了类似的变迁（M. Harris，1968）。当然，为了忠实于怀特主张之大旨，我们至少应该力求理解这些主要的进化性转变——这些转变是世界上众多社会的特征。

我们必须特别注意，避免把社会文化进化认定为进步。这是19世纪的主要进化论者所犯的大错。这些思想家从进化中读出了人类理性、道德和幸福的提升，因此，他们理所当然地受到了后世学者的批评。"进步"这一术语是一个道德概念，它不应该被应用在为科学目的而搜集的资料上——搜集这些资料的目的是为了理解进化性变迁的基本模式。从某种程度上说，因为所有的社会都代表了一种满足基本人类需求的适应性方式，所以下述假设是一个严重的错误：仅仅因为有些社会出现于历史的后期，或者因为它们更加复杂，我们就说它们高于另一些社会。

平行、交汇和发散性的进化

社会文化进化并非是在所有的社会都以同样的方式发生的一个单一的、整体的过程。与生物进化一样，社会文化进化具有"双重"特征（Sahlins，1960）。一方面，它是一个社会或人类社会整体转变

的过程。在经历这一过程的所有社会里，它表现出一种普遍特征和方向性。这一过程通常被称为一般进化（Sahlins，1960）。另一方面，在许多社会的不同领域，社会文化进化会表现出适应的多样性（adaptive diversification）。在不同社会之间，进化性变迁的特定细节通常是变化多端的。这一变迁模式通常被称为特殊进化（Sahlins，1960）。

如果引入三个补充性的概念，上述区分会变得更加明晰：平行进化（parallel evolution）、交汇进化（convergent evolution）和发散性进化（divergent evolution）（M. Harris，1968）。当两个或更多社会以基本类似的方式和速度进化时，平行进化就发生了。例如，大约在1万年以前，世界不同地方的人类群体独立地开始了对植物和动物的驯化工作，并且依赖农业为生，而不再依赖狩猎采集为生。农业的引入在这些团体中引发了极其相似的改变——从整体社会文化模式上来说。当最初并不相似的社会通过进化变得极其相似的时候，交汇进化就发生了。例如，美国和日本在过去的大约100年里，曾经沿着交汇线发生进化。当最初相似的社会沿着日益不同的线路进化时，发散性进化就发生了。这一现象的 48 一个出色案例来自对日本和印度尼西亚的对比研究（Geertz，1963）。这两个社会在17世纪早期的时候非常相似，但今天却大相径庭：日本是一个具有高生活水平的现代工业国家，而印尼则是一个贫穷的欠发达国家。（第九章将会给出日本和印尼之间分道扬镳的一些原因。）这些类型的进化是贯穿人类历史的进化转变的基本方式，社会科学正在努力研究这些类型的进化。不过，大量证据显示，平行进化和交汇进化是比发散性进化显著得多的人类历史特征（M. Harris，1968）。本书将会重点阐述平行进化和交汇进化，但与此同时也不会忽略发散性进化的结果。

延续性、发展和灭绝

社会文化进化是人类社会生活中广泛存在的特征，完全停滞和不变的社会是没有的。当然，也有许多这样的例子：据估计，在千百年的时间里，有些社会没有经历任何显著的改变。这一现象被称为社会文化的延续性。例如，很多狩猎采集社会生存到了当代，在过去的数十万年时间里，它们之中的大多数社会可能没有经历任何变化。

正像我们必须问为什么有些社会经历了重大的转变一样，我们也应该问，为什么其他的社会没有

这样的转变。社会文化进化是对变化中的环境的适应性结果。社会通过进化来满足新的需求。可是，有些社会并不总是面对新的需求。在这种情况下，现有的社会文化模式足以解决基本的人类生存问题，因而不需要任何进化性的变迁。因此，延续性也是一种适应过程。上述两种过程的哪一种会发生，取决于下述情况是发生变化还是维持原状：人类生存和幸福所必需的基础条件。

大多数社会，或者是具有相对稳定的特征，或者是具有进化性转型的特征。不过，在某些情况下，一个社会可能会经历退化性改变（devolutionary change）：它可能退回到具有早期进化阶段特征的形式。这可能意味着社会复杂性的降低，甚至是社会凝聚力（social cohesion）的丧失。对这种情况令人震惊的展示来自考林·特布尔（Colin Turnbull，1972）对乌干达的伊克人（Ik of Uganda）的描述。伊克人是一个狩猎采集民族，在乌干达政府把他们的传统狩猎场变成保护区之后，他们经历了一场经济灾难。这一事件加速了伊克人的社会文化体系的崩溃。由于他们失去了传统的谋生手段，也由于向农业的转变异常困难甚至不可能，伊克人经历了巨大的人口减少、政治凝聚力丧失，甚至经历了家庭成员关系的普遍恶化。最终的结果是这样一种生活方式：所有人之间的社会纽带都断裂了。

退化性转变的另一个例子是公元前 5 世纪罗马帝国的崩溃。罗马建立了一个庞大的帝国，它从南方的埃及一直延伸到北方的不列颠群岛。帝国的
49 不同地区被一个出色的道路体系联系在一起，而且帝国在经济上、政治上和军事上是中央集权的。在长期、缓慢的衰落之后，当帝国最终崩溃的时候，欧洲退化为了这样一个地区：该地区布满了经济上大体自足的村庄和诸侯国。

当然，还有一些社会完全灭绝了。这一过程被称为社会文化灭绝。在近世，这一宿命曾经落在了许多狩猎采集社会的身上，当然也落在了具有极高进化复杂性的各种社会的身上。一个社会文化系统可以通过两种方式被灭绝，其一是其成员完全的肉体消灭，其二是另一个社会对它的政治征服。在人类历史上，这两个过程都经常发生，特别是从 16 世纪现代资本主义兴起以来。例如，北美大陆曾经被成百上千的印第安部落占据。伴随着美国文明的出现和扩张，这些部落的大多数成员在血腥的战争中被杀。那些幸存下来的人最终被驱赶进了保护区，他们的本土生活方式基本上丧失了。

作为适应性过程的社会文化进化

本书强调社会文化进化的适应性质，因而会频繁使用社会文化适应的概念。不幸的是，在现代社会学中，"适应"是一个引发高度争议的概念。有些社会学家完全拒绝这一概念，他们声称，它本质上是一个功能主义的概念，这一概念具有鲜明的保守主义意味（conservative connotation）（Zeitlin，1973；Giddens，1981）。这些社会学家建议，这一概念应该被抛弃。不过，这样根本性的改变并不被提倡。这一概念是有用的——实际上是必需的，抛弃它是极端愚蠢的。我们应该倡导的不是抛弃这一概念，而是明智和谨慎地使用它。

把社会文化进化称作一个适应过程意味着什么呢？首先，作为面对生存问题时的理性反应，人们创造了社会模式；然后，当这些问题的性质发生变化的时候——这经常发生，这种理性反应也会随之发生改变。我们必须对这一表述进行明晰化的处理和量化的处理。

首先，说一种社会文化模式是适应性的，并不意味着它是"善"的或者是一种"道德理想"（morally desirable）的。关于适应的判断是一个科学评价，即评价不同类型的社会文化模式怎样起源、维持和改变。关于"善"的判断则完全不同。它是一种评判，即我们是否喜欢或者认可人们所做的事情。例如，南美洲的雅努玛玛印第安人经常在致命的战争中相互屠杀，他们还杀死一定比例的女婴。可是，这种实践可以被看做一种针对人口过多和资源紧缺的高度适应性的反应（M. Harris，1974，1977）。理解这一事实是在做出一个科学评判，而不是一个对道德理想的评判。

我们还需要搞清楚"适应"概念所适用的（行动）单位，即谁在从事这样的适应行为。有些社会学家假设，这一单位是一个整体的社会文化系统。对于功能主义者和功能主义进化学者来说，这一点尤其正确（cf. Parsons，1966，1971）。不过，这样的说法是一种误导。正像第一章里所说的那样，社会文化系统并不能与有机体或者个人相类比，它们没有需求或愿望，因而不能对任何东西进行适应。50 因为只有个人拥有需求和愿望，只有他们才是适应的单位。当然，我们有时也说一种社会文化模式对一个群体或整个社会是否具有适应性，但是当我们这样说的时候，我们指的是由个人组成的集群（an aggregate of individuals），这是显而易见的；而且我

们是从下述视角来这样说的：每一个独立的个体的适应性都要加以评判。

这导致我们对另一个关键观点的认可，这一观点被冲突论理论家们极力强调：对一个社会里的不同个体和群体来说，一种适应性的社会文化模式的益处不一定是同等的。经常出现的情况是，对有些个人或群体有益的模式，对另一些个人或群体却是非适应性的（maladaptive）。实际上，一个社会的进化复杂性越高，情况可能就越是如此。例如，对富有的工厂主来说，早期工业资本主义是适应性的，但是，对于那些死于衰竭、营养不良和疾病的千百万工厂工人来说，它却是高度非适应性的（Engels，1973；orig. 1845）。现代世界的资本主义对于某些社会成员来说比对于另一些社会成员具有更高的适应性。

声称适应性具有在社会文化进化过程中持续增长的性质，是完全不适宜的，承认这一点极为重要。很多进化主义者把社会文化进化等同于适应性的改善，声称晚近进化的社会已经提高了它们的"适应能力"。塔尔科特·帕森斯和其他功能主义进化论者曾经极力鼓吹这一想法，不过有些进化论唯物主义者也附和这一想法（cf. Childe，1936；L. White，1959）。不过，本书坚决拒绝这一想法，它倾向于文化中心主义，而且很难得到客观的科学标准的支持（Granovetter，1979）。新的社会文化形式作为适应手段出现，但这些修正了的适应手段仅仅是新而已，它们并非更好。①

最后，我们必须承认，并非所有的社会文化模式都是适应性的，因此，"适应性"这一概念并没有普世的适应性。不过，即使我们并不是在所有的地方和所有的时间使用这一概念，拥有这一概念还是比没有这一概念要好得多。实际上，通过拥有一个作为指南的"适应性"概念，我们将会处于这样一个有利的位置：认定哪一个社会文化特质不具备适应性，以及为何如此。

生物进化与社会文化进化

社会科学家一直对生物进化和社会文化进化之间的关系感兴趣。这些过程既有相似之处，也有显著的不同之处，对此进行一番阐述是有益的。

在这两种类型的进化之间，我们可以认定两个基本的相似之处。第一，生物进化和社会文化进化都属于适应性过程。新的生物学模式与新的社会文化模式一样，缘起于对变化中的环境的适应。第二，两种类型的进化形式都拥有马歇尔·萨林斯所认定的"双重"特征：既表现出整体的方向性，又表现出围绕着很多特定路线发散的多样性（variety of radiation）。

我们可以进一步说，平行、交汇和发散性的进化，既适用于生物进化，又适用于社会文化进化。这一点从技术上来说可能是正确的，但也可能具有误导性，因为大多数的生物进化实际上是发散性进化 [更地道的生物学术语是"分支进化"（cladogenesis）]。大多数的生物进化涉及物种的适应性发散（adaptive radiation）——在同一个种系发生水平（phylogenetic level）上，而向新的种系发生水平的移动相对来说很少发生（Stebbins，1969，1974）。相反，大多数社会文化进化都是平行进化类型和交汇进化类型的。这意味着，生物进化论者大多数时间都在研究独特生命形式的产生，而社会进化论者则把精力集中在发现下述事情上：在世界上不同区域之间涌现出类似的社会文化模式（Sanderson，1990）。

第二个差别是程度性的：我们在多大程度上能够说社会文化进化是建立在自然选择的基础之上的？因为大多数的社会文化进化涉及对适应性特质的选择，它也必然涉及自然选择过程的某种类型（cf. Carneiro，1985）。不过，这只有在最一般的意义上是正确的。严格来说，生物世界中发挥作用的自然选择方式与社会生活中发挥作用的方式是截然不同的。这一区别涉及多样性的不同来源——自然选择在这些多样性上发挥作用。我们看到，在生物进化中，被选择或不被选择的遗传变异，其发生完全是随机的。虽然有些社会进化论者声称，社会文化多样性以同样的方式出现（Campbell，1965；Langton，1979；Runciman，1989），但这其实是非常不可能的。有大量证据表明，大多数社会文化创新是有意识地引入的，绝不是随机的（Cavalli-Sforza and Feldman，1981；Hallpike，1986）。

在这两个领域之间，进化方式的另外两个区别也很重要。其中之一是变化的步伐。社会文化进化

51

---

① 实际上，在某些重要方面，经过长时段的社会文化进化，适应性水平显然下降了。第十八章将总结关于社会文化进化最重要的回归维度（regressive dimension）。

出奇地快，即使仅仅考虑人类历史中前99%的时间（大约400万年），情况亦是如此；而在这段时间里，物种变化非常缓慢。实际上，社会文化进化方式本身也在进化，因而变化的步伐格外迅速。（社会文化进化的神奇速度显然与下列事实有关：社会文化的多样性是有意识、有目的的，而不是随机的。）最后，还有一种被称为"扩散"（diffusion）的社会文化进化过程，它在生物世界没有任何对应物。扩散涉及的是社会文化特质从一个社会文化系统向另一个社会文化系统的传播。这种传播可以通过有意识的借用，也可以通过由一个强大的社会向一个弱小的社会强制性植入。通常，扩散会弥补发明的不足，也就是说，一个社会可以从另一个社会吸取其有意发明的东西（Ingold, 1986）。在自然世界中，诸如此类的过程并不存在。在有机体之间，不可能为了适应变化的环境条件而相互借用基因。

社会文化结构和社会文化进化的唯物主义视角

关于社会文化系统的最重要的问题，涉及它所具有的特殊性质的原因以及它所经历的变迁。正像第一章提到的那样，本书对因果关系的本质采取一种唯物主义的视角。当代研究社会生活的唯物主义视角发源于马克思和恩格斯的"历史唯物主义"。当然，唯物主义策略的现代版本是对他们的想法的精致阐述（substantial elaboration）。与马克思和恩格斯一样，当代的唯物主义者把技术和经济这些物质因素看做社会生活的主导原因。不过，他们也对这一概念进行了扩展，使其包括生态变量和人口变量，而且他们把它们视为社会文化现象的补充性的主导原因。因此，当代唯物主义是马克思的原始版本的复杂形式和精致形式。唯物主义理论策略最为执着的当代发言人是马文·哈里斯（Marvin Harris, 1974, 1977, 1979），他的想法为本书提出的唯物主义理论主张提供了基础。

唯物主义视角是一种一般的理论策略，旨在解释社会文化系统的基本特征，以及这些基本特征所经历的平行的、交汇的和发散性的进化改变。它也用以解释社会文化的延续、退化和灭绝。实际上，社会文化的相似性和差异性的总体代表了该视角的应用畛域。由于唯物主义视角是一种理论策略，因此有许多特殊的唯物主义理论被纳入其中。这些理论中的许多内容，我们将会在随后的各章节中加以讨论。

唯物主义视角的一般特性

本书所采用的唯物主义理论视角认为，一个社会的基础设施是形成其社会结构的主要原因，而社会结构又是形成上层建筑的主要原因。也就是说，基础设施的条件是社会的基本人际行为类型的原因；反过来，这些行为类型又对思想的特殊类型提出要求，而思想则使行为实践（behavioral reality）合理化，并解释行为实践。因此，观念在行为的具体类型中发现它的起源，而这些行为是由社会成员系统性地进行着的。而且，这些行为类型是与基础设施的条件——人们在这些条件下解决其基本的人类生存问题——结合在一起的，是共同起源的。

当然，唯物主义视角是一种手段，用以解释社会文化系统的结构和进化。作为解释进化的视角，它认为变化起源于一种或多种基础设施因素。基础设施中的变化进而在社会结构和上层建筑中导致反射性的变化。因此，思维模式的变化最终取决于行为类型的前期改变，因而在很大程度上，这些后起的改变本身是先起的技术设施变化的产物。

唯物主义的策略认为，基础设施因素是原发的，但并不是形成社会结构和上层建筑现象唯一的原因。实际上，社会结构和上层建筑从基础设施那里获得了部分自主性。有时候，它们也可能作为自立的原发力量行动。不过，社会结构和上层建筑对基础设施的影响比相反方向上的力量要小得多。

唯物主义视角的一个巨大好处是，它为研究社会文化生活提供了一系列逻辑性的研究前提。正像马文·哈里斯（Marvin Harris, 1979）所注意到的那样，它对任何研究者的指导都是从考察基础设施的条件起步，对社会文化现象的原因进行研究。这些条件很有可能为解释人们心目中的现象提供了线索。如果一次勤奋的研究没能揭示基础设施因素的原发影响（causal impact），研究者肯定会转而把社会结构的条件作为可能的原因来进行检视。如果发现社会结构性原因的尝试再次失败，研究者就必然转而考察上层建筑作为原因的可能性。因此，只有当研究者在对基础设施性的和社会结构性的原因的展示失败后，他才有可能把上层建筑作为解释现象的原因。相对于那些经常被其他研究者采用的策略来说，下述策略更为可行：把上层建筑—社会结构—

基础设施的工作程序逆转过来，或者假设这三个因素相互之间均有因果关系。

对唯物主义视角的一个简要讨论，必然是对社会文化系统中之因果关系的一个过于简化的说明。例如，它并没有明确指出，在任意情况下，哪一种或哪几种特定的基础设施因素可能是重要的原因。不过，在这一点上，抽象地做出判断是不可能的。依据观察现象的不同，任何基础设施性的因素（或任何多个因素的组合）都可能具有首要的因果重要性。在有些情况下，技术因素可能具有最重要的意义，而在其他情况下，生态的、人口的和经济的因素可能成为首要因素。把基础设施性的因素作为原因进行精确描述，必须在对实实在在的社会文化现象进行调查以后才能够实现。

与上述问题相联系的是这样的事实：因果关系存在于各种社会文化成分内部，而不是各种社会文化成分之间。例如，在决定技术水平的最主要因素中，生态因素和人口因素位列其间；可是技术水平又是经济体系之性质的最重要原因（参见第四章）。此外，社会分层的存在——它本身是社会结构的因素——又是形成社会结构的其他因素的重要原因。虽然我们在这里注意到了这些问题，但是我们不会尝试把这些因果关系纳入抽象的唯物主义理论构想中——这些因果关系存在于基本的社会文化成分之中，也存在于它们之间。把因果关系纳入唯物主义理论构想，会使该理论构想难以驾驭，进而会降低它作为一般性分析工具的有用性。

基础设施的逻辑前提

在目前的社会科学中，本质上有两种方法可以显示社会生活的唯物主义视角与其他备选视角相比的优越性。一种方法是，面对范围广泛的社会文化差异和相似性，使唯物主义策略经受详细和严格的实证检验。如果唯物主义策略能够成功地解释大量的差异性和相似性，那么对该策略的理论应用就能够立即被认可。本书采取这样的立场：这样的严格实证检验已经在一个广泛的范围内被实施，而且由于结果令人满意，所以这一视角的有用性不应该再受到严重的怀疑。唯物主义视角不能解释所有相关的社会文化现象，但是有这种解释能力的视角根本就不存在。在任何情况下，唯物主义视角都比其任何竞争者具有更好的解释力，这一点本身就是下述说法的充分理由：可以把它（唯物主义视角）用作一般性的理论策略。

还有一种方法可以证明对唯物主义策略的选择是合理的。这一方法建立在逻辑基础而不是实证基础之上。有人声称，基础设施因素具有优先于社会结构因素和上层建筑因素的逻辑原因。唯物主义者坚称，基础设施变量优先，因为它们是人类解决基本生存问题的手段。在人类确立家庭规范、组织政治体系和构建抽象的宗教概念之前，他们必须对赖以生存的手段做出安排。马克思和恩格斯显然明白这一基本事实。正像恩格斯在马克思墓前发表的著名悼词所说的那样（Engels，1963：188-189；orig. 1883）：

> 正像达尔文发现有机界的发展规律一样，马克思发现了人类历史的发展规律，即历来为繁茂芜杂的意识形态所掩盖着的一个简单事实：人们首先必须吃、喝、住、穿，然后才能从事政治、科学、艺术、宗教等等；所以，直接的物质的生活资料的生产，因而一个民族或一个时代的一定的经济发展阶段，便构成为基础，人们的国家制度、法的观点、艺术以至宗教观念，就是从这个基础上发展起来的，因而，也必须由这个基础来解释，而不是像过去那样做得相反。

马文·哈里斯也以类似的语句阐明了基础设施的逻辑优先性（Marvin Harris，1979：57）：

> 基础设施······是文化与自然之间的连接点（interface），是生态的、化学的和物理的——人类行为必须遵从的——限制与主要社会文化实践之间进行互动的前沿，而这些实践的目的是克服上述限制，或者使它变得缓和。文化唯物主义优先性的顺序——从基础设施到现存的行为成分，最后再到精神性的上层建筑——反映了这些成分与文化/自然连接点（culture/nature interface）之间越来越遥远的距离······构建理论大厦的优先权落在了那些最庞大的直接限制之上——这些限制是自然所赐。把理论策略的优先权赋予精神性的上层建筑——文化理念主义者就是这样做的——是一个糟糕的选择。至于上帝是一位慈祥的父亲，还是一个嗜血的食人魔，对此大自然并不关心。但是，对于一片刀耕火种的土地之休耕期是一年还是十年，大自然不会撒手不管。我们知道，基础设施层面存在着强有力的限制；因此，把赌注压在下述判断上是一个好的选择：这些限制会传递到社会

54

结构和上层建筑上。

唯物主义进化论的主要原则

针对社会生活的唯物主义进化论具有一些主要的原则，这些原则对贯穿本书的内容具有指导作用。

社会文化适应原则

社会文化适应原则认为，社会文化现象是人类基本需求和愿望的适应性后果。一般来说，社会模式是人类创造出来的，是人类理性对必须解决的基本问题的反应。当这些问题的性质发生变化时，对它们的反应也随之改变。我们前文在讨论"适应"概念的应用时所表达的顾虑，也完全适用于对这一原则的应用。

冲突原则

冲突原则取自冲突主义的理论策略，在大多数唯物主义者的思考中，这一原则发挥着重要的作用。它认为，个人之间或群体之间的冲突和斗争广泛存在于社会生活中，而且这种冲突是基本社会文化模式的重要决定因素。针对支持人类生存的物质资源的冲突必然频繁发生。这种冲突往往导致社会分层，从而形成这样一种社会模式：其中有些群体对另一些群体进行经济和政治的支配。社会分层模式的出现，在塑造社会文化生活的其他面相上，发挥了重要的作用。

冲突原则强调，一般来说，人们会采取行动使自己的利益最大化。在很多情况下，使个人利益最大化的努力会导致公开的冲突，也会导致结构性的政治和经济模式——支配与服从。这些模式又会频繁地产生进一步的冲突和斗争。当然，在某些情况下（后面的章节会进行具体论述），使自身利益最大化的努力会采取合作和协调的方式，而不是公开的冲突。个体之间经常会相互合作，因为他们认识到，这样的合作对他们的生存和幸福至关重要。这一现象被称为"对抗性合作"（antagonistic cooperation）或"开明的自利"（enlightened self-interest）（Lenski，1966）。

基础设施决定论原则

基础设施决定论原则是唯物主义进化论中最重要的原则，上文曾经对此进行过讨论。它认为，基础设施因素是决定社会结构安排和上层建筑安排的主要因素。人们提出这一原则，旨在解释社会文化相似性和差异性的全部内容，而这些相似之处和差异之处皆源自社会文化的延续、进化和退化。

社会文化整合原则

社会文化整合原则指的是这样一种趋势：社会文化系统的主要成分一般相互结合在一起，构成一个或多或少自洽的整体（consistent whole）。任何特定种类的基础设施，仅仅与范围有限的社会结构和上层建筑相互兼容（compatible）。虽然通过了解基础设施来准确预测社会结构和上层建筑的性质是不可能的，但是做出下述指认却是完全可能的：在某一特定的基础设施之上，哪些社会结构和上层建筑极少出现或绝不会出现。例如，我们从来没有在狩猎采集社会中发现中央集权的政府，但所有的现代工业社会都有它（中央集权政府）。类似地，依赖简单形式的农业提供食物供给的社会，通常拥有大规模的亲属群体，即家族（clan），但我们从来不会在工业社会中发现这样的亲属群体。

小 结

1. 划分社会文化系统的一种有效方法是三分法，即将其分为基础设施、社会结构和上层建筑。基础设施包括原材料，以及人类社会生活的生产和再生产所必需的组织形式。社会结构由一些基本模式构成，它规范着社会成员的社会行为。上层建筑包括符号、思想，以及作为社会成员的个人所共享的各种观念。

2. 社会文化进化是一个具有方向性的社会变迁过程，它涉及从旧的社会形式向新的社会形式的转变。社会进化的一个重要方向是，社会复杂性日益提高。当然，它仅仅是诸多重要维度之一。

3. 很多社会科学家相信，社会文化进化是一个"逐渐展开"的有目的的过程（teleological process），社会通过这样的过程向一个终极的状态或目标发展。人们还经常假设，这一想象中的发展过程会带来进步或者是人类状况的改善。不过，社会文化进化概念的这一意义将被本书完全拒绝。

4. 我们需要认定三种不同的进化性改变：平行进化、交汇进化和发散性进化。平行进化指的是许多社会的变化采取相似的类型、速度和方向。当各不相同的社会变得日益相似时，交汇进化就发生了。当不同的社会向日益不同的方向改变时，发散性进化就发生了。在人类历史上，前两种方式似乎是最显著的类型。

5. 并不是所有的社会都会经历进化性改变。有些社会基本保持不变，甚至维持数千年，这一过程被称作社会文化延续。由于受到其他更强大社会的入侵，所以很多社会完全灭绝了；这曾经是西方资本主义扩张的常见后果。偶尔，有些社会的改变会指向日益增加的组织简单性，这一过程被称为社会退化。

6. 社会文化进化是一个适应性过程，这意味着它是个体努力满足自己需求和愿望的结果。社会文化适应的基本单位是个体的人，而不是社会文化系统。社会文化系统没有需求、愿望和目的，只有个人能够这样做。因此，只有个体能够进行适应活动。

7. 对适应概念的应用经常导致一种误解，即适应能够改善社会文化的进化。有些进化论者坚持认为这是真的，不过本书坚决拒绝这一说法。新的社会文化适应仅仅能被准确地描述为"不同的社会模式"，而不是"更好的社会模式"。

8. 在社会文化进化和生物进化之间，既有相似性，又有区别。主要的相似性是它们的适应能力及其"双重"特性。它们之间的基本差异包括以下方面：进化步伐的不同；多样性的来源不同；大多数生物进化是发散性的，而大多数社会文化进化是平行的和交汇的；此外，社会文化进化过程中的"扩散"在生物进化过程中没有对应物。

9. 本书自始至终所使用的社会文化结构和进化的理论模型，都是唯物主义模型。它认为，物质性的基础设施构成了基础，其他社会成分则建立在这个基础之上。变化首先出现在基础设施之中，而这些变化在其他成分上造成反射性的（reverberating）改变。那些坚持唯物主义模型的学者把它作为分析的起点，他们还坚持寻找社会生活的物质原因。只有在对物质原因的勤奋追寻无果的时候，他们才会考虑社会结构因素和上层建筑因素作为原因变量的可能性。

10. 唯物主义模型可以在实证的和逻辑的两个基础上获得其合理性。本书提供了大量实证性的证据来支持这一模型。不过，这一模型也可以通过逻辑的方式加以合理化，亦即假设物质条件在社会生活的组织方面具有优先权，因为它们涉及人类关切的最基本领域。

11. 本书所应用的基本理论原则有四种：社会文化适应原则认为，作为对其需求和愿望的反应，人们创造了社会模式；冲突原则认为，人们一般据他们的自我利益行动，由此而来的社会冲突、社会支配和社会顺从则在塑造社会模式方面发挥着重大作用；基础设施决定论原则强调，社会生活的物质条件是优先的原因变量；社会文化整合原则认为，在社会生活的不同部分之间是有自洽性的。

特别话题：神圣的牛与可恶的猪

对进化论唯物主义的最著名的应用之一，是马文·哈里斯对食物禁忌的宗教起源的考察。马文·哈里斯对于解释下列问题倾注了特殊的关注：为什么在印度，印度教认为牛是神圣的，并把牛肉视为禁食之肉？他还对古代以色列人的猪肉禁忌进行了更彻底的研究，因为他们把猪视为肮脏的动物。他相信，对这些食物禁忌的最好理解是，它是采纳了这一禁忌的人群的适应性反应——对其所面对的物质条件的特定组合（specific constellation）之适应。

众所周知，印度教意识形态的一个中心教义是对牛的神圣化。牛被看做神圣的动物，对牛的杀戮和食用是不可思议的。对大多数西方人来说，这一禁忌是对资源的非理性安排的典型例子，它应该与印度次大陆广泛而持久的贫困和苦难相关。他们认为，牛崇拜文化丛（complex）是一个典型的（生活）方式的案例，在这一生活方式中，神秘的宗教实践导致了不好的和不必要的经济后果。不过，哈里斯（Harris，1974，1977）认为情况并非这样。他相信，印度的爱牛文化丛是一个理性的——实际上这是必要的——对生态和经济环境的反应，而大多数的印度农民都生活在这样的环境里。

哈里斯指出，在印度的生态和经济中，牛承担了中枢功能，而这样的功能只有牛保持活着才能实现。牛粪对印度农民特别有价值。它是田地的肥料，是做饭的燃料，而且在和水混合后可以作为房间里铺装地面的材料。不过，牛所承担的最有用的角色，是犁地时的牵引牲畜。由于印度农民无处购买拖拉机，因此牛成为他们唯一的犁地手段。哈里斯坚定地声称，那些因为特殊压力、因为屈从于诱惑而宰杀牛只的印度农民，会给他们自己带来灾难，他们再也无法犁地了。因此，对普通的印度农民来说，活着的牛远比死去的牛有用。可是，对于印度农民来说，在干旱或饥荒时期，杀牛的诱惑是一个经常会出现的问题，因此，寻找一种消除这种诱惑的方法就是必要的了。哈里斯声称，这一方法通过建立宗教禁忌的途径找到了，即把牛神圣化，并把杀牛和吃牛肉变成一种渎神（unholy）行为，一种不可思议的行为。

通过一种历史性的观照（historical perspective），我们可以更好地理解牛在印度为何被神圣化。哈里斯注意到，在印度历史的大多数时间里，牛经常被食用，围绕着它们也没有什么特别的神圣性。他认为，大约在公元 700 年之后，爱牛文化丛才发展成目前我们熟悉的形式。无论印度人开始崇拜牛的确切时间是什么时候，我们确实知道，婆罗门僧侣"在数个世纪的时间里，是动物肉的献祭者和消费者"（Harris, 1977：145）。在什么情况下，这些僧侣会从仪式性的牛只献祭者变成它们的仪式性保护者？哈里斯提出，对这一问题的回答，涉及人口密度的升高和生活水平的下降。随着人口越来越稠密，土地越来越稀缺，农场变得越来越小，为了食肉而饲养动物变得越来越昂贵，因此这样的动物的饲养最终被清除了。几乎所有的动物都消失了，除了一种动物——牛。牛不能被清除，因为它在拉犁时必不可少。

另一个众所周知的事实是，现代犹太教禁止进食猪肉。实际上，从古代的以色列人开始，犹太教就正式宣布，猪是一种令人厌恶的动物，不适于人类消费。不过，犹太人拒绝进食猪肉这件事并不具有典型性。在诸如中国和欧洲这样的区域，猪肉被享用了数个世纪。很多部落社会的成员不仅食用猪肉，而且很看重猪，他们实际上把猪看做家庭成员（Harris, 1974）。既然其他众多宗教的成员并没有对进食猪肉表现出任何厌恶，那么为何犹太人对它如此厌恶呢？

对这一问题最常见的回答可能是，猪是一种不清洁的动物：它在自己的粪便里打滚，还是疾病传播者。可是，哈里斯（Harris, 1974, 1977）向人们展示，这一解释不能令人满意。当它们生活在适合它们的栖息地时，猪并不是特别肮脏的动物。由于猪不能出汗，所以它们最好选择这样的环境：在其中体温不会升得太高。不过，在干燥的环境里（如中东），猪在保持凉爽方面遇到了大麻烦，因此，它们在自己的粪便里打滚，以保持身体凉爽。至于猪传播特定疾病的问题，哈里斯承认，这是真的；但他也注意到，其他被广泛消费的动物（如牛）也传播疾病。

哈里斯相信，古代以色列人禁食猪肉的原因，与中东的生态有着特殊的关系。他认为，对猪的食用之所以被禁止，是因为饲养猪构成了对古代犹太人整体生存体系的威胁。大约在公元前 1200 年之后，以色列人来到巴勒斯坦，他们安顿于以前未被耕作过的土地上，开始砍伐林地并建设灌溉梯田。适合于饲养猪的土地日益稀缺，而猪必须喂食谷物，以之作为食品添加物，这使得它们直接与人竞争食物。此外还必须为它们提供人工的阴凉和湿润，这使它们变得更加昂贵。如果猪在生态上是昂贵的，而它对人们又是一个持久性的诱惑，那么解决办法——哈里斯指出——就是全面禁止猪的饲养和消费。建立这一禁忌的最好途径就是把它变成一种神性的禁止——宗教禁忌。为了消除这样一个代价高昂又充满诱惑的威胁，猪被重新定义为一种令人厌恶的东西（abomination）。

虽然哈里斯的理论曾经受到过批评，但是下述事实对其说服力颇有提升：古代犹太人与其邻居们共享这一禁忌。猪肉禁忌曾经（现在依然）出现在北非、中东和中亚的干燥区域。甚至埃及人——以色列人的死敌——也禁食猪肉。随着公元 7 世纪伊斯兰教的兴起，猪肉禁忌成为另一个主要的宗教传统。看起来，在世界上一些炎热干燥的地区，进食猪肉被禁止——在那里，猪对环境不适应，而为了饲养猪，人们必须为其提供特殊照顾。与此相反，在世界上大部分潮湿凉爽的地区——猪更适于在那里繁殖——猪肉禁忌并不存在。在这些区域，人们津津有味地进食猪肉。

虽然猪和牛都被置于严厉的宗教禁忌之下，亦即公开禁止进食其肉，但是猪禁忌和牛禁忌截然不同。在印度，牛被神圣化，而在古代犹太人中，猪被视为令人厌恶之物。为何会如此？此问题目前已经清楚了，至少是在哈里斯的理论有效的情况下。牛对印度的农业是必不可少的，因而它被神圣化了。而在古代犹太人中，猪作为牲畜没有用途，它只会构成威胁，因此，它被定义为一种不清洁的、不受欢迎的动物。

推荐阅读

Carneiro，Robert L. "The four faces of evolution." In J. J. Honigmann（ed.），*Handbook of Social and Cultural Anthropology*. Chicago：Rand McNally，1973. 该文对社会文化进化进行了有益的讨论，也讨论了社会科学家们对其（社会文化进化）进行概念化的各种方式。

Harris，Marvin. *Cannibals and Kings*：*The Origins of Cultures*. New York：Random House，1977. 该书对基础设施因素在过去 1 万年里在下述方面所发挥的作用进行了引人入胜的审视：型构了社会文化进化的主要轮廓。它是对唯物主义进化论的一大贡献，而且写作风格极为通俗浅易。

Harris，Marvin. *Cultural Materialism*：*The Struggle for a Science of Culture*. New York：Random House，1979. 该书是我们这个时代一位杰出的社会科学家撰写的。针对研究社会文化生活的唯物主义策略，该书进行了充满激情和极有说服力的论辩。

Harris，Marvin. *Good to Eat*：*Riddles of Food and Culture*. New York：Simon & Schuster，1985. 该书从唯物主义的视角，对世界各地的食物禁忌和食物偏好进行了富有煽动性的讨论。针对各种饮食习惯，该书进行了引人入胜和富含信息的讨论，它特别关注牛、猪、马、昆虫、狗、奶和人。（该书的平装版本采用了另一个书名：《神圣的牛与可恶的猪》。）

Mann，Michael. *The Sources of Social Power*. Volume 1：*A History of Power from the Beginning to A. D.* 1760. Cambridge：Cambridge University Press，1986. 该书对世界史前史和文明史上的各个里程碑进行了非同寻常的全面阐述。该书采用了一个折中的视角，但强烈地倾向于某种类型的韦伯主义。它的前几章强调了某种宽泛的进化主义。

Marx，Karl，and Friedrich Engels. *The German Ideology*. Edited by C. J. Arthur. New York：International Publishers，1970. （初版于 1846 年。）该书是唯物史观的创立者们对这一史观的最初宣言。该书包含了当代唯物主义策略的、经典的智识基础。

Runciman，W. G. *A Treatise on Social Theory*. Volume 2：*Substantive Social Theory*. Cambridge：Cambridge University Press，1989. 该书试图发展一种关于社会进化的自然选择理论。虽然著者错误地声称，社会文化变异最初是随机的，但该书仍然包含了很多关于社会进化过程的深刻洞见。

Sanderson，Stephen K. *Social Transformations*：*A General Theory of Historical Development*. Oxford：Blackwell，1995. 该书是对进化论唯物主义的一个详尽的正式宣言，它还把这一理论应用于对下述事情的理解上：在人类的史前史和文明史上，过去的 1 万年里产生的三种最重要的进化转型（evolutionary transformation）。

Tainter，Joseph A. *The Collapse of Complex Societies*. New York：Cambridge University Press，1988. 该书对过去的复杂农业文明的社会退化过程进行了引人入胜的审视。它创立了一种一般性的社会崩溃理论，这一理论建立在下述假设之上：因为社会复杂性的日益发展是不可持续的，所以它经常是反生产性的（counterproductive）。

Wenke，Robert J. *Patterns in Prehistory*：*Mankind's First Three Million Years*. Third edition. New York：Oxford University Press，1990. 该书对世界史前史进行了出色的考察。

59

60　　为了生存，所有的社会都必须建立技术和经济系统。在每一个社会里，技术和经济都是密切地联系在一起的，可是它们并非同一个事物。一个社会的技术包括工具、技艺及其成员为满足需求和愿望而创造的知识。与技术不同，一个社会的经济由被社会化地组织起来的规程构成，通过这一规程，商品和服务被生产出来，并被分配出去。本章开始于对技术进化的讨论，这里所说的技术是指生存技术（subsistence technology）或者直接与生计相关的技术。我们将把这种考察限制于生存技术的五种类型，并按照一般的进化顺序进行排列：狩猎和采集、简单园艺（simple horticulture）、复杂园艺（intensive horticulture）、农业或复杂农业，以及游牧。① 这里关注的是这些生存技术的性质，以及在人类历史上一种技术取代另一种技术的原因。

61 狩猎采集社会

　　在大约 99％ 的历史中，人类完全依靠狩猎野生动物和采集野生植物来获得食物。狩猎和采集生活方式的完全垄断大约在 1 万年前才被打破，这时有些社会开始依赖农业实践过活。在过去的 1 万年时间里，狩猎采集社会在数量上变得越来越少，目前只有数十个遗存下来。它们大多数存在于相对闭塞的地理区域，例如澳大利亚荒凉和半荒凉的区域、非洲中心的雨林地区和非洲的沙漠地区，以及北极地区。这些社会似乎不太可能再存活几十年，21 世纪，狩猎采集的生活方式注定会成为只有人种学家和考古学家才会知道的历史遗迹。

　　我们目前大多数关于狩猎采集的知识都源自针对幸存的狩猎采集群体所进行的田野工作（fieldwork）。我们不可能知道这些群体与史前的狩猎采集社会有多大的相似性。毫无疑问，它们会有一些不同，但更可能的是，它们之间存在惊人的相似性。无论如何，下述关于狩猎采集生活方式的描写，主要是基于当代民族志研究的结果。

　　狩猎采集者生活在所谓的"地方性游群"（local band）之中。这些群体大约有 25～50 人，包括男人、女人和孩子，他们为了谋求生存而相互合作。每一个游群基本上都是政治上独立、经济上自足的单位。当然，很多游群通常会通过婚姻纽带与更大的文化单位相联系，这一单位有时被称作部落。部落是一个由游群组成的网络，其成员共享同样的文化模式，说同样的语言。此外，每一个游群的组成都在持续地发生变化。这样的变化可能是因为婚姻，也可能是出于平衡的需要——人口规模和食物供给之间的平衡。

　　狩猎采集者怎样分配其狩猎活动与采集活动呢？数年前，理查德·李（Richard Lee, 1968）估计，当代的狩猎采集社会大约从其采集的各种食物中获得三分之二的膳食。他认为，这一数据与史前的狩猎采集者非常接近。这一看法被社会科学家广泛接受，以至于有人建议，这些社会应当被恰当地命名

---

　　① 狩猎采集社会、园艺社会，有时还包括游牧社会，经常被统称为原始社会。虽然有些社会科学家反对使用这一术语——他们认为它有贬义，但是很多时候，为了方便起见，我们没有理由不使用它。这一术语仅仅涉及技术发展的水平，对它的使用并不暗含任何"文化低劣"的判断。

为"采集狩猎"社会。

不过，更密切的观察会显示出完全不同的画面。卡罗尔·埃姆博尔（Carol Ember，1978）运用民族志汇编（Ethnographic Atlas）（Murdock，1967）中记载的181个当代狩猎采集社会的数据——这比理查德·李的数据更多，也更完整——进行了研究。该研究显示，狩猎采集社会对狩猎、采集和捕鱼活动的重视程度实际上大致相同。在30%的社会里，采集是最重要的活动；在25％的社会里，狩猎最重要；在38％的社会里，捕鱼最重要。可是，如果我们把捕鱼也视作一种狩猎——这是合理的，因为捕鱼也是为获得野生动物的蛋白质——那么63％的狩猎采集社会把狩猎看得比采集更重要。看待这一问题的另一个方式是，计算下述社会在所有社会中所占的比例：在这些社会里，某种特定的谋生活动贡献了其热量消费的一半以上。埃姆博尔研究显示，只有23％的社会，采集贡献了半数以上的热量消费。如果埃姆博尔的数据是可靠的，那么这就证明，在狩猎采集社会里，狩猎显然是主导的谋生活动。这与我们长期以来对狩猎采集者的了解是一致的：他们花在狩猎上的时间通常多于花在采集上的时间，而且他们把肉食看得比素食更重。

由于狩猎采集者是食物搜集者而非食物生产者，因此他们必须在广阔的地理区域内寻找食物。因此，他们一般是游动性的，固定居所的建立绝无仅有。

狩猎采集社会里的技术创新是非常有限的。直接用于生计的工具和武器通常包括矛、弓箭、网、用于狩猎的陷阱，以及用于植物采集的掘棍。工具是粗糙而简单的，一般用石头、木头、骨头和其他自然材料制作。他们通常没有食物储存和食物保鲜的技术，食物通常被立即或在很短的时间里消费掉。

在所有的人类社会里，狩猎采集社会在结构上是最简单的。劳动分工几乎完全根据年龄和性别差异进行。主要的养活责任（responsibility for subsistence）通常落在中年人身上，少年和老年成员对群体的生存贡献较少。男人从事狩猎，女人从事采集。虽然女人偶尔也会从事对小型动物的狩猎或陷阱捕猎，但她很少参与对大型动物的狩猎。与此相似，男人有时也会参与采集活动，但在任何狩猎采集社会里，他们都不是主要的采集者。狩猎采集者在一件事情上众所周知：他们在生计活动之外没有任何职业专门化（occupational specialization）。狩猎采集社会中并没有所谓的"制箭者"与"制弓者"。每一个男人在生计活动中所需要的所有工具都由自己制造，女人亦然。

在狩猎采集社会中，生计活动的主要单位是家庭，因此我们可以将其经济生活命名为"家庭式的"（familistic）（Service，1966）。不过，地方性游群中的所有家庭又联系在一起，构成一个经济单位，即地方性游群。虽然每一个家庭都要维持自己的生计，但是他们也为游群中其他家庭的生计做出重要贡献。

众所周知，狩猎采集者或者说大多数的狩猎采集者无力创造经济剩余，即超越其生存需求的多余食物。直到最近以前，人们普遍相信，这是因为他们无力这样做，这种无力来自他们边缘性的（marginal）、险象环生的（precarious）生存状况。最近的研究与这一观点相牴牾。目前，社会科学家通常相信，他们没有这样做是因为实际的需求并不存在。由于自然资源永远在那里等待被拿取，因此大自然本身就是一个大型储藏室。

但是，近年来人们越来越认识到，有些狩猎采集者确实制造经济剩余，有些情况下这些剩余还是很可观的。这致使人们对狩猎采集社会进行了一个重要的划分：储藏食物者和不储藏食物者（Testart，1982，1988）。虽然不储藏食物者占主导地位，但是储藏食物的狩猎采集者可能还是比我们意识到的要多，而且他们和那些不储藏食物的狩猎采集者在许多方面大相径庭。储藏食物的狩猎采集者可能是定居的，而不是游动的；他们人口更多，人口密度更大；他们是以更复杂的方式组织起来的。

储藏食物的狩猎采集者在当代仍可见到，但这样的群体在数千年前特别常见——在农业出现之前（大约1万到1.5万年之前）（M. Cohen，1985）。而且，他们可能代表了那些处于发明农业经济边缘的狩猎采集社会。下述划分可能是有用的：把史前的和当代的不储藏食物的狩猎采集者称为"简单狩猎采集者"，而把储藏食物的狩猎采集者称为"复杂狩猎采集者"（cf. Kelly，1995）。

原始富裕社会

社会科学家习惯上使用大体上负面的语言来描述狩猎采集者。人们普遍相信，他们过着危险和困难的生活。在这样的生活里，他们必须长时间地辛勤劳作，仅仅为了竭尽全力地活下去。多年前，马歇尔·萨林斯（Sahlins，1972：1）注意到：

> 几乎所有的人都认同这样的主张：旧石器时代的生活是艰苦的。我们的课本还要不厌其烦地加入进来，传递一种不安的感觉，从而让

人不仅思索"猎人们怎样支撑着活下去"的问题，还要思索"那到底是不是生活"的问题。在这些字里行间，饥荒的幽灵潜伏在高蹈者的内心之中。据说，他们的技术性的无能命令他们持续不断地工作——仅仅为了活下去，这让他们不得片刻歇息，也没有任何剩余；因此，根本没有"休闲时间"来"创造文化"。

在过去的数十年中，社会科学家以激进的方式改变了对狩猎采集者的上述看法。在一次著名的抗辩中，萨林斯（Sahlins，1972）为他们起了一个"原始富裕社会"的绰号。他这样做，并非表示这些人是富有的，并非说明他们享受对物质财富的高度占有，那将是一个荒谬的主张；这是现代意义上的富裕。萨林斯想要说的是，狩猎采集者的需求和愿望是非常有限的，他们能够以最小的努力来满足这些需求和愿望。为了评价萨林斯的主张，我们需要仔细观察狩猎采集者的生活水平，以及他们通常的劳动强度和劳动时间。

虽然事实是，当代所有的狩猎采集者都生活在边缘环境中，但这些环境却常常拥有丰富得惊人的资源。例如，理查德·李（Lee，1968）注意到，西南非洲的昆桑人（!Kung San，"!"号表示语言中的咔咔音）能够依赖质量上乘、种类丰富的资源过活。他们最重要的食物来源是蒙刚果（mongongo）坚果，每年，成千上万磅的这种坚果因为没人采摘而烂掉。此外，昆桑人的栖息地拥有84种可食用的植物，而且昆桑人从不会在一个区域采尽所有的植物性食物。类似地，詹姆斯·伍德伯恩（Woodburn，1968）展示了坦桑尼亚的哈扎人（Hadza）享受着格外丰富的猎物。他认为，他们死于饥荒是不可思议的。昆桑人和哈扎人似乎拥有这样的生活水平：它在满足人类基本的生存需求上绰绰有余。

马克·科恩（Mark Cohen，1989）在很多当代狩猎采集群体中的食谱和营养研究更加强化了上述印象。科恩对许多研究的综述显示，大多数狩猎采集者享受着富有营养的膳食。有些群体，如昆桑人，可能获得了刚刚足够的热量，但他们的膳食却富含动物蛋白和各种营养素。在有些情况下，很多狩猎采集者似乎会经历季节性的饥饿和食品短缺，而且有时也会出现饥荒（Yesner，1994）。不过，用不着为狩猎采集者遇到这种情况而大惊小怪。定居的农业人口也会遇到这样的困难，而且可能会更严重。

64　　如果狩猎采集者通常享受着充足的膳食，那么他们必须花多少时间才能够得到这些食物呢？大量

证据显示，很多群体工作既不辛苦，时间也不长。人们在北澳大利亚的阿纳姆地区（Arnhem Land）搜集了关于狩猎采集者生计活动的数据。萨林斯（Sahlins，1972）对这些数据进行了综述。他注意到，这些人工作并不艰苦，也不是持久地进行工作；生存需求是间隔出现的，他们有大量的富余时间。与此一致，理查德·李（Lee，1979）计算出，昆桑成年人每周把17个小时的时间直接花在获取食物上。伍德伯恩（Woodburn，1968）也显示，哈扎人获得足够的食物相当容易，对他们来说，生活绝不是为生存而挣扎。他相信，在基本生存需求的满足上面，哈扎人比他们的农业邻居花费的时间和精力要少。

其他关于狩猎采集者的工作负担的研究就不那么令人鼓舞了，至少表面上看起来是如此。由于理查德·李关于昆桑人工作模式的数据采集于旱季，因此约翰·叶伦（John Yellen，1977）在雨季研究了一个昆桑人群体。他发现，在每年的这个时间里（编者按，指雨季），他们的工作时间明显延长。此外，金·希尔、希利亚德·卡普兰、克里斯丁·豪吉斯以及安娜·马格德利娜·赫塔杜（Kim Hill, Hilliard Kaplan, Kristen Hawkes, and Ana Magdelena Hurtado, 1985）发现，在巴拉圭的一个狩猎采集社会，阿奇人（Aché）每星期要花40～50个小时进行狩猎。不过，这一数据可能非常不典型。罗伯特·凯利（Robert Kelly，1995）展示了世界上5个不同地区中11个狩猎采集社会的工作负担数据。这些数据显示，男人和女人平均每天花费3.8小时用于觅食，这相当于每周不到27小时（假设觅食是每天都进行的）。如果我们在计算总的生计努力（subsistence effort）时加入制造、修理工具和加工食物的时间，那么人们每天花费6.5小时（每周45.5小时）来维持生计。这远远低于现代工业社会成员的类似数据。现代工业社会的成员每周花费40小时工作，还把更多的时间花在了与生计有关的其他活动上，如通勤、购买食物、烹饪以及整理家务。最有趣的是，布鲁斯·温特尔-豪尔德（Bruce Winter-halder，1993）展示，大多数狩猎采集者必须限制他们的谋生努力，因为不这样做具有反生产性。在大多数狩猎采集环境中，如果人们工作过于勤奋，就会使资源枯竭，长远来看会降低他们的生产力。他注意到，与低于中度的努力水平联系在一起的，是支撑尽可能大的人口规模，以及以最快的速度获得食物。

如此看来，经过充分的讨论，萨林斯关于"原始富裕社会"的假说言之成理。当我们意识到我们对狩猎采集者生活水平和工作模式的知识都来自当代群体的时候，上述说法就更加正确。这些群体目前都生活在边缘性的环境里，而史前狩猎采集者——他们大多数生活在更有利的环境里——生活肯定会更加优裕。关键是，我们必须避免把狩猎采集式的生活方式浪漫化为某种类型的原始天堂。显然，那会是一种糟糕的简化。无论如何，狩猎采集者都过得远比我们想象中的要好。伊丽莎白·坎什丹（Elizabeth Cashdan, 1989：26）总结说，目前，我们能够"信心十足地消除旧的刻板印象（stereotype），即狩猎采集者仅仅为了获得足够的食物，就必须整日劳作"。当然，我们也能够信心十足地消除这样的旧的刻板印象，即狩猎采集者吃得不够好。

昆桑人

大约有 4.5 万桑人（San）分散生活在南部非洲的博茨瓦纳、安哥拉和纳米比亚等国的一些地区。这些人分为几个不同的语言群体，其中一种语言是昆语，大约有 1.3 万人说这种语言。他们很多人或者处于当地政府的直接管理之下，或者生活方式受到了技术极为进步之人群的严重影响。最后的大约 1 600 名狩猎采集昆人（!Kung）生活在博茨瓦纳西北部的一些水窟周围。下面的民族志记录，基于理查德·李（Lee, 1972, cf. Lee, 1979, 1984）对由 466 名昆人构成的群体的研究，这些昆人生活在博茨瓦纳的杜泊（Dobe）地区。

昆人的生活围绕着 8 个固定的水窟进行，他们有 14 个独立的营地。这些营地一年大约迁移 5～6 次。他们的人口密度大约是每平方英里 0.4 人，这对狩猎采集者来说是一个常规的密度。他们的栖息地是卡拉哈利沙漠——一个资源极为丰富的地区。昆人大约知道 500 种动植物，并为其命名。该地气候的特征是，有 5 个月炎热的雨季，冬季温和无雨。

昆人的生存是有保障的，他们主要依赖植物性食物为生（理查德·李估计，他们的膳食中大约有 37% 的肉食）。他们最重要的食用植物是芒冈或芒提（mangetti）坚果，它们是富有营养的主食，且取之不尽。昆人还有其他重要的植物性食物，不过他们一般只食用那些味道诱人的食物和易于采集的食物。猎物不那么丰富，也难以预料。他们经常捕猎大羚羊、疣猪和较小的羚羊。他们还用灵巧的网子捕捉鸟类，有一种大龟也是他们的美食。

营地或者地方性游群是主要的居住单位，也是生计活动的主要中心。地方性游群的成员单独或者结伴外出，搜索周围的区域，傍晚回来后分享他们搜集来的生活资料。女人结成 3～5 人的小组进行采集活动。男人狩猎，这主要是一种个人化的活动。弓和毒箭是有效的武器。食物分享的程度很高，当然，与对植物性食物的分享相比，他们更加正式地组织对肉食的分享。大型猎物被屠宰为三个部分：大约五分之一留在家庭内部，五分之一割成肉条以便风干，而剩下的五分之三则在（与获得猎物的家庭）关系密切的各个家庭中间进行分配。人们非常谨慎地进行肉食的分配。狩猎者可能会听取其他男人的建议，也可以请求他的岳父来主持分配。在昆人的营地里，绝对分享是一种理想，尽管这在实践中很少实现。值得注意的是，最常见的口角就涉及对肉食分配不当以及礼物交换不当的指控。

简单园艺社会

新石器革命

虽然狩猎者和采集者数千年前就知道怎样驯化动植物，但直到大约 1 万年以前，他们之中的有些人才开始定居在村庄里，并致力于农业生产。人类向农业（从技术上来说，是园艺）生产方式的转型被称为新石器革命（Neolithic Revolution）。实际上，新石器革命这一术语有一些误导性，因为根本不存在一个单独的革命性转变。向农业的转型独立地出现于世界上数个不同的区域，但时间上有所差异。

农业的引入最早出现在亚洲西南部。最重要的驯化植物是小麦和大麦，主要的驯化动物是绵羊、山羊和猪。真正的驯化过程似乎发生在定居性村庄出现之后，而这些村庄是围绕着对小麦和大麦的野生祖先的收获而组织起来的（Fagan, 1989; Wenke, 1990）。

在中国和东南亚，独立于亚洲西南部的新石器社区，也涌现出了农业社区。在中国，农业可以追溯至 7 000 年前，也可能更早（Chang, 1986）。主要的驯化物种是黍和猪，后来又增加了稻谷和大豆。牛、绵羊和山羊也被驯化，此外还有狗和水牛。在中国南部，芋头和薯蓣作为稻谷的补充物被种植。在东南亚，新石器时代可追溯至 9 000 年前（M. Cohen, 1977; Fagan, 1989）。在这一地区，主要的驯化物种是薯蓣、芋头和稻谷。

农业社区分别独立地出现于旧世界的其他两个区域：欧洲和非洲。在欧洲，农业最早发展于希腊及其附近区域，距今大约 8 000 年。小麦是当时最重要的驯化物种，尽管也种植大麦、黍、小扁豆和其他豆类作物。牛、绵羊和猪是主要的驯化动物（Milisauskas，1978；Fagan，1989）。大约 7 000 年前，农业扩散至气候温和的欧洲（斯堪的纳维亚和不列颠群岛），于 5 500 年前到达北欧。这里的农业系统的核心作物是小麦、大麦、牛、绵羊和山羊（Fagan，1989）。在非洲，农业最早发展于埃及（距今大约 7 000 年），那里的主要驯化物种是小麦、大麦、牛、绵羊、山羊和猪。在西非和中非（距今大约6 500年）、苏丹（距今大约 6 000 年）、埃塞俄比亚（距今大约 6 000 年）和肯尼亚北部（距今大约 4 500年），农业出现得稍晚。在赤道以南的大部分非洲地区，农业出现得要晚得多，直到公元元年之后才开始出现（Phillipson，1985）。

在新世界的一些地区，农业也被独立地引入：中美洲（Mesoamerica）（目前墨西哥和中美洲的部分地区）、南美洲和北美洲。在中美洲，农业可以追溯至 7 000 年前（MacNeish，1978），但是在某些地区，农业的出现可能早至 9 000 年以前（Fiedel，1987）。当然，定居的村庄生活是在数千年后才出现的。这与旧世界形成了鲜明的对比：在旧世界，农业和定居村庄通常同时出现，在有些情况下，定居甚至早于农业（M. Harris，1977）。在中美洲，主要的驯化植物是玉米，它的祖先是一种叫作"类蜀黍"的植物。豆类、葫芦、南瓜和辣椒也有种植（Fiedel，1987）。旧世界和中美洲之间的另一个区别是，后者没有驯化任何大型动物，这显然是因为没有适宜驯化的物种（M. Harris，1977）。实际上，新世界驯化的唯一的重要大型动物是羊驼，它在5 500年前被驯化于秘鲁。

在秘鲁，农业出现于大约 8 000 年前，也可能稍晚一些。在这里，玉米、土豆、南瓜、葫芦、豆类和奎奴亚藜（quinoa）是主要的驯化植物（B. Stark，1986，Fagan，1989）。在厄瓜多尔，玉米也许在 5 000年前就被人种植。人们还认为，在亚马孙盆地，木薯可能在 4 000 年前就已经被栽培了（Fiedel，1987）。

在北美，玉米被引种大约是在 5 500 年前，豆类的种植大约是在 3 000 年前（Fiedel，1987）。在美国西南部，一些众所周知的农业传统可以追溯到 2 350

年前。在美国东北部，围绕着玉米和豆类的农业发展于公元 400 年之后，但是诸如向日葵这样的植物——其种子可以被用于食用和榨油——在 4 000年前就已经被驯化了（Fagan，1989；B. Stark，1986）。

当代的简单园艺社会

第一个农业社会并不是建立在真正的农业基础之上，而是建立在简单园艺的基础之上的。一些简单的园艺社会存活到了当代。它们大多数存在于美拉尼西亚——南太平洋上的一个岛链（一般包括新几内亚岛），以及南美洲的许多地区。长期的民族志研究曾经在这些社会里进行，这些研究的结果为下述讨论提供了基础。

简单园艺社会生活在小村庄里，通常包括100～200人。虽然规模比这个大的村庄据说也存在过，但很少见。在政治上和经济上，每一个村庄基本上都是自立的。当然，村庄之间的联系也是存在的。婚姻通常在不同村庄的个体之间发生，而且分居于不同村庄的人们还经常在仪式性的场合聚集在一起。文化上和语言上相近的村庄的成员共同构成一个部落，这一部落是一个社会文化单位，它可能包括数万人甚至数十万人。

大多数简单园艺社会目前都生活在密林环境中，并且采用一种被称为"刀耕火种"（又称"轮耕"）的耕作方式。这种耕作方式就是砍伐一片林地，然后将长年积累的枯枝烂叶付之一炬，灰烬被保留下来作为肥料，通常不会再添加其他肥料。然后用掘棍——一根削尖并用火硬化过的木棍把作物播种在这片被清理出来的土地上（通常不会超过 1 公顷）。一片土地可能被用于种植一种作物，不过更普遍的做法是与主要作物一起兼种一些次要的作物（Sahlins，1968）。清理和准备土地的任务通常由男人来完成，而播种和收获通常是妇女的责任。

木灰通常起到肥料的作用，与刀耕火种式的耕作方式有关，土壤的肥力一般是短期的。新制造的木灰会在一两年之内被水冲走，由于这一原因，一块土地就只能耕种一两年。这块土地必须休耕足够的时间，以便使其森林重新生长，进而制造新的木灰。休耕时间通常要持续 20～30 年。当森林植被恢复以后，砍伐、焚烧和耕作的过程又重新开始。

因为刀耕火种体系需要漫长的休耕期限，所以在任何时间，任何采用这一做法的社会，手头都必须拥有比实际耕种的土地更多的土地（Sahlins，

1968)。例如，1962 年到 1963 年，新几内亚的采姆巴嘎马伶（Tsembaga Maring）部落实际耕种的土地是 42 公顷，但大约有 864 公顷的土地曾经被垦殖过（M. Harris, 1975）。这样的土地使用对人口密度设定了限制，热带雨林的耕作者的人口密度通常维持在每平方英里[①]10 人以下（Sahlins, 1968）。

在简单园艺者中，耕作物构成了他们食物摄取结构的大部分。不过，一些简单园艺社会也拥有驯化动物。例如，驯化了的猪普遍存在于美拉尼西亚。不过大多数简单园艺者没有驯化了的动物，这样的群体必须依赖狩猎和捕鱼来为其提供动物蛋白。

和狩猎采集者相比，简单园艺者单位土地的产出较多。有些简单园艺者甚至能生产一些经济剩余。不过我们不能根据这些事实得出结论说，他们享受着极高的生活水平。实际上，有人认为，他们的生活水平甚至低于狩猎采集者（M. Cohen, 1977, 1989）（参见本章末尾的"特别话题"）。他们并没有消费更多的热量，蛋白质摄入似乎也很低。而且，近年来越来越多的证据显示，简单园艺者通常比狩猎采集者工作更辛苦（M. Cohen, 1977）。通常情况下，与搜集大自然提供的物产相比，清理土地、播种、管护和收获作物需要付出更多的时间和精力。因此，虽然简单园艺是一个技术更密集的系统，但它并没有产生更多的物质回报。

雅努玛玛人

雅努玛玛人是生活在委内瑞拉南部和附近的巴西北部地区的一个美国印第安部落。大约有 125 个分散的村庄，各村人口在 40～250 人之间，村庄规模平均为 75～80 人。数百年之前，雅努玛玛人可能主要依靠狩猎和采集过活，因此他们可能是最近才转入园艺式生存方式的（Colchester, 1984）。即使这样，他们目前的生存活动仍然很好地展现了简单园艺的生产方式。拿破仑·查格农（Napoleon Chagnon, 1983）——该部落主要的记录者之一——曾经描述了他们的活动。

雅努玛玛人生活的自然环境是比较茂密的热带雨林。土地为密林所覆盖，即使山脊也是如此。雅努玛玛人仅仅依靠一种简单的技术生存。所有的工具和技术都不复杂，没有一种需要使用专业劳动。在雅努玛玛人发展出来的技术因素中，有粗糙的陶罐、弓箭、刺鼠齿刀（用刺鼠——一种豚鼠的下齿

制成）以及独木舟（它是如此粗糙，以至于通常使用一次就被废弃）。

雅努玛玛人是刀耕火种者。早年，他们只能用石制的斧头来清理土地，现在他们拥有了由传教士提供的铁斧头，用以清理自己的土地。每一个村庄都有一个头人，他们通常拥有最大的种植园。头人必须生产更多的食物，因为人们期望他在聚会上送出食物。迄今最大宗的作物是芭蕉（与香蕉类似），而且每个种植园通常种植三四种芭蕉或香蕉品种。他们也种植一种块根作物——甜木薯，以及一种产出大量水果的棕榈树。玉米是一种应急作物，但在日常食谱中并不突出。烟草是另一种作物，男人、女人和儿童都咀嚼它。他们也种植棉花，用于制作吊床。

虽然雅努玛玛人大约 85% 的膳食都由耕作植物构成，但是他们花在狩猎上的时间和花在耕作上的时间几乎相同。因为他们没有驯化动物，所以他们完全依靠狩猎、捕鱼和捕捉小型动物来提供动物蛋白。猎物并不丰富，这在热带雨林环境中是非常典型的。最常狩猎的猎物是几种猴子、两种野猪、犰狳、食蚁兽、鹿、小鳄鱼、小豚鼠以及几种小鸟。所有猎物均用箭射得。他们也搜集和食用几种昆虫、某些种类的毛虫以及大蜘蛛。野蜂蜜被认为是美食，并被大量采集。

有人认为雅努玛玛人在不久的过去还是狩猎采集者，这一设想被下述事实证实：有些村庄向园艺的转型是非常不完全的。这些人定期离开他们的村庄，花大量的时间在森林里跋涉，主要依赖他们杀死的猎物和采集的植物性食物过活（Good, 1987, 1993）。这样的跋涉可能持续 3～6 个星期，在一年的时间里，这样的跋涉可能进行 6 次。显而易见，这些雅努玛玛人群体离开村庄的时间和住在村庄里的时间几乎相同。

复杂园艺社会

被新石器革命带入这种生存状态的很多简单园艺社会，在一段时间以后都进化到了复杂园艺社会。毫无疑问，在人类历史过去的数万年时间里，曾经有千百个复杂园艺社会存在过。在 19 世纪后期欧洲人涌入之前，这些社会广泛分布于波利尼西亚。波

---

① 1 平方英里约为 2.6 平方千米。——译者注

利尼西亚是南太平洋上一个长长的岛链，包括夏威夷岛、塔希提岛、汤加岛以及其他很多岛屿。在19世纪末之前，复杂园艺者在撒哈拉以南的大部分地区繁盛地生活着。南美洲和东南亚也是复杂园艺者大量定居的地方。可是，他们目前已经很少存在了。目前他们大多生活在撒哈拉以南的非洲，也许还有南美洲和东南亚的部分地区。

与简单园艺者相似，复杂园艺者也依赖种植园里的产品提供大部分的食品，而且他们以刀耕火种的方式耕种。有些人饲养驯化动物，而那些不饲养驯化动物的人们则从事狩猎和捕鱼活动，以便获得肉食。不过，复杂园艺者与简单园艺者也在一些方面存在显著差异，其中一个重要的差异是土地的休耕时间。一般来说，在再次耕种之前，简单园艺者允许土地休耕20～30年。与简单园艺者不同，复杂园艺者把休耕期限缩短至5～10年，因此，他们对一块特定土地的耕种更加频繁。有些复杂园艺者更进一步地缩短了休耕时间，有些情况下甚至持续耕种。例如，古代夏威夷人就属于这种类型。为了补偿与频繁耕种相伴的土壤肥力流失，复杂园艺者用人畜粪便为土地施肥。

休耕期的缩短最终形成的效果是，茂密的森林变成了灌木丛。为耕种而清理灌木丛的方法，必然和清理林地所需的方法不同。因此，为了更好地准备耕种，很多复杂园艺者发明或引入了锄头。伊斯特·鲍瑟鲁普（Ester Boserup, 1965：24）解释说：

> 在焚烧真正的森林之后，土壤是松软的，杂草已被烧光，因此锄地是不需要的。可是，当休耕期缩短以后，土地清理前有薄薄的植被或草甸，因此必须使用锄头或者其他类似的工具进行整理，以便播种或植入块根。

除了上文所述之外，有些复杂园艺者还使用其他的技术。例如，波利尼西亚的复杂园艺者虽然从来没有用过锄头，但他们修筑梯田并灌溉土地。显然，复杂园艺者达到了典型的简单园艺者所没有达到的技术发展水平。此外，在复杂园艺业中，人们的工作显然更加辛苦，工作时间更长。准备土地、锄地、修筑梯田和灌溉土地是劳累的工作，也很费时间。由于人们工作更辛苦，工作时间更长，也由于一块土地被更频繁地耕种，所以这种谋生技术被称为复杂园艺。

与简单园艺相比，复杂园艺中单位土地上的产

① 约56.3千米。——译者注

出显著增多。实际上，复杂园艺生产出可观的经济剩余，而这些剩余被用来供养一个不需从事农业生产的阶级。在很多复杂园艺社会，这一阶级的成员被认为是土地的主人——至少理论上如此，而且在这些社会里他们管理很多经济活动。他们的生活水平比其他任何人都高。复杂园艺社会里的大多数成员的生活水平很难断定，不过可能的情况是，他们的生活水平与简单园艺者没有多大差别。不过，不应该忘记的是，仅仅是为了获得同样的生活资料成果，复杂园艺者的工作要辛苦得多。

土著塔希提人

大多数波利尼西亚人都生活在所谓的高海拔岛屿上。这些岛屿很陡峭，是巨大的火山锥风化的产物。这些土地非常肥沃，覆盖着茂密的热带植被。其中一个岛屿是塔希提，它是社会群岛（Society Islands）中的一员。塔希提岛大约35英里①长，宽度大约是长度的一半。在18世纪，该岛大约养活着10万人口。这里所描述的土著生活方式是由埃尔曼·塞维斯（Elman Service, 1963）提供的。

塔希提人是技艺高超的园艺者，与雅努玛玛人相比就更是如此。通过在山坡上修筑梯田、修水渠灌溉，以及使用各种方式为土壤增肥，他们非常高效地利用其土地。主要的耕作工具就是简单的掘棍。由于没有金属，所以他们没有发明金属锄头——其他复杂园艺者普遍拥有的工具。

塔希提的驯化植物来自印度尼西亚，包括可可树、面包果树（breadfruit tree）、芋头、山药、甘薯、香蕉和芭蕉，以及甘蔗。最重要的食物是面包果，这是一种来源充足、营养丰富、易于储存的水果。用途最广的作物是可可树。可可肉是一种营养丰富的食物，可可奶可以饮用。棕榈叶子可用于盖屋顶，它的纤维可以用来制作垫子和篮子。

捕鱼也是塔希提人谋生方式的重要内容，而且捕鱼的技术是多种多样的，技艺也是高超的。这些技术包括用篮子诱捕、种类繁多的网捕、用鱼叉捕鱼，以及用各种鱼钩和鱼线捕鱼。塔希提人男女两性都是出色的游泳者。女人潜水捕捉螃蟹和其他有壳动物，甚至捕捉章鱼。男人和男孩子则深潜，以捕捉珍珠蚌。珍珠蚌的肉可以食用，壳可以制作各种装饰品。除了海鲜，主要的蛋白质来源是猪。人们仔细地喂养和照顾猪只。他们也养鸡。

塔希提人的园艺体系足够复杂，因而可以创造出可观的经济剩余。这些剩余用来养活一个被称为"阿里伊"（Ari'i）的阶级：头人及其家庭成员。头人及其家人靠这些剩余生活，从不参加农业生产。这些剩余还被用于养活一系列官员，他们从事政治统治的日常工作。还有很多剩余通过举行豪华宴会的方式返还给民众。

农业社会

最初的农业社会大约在5 000年前兴起于埃及和美索不达米亚，稍晚兴起于中国和印度。不久以后，农业社会就遍布全球了。从农业社会第一次出现到现在，在曾经生活过的人中，大多数采用的是农业生活方式。从这一生活方式在今天的存在程度来看，它大体上以修正了的方式在下述社会中存在：这些社会至少部分地是工业化了的，而且是世界范围的资本主义经济的一部分。因此，目前世界上并没有真正的农业社会留存。那么，以前的农业社会是什么样子的呢？

农业社会依赖真正的农业过活。土地上所有的植被都被清理干净，人们使用犁和绑在犁上的役畜进行耕作。土地被施以大量肥料，通常使用畜粪。当土地被如此耕作时，它可以被持续地使用。因此，休耕期或者很短，或者根本没有。农民常常对一块土地一年耕种一次，在有些情况下，一块土地在一年里可能收获数次。

很多农业社会存在于雨量足以滋润庄稼的地方。例如，欧洲所有的农业社会都依赖于靠天降水的农业。不过，在其他许多农业社会，干燥或半干燥的气候使得靠天降雨的农业变得不可能，因此农民必须修建灌溉系统来浇灌庄稼。例如，埃及、美索不达米亚、中国和印度的农民就从事灌溉农业。

与早期社会的成员相比，农民工作得更加辛苦（cf. Minge-Klevana, 1980）。清理土地、耕地、播种、收获、管护牲畜等，需要大量的劳力投入。在必须修建灌溉系统的地方，人们的工作更加辛苦。农民的努力，使单位土地的产量大于园艺者，而且他们生产的大多数东西都有剩余。不过，他们的努力和更多的剩余并没有给他们带来更高的生活水平。实际上，与园艺社会的成员相比，他们的生活水平更低，有些情况下甚至低很多。关于这一明显矛盾的部分原因，我们将在本章的末尾进行解释；不过，

在第六章讨论社会分层的兴起之前，这一现象是不能被完全理解的。

农业社会里大多数的成员是农民。他们是主要的生产者，日复一日地在土地上耕作。埃里克·沃尔夫（Eric Wolf, 1966）把他们称作"依附性耕作者"（dependent cultivator），因为他们生活在一种依附性的和服从性的政治经济关系中——相对于主要的土地所有者而言。他们自己通常不拥有土地，仅仅是被允许使用土地。从这个意义上来说，他们是土地上的佃户。有些情况下，他们确实拥有土地，但他们在土地产出的处置上没有控制权。不过，并不是农业社会里所有的生产者都是农民，有些人是奴隶。奴隶和农民的区别是，奴隶在法律上是所有物，可以被买卖。在有些农业社会，例如古罗马和古希腊，奴隶的人口比农民还多。

中世纪的英国

中世纪的英国是农业谋生模式的典型案例。本奈特（H. S. Bennett's, 1937）关于12世纪到15世纪的英国农民怎样种地的研究为下述讨论提供了基础。

英国农民生活在一个完全乡村化的社会里，在这个社会里，只有少数相当小的城市。农民们生活在小村庄里，村庄里的数百人比邻而居。他们大多数时间都在干农活，大多数活计都由农民的团队合作完成。

有些农民以"'两地'轮作制"（"two-field" fashion）耕作他们的土地。他们某一年在一块地上耕作，让另一块地休耕；下一年，他们将两者对调。其他农民则采用"三地轮作制"。一块土地在秋天种上小麦，也许是黑麦；另一块土地在下一年春天种上燕麦、豌豆或者大麦；与此同时，第三块地休耕。到第二年的时候，休耕地被种上小麦，第一块地被种上燕麦、豌豆或大麦，第二块地休耕。以此类推。很自然地，通过这种轮耕方式，农民们试图最大限度地保持土壤的肥力。

农民也通过施用畜粪来提高土壤肥力，不过要获得足够的畜粪却需要持久的奋斗。这有几个原因。首先，农民很少有足够的牲畜来产生他所需要的粪肥，而且农民也不能无限制地使用他们的牲畜，因为地主在有些情况下会占用它们。能够制造足量的畜粪的草料也供应不足。因此，农民在这样困难的情况下勉力而为，这意味着他们有时会把泥灰和石灰施入田地，作为补充性的肥料。农民们饲养大量

的动物，既把它们当作劳动手段，又以之作为食物的来源。公牛和母牛对农场工作极为重要，它们还被用来提供肉食和皮革。当然，母牛提供牛奶，这也是食物产品。人们为了羊毛和食物而饲养绵羊。他们还养猪，猪可能是人们最看重的农场动物，至少作为食物来源来说是这样。它们作为食物来源具有特殊的意义，因为它们的饲养成本低，增重快，屠宰它们的准备也很容易做到。

对普通的英国农民来说，农场劳动是极其费力的，他们长时间地辛苦劳作，以便维持生计并缴纳税赋。对农民劳动的下列描述告诉人们，农业生活是多么累人（Bennett，1937：82-83）。

73

所有这些都完成以后，农民的工作就不再那么紧迫，他就可以转而完成一些比较不重要的待完成事项。如果土地过涝，就需要持续地排水，而且这个工作也值得一做。壕沟需要在冬天的洪水后进行挖掘，这样也能把更好的土壤加入田地之中。篱笆和房屋周围的围墙，或者其他任何保护隐私的遮挡物，也需要维护，如此等等。然后，又到了第一次翻犁休耕地的时候了，之后则是菜园里的工作——时令的果蔬此时正在生长。

所以直到5月的末尾，都有足够的活计让男人们忙活。6月的到来将见证他们新一次的努力。收获干草需要他们全部的力气：首先，他们必须花费数天来完成强迫性的任务——为领主收获干草。

随着8月的到来，农民的活计达到了高潮，而且领主对他们的要求仍然非常多。他们必须一次一次地去收割领主的庄稼——虽然在从8月到米迦勒节之间的日子里，他们通常比平时每周多干一到两天，但这仍然不够，他们还必须额外奉献数天时间为领主工作——作为一种恭敬的表示或者礼物。更糟糕的是，他们必须与其家人一道来：也许除了家庭主妇之外，每一个能够工作的人都被迫服务数天。这使得他自己收获庄稼的任务变得更困难、更紧迫；而且，在这关键的数周里，活计几乎必定是没完没了的。

因此，中世纪的英国农民在田地里辛苦劳作的样子，对一个普通的狩猎采集者来说，必定是不可思议的。

游牧社会

游牧生活是一种高度专业化的生存适应方式，主要出现在世界上不适于农业生产的荒凉区域。这种生活方式依赖于养护畜群，而不是种植庄稼。游牧生活到底是什么时候出现的，目前仍在争论。有人曾提出，它在8 000年前兴起于中东地区（Hole，1997；Cribb，1991）。不过，一个如此早的日子并未被确信无疑地接受。有证据表明，早在史前时期，一些人群似乎就已经严重地依赖于他们的驯化动物了。不过，真正的游牧生活——完全或几乎完全依赖畜群，没有或只有少量农业——可能是一个较晚近的现象，即大约距今3 500年（Sahlins，1968；cf.Cribb，1991：10）。不管怎么样，虽然在历史上游牧生活比耕作出现得晚，但从进化上来说，它并不比农业更"高级"或更"发达"。相反，它仅仅是某种环境中农业的替代物——那里的荒凉使得土地耕作很困难或不可能。

游牧者整年看护他们的畜群，为了追逐草场而随着畜群季节性地游动——"游牧"中的"游"（nomadism）即来源于此。他们拥有的动物包括绵羊、骆驼、牛，有时也有驯鹿。有些游牧群体依赖单一的动物种类，而另一些群体则蓄养多个物种。有一些游牧者完全不从事农业，这些群体通过与农业邻居的贸易来获得农业产品。不过，并不少见的是，有些游牧群体从事一些农业活动，对来自牲畜的食物进行补充；不过，相对于放牧活动来说，农业活动绝对是第二位的。

游牧者在相对较小的群体中生活和游动，通常为100～200个成员。人口密度极低，通常每平方英里少于5人。

当然，游牧者所吃的大多数东西都来自其畜群。他们完全依靠奶、肉和血为生。例如，在东非，很多游牧群体的主要膳食是血和奶的混合物，这些都来自牛群。虽然通常其膳食会辅以农业产品，但对有些群体来说，他们这样做的程度很低。

74

大多数游牧者生活在亚洲和非洲的干旱地区：西南亚、北非，以及东非的草原上。在亚洲和北非，绵羊、山羊和骆驼是最常见的牲畜，而东非则以牧牛著称。游牧生活也出现在亚欧大陆的北部森林地区，在这里，驯鹿养殖占主导地位（Sahlins，1968）。马歇尔·萨林斯（Marshall Sahlins，1968：33）注意到:"游牧部落的典型区域是亚洲和非洲的洲际干燥地带:中国东北、中国西藏、土耳其斯坦、伊朗、阿拉伯半岛、撒哈拉及其周围地区。"最著名的游牧者可能是中国北部的游牧者。从 2 500 年前开始,通过周期性的抢劫,来自中国北部草原的游牧者一直劫掠中国的农耕文明,制造了各种各样的浩劫(Barfield,1989)。最著名的游牧者当然是蒙古人。在游牧者中,下述行为非常普遍:洗劫他们的农耕邻居,然后溜之大吉。

巴涉利人

巴涉利人是生活在伊朗南部的草原和山脉上的游牧者。整个部落大约有 1.6 万人。他们住帐篷,随其畜群到处游荡。他们生活的地方又热又干燥。年降水量通常只有 10 英寸或更少,而且大多数降水出现在冬季。对这个群体的生活类型的描述是建立在弗里德里克・巴斯(Fredrik Barth,1961)的详细研究的基础之上的。

巴涉利人饲养数种动物,最重要的是绵羊和山羊。这些动物的产出提供了其生计的主要部分。驴被用来运输和骑行,而马只用于骑行。骆驼用来运输重物,它们的毛也很珍贵。狗被用来看护营地。禽类有时是肉的来源,但巴涉利人不食用禽蛋。

获自绵羊和山羊的奶是最重要的产品。酸奶是主食,也被加工以便储存。他们也制造奶酪,但是很少在游牧过程中制造。最好的奶酪据说是夏天生产的,这时他们维持一个固定的驻地。

他们为了获得肉食而屠宰小羊,但从不熏制、腌制或风干羊肉,总是吃鲜肉。被屠宰动物的皮毛被拿来在市场上出售,也被用来储存水、酸奶和奶油。

畜毛也是重要的动物产品。小羊的羊毛被用来制作毛毡。绵羊和骆驼的毛用于出售,也用于编织和制绳。山羊的毛也很珍贵,被用于纺织。

巴涉利人的典型膳食中也有农业产品。有些农业产品是巴涉利人自己生产的,其余的来自贸易。当部落成员第一次来到夏季营地的时候,他们会种植一些谷物,如小麦,离开营地前进行收割。巴涉利人所从事的农业是很粗糙的,而且一般来说,他们不喜欢并鄙视这种活计。因此,很多巴涉利人不愿意从事农业活动。

75　巴涉利人的许多必需品都是从交易中获得的。面粉、糖、枣、水果和蔬菜完全或主要获自贸易。衣料、成衣和成鞋、炊具和马鞍是从市场上买来的。巴涉利人用来交换这些物品的产品有精炼黄油、羊毛、小羊皮,有时还有牲畜。

史前技术发展的原因

我们现在必须考虑一个关键的问题,即史前技术从一个阶段向另一个阶段发展(见表 4—1)的原因是什么。

社会科学家们曾经广泛地相信,所有类型的技术本身都是一种自我生发的(self-generating)、独立的力量。人们认为,技术变革是人类发明能力积累的结果。此外,研究者还认为,只要新的技术形式一出现,人们就会自动地接受这些新技术,因为他们看到了新技术带来的好处。

现在,大多数社会科学家放弃了对技术变革的这种看法。很多人转而服膺伊斯特・鲍瑟鲁普(Ester Boserup,1965,1981;cf. R. Wilkinson,1973)数十年前提出来的观点。鲍瑟鲁普认为,人们并没有提高其技术水平的内在愿望。他们的自然倾向是,以最少的工作满足生存需求。由于引入新技术实际上的结果是人们必须更加辛苦地工作,所以他们不会转向新技术——除非特殊的情境强迫他们这么做。鲍瑟鲁普相信,强迫人们改进技术的主要情境是人口压力。当人口的增长导致人们为食物而挣扎时,人口压力就出现了。

资源 随着需要养活的人口数量的增长,有一个时刻最终会到来:人们开始耗尽他们的资源,并且遭受生活水平的下降。鲍瑟鲁普声称,正是在这一时刻,人们才开始加强生产能力。他们引入新的技术形式,并且工作得更辛苦,工作的时间更长,以便生产更多的食物,养活更多的人。例如,简单园艺者们可能开始引入更多的复杂园艺技术。类似地,复杂园艺者们可能转向犁耕农业。

必须意识到的是,鲍瑟鲁普的理论并没有假设转向更复杂的技术会使得原有的生活水平恢复,更不用说生活水平的长时间改善了。上述情况在短期内可能出现(Conelly,1992),但其长时段的后果几乎不可避免地会造成生活水平的持续恶化。鲍瑟鲁普的观点仅仅是,在大量人口的负担之下,为了维持尽可能高的生活水平,引入更复杂形式的生产方式是不可避免的。

马克・科恩(Mark Cohen,1977,1985)相信,在世界范围内,鲍瑟鲁普的理论对理解农业的起源是切中肯綮的。科恩注意到,古代的狩猎采集者可能早就知道怎样驯化植物和动物，但在等待了数万年之后，他们才把这些知识用于实践。他们显然没有从农业实践中看到任何好处；很可能的是，与从大自然的储藏库中采集食物相比，农业被看做更不受欢迎的（less desirable）生计方式。实际上，当代的狩猎采集者在被人类学家问及他们为什么不实行农业时，他们常做出如下的回答："我们为什么要艰苦地劳作，难道仅仅是为了生活在不见得比现在好的情况下？"

76

表 4—1

前工业社会的生存策略

生存策略	主要技术特征
狩猎采集	使用矛、掷矛器、弓箭、网和陷阱捕猎野生动物。使用掘棍采集来自野生植物的食物。也可以捕鱼，在有些环境中，它可能是主要的生计活动（subsistence activity）。劳动分工主要基于年龄和性别，通常是男人捕猎，女人采集。由 25～50 人组成的游群（nomadic band）追随着猎物和植物资源而漫游。劳动投入通常很低。
简单园艺	小规模的耕作，通常使用"刀耕火种"的方法。男人准备耕作地，女人一般是主要的耕种者和收获者。种植园更换频繁，休耕时间通常很长（20～30 年）。劳动投入通常很低。
复杂园艺	小规模的耕作，通常使用"刀耕火种"技术，但对每块土地的使用更频繁，强度更大，休耕时间较短（5～10 年）。可能涉及更多的技术发明，如金属锄头或灌溉系统的建立，以及对种植园土地更多地施肥。劳动投入量中等。
农业	大规模的复杂农业，使用犁和牵引牲畜。田地上的植被完全被清除，田地被持久或者半持久地耕种。大量施肥以保持土壤肥力。要求大量的劳动投入，但能够创造大量的经济剩余。
游牧	因为生活在不适合耕作的荒凉土地上，所以依赖畜群为生。畜群随季节游荡，因此他们维持一种游牧式的生活方式。可能从事一些耕作，也可能通过贸易获得植物性产品。

例如，理查德·李问一个叫扎舍（Xashe）的昆人，他们为何不采用他们的邻居的农业实践方式，扎舍回答说："既然到处都是芒冈，我们为何要种地呢？"如果古代的狩猎采集者本来知道怎样种植作物，但却逃避那样做，那么是什么力量迫使他们中的某些人跨进了农业生活方式的门槛呢？科恩相信，这个原因是人口增长所导致的"食物危机"。他认为，在世界上的几个地方，狩猎采集者的人口增长超过了环境支持他们的限度，即不再能维持一个可接受的生活水平。这种情况出现后，他们被迫开始生产自己的食物，以免出现"食物危机"。他们开始愿意辛苦工作，因为他们现在可以从中受益。

77

科恩关于农业起源的理论至今仍然被考古学家们质疑，而他们是最有资格对其做出评判的社会科学家。不过据我们所知——依据现代狩猎采集者对农业实践的态度，上述理论还是非常有道理的。而且，一些现代人类学家和考古学家已经发展出一些有关农业起源的理论，这些理论将人口压力置于重要地位（Binford, 1968；Harner, 1970；Flannery, 1973；M. Harris, 1977）。目前，科恩理论主要的竞争者，或者强调气候变化（Henry, 1989；McCorriston and Hole, 1991），或者把资源压力作为主要的原发因素（M. Harris, 1977；D. Harris, 1977；Hayden, 1981）。不过，这些理论有一些严重的问题，其中最重要的是，人们设计这样的理论，主要是为了解释世界上某个地区（至多是某几个地区）的新石器时代。亨利（Henry）、麦克考利斯顿（McCorriston）和霍尔（Hole）的理论意在解释西南亚的新石器时代——这些作者否认存在一种解释世界范围内向农业转型的一般理论；而马文·哈里斯的理论在解释西南亚、东南亚和中国的新石器时代方面令人很不满意（Fiedel, 1987）。（海登的理论还面临着其他严重的困难，但这些困难太复杂，不能在一本教材中讨论清楚。）这恰恰是这些理论失败而科恩的理论成功的地方。他的理论以世界范围内向农业的转型这一重要事实为依据，也以下述事实为依据：世界上很多地区相互独立地引入了农业。正像科恩所论述的那样，在史前世界，在大致相同的时期，全世界范围内新石器时期的特征是如此意义重大，以至于只有一个一般性的解释全部过程的理论才能够做到。

虽然关于向农业的早期转型的原因仍然存在大量的争议，但是对人口压力在引导农业生产的复杂化方面所发挥的作用，社会科学家们是比较确定的。鲍瑟鲁普本人提出的大量证据表明，人口密度的改变早于经济生产方式的改变。例如，她指出了这样一个事实，大约在 1600 年到 1850 年之间，日本的人口增长之后，紧跟着生产强度转变了。鲍瑟鲁普还注意到，人口密度降低之后，似乎总是继以耕作技术的实际萎缩。例如，在最近的数个世纪里，作为入侵的欧洲人带来的新型疾病的后果，南美洲一些区域的人口下降了，土著社会因而回归到低强度的耕作技术上。类似地，20世纪早期，当坦噶尼喀、越南、锡兰（现称斯里兰卡）和印度的农民被政府重新安置于人口较少的地区，并获得更多土地的时候，他们采用了更简单的农业生产方法。即使这种重新安置是为了在移居地传播更复杂的生产方法，情况依然如此。

大多数后续的研究都支持这样的观点，即人口压力是史前技术进化的基本原因。日益复杂的农业生产体系似乎是对日益增长的人口的反应——在差异巨大的各个世界区域里：南美、新几内亚、古代中美洲和古代美索不达米亚（Carneiro，1968；Clarke，1966；Sanders，1972；Adams，1972）。

前文提到，虽然农业复杂化的人口理论获得了广泛的认可，但是有些社会科学家仍对它持批评态度（cf. Bronson，1972；Cowgill，1975；B. White，1982）。例如，乔治·考吉尔（George Cowgill，1975）和本杰明·怀特（Benjamin White，1982）认为，这一理论错误地假设了一种人口增长的自然倾向。由于这一原因，怀特声称，人口增长并非自然的或自动的，而是依赖于一系列社会的、经济的和政治的境遇。他坚持认为，由于并没有人口增长的内在趋势，因此人口压力不能合乎逻辑地被认为是农业技术水平进步的原因。

但是，即使人口变化受到各种社会因素的影响这一点是真的，这也并不意味着在最优越的前现代条件下，人口就没有内在增长的倾向。有大量证据表明，前工业社会的人们曾花费大量的精力试图控制人口数量，这意味着他们试图与潜在的生物学现实相抗衡（cf. Harris and Ross，1987）。广泛存在的杀女婴现象就是一个特别有力的证据，证明人们有控制人口数量的需求（Harris and Ross，1987；R. Wilkinson，1973；Cohen，Malpass，and Klein，1980）。

人口变化以复杂的方式与社会文化系统中各种各样的因素相互影响，而且它不能被看做社会文化进化的某种普遍原因。最近的进化事件，如工业革命或者当代世界中三分之二人口的贫困化，源自各种不同的原因。但是，在前工业社会上，"人口增长是生存技术发展的关键刺激物"这一说法，可能是我们最好的断言了（cf. Johnson and Earle，1987）。至少，目前还没有任何一个人提出过一个比"人口压力说"更有说服力的理论。

小　结

1. 狩猎采集社会占据了99%的人类历史，有些至今还存在。这些社会的成员依靠狩猎野生动物和采集野生植物为生。很长时间以来，人们认为他们挣扎在生存的边缘，不过最近的证据表明，他们大多数人只需最少的工作努力即可生活富足。实际上，有人认为他们构成了一种"原始富裕社会"。

2. 大约在1万年前，在世界上的不同地区，有些人类社区开始引入农业这样一种生存技术。向农业的转型通常被称为新石器革命。现在我们知道，向农业的转型是在世界上许多不同的区域独立地发生的。农业的发展是一个缓慢地、逐渐地从狩猎采集转变而来的过程。而且，看起来似乎是这样的：人们在掌握了这些知识很长时间以后，才第一次开始真正地应用它们。

3. 最早的农业生产者所践行的是一种初级的农业形式，即所谓的简单园艺。今天，很多简单园艺者仍然生活在世界上的偏远地区，特别是热带雨林地区。简单园艺者通常如此耕种土地：砍伐掉森林植被，烧掉长年积累起来的残枝落叶，然后在留下的灰烬里播种。这些群体通常频繁地轮种他们的种植园，同时让以前种植过的地块长时间休耕。

4. 以前和当前的很多社会采用更加复杂的园艺形式。他们缩短已耕种地块的休耕时间，而且经常使用额外的肥料。他们也可能为耕种活动发明了锄头，有些还发明了诸如修筑梯田和灌溉等技术。正像简单园艺的单位土地产出高于狩猎采集一样，复杂园艺的产出也高于简单园艺。

5. 农业社会兴起于大约5 000年前。这些社会的成员践行一种被认为是"真正的农业"的农业生产方式。这种生产方式是，使用犁和役畜耕种大片土地，并且持续地或半持续地使用土地。农业式的生存技术高强度地使用土地，需要大量的劳动投入，并且获得高水平的经济产出。

6. 在不适于农业生产的干旱地区，游牧是对农业的一种替代形式。游牧者依赖其畜群生活，特别是血制品和奶制品。他们是游牧性的，随着季节的变化，驱赶其畜群从一个牧场到另一个牧场。游牧者或者仅仅从事少量的农业活动，或者完全不从事农业活动。

7. 以前，社会科学家或多或少地把技术进步视为理所当然的东西。他们认为，当人们知道怎样应用技术的时候，他们就会提高其技术水平，因为他们显然试图获得先进技术所带来的好处。这一旧观点目前已经声名狼藉。很多证据表明，技术惰性（technological inertia）在很多前工业社会根深蒂固。人们似乎抗拒技术进步，因为它需要更多的工作努力。有人提出一种理论，认为只有在人口压力之下，技术才会进步，因为人口压力迫使人们做出改变，以免生活水平继续下降。具有讽刺意味的是，技术进步总是与较低的而不是较高的生活水平联系在一起。

特别话题：农业的兴起和生活水平的降低

在西方文明中，文化进步与技术进步相伴随的观念根深蒂固。这一观念的一个方面是相信，千百年来的技术创新已经带来了生活水平的持续改善。不过，最近考古学家和生物人类学家研究了从狩猎采集到农业之转型的后果，这一研究尖锐地挑战了上述假设。这些科学家利用古生物病理学（paleopathology）技术——检查生物学压力和疾病留在古代骨骼化石上的痕迹——来评估农业的引进对健康和营养的影响。

生物人类学家劳伦斯·安吉尔（J. Lawrence Angel, 1975）曾经进行了一项发人深省的古生物病理学研究。安吉尔检查了2 200具人类遗骸，这些遗骸来自很多地点，这些地点代表了人类过去3万年的历史。通过各种艰苦的分析，他估计了这些遗骸所反映的人口的营养状况。他发现，从3万年以前到复杂农业系统占据统治地位之前这段时间，寿命没有丝毫增加。例如，他估计，3万年前的狩猎采集者的期望寿命大约是31岁。到距今5 000年的时候，预期寿命基本上没有变化；到罗马帝国的时候，大约是37岁；到中世纪后期，大约是34岁。安吉尔发现，在这一时期，人类身高普遍下降，而牙科疾病的发病率却升高了。这一发现清楚地表明了人类整体健康和营养状况的恶化，特别是蛋白质摄入的显著降低。

近年来，与安吉尔的研究相一致的大量证据出现了。在纽约州匹兹堡举行的一个会议上，马克·科恩和乔治·安莫拉格斯（Mark Cohen and George Armelagos, 1984）总结了十几个生物人类学家的研究发现。在此次会议上，与会者"被要求对尽可能多的健康、膳食和病理指标进行对比性评价，这些指标源自近年来对古生物病理学技术的总结"（M. N. Cohen, 1984：4）。与会者研究了与下列现象有关的问题：期望寿命、干扰儿童成长类型的压力指标、感染的指标、标志着营养不良的骨骼变化，以及牙齿空洞和其他口腔疾病的发病率。被用于古生物病理学研究的遗骸来自全世界。有8项分析基于北美的标本，1项基于中美洲，2项基于欧洲，2项基于中东，1项基于东南亚，1项基于北非。

除了少数例外，这些研究强烈地指向下述结论：与农业的引入相伴随的是生活水平的降低。大多数研究发现，与狩猎采集者相比，农业人口的感染更频繁，也更严重。慢性营养不良的证据显示了同样的结果。研究者试图寻找多孔性骨肥大（porotic hyperostosis）、颅骨和肢骨的多孔性（cribia orbitalia）的证据，这些骨疾病是贫血的良好指标。大多数研究显示，这些主要是农业人口的疾病，而不是狩猎采集人口的疾病。人们还发现，营养不良的其他证据，如长骨的骨皮质的变薄、颅骨基底以及骨盆入口的改变，在农业群体中也更加常见。

导致儿童成长障碍的生物学应激（biological stress）指标，与其他指标表达了同样的意味。牙齿珐琅质的各种缺陷被认为是导致生长障碍的压力的良好指标。科恩和安莫拉格斯注意到，有10项研究都报告说，与狩猎采集者相比，农业社会及以后的人口的生长障碍指标出现得更加频繁、更加严重（Cohen and Armelagos, 1984：589）。最后，这些研究普遍显示，在农业引入以后，死亡年龄实际上趋前了，这一结论比安吉尔的发现更加发人深省。

对于社会文化进化理论来说，匹兹堡会议上报告的发现具有重大的意义，因为它们有力地挑战了西方文明中占主导地位的智慧，这一智慧不仅是社会公众的智慧，也是大多数社会科学家的智慧。正像科恩和安莫拉格斯所评论的那样（Cohen and Armelagos, 1984：594）：

> 总体上来说，这些指标强烈地显示，伴随着农业的引入，人类生活质量下降了，寿命可能也减短了。这些研究支持了最近的民族志结论和理论主张，即狩猎采集者的健康和营养相对更好一些。它们

还显示，面对不断出现的生活压力（episodic stress），狩猎采集者的适应性更好。这些数据对关于人类进步的流行观念提出了质疑。

推荐阅读

Bates，Daniel G.，and Fred Plog. *Human Adaptive Strategies*. New York：McGraw-Hill，1991. 该书很好地介绍了本章所讨论的基本环境适应问题。

Bettinger，Robert L. *Hunter-Gatherers*：*Archaeological and Evolutionary Theory*. New York：Plenum，1991. 在讨论狩猎采集社会的诸多面相上，该书是一本有用的新著作。该书也讨论了有关狩猎采集社会的各种视角。

Boserup，Ester. *The Conditions of Agricultural Growth*. Chicago：Aldine，1965. 该书是有关下述问题的经典著作：在前工业社会里，人口是驱动经济生产集中化的动力。

Burch，Ernest S. Jr.，and Linda J. Ellanna（eds.），*Key Issues in Hunter-Gatherer Research*. Oxford：Berg，1994. 该书是一本最新论文的合集，它研究了狩猎采集社会的各个面相，包括性别、领地、狩猎者的富裕程度、文化接触以及政府干预。

Chagnon，Napoleon A. *Yanomamö*：*The Last Days of Eden*. San Diego：Harcourt Brace Jovanovich，1992. 该书是关于园艺社会最引人入胜的民族志之一。其最新版本包含了下述重要的讨论：现代社会对它的干扰性影响，以及对这一著名部落社会的未来的猜想。

Cohen，Mark N. *The Food Crisis in Prehistory*. New Haven：Yale University Press，1977. 该书是对鲍瑟鲁普的假说的一次应用——该假说试图解释世界范围内的农业起源。

Harris，Marvin，and Eric B. Ross. *Death*，*Sex*，*and Fertility*：*Population Regulation in Preindustrial and Developing Societies*. New York：Columbia University Press，1987. 该书是研究前工业社会人口的一本重要著作。

Johnson，Allen W.，and Timothy Earle. *The Evolution of Human Societies*. Stanford，Calif.：Stanford University Press，1987. 该书出色地讨论了各种前工业社会里的谋生实践。该书提出，人口压力是促进谋生技术进步的基本原因。

Kelly，Robert L. *The Foraging Spectrum*：*Diversity in Hunter-Gatherer Lifeways*. Washington，D. C.：Smithsonian Institution Press，1995. 该书出色地、全面地分析了狩猎采集生活方式的最重要的面相，并且对这些面相进行了重要的讨论和争辩。在 20 世纪 70 年代至 90 年代中期，该书是关于狩猎采集者的最佳著作。

Kirch，Patrick Vinton. *The Wet and the Dry*：*Irrigation and Agricultural Intensification in Polynesia*. Chicago：University of Chicago Press，1994. 该书包含了一些关于农业复杂化的有益讨论，作者是研究波利尼西亚社会的一位杰出专家。

Minge-Klevana，Wanda. "Does labor time decrease with industrialization? A survey of time-allocation studies." *Current Anthropology* 21：279 - 298，1980. 该文包含了有关下述内容的翔实的研究资料：处于不同技术发展水平的各前工业社会里的工作负担。

Price，T. Douglas，and James A. Brown（eds.）. *Prehistoric Hunter-Gatherers*. Orlando：Academic Press，1985. 该书包含了对狩猎采集社会的珍贵考古学调查结果，特别是那些技术复杂的狩猎采集者。

Winterhalder，Bruce，and Eric Alden Smith（eds.）. *Hunter-Gatherer Foraging Strategies*：*Ethnographic and Archaeological Analyses*. Chicago：University of Chicago Press，1981. 该书是一本论文集，它将一种最新的理论策略——所谓的"最优觅食理论"（optimal foraging theory）——用于对狩猎采集实践的分析。

第五章 前资本主义经济体系

每一个社会都有一个与其生存技术模式相辅相成的经济体系。不过经济和技术之间还是存在着关键性差异。技术涉及工具、技艺、知识，社会成员在谋生的过程中拥有和使用它们。没有技术的经济活动是不可能的，不过经济是技术水平之外的东西。经济包括社会关系，在任何一个社会，这些社会关系都会对产品和服务的生产、分配和交换进行组织（organize）。生产是一种社会地组织起来的过程，产品和服务在这个过程中被创造出来。关于生产的两个问题是：谁拥有生产力？他们怎样决定使用这种力量？分配是一种社会地组织起来的过程，社会所生产的产品和服务在这个过程中被分派出去：谁获得什么？怎样获得？为什么获得？交换是用一种价值物换取另一种价值物的过程，例如，在市场上交换礼物或者购买物品。

本章讨论这样的经济体系：这些体系存在于世界范围的资本主义经济出现之前；如果是存在于今天的经济体系，则展示其经济特征的非资本主义类型。

本章关注的一个重要问题是，怎样展示在前资本主义经济与现代资本主义经济之间同时存在的相似性和差异性。

"为消费而生产"与"为交换而生产"

所有的产品都具有彼此不同的两种价值，一般称为使用价值和交换价值。使用价值是产品的直接有用性，也就是当使用者以被设定的（intended）方式使用它时，它带给使用者的好处。例如，鞋子的使用价值是它作为一种装置对穿它的人的好处：保护脚，保持脚的温暖和干燥，等等。类似地，汽车的使用价值就是它作为运输工具的有用性。

不过，鞋子、汽车和其他物品还有被称为"交换价值"的价值。这些物品的交换价值是指，当它们被用来交换其他物品的时候，它们所换取的其他物品的价值。例如，如果一个人同意给另一个人300双鞋子，用以交换那个人的汽车，那么在这种情况下，汽车的交换价值就是300双鞋子。换言之，我们可以说一双鞋子的交换价值是那辆汽车的三百分之一。交换价值也可以用其他有用产品的标准来衡量，或者用交换媒介的标准来衡量，也就是用金钱来衡量。在资本主义市场经济社会里，交换价值几乎总是以金钱的标准来计算；与上述情况不同，在前资本主义社会里，产品的交换价值却常常以其他产品的标准进行衡量，而不是使用某种类型的金钱。

虽然所有经济体系的所有产品都既有使用价值又有交换价值，但是人们却倾向于围绕着任意一种价值来组织经济体系本身。前资本主义社会主要是围绕着这样的行为组织起来的——在这样的行为中，为了产品的使用价值而进行生产，是生产者主要关注的。在这种情况下，产品被生产出来是为了被消费，而不是为了与其他产品进行交换。当这种类型的行为主导经济活动时，这里存在的是"为消费而生产"的经济。

与上述情况相反，现代资本主义生产大量的产品主要是为了获得它们的交换价值，为了它们在市场上出售后为资本家带来的金钱。当然，这些产品具有使用价值，否则就没有人有兴趣购买它们。不过，这不是问题的焦点。现代资本家生产它们的动机与其交换价值有关，而不是与其使用价值有关。因此，现代资本主义是"为交换而生产"的经济，或者说，其中"为交换而生产"比"为消费而生产"更为优先。

我们不应该认为，在"为消费而生产"的经济中，没有为交换而进行的生产。实际上，确实有这样的生产，至少是小规模的生产。在这一类型的经济中，"为交换而生产"仅仅发挥次要的功能。我们也不应该认为，为消费而进行的生产仅仅能够满足成员自身的生存需求。与此相反，很多前资本主义经济体系创造了巨额财富，并且在其成员之间制造了巨大的不平等。当然，需要强调的是，这样的财富和不平等并不是源于"为交换而生产"的关系，而是源于"为消费而生产"的关系。只有在现代资本主义生产方式中，巨大的财富和经济不平等才主要源于"为交换而生产"的关系。随着本章的展开，这一点将得到充分的阐述。

前资本主义社会的所有权模式

在考虑社会怎样生产产品的时候，一个关键的问题是，谁拥有生产力。也就是说，谁拥有那些在开展生产活动中具有重大意义的各种资源。在现代资本主义社会里，关键的生产力基本上由人口中的一小部分人占有，而这一小部分资本家管理着经济生产的整个过程。在现代社会主义社会里，比如苏联，生产力的所有权落在政府身上，它主张，它管理生产是为了社会整体的善。因此，在现代资本主义和社会主义社会里，生产过程都是由作为关键资源的所有者的人或者群体来决定的。

在前资本主义社会中也一样，经济生产被生产力所有者的愿望和选择型塑（shaped）。对前资本主义社会中4种所有权模式——原始共产主义、家族所有制、酋长所有制和领主所有制进行区分是有益的。尽管这些类型并没有穷尽前资本主义经济中财产所有权的全部模式，而且每一种类型都有重要的变体，但它们大体上代表了前资本主义社会中财产所有权的构成方式。

原始共产主义

19世纪中期，卡尔·马克思设想，人类历史上经济生活的最初形式是他所定义的"原始共产主义"。马克思的这一术语意指这样一种社会：在这种社会里，人们依赖狩猎采集或者简单形式的农业生存，其中所有的重要自然资源都是公有的。他设想，在这种类型的社会里，不存在资源为个人或小群体私有的情况。

虽然在很长的时间里，很多社会科学家对马克思的这一观点提出挑战，但当代社会科学所提供的大量证据却表明，马克思基本上是正确的。现代人类学家所研究的大多数狩猎采集者展示了一种资源所有模式，这一模式的特征可以充分地被定义为马克思的"原始共产主义"。狩猎采集者大多数的经济活动是围绕着家庭进行的，该社会中的所有个体都对其生存所必需的自然资源拥有平等的使用权。在狩猎采集游群中，没有人被其他人或者其他群体剥夺下列平等机会：捕获猎物、采集植物、使用水井或者设立营地。因此，所有的人集体拥有这些资源（有时人们会说，由于每个人都有使用资源的平等权利，因此没有人拥有它们）。实际上，有些狩猎采集者甚至不把资源的所有权限制在自己当地的游群之中，相反，他们会为需要资源的其他所有个人或群体提供平等的使用机会（Woodburn，1968）。即使在某个特定家庭"拥有"某些资源的例子中，也不存在针对其他家庭使用该资源的限制。例如，在昆桑人中，人们认为特定的家庭"拥有"某些水井，但这些家庭并不阻止其他家庭使用这些水井（Lee，1968，1972）。

不错，在狩猎采集者中，一些物品如首饰和艺术品是私人所有的，但这一事实并不能否定下述说法：原始共产主义是狩猎采集人群主要的所有权形式。首饰和艺术品并非生产力的组成部分，而马克思所说的生产力是经济生产的关键资源。首饰和艺术品的恰当名称应该是"个人财产"。由于这些物品并不被用在生产过程中，因而它们的所有权性质与马克思的原始共产主义理论无关。我们甚至发现这些个人财产很少被作为私人物品保留很长时间。相反，它们在群体成员间持续地流通，因此其使用也是社区范围的。

宗族所有制

在很多小规模的园艺群体里，严格意义上的原始共产主义通常并不占主导地位。大多数能量消耗水平较低的园艺者拥有一种被定义为宗族所有制的财产所有模式。当被称为宗族（lineage）[有时又叫作氏族（clan）]的大规模亲属群体共同拥有财产时，宗族所有制就出现了。当然，在这样的社会里，最重要的财产形式是土地。当宗族共同拥有土地时，群体成员只有在是宗族成员的情况下，才能参与对宗族土地的使用。他们使用土地的权利，只能由作为法人实体（corporate body）的宗族本身授予；宗族的头目——作为宗族整体的代表——授出这些权利。

宗族所有制与原始共产主义类似，因为它也不是财产所有的私人形式。财产仍然是公有的和公用的。不过，在宗族所有制和原始共产主义之间存在着一个重要的差异。宗族所有制的排他性更强，限制也更严格，因为对珍贵资源的所有权和使用权取决于宗族群体的成员资格。在实行宗族所有制的社会里，并不是所有的社会成员都拥有对生产力的平等使用权，但是所有的宗族成员都可以这样做。因此，宗族所有制比原始共产主义前进了一小步，而距离私人所有制则仅有一步之遥。不过，与它和私人所有制的距离相比，它和原始共产主义的距离更近，因为在真正的宗族所有制中，宗族成员对资源的使用机会是平等的。

酋长所有制

酋长所有制是宗族所有制框架内的一种进化变体。它通常出现在复杂园艺社会里，尽管人们知道，它也出现在几个不典型的狩猎采集社会里。当一个强有力的个人——酋长，也就是氏族的头目、村庄的头目或者联合在一起的一个村庄网络的头目——声称拥有其领地内的土地个人所有权，并企图剥夺生活在这片土地上的人们的土地使用权时，酋长所有制就占上风了。为了使用这些土地，他们必须遵循对其生产的一些限制，比如将其收获的一部分贡献给酋长。

实际上，从某种程度上来说，酋长拥有其领地上所有土地的说法是一种虚构。酋长的所有权并不像人们所说的那样"真实"。西非的利比亚的柯贝里人（Kpelle）就是拥有酋长所有制模式的复杂园艺者，不过酋长的所有权是很有限的。詹姆斯·吉布斯（James Gibbs, 1965: 200-201）解释说：

> 一般情况下，人们说最高酋长"拥有"土地。他把酋邦里的土地分成几份后分给每一个村镇，土地之间以木棉、考拉树、小溪和小山为限。每一个村镇的酋长又用同样的划界方法把土地分成几块。这些地块还会被进一步分割……然后分给每一个"家庭"或没有名字的宗族。
>
> 因为宗族里的每个男人都有权使用一块土地，所以宗族首领不能拒绝把地块分配给村庄

里的任何一个家长。土地一旦被分好，就会留在宗族之中，只有当宗族消亡或者其他不寻常的事情发生的时候，土地才会被交还给某个长老（the quarter elder）或者其他最初的"拥有者"。因此，即使是村镇长、长老或者宗族首领，也像最高酋长一样被称为"土地所有者"，每个人实际上都只是一个管家，代表其群体持有土地。

实际上，在日常情况下，被授予土地的家长被称为土地的所有者。他决定他将在"他的"哪一块土地上劳动，以及哪一块土地会休耕。大多数农场都是家长个人拥有的，这个农民的家人及其劳动合作群体会帮助他进行耕作。

因此，在柯贝里人中，虽然酋长是土地的法定所有者，但是酋长的权力似乎是严格受限的。由于是普通个体做出关于土地使用的日常决策，所以，从某种意义上讲，这些个体也是"所有者"。

领主所有制

虽然酋长所有制代表了通向私人所有制方向的一个重要发展，但它仍有宗族所有制的许多特征，所以它绝不是一种真正的私人所有制。当进化到领主所有制（seigneurial ownership）时，真正的私人所有制实现了。当一个人数较少的阶级，即通常所谓的地主（法文是 seigneurs），声称对大片的土地拥有所有权时——农民或农奴生活在这些土地上，缴纳地租和税赋，并且为地主提供劳役——领主所有制就占据了主导地位。这种所有制类型绝非虚构，因为地主有权剥夺其他人无限制地使用土地的权利，而且这些人通常并不对怎样使用土地做出日常决策。

在大规模的农业社会中，领主所有制是最具特色的所有制形式，尽管它偶尔也出现在一些特别高级的园艺社会者中。显然，它是与集约化的农业生产联系在一起的。在中世纪的欧洲，在所谓的封建主义的政治经济体系中，领主所有制的主导地位存在了数个世纪——从罗马帝国的陷落到现代资本主义的兴起。追随马克斯·韦伯的叫法（Max Weber, 1978; orig. 1923），埃里克·沃尔夫（Eric Wolf, 1966）把这种中世纪欧洲典型的领主所有制称为世袭所有制（patrimonial ownership）。在这种类型的所有制之下，土地被地主阶级中的私人占有——这些土地是他们通过家庭血统继承来的。这些地主还亲自监督土地的耕作情况。沃尔夫还认定了另一种类

型的领主所有制，他称之为"受俸所有制"（preben-dal ownership）。土地为一个强有力的政府所有，该政府任命官吏来监督土地耕种，并从中获取一份收益，这种情况就是受俸所有制。沃尔夫注意到，受俸所有制"一贯地与一个强有力的中央官僚政权相联系，如波斯萨珊王朝、印度莫卧儿帝国以及传统中国，这些帝国的政治组织试图限制对土地和贡品的继承权主张（heritable claim），而且坚持领主（sovereign）或者天官（despot）的无上主导权，所有下级的主导请求权（claims to domain）都必须受他们的节制"（Eric Wolf，1966：51）。

87

所有与控制

财产权进化是一个从共同权利向私人权利发展的平稳运动过程；也是一个从每个人都对关键资源拥有使用权，到只有少数人可以全面使用资源的过程。不过，为了搞清楚"所有权的哪些方面是最重要的"这一问题，必须避免针对所有权的狭隘法学观念，即把所有权理解为"名义"（title）。可是，重要的不是"名义"而是控制。例如，在昆人当中，特定的家庭"拥有"特定的水井，也就是说，具有拥有它们的"名义"。可是，这种"名义"上的所有权意义甚微，因为这些家庭既没有能力也没有意愿剥夺其他家庭使用这些水井的权利。因此，在昆人中，对这些水井的占有是公共的，这才是最重要的。类似地，在中世纪，欧洲有大量自由的农民拥有他们自己的土地，换言之，他们"名义"上拥有土地。可是这些农民实际上被剥夺了全面占有其土地的权利，因为地主阶级拥有向农民征税的行政权力，他们还以其他方式控制农民。因此，农民拥有土地，但地主有力地控制着土地。此外，正是对土地的控制决定着生产系统中会发生什么。而且，当所有权与控制权不一致的时候，社会科学家必须关注后者。

前资本主义社会的分配模式

前资本主义社会里财产所有权模式的演变与资源分配模式息息相关。所有权制度越私人化，分配体系就越不平等。考虑前资本主义社会里的4种主要的分配模式是有益的：互惠、纯粹再分配、部分再分配和剩余产品征用。

互惠

互惠是一种义务，它是指回报他人，因为他人曾经给过我们某些东西或者曾经为我们做过某些事情；或者公开的还款还物行为。有两种差异显著的互惠行为，即所谓的平衡互惠和一般互惠（general-ized reciprocity）。当一个人有义务提供同等的而且常常是直接的回报时，平衡互惠就发生了。可以用下列事实来认定平衡互惠：人们有意地并且公开地计算相互的给予，并且公开宣称还款还物行为的性质。每一方都期望通过这次交易在某种程度上获益，但是大家的明确期望是，获益是相互的，并且不存在"剥削"。

当人们有义务给予他人东西，但并不期待直接的和同等的回报时，一般互惠就发生了。与平衡互惠不同，一般互惠并不涉及任何直接的和公开的协议。一般互惠中存在一个一般性的期待，即对方应该给出同等的回报，但并没有对这一回报设定时间限制，也没有明确规定这样的回报应该怎样执行。一般互惠中的回报条件（term）非常模糊。

马文·哈里斯（Marvin Harris，1974）注意到，你可以通过人们是否说"谢谢"，来判断一般性互惠是否是一个分配行为的主导模式。哈里斯（Harris，1974：124）说，当分配的模式是一般性互惠时——

> 公开地对接受物质和服务表示感谢是粗鲁的。例如，在马来亚中部的赛麦人（Semai）中，没有人因猎人给他们肉而表示感谢——猎人给他所有同伴的分量都是一样的。罗伯特·邓坦（Robert Dentan）曾经在赛麦人中生活过，他发现，说"谢谢你"是很粗鲁的，因为这意味着，你要么是在计算得到的肉块的大小，要么是对猎人的成功和慷慨感到惊讶。

88

当分配模式为一般互惠时，说"谢谢你"是粗鲁的还有另外的理由：在这种情境下，向别人送出东西是一种社会义务，而不是在表达善意。

虽然从某种程度上说，一般互惠发生在所有的社会中（比如，它也发生在我们社会的朋友和家庭成员之间），但它构成了狩猎采集者经济生活的核心，也最常出现在那里。狩猎采集者们因全面分享食物而闻名。每个人不断地向他人送出食物，也接受食物回报。当一个男人带着他杀死的猎物回到营地时，他会把它分为数份，并将它们送出去，通常首先是他的家庭成员，然后是游群的其他成员。类似地，妇女也不断地送出她们所采集的食物。当一个猎手送出肉食时，他期待着在某个时间以某种方式获得回报。猎手可能一次接一次地送出食物，但却没有任何回报，但他从不会提及这个事实。他知道，他最终获得回报的可能是确定无疑的。不进行回报只能导致疑虑和冲突，这让一个人看起来"总想占别人的便宜"。

在一个一般互惠是经济生活的普遍特征的地方，分享和个人谦逊会成为一种社会习惯。理查德·李（Richard Lee, 1978：888）对昆人的评价如下：

> 昆人对他人提出的最严厉的批评，指责他吝啬和傲慢。所谓吝啬或"冷心肠"（far-hearted），就是吝啬地或者秘密地将自己的东西藏起来，并"像鬣狗一样"守护着它。在昆人看来，纠正上述错误的办法是让那个悭吝人把东西送出去，"直到他感到心疼"（till it hurts）。也就是说，迫使他慷慨馈赠，不留余地，直到所有人都看到他真的两手空空。为了保证对这一重要规则的遵守，昆人总是相互恐吓，以使彼此慷慨相处，不要因为藏一点私房货（nest-egg）而被他人孤立。

> 不过，昆人虽然将吝啬看得十分严重，但他们最伤人的批评却留给了更为严重的缺点：傲慢之罪……如果一个自夸的猎人回到营地，宣称"我杀死了丛林里的一头大野兽"，这就是傲慢。如果某个女人送出礼物，并宣称这是对所有人的慷慨行为，那么这也是傲慢。甚至，一个人类学家声称自己选出了为过圣诞节而准备屠宰的最大公牛，这也是傲慢。昆人把这样的行为看做危险的信号，而且他们发展出精巧的方法来戳破"骄傲的气球"，并强化谦逊的品格。他们天天都使用这些小手段，如尽量贬低猎物的大小、低估他人礼物的价值、用自我贬低的方法对待自己的努力等。在他们的词汇里，没有"请"和"谢谢你"这样的词，代替它们的是粗俗的幽默，假惺惺的抱怨、贬低，以及赞许式的诅咒。

在狩猎采集者中，一般互惠占主导地位的其中一个原因可能是，在那些还没有受到私人财产权腐蚀的人们中，分享收获是一种"自然的"倾向。不过这个解释看起来是可疑的，因为它为狩猎采集者涂上了一层浪漫的色彩。更可能的解释是，在这些群体的成员之间，密切的合作是必需的。为了活命，狩猎采集者必须紧密地相互依赖。一般来说，资源通常并不是非常短缺，但资源的可得性却总是处于剧烈的波动（fluctuation）之中。因此，在狩猎中，一个人可能会遭遇长期的运气不佳。如果在这段时间里其他人不给他肉吃，那么他就只能挨饿。他们之所以给他肉吃，是因为他们知道，他们最终也会在狩猎中遭遇坏运气，在这种时候，他们期待可以从他那里得到馈赠的肉。因此，经常馈赠他人其实是保证自己的长远福祉（well-being）（Weissner, 1982；Cashdan, 1985）。因此，一般互惠就是我们前文所认定的"开明的自利"。我们不应该对下述事实感到丝毫的奇怪：狩猎采集者极度蔑视那些竞争性的、自私的和爱吹牛的少数人。这样的人对其他人的经济福祉构成直接威胁，因而必须对他们施以高压，以改变其行为方式。

纯粹再分配

在前资本主义社会中，产品流通的另一种方式被称为再分配。再分配是指产品被人从分散的家庭（household）汇集到一个中央集散处，然后再以一种系统的方式回到各个家庭。与互惠不同的是，再分配是一种更正式的过程，在这个过程中，产品归入某人或某群体之手，而他们是再分配的中枢。

我们可以认定两种类型的再分配：纯粹再分配和部分再分配（Moseley and Wallerstein, 1978），有时又称为个人主义的（egalitarian）再分配和分层的（stratified）再分配（M. Harris, 1975）。在纯粹再分配中，再分配的过程是完整的，因为再分配的主体自己并不保留任何额外的份额。纯粹再分配与经济平等联系在一起。在部分再分配中，再分配过程是不完整的，因为再分配主体会为自己保留一部分产品。部分再分配与经济不平等联系在一起。

纯粹再分配的经济——它们最常与小规模的园艺者相连——运作方式各不相同。有一种类型的再分配经济广泛地存在于美拉尼西亚的园艺群体中。在这类群体中，有一种人野心勃勃，即所谓的"大人物"。大人物是这样一种人：他利用其经济生产组织者的角色，谋取特权和声望。一个典型的踌躇满志的大人物的事业起点往往是开垦更大的种植园，并养殖更大规模的猪群。他的做法是赢得近亲属和邻居的帮助，这些人与他的成功密切相关。如果他在提高种植园产量和猪群数量上获得成功，那么他最终将为一次大型宴会积累起足够的食品。在这次宴会上，食品将会被分配给其他的村民。通过举行一次成功的宴会，大人物会获得威信和声望。不过，

89

在他的村庄里，常常还有其他野心勃勃的人，他们也会举办自己的宴会。如果一个人能够举办比其竞争者更大型的宴会，他就会被认定为村庄里的大人物，并获得很高的威望。不过，如果他在这种事情上失败了，那么他的地位很快就会丧失，他会让位于那个超越了他的竞争者。人们期待一个大人物在分配产品时要慷慨大方，并且充分考虑整个村庄的福祉。人们经常杀死那些不够慷慨的、为自己保留过多产品的大人物。

美拉尼西亚的大人物对崇高社会地位的追求会产生一定的经济后果。这种追求提高了生产效率，使得园艺产品、驯化动物、鱼以及其他经济产品的产量普遍提高（Oliver, 1955）。产品的流动性也大大地增加了，因为对宴会的准备涉及大量的产品交换和服务交换。此外，整个村庄对很多产品的消费也显著地提高了（Oliver, 1955）。因此，竞争性宴会，是美拉尼西亚园艺者经济体系的核心内容。

咔咔发声族（Kaoka-speakers）是美拉尼西亚的一个简单园艺群体，拥有一个经典的"大人物再分配系统"是他们的特征（Hogbin, 1964）。当地语言中对一个有威信和声望的领袖的称呼是"mwaneka-ma"，其字面意思就是"大人物"。当地人通常认为，在任何时间，村庄里都只能有一个大人物。他通常在 40 岁以上，表现得信心十足、富有尊严，生活在独立（solidly）建造的房子里，特别好客，而村民对他尊敬有加。

为了在通向大人物的道路上赢得亲属和邻居的支持，一个人必须有力量、沉稳、勤劳，还必须是一个良好的组织者。一个男人追求这种事业的野心通常出现在他三十出头的时候。如果一个男人试图为成为大人物而奋斗，他就要从耕种一个较大的种植园开始，并招募近亲属来帮助他从事这一工作。他还试图扩大他的猪群的规模。当他的种植园生长茂盛，而且他已经有了 10 头大肥猪和几头小猪时，这个人就开始宣传，他想建造一个新的住处，比平常的住处更大、更好。这一行动被认为是一个公开的声明，即他是这个村庄最高荣誉的候选者。宴会欢庆是这一任务的最后一步，咔咔发声族把它称为"祛除碎片的宴会"（the feast-to-remove-the-splinters），这个宴会极其豪华。

阿塔纳（Atana）就举办了一次这样的宴会。阿塔纳已经小有名气，但仍然不是村庄里公认的大人物的对手。为了这次宴会，阿塔纳和他的近亲属贡献了 250 磅干鱼、3 000 个薯蓣饼、11 盆薯蓣布丁以及 8 头猪。参加宴会的其他村民也带来了额外的食物。把这些食物与阿塔纳及其族人提供的东西加在一起，最后的总量是 300 磅鱼、5 000 个薯蓣饼、19 盆薯蓣布丁以及 13 头猪。阿塔纳的工作是，以这样那样的方法，把这些食物分给那些与此次宴饮有关的所有人。当他结束这项活动的时候，他已经进行了 257 次赠予，只有剩下的东西才属于他自己。咔咔发声族认为这是一个合适的结局。他们说："宴会的举办者留下了骨头和变馊的饼，肉和肥肉被别人吃了。"

成为大人物的进一步努力是举行更多和更大规模的宴会。如果一个男人继续这样做，他最终可能成为村庄的大人物。不过，即使他成功了，他也不能躺在自己的功劳簿上休息。一旦他的种植园和猪群的规模开始缩小，他就会变得无足轻重。如果他不能有效地维持其经济生产水平的话，那么他将永远面对试图取代其位置的竞争者。

再分配系统进化的原因是什么呢？马文·哈里斯（Marvin Harris, 1974, 1977）认为，大人物是一个经济强化者（economic intensifier）：他的作用是提高生产水平。如果没有他，生产水平就会降低。哈里斯相信，对那些小规模的园艺群体来说，生产水平的这种提高具有其适应功能。他解释（Marvin Harris, 1974: 118）说："在每个人对生活资料拥有平等的使用权的情况下，夸富宴（competitive feasting）承担了防止劳动力堕入某个生产水平之下的功能——在战争和饥荒等危机时刻，这一生产水平不能提供安全余裕（margin of safety）。"

迈克尔·哈纳（Michael Harner, 1975）提供了一个类似的但稍有不同的解释。他设想，大人物体系是劳动力稀缺的产物。在人们以简单园艺方式耕种土地的地方，土地往往是取之不尽的。劳动力而不是土地才是稀缺的资源。在劳动力稀缺的情况下，作为获得权力和声望的主要机制，大人物体系的作用才显现出来。因此，哈纳的关注焦点是大人物体系的进化过程——从个体获益的角度，而哈里斯的解释则强调大人物体系的社会收益。其实，他们两个人的解释是相互补充的，而不是相互对立的。也就是说，在这一特定情境中，通过同一个社会活动，个人的自私自利与所有人的经济需求同时获得了满足。

立足于哈里斯对大人物系统的解释，不难理解狩猎采集者中没有大人物的原因。在狩猎采集社会中，大人物的经济适应性是不好的，因为他们对自然资源的开发必然超越其恢复能力，进而摧毁生态系统以及狩猎采集社会的经济基础（Harris，1974）。因此，在很多园艺社会里高度有益的人格类型，将会在狩猎采集者中产生灾难性的后果。

部分再分配

部分再分配体系最常出现在下述社会里：复杂园艺是技术模式，酋长所有制是主导的财产制度。酋长所有制是部分再分配制度的核心内容。

通过比较美拉尼西亚和波利尼西亚的再分配体系，马歇尔·萨林斯（Marshall Sahlins，1963）强调了纯粹再分配和部分再分配之间的重要差别。他注意到，大多数美拉尼西亚社会拥有小规模的园艺体系和大人物制度，而大多数波利尼西亚社会的特征是拥有复杂园艺体系和部分再分配制度。

美拉尼西亚的大人物是试图通过豪华的宴会获得威信和声望的人。不过，他们对其选民并不具有真正的权力，一旦他们举行豪华宴会的力度下降，他们的威信和声望很快就会消失。与此相反，波利尼西亚酋长们的职务则通过世袭继承（hereditary succession）体系得以确立。这些酋长们对他们的追随者拥有相当大的权力，而且他们对普通民众拥有可观的经济征收权。他们的一个主要目的是制造和维持稳定的经济剩余。通过迫使人们放弃其收成的一部分，他们做到了这一点。这导致了"公共财富"的形成，而酋长对这一巨大的储藏库实施控制。这一储藏库有很多用途。酋长用它来养活自己和他们的家人。他们还用它为来访的显贵提供豪华娱乐，用它来开展重大的公共项目，如灌溉工程、修建庙宇、支持战争，以及支持各种各样的政治衙役和行政官员。此外，在民众需要的时候，储藏室的一部分会被再分配给他们，在这个时候，人们期待酋长慷慨大方。那些不够慷慨的酋长，以及对民众的收成征敛无度的酋长，有时会被杀死。

之所以说波利尼西亚采用的是一种再分配体系，是因为它涉及产品在酋长和民众之间的持续流动。不过，在这种情况下，产品的流动是一种独特的流动：民众所付出的比其所获得的要多。虽然从原则上说，这类似于小规模园艺者的纯粹再分配体系，但是这些属于更先进的园艺者的、强化的再分配体系显然有别于前者：它促使经济不平等出现。如果是这样的话，那么该体系构成了一种超越纯粹再分配水平的、醒目的进化发展。

迈克尔·哈纳（Michael Harner，1975）曾经主张，这一重要进化结果背后的关键因素是土地的稀缺。当人口压力迫使小规模的园艺群体引入更加复杂的耕作方式时，土地显然已经成为一种稀缺资源。实际上，这也正是每一地块都被强化耕种的原因。在哈纳看来，土地的稀缺导致了对有价值的土地日益激烈的竞争，结果有些人占有的土地比其他人更多。以前，大人物的权威建立在自身努力和追随者自愿帮助的基础之上，现在这些大人物变成了酋长，他们的权力建立在对土地的控制之上。

剩余产品的征用与剥削

对剩余产品的剥削是一种分配方式，它最常出现于以领主财产权规则组织起来的农业社会里。一个地主阶级，迫使另一个由依附性的经济生产者组成的阶级在其土地上进行剩余产品的生产，然后迫使其将这些剩余产品贡献给地主阶级。当上述情况出现的时候，剩余产品剥削制度就存在了。这些剩余产品以下列形式被奉献出来：地租、各种税赋以及各种劳役。

有一些研究前资本主义经济的学者，特别是经济史学家卡尔·波兰尼（Karl Polanyi，1957），并没有区分剥削和部分再分配。实际上，他们使用了再分配的概念来涵盖这两种经济行为。不过这似乎是一个严重的错误，至少是高度误导人的理论。在剥削和部分再分配之间有许多关键性的差异，其中两个最值得提及。其一，领主比酋长拥有的权力要大得多，他们使用这一权力把更多的经济负载放在农奴生产者身上，而酋长的这种能力要小得多。其二，与酋长和普通民众之间的财富流动相比，农奴与领主之间产品和服务的流动在本质上更加不平等。农奴和领主之间财富的流动不能被描述为再分配，因为没有什么财富从领主流向农奴。实际上，财富的流动主要是一个方向：从农奴流向领主。虽然在某些情况下，部分再分配和剥削之间只有一线之隔，但在大多数情况下，还是不难看清，在一个社会里发挥作用的是再分配还是剥削。

在中世纪的欧洲封建社会，对剩余的剥削是主导的分配模式。农奴使用领主的土地，欠领主一笔确定的租金，他们可以以其收成的一部分支付，也可以用金钱支付（货币地租），或者是两者的某种组合。在封建时代早期，实物地租是常规的地租支付形式，不过当封建制度演进到中世纪后期的时候，货币地租取代了实物地租。由于农奴既为自己生产，也为领主生产，所以他和家人必须更加辛勤地劳作，以便满足加诸其身的这些经济要求。农奴还要肩负纳税的经济负担。例如，农奴为了在领主的磨坊里碾米，必须缴纳一笔税金；为了在领主的炉子里烤面包，也要缴纳一笔税金；甚至在领主的池塘里钓鱼也要缴税。（由于农奴不拥有这些资源，所以他们陷入了对领主的依附之中。）压在中世纪欧洲农奴肩上的第三种负担是劳役。农奴必须花很多天在领主的领地（他的住宅农场，或者他生活于其中的个人土地，而农奴并不生活在那里）里劳动——犁地或者是照看牲畜。这一负担变得极具压迫性，它使农奴没有时间在自己的土地上劳动，没有时间为自己的家人谋取生计。

在古罗马，也存在一个巨大的剩余剥削体系，不过这一体系主要建立在奴隶劳动的基础上，而不是建立在农奴劳动的基础上。罗马赖以生存的大量奴隶来源于对外国土地的政治占领。奴隶的劳动比农奴的劳动要廉价得多，因而它是罗马社会的主要劳动力类型（Cameron，1973）。在当时的罗马，许多巨大的建筑工程都是由大量的奴隶建造的。例如，普林尼（Pliny）曾经提到一个建筑工程，该工程使用了 4 117 个奴隶（Cameron，1973）。当奴隶制而不是农奴制成为主要的劳动模式时，剩余剥削体系就更加直接和明显了。例如，为了计算经济收益，罗马地主只需要认定奴隶们为其创造的财富，然后再减去获得和维持奴隶劳动的成本即可。

很多学者都把"剥削"这一概念运用于领主和农奴的关系、奴隶主和奴隶的关系，以及——在某种程度上——酋长和酋众的关系。与此同时，很多学者却反对使用这一概念。例如，乔治·达尔顿（George Dalton，1974）认为，这是一个高度歧视性的、充满情绪的（emotion-ridden）概念，它被那些不喜欢某一特定经济制度的人用来诅咒这一制度。由于达尔顿相信这一概念仅仅被用来表达反对，而不是进行科学分析，所以他建议从社会科学家的词汇中剔除这一概念。不过，达尔顿也说，如果真要使用这一概念，其应用应该建立在人们的主观判断的基础之上，即判断剥削是否真的发生了；也就是说，他们自己是否被剥削了。故而，达尔顿相信，客观定义剥削和对剥削进行计算是不可能的，因为只有人们认为剥削存在的时候，它才存在。换言之，如果农奴并没有感到被领主剥削，那么他就没有被剥削。

达尔顿对剥削问题的完全主观的思路是不可接受的。人们没有感受到剥削时就说剥削不存在，类似于人们认为自己没有患心脏病，就说他真的没有患心脏病。和心脏病一样，剥削是一个客观的现象，必须依据客观的标准来对它进行概念化和测量，而不是依据人们的主观思想感受（Moore，1966；Zeitlin，1973）。

我们下面提出一个剥削的客观定义：在强迫之下，一方对另一方的付出少于另一方的回报时，剥削就出现了。关于这一定义，有两点需要强调。第一，只有当某一关系中的双方因为这一关系而获得不平等的收益时，剥削才明显存在。第二，由于一方强迫另一方付出什么或者做什么，所以收益不平等必然出现。也就是说，某一方并不是自愿进入这一关系的；或者说，即使是自愿进入这一关系，也是因为其他可供选择的关系并不能给他的经济状况带来任何改善。

剥削的这一定义表述起来比较容易，但不幸的是，应用起来很难。不过，对它的应用获得了相当的成功。达尔顿（Dalton，1972）认为，对于领主和农奴之间产品和服务的流动与逆流动，我们无法做出客观的评价。这一观点似乎过于悲观了。虽然这可能很难，但绝不是不可能的。我们已经提到过农奴奉献给领主的产品和服务。领主给农奴的回报是什么呢？达尔顿（Dalton，1972）指出，他们提供针对外来入侵的军事保护、针对强盗的治安保护、解决纠纷的法律服务、节日里的宴饮、在领主的庄园里劳动时的食物，以及在紧急情况下提供食物。达尔顿认为，我们无法说明这一系列交易是公平还是不公平，存在剥削还是不存在剥削，除非诉诸农奴们自己的想法和感受。

但是，有什么东西是领主从来不会给予农奴的？马文·哈里斯（Marvin Harris，1980）说，是对土地的自由的和无限制的使用。如果他们这样做的话，领主和农奴之间的关系就不再是经济上不平等的，因为这样农奴就不再负有支付地租、缴纳赋税、提供劳役的义务，毫无疑问他们也不会再承担这些义务。农奴的经济境遇将会改善，而领主的经济境遇将会恶化。换言之，虽然领主为农奴提供了有价值的产品和服务，却没有为他们提供使用资源的权利，而这些权利在农业社会具有至高无上的价值。因此，我们似乎可以得出一个公道的结论：在一种特定的强制关系中，由于农奴被领主剥削，所以他们接受了不公平的收益；而且他们进入这种关系是非自愿的，或者说，替代性的关系并不更为（可能更不）

诱人。因此，农奴被领主剥削的结论是成立的。

那么，酋众是否也被酋长剥削了呢？很可能他们也被剥削了，至少在某种程度上被剥削了，尽管看起来这种剥削的水平比在领主—农奴关系中要低得多。实际上，公道地说，在进化论的意义上，剥削起源于复杂园艺社会——它拥有酋长所有制和部分再分配制度。大人物、其他纯粹再分配体系，以及平衡互惠和一般互惠体系，显然缺乏真正的剥削因素。实际上，这些体系似乎是下述社会的唯一例子：剥削不是日常社会生活的构成部分。[1]

经济市场的出现

当人们以一种多少有些系统的、有组织的方式为他人提供产品和服务的时候，被称为"市场"的经济制度就出现了。在市场和交易场所（marketplace）之间做出区分是很重要的。交易场所是一个物理地点，人们把产品和服务带到这里来出售，而买家则聚集在这里购买产品和服务。在前资本主义社会，交易场所是一个社会里约定俗成的一些物理地点。不过在现代资本主义社会，交易场所是"分散的"，渗透在整个95 社会里。与此相反，市场并不是一个物理地点，而是一种社会制度，是一系列围绕着价值物（valuables）的买卖而组织起来的社会关系。

社会与市场的关系

根据社会与市场的关系，保罗·博安南和乔治·达尔顿（Paul Bohannan and George Dalton，1962）曾经区分了三种社会：无市场社会（marketless society）、准市场社会（peripheral market society）和市场主导社会（market-dominated society）。

无市场社会既没有市场，也没有交易场所。虽然可能有少量建立在买卖之上的产品往来，但是这些交易是偶发的、少见的，交易之间相隔很长时间。由于无市场社会没有市场，所以生计不是依据市场原则来提供的，而是依据互惠机制或者再分配机制。昆人、咔咔发声族以及雅努玛玛人的社会都是无市场社会，大多数狩猎采集者和园艺群体也都属于无市场社会。

准市场社会有交易场所，不过市场原则显然还不能组织其经济生活。在这些社会里，人们可能经常参与交易场所里的活动——作为买者或卖者，但这些活动仅仅是次要的经济现象。人们并不是通过交易场所里的行动来谋生，而是通过互惠、再分配以及征用来谋生的。在准市场社会，"大多数人并不参与为市场而进行的生产，也不在市场里进行销售，或者说，那些确实参与了市场活动的人仅仅是兼职的买卖人"（Bohannan and Dalton，1962：7）。

准市场经常出现在复杂园艺者中，而几乎所有的农业社会都有准市场。在16和17世纪主导墨西哥的高度复杂的园艺者——阿兹台克人，拥有具有相当规模和重要性的准市场（Beals and Hoijer，1971）。在阿兹台克帝国的每一个城市里都有大型的市场，这些市场相互联系，并且通过一个运输体系与阿兹台克的首都特诺奇蒂特兰（Tenochtitlán）联系起来，这一运输体系被称为包奇泰卡（pochtecah）（Hassig，1985）。特诺奇蒂特兰的郊区坐落着一个巨大的市场，它每5天开市一次。潜在的购买者从数英里之外来到这里，购买它所提供的各种不同的东西：金子、银子、首饰、衣服、巧克力、烟草、皮毛、鞋袜、奴隶、水果和蔬菜、盐、蜂蜜、陶器、家具，以及其他很多物品。

准市场在中世纪的欧洲也很重要（Heilbroner，1985）。中世纪欧洲的一些小城市的市场是这样的一些地方：农民有时会带着他们的收获物来这里销售。当然，生活在这些城市里的商人和手艺人对交易场所的经济生活来说更重要。这些商人和手艺人生产在市场里销售的东西，并且通过这种销售来维持生计。中世纪的欧洲还有一种特殊的市场，即所谓的集市，这些集市在13和14世纪很繁荣（Abu-Lughod，1989）。这是一种流动的市场，通常一年举行一次，全欧洲的商人都到这里来销售其产品。集市集合了节日、宗教庆典以及密集的经济活动。在有些集市上，商人们带来花样繁多的产品进行销售，如丝绸、马匹、药物、书籍和羊皮纸，以及其他很多物品（Heilbroner，1985）。

市场主导的社会既有市场也有交易场所（亦即"分散的"交易场所），而且市场原则——在供求力量的推动下买卖商品——统领所有与生产、分配和交易有关的决策。在这些社会里，各种类型的互惠 96 和再分配也会存在，但它们实际上无足轻重。唯一真正由市场主导的社会，是那些具有现代资本主义特征的社会。由于我们将会在本书的后半部分来检

---

[1] 在后面的各章中，我们将会考察现代资本主义和社会主义经济是否依照剥削原则运行。

视市场主导的社会，所以本章余下的部分主要探讨准市场社会。我们关注的焦点是高度发达的准市场行为，这种行为是大多数农业社会的特征，且通常出现在城市里。

前资本主义社会市场的特征

制造业与行会 在以制造业为重要经济活动的前资本主义社会里，制造业通常是一种小规模的活动，通常限于工匠的家里，或者交易场所的少数店铺里（Sjoberg，1960）。即使是前资本主义社会的大型工场，以现代制造业的标准来看也很小。由于产品没有规模化生产，对资本形成了限制，因而生产单位必然保持较小的规模。

前资本主义的专业化的形成与产品相关，而不是与生产过程相关。每一个工匠都自己打造整个产品，从开始到结束。索伯格（Gideon Sjoberg）注意到："产品的专业化通常发展到了这样的程度：工匠把自己全部的时间用于生产由特定原材料制造的产品，因此我们有金匠、铜匠、银匠、丝织工、毛织工，诸如此类；每一种都有自己的行会。"（Gideon Sjoberg，1960：197）此外，前资本主义的工匠通常是自己最终产品的销售商。

在几乎所有大规模的前资本主义社会里——制造业在其中占据重要地位——工匠和商人都建立起了被称为"行会"的组织。人们依据职业对行会进行专业化，行会把从事同一职业——也可能是某一职业中高度专业化的一个分支——的所有人吸收为其成员。例如，索伯格（Sjoberg，1960）列出了一个前资本主义城市（20世纪20年代的北京）的下列行会：木匠（鲁班会）、钉鞋匠（修鞋匠行会，或者叫双带行会）、锡匠（炉匠行会）、钟表店（钟表商行会联盟）、皮货店（五贤毛皮行会）、菜贩（青菜行会）、理发师（修面行会）以及侍者（茶行会）。

行会最重要的功能是制造并维持对某一特殊类型的经济活动的垄断："只有成为控制某个职业的行会的成员，才能获得从事这种职业的权利，任何与制造或贸易有关的职业都是如此。"（Sjoberg，1960：190）在行使其对职业的垄断控制时，行会涉足很多活动。索伯格指出，它们决定了某个职业的人员选择；它们对成员进行职业培训，而这通常是通过师徒关系进行的；它们为其成员设立职业标准；它们控制其成员的生产数量；针对政府或者宗教团体加诸其成员的过度限制，它们为成员提供保护；它们还帮助其成员开设店铺，帮助他们购买完成工作所需的原材料。

显而易见，行会在前资本主义社会的工匠和商人中发挥着关键作用。实际上，从其基本目标来看，它们大致上类似于当代的工会、商业组织和专业协会。

前资本主义市场的价格决定模式 在现代资本主义社会，产品和服务的价格取决于抽象的供求关系。人们期待在商店里发现附着在商品之上的固定价格。可是，在前资本主义环境中，价格并非如此确定，它是通过所谓的"议价"（haggling）来确定的。一个潜在的买家询问商人，他希望一个物品卖多少钱，商人给予回答，然后买家还价（counterprice），这个还价比商人的报价要低得多。上述过程就是议价。然后，买卖双方继续讨价还价（haggle over），直到达成最终的协议，或者买家愤愤不平地离开。索伯格对议价过程进行了下述补充：

> 在这一过程中，语言对抗也许变得很激烈。通常的情况是，买家贬低要买的东西，表示自己买它的兴趣并不大，而卖家在议价的时候则采用相反的策略，怂恿买家进行购买。偶尔，买卖双方的朋友，甚至陌生人，会加入进来，对物品的价值进行评论。不仅参与者的技巧会影响最终的价格，买卖双方的关系也是一个决定性的因素。朋友更有可能以优惠的价格买到东西。

在大众市场不存在的社会，在买卖双方对任何物品都没有"市场知识"的社会，议价是典型的价格决定模式。由于议价可能花费大量的时间，因而时间一定不能是一种珍贵和稀缺的资源——但在现代资本主义社会里，时间正是珍贵和稀缺的。因此，只有在人们很少急急忙忙地完成其日常任务的环境里，议价才可能进行。

经济行为的非理性 从下述意义上说，现代资本主义是一种极为理性的经济制度类型：各种各样的复杂技术被用在经商之中——设计这些技术的目的就是为了使经济生产和经济增长最大化。因此，在进行商业活动时，现代资本家会使用先进的会计、金融、工作场所管理（workplace organization）和营销等技术，这些技术对其成功非常关键。

可是，在前资本主义市场里，这些理性化的经济活动管理是缺失的（Sjoberg，1960）。经济活动的这种非理性（nonrationality）[不要与不理性（irrationality）混淆]通过许多方式体现出来。比如，工匠和商人通常并不遵守由钟表所定义的固定工作日程。相反，他们早晨开始工作的时间和晚上停止工作的时间，经常是每天都不一样的——依据其参与的非经济活动的性质而定。此外，前资本主义的产品制造通常不涉及劳动的同步化（synchronization of effort）。一个生产部门的工人对另一个部门的事情所知甚少，他们很少为了与其他部门正在进行的工作进行协调而付出努力。最后，在前资本主义社会，不存在标准化的商品营销。例如，商人很少对其产品进行分级或分类，也没有标准化的衡量标准。索伯格注意到，标准化的缺失与大众市场的缺如有关，也与市场活动的高度个人化有关。

一些性质：前资本主义商业及其增长

虽然关于市场对人类社会之功能的这些观点得到了比较社会科学家（comparative social scientist）的广泛认可，但近年来却受到了有些社会科学家的强烈挑战。例如，卡萨·艾克霍尔曼和乔纳森·弗里德曼（Kajsa Ekholm and Jonathan Friedman，1982）提出，在早期社会里，市场活动和"为交换而生产"所发挥的作用，比人们通常所认可的程度要高得多。他们反对"把世界历史分为界限清晰的'市场—非市场体系'和'资本主义—非资本主义体系'"的传统分类法，并且坚持"古代世界存在某种类型的资本主义"的观点（Kajsa Ekholm and Jonathan Friedman，1982：87-88）。换言之，艾克霍尔曼和弗里德曼反对"准市场社会"的概念，或者声称这一概念类别的应用不像通常想象的那样广泛。

艾克霍尔曼和弗里德曼并没有说古代社会和现代资本主义之间没有差异，他们仅仅是主张，那些差异比人们被告知的要小。其他学者走得更远。例如，巴里·吉尔斯和安德鲁·冈德尔·弗兰克（Barry Gills and Andre Gunder Frank，1992）建议，在过去的5000年时间里，很多农业社会都有广泛的商业活动，16世纪向现代资本主义的转型并没有通常认为的那样突然。他们相信，在过去数个世纪里，市场和商业化的程度被严重低估了。吉尔斯和弗兰克（的观点）主要基于莫里斯·希尔沃（Morris Silver，1985）、菲利浦·考尔（Philip Kohl，1978，1989）和乔安·欧茨（Joan Oates，1978）等社会科学家对前资本主义市场的研究。这些学者的研究显示，在古代农业社会里，大型的市场频繁出现，其中包括由供求关系决定的定价市场（price-setting market）、储存商品的私人仓库、商业中介人、对资

本产品的大量投资、大规模的贸易网络、强烈的赢利动机以及资本的积累。实际上，有些社会（例如，公元前第二个千年的后期和第一个千年的早期的腓尼基人，或者13和14世纪的意大利城邦）在贸易上是高度专业化的，并且几乎完全依赖于贸易。

吉尔斯和弗兰克提出了一个极为重要的观点，而且近年来，人们越来越明显地感觉到，"前资本主义世界里市场的意义很有限"的传统观点，必须受到强有力的限制。显然，"为消费而生产"主导着前资本主义社会，但在其中的很多社会，特别是在发达的农业社会，"为交换而生产"也发挥了重要的作用。实际上，我倾向于认为，从5000年前开始直到现在，世界商业化一直处在扩张过程中（Sanderson，1994b）。这一过程的体现是贸易网络的规模和密度，以及大城市的数量和规模的提高。在距今5000年的最初几个世纪里，大多数贸易网络都相对较小，通过它们流通的商品数量是有限的。从范围上说，贸易或者是当地的，或者是区域性的。大约在2200年前——古罗马的发端期——一个大规模的贸易网络诞生了，从中国经中东一直延伸到欧洲的地中海部分（Curtin，1984）。这显然是一个扩展到了世界大部分地区的贸易网络，大量的商品通过这一网络流通，其规模鲜见于早期的地区性贸易网络之中。到大约公元1000年的时候，贸易网络变得更加广阔，贸易规模也更大（McNeill，1982；Wilkinson，1992）。大城市的扩张传递了同样的信息。在4250年前，全世界只有8个城市的人口超过3万，可是到距今2430年的时候，同样规模的城市已经有51个，其人口总数为287.7万人。在罗马陷落后的城市衰落之后，城市化过程又重新加速。在公元1000年的时候，有70个城市的人口在4万～45万之间（总计562.9万人）；到公元1500年的时候，有75个城市的人口在4.5万～67.2万之间（总计745.4万人）（Wilkinson，1992，1993）。

显然，有关前资本主义市场和商业行为的传统观点不可能幸免于挑战。商业在前资本主义社会中经常是颇为重要的，而且，在过去4500年的时间里，它的重要性一直在上升。我们还会在第七章里看到，世界商业化的增长具有重要的意义。这是因为，对于开始于欧洲16世纪的、朝向现代资本主义的宏伟起飞，世界商业化贡献良多。实际上，不承认世界商业化扩张的长期过程，就无法解释现代资本主义世界的出现。

小　结

1. 所有的社会都有经济活动，或者是对产品和服务进行生产、分配和交换的组织手段。经济活动的两种基本类型是"为消费而生产"与"为交换而生产"。虽然两种形式的经济活动在前资本主义社会中都存在，但是"为消费而生产"显然占据主导地位。

2. 可以把前资本主义社会的资源占有制分为几种类型，并从进化的视角进行审视。在狩猎采集社会，占主导地位的是原始共产主义。在大多数简单园艺社会中，公有型的所有制占主导地位，不过所有权被限制在特定亲属群体的成员之中（宗族所有制）。私人财产起源于酋长所有制在复杂园艺社会里的出现。在农业社会，一种高度排他性的（restrictive）所有制——领主所有制——占据主导地位。在领主所有制中，人数极少的地主声称对土地拥有所有权，并对数量众多的农民阶级施以各种压迫——这些农民肯定对土地拥有使用权。显然存在一种进化趋势，即所有制的私有化和排他性越来越高。

3. 一般互惠是资源分配的一种类型，在其中，人们给予他人东西，但并不期待同等价值的回报或者直接的回报。这类行为的特征是，对慷慨、合作与好客有强烈的要求。一般互惠在狩猎采集者的经济行为中居于核心地位。

4. 园艺社会通常强调资源的再分配模式。诸如"大人物"这样的人把其积累的物品向所有的人发放，这就是纯粹的再分配。部分再分配存在于复杂园艺社会里，它通常涉及更强大的政治领导人的下述行为：对其所积累财富的一部分进行再分配。

5. 对剩余的征用存在于农业社会里。强有力的土地所有者迫使耕种土地的人生产大量的剩余产品，并将其贡献给土地所有者。

6. 在经济活动的一方的强迫下，另一方的付出比其所得更多，这就是经济剥削。应该把剥削视为一种客观现象，而不是依赖于人们对其境遇之感受的主观现象。在互惠和纯粹再分配占主导地位的地方，剥削是不存在的。从某种程度上说，剥削存在于"部分再分配"出现的地方，它是农业社会的经济生活的基本特征：该社会拥有领主所有制和对剩余产品的征用。

7. 市场存在于很多前资本主义社会里，但并不主导它们的经济活动，这些经济活动的大多数仍然建立在"为消费而生产"的基础之上。通常，前资本主义的市场活动的组织形式，与现代资本主义经济里发达市场的组织形式大不相同。现代资本主义的出类拔萃的"理性化"，在前资本主义经济体系中通常并不存在。不过，在一些前资本主义社会和一些特定的历史阶段，事实上的市场行为确实存在，并被嵌入社会之间和地区之间的贸易网络中。前资本主义社会商业的重要性比人们通常所认为的要高，而且在农业时代的数千年时间里，商业化的水平是持续地上升的。

本章内容可总结为表5—1。

表5—1	前资本主义社会里的所有制、分配以及交换		
生存技术的模式	所有制模式	分配模式	交换模式
狩猎采集	通常是原始共产主义。赖以为生的重要资源归整个群体所有，没有人能够剥夺他人对这些资源的全方位使用权。	通常是互惠。分享和慷慨是普遍存在的社会习惯，也是强迫性的社会习惯。	虽然某种交换确实存在，但市场和交易场所通常不存在。
简单园艺	通常是宗族所有制。这是原始共产主义的一种变体：资源公有，但所有权主体是亲属群体，而不是整个群体。	纯粹的或平等的再分配。产品汇集到首领的手里，他负责把它们分配给群体中的每个人——以一种基本平等的方式。	同上，也是一个无市场社会。
复杂园艺	通常是酋长所有制。强有力的酋长声称对大片土地拥有所有权，并对土地的使用方式进行有力的控制。不过，针对日常的耕作活动，生活在这些土地上的主要生产者保留基本的决策权。	部分再分配或分层的再分配。产品汇集到一个统一的社会群体手中，不过，这个群体把这些产品的很大一部分保留给自己——为了自身的生计，也为了建立和维持政府行政机构。某种程度的再分配确实存在。	准市场社会。市场存在，也可能颇为重要，不过相对于"为消费而生产"来说是次要的。但也在增长和增加。

生存技术的模式	所有制模式	分配模式	交换模式
农业	通常是某种类型的领主所有制。土地为由土地私有者构成的地主阶级所拥有和控制，或者被一个发挥地主作用的、强有力的政府机构拥有和控制。地主对那些耕种土地的主要生产者（农民）行使巨大的权力，或者对他们对土地的越权使用实施严厉的惩罚。	剩余产品征用。在地主和主要生产者之间，存在着不平衡的关系和剥削性质的关系。地主通过地租、赋税、劳役和其他机制榨取剩余产品。	准市场社会，但市场活动具有极大的重要性。在某些情况下，如在古罗马，市场交易非常重要。不同社会之间的复杂贸易网络有力地促进了交易活动。贯穿整个农业时代，随着时间的推移，商业和市场活动变得越来越重要；贸易网络的规模和密度都在增长，城市规模、数量也在增长和增加。

特别话题：冬节

北美洲的西北海岸从加利福尼亚北部一直延伸到不列颠哥伦比亚的北部。在最近的几个世纪里，这里生活着一个印第安部落，他们实践着一种有趣的、看起来怪异的习惯，即过所谓的冬节（potlatch）。在一个被称为夸扣特尔（Kwakiutl）的部落里，冬节发展到了最高水平。冬节是由村庄头人们举办的一个豪华的馈赠节，这是他们证实和巩固其崇高社会地位和政治地位的手段。最高的社会地位归于这样的头人：他们能够送出最多的财产，并且能够通过这样做来迫使其他的头人也送出财产。

冬节大概以下述方式进行。在举办盛大节日的数周之前，一个群体的头人会宣布，他将举办一次冬节活动，并公开邀请其他的头人及其追随者。然后，人们为冬节进行精心的准备。请客的头人会搜集各种各样值钱的东西，包括鱼、鱼油、各种浆果、兽皮、毯子，以及其他值钱的东西（M. Harris，1974）。在约定的时间，做客的群体将会到来，一场严肃的宴会将会举行。当宴会结束的时候，请客的头人开始向访客派发礼物。在西北海岸部落看来，头人向客人们赠送的礼物越多，他就越伟大，就越应该享有荣誉和尊敬。在请客的头人送出他的值钱之物后，他会歌颂自己的伟大。露丝·本尼迪克特（Ruth Benedict，1934：191）记录下了一个夸扣特尔头人的颂词：

> 我是所有部落的第一个，
> 我是所有部落里唯一的一个，
> 其他部落的酋长仅仅是地方的酋长，
> 只有我是所有部落的酋长，
> 我是所有部落里唯一的一个，
> 我在做客的酋长中寻找像我一样伟大的人，
> 我在所有的客人中找不到一个，
> 他们从不回赠宴饮，
> 所有的部落酋长，他们是孤儿，是可怜的人！
> 他们让自己名誉扫地，
> 我是那个送出海獭皮的人，送给酋长，送给客人，送给部落的酋长们，
> 我是那个送出独木舟的人，送给酋长，送给客人，送给部落的酋长们。

最成功的冬节是这样的：头人送出他所有的财产，并且为了展示其伟大，把自己的房子浇上油烧光。因此冬节有时会达到极端和怪异的程度。成功的冬节不仅使请客的头人成为大人物，也给来访的头人们带来耻辱——除非他们能够以更豪华的冬节宴会来回应。因此，那些被赠予了最多的财产的头人们，对组织未来的冬节怀有强烈的动机，那时他们就可以洗刷自己的耻辱，并重新确立自己的伟大。

冬节曾经是大量理论工作的研究课题，这些工作试图解释冬节。一个曾经流行的理论是生态功能主义者斯图亚特·皮道克（Stuart Piddocke，1965）的解释。由于其生活的环境物产极为丰富，所以西北海岸部落生活在高度的物质丰裕之中。虽然只拥有狩猎采集的技术，但是由于他们的生存环境物产丰富，所以这些部落有能力养活庞大的人口。不过，皮道克指出，在某种程度上，西北海岸的物质丰裕景象可能是具有误导性的。虽然资源丰富，但是动物和植物资源在地区之间差异极大，这些资源的数量也有季节性的上下波动。因为剧烈的季节性波动，所以有时某些区域拥有多于其需求的资源，而其他区域则会遭遇严重的资源短缺。皮道克（Piddocke，1965：247）指出，丰富的物产"充足得能够养活庞大的人口，这个人口规模高于报道中的狩猎采集社会常规的人口规模；不过，这一人口却生活在生存的边缘，因为产量的变动——降到正常水平以下——会威胁到一部分人口，使他们陷入饥荒或者被饿毙"。

基于这些考虑，皮道克的理论是，冬节制度是一种专业化的再分配机制，旨在平衡资源的剧烈变动，从而有利于整个群体的生存和福祉。皮道克坚称，如果没有富人针对穷人的大量食物再分配，那么贫困群体很可能已经在饥荒中饿死了。在皮道克看来，冬节是一种特殊类型的纯粹再分配制度，其目的是在一个广大的区域里对资源分布不均进行调节。

不过，近年来有证据显示，冬节在地区之间进行资源移动的功能是有限的（Kelly，1995）。其结果是，许多调查者放弃了这种功能主义的解释，转向"冲突导向的"（conflict-oriented）的理论分析。冬节可能仅仅是个人在一个资源丰富的环境里寻求权力和声望的一种努力。罗伯特·凯利（Robert Kelly，1995：327－328）为这种主张提供了一种社会生物学的转变（sociobiological twist）。他写道："一个进化模型提示，地位高的个人试图通过参与声望竞争来提高其适应性（fitness），他从自己赢得的社会关系和声望中获得的功利（utility），远远多于他为获得声望而送出的财富。而对于普通人来说，在冬节里帮助地位高的个人比不帮助他获益更多。"

不过，人们仍然会疑惑，为什么冬节会发展到怪异的程度，这在其他地位竞争制度中很少见，如头人将其房子烧光。这可能源于西方文明的嵌入（intrusion），特别是大量财富涌入了西北海岸经济社会。彼得·法布（Peter Farb，1978：158）解释说：

> 必须记住……19世纪举行的冬节是土著传统的一种古怪的夸张，是与白人接触的结果。正在极力寻求海獭皮和海豹皮的白人，将大量新财富注入西北海岸社会。冬节只是没有能力面对潮水般涌来的东西：大规模生产的纺织品、枪、厨房用品、金属工具、廉价首饰，以及欧洲和美国的工业化产品。因此，冬节发生剧变的一个原因就是大量涌入的白人财富。

土著冬节剧增的另一个原因可能是西北海岸部落人口数量的严重下降——由于战争和欧洲人引入的疾病的影响。法布注意到，大量的死亡所空余出来的名号，比能够拥有这些名号的高地位人士还多。这在部落民众中导致了广泛的竞争，他们以此占有这些高等级的社会地位。结果，冬节被夸张到了极致。

因此，西北海岸的冬节似乎是"部分再分配"制度的一种不寻常的样式，它发生于各种境遇的不寻常的组合中。对某些人来说，冬节似乎是一种神秘的现象；但更大的可能是，它仅仅是寻常现象的一种夸张版本，根植于个体的社会地位竞争冲动。

推荐阅读

Chaudhuri，K. N. *Trade and Civilisation in the Indian Ocean*. Cambridge：Cambridge University Press，1985. 该书出色地讨论了7—8世纪印度洋上的商业和贸易。

Curtin，Philip D. *Cross-Cultural Trade in World History*. New York：Cambridge University Press，1984. 有关人类历史上大规模的社会间贸易这一问题，该书可能是最可靠的著作。

Dalton，George. *Tribal and Peasant Economies*. Austin：University of Texas Press，1967. 本书是一本著名的论文集，它包括一些已经发表的论文和文章，讨论了前资本主义经济生活的各个方面的问题。其讨论内容包括原始货币、土地所有制的主要形式、贸易、中世纪欧洲的庄园经济、农民的种类以及其他内容。

Harris，Marvin. *Cows，Pigs，Wars，and Witches：The Riddles of Culture*. New York：Random House，1974. 该书的"冬节"一章不仅包括对这种现象的分析，还包括对原始社会中互惠实践和再分配实践的概括性分析。

Harris，Marvin. *Cannibals and Kings：The Origins of Cultures*. New York：Random House，1977. 该书对再分配进行了进一步的讨论，它还讨论了经济体系从"纯粹的再分配"到"剥削"的演变过程。

Hodges，Richard. *Primitive and Peasant Markets*. Oxford：Blackwell，1988. 该书是关于前工业社会中市场交换的最新著作。

Lee，Richard B. *The ! Kung San：Men，Women，and Work in a Foraging Society*. New York：Cambridge University Press，1979. 在对当代狩猎采集社会进行详细的分析方面——主要关注经济生活，该书声名卓著。该书对下列内容给予了相当的关注：技术、男人和女人的工作角色、所有制类型，以及最近以来的经济变迁——这些变迁源于与发达社会越来越多的接触。

Plattner，Stuart（ed.）. *Economic Anthropology*. Stanford，Calif.：Stanford University Press，1989. 这是一本最新的教科书，它探讨了前工业社会中各种类型的经济行为。

Popkin，Samuel L. *The Rational Peasant*. Berkeley：University of California Press，1979. 该书是一项著名的研究，它研究了农民的经济生活的理性基础。

Sahlins，Marshall. *Stone Age Economics*. Chicago：Aldine，1972. 该书是针对前工业经济体系的一项著名研究，在很多重要方面，它采用了与现有著作不同的视角。

第六章

社会分层的起源和进化

104 本章开始对社会分层进行讨论，这一现象是社会学家特别是比较宏观社会学家（comparative macrosociologist）关注的核心问题。本章将探索社会分层起源的方式及其在人类社会中被强化的方式，还将分别检视狩猎采集社会中、园艺社会和农业社会中社会分层（或其缺失）的性质。这里提出的对社会分层的起源和进化的解释，是比较性的和对照性的，我们也将对其解释力进行评价。工业社会里的社会分层这一极其重要的事项，将会推迟到第十章再进行讨论。

社会分层的性质

必须在社会不平等和社会分层之间做出重要的区分。由于没有做出这种区分，所以社会学家曾经产生了下述疑惑：社会分层是否确实是社会生活的普遍特征？

社会不平等指的是，在同一个社会的社会成员中，存在社会影响和声望的不同等级。这一定义包括两个方面。首先，社会不平等仅指两个内容：其*105* 一是个体在社会影响力——某人的行为被他人追随或模仿的程度——方面的差异，其二是个体在声望——个体获得荣誉或尊敬的程度——方面的差异。因此，不平等不涉及权力和财富的不同等级。即使没有个体或群体对财富和支持生命的自然资源的不同占有，不平等依然可以存在，也确实存在。其次，社会不平等涉及个体之间的不平等，而不是相互分离的群体之间的不平等。在仅有不平等（而没有社会分层）的地方，个人获得不同的社会地位，但他

们仅仅是作为个体这样做，而不是作为群体的成员这样做。实际上，仅有不平等（而没有社会分层）这一事实意味着，不同群体被分为三六九等的现象是不存在的。如果承认上述假定，那么就要承认社会不平等是人类社会的普遍特征，因为我们从未见过对下述社会的记录：个体之间没有一丝评价性的差异。

与社会不平等不同，社会分层指涉这样的事实：在一个单一的社会里，存在一个或多个级别不同的群体，而这些群体控制着数量不等的权力、特权和声望。社会分层的定义与分层社会的定义密切相关，人类学家莫顿·弗里德（Morton Fried）给出了对后者的定义。弗里德写道："一个分层的社会是这样的社会：其同性别和同年资的成员，对维持生命的基本资源的占有是不平等的。"（Fried，1967：186）弗里德的定义的核心观念是对资源的差异性占有。这样的定义显然超越了单纯的影响力和声望不平等这一事实，从而进入了下述领域：权力和特权上的根本性的不平等。权力涉及的是这样的能力：控制他人，即使该行为违背了他们的意愿或遭到他们的抵抗。特权则涉及财富以及其他的物质利益和机会。声望也是分层体系的一个组成部分，而且通常的情况是，在分层的社会里，声望的不平等源自权力和特权的不平等。

社会分层的另一个关键特征是，它并不涉及个体，只涉及群体。在分层的社会里，个体的权力、特权和声望的水平依赖于他在实际社会群体中的成员地位，而不是他的个人特征。这些等级化的群体构成了社会的各个层级，或者说构成了整体社会文化体系的层级，而且它们具有很强的遗传性①（he-

---

① 这里的遗传性并非生物遗传，而是根据血统原则进行的财富和社会地位的代际传递。——译者注

reditary character）。因此，在分层的社会里，个体一出生就进入了一个特定的社会层级，这一层级赋予他社会地位和身份，这一地位和身份与其个人特征无关。社会分层的这一遗传性质把自己与不平等区分开来。在不分层的社会里，不平等（超越基于年龄和性别的不平等）的出现主要是因为个人的努力和能力，而不是遗传性的社会定位。

社会分层绝不是人类社会的普遍特征。虽然并不存在所有人都绝对平等的社会，但确实有很多不分层的社会。首先出现社会分层的社会，很可能是发展出了复杂园艺技术的社会（尽管在低于这一进化阶段的社会中也时有发现）。不过，即使社会分层不是普遍存在的，但它仍然是很多社会的普遍特征，并且确实存在于所有的复杂社会里。

进化视角下的社会分层

表6—1简单概括了前工业社会里的社会分层。这一概括或许对开展下述讨论有所裨益。

没有分层的不平等：狩猎采集社会

通常来说，狩猎采集社会是不分层的。它们的经济以一般互惠为特征，在其所有成员之间实行高度的分享与合作。狩猎采集者通常表现出"原始共产主义"特征：对基本资源的所有权（至少是使用权）是公有的，没有一个人被剥夺占有自然资源的

权利——生命和幸福靠这些资源来维持。因此，狩猎采集社会并不具备下述特征：特权上的根本性的不平等。在这里，社会分层并不存在。

可是社会分层不存在并不意味着，在狩猎采集社会中，完全的平等占主导地位。不平等确实存在。这些不平等主要是声望和社会影响力的不平等，而且通常是基于诸如年龄、性别以及特定的个性等因素。全世界都存在的普遍现象是，在狩猎采集者中，男人的地位比女人高，老人比年轻人享有更多的荣誉和尊崇。此外，拥有某种特殊的个人品性，通常也是获得声望的基础。那些特别高明的猎人，那些 *107* 拥有极大的勇气的男人，或者那些被认为拥有极高的智慧的人，往往享有很高的声望。这些个体通常承担领导职能，因为人们认为他们值得信赖。

不过，在狩猎采集者中，拥有声望和影响力的男人不过是"平等者中的首席人士"，他们并不拥有其他人不享有的特殊权利。必须注意的是，要获得声望和影响力，必须依靠个人的能力和努力，而不是依赖任何社会遗传机制。声望的获得和丧失都是个人化的。个体必须不断地为其荣誉提供合法性依据；而且一旦丧失了能力和努力，他们就会失去其社会地位，其他人就会取而代之。因此，狩猎采集社会实际上为个体提供了完全平等的获取社会地位的机会。在这样的社会里，才华、努力与社会奖赏是密切联系在一起的，这把它们与高度分层的社会截然区别开来。

表6—1 前工业社会里的社会分层

社会类型	社会分层的性质
狩猎采集社会	社会分层通常不存在。一般不存在特权上的不平等。存在建立在年龄、性别和个人特性基础上的轻微不平等，这些特性包括勇气和狩猎技巧。不过这些不平等仅仅是声望和影响力的不平等。大致上的平等在全社会普遍存在。
简单园艺社会	社会分层通常不存在。一般不存在特权上的不平等。存在建立在年龄、性别基础上的不平等。在性别不平等之外，主要形式的不平等是个人声望和声誉的不平等，这些声望和声誉是作为再分配者的大人物积累起来的。在弗里德的术语中，这些社会是"等级"（rank）社会。
复杂园艺社会	通常情况下，真正的社会分层第一次出现。一般的模式是，把社会分成三个社会阶层［酋长、准酋长（subchief）和酋众］。酋长的权力和特权受到人们对其慷慨程度的要求的限制。再分配原则仍然占据主导地位，这避免了极端化的社会分层的出现。
农业社会	通常具有极端化的社会分层。人口的大多数是被征服的和被剥削的农奴。统治者和统治阶级占有巨大的财富和权力。对大量人口来说，农奴制和奴隶制是最常见的从属关系形式。贫穷和苦难普遍存在。个人在社会结构中的位置大体上在出生时就决定了，不过一定数量的社会流动存在。

必须强调的是，与其他社会里的声望相比，在狩猎采集者中，能够获得的声望的程度是非常有限

的。狩猎采集者痛恨自吹自擂和自我赞扬，他们使用严厉的惩罚来对待那些自视甚高的人。他们强调

的是公共福祉和大体的社会平等。从这个意义上来说，他们的社会可以被贴切地称为平等主义的（egalitarian）社会（Woodburn，1982）。

不过并不是所有的狩猎采集社会都是平等主义的，有些狩猎采集社会还具有特权不平等的显著特征。在这方面，阿莱因·泰斯塔特（Alain Testart，1982）所做的储存型狩猎采集社会和非储存型狩猎社会的区分很有道理。运用一个代表了 40 个狩猎采集社会的样本，泰斯塔特显示，在被认为是储存型的社会里，十分之八的社会是分层的；而在 30 个非储存型社会里，只有 2 个是分层的。显然，食物储存和社会分层之间存在着紧密的联系。

迄今为止，分层的狩猎采集社会的最好例子，是美国西北海岸的印第安社会。虽然针对其出现的不平等的实际性质和程度，目前还有不同的看法，但是很多人类学家都相信，西北海岸的印第安社会具有剥削性阶级体系的特征。例如，人类学家尤金·儒勒（Eugene Ruyle，1973）强烈认为，这些社会中存在着统治阶级、地租或税收，以及奴隶制。在社会科学家中，这些社会因被称为"夸富宴"的竞争性豪华宴会而闻名，上一章曾经叙述过这种现象。在夸富宴上，西北海岸印第安人的酋长试图以下述方式羞辱与其竞争的其他酋长：送出大量的财产、夸耀自己的伟大。例如，在夸扣特尔人中，酋长们沉溺于保持和增强其高贵的社会地位。

有坚实的证据表明，在前新石器时代后期，一些狩猎采集社会跨过了社会分层的门槛，或者至少发展出了复杂的社会地位不平等或等级制（Mellars，1985）。与西北海岸印第安社会相似，生活在资源充沛地区的这些社会，很可能已经拥有密集的人口，并且引入了食物储存活动。此外，与西北海岸印第安社会一样，这些史前社会与全世界所有的狩猎采集社会都完全不同。它们的独特性并不能否认普遍存在的狩猎采集社会的特征——普遍的社会平等和经济平等。

108 　我们可能设想，狩猎采集者之间令人震惊的平等主义是一个"自然的"现象；或者，在社会发展的这一阶段，缺乏地位追求和财富获得的动机导致了这样的结果。人们可能设想，这些动机只会在后来的进化阶段出现。不过，这可能是一个严重错误的推论。伊丽莎白·坎什丹（Elizabeth Cashdan，1980）和詹姆斯·伍德伯恩（James Woodburn，1982）曾经指出，社会和经济平等永远受到妄想多吃多占的人的威胁，为了维护平等，人们必须保持

持续的警觉。在大多数狩猎采集社会中，由普遍的互惠和分享带来的平等，对人们的生存和福祉来说，似乎是一个必要的条件。这是因为，它是战胜季节性和地域性食品供给波动的一个必要手段。但是，由于没有任何"自然的"东西可以用来维持严格的平等，因而人们必须使用强大的社会化技术来获得和维持平等（Cashdan，1980；Lee，1978）。显著的不平等的出现，是取消曾经被加于人类动机之上的限制的后果（Cashdan，1980）。正是在储存食物的狩猎采集社会中，特别是在园艺社会和农业社会中，这些限制被取消了。

没有分层的不平等：简单园艺社会

与狩猎采集社会相比，简单园艺社会创造出各种社会不平等的机会要多得多。严重的不平等实际上是简单园艺社会的特点，不过这里并没有特权和财富的不平等，这里存在的是声望的不平等。有鉴于此，简单园艺社会并不是分层的社会，却常常是莫顿·弗里德（Morton Fried，1967）所定义的等级社会（rank society）的一个例子。弗里德的定义是："等级社会是这样的社会：其中受人珍视的社会地位是有限的，因此并不是所有有才华的想要占据这些地位的人，都能够拥有它们。"（Fried，1967：109）换言之，等级社会建立了一个数量有限的、等级性的声望体系（prestige-ranking system），但这样的社会地位并不附带任何物质性的益处。

第五章提到，简单园艺社会一般拥有一个建立在平等主义的（或叫作纯粹的）再分配基础之上的经济。这些社会的声望等级体系与其再分配模式息息相关。在很多简单园艺社会里，那些工作努力、做出牺牲或者为族人提供帮助的个体，最终能够通过其种植园和畜群积累起足够数量的产品。这种珍贵物品可能被用于举办大型的宴会，其时，一般的再分配得以实现。那些一再通过举办成功的宴会展示其勇毅的个体，往往是社会等级高的人：他们获得人们的尊敬，受到人们的嫉妒，有时甚至是敬畏。正像上一章所提到的那样，这些人获得了"大人物"的地位。

大人物往往有许多竞争者，竞争者希望把他们从其高贵的社会等级上赶走。虽然一个社会可能只有一个真正的大人物，但可能还有其他人受到较高的尊崇。高社会等级必须通过才华和努力来赢得，而不是通过遗传来获得。要成为大人物，一些个人禀赋是必需的，其中最重要的可能是慷慨。大人物积累财富，

不过他们并非要通过守护这些财富来获得地位。相反，声望归于那些通过慷慨的再分配向他人送出财富的人。守护其财产而不是把它送出去的人会受到极度的蔑视。因此，原则上，等级社会极力反对不平等的物质利益的存在，他们保持内在的压力，以阻止这样的发展。通过这样的方式（通过高地位人士的再分配行为），等级制度服务于公共的善，与此同时，阻止社会层级之间差别性利益的形成。

所罗门群岛中的布干维尔岛上的苏威人（Siuai of Bougainville）是简单园艺者，他们拥有一个弗里德所想象的等级体系类型（Oliver, 1955）。在苏威人中，个人为了获得高社会等级，必须具备数种禀赋。当然，其中之一就是拥有大量用以举办再分配性宴会的财物。不过，仅仅拥有财富并不能保证获得高的社会等级。人们期望他们在财富上慷慨大方，并愿意分送给他人。实际上，苏威人不喜欢那些悭吝于财富的人，而且一般来说，他们对自私抱有负面的态度。配偶的自私是离婚的理由，那些在其族人有需要时不施以援手的人被认为是"石头心肠"。吝啬鬼让人害怕，并被人怀疑能施展巫术，很少为人所喜欢，也不能上升到高的社会等级和领导地位。与此相反，慷慨的人受到普遍的喜爱和尊敬，而且，如果能够举办一场成功的宴会，他获得高社会等级的机会就会非常大。那些经常举办出席者众多的宴会的人，往往能为自己赢得荣誉。

为了对成功的宴会举办者的成就表示认可，苏威人对那些拥有高社会等级的人报以高度的赞美。他们还对拥有高等级地位的个人的名字和人身表示敬意。人们并不用其名字来称呼他，而是以家族的名字称呼他，或者就称他为"姆米"（大人物）。即使在背后提及他，也不用他的名字；在这种情况下，人们可能用他的房屋的名字来指称他，或者用他的助手的名字指称他。人们给予他的名字的尊敬甚至在其死后仍然在持续。高等级的人还会受到极大的礼遇。苏威人的主要研究者和描述者（ethnographer）道格拉斯·奥利弗（Douglas Oliver, 1955: 401）评论说：

> 头人们往往可免于体力劳动，其他人会为他们汲水，为他们爬上棕榈树，摘取作为点心的椰子和槟榔。当头人走近的时候，吵闹的谈话通常会逐渐安静下来，男孩子们会停止打闹。实际上，对儿童的一个严厉的教训是，教他远离头人，并且在头人在场的时候保持安静。（"mumi 在近前就不要嬉闹，你可能打扰他，或

> 者是，玩具可能会伤着他。"）特别是妇女们，她们在头人旁边表现出敬畏的样子，通常害羞地注视着地面。男人们往往等待头人开口交谈，根据他的暗示来决定何时发笑，何时评论，何时谴责。

> 因为并没有任何超自然的禁忌围绕着头人的身体，所以不能把他与其他土著的平常的身体接触隔绝开来，但是没有人能够与头人熟识到把手搭在其肩膀上的程度——在平等的普通人之间，这是一个常见的动作。

奥利弗的评价清楚地显示了苏威人社会中等级的意义。作为大多数简单园艺社会里不平等的社会结构的一个典型事例，苏威人有效地展示了一个没有分层的等级体系的性质。这样的等级体系代表了一个确定的进化事件，它超越了狩猎采集社会中盛行的不平等模式——在那种模式中，没有人能够获得苏威 mumi 所获得的尊崇。另一方面，苏威 mumi 本人也会对真正分层的社会里的酋长的地位感到震惊。

复杂园艺社会和社会分层的出现

一般来说，社会分层是在向复杂园艺社会转型的时候出现的。这些社会常常展现出遗传性的社会阶层或阶级，它们是分层社会的真正标志。一种常见的模型是分成三种主要的社会阶层（大体上由酋长、准酋长和酋众构成）。因此，在简单园艺社会中看起来仅仅是等级差异的东西，在复杂园艺社会中变成了真正的不平等，这种不平等涉及对基本自然资源的差别化占有。出现在视野中的是以下述表现作为区分标志的相互隔离的群体：社会等级差异、权力、服装和饰品、奢侈品和其他产品的消费模式、对经济生产的涉足程度、休闲时间的有无，以及一般的生活方式。这些群体的成员资格是遗传性的，分层秩序中的个体地位基本上与其才华或努力无关。社会地位取决于一个人与酋长或国王的血统关系。

可是，因为酋长与酋众通过家族纽带相联系，所以分层体系会受到一定的限制。家族纽带的作用是弱化不平等的性质及其带来的后果，而且人们期待酋长在财富上慷慨大方，并且关心公共福祉。兰斯基（Lenski, 1966）注意到，"再分配伦理"在这样的社会里仍然盛行，人们以此防止酋长为了自己的利益而过度使用剩余品。虽然酋长阶级的成员享受着相当大的（经常是巨大的）特权，但是酋长仍然被认为是"伟大的供养人"（great provider），他必须不断地考虑

那些属于酋众阶级的族人的需求和愿望。

在撒哈拉以南的非洲的复杂园艺社会里，人们曾经发现过这种类型的分层体系，它们存在于 18 和 19 世纪。那时，人们所熟悉的三阶级分层体系司空见惯（Lenski，1966）。由少数享有权力和特权的人构成的主导阶级，依靠下层阶级生产的经济剩余过活。中间的官僚和专家服务于主导阶级的奇嗜怪癖，也行使一些不重要的统治权力。底层阶级由占人口绝大多数的普通人构成，他们担负着生产充足的经济产品的重任，以便养活其他两个阶级。

在某些这种社会里，人们对酋长和国王抱有极高的尊崇，往往还赞颂和神化他们。例如，在达荷美（Dahomey）①，国王受到极端的礼遇，甚至他的大臣们在他面前也要匍匐在地，并向自己头上和身上投掷泥土（Lenski，1966）。此外，"他在场的时候，谁也不能覆盖自己的肩膀，或者穿拖鞋和其他鞋子，或者戴帽子。他在场时，谁也不能坐在凳子上。即使是坐着，他们也应该坐在地上"（Lenski，1966：154）。达荷美国王还拥有巨大的财富——以财产和妻妾两种形式。名义上，他被视为王国里所有财产的主人，被许可缔结乱伦的婚姻。他控制所有公共职位的任命，允许财产的继承。这个被颂扬的人物还拥有对其臣民的生杀大权，惹恼国王的人往往会被处死。

虽然有很高程度的社会分层出现于非洲的园艺社会中，但是基本的再分配伦理仍然在这些社会里普遍存在。例如，在南方的班图人（Bantu）中，人们期待酋长慷慨大方，如果酋长不能展现这样的行为，他的声望就会下降。兰斯基（Lenski，1966：165）注意到：

> 虽然他是部落里最富有的人，但他却不能完全为了个人的需要和愿望而使用这些财富。他有义务供养其大臣和侍臣。他必须招待所有来访问他的人。在重大的公共场合，人们期待他屠宰大量的牛只，并且为所有聚集到其部落中的人提供啤酒和麦片粥。他借出牛群，供养贫困的寡妇和孤儿，为病人和刚刚确认的孕妇送去食物，在饥荒的时候从他自己的谷仓里拿出玉米发放。如果不够，就从临近的群体那里购买这些补给。

类似的分层体系也曾经存在于波利尼西亚的很多土著社会里。土著夏威夷人称得上是这一区域里

---

① 前法国殖民地，目前是贝宁共和国的一部分。——译者注

的典型。依据马歇尔·萨林斯所作的描述，夏威夷人可分为三个主要的社会阶层："高级酋长"及其家人，治理酋邦中某一地区的地方主管，以及酋众。最高酋长管理着某一岛屿上所有土地的使用，有权在其就职的时候对土地进行再分配。此外，他可以剥夺任何一个低等级主管的土地，并把它转给其他人。他可以下述理由剥夺酋众的土地：私藏剩余品、没有为灌溉工程贡献劳力、没有让自己家拥有的土地产量丰足。高级酋长和地方主管还监督、控制着对灌溉用水的使用。当地的主管直接监督家庭经济生产，确保土地确实被耕种，一般来说，拥有高社会地位的人可以召集社会等级低的人服劳役；当然，普通酋众是公共工程的主要劳力来源。酋众拒绝服从劳役命令可能会被处死。显然，主要的劳动和经济生产责任都由酋众阶级承担，而高级酋长及其家人则免于从事直接的必需品生产。从这个意义上来说，酋长们构成了某种原始的"有闲阶级"，他们让那些地位低的人工作。

夏威夷社会的分层性质还体现为，消费模式中存在阶级差异。虽然各个阶级之间食品消费的差异并不突出，但特定的食品种类仅限于高级酋长食用。酋邦式的再分配伦理保证了所有人都有充足的食品供给，因而酋众曾经被描述为"丰裕的"（prosperous）。不过，如果考虑到奢侈食品的消费，情况就不一样了。奢侈食品通常仅限于高等级的人士食用，并且是其等级的标志之一。对用作服装和饰品的特定奢侈品的使用，仅限于高级酋长，而房屋的质量也与等级紧密相关。

夏威夷的最高酋长被看做神祇，围绕着他存在一种神圣的氛围。有一系列复杂的禁忌阻止人们与他进行身体接触，违反这些禁忌会导致死亡发生。例如，禁止一个人的影子落在最高酋长的房屋或财产之上，禁止在其面前走过他的家门，也禁止他人穿其长袍；通常禁止普通人触摸酋长使用的任何东西。在他在场的时候，其他人应该匍匐在地，以表示他们极度谦卑。在他旅行的时候，人们会接到他将到来的通知，以便做出适当的准备。

农业社会里的社会分层

随着从复杂园艺社会向农业社会的转型，以前存在的对分层体系的制约被消除了。酋邦式的再分配伦理的消失，以及不同社会阶级之间的亲属纽带

的割裂，与社会分层的极端形式的出现密切相关。这种极端形式是，大多数人常常被抛入极端的贫困和堕落之中。农业社会最令人震惊的一个特点是，支配阶级和被支配阶级之间存在着权力、特权和声望的巨大鸿沟。实际上，迄今为止，在所有的前工业社会中，农业社会是分层程度最高的社会。除非特别声明，下列讨论都基于兰斯基对农业社会分层的描述。

一般来说，农业社会的分层体系包括下述社会阶层：

（1）政治经济精英阶级，包括统治者及其家人，以及拥有土地的统治阶级。

（2）仆从阶级。

（3）商人阶级。

（4）教士阶级。

（5）农奴。

（6）工匠。

（7）牺牲者（expendable）。

前4个阶级可能被认为是特权群体，但在所有的农业社会里，最为显著的特权阶级还是政治经济精英阶级：统治者和统治阶级。类似地，虽然农奴、工匠和牺牲者属于卑微的阶级，其中的农奴却是最受压制的阶级，因为他们构成了人口的大部分。

农业社会的统治者——君主、国王、皇帝，无论其称号如何，都是指那个占据了社会首脑地位的人。统治阶级包括主要的土地所有者，他们占有与土地所有权相伴的各种收益。实际上，统治者和统治阶级可能既是土地所有者，又是政治权力的行使者，而且在这两部分精英之间存在着休戚与共的关系。总而言之，他们虽然占总人口的比例不超过1%或2%，但却占据了总财富量的一半到三分之二。统治者与统治阶级的特定关系，在不同的农业社会里会有所不同。在有些社会中，统治者的权力和财富经由统治阶级的手而被大大地削减了，而统治阶级本身成为政治权力的主要拥有者。例如，这样的转移就发生在中世纪的欧洲。其他农业社会，如奥斯曼土耳其和印度莫卧儿王朝，政治权力高度集中于统治者之手，而且统治者本人就是最大的土地所有者。在这种情况下，统治阶级的特权（在权力以及对土地、财富的所有权和控制权方面）被大大地削弱了。

不论统治者和统治阶级之间的关系如何，与其他阶级相比，他们双方都享有相当大的（常常是巨大的）权力、特权和声望。农业社会所创造的巨大经济剩余的绝大部分都落入了全部政治经济精英的

手中。农业社会的统治者通常控制着巨大的财富。例如，到14世纪末，英国国王每年的平均收入大约为13.5万英镑，相当于贵族阶级和地主阶级中2 200名成员85%的总收入。有些庞大的农业官僚帝国的统治者的收入，更是远高于此。据说，按照现代标准来算，公元前的波斯皇帝薛西斯（Xerxes）的年收入总计可达3 500万美元。与此相似，土耳其的苏莱曼大帝（Suleiman the Magnificent）的年收入，据估计相当于4.21亿美元。印度的阿克巴大帝（Akbar the Great）及其继承者奥朗则布（Aurangzeb）的年收入，据估计分别为1.2亿美元和2.7亿美元。针对统治阶级的财富，兰斯基估计，对大多数农业社会来说，这一阶级平均收入至少是社会总收入的四分之一。例如，在19世纪后期的中国，统治阶级（也就是说，包括该阶级的满族成员）的年收入总计约为6.45亿两白银，这一数字大约相当于24%的国民生产总值；统治阶级的家庭平均年收入最高可达450两白银，这大概是其他人年收入的20倍。

在农业社会中，地位仅次于统治者和统治阶级的社会阶层被称为仆从阶级。这一阶级包括政府官员、职业士兵、家仆，以及其他被雇用来服侍统治者和统治阶级的人。兰斯基估计，在大多数农业社会里，仆从阶级占全部人口的5%左右。这一阶级的一个关键作用是调节精英和民众之间的关系。兰斯基注意到，正是仆从阶级的各种官员从事着各种必要的日常工作，他们旨在把经济剩余转移到统治者和统治阶级的手中。仆从阶级成员的实际特权和社会地位彼此相差甚远。这一阶级的某些特定成员可能享有比统治阶级的低级成员还要高的特权；而其他成员则可能不享有什么特权，他们在社会中的整体地位可能仅比一般农民好那么一点点。当然，通常情况下，在很大程度上，仆从阶级的成员倾向于与其雇主分享其所控制的财富的收益。虽然仆从阶级实际上是一个服务阶级，但是他们在社会中的总体地位显然更接近特权阶级，而不是非特权阶级。

农业社会中享有特权的阶层还有商人阶级。当然，商人从事商业活动，是农业社会里城市经济的关键环节。对统治者和统治阶级来说，商人价值非凡，因为商人经营着精英阶层要购买的很多奢侈品。虽然很多商人难逃贫困，但是也有很多商人积累了大量的财富，有些人甚至比统治阶级的成员还要富有。当然，虽然有这些物质上的益处，但是商人们的社会声望通常很低。例如，在中国的传统地位等级体系中，商人被置于社会阶梯的最底层，其层级

甚至低于农民和工匠。在中世纪的欧洲，商人的境遇要好得多，不过人们仍然认为其地位远低于统治阶级。商人似乎完全清楚其社会地位的低下，所以很多人试图通过模仿统治阶级的生活风格来提高其社会地位。

在农业社会中，虽然教士阶级内部也是分层的，但是把他们归入特权阶层仍然是恰当的。实际上，在很多农业社会里，教士们经常占有大量的财富，而且，通常的模式是，他们是统治者和统治阶级的亲密盟友。例如，在公元前12世纪的埃及以及18世纪的法国，教士们拥有15%的土地。在宗教改革前的瑞典，教堂拥有21%的土地。在斯里兰卡，据说佛教僧侣们曾经控制着三分之一的土地。作为一个整体，教士阶级的特权地位无疑是政治联盟的结果，这一联盟通常会形成于教士与统治者、统治阶级之间。通常，后两个群体会谋求教士对其压迫和剥削行为的支持。因为对这些支配群体予以帮助，所以教士们获得了适当的报偿。不过，我们不应忽视，教士阶级的特权通常是不稳定的。政治精英们经常会通过没收行为剥夺这一阶级的财产，这表明，教士和精英的联盟常常是脆弱的。此外，必须承认的是，并非所有的教士都是富有的，或者具有高社会等级。例如，在中世纪的欧洲，低级神甫——那些直接服务于普通人的教区神甫——的生活方式与普通人无异。

在大多数农业社会中，人口的大部分是由农民构成的。作为一个阶级，农民占据着明显低下的社会、经济和政治地位。从经济上来说，他们的命运通常是悲惨的，尽管对他们的剥削程度因社会和时代的不同而大相径庭。在日本的德川幕府时期（To-kugawa era），对农民的税率最低可至收获的30%，最高可达收获的70%。在中国，通常情况下，全部农业产出的40%～50%被地主收走。在英国统治前的印度，农民们要把其收成的三分之一到一半交给统治者，既包括伊斯兰教的统治者，也包括印度教统治者。在汉谟拉比时代的巴比伦，税率为三分之一到二分之一。在奥斯曼土耳其，税率为10%～50%。在16和17世纪的俄罗斯，税率为20%～50%。在很多农业社会里，还存在着多重税收体系。多重税收体系最令人震惊的一个例子是奥斯曼统治时期的保加利亚。在那里，土耳其人向农民征收将近80种捐税。有一种税被称为"牙齿税"（tooth tax），这种税面向村庄征收——在土耳其人大吃大喝之后。用官方的话说，这种税是一种补偿，补偿

"土耳其人在上述吃喝过程中对牙齿的磨损"（Lens-ki, 1966: 269）。这种税真是不可思议，它表明，建立在民众的代价之上，精英们的获益可以达到何种程度。

除了税收的负担之外，农民们还要承受其他的苦难。其中之一就是劳役（corvée），即强迫性的劳动制度。在这一制度下，农民必须为其领主或政府提供许多天的劳役。例如，在中世纪的欧洲，农民必须每周为其领主工作固定的天数，从年头到年尾都是如此。中国在修建长城的时候，有些农民被拘禁在这个工程中，强制服劳役，几乎终其一生都是如此。农民的苦难并不仅限于税收和强制劳役的负担。如果农民的领主开办磨坊、烤炉或榨酒坊（他们经常会这样做），农民就必须使用它们，并为此而向领主支付高额补偿。在一些农业社会里，只要领主愿意，他们就可以拿走农民的任何个人财产，而且不必予以补偿。在中世纪的欧洲，一个人死后，他的领主可以占有他最好的牲畜。更有甚者，如果一个人的女儿嫁出这个庄园，或者没有经过领主的同意就出嫁，那么他就可能被罚款。

很显然，普通农民的生活极其艰苦。一般来说，他们仅仅拥有最基本的生存必需品，生活也就是活着而已。农民的膳食通常是粗陋的，无论是数量上、品种上，还是营养程度上，都是如此。他们的家具极为寒碜，大多数人睡在稻草覆盖的土地上。有时候，情况实在太糟糕了，农民们无法再生存下去，只能放弃土地，尝试通过其他方式来谋生。

在所有的农业社会中，除了遭受苛刻的经济剥夺外，农民所占的社会地位通常也很低。农民和精英的生活方式之间通常存在着巨大的鸿沟。精英们把农民的社会地位看得极其低下（在某种程度上，其他阶级也是如此），常常不把他们视为完全的人类。在有些农业社会中，在各种文书里，农民大体上被归入与牲畜相同的类别。除了最基本的生活必需品外，他们一无所有，被剥夺了最起码的追求美好事物的任何机会，如受教育的机会，或者培养得体的举止的机会。农民与享有特权的精英形成鲜明的对照，对后者来说，与崇高的社会地位相伴的矫饰却是日常生活的主要内容。

在农业社会的等级秩序中，位于农民之下的是两个阶级。其中一个阶级由工匠或手艺人构成。兰斯基估计，在大多数农业社会里，这个阶级代表了3%～7%的人口。手艺人主要来自无业的农民阶层。虽然农民和手艺人的收入水平是交叉的，但是手艺

人的经济状况比农民更糟。很多手艺人显然生活在赤贫之中，濒于饿毙。几乎在每个农业社会的最底层都可以发现一个"牺牲者"阶级。在大多数农业社会里，他们大约占人口的5%～10%，主要生活在乡村地区。这一阶层充斥着乞丐、小偷、罪犯、流浪的失业者。除了他们之外，按照兰斯基的说法，还有一些人"完全依靠慈善或自身的狡诈过活"（Lenski，1966：281）。这一阶级的成员忍受着极端的经济剥夺、营养不良和疾病，其病死率非常之高。贫穷农民的那些没有继承到任何遗产的儿女们，往往会陷入这个极端不幸的阶级里。

在所有的农业社会里，一个人的阶级地位完全是由社会遗传决定的。大多数人生为某一阶级的成员，死时还是其成员。当然，这并不是说这些社会里的社会流动是不可能的或完全不存在，少量的社会流动确实会发生。偶尔，一个低阶级的人也会高升到享有特权的阶级里。不过，这样的上升性流动很少发生，更多的是下降性流动。前文提到，没有从贫穷的农民父母那里继承到遗产的孩子们，常常被迫进入工匠阶级或牺牲者阶级，以维持某种类型的生存。因此，在农业社会中，改变一个人的不利社会地位的可能性是非常小的。

116

农业社会的分层体系是极为复杂的，为了获得关于"该体系是如何构建起来"的清晰图像，一幅示意图也许是有益的。图6—1就是这样一幅示意图。

116

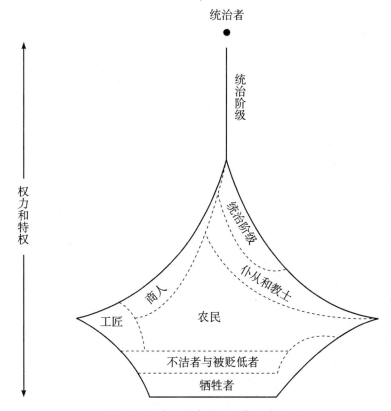

图6—1　农业社会的分层体系简图

资料来源：Gerhard E. Lenski, *Power and Privilege：A Theory of Social Stratification*. New York：McGraw-Hill, 1966, p.284。

关于分层起源的理论

功能主义进化理论

社会科学家曾经提出过很多理论来解释前文所述的发展过程。其中一个非常著名的关于社会分层起源的理论就是社会学家塔尔科特·帕森斯的功能主义进化理论（Talcott Parsons，1966，1977）。帕森斯把分层的出现视为社会生活中"提高了的适应能力"的进化过程的关键因素。对帕森斯来说，它是一个"进化突破"，是一个巨大的成就，这个成就使社会的运行更加有效，也使它能够应对大量的功

117

能问题。对帕森斯来说，社会分层的意义之所以如此巨大，是因为他相信，社会分层能使社会克服各种限制，这些限制是社会平等强加于它的。当每一个人都被平等地对待时，就没有人有取得重要领导地位的动机了；然而对于一个社会来说，这种领导地位却是其应对各种重要问题和挑战时所必需的。随着分层的出现，有些人会倾向于获得这些领导地位，因为他们知道，如果这样做，他们就会在特权和声望方面得到极大的回报。因而，社会分层就成为一种必要的设置，社会通过这一设置将很多活动集中起来，以便解决问题和面对挑战。如果不这样做的话，它们就没有办法应对这些问题和挑战。

要理解上述社会生活分层的起源理论存在很多困难。首先，帕森斯的"提高了的适应能力"这一概念是有问题的。帕森斯暗示说，与早期社会相比，在组织的有效性方面，更晚近和更复杂的社会更为高明。虽然与早期社会相比，更晚近的社会适应机制确实是不同的，但是大多数社会学家没有任何证据可以证明更晚近的社会适应机制更加高明。理解帕森斯的理论的第二个困难是，在强调分层的出现对社会的所谓益处时，它似乎完全忽视了分层的负面效果，例如社会下层所承受的压迫、剥削和苦难——这些只是其中的一部分。实际上，社会分层最重要的后果之一是社会生活中冲突水平的升高。我们很难把这些现象视为"提高了的适应能力"的例子。

兰斯基的剩余理论

社会学家杰哈德·兰斯基（Gerhard Lenski, 1966）提出了另一种著名的分层理论，不过这一理论具有强烈的唯物主义和冲突理论的倾向。因此，它与帕森斯的理论形成了鲜明的对照。对这一理论有各种各样的叫法，这里我们将把它称为"剩余理论"。图6—2展示了这一理论。

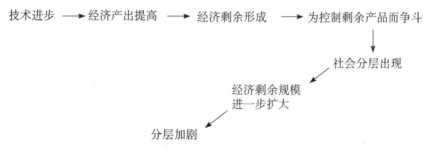

图6—2　兰斯基关于社会分层起源的剩余理论

兰斯基的理论假设，人类在本质上是一种自利的（self-interested）物种，他们努力使自己的福利最大化。个体大体上依据"开明的自利"原则行事，在提升自己利益的时候相互合作，在争斗看起来是满足其利益的手段时，就相互争斗。这一理论还假设，相对于他们的欲望，人们所追求的物品总是稀缺的。此外，在为获得稀缺物品而竞争时，个人的天赋是不平等的。

兰斯基相信，在那些为满足个人利益而必须合作的社会里，基本的平等将会占据主导地位。如果从长远来看相互分享对他们有利，人们就会相互分享。如果这一条件不能满足，冲突和分层就会兴起。当一个社会创造出经济剩余时，上述条件就无法满足了。当经济剩余存在时，为控制该剩余而进行的争斗将会不可避免，而经济剩余基本上会落入最有权力的个人和群体手中。

因此，剩余经济产品是社会分层出现的关键，而且剩余越多，分层的程度越高。是什么决定了剩余的规模呢？兰斯基认为，是一个社会的技术能力。因此，一个社会的技术发展水平和分层程度之间，应该存在着密切的联系。简单的社会，如狩猎采集社会和简单园艺社会，应该很少或者根本没有分层的性质。随着技术的进步，可观的经济剩余出现了，对它的争斗必然造成日益严重的社会分层。因此，复杂园艺社会和农业社会必然表现出日益提高的分层水平。

前文讨论过的关于分层之进化的经验数据，与兰斯基的理论高度一致。不过这一理论仍然有一个明显的问题，而且兰斯基所提出的技术进步和社会分层之间的密切关系似乎会在理论上误导我们。虽然与社会分层密切相关，但是技术进步可能不是造成社会分层的现实原因。

理解兰斯基理论的主要困难在于他关于经济剩余的假设。兰斯基似乎假设，在某种程度上，经济剩余是技术进步的自然结果，然而实际上可能并非如此。技术进步使经济剩余成为可能，不过，正像伊斯特·鲍瑟鲁普指出的那样，人们并不是自愿地生产这些剩余品，因为这样做要投入更多的工作，但结果却不确定。（第四章的讨论显示，为了避免增加工作负担，人们抵抗技术进步的动机很强。）如果人们并非自然地倾向于创造经济剩余，就会引发下述问题：经济剩余到底是怎么出现的呢？对该问题的回答似乎涉及政治性的强迫：人们之所以创造剩余，是因为其他人强迫他们这样做。如果事情真的是这样，那么，至少从权力不平等的意义上来说，分层早已存在。因此，经济剩余实际上是在步社会分层的后尘（cf. Elster，1985：169）。要明白这是如何发生的，要明白这一发展背后的根本前提，我们就必须检视所谓的"稀缺理论"。

资源稀缺理论

这里所展示的社会分层的资源稀缺理论引自迈克尔·哈纳（Michael Harner，1970）、莫顿·弗里德（Morton Fried，1967）、理查德·威尔金森（Richard Wilkinson，1973）和雷·莱塞尔·布隆伯格（Rae Lesser Blumberg，1978）的著作。图6—3展示了这一理论。

119

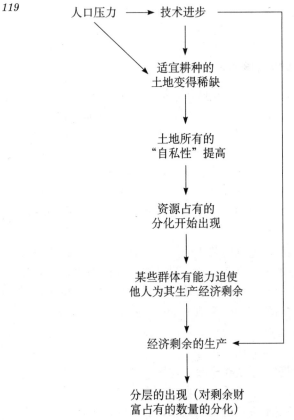

图6—3 社会分层起源的资源稀缺理论

稀缺理论认为，出现社会分层、社会分层逐渐强化的基本原因是人口压力。我们可以提出下述纲要来表述这个理论。人口对资源造成的压力最终导致狩猎采集者开始接受农业这样一种生存模式。农业最终完全取代了狩猎和采集。狩猎采集者的"原始共产主义"让位于土地的宗族所有制，但这一所有制大体上仍然是公共所有而不是私人所有。不过，人口压力继续上升，导致园艺者对土地的所有权更为关切。适宜耕种的土地越来越稀缺，导致有些家庭在土地占有上的"自私程度"提高，有些家庭开始拥有比另一些家庭更多的土地。进一步的人口压力导致土地所有的"自私程度"进一步升高，最终，私人生产关系（从马克思主义的意义上说）取代了早先的公共所有制。于是，对资源的差别化占有出现了，一个群体从而能够强迫其他人更艰苦地工作，以便创造经济剩余。拥有所有权的群体依赖上述剩余生活，他们因此崛起为原始的"有闲阶级"。由于技术进步与人口压力相伴而生，也与生活水平的下降如影随形，所以从技术上说，经济剩余变得可行了。随着人口压力和技术的进一步发展，对资源的不平等占有变得更加严峻，在有产阶级日益增强的政治压迫之下，社会分层进一步强化了。

稀缺理论主张，与上述过程类似的情况曾经发生过多次，而不是仅仅一次。应当看到，在有些方面，稀缺理论和剩余理论很相似。两者都是唯物主义的、冲突指向的理论，它们与功能主义的进化解释大相径庭。不过，剩余理论把技术进步看做分层出现的基础，而稀缺理论则主张，技术进步与社会分层之间的关系是模糊的。它认为，上述两者都是人口压力的结果，也是人口压力所造成的资源稀缺的结果。本书更倾向于稀缺理论，因为剩余理论与鲍瑟鲁普对技术改进的原因所作的理论解释相抵牾，也与支持其解释的证据相抵牾，但稀缺理论与鲍瑟鲁普的主张十分吻合。

意识到下面这一点非常重要：可以说，社会 120 分层一旦开始，它也就有了自己的生命。兰斯基承认这一点，并且很强调它。也就是说，一旦出现不同群体占有不同生产手段的情况，占有优势的群体就有了保持这一优势的强大动机；而且，在可能的时候，还要加强这一优势。因此，社会分层制度具有自我永久化（self-perpetuating）和自我强化的倾向。

小 结

1. 所有的社会都有社会不平等的特征，或者说，在声望水平和社会影响力水平上，个体之间具有差异性。不过，很多社会进一步超越了社会不平等，建立了社会分层制度；或者在遗传性的社会群体之间建立起等级体系，使它们享有不平等的社会权力和特权。

2. 在狩猎采集社会中，虽然不平等盛行，但并不存在社会分层。在这些社会里，个体获得支持生存的自然资源的权利是平等的。平等得到了强大规范的维护，这些规范强迫人们相互分享，并惩罚那些拒绝分享的人。在狩猎采集社会中，不平等通常仅仅是声望和影响力的不平等：技能最高超、最有勇气的猎人以及最聪明的领导者，赢得最高的尊敬。

3. 一般来说，简单园艺社会也缺乏社会分层。很多这样的社会是典型的等级社会，或者只有极少数人荣膺高度尊崇。不过，这些个体的地位并非通过继承而获得，而是作为经济活动的组织者，通过努力竞争获得的。村庄头目的崇高声望并不意味着他有崇高的权力和特权。

4. 真正的社会分层可能首先出现在复杂园艺社会里。很多这样的社会都拥有分层体系，这一体系由三个不平等的群体构成：酋长、准酋长和酋众。酋长和准酋长拥有对经济产品的高度控制权，而数量众多的酋众却在拥有和使用土地上受到一系列的限制。

5. 社会分层在农业社会达到顶峰。两个主要的社会阶级是地主和农民，但也有一定数量的其他阶级存在，如商人、教士、工匠和"牺牲者"。在不同的社会阶级之间，权力和特权极其不平等，并伴随着生活方式和声望水平的巨大差异。

6. 对社会分层起源的一个著名解释是塔尔科特·帕森斯的功能主义进化理论。帕森斯设想，在人类历史上，社会分层的出现是为了满足关键的社会需求。与没有分层的社会相比，有分层的社会更能有效地发挥功能。通过给予某些个体更高的奖赏，社会可以激励他们承担更重要的社会领导地位，进而以一种更有效的方式指导社会事务。

7. 进化论唯物主义提出了截然相反的解释。这一观点的一个版本是杰哈德·兰斯基以及其他人所提出的剩余理论。兰斯基认为，通过创造经济剩余，社会分层得以兴起，而经济剩余则是技术进步的成果。经济剩余一旦出现，个体和群体就会为分配经济剩余而相互争斗，其中一些群体会占得上风。经济剩余越多，争斗就越激烈，分层体系就越复杂。

8. 另一个唯物主义的解释是稀缺理论。这一理论认为，人口增长是分层出现的主要动力。人口增长导致资源稀缺，随着资源日益稀缺，人们从较为公共的所有权模式转向更为私人的所有权模式。由于某些人获得了对资源的控制权，因而他们也就获得了强迫他人生产剩余产品的能力。有产群体夺走（剥削）这些剩余产品，并把它用作自己的生活资料。

特别话题：对种姓制度的唯物主义视角

121

术语"种姓"指的是一种特别僵化的社会分层形式，其特征是社会阶层内部存在族内婚（内婚制），阶层之间在礼仪上相互回避，而且冲出阶层的社会流动据说是不可能的。虽然据说有些社会具有种姓制度或者类似种姓制度的制度，但是迄今为止最著名的种姓制度仍然是在印度教徒（Hindus）中盛行了大约2 000年（甚至更长）的种姓制度。在印度教的意识形态中，据说种姓制度是这样运作的："每个人在出生时都获得一个社会地位，不同等级之间的身体接触是'不纯洁的'，种姓之间的联姻被禁止，每一个社会行动都受制于种姓规范。"（McCord and McCord，1977：30）

五个主要的种姓构成了印度社会：（1）婆罗门（Brahman），即僧侣和地主；（2）刹帝利（Kshatriya），即武士和政治领袖；（3）吠舍（Vaisya），即从事农业和商业的劳动者；（4）首陀罗（Sudra），即仆从、体力劳动者和农奴；（5）贱民（Harijan），或者叫"不可接触者"，他们被认为是不洁的和低级的人。不过，这五种主要的种姓，或者叫"瓦尔纳"，并不是种姓制度的基本功能单位。基本的功能单位是"扎提"（ja-ti），或者叫亚种姓。每一个主要的"瓦尔纳"都被分成数百个"扎提"，全印度共有数千个"扎提"。每个人的"扎提"都是一个社会群体，它规范着他或她的日常社会生活：它将个人置于劳动的经济分工之中；

它规范着婚姻和家庭生活；它组织宗教仪式；它强化种姓禁忌，并对违规进行制裁，等等。

毫无疑问，印度教的种姓制度是世界上所能看到的最复杂和最僵化的分层制度。它也许还是社会科学了解最少的社会现象。在过去的数十年里，人们多次试图解释这一独特制度的起源，但理论家们仍然不能就此达成共识。因为印度的历史大多被笼罩在神秘之中，因而对这一重大而复杂的问题给出一个真正令人满意的解决方案，看起来希望很渺茫。

一个有限度的和可把握的问题是种姓制度——与其他复杂的分层秩序相似——与经济剥削之间的关系的密切程度。传统的观点把种姓制度概括为一种复杂的社会地位系统，这一系统建立在广泛存在的社会共识之上。这一观点断言，所有种姓的成员都积极评价种姓制度，因为他们把它视作印度社会里促进所有群体之利益的因素，因而也是有助于基本社会和谐的因素。不过，近年来，这一传统观点遭到了严重的挑战。乔安·曼彻尔（Joan Mencher，1974，1980）评论说，把种姓制度视作比其他分层制度更为和谐的制度，困难重重。如果我们从接近该体系最底层的视角来看待这一现象，那么我们会发现，它无论如何都不是和谐的。

在印度进行了数年的田野调查之后，曼彻尔试图展示种姓制度怎样运行，怎样虐待低种姓群体，特别是贱民（他们构成了印度社会15%的人口）。她相信，贱民遭受这样两种虐待：经济剥削和污名化的（stigmatized）身份。在曼彻尔曾经居住过的村庄里，贱民比其他所有种姓的人都穷，他们拥有的耕地最少。曼彻尔（Mencher，1980：265-266）指出：

> 虽然并不是无地的劳动者都是不可接触者，但是，很显然，作为一个不可接触者，他将承担额外的负担。1967年，从青里普特（Chingleput）地区的5个村庄抽出的一个样本中，85%的帕累因人（Paraiyan，属于不可接触者）拥有的土地少于1英亩，他们通过农业劳动获得其主要收入。与此同时，只有56%的耐柯尔人（Naicker，该地区的另一大农业群体）属于上述情况……1971年采集的出自8个村庄的一个样本中，95%的帕累因人拥有的土地不多于1英亩，但只有54%的耐柯尔人是上述情况……
>
> 1971年，我曾在喀拉拉邦的一个村子工作过，在这个村子里，没有一个彻茹玛卡（Cherumakkal，属于不可接触者）家庭拥有1英亩以上的土地，但在其他为农业提供劳动力的种姓里，很多人拥有中等数量但足敷家用的土地。一般来说，喀拉拉邦的很多村庄都有几个拥有1英亩以上土地的贱民……但是，喀拉拉邦的大多数贱民没有土地，除了其居室周围的数分（1分为0.1英亩）土地之外……
>
> 因此，事情从一开始就是清楚的，那就是，在经济体系中，很高比例的贱民属于最低的社会阶级。

曼彻尔对贱民的污名化身份问题给予了特别的关注。一般来说，较高种姓的成员都把贱民看成不洁的和低下的，实际上是"污染他人的"。较高种姓的成员通过很多方式让他们意识到这一社会身份：频繁地反对他们在公共场合穿着干净的衣服、拖鞋和熨烫过的衬衫；经常要求他们走在牛车的旁边，而不许他们坐在上边；强迫他们在路边吃饭，而不是在雇主的院子里吃饭；在某个村子里，贱民为了生活必须从附近的某个水泵中汲水，而水泵的高种姓主人则向水中投掷牛粪；在中央喀拉拉邦，在与某个高种姓的成员交谈时，贱民们通常被要求使用卑贱的自称，例如"阿迪晏"（adiyan，"奴才"的意思）；较高种姓的成员通常禁止贱民进入当地的寺庙，有些时候，甚至不让他们进入私人的寺庙或洗澡塘。曼彻尔指出，虽然有法律禁止上述很多做法，但是高种姓的地主还会使用经济制裁来对付那些违反了传统种姓规范的人。他们只要不雇用那些违规的人，就能达到这个目的。

曼彻尔坚信，贱民们并不认为对他们身份的污名化是合法的，或者是命中注定的。相反，有大量证据表明，他们对此深以为恨。曼彻尔搜集的证据充分表明，贱民们认为，其经济境遇源自富有地主对他们的剥削。当她向贱民们提出"他们的经济状况为何如此"的问题时，他们经常提到的是，土地所有权集中在高种姓成员手中；他们还特别提到，高种姓人士有能力使用暴力对付他们。在贱民们的说法和她自己的观察的基础上，曼彻尔总结说，权力关系主导着印度村庄里的生活，对压迫和暴力的恐惧在贱民中司空见惯。"即使有时候地主看起来和蔼并富有同情心，"曼彻尔说，"村庄里的贱民也知道，在其他时候，友好很容易就会变成仇恨和压迫。因此，贱民们必须小心翼翼地约束自己的行为。"

推荐阅读

Berreman, Gerald D. (ed.). *Social Inequality: Comparative and Developmental Approaches*. New York: Academic Press, 1981. 该书是一本很好的论文集, 它针对各种社会里社会分层的众多面相进行了讨论。

de Ste. Croix, G. E. M. *The Class Struggle in the Ancient Greek World*. Ithaca, N. Y.: Cornell University Press, 1981. 该书对古希腊和古罗马的阶级结构进行了出色的分析, 也适当地关注了古代经济生活中奴隶制的作用, 因而广受称赞。该书展示了第一次——也许仍然是唯一的——针对古代世界的马克思主义研究。 *123*

Fried, Morton H. *The Evolution of Political Society*. New York: Random House, 1967. 该书是一位杰出的人类学家对下述课题的有趣研究: "平等主义"的社会怎样进化为"等级的", 进而是"分层的"社会。该书提出, 人口压力以及随之而来的资源稀缺, 是促使分层社会出现的原因和力量。

Harner, Michael. "Population Pressure and the Social Evolution of Agriculturalists." *Southwestern Journal of Anthropology* 26: 67 – 86, 1970. 该文是一项发人深省的研究, 它试图显示, 人口压力是社会分层的起源和进化背后的基本原因。该文使用了来自世界许多社会的一个大规模样本。

Lenski, Gerhard E. *Power and Privilege: A Theory of Social Stratification*. New York: McGraw-Hill, 1966. 这是一部重要著作, 作者在其中提出了关于社会分层起源的剩余理论。针对人类社会进化史上不同发展阶段的不平等和社会分层现象, 该书展示了大量有价值的研究资料。

Patterson, Orlando. *Slavery and Social Death: A Comparative Study*. Cambridge, Mass.: Harvard University Press, 1982. 该书全面研究了世界上各个社会里的奴隶制度。它讨论了奴隶制的各种性质和类型, 并且强调了奴隶制的社会地位面相和荣誉授予 (honor-conferring) 面相——相对于其中的经济面相。

Sahlins, Marshall. *Social Stratification in Polynesia*. Seattle: University of Washington Press, 1958. 该书是一项有些过时但仍然有趣的研究, 它研究了主要的波利尼西亚土著社会中分层的社会生活。它对社会分层的进化提出了一种解释, 这一解释本质上是一种"剩余论"解释。

Scott, James C. *Domination and the Arts of Resistance*. New Haven: Yale University Press, 1990. 该书是一项重要研究, 它讨论了被压迫群体反对主导群体压迫的各种抵抗方式。

Woodbum, James. "Egalitarian Societies." *Man* 17: 431 – 451, 1982. 针对平等主义社会——特别是狩猎采集社会——的最根本特征, 该文进行了有益的研究。

现代资本主义的起源

124 　　本章从探讨可能是世界历史上最伟大的社会转型开始：西欧从中世纪封建经济向资本主义生产方式的转型。本章关注的重点将放在工业革命之前资本主义的早期发展上，也就是说，从 16 世纪早期到 18 世纪中叶。我们还将显示，在这一阶段，日本也在进行着相对独立的资本主义发展。对欧洲和日本从封建主义向资本主义的转型的解释，将受到特别的关注。资本主义从工业革命到目前的发展，将是下一章的主题。

封建生产方式

　　大约从罗马帝国崩溃到现代资本主义出现这一时期，盛行于欧洲的经济生活制度被称为封建主义。尽管西欧的其他地区也存在封建主义，但是法国、德国和不列颠群岛最具封建主义特征。在封建主义
125 制度下，基本的经济生产单位是庄园（manor）。庄园由一个强有力的封建地主控制，由许多农奴进行耕种。一个普通的农奴占有多达 30 英亩的土地。他生活于其中，耕种它，以之为生计。由地主直接占有并为其所用的土地被称为领地（demesne）。正如前两章所说，地主和农奴之间的关系是一种高度不对称的、剥削性的关系。农奴有义务在地主的领地上工作许多天，还必须支付很多种类的款项。例如，他经常奉献各种食物性产品，支付特定数量的费用——比如，如果他使用地主的榨酒坊、炉子或磨坊，地主就强迫他交费。

　　从道格拉斯·诺斯和罗伯特·托马斯（Douglass North and Robert Thomas, 1973：11）对封建主义的评论中，我们可以看出封建制度和现代工业社会的区别：

> 　　进而，庄园的习惯成了不成文的"宪章"，或者是一个基本上无政府的世界里的基础性制度安排——把这个世界视作一个孤立的居住点是最适合的，它通常是一个受武装保卫的地方，处于荒野之中。木质或土垒的城堡、骑士，以及相对自足的庄园的出现，是对下述情况切实可行的反应：秩序的崩溃，以及诺曼人（Norseman）、穆斯林和马扎尔人（Magyar）经常不断的入侵。虽然劫掠者所造成的恐怖在 10 世纪中叶减弱了，但是随着本地领主权力的兴衰起伏，土地上仍然充斥着战争和盗匪。在这个碎片化的世界里，封建主义提供了某种程度的稳定和秩序。

　　欧洲不同地区之间的贸易永远具有互惠的潜力，这是因为资源和气候条件的多样性导致了作物和牲畜种类的差异。不过，贸易曾经是断断续续的，因为在荒野之中有许多危险困扰着旅行的商人们。如果和平与安全能够恢复，那么交换各种产品的盈利性也会随之恢复。结果，在定居更加密集的地方形成了一些城镇，这些地方在领主的保卫之下，或者是拥有自己的城墙、政府和军事防御的独立实体。在这里，技能和手艺繁荣起来，为贸易提供"制造的"商品，以便与来自乡村的食物和原材料进行交换。

　　显然，封建经济完全是一种"为消费而生产"的经济。基本的经济关系是地主和农民的关系，后者为双方进行生产。他们的生活被紧紧束缚在土地之上，非常朴素和简单，特别是对农民而言；对领主来说也是大同小异。在经济生活中，"为交换而生

产"所发挥的作用很小。市场是存在的,但它们的重要性是有限的。城镇也存在,而且随着封建主义的发展而变得更加引人注目,不过生活在那里的个人和群体——主要是商人和工匠——对封建经济的运作影响甚微。贸易也存在,不过在 11 和 12 世纪之前,它主要是地方性的,而且其贸易品种非常有限。

这种相对简单的经济在中世纪的欧洲存在了数百年,不过,到 14 世纪初,它陷入了危机,而且再也没有从中恢复。这一危机促使封建贵族们采取了两种努力,以改变其日渐衰落的经济命运:其一是把领地出租给雇农,由他们支付地租,并且以资本主义企业的方式来耕种土地;其二是把土地圈起来,用来放牧羊群。这两种占有和使用土地的新形式将旧的封建制度推向了末路。它们也是开始向资本主义经济生产方式转型的最早信号。

126 资本主义生产方式的兴起

资本主义的性质

随着封建主义的瓦解,在欧洲所有地方,"为交换而生产"开始慢慢地取代"为消费而生产",成为主要的经济活动形式。在这一过程的某个节点上,我们所谓的资本主义开始了。不过,资本主义究竟是什么时候开始的,这个问题只有在我们知道什么是资本主义之后,才能够回答。当代学者在对这一根本性的问题的回答上,意见不一。

历史上,对资本主义制度最著名的研究者之一是卡尔·马克思。从某种程度上来说,马克思仅仅知道资本主义是什么,它是什么时候在欧洲开始的。虽然他把它设想为一种经济类型,其中的人们努力经营公司以便谋利,但是他知道,这样的事业已经存在了数千年,而他并没有把这些早期的经济行为模式称为资本主义。资本主义所涉及的东西,绝不仅仅是对利润的追逐。

对马克思来说,资本主义是这样一种经济制度:有些人拥有关键的生产资料,他们在使用这些资料时,努力实现利润的最大化。马克思称这些人为资产阶级,他们雇用另一群人,即马克思所说的工人阶级。工人阶级通过其劳动生产商品,资本家为了赢利在市场上交换这些商品。资本家之所以能够赢利,是因为他付给工人的工资少于工人所创造的商

品的全部价值。马克思的想法是清晰的:资本家的利润并不是来自简单的商品交换过程——单纯的买卖。相反,利润产生于生产过程本身,商品的销售行为仅仅是促成了利润的实现,而这些利润在工人们创造产品的时候就已经存在了。

在马克思看来,资本主义需要一个为了工资而出卖自己劳动力的工人阶级存在。只有在资本家通过工资关系剥削工人时,利润才能被创造出来。因此,马克思认定,资本主义的生产方式是与英国 18 世纪中叶的工业革命一起开始的。这是因为,直到这个时候,付酬的劳动和工厂体系才成为引人注目的经济现象。

当然,马克思清醒地意识到,在西欧,对利润的不懈追逐远远早于工业革命。早至 14 世纪晚期,有些欧洲国家就开始了殖民探险,利润追寻在其中发挥了巨大的作用。在 17 世纪,谋求利润让欧洲所有的政府痴迷。不过,马克思认为,从根本上来说,这些世纪里的利润实现模式与工业革命以后的利润实现模式是不同的。工业革命之前,利润通过交易来实现,而不是通过生产关系来实现;也就是说,它是通过买卖而不是通过对雇佣工人的剥削来获取利润的。公司可以通过下述方式来赢利:在世界上的一个地方采购,在另一个能获得更高价格的地方销售。马克思承认这种类型的经济活动是一种资本主义,但他称之为商业资本主义,以便与晚近的工业资本主义相区别。对马克思来说,只有工业资本主义才是"真正的"资本主义。

当代有些社会科学家认为,应该严格坚持马克 127 思的上述区分。例如,埃里克·沃尔夫(Eric Wolf,1982)认定,资本主义仅仅出现于工业革命之后。他认为,14—18 世纪之间的前工业时期仅仅是一个过渡时期,在这一时期,"对财富的追寻"是存在的,但"对利润的追寻"并不存在。实际上,沃尔夫(Wolf,1982:79)甚至比马克思更进一步:"并没有所谓的商业资本主义或商人资本主义……只有商业财富。作为资本主义,它必须是'生产中的资本主义'(capitalism-in-production)。"

其他社会科学家,包括很多马克思主义者,则持有不同的观点。这些人中最著名的是伊曼努尔·沃勒斯坦(Immanuel Wallerstein,1974a, b)。沃勒斯坦否定了马克思在商业资本主义和工业资本主义之间所作的区分。他声称,所谓资本主义,就是在下述市场中进行的生产:在这个市场中,生产者的目的就是实现利润的最大化。对沃勒斯坦来说,是否存在雇佣工人

并不重要。实际上，他认为，有几种强迫性的、不付酬的劳动存在于资本主义的生产方式之中。沃勒斯坦认为，认定资本主义的关键是，对利润最大限度的积累应该是经济活动的主要目的。沃勒斯坦相信，这需要对工人进行剥削，但剥削可以采取各种形式，而不仅仅是对雇佣工人的剥削。根据他对资本主义的定义，沃勒斯坦认为，资本主义起源于14世纪晚期，与欧洲殖民主义同时出现。

本书更赞同沃勒斯坦的观点，但是，必须坦率地承认，18世纪的工业革命戏剧性地改变了资本主义的性质。实际上，工业革命开启了这样一个资本主义的发展时期：在某些特定的方面，从性质上说，该时期的资本主义不同于其以前的存在形式。

13世纪到16世纪之间的早期资本主义

大约在公元1000年后，特别是公元1100年以后，欧洲大陆的部分地区开始经历显著的商业扩张。这是长时段的世界历史趋势的一个主要部分，这一趋势指向的是世界的商业化，我们在第五章曾经讨论过。当时，欧洲最重要的商业中心是其西北部地区，主要有今天的比利时以及南欧，特别是意大利的城邦。这一时期的商业扩张以一种显著的方式为资本主义的"大飞跃"（great leap forward）做出了贡献，这种大飞跃开始于16世纪。

欧洲西北部的布鲁日市是一个日益成长的商业资本主义中心。它是一个庞大的贸易区域的一部分，这一贸易区域覆盖了地中海、葡萄牙、法国、英国、莱茵兰，以及汉萨同盟（Hanseatic League）（Braudel，1984）。汉萨同盟是商业资本家的一个贸易组织，这些商业资本家的商业活动从英国一直延伸到波罗的海。在南方，更严格的商业资本主义形式在下述意大利城邦中发展了起来：佛罗伦萨、比萨、罗马、热亚那、威尼斯、锡耶纳、普拉托和卢卡（Cohen，1980）。在这些城邦中，最重要的是那些完全以贸易为业的城市。银行业显著地发展起来，而商人们受到高度的尊崇。著名的梅蒂奇（Medici）是最富有的佛罗伦萨银行家、商人和工业家，被置于社会和经济层级的顶端（Cohen，1980）。杰里·科恩（Jere Cohen，1980）认为，这一时期发展于意大利的很多资本主义方法和实践，为资本主义向欧洲其他地区进行扩展提供了基础。他注意到，复式账簿（double-entry bookkeeping）、海险以及商业法律都是意大利人发明的，在16世纪之前，他们是唯一使用这些东西的人。意大利城邦中最伟大的是威尼斯。这个城邦完全致力于对外贸易，据估计，其对外贸易的利润率是令人惊奇的40%（Braudel，1984）。根据伟大的法国历史学家费尔南德·布罗代尔（Fernand Braudel，1984：123）的说法，威尼斯的"商人们牢牢地掌握着地中海的主要货物贸易——胡椒、香料、叙利亚棉花、谷物、葡萄酒和盐"。威尼斯的财富和重要性，也可在其战舰和商船上得到印证。

虽然这些世纪的资本主义主要还是商业资本主义，但令人惊奇的工业和制造业也发展了起来。一些纺织工业是高度商业化的，而制造业也在一些城邦经济中发挥了重要的作用，包括威尼斯（Cohen，1980）。例如，"1338年，据说佛罗伦萨有多达200个工场从事布匹生产，总计雇用了3万工人，或者该城市职业人口的四分之一。"（Dobb，1963：157）

17世纪与重商主义 [①]

16世纪，欧洲的资本主义中心开始从意大利转移到欧洲西北部，首先到了安特卫普，然后到了荷兰、英国和法国。布罗代尔（Braudel，1984）注意到，资本主义开始与大型的领土性国家联系起来，而不再和小城邦联系在一起。17世纪，这些大型的领土性国家通过重商主义的方式大大地促进了资本主义的发展。重商主义的做法是，政府将独家经营权授予一些贸易公司，从而使其在欧洲国家及其殖民地之间的贸易中获利。贸易公司的独家经营权并不是重商主义时期的新事物，但是这些独家经营权被授予时的经济环境——殖民贸易——却是新的。

重商主义实践创造了一种经济情境，在这一情境中，欧洲国家的制造商们可以在交换产品的时候获得极端有利的条件。殖民国家采取措施，努力防止殖民地生产那些可以与宗主国进行竞争的产品。殖民者们不遗余力地鼓励宗主国从殖民地进口原材料。他们以低价购入原材料，变成制成品，然后再以高价售出。

---

① 除特别注明的之外，本节的大部分内容都归功于迈克尔·彼尤德（Michel Beaud，1983）。

17世纪，荷兰、英国和法国都建立了庞大的重商主义贸易公司。1602年，荷兰东印度公司成立。该公司获得了在印度的独家贸易权，禁止英国人、葡萄牙人和法国人从事这种贸易。该公司拥有一支大约1.2万人的陆军，以及一支由40～60艘军舰组成的海军。每年，它向欧洲运送价值大约1000万到1200万弗罗林①的货物。在1619—1663年间，荷兰人主导了远东航线。从1648—1650年，他们从这一地区进口的胡椒和香料占了总购买额的66%；与此同时，纺织品占了总购买额的14%。他们还开始在爪哇种植甘蔗。在荷兰本土，荷兰人建立了重要的加工工业，如羊毛和亚麻加工、钻石切割，以及对丝绸的染色和纺织。其他工业还包括制糖、酿造、蒸馏、烟草、可可加工以及铅制品。

17世纪，英国成为荷兰的主要对手。1600年，依据伊丽莎白女王的特许状，英国东印度公司成立。在15年的时间里，该公司建立了超过20个贸易点。这些地点分别位于印度、印度洋上的特定岛屿、印度尼西亚以及日本的平冢。1610—1640年间，英国的对外贸易增长了10倍。英国国王"分配特权和独家经营权，对制造商进行组织和管理，禁止羊毛出口，提高法国和荷兰纺织品的关税；议会的法案走得更远，以至于强迫使用毛呢制作丧服"（Beaud，1983：28-29）。此外，在政治家奥利弗·克伦威尔（Oliver Cromwell）的指导下，英国实施了特别强有力的重商主义措施。他签署了一个航运法案，规定"欧洲的商品只能由英国船只运输，或者由商品来源地国家的船只运输。非洲、亚洲和美洲的产品，只能通过英国或其殖民地的船只向英国输入"（Beaud，1983：29）。

重商主义政策在法国也很突出。红衣主教黎塞留（Richelieu）、国王路易十四（Louis ⅩⅣ）以及让-巴蒂斯特·考尔伯特（Jean-Baptiste Colbert）是与法国的重商主义联系在一起的主要政府要人。在红衣主教黎塞留——他被国王征召，来处理1624年的皇家财政——的统治下，各种保护主义措施被建立起来。这些措施涉及诸如1644年对纺织品征收保护性关税，以及1659年对外国商船每吨货物征收50生丁的税收。不过，在1663—1685年之间，在路易十四及其首席经济大臣考尔伯特的统治下，法国的重商主义达到了顶峰。对这两人来说，贸易公司就是国王的军队，而法国的制造商则是他的金库

（Beaud，1983：39）：

> 超过400个制造公司是在考尔伯特的关注下建立起来的。有些制造公司是"集体"工场，它们把数个手工业中心联合在一起，并作为一个群体从被授予的特权中获益……还有一些"私人"工场、个体公司[如阿尔贝维尔的凡·罗拜（Van Robais）公司]，也有一些大公司，其分支机构可达数省，特别是在采矿、冶金……和羊毛制品领域。最后是皇家制造商，它们是君主的财产……与特权（生产或销售的独家经营权、免税权和金融经营权）相对应的，是严格的控制（对规则、数量和质量的控制）。这些政策促进了奢侈品和出口商品（挂毯、瓷器、玻璃器皿、奢侈纺织品）的生产发展，也促进了必需品（铁器、纸张、武器）以及普通消费品（羊毛和亚麻纺织品等）的生产发展……

> 国家政策既涉及生产，也延伸到了商业领域。法国东印度公司（1664年）获得了50年的在印度洋、太平洋上进行贸易和航行的独家经营权。

作为世界体系的资本主义

解释资本主义发展最具影响力的视角是由伊曼努尔·沃勒斯坦在其多卷本的《现代世界体系》中提出来的（Immanuel Wallerstein，1974a，1980，1989）。沃勒斯坦认为，从16世纪开始，资本主义构成了他所谓的世界体系。沃勒斯坦对世界体系的定义是，任何具有以下三种根本特征的、相对大型的社会系统。

其一，高度的自主性。也就是说，在下述意义上，这一系统是自我维持的：它不需要依赖外部事物就能存在——虽然在某种程度上，它会与世界上的其他区域进行互动。

其二，充分的劳动分工或者系统内角色的专业化。这一专业化既是地理上的，也是经济上的。在该系统的不同地理区域，不同类型的产品生产由不同类型的经济活动来完成。

其三，文化的多样性，或者忠于不同传统的、说不同语言的不同群体的存在。

沃勒斯坦认定了两种类型的世界体系：世界帝

国和世界经济。世界帝国是这样一种世界体系：在政治上是集权的和统一的，帝国里的每一个群体都服从于一个政治中心。例如，古罗马、传统的中国和印度就是依据这种类型的世界体系组织起来的。世界经济是一个缺乏政治集权和统一的世界体系。因此，它不仅包含文化的多样性，还包含主权政治单位的多样性。过去可能存在过很多世界经济，但它们都解体了，或者很快地变成了世界帝国。可是，当代世界只有一种世界经济，它从16世纪开始出现，一直到今天还存在。沃勒斯坦注意到，虽然曾经有过把这一世界经济变成世界帝国的尝试（最引人注目的就是16世纪的西班牙），但这些尝试都失败了，而资本主义迄今为止仍然是一个政治上分权的体系。沃勒斯坦认为，这一政治上的分权非常有助于资本主义的长期存在，因为帝国倾向于压制创新和个人的创造力，而创新和创造力却是资本主义生产组织的基础性因素。

可是，到底什么是世界经济呢？是什么把它整合在一起，或把它维持在一起？并不是一个总体的政治结构把它整合在一起的，把它维持在一起的是一系列的经济关系，是对有价值的商品和服务的生产和交换关系。从这个意义上说，世界经济并不是像世界帝国那样具有结合"紧密度"，而是一个结构相当松散的经济关系网络。这些关系涉及密集的地域分工和劳动分工。在这些分工的基础上，沃勒斯坦认定了三种类型的经济单位，正是这些经济单位构成了世界经济。

核心社会由下述地区和国家组成：它们主导资本主义世界经济，也把该区域内产生的巨大经济剩余收入囊中。核心社会内部是那些经济上最进步、最发达的社会，它们拥有最高的技术发展水平，拥有最强大的政府和军事结构。在核心社会里，雇佣劳动——工作由雇工完成，这些雇工是雇主在劳动力市场上通过讨价还价雇来的——占主导地位。沃勒斯坦认为，之所以如此，是因为与其他地方相比，核心社会里的工作是高度技能化的。如果使用雇佣工人的话，那么对技能要求较高的工作的完成效率会更高（亦即，利润更高）。整个世界经济中最富裕的资本家都住在核心社会里，他们既在核心社会里建立各种经济组织，也在世界体系的其他部分这样做。

边缘社会是世界经济的这样一个部分：它所受到的来自核心社会的对剩余的征用是最深重的。核心社会和边缘社会之间存在着紧密的经济关系，在这个关系中，核心社会主导和剥削边缘社会，而边缘社会又在经济上依赖着核心社会。在大多数情况下，边缘社会所拥有的那些特征，与我们在核心社会中所发现的特征是相反的。边缘社会和地区经济发展最落后，技术发展水平最低，政府和军事单位最弱（或者根本没有主权政府或军事单位）。强迫劳动，而不是雇佣劳动，是这里的主导力量（或者说，至少在历史上是这样的）。所谓强迫劳动，是这样一种劳动制度：劳动者们并不是合法自由地在市场上出卖劳动力，而是受到他们为之工作的其他群体的政治性强迫。历史上，主要的强迫劳动类型是奴隶制和农奴制。在奴隶制度下，奴隶主直接拥有奴隶，而奴隶则完全受其所有者的政治控制。在农奴制度下，农奴被约束在一片特定的土地上，他们没有离开这片土地的自由。沃勒斯坦相信，与核心社会里的工作相比，边缘社会里的大多数工作是缺乏技能的，所以强迫劳动这种成本较低的制度是最适合的。

半边缘社会是世界经济的中间地带，它运行于核心社会和边缘社会之间。依据沃勒斯坦的设想，它既是剥削者，又是被剥削者：它是边缘社会的剥削者，又受到核心社会的剥削。与边缘社会相比，半边缘社会在技术和经济上较为进步；但与核心社会相比，又较为落后。它们拥有比边缘社会更强的政府和军事单位，但与核心社会所拥有的政府和军事单位相比，其政府和军事单位又较弱。另一个定义半边缘社会的方式是，说它们既有核心社会的特征，又有边缘社会的特征。例如，半边缘社会——至少从历史上说——是把雇佣劳动和特定类型的强迫劳动结合在一起的。因此，半边缘社会所从事的特定经济活动是核心社会的典型活动，但又与边缘社会的特色经济活动结合在一起。

对沃勒斯坦来说，把资本主义视作一个巨大的经济剩余征用体系，至关重要。这种征用不仅发生于地区内部，也发生在地区之间。马克思把他的注意力集中在核心社会中的经济剩余征用上——以英国为例。当然，沃勒斯坦将马克思主义的资本主义模型扩展到了世界水平。沃勒斯坦同意马克思的观点，即资本家在欧洲的发达国家里剥削工人；但他更进了一步，主张在国家之间也存在着重要的经济剥削关系。也就是说，在核心社会和边缘社会之间存在着剥削关系。在沃勒斯坦看来，边缘社会在资本主义世界经济中扮演着举足轻重的角色。在核心社会里的资本家的组织下，边缘社会承担了原材料制造的功能，它们把自己的产品输入核心社会并变成制成品。被选出来成为边缘社会的地区，是那些在地理上最适合的地区——适合在特定时间生产特定的原材料。(在本书中，随着阅读的展开，核心社会和边缘社会之间的关系会变得越来越清晰，特别是在第九章，我们将讨论经济发展和经济欠发达的问题。)

认识到沃勒斯坦的下述观点是颇具革命性的也很重要：从最开始的时候，资本主义就构成了一个世界体系。在沃勒斯坦之前，所有的资本主义的分析师，包括马克思本人，都把自己的分析局限于个别的民族国家。但沃勒斯坦相信，分析资本主义的合适单位是作为整体的世界体系。他认为，如果不能理解世界体系这个整体中各个地区同时发生的事情，我们就不能理解世界体系中某一个部分所发生的事情。他相信，为了理解自1500年以来的现代世界，我们一定不能再把各个社会看做分离的、独立的单位。相反，我们必须从它们对世界体系的参与以及它们与世界体系的关系的角度来看待它们。这是一个非常大胆的想法，而且沃勒斯坦在多大程度上是正确的，仍然是一个被激烈争论的问题（cf. Skocpol，1977；Brenner，1977；Zolberg，

1981）。当然，你必须小心，以免把沃勒斯坦的世界体系观念进行太过分的应用。不过，无论它有什么局限性，在理解现代世界及其500年以来的进化时，它看起来都确实是一个关键的观念。

16世纪到18世纪的资本主义世界经济

自15世纪出现以来，资本主义世界经济一直在不断地扩张和进化。说它一直在扩张，我们的意思是，它一直在扩大它的地理范围，以便覆盖地球上更广泛的区域（见图7—1和图7—2）。说它一直是一个进化中的体系，我们的意思是，它的各个部分——核心社会、边缘社会和半边缘社会——一直在作为整体的部分而改变其结构。读者将在下面两章看到，资本主义目前已经成为一个庞大的、技术上复杂的体系，它覆盖了地球上的大多数地方。但是，作为一个世界体系，它在早期阶段是什么样的呢？

核心社会
半边缘社会
边缘社会

图7—1 1600年的资本主义世界经济

16世纪，第一批竞争核心地位的国家是西班牙和葡萄牙。它们是第一批在世界上其他区域从事殖民探险的欧洲国家。西班牙试图把资本主义世界经济变成它自己的世界帝国——这个尝试失败了。到16世纪后期，这两个国家显然已经不是世界经济的领头羊。它们的地位被荷兰、英国和法国取代，这些国家是16世纪晚期以来主要的核心社会。最初，

荷兰是其中的主导者。这些国家的主要经济活动是资本主义农业。为了租金，贵族们越来越多地向租户出租土地，而土地则成为获利的手段。很多贵族农场主和农民变成资本主义式的农民。很多土地则成为绵羊的采食场，这促进了英国羊毛工业的兴起。在这些核心社会里，家庭手工业的重要性也越来越高。

核心社会
半边缘社会
边缘社会

图7—2 1750年的资本主义世界经济

16世纪，边缘社会由世界上的两个主要地区构成：伊比利亚美洲①（西班牙和葡萄牙的美洲殖民地）和东欧。在西班牙的美洲殖民地，西班牙人建立了很多大规模的农业殖民地；更重要的是，这些殖民地还从事金矿和银矿开采工作。西班牙人建立的强迫劳动制度，为他们生产了大量的金矿石和银矿石，而这些矿石被出口到欧洲，换成钱币。这些贵金属的涌入为欧洲货币供应的扩大做出了重大贡献，进而对世界经济产生了巨大的影响。在葡萄牙的美洲殖民地（巴西），甘蔗种植业建立起来，而且它依赖来自非洲的大量奴隶劳动力。蔗糖在欧洲变成了一种高价商品，它被用于为咖啡加糖、制造巧克力。另一个重要的边远地区——东欧，特别是波兰，是西欧主要的谷物出口区。

16世纪，半边缘社会位于欧洲的地中海部分，主要是意大利，然后是西班牙和葡萄牙。佃农（sharecropping）是主要的农业劳动形式，而其工业则涉及高成本产品的生产，如丝绸。

17世纪中叶以后，英国开始替代荷兰，成为主要的核心社会，这主要是因为荷兰人在军事上被英国人打败了。法国也开始超越荷兰，不过法国人的成功没有达到英国的程度。在这一时期，几个新的社会又进入了边缘。其中最重要的是美国南部，它是英国的奴隶殖民地，主要从事各种农业产品的生产。此外，西印度群岛的奴隶社会主要是在英国和

法国的影响下建立起来的。加勒比的奴隶种植园社会，主要从事蔗糖生产。在这一时期，半边缘社会也扩张到了瑞典、普鲁士和美国北部。

资本主义在日本的发展

传统上，资本主义的兴起被看做一个独特的欧洲现象；因此，人们认为欧洲内含着发展的动力，而世界其他地方缺乏这样的动力。不过，我们不能继续保留这一主张了，因为至少有一个其他社会——德川幕府时期的日本（1600—1868年）也显示了资本主义经济发展的显著倾向，而且这一资本主义发展在很大程度上是一个本土现象，与欧洲的影响没有关系。事情肯定如此，因为从1639年到1853年，日本施行了一种政策：完全断绝与欧洲的经济和政治接触（Pearson，1991）。

日本是欧洲之外唯一发展出真正的封建主义政治经济制度的社会（P. Anderson，1974b）。日本的封建主义早在1185年就出现了，不过有人认为，直到1338年，充分发展的封建制度才出现。1338年到1600年被称为典型的日本封建主义时期，而1603年到1868年（德川幕府时期）是封建主义的后期（Reischauer，1956；J. W. Hall，1970）。

人们通常认为，德川幕府时期是一个经济停滞期。不过最近几十年来，人们认识到，这实际上是一

---

① 西班牙和葡萄牙都位于伊比利亚半岛，它们所统治的美洲地区被称为伊比利亚美洲。——译者注

个具有巨大经济活力的时期。丹尼尔·斯宾塞（Daniel Spencer，1958）曾经声称，在这一时期，日本经历了广泛的农业商业化的过程：农民越来越多地进入城镇，大规模城市化，封建贵族的经济状况恶化，经济日益货币化，工厂制度开始。城市化是如此深刻，以至于约翰·惠特尼·霍尔（John Whitney Hall，1970）对它的描述是"令人震惊的"。江户（即现在的东京）的发展是异乎寻常的：16世纪末时，它仅仅是一个小村庄；到18世纪初的时候，它的居民已达50万人；而到18世纪末的时候，其人口已经远超100万；到19世纪早期，日本比欧洲的城市化程度还高，而江户已经成为世界上最大的城市。

135 德川幕府时期日本经济发展的另一个令人震惊的特点是，其劳动力日渐无产阶级化（proletarianization）（T. C. Smith，1959；Leupp，1992）。所谓无产阶级化是指这样的过程：工人逐渐从强迫劳动（如农奴制）转入了雇佣劳动，这是资本主义发展无可置疑的标志。无产阶级化在城市地区最显著，但也出现在乡村地区。到德川幕府末期，雇佣劳动已经成为城市经济补充劳动力的主导模式。

承认现代日本的资本主义可追溯到数个世纪以前，是一个极端重要的成就，也是对旧有的"德川幕府时期经济停滞"观点的一个亟需的更正。当然，对德川幕府时期的关注本身可能开始得太晚了，因为日本资本主义的真正根基可以在数个世纪之前发现。情况可能是这样的：日本的重要经济发展早在13世纪就出现了。那时，日本深陷于与亚洲其他地区的外贸网络之中，特别是与中国。在15和16世纪，对外贸易迅速增长，贸易活动扩展到远东的最远地区。日本显然是这一时期的海上经济强国（Sansom，1961；Reischauer，1956；J. W. Hall，1970）。

我的观点是，德川幕府末期，在经济标准上，日本本质上已经成为资本主义社会，即使它仍然停留在旧式的封建主义政治社会制度中。那个时候，经济显然掌握在城市商人的手中，而不是在封建地主的手中（Spencer，1958）。我们将会看到，日本这一相对独立的资本主义发展轨迹，对于理解现代资本主义的兴起具有重大的意义。

对转型的解释：从封建主义到资本主义

解释从封建主义向资本主义的转变，已经成为当代社会科学中最令人纠结的理论问题之一。人们提出了各种各样的理论，却没有达成任何共识。大多数理论可以归入以下四个主要的类型。

其一，马克思主义理论。它强调经济因素、世界贸易的复兴，或者阶级斗争和剥削（Dobb，1963；Sweezy，1976，orig. 1950；Wallerstein，1974a；Brenner，1976，1977）。

其二，韦伯主义理论。它强调新教的工作伦理、基督教、民族国家的作用或者"理性精神"（Weber，1958，orig. 1905；Collins，1980；Mann，1986；Chirot，1985，1986）。

其三，世界体系理论。它关注世界贸易网络内部的地理转移（Abu-Lughod，1989）。

其四，人口学理论。它强调人口增长、人口减少或者两种情况的某种组合（Postan，1972；Wilkinson，1973；Le Roy Ladurie，1974；M. Harris，1977；P. Anderson，1974a）。

这些理论都有缺点，这些缺点足以给任何一个理论造成障碍，使其不能为资本主义转型提供令人满意的解释。（对这些理论的充分说明和批评，可参见桑德森的著作：Sanderson，1994a）几乎所有的理论都有一个严重的缺点，那就是它们几乎毫无例外地以欧洲的转型为基础，完全忽视了日本向资本主义的转型。相反，我自己对现代资本主义转型的理解有一个明确的目的：既解释欧洲的转型，也解释日本的转型。因此，我将它设计为一种一般性的理 136 论。我的假设是，任何一个充分的社会科学理论都必须能够适用于某一现象的尽可能多的事例。由于资本主义兴起的事例只有两个，所以关于这一现象的一个充分的理论是，它必须能够应用于这两者，而不是其中之一。

我对资本主义兴起的解释包括两个部分。首先，欧洲和日本具有共同的特征，我认为这些特征是重要的前提条件，这些前提条件有助于从封建经济向资本主义经济的转型。其次，一个巨大的历史趋势——世界商业化的日益扩张，为其提供了必要的外部环境，在这样的外部环境里，上述前提条件为资本主义转型提供了帮助。在这两种因素出现的时间和地点，正是这两者之间的互动——一方是那些前提条件，另一方是那个重大的历史趋势——引起了封建主义向现代资本主义的转型。（对我的理论的更详尽的阐述参见Sanderson，1994a。）

我认为，中世纪的欧洲和日本共享四个基本特征，每一个特征都以独特的方式为现代资本主义的诞生做出了贡献。首先是规模因素。日本和早期现代欧洲三个领先的资本主义国家中的两个——英国和荷兰，都很小。微小的地理规模，使得建立运输和通信体系的必要成本最小化了，而这一运输和通信体系有助于经济的发展。欧洲和日本与大部分的亚洲国家形成了鲜明的对比，因为大多数亚洲国家，如中国和印度，都是幅员辽阔的官僚帝国。维持庞大帝国的成本构成了资本主义发展的严重障碍。

其次是地理因素。日本和西北欧的资本主义国家都位于大型水体的旁边，这让它们能够进行以水路为主导的贸易，而不是陆路贸易。历史上，在漫长的农业时代，那些包含数量巨大的"为交换而生产"——一种早期资本主义或"原资本主义"（pro-tocapitalism）——的社会，通常是海上贸易占主导地位的社会（Amin, 1991）。与陆路贸易相比，海上贸易能够使经济交换网络的发展更加充分，更加有效。

再次是气候因素。欧洲和日本都拥有温和的气候，这很重要，因为我们知道，被欧洲殖民的广大地区大多为热带和亚热带气候。日本的温和气候，也许还有其太靠北的地理位置，让它避免了欧洲的殖民。这意味着，它的经济从来没有被外国的经济强权统治或主导过。在现代世界，经济上最不发达的民族国家通常会遭受许多年的欧洲殖民统治。为什么欧洲和日本成了殖民者而不是殖民地？其中一个原因大概就是因为它们气候温和、纬度靠北。

最后，欧洲和日本的政治结构是相似的，因为它们是世界上真正的封建政权（P. Anderson, 1974b）。封建主义的关键是它的政治上的分权或碎片化（参见第十一章），而且人们广泛同意，封建主义有助于资本主义的发展，因为它给了商人们经济自由。大型的统一帝国倾向于压制商业活动，这是因为对统治者和统治阶级征用经济剩余的模式来说，它是一个威胁。欧洲和日本的封建政权给予商人的自由，可能是最重要的前提条件，这一前提条件推动了这些地区的发展，使其成为经历资本主义革命的第一批国家。

不过，这四种前提条件并不是在真空中发挥作用的，而是出现在一个伟大的历史趋势所构成的情境之中，这一趋势就是日益扩张的世界商业化，我们曾经在第五章中讨论过它。我的主张是，资本主

义的兴起只能是一个缓慢而渐进的过程，因为拥有土地的阶级对商人普遍抱有敌意，而商人在历史上从来都是资本主义的载体。正像第五章讨论过的那样，一般来说，在农业社会的等级体系中，商人的地位很低，即使他们有时会积累大量的财富。商业活动不能很快地得到扩展，因为地主不允许。当然，地主也依赖商人，因为他们觊觎商人提供的很多商品。因此，商业活动被保留下来，这给了商人们扩展其商业活动的机会——缓慢地，坚定地。到一定时候，商业活动已经扩展到了一个关节点，这个关节点可以成为"临界质量"[1]，进而在 16 世纪后促发资本主义发展的巨大飞跃。

解释现代资本主义的出现，即是解释资本主义为何在其实际兴起的时间兴起（为何是 16 世纪而不是更早或更晚），以及它为何首先出现于其首先出现的地点（欧洲西北部和日本，而不是欧洲的其他部分，或者亚洲的其他地方）。这里提出的理论解释了资本主义发展的时间和地点。资本主义不可能更早（至少不是很早出现）在世界历史上出现，因为世界的商业化扩张很缓慢，也因为激发资本主义需要商业活动的一个"临界质量"。直到大约公元 1000 年到 1500 年，这一"临界质量"才达到。很多经济史家曾经认为，在中国的宋朝（960—1279），资本主义已经做好了起步的准备，不过，这一时期所取得的巨大经济发展最终发生了短路（short-circuited）[2]（Elvin, 1973；E. L. Jones, 1988）。关于中国这种经济发展逐渐丧失的原因，我们能够从其不佳的前提条件中找到，特别是下述事实：中国幅员辽阔，是一个统一的、强有力的官僚国家。在世界历史的那一个阶段，欧洲西北部和日本拥有对发展资本主义最有利的前提条件。那时，商业化的"临界质量"已经达到，因此，欧洲西北部和日本就成为世界上第一批经济转型的地区——转向我们目前称之为"现代资本主义"的制度。

小 结

1. 西欧的封建经济是一种围绕着庄园组织起来的"为消费而生产"的经济。地主压制农民阶级，让他们为了自己的生存而耕种土地，并向其领主贡

---

① 这里借用了原子物理的概念，即原子弹爆炸所需要的最低铀质量。——译者注
② 这里借用了电工学的概念，指的是没有向前发展。——译者注

献税赋、地租以及劳役。"为交换而生产"在经济生活中发挥的作用很小。虽然城镇和贸易是存在的，但它们几乎不能影响封建经济的运作。

2. 上述体系最终被资本主义生产方式替代。资本主义制度是这样一种体系：其经济生活的本质是为了追求利润最大化而进行销售。马克思和很多马克思主义者认为，资本主义建立在雇佣劳动的基础之上。它是与18世纪后期的工业革命同步发展起来的。他们在两种资本主义之间进行了区分，一种是工业资本主义（或者叫"真正的"资本主义），另一种被称为商业资本主义，它存在于16和18世纪之间。其他人否认工业资本主义和商业资本主义的区分，并把资本主义的起源追溯到16世纪。

3. 虽然大多数学者并不认为，至少到16世纪资本主义才发展起来；但实际上，早至13世纪，严格意义上的商业资本主义就已经在欧洲西北部和意大利的城邦中出现了。意大利的城邦在贸易方面十分专业，而且商业资本主义主导了当时的社会和经济生活。意大利人发展出了银行业、复式账簿、海险以及商业法律。

4. 在16世纪初之后，一个重要的资本主义起飞开始了。到17世纪的时候，在欧洲西北部，资本主义已经成为占主导地位的经济模式。资本主义曾经被称为重商主义的时代。在这一时代，政府为公司颁发从事国际贸易的独家经营权。通过与世界各地的殖民地进行贸易，欧洲的贸易公司获得了巨额利润。

5. 解释资本主义发展的一个重要理论尝试，是由沃勒斯坦做出的。沃勒斯坦把资本主义看成一个世界体系，这一体系一直在进行着复杂的劳动分工——既在职业之间，也在地区之间。这个世界体系已经扩展了数百年，目前几乎已经占领了全世界。

6. 沃勒斯坦把资本主义世界体系中的国家和地区分成三部分：核心社会、边缘社会和半边缘社会。核心社会在政治和经济上都占主导地位，而且核心社会大量搜刮边缘社会的经济剩余。核心社会为了对其进行剥削，才建立起边缘社会。核心社会是技术上和经济上最发达的区域。历史上，边缘社会是作为原材料的生产地发挥作用的，核心社会觊觎它们的这些产品。从经济上说，半边缘的国家和地区介于核心社会和边缘社会之间，同时具有双方的很多特征。

7. 对沃勒斯坦来说，资本主义开始于16世纪，与此同时，西班牙和葡萄牙成为欧洲的殖民扩张势力。当它们衰落的时候，它们的地位被荷兰、英国和法国取代，这些核心国家主导了17世纪中叶的世界体系。这一时期，主要的边缘地区是伊比利亚美洲和东欧。半边缘则由欧洲的地中海地区充当。

8. 资本主义的发展并不是欧洲所独有的，因为在同一个世纪，日本经历了一个大体上独立的资本主义发展过程。日本的德川幕府时期见证了商业化的提高、经济的货币化程度的提高、城市化的快速扩张，以及城市商人的重要性的日益增加。到19世纪中叶，从经济上说，日本已经变成一个实质上的资本主义社会，尽管封建的社会和政治关系仍然是主导性的力量。

9. 人们提出了很多理论来解释现代资本主义，但对这些理论还没有达成真正的共识。我自己的解释的重点之一，是中世纪欧洲和日本之间的四个共同点：地理规模小，毗邻大规模的水体，气候温和，拥有封建的政治经济关系。另一个重点是世界贸易和商业化之动力的逐渐积累。欧洲和日本的共同点是一些前提条件，这些前提条件有助于本地区的资本主义的发展；而在其他地方，大多数前提条件或所有前提条件缺失，造成了资本主义发展的障碍。当然，这些前提条件本身不足以使现代资本主义出现。现代资本主义出现于一个长时段的历史趋势——世界商业化的扩张——之中。在大约公元1000—1500年的时候，这一历史趋势的缓慢而渐进的发展逐渐积累到了一个"临界质量"，或者说是一个足够高的水平，进而激发了资本主义的戏剧性起飞。在16世纪的欧洲西北部和日本，正是这四个前提条件与世界商业化之间的互动，使得资本主义出现。

特别话题：工业革命之前的工业

18世纪的工业革命促发了巨大规模的工业活动，把欧洲的资本主义带入了一个高度城市化的、以制造业为导向的经济活动中。不过，在工业革命之前以农业为主的社会生活里，并不缺少工业。实际上，那时有很多工业存在，但是与后来在工业资本主义之下发展出来的工业相比，其组织方式非常不同。

法国社会史家费尔南德·布罗代尔（Fernand Braudel，1982）在欧洲早期的资本主义中，区分出了四种形式的工业活动。在最简单层面的是家庭工场，这种小型工业单位遍布欧洲。每一个工场通常都以一个商贩师傅为首，还包括两到三个临时工以及一到两个学徒。劳动分工是非常简单的，或者根本没有。在这种类型中，布罗代尔囊括了刀匠、制钉工人、乡村铁匠、修鞋匠、金匠、锁匠、蕾丝工、面包师、奶酪师和屠夫。

第二种类型的工业活动可称为"分散工厂"。在这种安排下，工场可能分散在一个广大的区域里，但仍然相互联系。商人企业家承担经理或者协调人的角色。他们为每一个工场提供原材料，保证工作按时完成，向工人支付薪水，并且销售那些制成品。这种类型的工业在纺织品制造行业里最常见，但也与刀匠、制钉和铁艺有关系。

第三种类型的工业是集中的制造业，它代表了对前述两种类型的重要突破。工人们不再留在家里工作，而是集合在同一个地方来完成一系列的任务。劳动分工随之出现，这使得生产率水平得到提高。在某种程度上，这种类型的工作组织方式遍及纺织品制造业，也与酿造、制革、玻璃制品和很多其他工业有关。

第四种类型的工业活动与第三种类型很相似，但是因为它们所应用的技术不同而有所区别。在手工工厂里，人们主要是用手完成工作；但在第四种类型的工厂里，人们在很大程度上依赖机器来完成工作。当然，在18世纪后期和19世纪早期之前，工厂并没有成为资本主义的显著特征，但不管怎样，在某种程度上，它确实存在。布罗代尔（Braudel，1982：301-302）评论说：

> 我会把16世纪典型的近代矿山——如中欧的矿山——作为机械化的一个重要例子，尽管200年后蒸汽机才被引入，而且引入得非常缓慢，是渐进式的。其他例子有17世纪阿姆斯特丹附近的萨阿丹（Saardam）的海军造船厂，它有自动锯、起重机、桅杆竖立机。还有很多小工厂使用液压轮：造纸厂、锯木场，以及多芬地区（Dauphine）地区的维也纳制锯厂，那里的磨石和风箱都是由机器操作的。

遍布前工业时期欧洲大地的最著名的工业活动，在德国被称为"Verlagssystem"，更常用的叫法是"外包体系"（putting-out system），或者有时简称为"家庭手工业"（cottage industry）。这是上文论述过的第二种类型的工业的变体。在"Verlagssystem"中，商人充当"原料生产商和工匠之间、工匠和制成品购买商之间、当地城镇和外国市场之间的中介"（Braudel，1982：318）。布罗代尔注意到，这些商人"一只脚在城镇里，另一只脚在乡村"（Braudel，1982：318）。他们通过下述方式管理工业活动：首先为工人们提供原材料和一份底薪（initial wage），然后下一份一定数量的制成品订单。工人们在家里制造产品。当工人把产品交给他们后，他们再把剩下的工资付清。他们负责在已有的市场上销售这些产品。 *140*

前工业时期的欧洲，外包体系出现得非常早，甚至在16世纪以前就出现了。虽然最早命名它的是德国人，最早对它进行分析的也是德国的历史学家，但是它并不是在德国被发明的。布罗代尔认为它可能起源于荷兰和意大利，很可能早至13世纪，然后很快就传遍了欧洲。

虽然"Verlagssystem"管理了很多种类的工业，但是与其相联系的主要工业还是纺织品制造业。"Verlagssystem"怎样应用于18世纪德国的蕾丝制造业？布罗代尔（Braudel，1982：318）对此作了形象的描述。

> 1775年6月，一个旅行观察家穿越厄尔士山脉（Erzgebirge），从弗雷伯格（Freyberg）到奥格斯特斯伯格（Augustusberg）去。他游历了一连串纺棉和制造蕾丝的山村。由于那是在夏天，所以所有的女人都坐在她们大门的台阶上；在椴树下，一圈姑娘围坐在一个老掷弹手的周围。所有人，包括那个老兵，都在辛勤工作。那是生与死的问题：制蕾丝者的手仅有片刻停歇，以便捡起一片面包或者蘸了盐的煮土豆。周末，她会把她的工作成果拿到当地的市场去卖（但这是例外），但更可能的是拿给"Spitzenherr"，即"蕾丝货主"（lord of the lace）。这个货主曾经从荷兰和法国为她提供了丝线和图案，也是他向她提前订的货。

这是一种类型的生产活动的出色事例，从本质上说，这种生产类型与工业革命以后成为主导的生产类型是不一样的。与工业资本主义相联系的工作组织完全缺失，而工人们保留了他们的传统技艺。商人的关切仅限于对最终产品的销售，并不涉及对生产过程的改造。因此，外包体系是商业资本主义的经典形式。

推荐阅读

Abu-Lughod, Janet L. *Before European Hegemony：The World-System A. D. 1250 - 1350*. New York：Oxford University Press, 1989. 该书认为，曾经存在过一个主要的世界体系，欧洲是其中的边缘，在沃勒斯坦提出的以欧洲为基础的世界体系出现之前，这一世界体系已经运行了数个世纪。该书显示，到 13 世纪的时候，世界的商业化水平就已经非常高了，而且比沃勒斯坦愿意承认的要重要得多。

Beaud, Michel. *A History of Capitalism，1500 - 1980*. New York：Monthly Review Press, 1983. 该书是一位法国的马克思主义经济学家撰写的，是对资本主义发展历史的一次有益的概述。

Braudel, Fernand. *Civilization and Capitalism，15th - 18th Century*. New York：Harper & Row, 1981—1984. 该书是一本出色的经济史著作，它阐述了工业革命之前的资本主义经济史。该书的作者是一位著名的法国历史学家，他对沃勒斯坦产生过重大的影响。该书第一卷是"日常生活的结构"，探讨了人类物质生存的基本方面，如人口、住房、食物和饮料，以及技术。第二卷是"商业之轮"，检视了经济交换和商业的很多错综复杂的细节问题。第三卷是"世界视角"，这一卷是各卷中理论性最强的，该卷检视了资本主义的早期历史，它采用的视角与沃勒斯坦的世界体系策略很相似。

Chirot, Daniel. *Social Change in the Modern Era*. San Diego：Harcourt Brace Jovanovich, 1986. 该书是对沃勒斯坦的世界资本主义体系的一个批评和改进。对现代资本主义的兴起，它提出了一个新韦伯主义的解释。

Duby, Georges. *Rural Economy and Country Life in the Medieval West*. Translated by Cynthia Postan. Columbia：University of South Carolina Press, 1968. 该书是对中世纪欧洲封建经济的一个经典叙述，确实是一本无法超越的著作。

Hilton, Rodney（ed.）. *The Transition from Feudalism to Capitalism*. London：Verso, 1976. 该书是由马克思主义的历史学家和社会科学家撰写的，是一本论述现代资本主义转型的论文集。对于这一问题的马克思主义分析，多布（Dobb）和斯威兹（Sweezy）的文章是最著名的。

Kriedte, Peter. *Peasants, Landlords and Merchant Capitalists：Europe and the World Economy，1500 - 1800*. Cambridge：Cambridge University Press, 1983. 该书对资本主义的早期发展作了很好的概述。

Mann, Michael. *The Sources of Social Power. Volume 1：A History of Power from the Beginning to A. D. 1760*. Cambridge：Cambridge University Press, 1986. 该书的最后几章较为详细地阐述了现代资本主义的兴起。该书基本上采用的是一种韦伯主义的视角，它对于资本主义滥觞的认定比大多数观点早了数个世纪。

Sanderson, Stephen K. "The Transition From Feudalism to Capitalism：The Theoretical Significance of the Japanese Case." *Review* 17：15 - 55, 1994. 针对从封建主义到资本主义转型的各种主要理论，该文进行了阐述和批评，并且针对我对这一重大社会转型的理论，该文提出了一个更为详细的版本。

Smith, Alan K. *Creating a World Economy：Merchant Capital, Colonialism, and World Trade 1400 - 1825*. Boulder, Colo.：Westview Press, 1991. 针对 19 世纪早期资本主义的出现和进化中的各种重要因素，该书进行了一次有益的综述。

Wallerstein, Immanuel. *The Modern World-System：Capitalist Agriculture and the Origins of the European World-Economy in the Sixteenth Century*. New York：Academic Press, 1974. 该书是一位著名的社会学家对资本主义的兴起所进行的出色但富有争议的研究。该书计划出四卷，其中第一卷是关于资本主义的发展史的，它采用的是沃勒斯坦的世界体系视角。本书已成为现代经典，对于任何对资本主义通史感兴趣的人来说，该书都是必读书。

Wallerstein, Immanuel. *The Modern World-System II：Mercantilism and the Consolidation of the European World-Economy，1600 - 1750*. New York：Academic Press, 1980. 这是沃勒斯坦计划中的四卷本著作

中的第二卷。

Weber, Max. *The Protestant Ethic and the Spirit of Capitalism*. Translated by Talcott Parsons. New York：Charles Scribner's Sons，1958.（初版于1905年）该书是对现代资本主义之兴起最为著名的解释。该书认为，16世纪的新教改革为资本主义的发展提供了关键性的刺激。

Wolf，Eric. *Europe and the People Without History*. Berkeley：University of California Press，1982. 该书对资本主义进行了引人入胜的历史研究，作者特别强调了资本主义对前资本主义社会的冲击——这些前资本主义社会深陷于资本主义的影响之中。

工业革命以来的资本主义和社会主义

142　　伊曼努尔·沃勒斯坦（Immanuel Wallerstein, 1984d）曾经声称，在资本主义世界体系的进化过程中，存在着三大趋势：生产机械化程度的提高、生产要素商品化程度的提高和劳动力无产阶级化程度的提高。机械化程度的提高，亦即对先进技术应用的增多，特别是把机器用于生产任务。随着土地、劳动力、技术以及其他生产力越来越多地由市场进行配置，越来越多地受到其交换价值的制约，生产要素的商品化程度也随之提高。当人们通过工资的形式来对大部分劳动力进行补偿时，无产阶级化的程度也会提高。总而言之，这三种趋势成为"深化"的资本主义发展的标志（Shannon, 1996）。本章和下一章将探索在过去的两个世纪里资本主义的"深化"过程。本章特别关注被称为工业革命的事件：它是什么？它是什么时候发生的？它给资本主义体系带来了什么后果？本章还将探索资本主义从19世纪后期到目前的进化和扩张。1917年以后，特别是

143　1945年以后，一些资本主义社会开始尝试从资本主义制度中退出，即开始建立社会主义经济。这些尝试的性质和意义，也将是本章的一个主要话题。

工业革命和工业资本主义的出现

工业革命及其原因

工业革命涉及技术的转型，即由严重依赖人力和畜力的技术，转变为以机器为特质的技术（Landes, 1969）。与之相伴的是另一个转型，即由严重依赖农业生产转向依赖工厂制度中的商品制造。本质上，工业革命是一个技术革命，不过，它为社会的经济结构带来了新的深刻变革，带来了产品生产和交换的新方法，以及劳动力组织方面的深刻变化。

工业革命开始于18世纪下半叶的英国，它的第一个阶段通常被追溯到大约1760—1830年之间（Landes, 1969）。工业化开始阶段的特征是，纺织工业急剧扩张，冶铁业和煤矿业快速发展。纺织工业，特别是棉布的制造，因为珍妮纺纱机、水力纺纱机、动力织布机和压花机的发明而发展起来。纺织品制造业的增长刺激了工厂体系的发展。蒸汽机的发明也是这一过程的一个重要组成部分，它被用于驱动纺织工厂里笨重的机器。纺织业构成了英国经济最重要的部分，而且也是国际资本主义体系中最主要的出口品。

在工业发展的第一个阶段，冶铁工业也经历了显著的扩张。为了制造蒸汽机和器具，对铁的需求越来越高；器具生产本身也成为英国经济的一个显著特征。反过来，这些产品的生产日益增多，又导致了对煤的需求的升高，以及煤矿业的扩张。

19世纪，工业技术很快也出现在了欧洲的很多地方，特别是法国、比利时和德国。这一时期，美国也开始崛起为一个主要的工业社会。到19世纪后期，俄罗斯和日本也开始了工业化过程。

工业革命创造了一种新的经济生产模式，即工业资本主义。上一章曾经指出，工业资本主义与其他类型的资本主义的区别是，它是通过剥削雇佣工人的方式获取利润的。工业资本主义的建立在很大程度上要求把劳动力组织到工厂系统中去，而工厂就成为资本主义生产的基本社会单位。针对工业资本主义的出现，迈克尔·彼尤德（Michel Beaud, 1983：83）曾经这样说过：

19 世纪，资本主义生产方式主要是通过建立机器工业的方式来扩张的。那些 18 世纪末开始在英国建立起来的"作坊"广泛扩散，它们不仅出现在英国本土，也出现在比利时、法国、瑞士、德国和美国。这些作坊的发展尤其对当时的"驱动"行业造成了冲击：纺织业和冶金业。原来是商贩或商人的人，以及工头和工匠的儿子们，变成了制造商，他们通过乡村的转型或者移民的方式获得了劳动力。他们在雇用这些劳动力的时候怀有这样的企图：把他们吸干榨净。正是在这种悲惨和无法忍受的压迫条件下，现代工人阶级的初始部分形成了。

显然，工业化并没有随着技术和经济的发展而停止脚步。工业化并不是一个事件或一系列事件，而更应该被看做一个持续的过程，这一过程一直延续到今天。19 世纪中叶，进一步的技术创新出现了，当时已有的技术得到了改进，被更广泛地应用于资本主义生产之中。例如，蒸汽机开始被应用于运输。它被用于创建第一条铁路；随着汽船的发明，它也被用于航运。正是在这一时期，铁路开始成为极其重要的资本主义投资项目（Dobb，1963）。

20 世纪初，汽车、电力以及汽油工业成为工业社会中重要的生活表象（Lenski，1970）。到第二次世界大战时，航空、制铝和电子工业在经济上的重要性开始显现（Lenski，1970）。最近这些年我们见证了这些显著的技术进步：驯服核能，大规模生产高度复杂的计算机。而且，用不着具备多么敏锐的未来眼光就可以看出，这些发展可能仅仅是一系列巨大技术成就的开端。

对于工业革命的上述描写是高度概括化的，但仍然可以清晰地表明，当时正在发生的技术变革是多么重要。实际上，这些变革将导致全世界范围内社会生活结构发生重大改变。可是，为什么工业革命在彼时彼地发生？或者说，它为什么会发生呢？

有些学者认为，工业革命根植于人口压力之中（R. Wilkinson，1973；Boserup，1981）。因此，他们仅仅把工业化视为另一次技术进步，它根植于下述愿望之中：避免因为人口增长而导致的生活水平下降。这类似于以前的基础进步，如新石器革命或犁的出现。但是，用人口增长来解释工业化似乎行不通，我们目前所面对的技术变革完全不同于以前的技术变革。

一个更好的解释是，工业革命是进化中的欧洲世界体系的逻辑结果和可预测的结果（Wallerstein，

1989）。18 世纪中叶，英国显然已经成为这一经济体系中的主导力量。英国的进出口市场已经扩展到了资本主义体系的各个部分，并且集中了巨大的财富。这些财富成了至关重要的资本，可以为工厂和机器设备提供融资。因此，英国获得了一个特别有利的金融地位来从事工业发展。不过，埃里克·霍布斯堡（Eric Hobsbawm，1968）指出，资本主义本身并没有任何促进技术创新的内在倾向。它仅仅倾向于提高赢利能力，只有在能够赢利的时候，它才进行创新。有鉴于此，我们很容易明白，为什么英国如此青睐重大工业的发展。工业化使生产率提高，使成本降低，这又使英国当时的国内和国外市场进一步扩张，还创造了新的市场。其结果就是，规模巨大的资本日渐积累起来。

因此，工业革命是欧洲资本主义世界经济的产物，它从那个经济上最适于催生它的国家开始起步。这一事实也有助于解释工业革命为何在那个时间发生，而不是更早或更晚。它不可能很早就出现，因为它的出现强烈地依赖资本主义世界经济的诞生和扩张。它也不可能很晚才出现，因为工业技术是一个扩张中的经济体系的重要成分——实际上是至关重要的成分，这一经济体系具有无限增长的性质。

了解工业革命为何没有在欧洲之外出现也很重要。在所有的非欧洲社会里，从某种意义上说，中国是最可能产生工业革命的国家。沃勒斯坦（Wallerstein，1974a）指出，公元 1500 年的时候，中国在技术上至少是与西欧同样发达的——如果不是更发达的话（cf. McNeill，1982）。不过，到 1800 年，西欧已经远超中国。这说明，技术变革并不是一个自动的过程，也不是自我发生的。相反，它依赖于特定的条件。西欧，特别是英国，恰好拥有那些逻辑上可以引起重大技术创新的条件。那么，中国所拥有的（或没有的）哪些东西妨碍了重大的技术进步呢？在 18 世纪，它并不是围绕着资本主义的生产模式组织起来的。它拥有一个帝国官僚政府，因而它并不依赖技术进步来获得财富。它还压制了很多技术创新，因为这些技术创新对它是潜在的经济威胁（Wallerstein，1974a）。因此，帝制中国的情况非常不适于开展世界上第一次工业革命。

世界体系视角下的工业革命

在《现代世界体系》第三卷，沃勒斯坦提出，工业革命的说法是一个迷思（myth），至少大多数学

者谈论这些变化的方式是具有高度误导性的。沃勒斯坦提出了三个本质上相互关联的观点：首先，变化并不是像人们通常认为的那样富有戏剧性或革命性；其次，所谓的工业革命也不是过去和现代社会之间的重大分界线；最后，我们把工业革命看做整个世界经济的重要组成部分，而不仅仅是其中某一个社会的组成部分。

前文提到，沃勒斯坦认为，资本主义世界经济的一个巨大进化趋势是，机械化程度日益提高。这一过程出现在整个体系的所有地方，但它在核心社会里的进展更快，也更广泛。在资本主义的整个历史上，机械化程度的逐渐提高持续地进行着，尽管并不顺利。有鉴于此，18世纪的工业革命仅仅是进化过程的一个阶段，因此并不是真正革命性的。在以前的那些世纪里，一定程度的机械化也曾经出现过，特别是1540—1640年这一个时期（Nef, 1964）。所有这些都意味着世界历史中的"重大分界线"并不是工业革命——就像很多社会科学家所主

146

张的那样，而是向资本主义的转型，这一转型发生于大约3个世纪以前。

此外，如果工业革命仅仅是资本主义世界经济进化的一部分，那么我们就必须以整个体系为参照来理解它出现的原因。正是在这个意义上，沃勒斯坦才坚持说，我们所说的核心社会里的工业革命，发生于他所谓的"资本主义世界经济的巨大扩张的第二阶段"（Wallerstein, 1989）。资本主义诞生于15和16世纪，在那个时期，它扩张到了全球的重要区域。然后，在17世纪，它继续扩张，但速度大大放缓（Wallerstein, 1980）。大约在1730年之后，它进入了第三阶段，也是其快速扩张的第二阶段。在这一阶段的末期——大约是19世纪中叶，它已经覆盖了全球的大多数区域（1900年，它覆盖了全球的绝大多数地区，见图8—1）。正是在第三阶段，主要的核心社会发生了广泛的工业化，原因如前所述。

148

　　核心社会
　　半边缘社会
　　边缘社会

图8—1　1900年资本主义世界经济

在我看来，沃勒斯坦的整体立场基本上是正确的，但有一个重要的保留条件，即他轻视了18世纪中叶之后出现的技术和经济变革。可以肯定的是，日益提高的机械化是资本主义历史中一个持续进行的过程，但它也是断续发生的，是不均衡的。做出下述推论是一种夸大其词：1760年之前和1760年之后发生的技术变革拥有同样的规模。因此，在很多学者夸大工业革命的重要性的时候，沃勒斯坦却在

低估其重要性。

工业化的一些后果

实际上，工业发展对社会生活的组织产生了重大的影响，从本质上说，触及了社会生活的每一个方面。工业化最根本的后果之一就是经济生产率的大幅度提高，其提高的幅度在人类历史上是空前的。举一个简单的例子：1750年，纺纱用的原棉的进口

额是 300 万英镑，但到 1784 年的时候，这一数字已经升至 1 100 万英镑，1799 年是 4 300 万英镑，1802 年是 5 000 万英镑（Heilbroner，1972）。与此相似，生铁的产量从 1788 年的 6.8 万吨戏剧性地上升到了 1839 年的 134.7 万吨（Heilbroner，1972）。此外，从工业资本主义早期开始，劳动生产率一直在上升，目前已远远高于 19 世纪早期的水平。

前文已经提及，工业化的第二个后果是核心资本主义社会中工业无产阶级的诞生。这是资本主义历史上无产阶级化的第一波。无产阶级由在工厂里工作的工人群体构成，包括男人、女人和儿童。在工业资本主义早期，这些工人在严酷的条件下工作。在工厂里，他们严重超限劳动，获得极低的工资，很多情况下仅够维持其生存。他们生活在拥挤的贫民窟里，经常罹患营养不良和各种疾病。很多人是儿童，他们的报酬比成年男人和女人更低。19 世纪上半叶，英国的工业是以对大量人口的剥削和贬低为特征的。正是这种情况导致了马克思（Marx，1967；orig. 1867）对资本主义的严厉批评。关于英国的工业小镇的评价，埃里克·霍布斯堡（Eric Hobsbowm1968：67-68）写道：

> 这是些什么城市！它们不仅受到烟雾的威胁，还充满了污物，就连最基本的公共服务——供水、排污、街道清理和广场等都不能与移民的大量涌入保持同步发展。上述情况进而造成了霍乱和伤寒的流行，特别是在 1830 年之后，它也使很多人持续地成为 19 世纪两大杀手——空气污染和水污染，或者呼吸疾病和肠道疾病——的受害者。新的城市人口——他们有时完全不适应非农业生活，比如爱尔兰人——被塞进过度拥挤的阴冷的贫民窟里，这一状况使观察者的心为之战栗。"文明创造奇迹，"伟大的法国自由主义者托克维尔（Tocqueville）写道，"但文明人却被变回野蛮人。"

在工作领域，工业化的第三个后果也出现了：劳动专业化程度日益提高。19 世纪后期以来，这一现象——工人日益变成大型机器上一个无足轻重的零件——发展得特别迅速和深入。在卡尔·马克思看来，对工人们来说，日益提高的劳动专业化把工作变得越来越烦闷和无意义。工业资本主义的这个性质，是导致马克思对其进行严厉批评的另一个原因。实际上，劳动专业化程度的日益提高是资本主义进化的三个主要趋势之一。它源自无产阶级化和机械化的相互结合，又使得劳动和工人的商品化程

度日益提高。我们稍后还会讨论这一过程。

工业资本主义的出现带来的第四个后果是社会高度城市化。社会生活由乡村向城市转移，很多城市规模十分巨大。黑尔布劳纳（Heilbroner，1972）注意到，美国的城市发展是这样的：1790 年，只有 24 个城镇的人口超过 2 500 人，这些城镇总计只占总人口的 6%；但到 1860 年的时候，有 20% 的人口生活在 392 个大城市里；到 1970 年的时候，东海岸的大部分地区实际上已经发展成一个个巨大的城市，承载着这个国家总人口的 60%。

工业化带来的第五个也是最后一个引人注目的后果是人口性质的变化。从整体上看，工业化已经造成了所谓的"人口转型"（Harris and Ross，1987；cf. Hand-werker，1986）。一开始是死亡率下降，因为卫生条件、医疗服务等情况有所改善，人们开始活得更长、更健康。死亡率下降之后，最终随之而来的是出生率的急剧下降。在农业生产主导的社会里，孩子是一项重要的经济财富，因为他们可以成为农业劳动力，发挥良好的作用。因此，农业社会里的人们通常拥有多生孩子的动机。可是，在工业社会里，孩子变成了一项经济负担。这种情况出现的时候，人们就有了缩小家庭规模的动机。他们不再拥有 6~8 个孩子，而是拥有 2~3 个孩子，但增加了对每个孩子的投资。与仍然以农业人口为主的社会相比，因为出生率的急剧下降，工业社会里的人口增长率要低得多（Harris and Ross，1987）。（第九章的表 9—1 提供了全世界各个社会人口增长率的比较数据。）

19 世纪后期以来的工业资本主义

19 世纪最后 25 年，资本主义世界经济被 4 个核心国家主导着（见图 8—1）：英国、美国、德国和法国（Chirot，1986）。这 4 个国家是世界上工业化水平和城市化水平最高的社会。1900 年，它们总计生产了全世界四分之三的制成品，尽管它们的人口仅占全世界人口的八分之一（Chirot，1977）。

依据丹尼尔·希洛特（Daniel Chirot，1986）的说法，只有其他 5 个国家拥有资本主义核心成员的资格：荷兰、比利时、瑞士、瑞典和丹麦。从经济上来说，这 5 个国家在很大程度上生活在那 4 个主要核心国家的阴影之下。当时的半边缘社会主要由西班牙、奥匈帝国、意大利、俄国和日本构成

（Chirot，1986）。边缘社会由葡萄牙、中国、奥斯曼帝国、东欧国家，所有或绝大多数拉丁美洲、亚洲和非洲地区构成（见图8—1）。

20世纪初，世界资本主义具有一些不可忽视的关键特征。其中之一就是英国在世界经济中的相对衰落，以及其他国家地位的相对提高，特别是美国。彼尤德（Beaud，1983）注意到，英国在世界工业产量中的比重从1870年的32%，下降到了第一次世界大战前的14%，到1930年只有9%。与此同时，美国在世界工业产量中的比重却在上升。1870年，美国生产了世界总产量的23%；到第一次世界大战前夕，这一比重是38%；到1930年的时候，它在世界总产量中的比重上升到了42%。到20世纪早期，美国毫无疑问已经取代了英国，成为世界核心强国。

在这一时期，世界资本主义的另一个关键特征是，它进入了资本主义发展的一个新阶段，即所谓的"垄断资本主义"阶段。在垄断资本主义之下，随着资本主义公司在规模和资本集中度上的提高，资本主义的竞争性降低了。大型公司开始主导市场，并且通过经济摧残驱逐小生产商，然后吞并它们。最终，在很多行业，少数巨型公司主导了市场。那时，资本集中于越来越少的公司手中，彼尤德（Beaud，1983：136-137）对这种集中的程度进行了总结。

> 在所有地方，生意规模和工业公司的规模都在提高……危机时期，公司合并出现了，这对那些最强大的公司十分有利。1880—1918年，英国有655家公司"消失"了，变成了74家合并公司。

总之，史无前例的资本集中出现了，资本集中在一个资本家或一个家族的管理之下。托拉斯（trust）或集团公司（group）快速成为一个国家整个工业领域的主导，特别是在美国和德国。1908年，美国7家最大的托拉斯拥有或控制着1 638家公司。到1900年的时候，托拉斯控制了纺织工业的50%、玻璃工业的54%、书籍和造纸工业的60%、食物工业的62%、制酒行业的72%、非铁金属行业的77%、化学工业的81%，以及钢铁工业的84%。这些公司包括美国钢铁公司，它是由摩根（J. P. Morgan）和加利（E. H. Gary）创立的，兼并了卡耐基钢铁公司；还有洛克菲勒（J. D. Rockefeller）于1870年创立的标准石油公司，1870年的时候，该公司仅仅加工美国4%的石油，但到1879年，它控制了美国90%的炼油厂，到1904年，它控制了美国85%的国内石油生意以及90%的石油出口生意。

1873年，德国的克虏伯工业帝国雇用了7 000名工人，1913年为7.8万名工人；AEG电器工业公司通过令人吃惊的集中过程，到1911年的时候，控制了175～200个公司，雇用了超过6万名工人。

垄断资本主义的出现还有另一个特征，即核心资本主义国家对外投资的大幅增长。从19世纪90年代早期到20世纪10年代早期，英国的对外投资增长为原来的4倍。1883—1893年，德国的对外投资翻了一番，1893—1914年又翻了一番。1880—1914年，法国的对外投资增长为原来的3倍（Beaud，1983）。核心国家的对外投资大约一半投向了欧洲和北美以外地区。拉丁美洲获得了19%，亚洲为16%，非洲为9%，大洋洲为5%（Beaud，1983）。

到20世纪中叶的时候，一个新的经济单位在资本主义世界经济中凸显出来：跨国公司（Barnet and Müller，1974）。今天，跨国公司是世界资本主义的中心经济单位（Bornschier and Chase-Dunn，1985）。所谓跨国公司，就是在多于一个国家拥有生产分支的公司。在这种公司兴起以前很长时间，资本家就开始在世界市场上销售其产品，但跨国公司的兴起标志着国际化生产的出现。

跨国公司的重要性可以通过对比其销售额与欧洲一些小国的国民生产总值（gross national products，GNPs）来以管窥豹（Heilbroner，1972）。例如，20世纪60年代后期，通用汽车公司的销售额超过了比利时、瑞士、丹麦、奥地利、挪威、希腊和葡萄牙的国民生产总值。类似地，新泽西的标准石油公司的销售额也超过了上述国家的国民生产总值，比利时和瑞士除外。

在资本家资本积累的历史上，跨国公司仅仅是其使用的一系列策略中最晚近的一种。通过生产的国际化，资本家能够克服加在其积累行为之上的特定障碍。这些障碍之一就是进口关税。通过在其他国家设立分公司，资本家能够直接在这个国家进行生产和销售，从而逃避高额关税。

现在，资本主义世界体系的核心强国是美国、德国、法国和日本。虽然美国仍然是领先的核心强国，但是它的主导能力已经大不如前。西欧的很多国家，以及加拿大和澳大利亚，也是核心成员。半边缘社会由下列国家构成：欧洲国家，如西班牙、意大利、希腊；一些较富裕的欠发达国家和地区，如阿根廷、委内瑞拉、南非以及中国台湾；石油输出国组织中资源丰富的中东国家。边缘社会由余下的非洲、亚洲、拉丁美洲的欠发达国家和地区构成（见图 8—2）。（下一章将会仔细检视这些当代的资本主义边缘、半边缘国家和地区，并解释其经济发展水平低下的原因。）

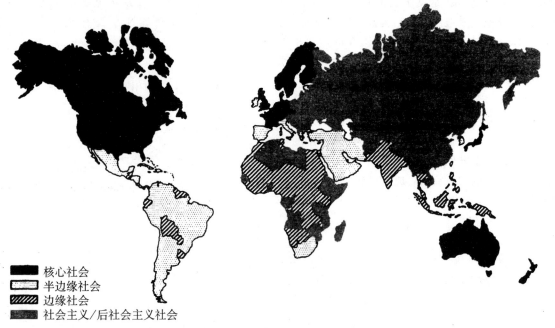

图 8—2　1999 年的资本主义世界经济

图例：
- ■ 核心社会
- □ 半边缘社会
- ▨ 边缘社会
- ▩ 社会主义/后社会主义社会

日本向工业资本主义的转型

到目前为止，对工业资本主义的讨论都集中在欧洲和北美，但众所周知，在最近的数十年时间里，日本已经崛起为一个主要的工业资本主义国家和一个世界经济强国。很多人，包括社会科学家和普通人，期待日本在 21 世纪初成为领先的世界经济强国。

1853 年之后，日本被整合进世界经济之中，当时，西方的舰船停靠在它的港口，要求它终止两个世纪以来与欧洲的经济隔绝。在一定程度上，日本很不情愿承认它无力阻止与西方的接触以及西方对它的影响。但它采取了重要的措施，以保证与西方的接触不对其经济和社会产生严重的伤害。1868年，日本经历了一场重大的社会和政治变革，即所谓的"明治维新"。明治维新不仅改变了政府的形式，更重要的是，它也启动了经济发展和工业化的重大计划。必须承认，日本是以半边缘而不是边缘国家的身份被整合进资本主义世界经济的。在被整合时，它在经济上是强大的，因而它能够避免成为边缘国家——这种国家为满足核心国家的利益而生产原材料。

1868 年，日本这个现代民族国家的一个首要任务是，全力鼓励大规模工业化的发展，而国家在经济的组织和发展方面发挥了极为重要的作用。政府行动直接涉入了日本的工业化之中，其程度远远超过以前工业化进程之中的欧洲国家。弗朗西斯·穆尔德（Frances Moulder, 1977）认定了日本政府涉足经济发展的三种主要方式：

其一，运用自己的资金建立先导企业，并管理它们。

其二，资助企业，特别是重工业、铁路建设及采矿业。铁路主要由政府经营，采矿也是如此。到1880 年的时候，政府共经营着 6 个矿山（分别经营铁矿、铅矿、金矿、银矿、铜矿和煤矿），实际上，它们是当时仅有的大规模使用现代机器的矿山。直到 19 世纪 70 年代，政府还在很大程度上涉足制造业，特别是纺织工业。

其三，鼓励形成国有银行系统，这些银行将会以较低的利率为现代工业投资提供长期贷款。

纵贯 20 世纪，政府始终在日本的经济发展中发挥着关键的作用，今天依然如此。日本政府对经济的参与度是如此之高，以至于这个国家有时甚至被戏称为"日本有限公司"（Chirot，1986）。

仅仅是在最近的四五十年里，日本才上升到领先于世界经济的强国地位。从 20 世纪 50 年代中期到 80 年代，日本经济一直在以非凡的速度增长。1989 年，日本生产了全世界四分之一的乘用车。1991 年，它生产了美国销售的乘用车的 30%（包括在美国的日本工厂里生产的轿车）。在下列产品的生产上，日本在产量上超过了许多工业化的资本主义国家，或者说，至少挑战了它们：收音机、石英表、电视机、计算器、磁带录音机、立体声耳机、计算机、硅晶片以及机器人（Hane，1992）。

在日本和西方的资本主义经济之间也存在着几个重要的差异（Hane，1992；Yoshihara，1986）。首先，日本公司通常为其雇员提供终身职业，很少有工人从一个公司跳槽到另一个公司。在所有类型的工作场所里，日本工人都显示了令人震惊的对其公司的忠诚度，这在西方资本主义体系中几乎是不可想象的。其次，日本劳动管理关系也不一样。与西方的工人相比，日本的工人被要求为决策过程做出的贡献要大得多，这显然在管理层和劳工之间创造了更多的和谐（Mikiso Hane，1992）。报道说，日本 20 世纪 80 年代浪费在劳工纠纷方面的工日，仅是美国的大约 4%。再次，日本的资本家更强调长期利润而不是短期利润，这恰恰与西方的情况相反，在西方，"快速回报"心理占据主导地位。最后，近年来越来越明显的是，日本公司彼此之间密切合作，进而组成企业集团，即日语中所谓的"财阀"或"经连"。在这种体系中，一个巨型制造商，如丰田或索尼，与为其提供生产所需的原材料的卫星公司建立联系。这个企业集团的成员相互授权，并协调其经营活动，这种协调很可能是细节上的。这些企业集团像紧密的小团体那样活动——外人被排除在外，这极大地提高了日本公司的赢利能力。

国家社会主义社会的出现

国家社会主义的起源和性质

世界上第一个社会主义社会诞生于 1917 年，当时俄国经历了布尔什维克革命，后来建立了苏联。20 世纪 40 年代中后期，欧洲其他地方也开始出现社会主义社会；在世界上其他欠发达的地方，一些社会主义社会稍后也兴起了，它们大多兴起于 20 世纪 70 年代。表 8—1 列举了 1987 年世界上主要的社会主义社会。在所有这些社会里，马克思列宁主义都是主导性的政治意识形态，而且共产党掌握着国家政权。（还有其他少数社会声称自己是有别于马克思列宁主义者的社会主义者。这些社会不在此列。）使情况变得更复杂的是，其中的很多社会——所有的东欧国家从 1989 年起，苏联从 1991 年起——放弃了国家社会主义（至少是放弃了其经典版本），并明显地转向更加资本主义的、以市场为导向的经济。在这些国家中，共产党丧失了对政权的掌握，相当程度的政治自由化实现了。为了术语的明晰性，我建议使用"国家社会主义"的概念来指称 1989 年前的东欧或 1991 年前的苏联社会，使用"后社会主义"来指称上述时间以后的这些社会。[①]["后社会主义"这一术语是匈牙利经济学家雅诺什·科尔内（János Kornai）创造的，他是一个精明的分析家，分析了国家社会主义经济及其转型。cf. Kornai，1992。]

表 8—1　1987 年实行社会主义的主要国家或地区

国家或地区	实行社会主义的年份
苏联*	1917
蒙古	1921
阿尔巴尼亚	1944
南斯拉夫	1945
保加利亚	1947
捷克斯洛伐克	1948
匈牙利	1948
波兰	1948
罗马尼亚	1948
朝鲜	1948
中国	1949
民主德国	1949
越南**	1954
古巴	1959
刚果	1963
索马里	1969
南也门	1969
贝宁	1972

---

① 根据本书作者的观点，本书所使用的"后社会主义"、"后社会主义国家"、"后社会主义社会"等词均指解体后的苏联各加盟共和国及剧变后的东欧各国。——译者注

续前表

国家或地区	实行社会主义的年份
埃塞俄比亚	1974
安哥拉	1975
柬埔寨	1975
老挝	1975
莫桑比克	1975
阿富汗	1978
尼加拉瓜	1979
津巴布韦	1980

* 此处苏联指的是苏维埃俄国，它后来成为苏维埃社会主义共和国联盟的一部分。

** 1954 年仅涉及这个国家北部的情况。1975 年越南再度统一的时候，南部也实行了社会主义。

资料来源：János Kornai，*The Socialist System：The Political Economy of Communism*. Princeton：Princeton University Press，1990，pp. 6 - 7。

在分析这些社会的时候，我将讨论它们在典型的国家社会主义时期的经济结构。然后，我将观察它们在 20 世纪 70 年代和 80 年代所经历的经济改革，有些改革导致了 1989 年、1991 年戏剧性的经济和政治动荡。这也有助于我们考察它们当中的一部分——作为后社会主义社会——目前的情况。本章我将仅仅关注那些经历过深刻的工业化进程的国家社会主义社会：苏联和东欧的社会主义社会。我将使用现在时态描述国家社会主义和后社会主义，这主要是因为，大多数国家社会主义至今仍然陷入后社会主义之中。我们无法这样谈论国家社会主义：好像它已经是一个被清除和超越的历史现象，因为这样的事情还没有发生。

在国家社会主义的典范——苏联，除了消费品之外，私人财产几乎完全被消灭。因此，个人可以拥有自己的房屋、轿车和衣橱（作为个人财产），但不可以拥有经济生产资料。大多数工业部门和部分农业部门被国有化了。实际上，除了由集体农庄的农民耕种的一小片土地之外，经济的其他所有部门都被置于国家经济计划的控制之下。苏联经济的核心是其国营部门，所有的重要行业都是国有的和国营的，比如采矿、大型工程、铁路、通信、发电、城市零售业、大型合作农庄以及其他行业。因此，主要的生产手段都是公有的，所有的雇员都为国家工作。私人企业确实存在，如小工匠在偏远地区经营的小农场，但受到严格限制（Lane，1985；Kornai，1992）。东欧的国家社会主义社会大致遵循苏联的样本，不过它们具有对资本主义和市场导向的经济活动更加开放的特点，这一现象在 20 世纪 70 年

代变得更加突出（Abonyi，1982）。在匈牙利和南斯拉夫尤其如此。早在 20 世纪 50 年代，南斯拉夫就在实验市场经济。它试图创造一种"市场社会主义"，也就是说，保留基本的社会主义经济，但允许发展一定程度的资本主义——与社会主义经济并行不悖。

不过，以苏联为最佳代表的、经典的国家社会主义制度却把市场经济压至绝对的最低水平，并绝对强调国营和国家经济计划。正像雅诺什·科尔内（János Kornai，1992：115）所写的那样，在经典的国家社会主义中，"作为集体组织或有机体的工厂的'生死'，并不取决于市场竞争的'自然选择'，而是由官僚决定。这里完全没有……这样做的企业家：引进新产品和新技术，建立新组织，征服市场；与此同时，过时的产品和僵化的组织却被制造出来"。

市场原则的缺失对经济功能的影响在其他任何地方都不如在货币和价格领域突出。在科尔内（Kornai，1992）看来，经典社会主义不是一种完全货币化的经济，而是一种半货币化的经济。货币是存在的，但它并不是一种被普遍接受的交换媒介——就像在资本主义经济中那样，也不能被兑换成外币。科尔内还注意到，价格并不是由市场规律决定的，而是由官僚的政令决定的。这意味着，它们对基本的供求规律不敏感，因此不能被当作"生产多少"和"生产什么产品"的指标。我们将会看到，这些经济特征对国家社会主义制度的功能造成了戏剧性的后果。

国家社会主义社会的工业化是在国家的密切控制下进行的（Gershenkron，1962）。在苏联，旨在实现工业化的主要努力，在 20 世纪 20 年代后期到二战之间，在斯大林主义政权的领导下展开。在很短的时间里，苏联从一个大体上的农业社会，变成了世界上主要的工业社会之一。苏联工业化的速度以及苏联领导人实现工业化的热情，造成了可怕的人员伤亡。为了实现从农业向工业的转变，上百万的农民或者被杀，或者被送入了劳动集中营。这是人类历史上最悲惨的故事。

到 20 世纪后半叶，从许多重要方面来看，国家社会主义社会与工业资本主义社会非常相似。在基本的社会模式方面，工业化在很大程度上为这两种类型的社会制造了显著的相似性。不过，国家社会主义社会虽然在工业化方面取得了相当大的进步，但没能实现真正高水平的经济繁荣，而这种经济繁荣却是现代资本主义的特征。到 20 世纪 80 年代后

期，国家社会主义社会的人均收入仍然仅仅是工业化资本主义国家的三分之一到二分之一。实际上，尽管国家社会主义获得了相当可观的经济发展，但是到20世纪70年代的时候，它似乎遭遇了实现经济进一步发展的重大障碍。国家社会主义经济开始停滞，并遭遇各种弊病。这些弊病引发了各种各样的改革计划，而这些改革在20世纪80年代后期和90年代早期的后社会主义转型中达到了顶峰。稍后我们就会考察这些改革的细节以及推动它们的力量。

国家社会主义和资本主义世界经济

近年来，国家社会主义国家与资本主义世界体系之间的关系已成为激烈辩论的主题，特别是在西方的马克思主义社会科学家中间。例如，近年来，克里斯托弗·柴斯东（Christopher Chase-Dunn，1982）所持有的主张，在沃勒斯坦主义的世界体系理论家中变得流行起来。柴斯东认为，国家社会主义国家不仅与世界体系有密切的经济联系，而且它们实际上是资本主义世界体系不可分割的一部分。它们在世界体系中占据的位置是半边缘。柴斯东声称，国家社会主义国家之所以拥有这一位置，是因为它们为世界市场生产商品，而且与资本主义跨国公司进行重要交易。因此，在柴斯东看来，国家社会主义根本不是真正的社会主义。相反，从本质上说，它们是由社会主义政党领导政府的资本主义社会。

与柴斯东针锋相对的是阿尔伯特·西曼斯基（Albert Szymanski，1982）。西曼斯基争辩说，国家社会主义社会是彻底的社会主义。它们所拥有的经济仅仅由"为消费而生产"驱动，而不是由"为利润而生产"驱动。再者，国家社会主义经济基本上是独立于西方资本主义之外的，资本主义国家和国家社会主义国家之间的经济交易主要是非必需品交易或奢侈品交易。

西曼斯基提供了很多方面的证据来支持其立场（他的分析几乎完全基于苏联的例子）。首先，苏联与西方资本家之间的各种商品和技术交易协议是按照苏联自己的条件签订的。这些协议无法在很大程度上影响苏联内部的经济过程，因为它们并不涉及直接投资，也不涉及资本家在苏联公司中的管理权。其次，虽然国家社会主义社会在核心和边缘的资本主义社会中都有投资，但是这些投资与发达资本主义国家的投资相比显得微不足道。例如，1978年，美国在边缘资本主义国家的投资比苏联在这些国家的投资多2 200倍。再次，国家社会主义社会之间的

贸易远远超过它们与发达资本主义社会之间的贸易。例如，1978年，大约60％的苏联贸易是与其他国家社会主义国家进行的，只有28％的贸易是与核心资本主义国家进行的。而且，同年只有大约4％的核心资本主义社会的贸易是与国家社会主义国家进行的。最后，如果国家社会主义社会和资本主义社会之间存在密切的经济联系的话，那么既然资本主义有如此明显的经济波动，类似的波动也应该在国家社会主义国家里有所反映。可是，资本主义社会和国家社会主义社会在这一问题上的相关性并不强。实际上，"苏联工业增长最快的时期为1928—1941年，而此时恰逢现代资本主义历史上最迁延和最深刻的衰退期"（Szymanski，1982：75）。

柴斯东和西曼斯基之间的争论是复杂的，涉及广泛的内容，因而很难以一种明确的方式来解决。实际上，这一争论仅仅是更大的争议的一部分，这一更大的争议涉及苏联和东欧的经济制度的性质问题（cf. Sweezy，1980；Lane，1985：Chapter 3）。在西曼斯基看来，我们必须承认，在许多重要方面，国家社会主义社会确实拥有与西方资本主义社会不同的经济体系。国家社会主义社会不存在私人资本家阶级——它们所从事的事业以利润最大化为目的。这些国家运用中央经济计划的程度，在西方资本主义国家中闻所未闻。而且，它们，特别是苏联，以市场机制为经济决策指南的情况少之又少。因此，国家社会主义社会显然具有一些重要的性质，我们通常把这些性质与社会主义模式的经济组织相联系。

另一方面，西曼斯基认为，说国家社会主义社会已经基本实现了马克思和恩格斯对社会主义社会的期待，显然是错误的。显而易见，苏联和东欧与马克思主义的经典社会主义观念有很大不同。虽然马克思并没有对未来的社会主义社会应该是什么样子做出细节上的描述，但是我们知道，他的脑海里有一些基本的原则。首先，他认为，这个社会里的经济平等水平应该大大高于苏联和东欧的实际情况（参见第十章）。其次，他设想社会主义在性质上应该是相当民主的，在社会和经济计划的制订中，每一个人都享有重大发言权。最后，从某种角度说，最重要的是，马克思所设想的真正的社会主义实际上建立在"为消费而生产"，而不是"为交换而生产"的基础之上。苏联和东欧社会并没有完全实现上述期待。因为它们的经济在很大程度上投入到了商品生产上，而人们制造商品的目的就是为了提高其原初价值。总之，把国家社会主义国家说成是

"马克思主义国家"并不严谨，即使这些国家从历史的角度把自己定性为马克思主义的。

这让我们再次回到柴斯东的立场。有一点很重要，那就是要认识到，他并没有声称国家社会主义社会与西方资本主义社会一样，都是资本主义性质的。他承认，国家社会主义社会具有形式独特的内部经济组织。他的立场是从其世界体系观念生发出来的。他声称，国家社会主义社会是失败了的对社会主义的重要实验，因为这些社会极大地受限于资本主义世界经济（Chase-Dunn，1989a）。在资本主义世界经济里，国家社会主义社会的生存极为困难，它们被迫与这一体系进行某种程度的互动。在互动中，它们日益被拖回到资本主义的运行模式中去。因此，苏联和东欧逐渐被重新纳入资本主义世界经济之中，进而丧失了曾经拥有的大部分社会主义内涵。有很多证据表明，这恰恰是最近二三十年来所发生的情况，与苏联相比，东欧变化得更快、更深刻（Frank，1980；Abonyi，1982；Rossides，1990）。例如，安德鲁·冈德尔·弗兰克（Andre Gunder Frank，1980）曾经详细地展示了一些国家社会主义社会在多大程度上重新使自己置身于全球资本主义之中。从 20 世纪 70 年代早期开始，它们就在积极地与西方资本主义进行贸易，并且签订了很多财政和工业协定。弗兰克的分析终止于 1979 年，不过，他所描述的 20 世纪 70 年代的再整合过程，在 80 年代和 90 年代似乎又加速了。实际上，这一过程目前似乎正在飞跃前进（cf. Aganbegyan，1989）。

因此，柴斯东的立场最终成了更为合理的一个，也是更有启发性的一个。大部分国家社会主义社会仅仅在最开始的时候具有有限的马克思主义意义上的社会主义内涵，到目前为止，它们已经丧失了大部分曾经拥有的东西。这一结论对最后的重要问题具有重大的意义：在国家社会主义国家乃至其他类型的社会主义国家之间，是否存在过与那些发展水平不同的资本主义国家之间的关系具有可比性的关系？就社会主义国家曾经存在的世界体系的独立程度而言，这一体系与资本主义的世界体系似乎没有任何结构上的相似性（Chase-Dunn，1982；Chirot，1986）。换言之，苏联从来没有作为"核心"剥削过其东欧邻居，也没有这样对待过欠发达的社会主义国家，如古巴。苏联并没有依赖其他的社会主义国家为其提供重要的原材料。实际上，它反而在向其他社会主义国家出口原材料方面扮演了一个重要的角色（Chirot，1986）。此外，历史上苏联曾经有意

识地帮助过欠发达的社会主义国家，以促进其经济发展。例如，它以远高于世界市场的价格购买古巴的食糖（Eckstein，1986）。虽然苏联确实曾经从政治上和军事上支配东欧国家，以及其他很多欠发达的社会主义国家，但是与某些国家在世界资本主义体系中对其他国家的经济支配相比，两者没有任何相似性。

斯堪的纳维亚的民主社会主义

我们还必须说一说"社会主义"的一个变体，这一变体是在斯堪的纳维亚国家兴起的，特别是瑞典、丹麦和挪威。（以某种较低的程度而言，这一变体还兴起于一些西欧国家，如英国和荷兰。）实际上，斯堪的纳维亚国家根本不是社会主义社会，至少在经济的意义上它们不是。它们的经济仍然完全是资本主义的。绝大多数生产资料是私人所有的，生产的目的也是赢利。不过，有一些国有化正在那里发生。一些重工业和公用事业为政府所有，由政府运作。

只有在政治的意义上说斯堪的纳维亚社会是"社会主义"才是正确的。从 20 世纪 30 年代开始，社会主义政党在其政府中占据了主导地位，目前依然如此。这些政党的明确目的就是改革经济，使其更加公正和平等。虽然在大多数经济生活领域，人们可以为利润进行生产，但是政府认为，私人公司应该强烈关注国家利益。政府还与私人企业建立了密切的合作关系，为了公共的善对经济进行管理。国家密切关注价格、工资、利率等事务，也参与对它们的管控。

与国家社会主义相比，斯堪的纳维亚版本的"社会主义"甚至偏离了经典的马克思主义的社会主义观念。马克思认为，资本主义是无法改革的，而且社会主义必然涉及私人所有权的完全废除，以及对生产资料的集体占有。对于仅仅是改革资本主义制度的任何设想，他必然给予悲观的评价。（在第十章，我们会检视上述实验的成功程度。）

国家社会主义内部的改革及其向后社会主义的转型

早在 20 世纪 70 年代，东欧的国家社会主义经济就开始把国家经济计划与下述内容相结合：相当程度的私人所有制和市场导向的经济行为。它们比

苏联的类似动向要超前得多。当然，到 80 年代中期的时候，苏联自身也受到鼓励，开始了大体类似的行动。苏联真正的经济改革开始于 1985 年，那一年，米哈伊尔·戈尔巴乔夫（Mikhail Gorbachev）当上了共产党的总书记——苏联社会最有权的政治职位。戈尔巴乔夫奉行的政策叫作改革，或者叫经济重构。这一经济改革计划最根本的内容如下（Lapidus，1988；Kushnirsky，1988；Leggett，1988；Zemtsov and Farrar，1989）：

其一，虽然中央经济计划仍然被当作指导方针，但是各个公司要承担越来越大的决定其生产活动的责任。这些公司被迫相互竞争，而赢利水平是其成功的主要标准。那些不能有效赢利的公司将被解散。此外，越来越多的公司经理是被选举出来的，而不是通过政治裙带关系获得权力——这原来很有效。

其二，工资结构被彻底改革，工资级差更大。这被设定为对工人辛勤工作和良好业绩的一种激励。进一步的激励措施是，工人可能因为业绩不良和过度旷工而被解雇。由于这一改革，自苏联社会早期以来，失业第一次成为现实。

其三，新的与西方合资的企业将会开始运作。建立这些企业的主要目的是吸引西方资本，并提高消费品的生产能力。

所有这些改变的共同点是，明确承认中央经济计划的限度，进而更多地依赖市场（Lapidus，1988；Aganbegyan，1988，1989）。设计这些改变的目的是把苏联经济转向更加"资本主义"的方向，这一动向不会使沃勒斯坦和世界体系理论家们感到惊奇，因为在他们看来，苏联在很大程度上早就是资本主义的了。

159 这些改革的背景是什么呢？他们为何在历史的这一节骨眼上开始改革呢？这一问题的主要答案与日益恶化的经济状况有关，苏联在 20 世纪 70 年代就开始面对这一状况，到 1985 年的时候，这一状况达到了危机水平（Leggett，1988；Lapidus，1988；Zemtsov and Farrar，1989；Kaneda，1988；Mandel，1989）。这一问题当时是——目前仍然是——一种危机，与这一危机相伴的，是苏联社会很多领域中严重的道德败坏。罗伯特·里盖特（Robert Leggett，1988）和塔索·卡尼达（Tatsuo Kaneda，1988）对这一问题的各个方面进行了总结：

> 数十年来，由于苏联经济经历了多次农业歉收、工业瓶颈、能源和劳动力短缺以及长期的生产率低下，所以其增长曲线一直是下行的。

第 11 个五年计划（1981—1985 年）的国民生产总值的增长状况，是自二战以来最糟糕的。

与此同时，由于经济一直在恶化，所以生活水平的改善越来越微不足道，人民的不满也在增长。后者的体现是，工人士气越来越低，态度更加物质主义，苏联年轻人的"越轨"行为越来越多，犯罪率日益升高，滥用酒精和药物，少数族群中反对俄罗斯的民族主义情绪日益高涨（Leggett，1988：23，25）。

苏联领导人面临着整个经济的浪费状态、苏维埃技术发展能力的降低、对西方技术进步的依赖、国际竞争力的下降、日用必需品的长期短缺、黑市的存在、行贿和腐败的广泛存在、日渐增加的债务、人民感到被疏远、习惯性饮酒，人民在逃避工作，他们的患病率和死亡率也在上升（Kaneda，1988：81）。

但是，如果日益恶化的经济状况是戈尔巴乔夫经济改革的动力，那么经济问题背后的原因是什么呢？雅诺什·科尔内（János Kornai，1992）是世界领先的国家社会主义政治经济专家。他认为，这些问题是经典社会主义制度的内在问题——从一开始就是，尽管它需要数十年才能完全展现出来。在科尔内看来，不遵守市场规律的官僚主义经济计划会导致严重的后果，这主要是因为它没有提供一个合理的定价体系——该定价体系应该对基本的供求规律非常敏感。因为价格不是由消费需求决定的，所以经济计划者不知道怎样调整供给，以便与需求相匹配。这无情地导致了长期的短缺状况。科尔内认为，与资本主义相反，国家社会主义制度往往给生产资料——用来生产其他商品的东西，如机器——的生产以优先权，而不是给消费品生产以优先权。这意味着，生活水平增长缓慢。科尔内还看到国家社会主义的另外两个特征。其一，不为本土技术的创造提供任何激励，因此需要从西方引进技术，这一情况严重降低了经济创新能力。其二，过于强调产品的数量而不是质量，这必然导致严重的产品质量问题。

还必须指出的一点是，国家社会主义在大量生产高质量的消费品方面困难重重。在最初的几十年里，苏联经济运行很正常；而且，它所创造出来的工业化水平，实际上已经能够稍稍缩小它与西方资本主义之间的鸿沟（Szelenyi，1992；Chirot，1991）。可是，一段时间过后，苏联经济和国家社会主义似乎穷尽了其内在限定性。丹尼尔·希洛特

（Daniel Chirot，1991）曾经说过，到 20 世纪中叶的时候，在创造基于钢铁、电力设施和有机化学的工业经济时，苏联体系仍然是成功的——经济强国如德国和美国在 1870 年到二战之间就已经达到了工业化的这个阶段，却停留在了这个阶段，再也没有能够进入工业发展的下一个阶段。在西方资本主义经济里，这一阶段涉及下列产品的生产：汽车、消费性电子产品以及服务。

当然，作为经济生产方式的社会主义的内在问题，并非经济改革的全部基础。国家社会主义当然有一些严重的内在限制，但它从 20 世纪 70 年代开始经历的危机也许还有其他原因。我们特别需要考虑的是，资本主义世界体系在限制国家社会主义的运作方面所扮演的角色。前文提到，在最近几十年里，苏联开始将其经济融入资本主义世界体系之中。在国际经济舞台上，其行为越来越像一个传统的资本主义国家。为什么会这样呢？克里斯托弗·柴斯东（Christopher Chase-Dunn，1982，1989a）指出，资本主义世界经济是一个整体的经济海洋，国家社会主义必须努力在其中游泳。由于世界体系创造了外部经济压力，所以在其经济运作的道路上，国家社会主义经济面临着严重的阻碍。这些阻碍包括与必要的军事建设相关的成本以及贸易禁运。柴斯东说，由于存在这些障碍，所以世界体系中的国家社会主义国家或者被该体系压垮，或者回归资本主义国家的行列。资本主义世界体系强加给它们的功能缺陷使它们别无选择，只能依据资本主义的规则展开博弈。

苏联已经被拖回到资本主义体系中这一事实，被阿贝尔·阿甘拜戈延（Abel Aganbegyan，1989）的《改革之中：苏联经济的未来》有力地证实了。阿甘拜戈延曾经是戈尔巴乔夫的主要经济顾问。他清楚地表明，在很长时间里，苏联一直十分渴望在资本主义经济中参与竞争——在资本主义的规则之下。根据阿甘拜戈延的说法，"经济改革"的关键特征是，经济向促进出口的方向转移。苏联曾经这样定位自己：能够在世界市场上从事竞争性的生产和销售。对于世界上最显赫的国家社会主义国家而言，这是一次令人惊奇的逃离——逃离传统的经济实践。这明显地提示我们，很大一部分苏联精英的经济视野和兴趣已经发生了显著的转变。它还表明，正像阿甘拜戈延所指出的，经济改革并不仅仅是一种经济上的修补。戈尔巴乔夫及其支持者所做的似乎比修补苏联经济的漏洞要多得多。他们似乎试图对苏联进行一次全面的转型——这一转型在他们之前就

开始了（在全面经济危机之前，一如前述）——朝着全面参与世界资本主义体系的方向转变。

目前的情况如何？后社会主义社会该向何处去？在很多方面，经济状况仍在继续恶化（Ericson，1995）。例如，在 20 世纪 90 年代早期，俄罗斯陷入了财政货币混乱和腐败泛滥之中。实际上，有人曾指责说，多至一半的俄罗斯经济已经落入俄罗斯黑手党的控制之下（Remnick，1997）。1992—1993 年之间，俄罗斯经济产生了惊人的萎缩现象。例如，实际的国家收入减少了 32%，而工业产量降低了 31%（Ericson，1995）。

不幸的是，把俄罗斯和其他东欧国家称作后社会主义社会，这种说法所告诉我们的更多的是它们不是什么，而不是它们是什么。它们处于"社会主义之后"的阶段，采取重大步骤奔向西方模式的资本主义。理查德·埃里克森（Richard Ericson，1995）注意到，到 1992 年年底的时候，共有 6 万家小企业、13.5 万家家庭农场，以及 2 000 多家独立的合资股份公司；大约有 2.4 万家国有企业被私有化，大约有三分之一的贸易和服务企业改为私人所有；接近 100 万家企业以非国有的形式组织起来，而且，1993 年，针对大型工业企业的强有力的、大规模的私有化也开始了。可是，即使经过了上述私有化过程，这些后社会主义国家，特别是俄罗斯，也更像是一种难以控制的混合体：旧有的国家社会主义和新的"资本主义"掺杂在一起。有人提出，这些社会正在向一种"市场社会主义"进化，或者说是向这样一种资本主义进化：它保留了很多由国家指导的经济计划。情况也许是这样，但雅诺什·科尔内（János Kornai，1992）以及其他人还建议说，这种混合经济是行不通的，所以无法提供真正的解决之道。科尔内坚称，从原则上说，社会主义制度是无法改革的。他认为，为了使一个可运行的制度诞生，必须将社会主义完全清除，代之以市场导向的制度。

那么，在这一历史时刻，那些后社会主义国家正在走向何方呢？对此的回答是，没有人确切地知道。我的预测是，它们最终会被完全整合进资本主义体系。但是，这将花多长时间？它们的经济状况会好转还是恶化？在这里，我不会冒险回答这些问题。

小　结

1. 工业革命于 18 世纪后半叶开始于英国。到

19世纪的时候，它已经扩展到了西欧的其他国家和美国。它是一次巨大的经济和技术转型，在这一转型中，机器和工厂体系开始主导生产过程。工业资本主义社会是这一巨大变革的产儿。

2. 工业革命是资本主义制度发展的一个重要阶段。资本家们开启的工业革命成为他们手中的一个工具，旨在极大地提高生产力，并降低运行成本。实际上，它创造了一种本质上全新的手段，资本家们可以通过这种手段获得利润：在生产的同时榨取剩余价值。工业化最早发生于经济最发达的资本主义社会。

3. 工业化的一些主要成果包括大幅提高了劳动生产率，创造了一个庞大的、有社会意义的城市无产阶级，提高了劳动的专业分工，社会广泛城市化，人口增长率显著下降——因为出生率下降了。

4.19世纪后期，资本主义进入其垄断阶段。这涉及作为基本经济单位的大型公司的出现，相应地，经济生活的竞争性降低了。垄断资本主义还涉及发达国家向世界贫穷地区的大量投资。

5. 目前，资本主义世界体系的构成大致如下：主要的核心国家是美国、德国、法国、日本；边缘由亚洲、拉丁美洲和非洲最穷的国家构成；半边缘社会包括一些欠发达的欧洲国家，以及拉丁美洲、亚洲和非洲一些较富裕的国家。

6. 日本是唯一一个完整经历了向工业资本主义过渡的非西方国家。日本在19世纪50年代加入了以欧洲为基地的世界经济体系——作为半边缘国家，而不是边缘国家。日本的工业化过程是由现代民族国家的诞生激发起来的，这个民族国家起始于1868年的明治维新。日本的资本主义采用了强有力的国家指导的形式，国家在其中所扮演的角色远比它在西方经济中扮演的角色重要。19世纪后期，国家通过下述手段支持资本主义的发展：实施前导计划（pilot project），资助工业，鼓励组建国家银行。如今，日本的资本主义仍在下述方面不同于西方的资本主义：员工对其公司的忠诚度、劳工和管理层的关系，以及对长期利润的强调。

7. 国家社会主义社会在俄国的兴起时间是1917年，在东欧是二战以后，在世界上的欠发达地区是20世纪70年代。在这些社会里，国家指导大多数经济活动，而私人企业和市场则付诸阙如。这些社会里的工业化由国家以强力方式推动，而不是来自资本主义企业家的逐利行为。关于这些社会的特定经济性质，一直存在许多争论。有些社会学家，特别是世界体系理论家们，把它们看做资本主义商品生产的一个替代版本（"国家资本主义"）；而另一些人则相信，它们具有独特的社会主义性质。近年来，它们中的大部分似乎逐渐丧失了其最初拥有的社会主义内涵，开始向更紧密地融入资本主义世界经济的方向发展。

8. 我们不应该把国家社会主义社会的经济制度与斯堪的纳维亚国家所谓的"社会主义经济"相混淆。斯堪的纳维亚经济基本上是资本主义的，因为以赢利为目的的私人生产是其经济生活的基础。斯堪的纳维亚版本的"社会主义"，是以政治手段改革资本主义的一种尝试，但基本上不触动经济。

9. 到20世纪70年代的时候，东欧的国家社会主义社会开始了经济改革。其目标是，提高私人所有权和逐利性生产的数量；换句话说，其目标是把市场经济原则与集中的国家计划相结合。20世纪80年代中期，苏联也开启了其经济改革计划，即所谓的"经济重构"。其目的是完全跻身于资本主义的世界经济之中，并使自己成为遵循资本主义规则的竞争性的资本主义国家。毫无疑问，这些经济改革措施是对70年代经济停滞做出的反应，也是对80年代日益严重的危机做出的反应。显然，停滞和危机是由国家社会主义积累的内在缺陷引起的，至少一部分是这样的，而上述缺陷则源自市场规则的缺失。不过，资本主义世界体系所施加的外部压力，也可能扮演了重要角色——引发国家社会主义内部经济功能紊乱。对国家社会主义国家来说，要在周遭的资本主义经济中有效运行是困难的，因为这些经济体对社会主义充满了敌意。

特别话题：后工业社会的兴起

20世纪最后25年里最有影响的社会学著作之一，就是丹尼尔·贝尔（Daniel Bell，1973）的《后工业社会的来临》。从贝尔的著作发表开始，"后工业社会"这一说法就越来越频繁地出现在众多的社会学教科书和其他著作中。贝尔认为，一种新型的社会——后工业社会，已经在最近几十年里出现在经济最发达的西方社会，特别是美国。这种社会最基本的特征是，它强调服务而不是商品的生产，特别强调特定类型的服务。工业社会也提供服务，如运输、公共工程、电信等，而后工业社会所涉及的服务则包括健康、科学和教育。

因此，后工业社会的出现将涉及社会自身之基础的转型。贝尔认为，工业社会以财产为基础，而后工业社会与此不同，它以知识为基础，特别是理论知识。借用贝尔颇具煽动性的说法，后工业社会的兴起标志着从劳动价值论向"知识价值论"的转移。社会生活的基础发生改变的标志是阶级结构的改变。新的占主导地位的社会阶级不再是拥有财产的资产阶级，而是"社会知识阶层"（social intelligentsia）：一个由受过高等教育的人组成的阶级。他们对社会的主导建立在下述基础之上：对先进的理论知识的占有。这一阶级最重要的成员是教师、医生、律师、科学家、工程师等。对他们来说，工作变成了"人与人之间的博弈"，而不再是人与物之间的博弈。

因此，对贝尔来说，后工业社会是这样一个社会：其整体特征与工业社会或"资本主义"社会大不相同。逐利的欲望已经不再是经济和社会生活的驱动力量。生活开始围绕着知识的积累而展开，这些知识也被用来改善人生。公司开始受到贝尔所谓的"社会学化的模式"的支配。这意味着，它们关注的重点转向为其雇员提供广泛的福利，转向其"社会责任"。除了这些改变之外，后工业社会还把新的关注放在了休闲上面。人们获得了更加新式的教育，教育不仅是为了完成其重要的社会事务，也是为了享受和提升知识。总而言之，后工业社会的教育水平远高于工业社会。

虽然贝尔的观点在当代社会学家中得到了广泛的认可，但我们仍然有理由对其大加质疑。贝尔分析的基本问题是由斯蒂芬·伯格（Stephen Berger，1974）富有洞见地表述出来的。伯格认为，贝尔所讨论的新进展，并不能代表一种与资本主义对立的新型社会的诞生，它反而是资本主义发展的新阶段的代表。例如，政府服务的扩张可以被理解为——在先进的资本主义社会里——一个必需的政治管理步骤。伯格还主张，技术预期背后的原初动机在本质上是军事性质的，近来大多数的科学进展都源于政府对国防的参与，以及空间探索的发现。伯格（Berger，1974：102）反驳贝尔的中心思想，其最佳表述如下：

> 我会说，这些改变如果是真的话，它们仅仅意味着，工业逻辑仍在持续地发挥作用。这一逻辑，正像卡尔·马克思所分析的那样……包含了人类工作领域的持续扩张，这些工作为下列事务所主导：商品生产；持续地使用科学家和工程师来创造机器、技术和组织形式，以便替代和控制工人……
>
> ……从商品转向服务与从体力工人转向专业工人和技术工人，在对资本主义的动力学的分析中，依然说得通。

针对伯格的说法，我们可以进行一些批评。其中一个批评与贝尔的下述说法有关：一个无产的知识阶级已经出现，并且成为后工业社会的主导阶级。我认为，一个更好的解释可能是，就其存在的程度而言，这样一个群体缺乏任何真实的社会权力，而且他们基本上是存在于资本主义制度的服务队伍里。无论如何，大多数教师、科学家和工程师都受雇于大型的公共官僚机构。伯格注意到，可以从下述视角来看待这些公共官僚机构：资本主义所催生的政府扩张。第二个批评涉及贝尔对教育扩张的看法。在这一点上，贝尔似乎混淆了"教育"和"上学"（schooling）（Berger，1974）。在当代美国，学校教育一直以很大的规模扩张着，这固然不错。但这种扩张不应被理解为来自对知识更多的需求与渴望，而贝尔似乎就是这样认为的。在我看来，一个更现实的解释是，入学规模持续扩张是文凭扩张的结果之一，这种文凭扩张在20世纪的发达工业社会里普遍存在，特别是在美国。并不是对知识的渴望，而是对文凭的渴望，让人们在学校里停留更长的时间，因为文凭可以转化为报酬和声望更高的工作（参见第十六章）。

总之，现代工业经济越来越成为"服务和信息经济"，但这并非资本主义的逆转过程。资本主义活得很好，日益增加的对服务和信息的关注，仅仅是社会生活商品化的另一个面相。因此，工业主义和资本主义是得到了扩充，而不是被削弱了。

推荐阅读

Beaud，Michel. *A History of Capitalism*，1500-1980. New York：Monthly Review Press，1983. 针对

工业资本主义的产生和发展，该书提供了信息丰富的资料。

Braverman，Harry. *Labor and Monopoly Capital*：*The Degradation of Work in the Twentieth Century*. New York：Monthly Review Press，1974. 这是一本出色的著作，作者深刻分析了19世纪后期以来资本主义社会里工作场所的转型。该书是马克思主义异化理论的一个重大进展。

Chase-Dunn，Christopher（ed.）. *Socialist States in the World-System*. Beverly Hills，Calif.：Sage，1982. 该书是一本发人深省的论文集，书中有很多当代的马克思主义学者对国家社会主义的性质进行了辩论，他们还辩论了国家社会主义与资本主义世界之间的关系。

Chase-Dunn，Christopher. *Global Formation*：*Structures of the World-Economy*. Oxford：Blackwell，1989. 该书对沃勒斯坦的世界体系理论进行了极为全面的扩充和修改。它是一部杰出的著作，在对当代世界体系的各种问题进行考察时，它应用了世界体系的理论和原则，也考察了世界体系的过去和未来。

Chirot，Daniel. *Social Change in the Modern Era*. Orlando：Harcourt Brace Jovanovich，1986. 尽管作者使用了一种没有说服力的韦伯主义视角来解释现代世界的起源，但是该书仍然对19世纪早期以来——特别是1900年以来——资本主义世界的诸多基本变迁进行了很好的阐述，如社会变迁、经济变迁和政治变迁。该书还对国家社会主义进行了很好的分析。（该书的一个早期版本在1977年以《20世纪的社会变迁》为题目出版。它的很多部分与当前的版本有很大差别——这在很大程度上归功于沃勒斯坦。这个早期版本仍然很有参考价值。）

Davis，Howard，and Richard Scase. *Western Capitalism and State Socialism*：*An Introduction*. Oxford：Blackwell，1985. 该书很好地阐述了当代西方资本主义社会和国家社会主义社会的社会经济特征，通俗易懂。

Hobsbawm，E. J. *Industry and Empire*. New York：Pantheon Books，1968. 该书是一项有价值的研究，作者是一位著名的英国历史学家，其研究内容是英国工业革命，以及从那时开始的英国经济发展。

Kornai，János. *The Socialist System*：*The Political Economy of Communism*. Princeton：Princeton University Press，1992. 针对那些支撑国家社会主义运行和进化的基本原则，该书进行了明确的概述。

Kumar，Krishan. *From Post-Industrial to Post-Modern Society*：*New Theories of the Contemporary World*. Oxford：Blackwell，1995. 针对解释后工业社会的理论以及其他相关理论，该书进行了批评性的分析。

Lane，David. *Soviet Economy and Society*. New York：Blackwell，1985. 针对苏联经济生活的各个面相，该书进行了重要的讨论。

Shannon，Thomas Richard. *An Introduction to the World-System Perspective*. Second edition. Boulder，Colo.：Westview，1996. 该书是世界体系理论的第一本教科书。针对世界体系理论的主要特征和对它的批评性反应，该书作了出色的、简明的总结。

Wallerstein，Immanuel. *The Modern World-System III*：*The Second Era of Great Expansion of the Capitalist World-Economy*，1730－1840s. San Diego：Academic Press，1989. 这是人们期待已久的沃勒斯坦研究资本主义世界经济史的多卷本著作中的第三卷。

Yoshihara，Kunio. *Japanese Economic Development*. Second edition. Tokyo：Oxford University Press，1986. 该书对日本工业资本主义的发展作了很好的简述。

资本主义和经济欠发达

166　　大约在第二次世界大战接近尾声的时候，社会科学家们开始谈论"多个世界"。这些世界代表了社会的、经济的和政治的各种类型——当时的各个社会都可以被放置其中。第一世界包括工业化的发达国家，它们拥有议会民主类型的政府。这些国家包括美国、加拿大、英国、法国、荷兰、瑞典，其他大多数的西欧和北欧国家，以及澳大利亚和日本。第二世界是工业化的发达国家，或者是至少走在工业发展道路上的国家，但此类社会拥有社会主义的或全权形式的政府。被纳入这一类型的是苏联和东欧的国家社会主义国家。余下的世界，不包括原始的或无文字的社会，构成第三世界。第三世界包括那些贫穷的、技术落后的、经济上不发达的社会，由拉丁美洲、非洲和亚洲的大多数地区构成。

　　创造了"第三世界"这个词以后，社会科学家们开始辛勤地研究它。各种类型的社会科学家开始投身于各种调查，重点研究第三世界生活的不同方面。不过，大多数研究者共同面对的问题是，为什么第三世

167　界未能实现第一世界特有的——某种程度上第二世界也有的——技术和经济发展水平，以及社会类型。

　　本章将重点回答这个问题。在讨论了欠发达的本质以后，本章将进一步检视社会科学家提出的那些解释欠发达的理论。对这些理论的评价，我将参考最新的社会科学研究证据。在本章的结论部分，我将考察第三世界是如何越来越深地卷入到加速进行的经济生产全球化过程之中的。

欠发达的本质

　　开始的时候，社会科学家们把第三世界的社会

称为"落后国家"，但后来因为这种表述有贬低之义而放弃了，代之以"欠发达国家"或"欠发达状态"等表述方式。虽然这些术语受到了批评，人们也提出了其他的术语，但它们仍然被固定下来，被大多数社会科学家使用。要准确地理解"欠发达"或"欠发达国家"这些概念的意义，首先要在"欠发达"和"不发达"之间做出区分（Frank，1966）。不发达社会可以指那些居于资本主义世界经济框架之外的社会，它们还没有超越技术发展的前工业阶段，也没有超越经济发展的前资本主义阶段。以狩猎、采集、园艺、游牧或农业方式的生产过活的社会，或者拥有某种类型的"为消费而生产"的前市场经济的社会，可以被认定为不发达社会。而"欠发达"这一术语则留给那些已被纳入资本主义世界经济并以某种方式在其中发挥功能的社会。欠发达社会可以被认定为现代世界体系中技术上和经济上最不发达的国家。

　　最常用的衡量经济发展的指标是一个国家的人均国民生产总值。国民生产总值是指一个特定年度里所有国民创造的商品和劳务价值的总和。表9—1展示了人均国民生产总值和其他衡量欠发达的指标。我们可以看到，与那些发达国家相比，欠发达国家的人均国民生产总值低得惊人。例如，表9—1中所展示的所有非洲国家的人均国民生产总值都低于1 000美元。与那些发达的资本主义国家——它们的人均国民生产总值每年约2.5万美元——比起来，这样的经济生产率太低了。很多亚洲国家的经济生产水平大约与非洲国家相当，尽管亚洲的差异性要大一些。传统上被看做第三世界国家或地区的韩国及中国香港拥有非常高的经济发展水平，在过去的三四十年时间里，它们是世界上经济发展最快的国

家或地区。（本章的末尾部分将解释韩国和中国香港的惊人发展，以及它们为何会有区别于第三世界国家和地区的发展潜力。）拉丁美洲国家，特别是南美洲国家，经济生产率整体上显然超过了非洲和亚洲的国家，但与发达世界相比，即使是最发达的拉丁美洲国家，也明显居于劣势。

表 9—1　　　20 世纪晚期一些处于不同经济发展水平的国家或地区及其社会、人口和经济特征

国家或地区	POP	RNI	IMR	LFA	人均 GNP	SCE
发达资本主义国家						
丹麦	5.2	0.3	6	6	29 890	429
瑞典	8.8	0.6	4	—	23 750	618
英国	58.5	0.3	6	2	18 700	292
法国	58.1	0.5	6	5	24 990	500
德国[a]	81.9	0.6	6	4	27 510	626[b]
荷兰	15.5	0.7	6	5	24 000	434
加拿大	29.6	1.3	6	3	19 380	326
美国	263.1	1.0	8	3	26 980	293[c]
澳大利亚	18.1	1.1	6	6	18 720	321
日本	125.2	0.3	4	7	39 640	586
国家社会主义国家						
苏联	289.0	1.0	25	20	8 375	532[c]
捷克斯洛伐克	15.6	0.2	13	13	7 876	715
民主德国	16.6	0.1	9	—	9 669	1 187
波兰	38.2	0.6	18	28	4 625	239
匈牙利	10.6	—0.2	17	21	6 119	348
后社会主义国家						
克罗地亚	4.8	0.0	16	16	3 250	—
捷克	10.3	—0.1	8	11	3 870	300**
匈牙利	10.2	—0.3	11	15	4 120	200**
波兰	38.6	0.3	14	27	2 790	200**
斯洛伐克	5.4	0.3	11	12	2 950	—
俄罗斯	148.2	0.0	18	14	2 240	700**
欠发达国家或地区						
拉丁美洲						
墨西哥	91.8	1.9	33	28	3 320	50**
巴西	159.2	1.5	44	23	3 640	37[c]
委内瑞拉	21.7	2.3	23	12	3 020	44
秘鲁	23.8	2.0	47	36	2 310	29[c]
玻利维亚	7.4	2.4	69	47	800	40**
萨尔瓦多	5.6	2.2	36	36	1 610	34
危地马拉	10.6	2.9	44	52	1 340	20**
非洲						
埃及	57.8	2.0	56	40	790	56
尼日利亚	111.3	2.9	80	43	260	7
塞内加尔	8.5	2.7	62	77	600	8
肯尼亚	26.7	2.7	58	80	280	3
坦桑尼亚	29.6	3.0	82	84	120	—
加纳	17.1	2.8	73	59	390	—

续前表

国家或地区	POP	RNI	IMR	LFA	人均 GNP	SCE
亚洲						
沙特阿拉伯	19.0	3.7	21	19	7 040	—
印度	929.4	1.8	68	64	340	20
中国	1 200.2	1.1	34	72	620	160**
印度尼西亚	193.3	1.6	51	55	980	17c
约旦	4.2	5.7	31	15	1 520	10**
韩国	44.9	0.9	10	18	9 700	216
中国香港	6.2	1.6	5	1	22 990	—

注：POP：人口总数（百万，1995 年数据）；RNI：年度人口增长率（1990—1995 年数据）；IMR：婴儿死亡率，每年 1 000 次活产中的婴儿死亡数（1995 年数据）；LFA：从事农业的劳动力百分比（1990 年数据）；人均 GNP：人均国民生产总值，以美元计算（1995 年数据）；SCE：每 10 万人口中从事研究和实验的科学家、工程师和技师的人数（取自 1975—1988 年间的数据，不过大多数是 20 世纪 80 年代中晚期的数据）。

a：统一后的德国的数据。

b：这一数据是原联邦德国和民主德国的平均数据。原联邦德国的数据是 472，民主德国的数据是 1 187。

c：这一数据没有包含技师，因此可能被低估了。

资料来源：除了下面注明的之外，第 1～5 列的数据均来自 World Bank，*World Development Report*，New York：Oxford University Press，1997，Tables 1，4，and 6。除了下面注明的之外，第 6 列的数据均来自 United Nations，*Statistical Yearbook*，New York：United Nations，1992，Table 121。

带 * 的数据来自 U. S. Bureau of the Census，*Statistical Abstract of the United States*，Washington，D. C.：U. S. Government Printing Office，1992，Table 1371，它们是 1989 年的数据。带 ** 的数据来自 United Nations，*Human Development Report*，New York：Oxford University Press，1995，Tables 10 and 21，它们是 1988—1992 年的数据。

169 表 9—1 中使用的衡量技术进步的指标，是研究和实验中所雇用的科学家、工程师和专家的数据。在发达国家（包括资本主义和国家社会主义国家），每 10 万人口中，从事研究的科学家、工程师和专家的平均数量是 486 人。但是在欠发达国家和地区中，每 10 万人口中，研究和实验人员的数量平均是 47 人。（这一数据因为韩国被纳入统计而升高，如果剔除韩国，该平均值只有 36 人。）

在欠发达国家和地区的大多数地方，农业仍然是主导性的经济活动，而农民的数量通常超过任何类型的工人的数量。这些农民大多耕种一小片田地，使用从数千年前的祖先那里继承来的那些技术。虽然在所有的欠发达国家和地区，工业化都获得了某些进展，但是大多数国家和地区没走多远。在表 9—1 所列的很多欠发达国家和地区中，三分之一或更多的

人口从事农业活动，其中有些国家和地区的比例高达二分之一或四分之三。（欠发达国家和地区的平均水平是 43%。）与此相对照，发达国家的这一数据显示，在所有的资本主义国家中，7% 或者更少的人口受雇于农业。（发达国家的平均水平是 5%，国家社会主义国家是 21%。）

当然，欠发达所涉及的内容远远多于技术和经济发展水平的低下，它还涉及重要的社会维度。社 170 会和经济不平等是欠发达社会特别重要的特征。在大多数欠发达社会，财富极大地集中于少数人之手，人数极少的精英阶层主导着经济的制造部门和农业部门。在大多数第三世界国家，大多数土地都被人口中的少数人占有。财富不平等的情况同样体现在收入的不平等上。正如表 9—2 所揭示的，欠发达国 171 家的收入不平等显然高于工业化国家。

表 9—2　　　　　　　20 世纪晚期发达国家和欠发达国家内部的收入不平等　　　　　　170

国家	底层 20% 人口的收入份额（%）*	顶端 10% 人口的收入份额（%）**	顶端 10% 人口和底层 20% 人口的收入比	年份***
发达国家				
澳大利亚	4.4	25.8	5.9∶1	1985
英国	4.6	27.8	6.0∶1	1988
加拿大	5.7	24.1	4.2∶1	1987
荷兰	8.2	21.9	2.7∶1	1988
法国	5.6	26.1	4.7∶1	1989

续前表

国家	底层20％人口的收入份额（％）*	顶端10％人口的收入份额（％）**	顶端10％人口和底层20％人口的收入比	年份***
瑞典	8.0	20.8	2.6：1	1981
德国	7.0	24.4	3.5：1	1988
美国	4.7	25.0	5.3：1	1985
丹麦	5.4	22.3	4.1：1	1981
日本	8.7	22.4	2.6：1	1979
平均	6.2	24.0	3.9：1	
欠发达国家				
坦桑尼亚	6.9	30.2	4.4：1	1993
乌干达	6.8	33.4	4.9：1	1992
尼泊尔	9.1	25.0	2.7：1	1985
肯尼亚	3.4	47.7	14.0：1	1992
尼日利亚	4.0	31.3	7.8：1	1993
印度	8.5	28.4	3.3：1	1992
中国	6.2	26.8	4.3：1	1992
菲律宾	6.5	32.1	4.9：1	1988
泰国	5.6	37.1	6.6：1	1992
马来西亚	4.6	37.9	8.2：1	1989
玻利维亚	5.6	31.7	5.7：1	1990
危地马拉	2.1	46.6	22.2：1	1989
多米尼加共和国	4.2	39.6	9.4：1	1989
巴西	2.1	51.3	24.4：1	1989
墨西哥	4.1	39.2	9.6：1	1992
平均	5.3	35.9	6.8：1	

* 最底层20％的人口的收入占全部国民收入的比值。

** 最顶端10％的人口的收入占全部国民收入的比值。

*** 这些计算数据的搜集年份。

资料来源：World Bank，*World Development Report*，New York：Oxford University Press，1996，Table 5。数据的时间跨度是1980—1993年，但大多数是20世纪80年代晚期和90年代早期的数据。

这些收入不平等的数据虽然可能很有用，但它们并没有提供我们真正想知道的有关欠发达国家的东西：人口中大多数人的生活水平如何。利用24个欠发达国家的样本，表9—3展示了每一个国家里生活在贫困中的人口比例。它清楚地显示，大多数欠发达国家的生活水平是很低的。在这些国家里，大约有41％的人生活在贫困线以下。非洲的情况最糟，大约52％的人口生活在贫困之中；拉丁美洲稍为富裕，但仍有31％的人口生活在贫困之中。需要注意的是，与发达工业国家相比，欠发达国家的贫困线要低得多。如果运用与工业化世界同样的标准来衡量欠发达世界，那么第三世界的贫困程度会显得严重得多。这意味着，按照发达工业国家的成员所熟悉的标准来看，表9—3大大地低估了第三世界的贫困程度。①

欠发达国家也在其人口特征上与众不同。它们的人口增长速度是发达国家的3～4倍（见表9—1）。极高的增长率主要归功于下述事实：出生率在欠发达国家保持在高水平，特别是在农民中间，他们渴望生大量的孩子来充当农场劳动力（Harris and Ross，1987）。目前，欠发达国家人口占世界人口的四分之三，但是，由于它的人口增长率较高，所以，在未来的年代里，越来越高比例的世界人口将生活在这些国家。高人口增长率正在欠发达国家里制造

¹⁷²

---

① 另一方面，表9—3的数据是建立在来自经济活动的收入的基础之上的，这些活动发生于某个市场之中，如雇佣工作中或在当地市场中出售产品。因此，上述数据低估了农民的真正收入，他们的大多数收入来自生计性的农业（subsistence farming）。不过，表9—3的数据依然展示了欠发达世界里低下的生活水平。

越来越严重的问题，对有些亚洲和非洲国家来说，　　　　人口增长已经造成了达到危机水平的问题。

表 9—3

欠发达国家的贫困线

国家	贫困线（每年人均收入，美元）	贫困率（％）	年份
博茨瓦纳	372	37	1985
象牙海岸*	372	27	1985
加纳	372	60	1985
肯尼亚	365	63	1983
莱索托	365	52	1987
卢旺达	365	58	1985
坦桑尼亚	365	43	1991
乌干达	365	72	1990
阿富汗	372	57	1985
中国	365	14	1990
印度	365	71	1990
印度尼西亚	365	22	1990
尼泊尔	365	44	1985
巴基斯坦	372	26	1985
菲律宾	372	34	1985
斯里兰卡	365	47	1985
巴西	365	31	1989
智利	365	16	1989
危地马拉	372	57	1985
洪都拉斯	365	61	1989
墨西哥	365	23	1984
巴拿马	365	27	1989
秘鲁	365	24	1986
委内瑞拉	365	7	1987

＊1986 年 1 月 1 日改名为"科特迪瓦"。

资料来源：Hamid Tabatabai, *Statistics on Poverty and Income Distribution*. Geneva：International Labour Office, 1996。

欠发达国家最后一个值得注意的特征涉及普遍的营养和健康水准问题。衡量一个国家的总体营养和健康状况的最佳指标之一是婴儿死亡率。从表 9—1 中可以看到，婴儿死亡率在欠发达国家出奇地高。据统计，发达资本主义国家的婴儿死亡率大约为每 1 000 次活产死亡 6 人，发达国家社会主义国家的婴儿死亡率大约是每 1 000 次活产死亡 15～20 人，而很多欠发达国家则大约为每 1 000 次活产死亡 50～100 人（欠发达国家的平均婴儿死亡率是 46％）。亚洲和非洲的婴儿死亡率特别高，拉丁美洲也很高。

通过设想一个大体典型的欠发达国家的典型国民的日常生活样态，我们可以对从统计角度进行的大多数考察结果进行总结，并进行生动的审视。罗伯特·黑尔布劳纳（Robert Heilbroner, 1963：23-27）以一种想象的方式对他们的日常生活进行了探究，其文字值得在这里详细引用。

我们必须在自己的内心进行想象，对于 20 亿人来说，欠发达意味着什么。对他们来说，它不是一个统计数字，而是日常生活经验……

做这样一个精神跨越并不容易。不过让我们设想，一个典型的美国家庭……如何被变成欠发达世界里的一个同样典型的家庭。

我们首先这样开始：把我们想象中的美国家庭里的家具搬走。所有的东西都没了：床、椅子、桌子、电视机、灯具。我们会为这个家庭留下几件东西，如几张旧毯子、一张饭桌、一把木椅。书桌和大多数衣服也都没了。每一个家庭成员都会把他的旧外套、衬衣和罩衫放在所谓的"衣橱"里。我们会为一家之主留下一双鞋子，但他的妻子和孩子都没有。

我们进入厨房。所有的厨具都已经被搬走了，所以我们盯上了橱柜和饭橱。火柴可以留下，还有面袋、盐袋和糖袋。几个发霉的土豆已经被扔进了垃圾桶，但现在必须马上捡起来，因为它们就是今晚晚餐的主食。我们还会留下几个洋葱以及一盘干豆。剩余的东西都得带走：肉、新鲜蔬菜、罐头食品、脆饼干和糖果。

现在我们已经洗劫了这个家：浴室被捣毁，自来水被切断，电线被拔出。下一步我们连房子也拿走。这家人可以搬到工具房里去住。工具房很拥挤，但已经比中国香港的情况好多了。联合国报道说，在中国香港，"一个四口（或更多人口）之家挤在一张床大小的空间里的情况并不罕见，在一个双层床占据的空间里——有时可能是三层床，人们只能通过帘子保留一点隐私"。

不过我们才刚刚开始。邻近街区里所有的房子都被拆除了，我们的街区变成了一个贫民窟。还好，我们的家人还很幸运地有一个住所，而加尔各答的25万人没有任何地方可住，他们就生活在街上。我们的家现在已经和哥伦比亚的卡利市的情况差不多了，世界银行的一个官员描写那里的情况说："在一个山坡上的贫民窟里，人口大约是4万，没有水，没有卫生设施，没有电灯。但并不是所有的卡利市的穷人都如此幸运。其他人把他们的陋室建在城边的土地上，这些地方都低于防洪线。城市的开放下水道就在这些人身边，当河水上涨的时候，污水会流过他们的棚屋。"

即使这样，我们仍然没有把美国家庭降低到全球大多数人的生活水平之下。通信必须被切断，不再有报纸、杂志和书籍，但人们并不留恋它们，因为我们必须夺走这家人的识字能力。当然，在贫民窟里我们还有收音机。在印度，全国的平均收音机拥有率是每250人1台。在那里，大多数收音机为城市居民所拥有的，所以说我们对这个家庭已经很慷慨了。

所有的政府服务必须停止。没有邮差，没有消防员。有一所学校，但它离此地3英里远，只有两间教室。那里并不怎么拥挤，因为街区里只有一半的孩子上学。当然，附近也没有医院和医生。最近的诊所有10英里之遥，那里也只有一个接生婆。可以骑自行车到那里——如果这个家庭有一辆自行车的话，但这不太可能；也可以乘公交车去——不是在车里面，但车顶

① 巴基斯坦的辅币，16安拉等于1卢比（主币）。——译者注

上一般还有地方。

最后是钱。我们将允许这个家庭有5美元存款。这能够防止养家人像那个伊朗农民那样失明，因为他凑不足3.94美元，他错误地认为，用这点钱，他就能够住院并治好眼疾。

与此同时，这个家庭的家长必须挣来生计。作为一个耕种3公顷土地的农民，他每年收获相当于100～300美元的作物。如果他是一个佃农——这是最大的可能，那么大约三分之一的收成将交给地主，还有大约10%交给放贷者。不过还够吃饭，或者刚刚够。人体至少需要2 000千卡来补充其身体细胞所消耗的能量。如果这个流离失所的美国人混得并不比一个印度农民好，那么他的平均能量补充不会多于1 700～1 900千卡。他的身体，像任何燃料不足的机器一样，会逐渐垮掉。为什么目前印度人出生时的平均预期寿命大约是40岁？这就是原因。

不过孩子也许会帮得上忙。如果运气好，他们可能会找到工作，并挣一点钱来贴补家用。例如，他们可能受雇——像巴基斯坦海德拉巴德的孩子们一样，在一个汽灯上焊接手镯，这种简单的活计可以在家里进行。可以肯定的是，焊接手镯的报酬是可怜的8安拉①（大约相当于10美分）。也就是说，每焊接12打（144个）手镯，可以挣8安拉。他们找不到工作怎么办？他们可以翻垃圾找吃的，伊朗的孩子们就是这么干的：在饥荒的时候，他们在马粪里寻找没有消化的燕麦。

至此，我们已经把一个典型的美国家庭置于人类等级的最底部。在这里，我们至少能够看到10亿人中间的大约1亿人。落后地区剩下的10亿人中间，大多数人情况稍好，但并非都是如此。少数人生活舒适，富裕的人屈指可数。

当然，这只是欠发达地区的生活印象。上述描述与生活本身相去甚远。它并没有说出欠发达所带来的东西和所夺走的东西：恶臭、疾病、苍蝇，以及开放的下水道。当然，这里也没有因为熟悉而导致的见怪不怪。即使是停尸房里的生活，也有其热情与乐趣。对美国人来说令人震惊的场景，对那些没有见过其他场景的人们来说，并不那么令人惊奇。但它给了我

们一个大体的印象。在那些通常用来衡量发达程度的统计数字之上，它增加了图像。当我们被告知，世界一半人口的生活水平是"每年100美元"时，上述图像即是其所指。

三十多年以前，黑尔布劳纳写下了上述文字，到了20世纪90年代，我们应该对其做出某种修订。不过，黑尔布劳纳所说的，在当今的欠发达世界依然适用。正如表9—3所揭示的，贫穷和苦难仍然遍布第三世界。从某种程度上说，对于高度发达的富裕社会里的成员来说，第三世界的生活更加难以想象，因为最富和最穷国家之间的鸿沟不是缩小了，而是扩大了。只有为数不多的几个第三世界国家，以西方为榜样，开始了以经济发展为目标的奋斗过程。我们不仅要解释欠发达的历史原因，还要解释，为什么欠发达世界的大多数国家，在赢得发达国家地位的进程中明显失败了。

解决欠发达问题的现代化路径

针对欠发达问题，社会科学家们发展出了三种主要的理论视角：现代化理论、依附理论以及世界体系理论。在许多方面，世界体系理论是依附理论的变通版本，因此这两种视角很相似。它们与现代化理论针锋相对，实际上是现代化理论之外的另一种选择。

现代化理论的一般性质

现代化理论是一种内涵非常广泛的理论策略，它既包括彼此互补的理论，也包括彼此竞争的理论。大体上说，它是一个更广泛的理论策略的专业版：社会文化进化的功能主义进化视角（A. D. Smith, 1973; Sanderson, 1990）。共存于现代化理论模式之中的各种理论被两个基本假设整合在一起。首先，欠发达状态可能是一种"原始状态"，是早就以各种形式存在的社会的前提状态。现代化理论家们倾向于认为，欠发达是出现在现代资本主义之前的社会和经济过程。他们提出，实际上，只有在现代资本主义社会出现之后，欠发达才能够被克服，但是当代很多国家还没有到达这一发展阶段。因此，对于现代化理论家们来说，诸如雅努玛玛、阿兹台克和中世纪英国这样的社会，与当代巴西、泰国和尼日利亚的欠发达程度是一样的。这一观点与前文所述发达和不发达的观点是尖锐对立的，前文的观点是：

只有当国家被纳入资本主义世界经济之中时，发达和欠发达的概念才有意义。

现代化理论的第二个主要假设是，欠发达源自 *175* 社会的内在低效率。这一说法与下述主张同义：发展的起因是这些社会获得了特定的性质，而这些性质把它们与其他社会区别开来。现代化理论家提出，有3种类型的内在低效率是欠发达的原因。其中一个是资本形成的低效率。很多经济学家认为，欠发达社会不能创造足够的资本，因而无法把自己带到"起飞点"——在这个点上，它们可以开始快速的经济增长。

其他现代化理论家提到，过时的商业技术和实践也是阻碍经济发展的因素。他们提出，欠发达社会通常没有现代的、理性主义的商业技能（rational technique），如促销、会计、金融、销售等，这些在发达国家却是相当普遍的。这些社会没有能够引入这些现代的、理性主义的商业技能，这使得它们的生产率和利润率低下，并妨碍其快速增长。

最后，社会学色彩更浓的现代化理论强调，欠发达社会通常缺乏那些能够促进发展的意识或精神，亦即世界观。据说，只有当人们接受了理性的未来导向的价值和道德体系，以及体现这些价值和道德的宗教与哲学的时候，发展才会出现。有人认为，欠发达国家的大多数人受制于这样一些态度和价值：它们强调过去，强调传统和习俗的重要性。此外，他们往往陷身于下述类型的宗教之中：这些宗教强调，苦难只能在死后才能被改变，改变世俗生活的企图是徒劳的。因此，人们变成宿命主义者，他们通常接受其生活状况，而不是通过理性的努力来改变它。当人们对其境遇保持消极态度时，其欠发达状况就会永久化。

罗斯托的进化论解释

最著名的现代化理论可能是经济学家罗斯托的理论（W. W. Rostow, 1960）。在罗斯托看来，经济发展意味着社会要经历5个进化阶段：传统社会阶段、起飞前阶段、起飞阶段、成熟推进阶段以及高额大众消费阶段。所有的欠发达社会都处于罗斯托所说的传统社会阶段。在罗斯托看来，它们是还没有被现代资本主义和现代科学技术触及的社会——过去的和现在的。在这种社会里，人们被约束在土地和家庭里，被习惯和传统的力量束缚着。当这些社会获得了起飞的前提条件时，它们就开始从社会和经济生活的这一阶段转型。这里所传达的理念是，经济发展是可能的，也是可欲的。教育规模扩大了，银行和其他资本动员机构出现了，现代制造业开始使用最新的技术。当社会达到了这样一个点，即它能够实现可持续的经济增长的时候，起飞就实现了。成熟推进阶段涉及长时期的、可持续的经济发展过程，在这个过程中，社会试图将新的技术用于更广泛、更多样的经济活动中。最后，一个社会为进入高额大众消费阶段做好了准备。这时，经济体系已经能够生产种类繁多的消费品，而社会成员也已经有能力达到这样的消费水平：超越了对衣食住的基本需求。

176虽然罗斯托的分析更多地关注发展，而不是欠发达，但是他的理论显然暗含了欠发达的概念。欠发达社会是那些超越了传统社会阶段的社会。它们正在等待一些关键的刺激物，这些刺激物将激励人们重新组织其社会，进而实现自我维持的（self-sustaining）经济增长。欠发达社会缺乏这样的社会模式、政治结构，也缺乏促进经济增长的价值观。实际上，这些社会的传统特征导致由来已久的经济生产低水平被永久化。

虽然罗斯托对发展和欠发达的分析相当著名，但它并不是特别令人印象深刻。他花了绝大多数篇幅对其各个阶段进行描述，特别是后四个阶段。这种详细描述没有多大用途。正像巴兰和霍布斯堡（Baran and Hobsbawm，1973）曾经指出的那样，一旦起飞阶段被设想出来，它之前和之后的阶段在逻辑上就呼之欲出了。因此，对这些阶段的认定并没有告诉我们多少我们不知道的东西。而且，简单地"准确地在罗斯托的诸阶段中为一个欠发达社会找到定位，并没有让我们更加理解这个国家的社会状况，也没有为我们提供任何线索，以了解这个社会的发展潜力和前景"（Baran and Hobsbawm，1973：51）。换言之，它并没有为我们了解发达和欠发达的原因提供任何洞见。

现代化理论的失败

对罗斯托的特定解释的批评立场，可以被扩展到一般的现代化理论上。总的来说，它并没有形成一个可以令人接受的关于刺激发展的条件的解释，也没有解释那些为发展设置了障碍的东西。现代化理论家一个主要的失败因素根植于"传统社会"的概念之中。这一概念的主要缺点是其高度的全球性特征。传统社会不仅包括古罗马、中世纪欧洲和传统中国，也包括当代的肯尼亚、智利和印度。在社会、技术、经济和政治模式的完整谱系上，这些社会大相径庭，可是现代化理论家们却用"传统社会"这一概念覆盖上述所有社会。一个被应用于全球，却忽视社会之间致命差异的概念，真能成为一个有用的概念吗？

在上述社会之间还存在着另一个重要差异：它们与世界资本主义之间的关系。古罗马、中世纪欧洲和传统中国都是历史悠久的文明，它们在欧洲资本主义发展之前就存在了；但当代肯尼亚、智利和印度却都曾经置身于欧洲殖民主义的支配之下——在某个时间，以某种方式。这显示了现代化理论的另一个重大缺陷：它实际上忽视了存在于当代欠发达国家与发达世界之间的历史关系（Frank，1967）。社会科学家试图创建一种解释欠发达的理论，却忽视了上述关系，要为这种忽视进行辩护是非常困难的。

上述缺陷虽然重要，但是现代化理论的真正失败在于，它无法成功地预测促进发展的途径。作为发达国家政府的顾问，各种类型的现代化理论家曾经提出过大量的建议，这些建议都是针对怎样刺激第三世界的发展的。总而言之，他们建议，要促进发达国家和欠发达国家之间的密切接触。在第三世界进行更多的投资，为贫穷国家提供大量的外来援助，是他们提到的最多的建议。此外，对社会学敏感的现代化理论家们经常建议，欠发达国家应该努177力采用发达工业国家的社会模式。虽然这些建议都被实施了——有些情况下是大规模的实施，但是大多数欠发达国家并没有像现代化理论家所预测的那样发展。发达国家和欠发达国家之间的鸿沟实际上比数十年前更大，而且有人认为，第三世界里贫穷和苦难的绝对水平一直在提高而不是在降低。这些事实对现代化理论支持甚微。

虽然现代化理论承受了严厉的批评，但它并没有消亡。它不仅活了下来，而且可能还是获得最广泛认可的解释欠发达状态的理论策略（cf. Apter，1987）。无论如何，它必须与20世纪60年代发展起来的对它进行挑战的理论策略展开竞争，依附理论就是这些理论策略之一。

解决欠发达问题的依附视角

依附理论首先兴起于拉丁美洲，然后引起了北美和欧洲社会科学家的注意——主要是通过在美国留学的经济学家安德鲁·冈德尔·弗兰克的著作（Andre Gunder Frank，1966，1967，1969）注意到的。到 20 世纪 70 年代早期，这一理论策略已经非常流行了，特别是在社会学家中间。在很多方面，依附理论是马克思主义的资本主义理论的一个特殊分支。

依附理论的一般性质

依附理论的基本内在假设与现代化理论的基本假设针锋相对。它不把欠发达状态看做一种"初始状态"或者是"传统社会"所特有的东西；与此相反，欠发达状态被视为在前资本主义社会中被制造出来的东西，而这些前资本主义社会也因此而开始经历特定形式与一个或多个资本主义社会的经济和政治关系。欠发达并不是内在的低效率的产物——像现代化理论所主张的那样。它源自某些东西的缺失，也源自某些东西的存在。因此，依附理论不会把 1700 年的印度看做欠发达社会。那时，印度是一个农业的、前资本主义的帝国。可是到 1850 年的时候，由于它和英国资本主义的关系，它却走在了奔向欠发达的路上。

在依附理论看来，欠发达的根本原因是经济依赖。当一个社会陷入某个外国社会的经济体系的支配之下时，当前者的经济被来自外国社会的人管理时——主要是为了外国经济的利益，经济依赖就出现了。经济依赖意味着，在两个或更多的社会之间，存在着支配与服从的关系。

解释经济欠发达的依附概念，主要是由安德鲁·冈德尔·弗兰克（Andre Gunder Frank，1966，1979）和萨米尔·阿明（Samir Amin，1974）提出来的。对弗兰克来说，只有把发达和欠发达的概念应用到资本主义世界经济之中的国家上，它们才有意义。弗兰克设想，世界经济可以分为两个主要的成分，即都市和卫星城（metropolis and satellite）（这些概念基本上与沃勒斯坦的核心与边缘同义）。世界经济中经济剩余的流动，是从卫星城（或边缘）流向都市（或核心）的，而世界经济就是为了达到 178 这一目的而被组织起来的。欠发达国家之所以变得欠发达，并保持欠发达状态，是因为它们在经济上受到发达资本主义国家的支配，这些发达国家持续地从它们那里攫取财富。弗兰克把这一过程称为"欠发达的发展"（Frank，1966）。根据这一观点，富国的发达和穷国的欠发达不过是硬币的两面，一些国家的欠发达使另一些国家的发达成为可能。这

一过程的主要受害者是欠发达世界中绝大多数的农民和城市工人。谁从这一过程中受益？发达国家的国民当然受益，因为他们的生活水平因此而得以大幅度地提高。但是，最大的利益流向了都市国家中的资本家，以及卫星国家里的农业和工业精英。后者与都市精英们有着密切的经济和政治联系，他们在维持经济依附状态方面发挥着关键作用。

萨米尔·阿明（Samir Amin，1974）对依附理论的贡献集中在他的"关联"（articulated）经济和"非关联"（disarticulated）经济的概念上。依据阿明的理论，发达国家拥有高度关联性的经济，其众多的经济部门密切相关，以至于一个部门的发展会刺激另一个部门的发展。与此相反，欠发达社会拥有的是非关联经济。在这类经济中，其各个部门之间并没有密切的关联，一个部门的发展通常不能刺激另一个部门的发展。那些在非关联经济中最发达的部门从事原材料的生产，而这些原材料将被出口至发达国家。造成经济的非关联性的原因是什么？在阿明看来，原因就是经济被外国控制。发达国家的资本家与这些边缘资本家——他们控制着原材料的生产——之间有着重大的关系。

阿明认为，非关联性的真实意义是，先进工业国家的发展特征不可能出现在欠发达国家。当一个社会因为外国的经济控制而变成非关联经济时，它的注意力便被转向下述类型的经济活动将会的发展：这些经济活动将会使核心资本家受益。那些总体上有利于国内经济发展的生产活动相应地被忽视了。

经济依附的类型及其变体

我们可以通过检视依附的各种类型来更加彻底地理解这一概念。特奥托尼奥·多斯·桑托斯（Theotonio Dos Santos，1970）曾经提出过经济依附的三种历史类型，目前的欠发达国家都曾经经历过这些类型。第一种为"殖民依附"。殖民依附于 16 世纪开始于世界上的某些地方。在这种依附类型下，欧洲的资本主义强国对那些前资本主义的地区进行殖民，并建立起它们对土地、矿藏和劳动力的垄断地位。欧洲人通过对贸易关系的控制，从这些地区攫取剩余财富。欧洲国家对这些殖民地进行支配，并强有力地型塑了殖民地的经济特征。

多斯·桑托斯所认定的依附的第二种历史类型是"商业—工业依附"。这种类型的依附开始于 19 世纪。欧洲工业资本（与早期的商业资本不同）向 179 世界腹地（backward regions of the world）的扩张赋

予了它现有的特征。这种类型的依附是资本主义垄断阶段的有机组成部分。"商业—工业依附"涉及大资本家向世界腹地的大规模投资，其主要目的是制造原材料，并向核心国家出口。

最晚近的依附类型被多斯·桑托斯称为"新依附"。这种类型的依附是二战以后出现的现象，涉及跨国公司的出现——这些跨国公司在第三世界国家进行广泛的投资。

我们关心的除了依附的类型之外，还有一个问题：经济依附是怎样造成欠发达，又是怎样使欠发达永久化的？对于这种情况的具体发生机制，依附理论家们往往不能达成共识。针对"依附是通过什么机制造成欠发达的"这一问题，各种理论家提出了不同的观点；一个理论家甚至可能提出多种不同的机制。在目前的依附理论文献里，可能有四种依附机制最常被提及（Chase-Dunn，1975；Delacroix and Ragin，1981；Barrett and Whyte，1982）。

其一，通过返利进行剥削。依附理论文献经常主张，外国公司仅仅把它从第三世界获得的利润的一部分再投资于第三世界。为了投资国的利益，大多数利润被输回（返利）投资国。

其二，精英共谋。依附理论文献的一个常见主题是，声称第三世界国家的富裕资本家与核心国家的富裕资本家之间达成了各种类型的协议，以便维持欠发达国家的现状。这种情况之所以发生，是因为双方的精英阶层都从占主导地位的经济状况中获益。

其三，结构扭曲。有些依附理论家认为，经济依附导致了欠发达国家的经济的扭曲。这一扭曲为经济发展制造了严重的障碍。这就是阿明所作的解释，他提到了经济的"非关联性"，这种非关联性源自第三世界国家对资本主义核心国家的依赖。

其四，市场脆弱。有人认为，边缘国家特别容易受到市场状况的伤害。世界市场对边缘国家的大宗产品的需求逐渐减少，而主要大宗产品的价格波动又使这种状况雪上加霜。

我们不应该认为，引发欠发达状态的四种类型的依赖之间泾渭分明。欠发达的原因，可能是一种机制中的多种因素同时发挥作用，甚至可能是四种机制同时发挥作用。上述情况完全是可能的。

近期对依附理论的验证

近年来，许多社会学家和其他社会科学家进行了一些经验研究，旨在检验依附理论的基本主张。这些研究通常检视世界上很多国家的情况，并使用最先进和最复杂的统计程序。沃尔克·鲍希尔、克里斯托弗·柴斯东和理查德·鲁宾森（Volker Bornschier, Christopher Chase-Dunn, and Richard Rubinnson, 1978）等人的文章努力总结了 16 项此类研究结果。

鲍希尔等人对一些研究进行了综述。这些研究大多数检视了从 1960 年前后到 20 世纪 70 年代早期的经济发展状况。对这些研究的初步考察显示，有些人发现经济依附能够促进经济发展，另一些人则发现经济依附会阻碍经济发展。鲍希尔等人进一步检视了这些研究，以便确定是什么因素导致了如此矛盾的发现。他们的考察显示，上述每一个研究的结果都与其怎样定义和测量"依附"密切相关。大体上说，那些显示外国投资促进经济发展的研究，是从外国投资的近期涌入的角度来定义和测量投资的；而那些显示外国投资阻碍发展的研究，则是从外国投资的累积效应的角度来定义和测量投资的。这些作者相信，这些发现具有巨大的实质性意义。在此基础上，他们得出结论："外国资本和援助的涌入的近期效应是提高经济增长的速度，而长期累积的效果则是降低经济发展的速度。"（Bornschier et al.，1978：667）他们进一步说道（Bornschier et al.，1978：667 - 668）：

> 这些研究结果验证了下述假说：投资资本与援助的当下涌入提高了增长率，因为它们有助于资本的形成，能够满足本国对资本的需求，也因为外国公司购买土地、劳动力、原材料，并且开始进行生产。与此同时，外国投资和以赢利为目的的出口将会造成本国经济结构的长期扭曲，并随着时间的推移而产生负面效果。因此，我们的结论是，投资与援助的涌入所造成的短期效果是对增长有积极作用，但其长期的累积效果却是负面的。很多看起来相互矛盾的发现都可以在这一主张之下达成妥协。

在其后来的著作里，鲍希尔和柴斯东（Bornschier and Chase-Dunn，1985）对上述考察思路进行了扩展，以便涵盖更多的研究（远不止 16 个），但得到了基本相同的结论。此外，他们利用 103 个国家的样本，继续进行了一个开创性的研究，即把资本输入的短期发展效应与其长期累积效果进行对比。他们认为，这一开创性研究可以弥补既往研究的某些漏洞。基本相同的结论还会再次出现，但是这些结论中最重要的是，外国投资的长期渗入会损害一

180

个国家经济发展的机会。

不幸的是，虽然鲍希尔等人似乎优雅地解决了令人疑惑的问题，但问题的解决并非如此简单。鲍希尔等人的结论最近遭到了格林·法尔博（Glenn Firebaugh, 1992）的挑战。从方法论上来说，法尔博的挑战是复杂的和微妙的，但其基本观点是，鲍希尔等人对其统计分析的解释是颠倒的。法尔博声称，第三世界中外国投资的长期效果是促进发展，而不是限制发展。法尔博承认，与外国投资相比，国内投资会创造更高的增长率，但他声称，外国投资的效果无论如何仍是正面的：外国投资总比没有任何投资要好。法尔博的攻击引发了依附理论阵营里威廉·迪克逊和泰里·鲍斯维尔（William Dixon and Terry Boswell, 1996a）的反击，这又引发了法尔博（Firebaugh, 1996）新的攻击，以及迪克逊和鲍斯维尔（Dixon and Boswell, 1996b）的再一次反击。目前，争议仍未解决，在一段时间里也不会得到解决。现在我们至多能说，这一问题仍然未解：我们仍然不能确定外国投资对第三世界的作用如何。

经济依附的后果：一些历史案例研究

因此，关于经济依附的短期效应，最近的研究仍没有得出结论。不过，即使这些研究获得了令人信服的结论，我们仍然必须看到，它们具有一些特定的缺陷，其中最重要的是，研究者所探讨的时间跨度有限。大多数研究仅仅考察了10～15年的经济发展情况，而且所有的研究都集中在20世纪50年代以来的经济发展。可是，被研究的第三世界国家在那个时候已经是欠发达国家了。依附理论家可能会说，这种欠发达状态是长时间的经济依附——无论何种依附——的结果。因此，为了对依附理论进行真正有意义的检验，我们必须采用一种针对经济发展的长时段视角。我们可以通过使用精心选择的两项历史比较研究来实现这一目标：19世纪以来中国和日本的分道扬镳；在过去的几个世纪里，美洲国家所经历的不同经济发展结果。

中国和日本 对中国和日本的历史进行比较似乎特别合适，因为如今的日本已经是亚洲经济最发达的国家。在弗朗西斯·穆尔德（Frances Moulder, 1977）的著作《日本、中国与现代世界经济》中，他提出，日本成为发达国家而中国没有做到这一点的一个主要原因是，中国是作为边缘社会被纳入世界经济体系的。

根据穆尔德的观点，中国最早是作为英国的贸易伙伴被纳入世界经济体系的。在好几个世纪里，中国一直与欧洲进行奢侈品贸易，但在18世纪后期和19世纪早期，中国和欧洲之间的关系发生了重大改变。中国和英国之间的贸易不再是奢侈品贸易，而是大宗商品贸易。茶叶在英国成了大宗商品，19世纪上半叶，英国进口的几乎所有茶叶都来自中国。这种进口是英国政府收入的一个重要来源。"例如，1855年，英国政府毛收入的大约10％来自茶叶的进口关税。"（Moulder, 1977：99）此外，英国、中国和印度之间形成了一种有趣的贸易网络。在中国，英国人为他们在印度生产的原棉找到了市场，这种棉花很多都被出口到了中国。18世纪中期以后，英国人控制了印度的鸦片生产，并使其产量大大提高。最终，他们成功地使一部分中国人口染上了鸦片瘾，并在中国发展了一个庞大的鸦片市场，当然，这一市场由印度来供货。

英国与中国贸易的另一个方面涉及英国纺织工业的发展。随着英国棉纺织业产量的提高，他们对于为这些产品找到外国市场的关注度日益提高，而中国被视为一个重要的市场。在把中国发展成英国棉纺织品的出口市场的过程中，英国必须剥夺中国自己的纺织工业家庭市场。英国的而不是中国的产品在中国的销量日益升高。到19世纪后期，其他工业化进程中的国家，如法国、美国、德国，开始追随英国的步伐，在中国销售其部分制成品。到19世纪末，中国销售的西方商品已经非常可观。

将中国纳入世界经济的过程不仅涉及贸易，也涉及投资。造船已经成为外国投资的重要形式，"到1930年，中国超过一半的造船吨位是由外国控制的公司生产的"（Moulder, 1977：113）。这一产业主要由英国控制。不过，最重要的外国投资形式是铁路和开矿。穆尔德（Moulder, 1977：114）注意到：

> 19世纪60年代以后，西方的商人和政治家不断找到中国的官吏，怂恿他们建设铁路，开采矿山。他们承诺修建铁路、开采矿山，或者借钱给政府来干这些事……
>
> 中日甲午战争标志着中国政府抵抗外国铁路投资和矿山投资能力的终结，就像以前在制造业领域所发生的事情一样。1895年以后，在铁路和矿产领域，中国政府被迫授予西方国家和日本各种特许权（其中一种特许权是，在某个特定区域内，拥有铁路和矿产的独家经营权）。法国获得了印度支那和中国之间各地区的

铁路经营特许权，俄国获得了东北和辽东的特许权（这里的铁路最终被日本控制），德国获得了在山东的特许权（这里在一战以后也被日本控制），而英国获得了在广东的特许权。

到 1911 年，41％的中国铁路里程被外国人控制，剩下的部分也大多是中国政府利用外国贷款修建的……

从 1896 年到 1913 年，各种开矿特许权被颁给英国、德国、俄罗斯、法国、美国、比利时和日本。

日本对欧洲资本主义的体验则大大不同。至 1639 年，日本已经形成了著名的对西方隔离的经济和政治策略。在之后的两个多世纪里，日本与西欧一直没有多少接触。与其亚洲邻国不同，由于各种原因，日本从来没有成为殖民（或者是外国经济渗透）的受害者。在这段时间内，日本与西方之间的关系仅限于一些微小的和被密切管控的贸易形式。19 世纪中叶以后，日本被迫改变隔离政策，开始开放门户，与西方接触，接受西方的影响。不过，即使是在此之后，它与西方社会之间的经济关系的性质仍然和中国与西方社会的关系不同。虽然与西方的贸易确实增多了，一些外国投资也得到了发展，但是这些贸易和投资从未赶上中国的水平。穆尔德总结说，贯穿 19 世纪，中国被紧紧地纳入了西方资本主义的边缘地带，而日本没有。穆尔德认为，正是与西方资本主义关系的这些不同之处，造成了今天仍旧清晰可见的不同经济结果。换言之，是中国经济依附的出现和日本依附性发展的失败，各自构成了现代中国欠发达和现代日本发达的基础。（当然，日本成就今天的经济地位，不仅需要边缘化的缺失，还需要一些必要的积极因素，这些因素与限制因素的缺失一样，都有利于发展。在第七章里，*183* 我曾列举了一些我所认可的主要积极因素。）

美洲国家 安德鲁·冈德尔·弗兰克（Andre Gunder Frank，1979）曾经特别解释了拉丁美洲欠发达和北美洲（不包括墨西哥和中美洲）发展的原因。在后一种类型中，他试图解释，为什么美国东北部在 19 世纪走上了经济发展的道路，而美国南部却经历了特有的欠发达状态，直到很晚才开始发展。

依据弗兰克的观点，拉丁美洲目前的欠发达是数世纪的依附性发展（欠发达的发展）的历史遗产。

---

① 即委托管理制度的委托人。——译者注

16 世纪以来，大多数拉丁美洲陷入了欧洲的殖民控制之下。例如，当代墨西哥和秘鲁，在 16 世纪就被西班牙殖民了。虽然开始的时候西班牙人奴役土著人口，但这一做法很快被废止。奴隶制被一种所谓的"委托管理"劳动力管理形式取代。在这一管理制度下（Frank，1979：45）——

一些指定的印第安社区被分派给特定的西班牙人，他们并不拥有这些人的人身、土地和其他财产，但被授权从这些人身上榨取服务、商品和金钱的贡献。这些贡献是西班牙人的资本源泉，委托人①把这些资本投资在采矿、农业、商业和其他企业上。这使得对上述贡献的对外出口得以实现，也使得在墨西哥本土的进一步资本积累得以实现，而它们则成为进一步的占领措施。

委托管理很快被所谓的"分摊"劳动力管理制度取代。它与委托管理很相似，但更为灵活。在这一制度下，国家官吏向某个特定的西班牙人分配一定数量的劳动日。从 16 世纪后期开始，这一制度又被农场制度取代。在这一制度下，通过某种类型的债务关系，印第安人被某个特定的西班牙人束缚住，他们必须额外地为这些西班牙人劳动，直到付清债务。通常，农场制度是这样运作的：付清债务基本上是不可能的；因此，在某种程度上，西班牙人肯定能够持续地获得廉价的劳动力。

巴西在葡萄牙人的管理下，利用输入的非洲奴隶，一种奴隶制的种植园制度被建立起来。这一制度盛行于 16 世纪到 18 世纪晚期之间。奴隶种植园制度在加勒比地区也很盛行，在那里，建立这一制度的是英国人、法国人、荷兰人和西班牙人。

在北美，美国南部殖民地适宜的地理条件有利于奴隶社会的建立。以输入的非洲人为劳动力的奴隶制度盛行于 17 世纪晚期到 18 世纪中期。弗兰克相信，这样的奴隶社会以及拉丁美洲的奴隶社会，在资本主义世界经济中发挥了重要的作用。例如，19 世纪上半叶，它们是原棉的主要生产者，而原棉为繁荣的英国工业和美国北部工业提供了原料。因此，它们是资本主义边缘的重要组成部分。

那么美国北部如何呢？是什么因素促使它在 1830 年左右跨入了宏大的工业发展之中？弗兰克注意到，最初的北美殖民地并不被英国人看好。与南方殖民地不同，它们没有长长的生长季，注定不是特别适合大规模的农业生产。对北美殖民地经济价值的低估，导致了弗兰克所说的"善意的忽略"（benign neglect）。它们从来没有被边缘化，也没有像南方殖民地和大部分拉丁美洲地区一样变成欧洲国家的经济附庸。与上述情况相反，美国北部变成了定居者的殖民地，这一地区居住着来自其他国家的人们，但他们基本上是由于经济原因独自离开故国的。在 17 和 18 世纪，美国北部大体上是由小自耕农和工匠构成的社会，与邻近的美国南部和拉丁美洲大不相同。

弗兰克的主张是，美国北部没有受到外国势力的限制，因而自由地发展其自身的资源，而不是为他人的利益服务。不过，是什么因素刺激了它，使它经历了后来的宏大发展呢？弗兰克认为，这个因素就是北方在世界资本主义贸易网络中的独特角色，这一角色无疑取决于其地理位置（Frank，1979：61）。

> 东北部的殖民地在日益扩张的世界商业资本主义体系中占据了一个位置，也在资本积累过程中占据了一个位置。这一位置使得它能够以西欧的一个二流都市的身份与后者分享对下述地区的剥削：美国南部、西印度群岛、非洲、矿区以及东方。我们必须承认，在殖民地时期，这一特权地位——在新世界中独一无二——为东北部殖民地的发展做出了重要贡献，也为其政治策略的成功——谋求独立——和以后进一步的发展做出了重要贡献。这一特权地位和特权角色对下述领域产生了深远影响：北方的交通、对南方和西部出口（以及进口）贸易的商业参与和金融参与、北方对西印度群岛贸易的强势参与、对奴隶贸易和世界贸易的参与、主要以出口为目的的东北地区制造业的发展、与此相关的资本积累，以及北部城市的集中化。

总之，针对美洲地区，弗兰克所提出的富有说服力的东西，正是穆尔德在中国和日本的例子中提出的东西：欠发达是经济依附状况的历史性后果，而发展是需要经济独立的。

从依附理论到世界体系

虽然依附理论在解释欠发达的历史和现实模式方面优于现代化理论，但其固有的缺点也不应该被忽视。20 世纪 70 年代，这一流派的许多最热忱的支持者们开始注意到这些缺点。如今，虽然依附理论被视为一种有缺陷的理论视角，但它仍然是高度有效的理论。在对其提出的所有反对意见中，本质上最重要的有以下几个（Roxborough，1979；Hoogvelt，1982；Leys，1982；Blomstrom and Hettne，1984）。

其一，虽然依附理论严厉地批评了现代化理论，说它没有把当代的欠发达社会置于其历史情境之中，但是依附理论自己特有的进路也是反历史的。它对"欠发达社会与资本主义核心之间的历史关系"给予了极大的关注，但仍然忽视了这些社会的前资本主义历史。可是，在决定某个前资本主义社会怎样被纳入资本主义体系方面，在决定这一纳入行为的后果方面，这一历史是非常重要的（Chase-Dunn，1989a；Lenski and Nolan，1984）。

其二，依附理论倾向于过度概括（over-generalize） 当代的欠发达国家。它假设，欠发达国家的依附地位使它们相互之间本质上相似。可是这些国家在下列事项上存在着重要的差异：阶级结构、政治制度、地理和人口规模。在塑造一个国家的发展水平和发展前景的时候，这些差异将扮演重要的角色。换句话说，依附理论过多地关注欠发达社会与资本主义核心之间的外在关系，而对其内在特征关注不足。

其三，对于第三世界国家里的贫穷和苦难，我们也不能简单地怪罪于先进资本主义国家的经济入侵（Chirot，1977，1986）。大多数第三世界国家和地区，在陷入发达国家的控制之前就极为贫穷。虽然从某种程度上说，这种贫穷和苦难因为外国的影响而加重了，但从总体上看，这种贫穷和苦难是从一开始就有的。

其四，依附理论坚称，经济依附使经济发展变得不可能，这过于悲观了。它与最近几十年来一些国家的经历相抵牾。例如，20 世纪 60 年代中期到 70 年代中期，巴西经济大幅增长，而从 50 年代开始，东亚一些国家和地区的经济也在快速增长，如韩国和中国台湾。

其五，依附理论对欠发达国家的政策建议——通过社会主义革命摧毁资本主义制度——收效甚微。大多数第三世界国家在最近数十年里都选择了社会主义，但是它们中的大部分没有创造出任何真正的发展动力。实际上，它们的成绩远逊于保留了资本主义的一些国家。

这些批评颇有力量，不过必须明白，这些批评更多地指向某些依附理论，而不是另外一些。在两种差异明显的依附理论分支（即所谓的"硬的"和"软的"依附理论）之间做出区分是很有必要的。

"硬的"依附理论版本主要与前面讨论过的弗兰克和阿明的工作有关。这种理论认为，经济依附总是造成欠发达，因而只要依附继续存在，社会就不可能发展（至少很困难）。"软的"版本主要与费尔南多·亨里克·卡多索（Fernando Henrique Cardoso，1982；Cardoso and Faletto，1979）和彼得·伊文思（Peter Evans，1979；cf. Bornschier and Chase-Dunn，1985）的工作有关。这种理论并没有假定依附必然导致欠发达，在某些情况下，还会出现卡多索所谓的"与依附相关"的发展（associated dependent development），简称"依附发展"（dependent development）。这种类型的经济增长主要是跨国公司对制造业进行广泛投资的结果。"软的"依附理论坚称，在最近几十年里，在老的依附类型之外，一种新的依附类型发展了起来。在老的或"经典的"依附类型中，核心国家利用边缘国家，把它们当作向农产品和矿产品投资的资源。但在新型依附中，投资发生于工业部门之内。该理论认为，这种类型的依附与特定类型的经济发展是不相容的。

186　显然，与"硬的"版本相比，"软的"依附理论版本要灵活得多，因而避免了上述批判，特别是第三种批判。依附和发展可以并存。不过，不能对这一观点进行过度解释。总的看来，在新型依附之下出现的发展，与核心资本主义国家中出现的发展大相径庭。首先，它并没有走多远。其次，它具有一些独特的性质，这些性质与核心国家的发展无关。当代巴西——卡多索和伊文思都将其看做依附型发展的先例——体现了上述两点。大约在20世纪60年代中期之后，巴西经历了一次爆发式的经济增长，这次增长与跨国公司的广泛投资是同步的。这次增长是如此迅速，以至于很多观察家开始谈论"巴西奇迹"（Skidmore and Smith，1989）。不过，到20世纪70年代中期，这一增长速度大大放缓，最终实际上完全停止了。与核心国家的人均国民生产总值相比，巴西目前的人均国民生产总值仍然很可怜（见表9—1）。再次，这一时期的经济增长，似乎仅使少数人口受益，大约不到20%。收入不平等急剧增大，目前，巨大的收入鸿沟存在于下述两类人之间：在现代工业和服务部门工作的人，与仍旧在传统职业生活和工作的人（Skidmore and Smith，1989）。（目前，巴西是全球收入分配不平等程度最高的国家

之一。）最后，更糟糕的是，为了为其依附型发展融资，巴西向核心国家的金融机构大量借款，目前它已经积累了巨额的外国债务，这将阻碍其进一步的发展（cf. World Bank，1988）。

从依附型发展理论，到发展完善的解释欠发达现象的世界体系理论，两者之间并非小幅跨越。沃勒斯坦曾经声称，是整个资本主义世界体系在发展，而不是某一个特定的社会在发展。他认为，社会的内在特性固然重要，但它们只能在下述情境中发挥作用，即该社会在某一个特定的时间在世界体系中所处的位置。随着世界体系的发展，核心和边缘之间的两极分化（polarization）日益严重，欠发达国家很难改善其地位，至少很难较大地改善其地位。当然，在某些特殊的节点上，某些国家上进的机会被创造出来。沃勒斯坦（Wallerstein，1979b）提出，这些国家可以采取三种基本的策略来实现上述目标："抓住机会"（seizing the chance）、"受邀发展"（development by invitation），以及"自力更生"（self-reliance）。

在世界体系的建设阶段，核心国家可能处于一种脆弱的经济位置。如果是这样的话，边缘或半边缘国家也许能展开进攻性的国家行动，以此来改善其地位。这就是"抓住机会"策略。沃勒斯坦认为，俄罗斯在19世纪后期曾经使用过这一策略，巴西和墨西哥也在20世纪30年代使用过这一策略。

与上述策略不同，"受邀发展"发生于世界阶级的扩张时期。这一时期，世界范围的对产品需求水平的提高，为一些国家的上进创造了"空间"。具有适当的内在特征的欠发达国家和地区（特别是地理环境上）可能受到核心国家的特别优待。它们也许能够利用这一经济优势来启动发展冲刺。沃勒斯坦认为，苏格兰在18世纪晚期就采用了这一发展战　187略。这一策略的最好、最近的例子是韩国和中国台湾地区（参见本章末尾的特别话题）。

不过，有些国家在下述道路上看到了经济发展的最佳机会：脱离世界体系，并采用某种类型的社会主义。毫无疑问，采用这一策略——自力更生——最成功的例子，是1917年以来的苏联。

虽然在世界体系理论和经典的依附理论之间存在差别，但是前者显然只是后者的一个版本。沃勒斯坦强调了他所谓的"有限可能性"，即处于世界经济中的欠发达国家转型的可能性是有限的。大多数国家没有上进，那些有上进的国家也没有走多远。它们或者从边缘进入了半边缘，或者从半边缘中的

低位变成了高位。从来没有这样的例子：一个真正的边缘国家向上移动，一直到变成了核心国家。由于大多数国家持续停滞而不是上进，又由于系统中日益严重的两极分化，沃勒斯坦对资本主义环境中欠发达国家的命运并不乐观。对他来说，真正能够解决欠发达世界问题的唯一方法是长期的：资本主义最终崩溃，代之以一个社会主义的世界政府。

全球化的过程

最近，在讨论当前经济问题的时候，几乎人人挂在嘴边的一个词是"全球化"。这个词大体是指经济生产日益世界化的过程；人们通常认为，这一过程也包括相应的社会和政治变革。全球化在先进的工业化国家中，影响最为深远，发展最为迅速。在最近大约 20 年的时间里，工业化资本主义国家之间的资本投资急剧增加（Alderson, 1997）。当然，从本章的视角来看，全球化最重要的方面是，越来越多的制造工业从核心地带位移到了边缘和半边缘地带。

最早讨论制造业从核心国家位移到第三世界的学者是德国的福克尔·弗罗贝尔、约根·海因里希和奥拓·克莱因（Folker Fröbel, Jürgen Heinrichs, and Otto Kreye, 1980）。他们发现，20 世纪 70 年代出现了他们所谓的"劳动力的新型国际分工"。之所以如此，主要是因为通信和交通的创新，对于核心的资本家来说，将生产过程移往边缘和半边缘国家在经济上是可行的，因为那里有大量的廉价劳动力。资本外流不仅对那些资本逐渐流入的国家产生了重要影响，也对核心国家本身产生了影响，特别是以去工业化（deindustrialization）的形式产生的影响。例如，在美国高度工业化和城市化的东北地区，去工业化最显著（Bluestone and Harrison, 1982; Ross and Trachte, 1990）。

在《全球资本主义：新的利维坦》一书中，罗伯特·罗斯和肯特·特拉希特（Robert Ross and Kent Trachte, 1990）把全球化过程视作一个制造新型资本主义的过程。他们把这种新型的资本主义叫作全球资本主义。全球资本主义与早先的资本主义类型（竞争的和垄断的资本主义）截然不同。其主要特征是，世界市场存在于产品的各个产地，全世界在空间上进行生产分工，资本为了追寻利润而在地区之间大量流动。虽然传统上，边缘社会与原材料的生产联系在一起，但在全球资本主义之下，边缘社会的很大一部分日益被导向制成品的生产。第三世界的大多数制造业在所谓的"自由生产区"里进行（Fröbel et al., 1980; Ross and Trachte, 1990）。自由生产区是一个国家内部的一些地理区域，在很多情况下，它们是被篱笆或其他障碍物隔开的。在这些区域，外国投资者组织生产，这种生产不受劳动规章的限制。工人们劳动强度高，工作时间长，劳动报酬低。工会通常被禁止，工人们享有很少的权利，或者没有任何权利。有时候，工人们——大多是年轻的未婚妇女——被人从偏远地区运来，生活在监狱式的营房里。雇佣关系持续的时间很短，如果可以获得更多的利润，资本家也许会将其工厂迁至其他地方。第三世界国家之所以同意这样的劳动条件，是因为它们必须做出让步，以便吸引外国投资。它们认为这些投资将会促进其经济发展。

但是，全球化的过程并不仅仅是简单的制造业转移过程——从核心社会到边缘社会或半边缘社会，尽管它毫无疑问是这一过程的主要部分。全球化涉及所有的基本经济活动类型，这些经济活动发生在世界上所有的国家里。曼努尔·卡斯特尔斯（Manuel Castells, 1996）认为，我们正在把世界经济变成真正的全球经济。世界经济是在全世界进行的资本积累过程，而全球经济却具有这样的能力：成为一个全球规模的经济运行单位。

历史上，全球一体的金融市场第一次日夜不停地运作：10 亿美元的交易在围绕全球的电子循环中瞬间完成……规模空前的跨国资本流动出现于主要的市场经济之间：1980 年到 1992 年间，它在国内生产总值中的份额增加了 10 倍。新技术使得资本能够在很短的时间里，在经济主体之间来回流动；因此，资本、储蓄和投资在世界范围内相互联系，从银行到退休基金、股票市场，再到货币交换，都是互相联系的。由于货币是相互依存的，所以经济体也会相互依存，在任何地方都是如此。

劳动力市场并不是真正全球化的，除了少数专业人士和科学家——他们的数量在日益增加……但是至少在下述三种方式下，劳动力是一种全球性的资源：公司会在全球的各个地方选址，以发现他们所需要的劳动力供给，不论是在技能、成本方面，还是在社会控制方面；公司会从所有地方征召高技能的劳动力，只要他们能够提供合理的报酬和劳动条件，就能获得劳动力；当人们被贫穷和战争赶出家园，或者为了后代的希望而被吸引进新的生活时，来自各地的劳动力会自愿进入市场。

科学、技术以及信息也被组织进全球性的流动里……

虽然对自由贸易的限制和保护主义仍然顽固存在，但是商品和服务的市场越来越全球化。这并不意味着所有的公司都在全球进行销售，但它确实意味着，公司无论大小，其战略目标都是在全世界各个地方卖东西，或者是直接销售，或者是通过其与世界市场网络的联系进行销售……占主导地位的部门和公司，亦即所有经济体的战略核心，都与世界市场密切相连，它们的命运是它们在世界市场中的表现的函数（function）。

从半边缘社会和边缘社会的角度来说，目前最剀切的问题可能是，第三世界的工业化能够在多大程度上将其带入重要的经济发展进程？弗罗贝尔等人（Fröbel et al.，1980）与罗斯和特拉希特（Ross and Trachte，1990）都非常悲观，他们所取的立场与依附理论大体相似。卡斯特尔斯（Castells，1996）的回答则比较复杂。他注意到，新的全球经济充满了高度活力，具有高度排他性，并且其边界高度不稳定。它是一个苛刻的工头，不会忍受任何愚弄。为了在竞争激烈的世界市场上获得成功，四种基本的特性是必需的：技术能力；能够进入一个整合良好的、富裕的市场，例如欧洲联盟、北美自由贸易区；生产地的生产成本与终端市场的价格之间有显著的落差；政府有能力掌控它们所管理的经济体的增长策略。具有上述特征的社会必须运用这些特征，进而将自己整合进全球经济的中心；或者是，在某些情况下，保持自己在整合体中的中心位置。那些有力竞争的社会将会实现上述目的，那些无力竞争的社会，则会被残酷地排挤出来，并被边缘化。此外，它们无法拒绝参与这一全球博弈，因为那会导致某种灾难。在很大程度上，旧的支配和依附模式会被永久化。非洲、拉丁美洲、亚洲的大多数国家和地区会继续被边缘化，它们的苦难还会加重。（没有人邀请非洲参与博弈，因为很多人认为它贡献不出任何东西。）与此同时，有些边缘和半边缘国家——严格地说，是这些国家的某些部分——获得了改善其境遇的地位。例如，中国的珠江三角洲地区已经从其与下述经济的联系中获益：以日本

为中心的、充满活力的亚洲太平洋经济。自20世纪80年代以来，它已经成功地吸引了庞大的外国投资。从1980年到1990年，它是世界上发展最快的经济体。自1990年以来，外国投资的份额大大地提高了。

总之，我们需要问的是，这一"新的全球经济"有多新？总体上说，世界体系理论特别是柴斯东的理论的立场是，所谓"新的全球经济"仅仅是旧瓶装新酒。他们坚称，资本主义生产历来都是全球化的。另外，社会科学家如罗斯、特拉希特和卡斯特尔斯，从量的方面看到了一个新的经济结构。那么，目前我们能够肯定地回答这一问题吗？很可能不行。要看清我们所看的东西，还需要一二十年的时间。理解任何戏剧性的历史现象——如果这就是我们目前所见证的东西的话——都需要进行许多年的严肃的反省。

小　结

1. 世界范围的经济和社会发展水平的差异，是很多社会科学家关注的核心。欠发达国家是资本主义世界体系中那些技术和经济发展水平最低的国家。我们不应该把它们和不发达社会混淆，不发达社会是真正的前工业和前资本主义社会。发达国家是指先进的工业化国家，在世界经济中，它们的技术发展水平最高，经济最繁荣。

2. 评价欠发达的最佳方式可能是看一个社会的人均国民生产总值，当然还有其他很多类型的欠发达指标，包括经济发展水平明显不平等、人口高速增长、营养和健康水平低下，以及高比例的人口仍受雇于农业。

3. 欠发达的现代化视角是一种老的理论，目前大多数社会科学家仍旧青睐它，至少发达世界的社会科学家都很青睐它。这一理论假设，欠发达社会之所以出现，是因为一个社会具有特定的内在缺陷，这些缺陷阻止了它对其经济和社会传统的转化。这些缺陷包括低效率的资本形成方式、过时的商业实践技术，以及指向过去的价值体系。

4. 罗斯托的理论可能是现代化理论的最佳实例。罗斯托假设，在通向发达状态的路上，社会要经历一系列确定的阶段：传统社会阶段、起飞前阶段、起飞阶段、成熟推进阶段和高额大众消费阶段。欠发达国家陷在了传统社会阶段，不能自拔。

5. 一般来说，现代化理论相信，通过帮助第三世界克服其基础性的缺陷，发达世界里的知识分子以及商业和政府的领导人，能帮助第三世界国家促进其经济发展。

6. 20世纪60年代后期、70年代早期，作为现代化理论替代品的依附理论出现了。这一理论是将马克思主义运用于世界范围的一个版本。它认为，欠发达是依赖外国经济的结果——很多国家陷入了这种依赖之中。弗兰克指出，为了获得高度繁荣，先进的资本主义国家支配和剥削那些贫穷的地区。阿明认为，一个国家对另一个国家的支配造成了经济上的"非关联"，这限制了经济的发展。

7. 我们可以认定两种不同版本的依附理论。一种是"硬的"版本，它与弗兰克和阿明联系在一起。这一理论版本认为，经济依附总是会导致欠发达的发展（development of underdevelopment）。依据这一理论，只要依附仍在继续，发展就不可能出现，欠发达国家唯一的希望是通过社会主义革命脱离资本主义体系。"软的"依附理论认为，经济依附是欠发达的历史模式的基本成因，但在某种特定的新依附类型下，发展还是可能的。与"硬的"依附理论相比，"软的"依附理论更为可行；但是这两种版本之间大同小异，与现代化理论相比，它们要可行得多。

8. 沃勒斯坦的世界体系理论与"软的"依附理论很相似。沃勒斯坦声称，当代的欠发达国家之所以变成现在这个样子，是因为资本主义核心国家几个世纪以来一直对其进行支配。这些国家大多一直落后于核心国家，并且越来越落后。不过，在资本主义发展的特定历史关节上，通过抓住那些出现的机会，某些国家也许有能力改善其在世界经济中的地位。

9. 早在20世纪70年代，全球化过程就开始把世界经济紧密地联系在一起了。因为第三世界的劳动力成本要低得多，所以核心国家开始把其制造业向第三世界转移。生产过程的空间分散性达到了世界水平，这一过程之所以可能，是因为运输和通信有了重大创新。经济主体变得越来越相互依存，并富有竞争力。各个公司不仅越来越多地在世界市场中进行生产，也越来越多地在世界市场上进行销售。这个新型的全球经济变化迅速，充满活力。为了获得经济上的成功，各个社会必须投身其中。在这个经济体系中，旧的支配和依附关系仍会被保留下来，但是下述可能性也是存在的：那些最幸运的边缘和半边缘国家能够利用各种有利环境，实现显著的经济发展。

特别话题：东亚与欠发达理论

大约从20世纪50年代中期开始，令人惊奇的经济发展出现在了东亚的一些国家和地区：韩国、新加坡、中国的台湾和香港地区。1950年以前，这些国家和地区是资本主义边缘里非常贫穷的成员，但是现在，它们已经是资本主义核心之外最繁荣的国家和地区。韩国的人均国民生产总值是每年9 700美元，而新加坡和中国香港的人均经济生产总值的水平是上述数字的两倍还多（见表9—1）。在非核心国家和地区中，这些社会的婴儿死亡率都是很低的，其人口增长率更像是核心国家和地区，而不是非核心国家和地区（见表9—1）。此外，至少是在韩国和中国台湾，这样的发展并没有伴以极端尖锐的收入不平等——这种不平等往往是快速发展的欠发达国家和地区的特征。这些国家和地区的收入分配情况与核心国家和地区相似，甚至比它们还更平等。

整体上，这四个亚洲国家和地区经常被称为"新型发展中国家和地区"。人们经常认定，"新型发展中国家和地区"的经济发展对于依附理论是致命一击（Barrett and Whyte，1982；Berger，1986）。当然，如果我们谈论的是"硬的"依附理论，这一认定是无法否认的（Bienefeld，1981）。不过，东亚的发展与"软的"依附理论或世界体系理论并无抵牾。实际上，世界体系理论极其适合于解释最近数十年来"新型发展中国家和地区"所发生的一切。为了展现这一点，我将把我的论述限制在韩国和中国台湾。新加坡其实是城邦，而不是国家，而且它只拥有一个很小的农业部门。由于它性质特殊，所以用它来检验任何欠发达理论都不是一个好的选择。

韩国和中国台湾似乎是沃勒斯坦所谓的"受邀发展"的极佳的例子（Bienefeld，1981；Cumings，1984），而它们的成就来自五种条件的独特组合。其中一些条件涉及这些社会自身的内在特征，其他一些则涉及庞大的世界经济，以及它们与世界经济的关系（Cumings，1984；Crane，1982；Koo，1987；Evans，1987；Aseniero，1994）。

　　首先，韩国和中国台湾都有经济依附的历史，这是真的，但它们所经历的依附是独特的。20世纪初，朝鲜（当时还没有分为韩国和朝鲜）和中国台湾成了日本的殖民地。不过，日本并非普通的殖民者，它所干的事不会出现在欧洲殖民者身上。日本在这些殖民地建了一个庞大的运输和通信基础设施体系，甚至还建了重工业，特别是钢铁、化工和水电。因此，虽然韩国和中国台湾被殖民，但它们获得了其他依附社会通常所没有的特定的技术和经济资源。一旦日本的殖民统治结束，这些资源就可以形成发展的基础。

　　其次，在二战之后，韩国和中国台湾都经历了重大的土地改革。这些改革带来了非常平等的土地分配。众所周知，在大多数欠发达国家和地区，土地改革的努力不是失败了，就是根本没有尝试。在这些国家和地区，土地高度集中在少数几个富有的地主手中，这种不均衡的分配是经济发展的重大障碍。但是，韩国和中国台湾的土地改革使得农业产出大大提高，因而工业化的努力得以成功。

　　这些条件虽然重要，但是韩国和中国台湾如果不是受到了两个外部条件的影响，上述条件也绝不会带 ¹⁹² 来显著的经济发展。首先是这些国家和地区所在的独特的地缘政治环境。20世纪50年代，美国成为占主导地位的经济强国，它把苏联和中国视为其经济地位的严重威胁，而中国刚刚发生了革命，并成为社会主义世界的一员。对于韩国和中国台湾有可能成为社会主义世界的一部分，美国感到极度恐惧，因此它开始以援助和贷款的形式向这两个社会注入大量资金。虽然美国也向其他国家和地区提供援助和贷款，但输入韩国和中国台湾的数量举世无双。毫无疑问，这些经济援助对于它们的发展至关重要。

　　这些都发生在世界经济进行重大扩张的时期。因此，世界经济需求为那些努力改善其地位的国家和地区提供了"空间"（room）或"余地"（space）。美国则直接鼓励韩国和中国台湾改善其地位——通过向它们开放其国内市场。这些都发生在1960年之后。在20世纪50年代，韩国和中国台湾的工业化主要为本地市场生产；但在1960年之后，它们转而强调在世界市场上开展有竞争力的销售活动。这种工业化，即通常所谓的出口拉动型的工业化，是欠发达国家和地区的常见发展策略。它是否奏效是另一个问题。这一策略对韩国和中国台湾十分有效，它们的发展主要依赖美国所提供的保护性市场，这个市场是美国在其本国领土上打造出来的。

　　最后，不应该忽视的是，这两个地方最大的单一投资者和最大的经济管理者都是政府。这也是日本殖民的"遗产"。韩国和中国台湾都以日本为模板组织了"政府"，也发展出了高效的"政府"。在具备其他四种条件的情况下，这样的"政府"会领导它们迈入经济快速发展的阶段。特别是，"政府"在保持低工资方面发挥了重要作用，而低工资对出口拉动型的工业化至关重要，因为它们制造了低廉的产品，因而在世界市场上更有竞争力。它们还在工厂里构建了军事化的劳动纪律，因而有助于提高生产率。

　　韩国和中国台湾的成功自然引发了一个问题：它们所创造的经济发展模式，其他国家和地区能否模仿？一些对东亚的发展感到特别激动的社会科学家认为，可以模仿（cf. Berger，1986）。可是这是一个很模糊的说法。正像布鲁斯·卡明斯（Bruce Cumings）所说："从历史和地理的角度看，韩国和中国台湾的'成功'是特殊的，因此，对于那些对经济赶超感兴趣的发展中国家和地区来说，它们没有提供任何可资借鉴的成熟模式。"（Bruce Cumings，1984：38）实际上，在之后的数十年里，韩国和中国台湾能够在多大程度上保持其发展速度，都是不确定的。韩国实际上已经遇到了许多经济问题。从1980年开始，其经济发展有些放缓，而且目前已经积累了一笔庞大的外债。它已经从边缘社会进入了半边缘社会，但是，它还能再走多远，我们还不清楚。中国台湾的发展一直比较平稳，但是历史先例告诉我们，对其期待过多是危险的（Cumings，1984）。

　　总之，自二战以来，东亚发生了一些重要的事情；但这些事情并不意味着，依附理论或欠发达的世界体系理论（特别是世界体系理论）具有根本缺陷。东亚的发展不仅与世界体系理论相符，而且也只有从这个角度出发，东亚的发展才能够得到恰当的解释。

推荐阅读

¹⁹³

Amin，Samir. *Accumulation on a World Scale*. New York：Monthly Review Press，1974. 该书对阿明版

的依附理论进行了详细的阐述。

Bradshaw, York W., and Michael Wallace. *Global Inequalities*. Thousand Oaks, Calif.：Pine Forge Press，1996. 该书对本章所论述的许多事项都进行了有益的介绍。

Castells, Manuel. *The Information Age：Economy, Society, and Culture. Volume I：The Rise of the Network Society*. Oxford：Blackwell，1996. 针对所谓的信息技术革命及其与经济生产全球化的关系，该书进行了出色的分析。该书是三卷本著作中的第一卷。

Chirot, Daniel. *Social Change in the Modern Era*. Orlando：Harcourt Brace Jovanovich，1986. 该书探索了资本主义世界经济的发展及其当代特征，这一世界经济构成了第三世界国家的社会、经济和政治环境。该书对第三世界国家与资本主义核心之间的关系给予了密切的关注。（需要提醒读者的是，该书的1977年版本仍有参考价值。）

Evans, Peter B. *Dependent Development：The Alliance of Multinational, State, and Local Capital in Brazil*. Princeton, N. J.：Princeton University Press，1979. 在研究巴西的依附型发展方面，该书是一个出色的个案。它重点关注三个群体对巴西经济发展的塑造作用：外国资本家、当地资本家和巴西政府。

Frank, Andre Gunder. *Dependent Accumulation and Underdevelopment*. New York：Monthly Review Press，1979. 该书是依附理论的主要创立者之一对该理论的阐述。

Fröbel, Folker, Jürgen Heinrichs, and Otto Kreye. *The New International Division of Labour*. Cambridge：Cambridge University Press，1980. 该书假设，通过把其生产过程的很多部分转移到资本主义的边缘地带，居于核心的资本家们创造了一种"新型的国际劳动分工"。书中收录了很多关于这一现象的详细事例。

Gereffi, Gary, and Donald L. Wyman（eds.）. *Manufacturing Miracles：Paths of Industrialization in Latin America and East Asia*. Princeton, N. J.：Princeton University Press，1990. 该书是一本有用的论文集，它讨论了很多发展迅速的拉丁美洲和亚洲国家的"依附型发展"。

Hoogvelt, Ankie M. M. *The Third World in Global Development*. London：Macmillan，1982. 针对欠发达研究中的很多当代问题及其理论争辩，该书进行了很好的介绍。

Moulder, Frances V. *Japan, China and the Modern World Economy*. New York：Cambridge University Press，1977. 为了解释中国和日本在历史上为何会分道扬镳——由它们与资本主义世界经济的不同关系所造成的不同结果，该书进行了令人印象深刻的尝试。

Ross, Robert J. S., and Kent C. Trachte. *Global Capitalism：The New Leviathan*. Albany：State University of New York Press，1990. 该书开启了一种论点——这一论点与弗罗贝尔、海因里希和克莱因的论点相似，即大约在1970年，世界经济进入了一个新的阶段，其特征是生产的全球化组织规模越来越大，程度越来越深，这种全球化的程度是空前的。该书是对世界体系理论基本论点的一次重要发展。

So, Alvin Y. *Social Change and Development：Modernization, Dependency, and World-System Theories*. Newbury Park, Calif.：Sage，1990. 该书对三种主要的欠发达理论进行了很好的综述和批评性分析。

Wolf, Eric. *Europe and the People Without History*. Berkeley：University of California Press，1982. 本书是依据世界体系视角写成的。关于扩张中的欧洲资本主义对很多前资本主义社会的历史影响，该书提供了很多有用的信息。

第十章 工业社会里的社会分层

194　　本章将继续讨论从第六章开始探讨的社会分层问题。第六章显示，整个人类历史存在一个令人震惊的朝向某种分层生活进化的趋势。从狩猎采集阶段向农业阶段的社会变化，与日益复杂和极端的分层形式密切相关。可是，杰哈德·兰斯基（Gerhard Lenski, 1966）曾经显示，与农业社会向工业社会转型的过程相伴发生的，却是一个相反的趋势。在工业化社会里，主导经济的阶级占有更少份额的国民收入和财富；而且，工业社会中有一个遍布全民的收入扩散，其程度对农业社会的成员来说是不可想象的。

　　当然，当代工业化社会的不平等也足够尖锐和显著，足以依据其本身的标准（terms）进行分析，而不是仅仅依据与过去进行广泛比较的标准（Rossides, 1976）。这正是本章的目标。本章关注的重点是，对两种主要的工业化社会——资本主义社会和国家社会主义社会——的分层体系进行仔细的比较性分析。我们将努力明确回答下述问题：通过对生产手段的集体化，国家社会主义国家在多大程度上实现了马克思主义"无阶级社会"的预言？另外，
195我们还将探讨和评价有关当代资本主义社会分层的主要理论，特别是卡尔·马克思和马克斯·韦伯的理论。

工业化资本主义社会中的分层

收入和财富的分配：美国和英国

　　在美国政府（U. S. Bureau of the Census, 1984）赞助下所搜集的数据显示，美国收入最高的5％人口的收入，占美国全部国民收入的16.0％（见表10—1）。如果我们把数据中的人口分为五等份，显示的数据如下：收入最高的五分之一人口享有全部国民收入的42.7％，第二个五分之一人口享有24.3％，中间五分之一人口享有17.1％，倒数第二个五分之一人口享有11.2％，收入最低的五分之一人口享有4.7％的国民收入。

　　这些数据展示了美国社会里高度不平等的收入分配。它们显示，最富有的5％人口的收入，几乎是最贫穷的20％人口收入的4倍。从另一个角度来看，收入最高的20％人口所有的收入，比收入最低的60％人口所享有的总收入还多，而且数据显示，收入分配情况在35年内基本没有改变。

　　可是，这样的数据并没有完全揭示收入差异的程度。我们在分析中如果使用十分法而不是五分法，将会得到更加充分的整体收入分配图景。加布里埃尔·柯尔克（Gabriel Kolko, 1962）曾经运用十分法对美国1910年到1959年之间的收入分配情况进行过计算。他提出的数据显示，这一时期，高度不平等的收入分配自始至终从未改变过。例如，1910年，收入最高的10％人口享有33.9％的总收入，而收入最低的10％人口仅仅享有3.4％的总收入。到1959年的时候，收入最高的10％人口所享有的总收入份额稍有降低，为28.5％；但收入最低的10％人口所享有的总收入份额也降低了，为1.1％。1910年，收入最低的50％人口仅仅享有27％的国民个人收入。到1959年的时候，最贫穷的一半人口所享有的份额又有所降低，仅为23％。因此，不论是1910年还是1959年，收入最高的10％人口所享有的收入，都多于最贫穷的一半人口的总收入。贯穿整个时期，收入显著增长的收入组，只有排名第二和排

名第三的组，他们获得了中等程度的收入增长。毋庸讳言，这些群组并不是那些最需要提高收入份额的人群。

这些数据支持两个结论：美国存在着巨大的收入不平等；50年中，收入不平等的模式并没有向更平等的模式发展的明显趋势。20世纪，虽然美国大多数人口的生活水平有了大幅度的提高，但这种提高不应该被误认为收入平等化的趋势——人们经常如此认为。

197 可是，上述数据可能也低估了美国社会里收入不平等的程度，因为还存在着这些数据无法反映的收入模式。很多人得到的是可观的"实物收入"（income in kind），而不是直接的现金收入，而且这种收入不成比例地集中于已经富有的人中间。实物收入在收入最高的10%的人口中特别突出，在收入最高的5%人口中尤为突出（Kolko, 1962）。这种收入采用的是消费账户或者其他高管福利（executive benefit）的形式，而且人们很早就知道，这些福利是很多公司对高管的一种补偿形式（Kolko, 1962）。大规模的而且经常是无限制的消费账户目前已经延伸

到了公司的高层雇员，或者是接近高层的雇员。通常情况下，公司高层精英还享受下述物质福利：公司用车、汽油卡、乡村俱乐部会员资格，甚至是乘坐游艇和私人飞机等豪华服务，以及公司支付的游览——目的地是私人胜地和异国情调的温泉疗养地（Kolko, 1962）。虽然这些福利都不是可申报的个人收入形式，但它仍然是货真价实的物质特权。

现有的收入分配数据也没有反映那些没有申报的收入，以及来自股票的分红——这些分红并没有支付给股票所有者。柯尔克相信，这些未申报的收入主要采用红利、利息等形式，它们主要限于高收入群组。当然，不申报这些收入是非法的，但它仍然是一种广泛存在的行为。如果把这些收入纳入收入分配的数据，那么与目前已知的情况相比，收入不平等的模式会变得更为极端。除了上述行为，还有其他不申报实际收入的途径。柯尔克注意到，公司经常投票决定保留分红，这样，这些公司富有的股东经理们的红利收入就不必纳税。这种做法的结果是"公司代表经济精英们贮存他们的收入"（Kolko, 1962: 23）。

表10—1　　　　　　　　　　　美国1947—1982年的收入分配 196

特定位置的收入（美元）*					
年份	最低1/5组	第二1/5组	中间1/5组	第四1/5组	最高1/5组
1982	11 200	19 354	27 750	39 992	64 000
1977	7 903	13 273	18 800	26 000	40 493
1972	5 612	9 300	12 855	17 760	27 836
1967	4 097	6 700	9 000	12 270	19 025
1962	3 000	5 000	6 800	9 500	14 900
1957	2 488	4 234	5 594	7 505	11 494
1952	2 053	3 321	4 493	6 077	9 455
1947	1 584	2 556	3 466	4 918	8 072

各组收入的百分比					
年份	最低1/5组	第二1/5组	中间1/5组	第四1/5组	最高1/5组	顶端5%
1982	4.7	11.2	17.1	24.3	42.7	16.0
1977	5.2	11.6	17.5	24.2	41.5	15.7
1972	5.4	11.9	17.5	23.9	41.4	15.9
1967	5.5	12.4	17.9	23.9	40.4	15.2
1962	5.0	12.1	17.6	24.0	41.3	15.7
1957	5.1	12.7	18.1	23.8	40.4	15.6
1952	4.9	12.3	17.4	23.4	41.9	17.4
1947	5.0	11.9	17.0	23.1	43.0	17.5

* 每一个1/5组的最高值。

资料来源：U. S. Bureau of the Census, *Current Population Reports*, *Series P-60*, *No. 142. Money Income of Households, Families and Persons in the United States* 1982. Washington, D. C.: U. S. Government Printing Office, 1984, Table 17. 上述数据是所有家庭以及互不相干的个人的数据。

大家普遍相信，通过所谓的"累进"（progressive）税制，税收发挥了降低收入不平等的作用，并且把财富从富人向穷人进行再分配。不过，这一信念在很大程度上是没有根据的。现有的研究表明，税收并没有带来任何显著的收入平等化（Rossides，1976）。美国的公共税收实际税率表明，在税收结构中，理论和实践之间存在着巨大的鸿沟。虽然在原则上联邦所得税是累进的，但富人们已经在税法中构建了很多漏洞和壁垒，这使得他们的巨额收入能够免遭任何重大的再分配。实际上，富人们十分精于避税，他们已经把真正的税负置于中低收入群体的肩上。

与收入分配相比，美国的总财富量（亦即总资产减去总负债）的分配更为极端化。实际上，财富高度集中于顶端。联邦政府搜集的数据（Office of Management and the Budget，1973）显示，1962年的分配模式是这样的：最富的五分之一人口拥有76%的总财富，第二个五分之一人口拥有15.5%，中间的五分之一人口拥有6.2%，倒数第二的五分之一人口拥有2.1%，而最穷的五分之一人口只拥有0.2%。这些数据揭示了一个严重的状况——财产集中。它显示，人口中最富有的20%人口所拥有的财富，是剩下的80%人口所拥有的总财富的3倍还多。

关于财富集中的进一步的数据显示了同样的模式。1972年，最富有的1%人口持有全部公司股票的56.5%、所有债券的60%、所有信托基金的89.9%（U. S. Bureau of the Census，1982）。更详尽的调查揭示，这些资产实际上集中在0.5%人口手上。同年，最富有的0.5%人口拥有49.3%的公司股票、52.2%的债券、80.8%的信托基金（U. S. Bureau of the Census，1982）。

英国显示了类似的收入和财富的不平等。据估计，1979年，英国收入最高的十分之一人口占有26.1%的总收入，而最底层的30%的人口只占有10.4%的总收入（Atkinson，1983：63）。自1954年以来，这一模式几乎没有改变过。1954年，收入最高的十分之一人口享有30.1%的总收入，而底层的30%人口则享有10.3%的总收入（Atkinson，1983：63）。这些是税前的数据，但统计显示，英国与美国一样，税收对收入分配的影响微乎其微（Atkinson，1983：63）。

关于财富的分配，威斯特加德和莱斯勒（West-ergaard and Resler，1975）的调查结果显示，1954年，最富有的5%人口拥有全部现金和银行存款的48%、所有政府和地方政府保险的71%，以及公司股票的96%。更晚近的关于所有财富类型的数据显示，1979年，最富有的5%人口拥有45%的财富。虽然从某种程度上说，20世纪90年代的财富分配比40多年前少了一些不平等，但财富的集中程度依然很高。与美国和其他现代资本主义社会一样，英国仍然是一个充斥着深刻的经济不平等的社会。

情况对比和最近的趋势

虽然工业化资本主义国家在收入和财富分配上大体相似，且拥有相似的阶级结构，但我们并不能假设，在这些方面，它们完全相同。实际上，最近的证据显示，它们之间有惊人的差异。情况似乎是，美国拥有最不平等的收入分配，而日本的收入分配最平等。在其最近的新书《富人和穷人的政治学》中，凯文·菲利普斯（Kevin Phillips，1990）汇集了一些有关收入分配的数据。这些大约从20世纪70年代后期到80年代早期的数据显示，美国最富的五分之一人口与最穷的五分之一人口的收入比是12：1[①]，而日本的相同数据只有4：1。其他一些工业化资本主义国家的相应数据是这样的：法国和加拿大是9：1，英国是8：1，联邦德国、瑞典和荷兰为5：1。美国拥有最不平等的收入分配，这一点不会令社会学家和其他社会科学家感到惊奇。在贫困程度上，美国也在工业化资本主义国家中名列前茅。它拥有一个庞大的穷人阶级——无论乡村和城市，也无论黑人和白人，这个阶级中的许多成员集中在市中心的贫民窟里，几十年来，那里的情况一直在恶化，目前还在恶化（M. Harris，1981；W. Wilson，1987）。

有证据显示，最近数年来，大多数工业化资本主义国家的收入不平等一直在加剧，在美国尤其如此。1981年到1989年期间，里根政府的保守主义政治政策和经济政策经常为此承受骂名。不过，这可能仅仅是历史的一部分，因为收入不平等的加剧至少从20世纪70年代中期就开始了，而且很可能早在70年代初就已开始（Phillips，1990）。表10—2展示了1977年到1988年间美国收入不平等的变化情况。这些数据显示，80%的人口收入降低了，只

[①] 这一数据看起来有些夸大，但它与表10—1是一致的，它显示，1982年最高五分之一组和最低五分之一组的收入比大约是9：1，而不是12：1。即便如此，这仍然意味着，美国是收入最不平等的工业化资本主义社会之一。

有最顶端的两个十分之一的人口收入增长了，而且恰恰是收入阶梯最顶端的人口实现了最大的收入增长。最顶端1％的人口获得了接近50％的收入增长。可以清楚地看到，正是收入阶梯最底端的人口收入降低程度最严重。这是"富者愈富，穷者愈穷"的最新版本。

工业化资本主义国家的阶级结构

目前，对于怎样确定当代资本主义的阶级结构特征以及怎样定义阶级这个概念，还不能达成广泛的共识。相反，出现了两种截然不同的定义阶级的方式，亦即当代资本主义社会出现了两种对主要的阶级进行认定的方式：传统理路和马克思主义理路。传统理路认为，职业是区分阶级的主要标准。也就是说，阶级就是一个宽泛的人类群体，在职业结构中，相同角色的人群享有类似的声望和特权。马克思理路认为，是否拥有重要的生产资料（这里指的是资本），是一个社会阶级的区别性特征。因此，它把阶级看做一个围绕着财产所有权组织起来的社会群体。当然，马克思主义理路并非一个单一的理论，因为在关于当代资本主义的阶级结构等很多重要方面，马克思主义者们并不能达成共识。

传统理路 能够很好地体现传统理路的一个例子，是丹尼尔·罗塞德斯（Daniel Rossides，1990）对当代美国社会阶级结构的分析。罗塞德斯认定了当代美国社会里5个主要的社会阶级：上层阶级、中上阶级、中下阶级、工人阶级和下层阶级。

上层阶级的数量不超过人口的1％或2％，他们由拥有巨大财富和权力的家庭组成，他们的大多数财富和权力由继承得来。这一阶级的成员占据了公司、银行、保险公司等机构的关键位置。他们享有极高的声望，往往有力地引领着对精英符号文化（如美术和音乐）的消费。简而言之，在美国的社会结构中，这一阶级是享有极高的特权、权力和声望的那部分人。

表 10—2　　　　　　　　　　　　　美国 1977—1988 年的收入升降　　　　　　　　　　　　　*199*

	平均家庭收入（美元）		收入升降（％）	平均家庭收入升降（美元）
收入十分组	1977 年	1988 年	1977—1988 年	1977—1988 年
最低	4 113	3 504	−14.8	−609
第二级	8 334	7 669	−8.0	−665
第三级	13 140	12 327	−6.2	−813
第四级	18 436	17 220	−6.6	−1 216
第五级	23 896	22 389	−6.3	−1 507
第六级	29 824	28 205	−5.4	−1 619
第七级	36 405	34 828	−4.3	−1 577
第八级	44 305	43 507	−1.8	−798
第九级	55 487	56 064	+1.0	+577
第十级	102 722	119 635	+16.5	+16 913
顶端 5％人口	134 543	166 016	+23.4	+31 473
顶端 1％人口	270 053	404 566	+49.8	+134 513

注：所有的收入统计的都是1987年的收入。

资料来源：Kevin Phillips, *The Politics of Rich and Poor*. New York：Random House, 1990, Table 10.1.

中上阶级主要由下列人士构成：成功的商业经理、知识职业（如法律、医学、建筑），以及高职位的官员和军官。它包括大约10％的人口。这个阶级的成员通常享有高薪，并且通过储蓄和投资积累了可观的财富。他们通常还享有崇高的社会声望。

中下阶级占总人口的大约30％，包括小商人、低层专业人士（如公立学校的教师、社工师、护士），以及销售人员和职员。这一阶级中的大多数人享有中等收入，拥有小额储蓄以及其他个人财产。这一阶级的成员享有的声望水平很一般。

美国社会的工人阶级占总人口的大约40％。这一阶级的成员以下述身份被雇用：有技术的人员、半技术的和无技术的体力工人与服务人员。整体上说，这一阶级陷于高失业率之中，它的成员经常遭受缺乏储蓄、缺乏投资和社会声望低下之苦。一般来说，与其他高收入阶级成员相比，这一阶级的成员获得的收入相对较低。

下层阶级占美国人口的大约20％，它由那些被认为生活在贫困状态之中的人构成。这一阶级包括"长期失业者、未充分就业者、收入低下者、被遗弃的母亲，以及那些患病、残疾和年老的穷人"（Rossides，1976：28）。这一阶级的成员经常忍受或大或小的紧迫的经济困境，享有的社会声望极低。实际上，他们常常被看做懒惰和无价值的人、社会资源的消耗者。

对于思考阶级问题的这一理路，马克思主义的社会学家一般持有较严厉的批评态度（Wright, Hachen, Costello, and Sprague，1982；Wright，1979，1985）。他们指出，这一理路通常把社会阶级看做较大规模的职业群体。在马克思主义者看来，把阶级等同于职业这一思路的问题是，它仅仅关注工作的内容，而没有考虑人们带入这些工作之中的社会关系。从马克思主义的视角来看，阶级关系主要关乎支配和剥削，这些支配和剥削发生于人们从事其工作的时候。正像很多马克思主义社会学家所说的那样，"例如，一个木匠可以是工人、半自主的雇员、经理或小资产阶级手艺人。在这些情况下，工作的技术内容大致相同（将木材变成建筑物或其他什么东西），但社会关系的内容却发生了变化"（Wright et al.，1982：719）。

那么，当代马克思主义者怎样定义阶级，并构建现代资本主义社会的阶级结构呢？

201 **马克思主义理路** 卡尔·马克思把社会阶级定义为围绕着财产关系组织起来的群体。在早期工业化资本主义社会里，他认定了两个主要的阶级：资产阶级或资本家，即资本的所有者；无产阶级或工人，即那些没有财产，因而必须向资本家出卖劳动力以维持生计的人。马克思承认存在其他较小的社会阶级，但是在他看来，资本主义社会的性质，围绕着资本家和工人之间的关系运行。

自马克思所在的时代以来，资本主义已经经历了巨大变化。与我们这里的讨论关系最密切的是，在传统的资产阶级和无产阶级之间，数量众多的阶级快速地成长起来，而且这些阶级很难被精确地定义或分类。对于现代马克思主义者来说，在正统的马克思主义框架中定义这些阶级变得十分困难，因为正统的马克思主义声称，阶级纯粹是围绕着财产所有方式组织起来的。因此，大多数现代马克思主

义者修改并更新了马克思主义的阶级概念。他们通常是通过如下途径实现这一点的：主张当代的阶级不仅根植于财产所有方式，还根植于支配和控制的方式。也就是说，在生产过程中，有些人指挥其他人行动（Parkin，1979）。

为了在当代资本主义条件下发展马克思主义的阶级概念，一些人做出了努力，其中最引人注目的是埃里克·赖特（Erik Wright，1979；Wright et al.，1982）的工作。赖特强调，在现代资本主义条件下，不能简单地认为阶级就是特权和声望的不同水平或不同等级——惯常的理路就是这样假定的。相反，必须把它概括为这样一种群体：其成员在经济生产的社会关系中占据各种位置。这些关系涉及不同的财产所有权，也涉及支配和控制的不同水平。因此赖特强调，社会阶级是关系性的类别，而不是等级性的类别。

为了把握当代资本主义阶级结构的复杂性，赖特在下述两者之间做出了区分："基本阶级地位"（basic class location）和"对立性阶级地位"（contradictory class location）。基本阶级地位是社会生产组织中的下述地位：相对明确的与财产所有、支配和控制有关的地位。对立性阶级地位是下述生产过程中的地位：由两个不同的基本阶级地位之中的多个因素决定其性质的生产过程。因此，与财产相关的对立性阶级地位和与支配相关的对立性阶级地位是不一致的。

图10—1展示了赖特对当代资本主义阶级结构的想象。在基本阶级地位类型中，赖特认定了3种基本的社会阶级：资产阶级、无产阶级和小资产阶级。资产阶级由下列人士构成：大资本所有者，公司、银行、保险公司等机构的高层人员。这一阶级的经济基础是纯粹的财产所有权。在经典的马克思主义构想中，这一阶级的成员从对工人阶级的剥削中获得收入和财富——攫取工人的剩余劳动和剩余价值。这一阶级大约占全部人口的2％弱。在现代资本主义的生产机构中，这一阶级的成员对其他职位享有终极权力。无产阶级由经典马克思主义意义上的工人构成。在赖特的构想中，它由无财产的人士构成，这些人向资本家出售其劳动。此外，在工作场所，工人们位于支配和控制阶梯的底部。他们不 202 能命令任何人，但他们自己的工作却在其他人的密切指挥和指导之下。赖特估计，无产阶级占资本主义社会全部人口的41％～54％。

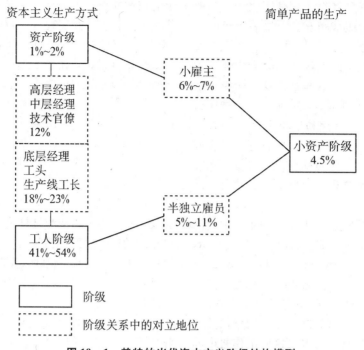

资本主义生产方式　　　　　　　　　　简单产品的生产

图 10—1　赖特的当代资本主义阶级结构模型

资料来源：Erik Olin Wright, *Class, Crisis and the State*. London：New Left Books，1978，p. 63。

在资本主义生产方式中，资本家和工人占据了基本阶级地位。资本主义生产方式的特征是，工人劳动的剩余价值被攫取，并且资本持续不断地被积累。不过，赖特注意到，现代资本主义社会里的经济地位并不是都跻身于纯粹的资本主义生产方式之中。有些经济地位处于简单商品生产模式中，这一生产模式与纯粹的资本主义模式并存。在简单商品生产模式中，利润并不是来自对剩余价值的攫取，即对劳动的剥削，而是来自个体生产者自身的努力。这种利润十分微薄，几乎不能实现什么积累。在这一简单商品生产模式中，只有一个社会阶级，那就是小资产阶级。赖特估计，这个阶级占全部人口的5%弱。这一阶级的成员是小商人和手艺人，他们不雇用工人，不剥削劳动力，也不在权威阶梯中支配任何人。这一阶级成员的收入来自小规模的财产所有。从某种意义上说，这一阶级是早期资本主义的孑遗，它注定要在资本主义制度进一步的进化中消亡。

在对立性阶级地位这一类别中，赖特也认定了3个阶级：经理和主管、小雇主、半独立雇员（semi-autonomous employee）。经理和主管占据了资产阶级和无产阶级之间的对立性阶级地位。这一位置上的人士不拥有任何财产，因而必须出卖自己的劳动力，挣得薪水过活。这是他们与无产阶级的共同特征。

不过，虽然他们必须出卖自己的劳动力，但他们在生产等级中占据了这样一个位置：他们支配其他人，特别是无产阶级。高层和中层的经理更接近资产阶级。他们在组织生产的时候享有很大的权威，而且高层经理起码有一部分收入来自公司利润。底层经理、工头和其他主管则更接近无产阶级。实际上，赖特相信，有些人十分接近无产阶级，因而把他们归入无产阶级可能更合适。这些人直接指导其他人的日常工作，但他们自己也受到中、高层经理的严密控制。赖特估计，经理和主管占总人口的30%左右。

小雇主大约占人口的6%～7%，他们占据了资产阶级和小资产阶级之间的对立性阶级地位，因而同时具有两者的特点。与小资产阶级不同，他们至少雇用一个工人，因而至少一部分收入来自对劳动力的剥削。与纯粹的资产阶级不同，他们的经营规模相对较小，资本积累的机会要小得多。

半独立雇员是官僚组织中的专业工人。他们占据了小资产阶级和无产阶级之间的对立性阶级地位。他们的人数大概不超过人口的10%，这些工人也必须出卖自己的劳动力，挣得薪水收入。但与其他工人不同，他们在工作安排上颇为自由。虽然置身于经理们的权威之下，但其高水平的专业知识决定了他们在执行工作任务时，有较多的个人决策权。事

203

务所里的律师、研究机构里的医生、大学里的教授，以及各种机构中的工程师，是半独立雇员的主要实例。

在现代资本主义体系中，要把赖特的方案应用于具体的个人和职位，通常并不容易。但从某些方面来说，它是对惯常理路的一种改进——后者本质上把阶级等同于职业。实际上，赖特把他的方案与"阶级就是职业"的惯常理路进行了比较，比较的标准是双方预测收入不平等的能力。经验证，赖特的方案做出了更好的预测（Wright，1979）。与惯常的理路相比，我们更青睐这一理路，上述理由是其中一个原因。①

现代资本主义内部的社会流动

现代资本主义社会成员中广泛传播的一个信念是，一个人的阶级地位不一定在出生时就固定下来了。人们认为，所有的个体都有很好的机会晋升至高等阶级，也就是向上的社会流动。在美国，这一观念根深蒂固，并且主导了关于分层性质的思考。大多数美国人似乎相信，美国的阶级体系是高度"开放的"，它允许那些有足够上进动机的人进行很大程度的向上移动。那么，关于现代资本主义的机会结构（opportunity structure）这一信念，在多大程度上是真实的呢？

关于美国社会流动最著名的研究是社会学家彼得·布劳和奥提斯·达德雷·邓肯（Peter Blau and Otis Dudley Duncan，1967）做出的。布劳和邓肯的样本是1962年2万名20～64岁的美国男性。依据上述样本，布劳和邓肯对美国的社会流动做出了下述结论（Vanfossen，1979）：

（1）流动一直是美国社会广泛存在的一个性质。

（2）近距离的流动比远距离的流动要常见得多。

（3）向上流动多于向下流动。

（4）一些职业群体的扩张和缩小可以解释一些观察到的流动现象。

（5）所有权代表了职业结构刚性（rigidity）的一个重要来源；也就是说，独立的专业人士、业主和农场主表现了最大的职业传承性（occupational inheritance）和自我招募性（self-recruitment）。

（6）一个人所受的教育对其成年后的职业位置非常重要。

（7）在过去的50年里，社会流动的比率提高甚微——如果不是一点都没有的话。

虽然布劳和邓肯的主要结论之一是美国的社会流动具有广泛性，但是对这一判断必须进行审慎的评判——结合其他的发现，以及他们的数据性质。正像范福森（Vanfossen，1979）所指出的那样，研究中使用的职业类别越多，测量到的社会流动比率就越高。布劳和邓肯使用了17种职业类别，比通常所使用的多得多。因此，毫不奇怪，他们在职业结构中发现了大量的流动。有鉴于此，我们必须严肃对待他们的另一个主要结论：大多数向上流动都是近距离的。也就是说，虽然很多男性在其一生中确实向上流动了，但并没有流动多远。实际上，已观察到的大量流动都是由下述流动构成的：由低级蓝领到高级蓝领，由高级蓝领到低级白领（非体力劳动），由低级白领到高级白领。极少有人从阶级结构中接近底层的位置流动到接近顶层的位置，而且，从低层阶级到高层阶级精英的流动实际上是罕见的现象。因此，强调刚性的重要性和强调与之对立的弹性——它内在于美国阶级结构之中——同样重要。这是因为，阶级地位的家庭直接遗传（direct familial inheritance）在所有的主要资本主义社会里都是社

---

① 在最新的一部著作中，赖特（Wright，1985）对他的阶级概念和阶级图式进行了重大修正。他取消了半独立雇员这一类型，并把管理/主管阶级分成了数个亚阶级——主要依据他们对教育文凭的持有。这一改变源自于下述做法的质疑：用支配权或权威作为阶级关系的维度。赖特试图对阶级概念进行重新界定，以使剥削概念在其中居于中心位置。由于剥削是马克思主义的中心观念，而支配权则不是，所以，作为一个马克思主义者，毫无疑问，赖特感觉上述做法更对他的心思。当然，其结果令人期待。赖特以一种非马克思主义的方式使用剥削概念，并把它扩展到了崩溃的边缘。赖特新的阶级图式包括12个阶级，这使他变得进退失据，而且他对很多阶级的定义不佳。因此，我们必须提出的严肃问题是，赖特的最新想法是否是智识上的进步。实际上，赖特自己也承认，他的新公式带来了诸多新问题。

显然，赖特所面临的问题提示我们，试图创造一个适用于20世纪后期的自洽的马克思主义阶级分析方法，将会遇到严重的障碍。为了使马克思主义图式获得适应性，来自其他智识传统特别是韦伯主义传统的观念必须被引进来（Parkin，1979）。这样做无可厚非，只是为了继续被称为马克思主义，有些观念被扭曲得面目全非。最明智的办法也许是，径直以它们自己的标准对抗它们，这正是我在本章后面的部分要做的事情。

因为这些原因，也因为赖特的新式分析方法过于技术化和抽象化，很难在一本教科书中得到展示，所以我保留了赖特原来的立场，这也许是马克思主义对阶级现象的最佳阐述。

会生活的基本特征。

　　大量社会流动源于一些与机会平等观念无关的因素。布劳和邓肯注意到，源于技术改变的职业群体的扩大与缩小，是促进流动的重要因素。贯穿20世纪，所有的主要工业化社会都经历了重大的技术变革，这些技术变革增加了现有的白领工作的数量。很多这样的工作职位只能通过招募来自低层社会地位背景的人来填充。此外，不同阶级的不同出生率也使一定数量的向上流动成为必然。与低阶级地位上的人们相比，高阶级地位上的人们生的孩子更少。这意味着，并不是所有的高阶级职位都能由来自同一阶级的人的孩子担任。因此，从较低的阶级里招募一些人永远是必要的。

　　关于美国社会流动的哪些结论被证实了呢？在阶级结构中，发生了数量可观的向上流动，但是，这一事实意义并不大，因为大多数流动是近距离的。因此，大多数人成年后止步于接近其父母所成就的水平上，而且，从底部直抵顶部的流动事实上并不存在。此外，把所有真实发生的流动都归功于所谓的"承诺机会平等的意识形态"是不正确的。虽然有些人确实因为其出色的智慧、动机、勤劳甚至运气改善了他们的社会地位，但大多数流动是现代资本主义的固有特征：这一制度持续地制造技术变革和职业变革。总之，重要的是，不要夸大美国社会里流动的程度，也不要低估那些确实发生了的阶级地位的遗传。

　　一般而言，针对美国的言说，对工业化资本主义社会的大多数地区都适用。目前的大多数研究表明，虽然它们确实体现了一些差异性，但是在流动模式和总体流动水平上，工业化资本主义社会惊人地相似。尽管相关的社会在努力促进高水平的社会流动方面差异很大，但是上述说法仍然是适用的。
206 它也是一种跨越长远时间阶段而屹立不倒的模式（Kerckhoff, Campbell, and Winfield-Laird, 1985; Erikson, Goldthorpe, and Porto-carero, 1982; Goldthorpe, 1980; Halsey, Heath, and Ridge, 1980）。

国家社会主义社会里的社会生活分层模式

　　我们现在转向下一个问题：在国家社会主义社会里，阶级区分的程度有多大？

基本阶级结构和特权的不平等

　　弗兰克·帕金（Frank Parkin, 1971）提供了一个有益的历史综述，显示了苏联社会分层的变化性质。他注意到，共产党掌权后，有一种明显的建立经济上的平等的倾向。为了实现收入的平等，基础性的改革措施被投入运行，蓝领和白领之间的工资差距被急剧缩小。（二战之后，主要的东欧社会主义国家也实施了类似的收入平等化政策。）除了这些措施之外，还有重大的教育改革，它使既有的特权受到了攻击。这些改革的目的是把大量被压迫阶级的青年送入高等教育。

　　从20世纪30年代早期开始，斯大林颁布了新政策，这一重大的平等化努力被终止，甚至被逆转了。针对平等化计划，斯大林发起了一次重大的进攻，宣称他反对"乌拉夫尼洛夫卡"（贩卖平等）。有人认为，为了实现完全的工业化，为了建设现代社会，必须给从事需要更高技能的工作的人提供更大的物质激励。这一政策使得主要的职业群体之间的收入差距变得十分大。这一新的收入不平等一直持续到大约20世纪50年代中期。在那之后，针对收入不平等的新的进攻又开始了，收入差距再一次被缩小。自20世纪80年代后期以来，在经济改革计划即所谓的改革（perestroika）之中，再次包含了扩大收入差距的努力，这与苏联向市场资本主义经济的转型是一致的。

　　近年来，大量有着不同收入水平和特权的社会群体浮现出来。这些群体是否应该被称为"阶级"，在某种程度上就是如何定义阶级的问题。苏联官方意识形态把它们称作"非对抗性阶层"［至少在1985年之前，或在"公开性改革"（perestroika and glasnost）开始之前是这样的］，言外之意是，这些群体并不是依据其私有财产而被区分出来的。在苏联，这样的群体曾经被消灭殆尽。因此，所谓的"不平等的""无阶级化"（classlessness）曾经在国家社会主义之下独占鳌头。也就是说，存在着享有不平等的物质特权的不同社会群体，但这些群体不被看做阶级，因为他们不同的特权水平并非建立在是否占有财产之上。由于不存在财产的私人所有，这些群体并不是通过压迫其他群体获利，因此，这些群体之间的社会关系并不是对抗性的。

　　从经典马克思主义的视角——它认为阶级源于财产占有——来看，苏联官方的观点无可厚非。但是，近年来，西方马克思主义对阶级的概念进行了大幅度的修改，正像我们所看到的那样，西方马克思主义已经把支配和控制作为核心要素纳入其阶级定义之中。顺着这一推理思路，把国家社会主义社会里的主要社会经济群体视为阶级，就是理所当然的了，因为它们确实建立在对经济资源的不同控制水平之上。

帕金（Parkin，1971）曾经以下述方式描述了国家社会主义社会里阶级结构的特征（从高到低对阶级进行排列）：

（1）白领知识分子，主要包括专业人士、管理层人士和行政职位上的人士。

（2）技术性的体力工人。

（3）低级白领工人。

（4）无技能的工人。

（5）农民。

从这个角度来看，在国家社会主义体系中，占主导地位的、最有特权的阶级是白领知识分子。帕金提出，国家社会主义中最主要的阶级界限就位于这一群体和其他人之间。知识阶层的成员不仅享有比其他人高的收入，还享有奖金和特别津贴，以及其他可观的奖赏：高质量的住房、国外旅行的机会、公车和国家财产的使用权，以及其他方面。此外，知识分子和其他阶级之间的社会区分被下列事实加强：知识阶层的成员更可能是党员。党员身份本身就带来额外收益，这些收益包括建立裙带关系并赢得（上级）宠幸、有机会得到顶级剧院的戏票，或者在学校和大学里为自己的孩子谋得一席之地。

在帕金看来，国家社会主义之中主要的阶级界限是在知识分子和其他人之间。而其他学者更愿意强调另一个界限，即知识阶层中的一小撮与其他所有人之间的界限。这一群体经常被称作权贵政要（nomenklatura）。知识分子可以占到国家社会主义社会总人口的20%左右，但权贵政要可能最多只占1%，它由共产党官僚机构里最高级别的人士构成。米罗凡·吉拉斯（Milovan Djilas，1957）认为，权贵政要是与资本主义社会里的统治阶级大体相似的统治精英。在他看来，这一精英群体——他曾经称之为"新阶级"——是一个拥有财产的、享有高度特权的自我永久化的阶级，这一阶级支配着国家社会主义社会里其他所有的人。上述主张有很多优点，但必须经受检验。例如，安东尼·吉登斯（Anthony Giddens，1980）虽然不否认上述精英群体的存在，但他认为，它不能严格地与资本主义的统治阶级相类比。他注意到，国家社会主义社会里占支配地位

的阶级仅仅对集体财产的分配享有特权，这一特征与资产阶级的特征有异——资产阶级往往控制着大规模的私人资本供给。

维克多·扎斯拉夫斯基（Victor Zaslavsky，1995）为苏联分层体系提供了其他洞见。他指出，这一体系由"一些相互联系的分系统构成，包括政治的、经济的、地区性的和民族性的分层结构，这些都受控于国家"（Victor Zaslavsky，1995：118）。他特别关注知识分子中最具优势的成员，而他们都是在军工部门工作的人。为了他们的利益，一个完整的"封闭式公司"和"封闭式城市"体系被建立起来。扎斯拉夫斯基（Zaslavsky，1995：120-121）还告诉我们——

> 在引入了拥有最高优先权的"封闭式城市"这一类型之后，再分配的国家（redistributive state）采取了一个重大步骤，以便组织和管理这些建立在地域基础之上的社会分层体系。封闭式城市被看做这个国家最重要的居民区，城市政府仅仅依据出生或通过特别允许颁发居住权。再分配国家的人口居住等级，导致了固化的地位等级制（hierarchy of status）的建立，也导致了新的社会群体和社会类别的出现；这些群体和类别的成员享有不同的生活机会，以及不同的消费水平。封闭式城市在下述方面也发挥了越来越大的作用：分配接受高等教育的机会，促进苏联专业群体——传统上被称为"知识分子"群体——的成长。实际上，主要的大学都位于封闭式城市之中，大多数受过高等教育的专家也住在这里。在封闭式城市里，精英学校和专业服务（如私人授课）的广泛存在，给城市居民带来了巨大的优势：进入名牌大学或其他高等学校。因此，苏联的精英和受过教育的中产阶级的成员资格，越来越具有遗传性……

> 与上述实践类似的政策还有建立拥有最高优先权的特殊公司和完整工业部门，建立享有特权的地区和居住区。与之相伴的还有一种制度，即区分最具优势的社会和民族群体与最缺少优势的社会和民族群体的制度。上述实践和政策表明，再分配国家在创造和维持等级性社会结构方面发挥了巨大的作用。

国家社会主义之下的阶级结构化

如果一个阶级等级制具有了遗传性的固化结构，

而这一固化结构已经使得阶级之间相对隔绝，并且不再允许成员之间进行交换，那么这种情况就是所谓的阶级结构化（class structuration）（Giddens，1980）。任何一个社会的阶级结构化程度的主要指标都是社会流动的比率，以及各个阶级成为文化上截然不同之群体的程度。一个阶级高度结构化的社会，将由这样的阶级构成：它们在文化上截然不同，而且它们基本上是不可渗透的（impermeable）进行内部招募（self-recruiting）的群体。相反，当社会流动比率较高，而且阶级之间文化差异微小时，较低程度的阶级结构化（low class structuration）就占据主导地位。那么，国家社会主义社会中的总体结构化水平如何呢？

有一个被广泛传播的共识，即主要的国家社会主义社会里的社会流动比率是较高的，至少过去是这样的（Parkin，1971；Giddens，1980；Yanowitch，1977）。例如，1963年针对匈牙利的一个研究显示，接近77%的白领知识分子职位是由工人和农民背景的人充任的（Parkin，1971）。此外，1960年南斯拉夫的人口普查显示，管理和行政职位上62%的人是体力劳动出身（Parkin，1971）。再者，20世纪60年代早期，来自体力劳动家庭和农民家庭的知识阶层的比例高达40%～50%（Yanowitch，1977）。如果把来自低级白领家庭的知识分子与来自体力劳动和农民家庭的知识分子加起来看，事情就明显多了：大多数的知识分子来自他们这个阶层之外（Yanowitch，1977）。

上述数据支持了这样的结论：国家社会主义的阶级结构具有醒目的开放性。不仅社会流动比率明显高企，而且大量的流动类型是"远途的"。帕金（Parkin，1971：157）曾经就此评论说："使国家社会主义社会里的流动比率显得特别重要的，也许是这样一个事实：大规模的移动跨越了奖赏等级的整个畛域（range），而不仅仅是阶级边缘的人员交换。"

关于流动的数据显示，国家社会主义社会里的阶级结构化水平相对较低。已知的阶级之间的文化差异也支持同样的结论。虽然亚努维奇（Yanowitch）强调，苏联的阶级区分体现在生活方式和消费习惯上，但是这些差异的意义似乎并不大。帕金认为，国家社会主义中阶级文化的差异水平实际上比较低。为了支持其主张，帕金指出，首先，负面的或防御性的价值导向似乎还没有在从属性阶级的成员中发展起来；其次，如资本主义社会中的可辨识的"工人阶级文化"在国家社会主义社会里似乎还

不存在；最后，知识阶层的成员没有发展出具有高度辨识性（highly distinctive）的文化、口音，或者类似于典型的资本主义精英的着装模式。这些考虑迫使帕金（Parkin，1971：158）总结道："因为国家社会主义社会缺乏醒目的阶级文化差异而声称它们是'无阶级'社会的那些理论家，触及了这类社会的一个重要特征。"

国家社会主义社会里出奇高的流动比率，毫无疑问是过去的事情。20世纪70年代出现了重大的经济困难，随之而来的是教育机会的缩减，进而增加了对很多人向上流动的限制（Lapidus，1983）。20世纪70年代中期以前的高流动率主要源于职业结构的重大变革——大规模技术变革的结果。所以，作为经济停滞的结果，流动比率显著下降就毫不奇怪了。

分层与后社会主义转型

由于后社会主义经济具有不稳定性和不确定性，因而要判断新的后社会主义分层体系会采取什么样的形式是困难的。不过，随着这些社会越来越资本主义化，几乎可以确定地说，收入和财富的不平等会变得越来越明显。对此已经有了显著的证据。在俄罗斯，苏联解体导致显贵们失去了对政治权力的垄断，结果，这一群体的很多成员的职业生涯被毁掉了（Zaslavsky，1995）。与此同时，这一群体其他的很多成员则处在从新的私有化过程中获益的极佳位置上。他们能够与新的私人公司进行交易，常常会变成合伙人（co-owner），并且正在形成一个快速增长的财产所有者阶级。这一阶级的很多成员已经变得极其富有，并且用炫目的方式夸耀其财富。他们与高度贫困的人们——其数量也在快速增加——形成了鲜明的对比，特别是在俄罗斯，那里的经济几乎为混乱所主导。

关于工业化分层体系的理论

社会学家提出了三种主要的理论，用来解释现代工业社会分层体系的性质：功能主义理论、马克思主义理论，以及马克思主义的主要替代物——韦伯主义理论。

功能主义理论

社会分层的功能主义理论是社会学家金斯利·戴维斯和维尔伯特·莫尔（Kingsley Davis and Wil-

209

bert Moore，1945）建立的。戴维斯和莫尔的主要主张是，社会分层源自有组织的社会生活的基本功能要求，因而它是人类社会必需的、不可避免的性质。

戴维斯和莫尔推理说，为了有效地生存或发挥功能，所有的社会都面临着一个基本问题：激励其成员担任"功能最重要的"职务。他们相信，分层体系——不平等的奖赏体系——是社会解决这一关键问题的机制。因此，分层是作为奖励体系兴起的，它是鼓励人们承担重大社会责任的手段。这是因为，对那些愿意辛苦工作并做出贡献以便进入特定的重要职位的才智之士来说，最高的奖赏正在等着他们。同样，没有才华的和动力不足（unmotivated）的人们，则必须满足于承担那些挑战性较低的工作，与之伴随的是较低的奖赏。

戴维斯和莫尔指出，在任何社会，社会职位的等级（亦即与之相伴的奖赏等级）都取决于两个主要因素。其一是那些"功能重要"的职位，这一概念在戴维斯和莫尔的论辩中非常关键。他们指出，并不是所有的社会职位对社会运行都是"同等重要的"。有些更加重要，因为它们为社会存在和社会福祉做出的贡献更大。决定职位等级的第二个因素是，现存的能够担任某一职务的人员的稀缺性。在其他条件同等的情况下，如果能够充任某一职位的人员相对稀缺，那么该职位的等级应该更高。人员稀缺可能由于人口中才智之士不足，也可能由于某些职位特别需要职业训练。关于后一种情形，戴维斯和莫尔观察到，大多数人都有能力从事现代医学，但是医学职业的训练要求是如此之高，以至于很多人对它望而却步。因此，为医生角色提供高奖赏是一种社会的创造，旨在消除有资格充任这一职位的人员的稀缺性。

多年以来，戴维斯—莫尔理论一直被广泛地批评和争论（Tumin，1953；Huaco，1963；Anderson and Gibson，1978；Chambliss and Ryther，1975）。对它最有力的反驳是，"功能重要"的概念经不起仔细的审视。例如，对一个工厂来说，在何种意义上可以说工程师比报酬少的体力工人更重要（Tumin，1953）？很明显，他们都在这样的组织中扮演了必不可少的角色。这一思路可以被无限地扩展下去。依据戴维斯和莫尔的逻辑，清洁工的功能重要性极低，因为这种职位报酬很低，而且被广泛地认为不具有吸引力。可是，如果没有清洁工，严重的卫生和健康问题就会在我们的大城市里爆发，诸如 20 世纪 60 年代出现在纽约和巴黎的问题。在很多社会中，很

多报酬较低的社会职位都显出相当高的功能重要性。因此，情况似乎是，"功能重要"的概念有严重的缺陷，而这一概念却对整个功能主义的解释至关重要。

这一理论还可能收到其他的反对意见（Tumin，1953）。例如，戴维斯和莫尔的下述假设也是有问题的：分层体系能够促使一个社会有效地利用其人才。分层体系越是固化，这个社会就越难发现它所拥有的人才数量，因为社会奖赏基本上取决于身份遗传，而不是个人努力。此外，分层不仅阻碍了社会发现其人才总量，也阻碍了它对现有人才的充分利用。

再者，可以理解的是，对人们来说，经济特权和声望之外的奖赏也可能是一种有效的动力。例如，"工作乐趣"和"社会责任"也会发挥重要的激励作用，激励人们承担重要的社会角色（Tumin，1953）。最后，分层体系显然具有很多负面的社会后果。例如，它不平等地分配有利的和不利的自我形象（self-image）；它在个体和群体之间诱发敌意、怀疑和不信任；它还不平等地分配人们对社会的归属感和认同感（identification）。

因此，作为解释工业社会里的社会分层的理论，功能主义似乎还不完善。实际上，有些社会学家认为，面对盛行的社会和经济的不平等，功能主义比合理化解释（rationalization）和意识形态的正当化解释（ideological justification）强不了多少（Anderson and Gibson，1978；Rossides，1976）。那么，对工业社会分层体系的哪种解释，更能为人所接受呢？

马克思主义视角

经典的马克思主义理论认为，社会分层起源于个体和群体之间为获取稀缺资源而进行的争斗，而资源之中最重要的是经济财产。控制了财产——关键的生产手段——的群体能够利用其控制力来剥削他人，并为自己收获奖赏。他们与财产有关的有利地位给了他们压迫他人的权力，而这一特权和权力可能转化为崇高的声望。此外，支配性的群体通常还会发展出旨在使其权力和特权正当化的意识形态，从而使自己看起来正确和光荣。例如，现代资本家是这样使其超额财富正当化的：坚称这些财富是他们冒险投资的正当回报；而且他们声称，他们的创业活动使得总体社会财富增加，进而使每一个人受益。他们发表声明说："对通用汽车好，就是对国家好！"当代的马克思主义者可能会认为，这一声明是自我辩护的意识形态的一个表现，而且它基本上是虚假的。与现代资本家相反，当代马克思主义者可

能声称：在很多方面，对通用汽车（比如，该公司的所有者和经理们）好，很可能恰恰是对这个国家的其他人不好。

埃里克·赖特（Erik Wright，1979）曾经进行过一个有价值的研究，即测试马克思主义分层理论的整体优势。他用自己的方案来预测当代美国的收入不平等。（当然，赖特的方案显然远离了经典马克思主义建立在财产基础之上的阶级模型。）赖特从确定各个阶级的收入基础开始。资产阶级利用下列手段对工人进行剥削，以获得收入：付给工人的工资少于其创造的产品和服务的价值。无产阶级通过资本家付给他们的工资获得收入。这一工资水平取决于劳动力的市场价格。资本家通常尽量把工资降到最低，因为在经典的马克思主义模型中，资本家的利润取决于他们所支付的工资的水平。向工人支付的工资取决于资本家和工人各自的议价能力，而这一议价能力又取决于众多的历史、社会和经济因素，例如，工会的发展水平、劳动力的供求关系，等等。

小资产阶级不雇用工人，因此不依赖于剥削劳动力来获得收入。他们依赖于自己的努力；他们工作越勤奋，获得的收入就越高。

经理和主管通过薪水（或工资）获得收入，这些薪水是资本家付给他们的。他们的收入水平与其在组织中的权威等级地位密切相关。高层经理所从事的活动对公司的赢利至关重要，因此，必须向他们支付高薪，以鼓励他们更好地发挥作用。[①]赖特（Wright，1979：89）注意到："为了支持权威的合法性，在不同的等级水平之间保持巨大的收入差距是至关重要的。"

小雇主通过个人的努力以及对劳动力的剥削来获得收入。他们越接近资产阶级，他们的收入就越多地来自剥削。有些小雇主，如私人律师和医生，不是通过剥削劳动力获得收入，而是通过对价格（诊费）的操纵获取收入。他们的收入来自他们操纵市场力量的能力——让自己占上风。半独立雇员通过薪水获得收入。他们的收入通常较高，因为这一收入必须具有鼓励他们出色工作的作用——在那些需要创造性和责任心的事务中。

赖特对不同阶级的收入水平的预测，获得了他的实证结果的支持。他发现，在经理/主管和工人之间存在着显著的收入鸿沟。而且，正像他预测的那样，经理和主管的收入与其在管理等级中的职位

密切相关。数据还显示，除了资产阶级之外，小雇主的收入也高于其他所有的阶级。赖特的研究有一个缺点，即它没有把真正的资产阶级成员纳入研究之中，在赖特的调查研究中，要找到他们非常困难。但是，赖特指出："虽然对财产关系的这一分析有些不完整，但是其结果清晰地显示，即使拥有小规模的财产，也会带来一定的结果。小雇主的收入是工人收入的2倍……此外，雇主和工人之间的收入差距远远大于工人和经理之间的收入差距。"

在最近的一次研究中，赖特（Wright，1985）使用了其阶级类型的修订版和拓展版，得出了稍有不同的结果。美国数据显示，"职业经理"——拥有高级教育资质的经理——比小雇主挣得稍多。瑞典的数据更加令人吃惊。这一数据显示，4种类型的经理和主管，甚至包括那些具有中等教育资质的人，也比小雇主挣得多。总之，美国和瑞典的数据显示，教育资质和组织权威是收入水平的重要决定因素。虽然赖特试图从马克思主义的视角来解释这些发现，但他把自己困在了"理论之结"之中。无论如何，对马克思主义分层理论来说，教育资质和组织权威都是陌生的现象。他的发现的真正意义在于，揭示了马克思主义理论的缺陷以及韦伯主义特定观点的适用性——在理解当代的分层模式这一点上。

韦伯主义：马克思主义之外的选择

马克斯·韦伯（Max Weber，1978；org.1923）同意马克思的观点，即对于解释资本主义社会的社会分层来说，阶级是核心的概念。但是，韦伯认为，马克思把对分层的分析局限于阶级分析，因而过于狭隘。韦伯相信，其他两种群体分层类型也在所有社会的分层体系中扮演了重要的角色：地位群体（status group）和政党。韦伯所认定的地位群体是这样的群体：其成员分享共同的生活方式和同样的社会声誉水平。

韦伯认定了社会分层的三个面相——财产、荣誉和生活方式、权力，以及与这些指标相对应的分层群体类型。他还进一步指出，从某种程度上说，财产、荣誉和权力可能是相互独立地发挥作用的。也就是说，一个拥有财产的群体，不一定在地位和权力的等级上排名靠前。与此相似，社会地位较高

[①] 这难道是我们大多数人所认可的功能主义理论的真理的内核？

的群体，也不一定是拥有财产的群体。同时，韦伯也强调，虽然上述三个指标从逻辑上来说是相互独立的，但它们密切相关。因此，一般来说，财产所有权确实能够带来可观的地位和权力。韦伯关于阶级、地位群体和政党的概念是抽象的分析类型，要将其清晰而确定地应用在具体的社会群体身上，可能是困难的。比如说，一个给定的群体既可以被归类为阶级，也可以被归类为地位群体。运用韦伯的标准，我们必须把欧洲中世纪的贵族认定为既是阶级也是地位群体：它的经济地位根植于其土地所有权之中，但其生活方式却强调把战争作为职业来追求，强调骑士风度，对商业行为极为蔑视。

在对当代资本主义的分析中，韦伯主义承认存在一个强有力的拥有财产的资产阶级，这一阶级对现代社会的运行产生了巨大的影响。不过，它也承认其他社会地位的存在，这些地位与财产所有权无关。例如，知识阶层的成员享有相当高的声望和社会地位，但是他们并不是作为财产所有者而享有其声望和地位的。我们最好把这些群体视为地位群体，而不是阶级。那么，是什么给了他们优越的特权和地位呢？

在对社会分层的分析中，韦伯使用了另一个概念——"社会封闭"（social closure）（Weber，1978；org.1923；cf. Parkin，1979；Murphy，1988），这一概念如果不是更重要的话，至少也与阶级概念和政党概念一样重要。韦伯使用这一概念来指称社会群体的一种强烈趋势：它们把特定的社会标准用作区分的标志，以便把自己与外来者区隔开来。这些标准包括性别、种族、文化背景（民族）、教育水平和共同的职业，不一而足。通过使用某些标准把自己和他人区隔开来，一个社会群体的成员试图垄断资源，因为这些资源能够给他们以经济成功和社会尊重。

韦伯的"社会封闭"概念，是对马克思主义关于现代分层体系分析的一个重要补充。实际上，马克思主义对财产所有权的强调，有可能被纳入"社会封闭"的概念之中（Parkin，1979）。也就是说，可以把财产所有权视为"社会封闭"的一种形式（当然是其中特别重要的一种形式）。例如，资本家阶级的成员，以自己对庞大资本供给的占有为手段，建立和保持了极高的特权和声望。

但其他群体也可以使用其他的标准。帕金注意到，在现代社会里，教育资质似乎已经成为最重要的社会封闭手段。通过达到特定的教育水平（这意味着拥有特定类型的文凭），一个群体的成员希望为进入某一特定职业——该职业在特权和声望方面回报良多——设立一个最低的资质。伊瓦·伯格（Ivar Berg，1971：185；被引用于 Parkin，1979：59）注意到了下述关联：

> 在美国，教育资质已经变成新的财产。这个国家试图使真正的个人财产转移变得困难。但它绞尽脑汁地用一系列可遗传的价值来替代财产转移：这些价值与学位和文凭有关，它们毫无疑问会加固现存的可怕的阶级藩篱，即使不存在家庭遗产继承制，也会如此。

让我们再回忆一下埃里克·赖特（Erik Wright，1985）最近在美国和瑞典的研究。他的研究显示，教育资质已经成为决定收入水平的一个主要因素。在这两个国家，拥有高等教育资质的管理人员的收入，是没有这一资质的经理们的收入的两倍。

如果说教育资质是现代工业化社会里主要的社会封闭手段，那么它也不是唯一的手段。知识化的职业在某种程度上依赖这些资质，把它作为将自己区隔出来的标准。但它们还使用另外两种对其经济成功至关重要的手段：对符号文化的操纵，以及发展强有力的政治组织（即韦伯所说的"党派"）。例如，在最发达的工业化社会里，特别是在美国，法律和医学是获利颇丰的职业，它们还能为其成员带来巨大的社会声望。律师和医生早就知道怎样实现高水平的经济和社会成功。他们垄断了特殊类型的知识，而这些知识对客户和患者的福祉至关重要。为了展现他们对一个神秘的知识体系（body of knowledge）的垄断，他们发展出了繁复的术语体系，这些术语源自拉丁语，只有他们能充分理解。这一体系被设计出来的目的是使他们的服务对象印象深刻，起码他们的部分目的是如此。这样，当这些职业的成员声称，只有他们有资格享受他们所获得的高额经济回报时，事情就容易多了。

对特殊知识体系的垄断对于知识化的职业的成功是必不可少的，但仅有这垄断还不够。他们必须设计某种形式的政治组织，来保护和提升特权与声望。医生们有这样一个组织——美国医学会（American Medical Association），律师们也有这样一个组织——美国律师协会（American Bar Association）。美国医学会曾被称作美国权力第二大的政治游说团（最有权力的是石油公司游说团）。数十年来，它一直限制医学院的入学人数，因而保持了医生供给对需求的相对不足（Freeman，1976）。与没有人为操纵的情况相比，对就业市场的人为操纵保证他们可获得高得多的收入（Freeman，1976）。此外，很多年以来，美国医学会一直大力反对美国的医疗社会化，即使是暗示这样做也不行。它游说联邦政府保留卫生服务体系的"自由经营"（free enterprise），还成功地阻止了全国性的卫生服务体系的发展。值得注意的是，在那些卫生服务由政府密切监管的现代工业国家里，医生和其他人之间的收入差距、社会地位差距都明显小于美国（cf. Starr，1982：6）。

接受韦伯主义关于社会分层的大多数观点，并不意味着马克思主义的视角应该被舍弃。相反，将韦伯主义的视角和马克思主义的视角看做相辅相成的而不是对立的，更有裨益。不过，至少在一件事情上韦伯主义视角更胜一筹，那就是对国家社会主义社会的分析。由于这些社会没有私人类型的财产所有权，所以经典的马克思主义理论在解释下述问题上无能为力：这些社会高度分层的原因是什么？但是，运用韦伯主义的视角，这些社会的分层体系能够得到解释。苏联的官僚精英和知识阶层的其他成员，曾经使用教育资质和党员身份作为社会封闭的手段。

小　结

1. 在工业化资本主义社会里，收入的分配是非常不平等的，而且，在 20 世纪，这一分配情况并没有发生大的改变。财富分配比收入分配更加不均衡。[216]例如，在美国，超过一半的股票、债券和信托基金为仅占人口数 0.5% 的人所有。

2. 在经济平等的水平上，各工业化资本主义社会是不一样的。美国和法国的收入分配最不平等，而日本则是收入分配最平等的国家。从 20 世纪 70 年代中期开始，大多数工业化资本主义社会的收入不平等程度显著提高。在这一时间段，美国最富有的 5% 人口的收入大幅度增加，而最底层的 20% 人口的收入则显著减少。

3. 社会学家对下述两个问题不能达成共识：到底什么是社会阶级？现代资本主义的阶级结构是怎样的？传统社会学家从职业的角度来定义阶级，他们一般会认定 5 个阶级：上层阶级、中上阶级、中下阶级、工人阶级和下层阶级。当代马克思主义社[215]会学家定义阶级的方式是，与财产所有权和工作场所的权威的关系。在当代资本主义社会里，马克思主义社会学家埃里克·赖特认定了 6 个基本的阶级：资产阶级、无产阶级、小资产阶级、经理和主管、小雇主，以及半独立雇员。传统理路和马克思主义理路各有其优缺点。

4. 在现代资本主义社会里存在着可观的社会流动，尽管这流动的程度经常被夸大。大多数阶级地位的改变都是近距离的，从接近底层的地方直达接近顶层的地方的移动很少见。工业化资本主义体系中的大多数流动都源自技术革新和职业改变。

5. 国家社会主义社会被分层为不同的群体，这些群体对经济资源拥有不同的控制水平。党员身份和教育资质是获得经济和社会成功的关键因素。基本的阶级包括权贵政要、白领知识分子、技术性的体力工人、低级白领工人、无技能的工人和农民。权贵政要是白领知识分子中最高的阶层，它包括了统治阶级，尽管这个统治阶级不能与资本主义社会里严格意义上的资产阶级进行类比。

6. 在劳动分工上，在人们的工作类型上，在对个人成就的强调上，资本主义社会和国家社会主义社会是相似的。这两类社会在分层体系上的重要区别有：第一，在国家社会主义社会里，收入不平等的幅度要小得多；第二，在国家社会主义社会里，低级白领工人较少受到高度的尊重；第三，国家社会主义社会里占主导地位的阶级不是特别富裕，等级特征也不鲜明；第四，国家社会主义社会里阶级群体之间的文化区隔较少，从一个阶级到另一个阶级的流动比率明显较高；第五，国家社会主义社会的分层更多源自政治决策，而不是财产所有权和市场力量。

7. 东欧的国家社会主义社会正在经历后社会主义的转型，国家社会主义分层模式的许多重要方面也因此而开始改变。这些改变中最重要的有收入不平等日益加剧、阶级结构化日益加重、资产阶级从旧权贵中成长起来。

8. 就如何解释工业化社会中的分层体系这一问题，社会学家们目前仍然不能达成共识。人们提出了三种理论：功能主义理论、马克思主义理论和韦伯主义理论。表 10—3 总结和评价了这些理论。

表 10—3　　　　　　　　　　解释工业化社会里的社会分层的理论　　　　　　　　　　*215*

理论	特征	评价
功能主义理论	认为社会分层是人类社会普遍存在的、不可避免的特征，因为它对任何社会的存在和福祉都是必不可少的。特别是，不平等的奖赏发挥了激励作用，它鼓励人们扮演社会里功能最重要的角色，进而有效地完成社会上的重要工作。对个体的经济奖赏和社会奖赏的水平，与他对社会运行的贡献相称。	有很多缺陷，更多是从意识形态层面对社会分层进行正当化（ideological justification），而不是对它进行解释。本书反对这种理论。
马克思主义理论	强调财产所有权是分层结构的关键决定因素。资本主义社会里社会分层的主轴是资产阶级和无产阶级之间的斗争。个体所拥有的特权和声望，与其财产所有权的水平成正比。	认定了资本主义社会里社会分层的关键维度，不过它面临下述困难：很难解释非财产所有者为何获得高额奖赏，如知识阶层的人士和很多商业经理。在解释国家社会主义社会的分层模式方面，也面临困难。
韦伯主义理论	强调那些并非根植于财产关系的分层维度的重要性。有些群体试图对资源进行垄断，以便获取高水平的特权和声望，该理论重点关注实行垄断的各种方式。个体的社会奖赏和经济奖赏的水平，与其对重要资源的控制程度成正比。	在对马克思主义进行补充方面特别有效，因为它看起来能够充分解释马克思主义理论不能解释的分层现象。对于在未来社会里消除社会分层，它所持的态度似乎更现实一些。

特别话题：社会分层与福利国家

20 世纪，所有的现代工业化资本主义社会都建成了大规模的福利国家，从某种程度上说，建立福利国家的目的是改善社会里各种群体的生存状况，特别是工人阶级的生存状况。不过，福利国家并非只有一种类型，它的性质变化多端。高斯塔·伊斯平-安德森（Gosta Esping-Andersen，1990）曾经认定了 3 种不同的福利国家群组。首先是他所称的自由福利国家。这一类型的福利国家拥有一种"极简主义"（minimalist）体系，在这样的体系中，政府为公民提供从极少到中等程度的收入补助，以及数量有限的其他帮助。其受益者主要包括工人阶级中的低收入人群。强烈的工作伦理规范占主导地位，而受助规则是非常严格的。英国、美国、加拿大、澳大利亚是这类福利体系的最佳例子。

其次是保守主义福利国家，包括诸如奥地利、法国、德国和意大利等欧洲国家。在这些国家，大规模的人口享受社会福利，但他们的社会地位差距很大。这些国家有数量众多的保险方案，每一种都有其特定的规则、财政来源和收益结构。例如，在德国，"俾斯麦的工人养老金不能与矿工养老金混为一谈，特别不能与为公务员和白领雇员提供的社会政策混为一谈"（Esping-Andersen，1990：60）。社会保险通常不覆盖没有工作的家庭妇女，而家庭收益旨在鼓励母职（motherhood）。日托服务发展极不完善。

最后一种类型的福利国家是社会民主主义国家，它提供大规模和高水平的福利。"马克思主义"的福利国家与极简主义或曰自由主义的福利国家相对立，它位于另一个极端上。社会民主主义福利国家旨在为其公民提供高度的社会和经济平等，其工人阶级与高等社会阶级的人享受同样的福利。伊斯平-安德森注意到，人人都受益，但人人都感到有义务为其所得做出贡献。这一种类型的福利国家的典型是瑞典、丹麦和挪威，在一定程度上还有荷兰。

伊斯平-安德森认为，福利国家最关键的特征表现在它将工作非商品化（decommodified）的程度上，而资本主义的灵魂就是工作的商品化。当工作的功能是为资本家提供劳动力，并为其创造利润时，当社会为工人提供的福祉很少或根本没有时，工作就被商品化了。工作的商品化所达到的程度受限于下述两者之间的平衡度：利润创造能力的有害效果与工人对其生活质量的关心。这意味着，工人在下述方面享受广泛的福利：医疗保险、病假、产假或育婴假、教育假、失业保险以及退休（早退休或其他原因的退休）待遇。正像伊斯平-安德森所说的那样，"当公民能够在没有失去职位、收入或基本福利的危险的情况下自由地选择不工作的时候",工作就被非商品化了。公务员和其他白领工人通常能够享受这样的福利,目前大多数发达福利国家已经将这种福利延伸到工人阶级的身上。因此,社会民主主义福利国家的非商品化程度最高,而自由福利国家的非商品化程度最低。伊斯平-安德森(Esping-Andersen,1990:141)解释说,非商品化程度最高的福利国家——

> 有意地放弃了"极简主义"哲学,采取了与其在生命周期中的角色相适应的全新原则;它经常致力于尽可能地提高人们的工作能力和找工作的能力,人们甚至能够找到一个报酬和工作环境俱佳的好工作。其目标是,让个人能够在工作生涯与家庭生活之间找到和谐,解决生育孩子与工作之间的两难选择,把生产活动与有意义的、令人愉悦的休闲活动结合起来。至少在某些国家,这种哲学支撑了最近数十年来的社会政策发展。实际上,这一哲学为当代的很多福利国家提供了合法性,也提供了社会共识。

在 20 世纪初社会民主主义福利国家诞生的时候,其目标之一是,在全部人口中实现更加平等的收入分配。各种研究显示,斯堪的纳维亚国家的这种努力相对来说并不成功,因为即使在税后,其收入分配仍然与其他工业化社会没有差异(Parkin,1971;Stevenson,1974,1982)。当然,正像伊斯平-安德森所指出的,在评价大多数发达福利国家的成就时,仅仅考察收入分配只能为我们提供一个过于狭隘的框架。至少,它在消除贫困方面做了很多工作。在英国和美国,生活在贫困之中的老年人的比例分别是 29% 和 24%,而瑞典只有 1%。

此外,生活质量的测量标准并不仅仅涉及工资收入水平。我们还必须考察那些额外的资源,如健康、住房、教育、社会和政治效率,更不用说工作场所的非商品化程度了。伊斯平-安德森注意到,自 1968 年以来,在瑞典和丹麦,针对福利国家的平等化效果的全国性调查一直在定期进行。这些研究显示,在这段时间里,整个西方世界都经历了经济状况的恶化,而这两个国家的生活条件却都改善了,而且在经济资源的占有上出现了更加平等的倾向。因此,"至少对斯堪的纳维亚国家来说,福利国家是对经济的不平等惯性(inegalitarian thrust)的有力反抗"(Esping-Andersen,1990:57)。社会民主主义福利国家的成就远远大于收入分配研究所显示的结果。

推荐阅读

Davis,Howard,and Richard Scase. *Western Capitalism and State Socialism:An Introduction*. Oxford:Blackwell,1985. 该书提供了关于工业资本主义社会和国家社会主义社会里分层模式的有用材料。

Erikson,Robert,and John H. Goldthorpe. *The Constant Flux:A Study of Class Mobility in Industrial Societies*. Oxford:Oxford University Press(Clarendon Press),1993. 该书对十几个工业国家的社会流动进行了极为全面的分析。该书也许是数十年来最好的社会流动研究成果。

Esping-Andersen,Gesta. *The Three Worlds of Welfare Capitalism*. Princeton,N. J.:Princeton University Press,1990. 该书是对现代福利国家最好的社会学分析。针对福利国家的不同类型、它们的起源以及成就,该书提供了很多有益的洞见。

Giddens,Anthony. *The Class Structure of the Advanced Societies*. Second edition. London:Hutchinson,1980. 针对研究现代工业社会所涉及的很多事项,该书提供了一个极具理论价值的分析。该书展示了马克思和韦伯对资本主义社会的有益讨论,也讨论了当代国家社会主义统治之下的阶级特征。

Giddens,Anthony,and David Held(eds.). *Classes,Power,and Conflict:Classical and Contemporary Debates*. Berkeley:University of California Press,1982. 该书是一本论文集,它讨论了工业社会里社会分层的诸多面相。

Lane,David. *The End of Social Inequality? Class,Status,and Power Under State Socialism*. London:Allen and Unwin,1982. 该书是相关研究领域的一位著名学者撰写的,它对国家社会主义社会里社会分层的性质进行了有益的审视。

Matthews，Mervyn. *Privilege in the Soviet Union*. London：Allen and Unwin，1978. 关于苏联精英所享有的社会和经济特权，本书是最好和最详细的研究之一。

Murphy，Raymond. *Social Closure：The Theory of Monopolization and Exclusion*. Oxford：Clarendon Press，1988. 该书对弗兰克·帕金和兰道尔·科林斯的新韦伯主义的"社会封闭"理论进行了有益的评价 *219* 和改进。

Parkin，Frank. *Marxism and Class Theory：A Bourgeois Critique*. New York：Columbia University Press，1979. 该书对关于工业社会的阶级现象的马克思主义视角进行了发人深省的批评。帕金认为，韦伯主义视角是马克思主义的最佳替代品。

Phillips，Kevin. *The Politics of Rich and Poor：Wealth and the American Electorate in the Reagan Aftermath*. New York：Random House，1990. 针对最近的社会趋势——美国和其他工业化资本主义社会里的收入和财富分配越来越不平等，该书提供了一个有价值的和亟需的理论检视。

Szymanski，Albert. *Class Structure：A Critical Perspective*. New York：Praeger，1983. 虽然可以预见的是，西曼斯基对马克思主义使用过度，而且他观察国家社会主义时有脱离现实的倾向，但该书仍然对工业化资本主义中的很多分层特征进行了有益的讨论。

Wright，Erik Olin. *Class Structure and Income Determination*. New York：Academic Press，1979. 该书是马克思主义者的一次引人注目的理论尝试，他们试图对当代资本主义的阶级结构进行概念化，并试图显示，这样的概念化是对经济不平等的一个很好的预测指标。对该书感兴趣的读者应该参考该作者的另一本书——《阶级》（*Classes*. London：Verso，1985），赖特在这本书中对其思想进行了重大的修正。

第十一章　政治进化和国家的起源

220　　本章和下一章将会探讨政治组织的进化。我们将会看到，政治的形式、经济组织的性质和社会分层的性质息息相关。本章将检视政治进化的 4 个主要阶段。社会科学家广泛认可这 4 个阶段：游群、部落、酋邦和国家。我们会特别关注国家和前国家社会之间的关键差异，也会检视关于国家起源的一些著名理论。下一章将会考察现代资本主义诞生以来有关国家进化的核心问题。

政治组织的性质

　　概括地说，政治是社会的下述面相：它在一个社会里维护法律和秩序，并且管理国家与国家之间的外部关系。政治体系建立起进行社会控制和社会管理的方式，旨在把个体和群体的行为限制在一定的范围之内，并且为维护整个社会或社会特定部分的利益而做出和执行决策。政治普遍地存在于人类社会中，因为所有的社会都有一些社会控制手段和

221　决策手段。当然，政治控制和决策的特定性质，每个社会各有不同。在对社会生活的掌控方面，在保证决策和计划的成功实施方面，不同类型的社会拥有不同的机制。考虑以下三种政治机制似有裨益：影响、权力和权威。

　　影响是这样的可能性：某个人或某些人的行为、决定或建议被其他人接受或者模仿。影响是严格意义上的非正式的社会控制，它是持续密切的社会互动的常规结果。这种形式的控制在下述社会里占主导地位：小型的、结构相对简单的社会。其特征是，大多数成员之间的互动是面对面的。在这样的社会里，影响虽然可能不一定是政治控制的唯一机制，

但却是占主导地位的机制。影响最重要的特征是，它没有强制力。它不能保证决定或建议一定被实行，仅仅是使这样做的可能性加大了一些而已。因此，一个仅仅拥有影响的政治领袖没有任何能力强迫他人执行他的命令，他只能建议、恳请或者希望其命令被执行。

　　实现社会控制的一种截然不同的机制是权力，它是大多数政治体系的核心特征。这里转述马克斯·韦伯（Max Weber，1978；org. 1923）对权力的定义：权力是控制其他人的行为的能力——即使受到他们的抵抗。权力包含了在影响的情形里恰恰缺乏的东西，亦即克服抵抗的能力和保证掌权者获胜（prevail）的能力。因此，在权力的背后，一直潜伏着暴力或者强迫的威胁——如果人们不愿服从命令和决定的话。有鉴于此，权力需要特定水平的组织发展。因此，只有当社会转向具有分层结构的园艺社会时，权力才开始成为社会生活的显著特征。正是在这一社会文化进化阶段，行政机器所需要的权力才被创造出来。

　　权力的长处是能使用暴力为它撑腰。诡异的是，这也是它的短处，因为暴力并不总是足以对抗那些受制于它的人们的意志。暴力的缺点是，它是迫使人们服从的外在手段。它并不要求人们从内心里接受这些规则和命令，而仅仅要求这些规则和命令被遵守。因为权力并不要求人们对命令的心理拥护，所以当暴力威胁不足时，人们可能会对这些命令置若罔闻。人类历史上的掌权者显然知道这一事实，因此，他们通常不仅渴望获得对命令的服从，也渴望获得对它的心理拥护。对统治权力的心理认可，自然会提高服从的可能性。当这样的心理认可被制造出来的时候，对权力的使用就被合法化了。也就

是说，它被正当化和合理化了，人们也认为它是正当的、合理的。

对于权威和合法性的概念，社会学家说了很多，他们认为，大多数政权建立在权威而不是暴力的基础之上——人们完全认可其从属地位。不过，有些社会学家认为，这一政治景象并不真实。例如，伊曼努尔·沃勒斯坦（Immanuel Wallerstein，1974a）和皮埃尔·凡·登·伯格（Pierre van den Berghe，1978）坚持说，对大多数政权来说，被统治者的同意大体上是缺失的。他们相信，在某种程度上，大多数复杂的政治体系都是不折不扣的暴政——建立在生物暴力的坚实基础之上。

沃勒斯坦和凡·登·伯格必须证明他们的主张。毫无疑问，社会科学家夸大了下述事实的程度：真正的合法性对政治体系发挥主导作用。例如，数量众多的农民和奴隶起义贯穿了整个人类历史，这证明，政治合法性曾经频繁地被收回。不过，沃勒斯坦和凡·登·伯格似乎在另一个方向上也走得太远了。实际上，很多政治体系得到了群众的有力支持。例如，当代美国政府无疑享受着高水平的合法性，其他工业化资本主义社会的政府也是如此。在任何情况下，政体获得合法性的程度问题，都是一个经验性的问题，必须通过对特定事例的具体检视来加以解决。

政治进化的一般模式

与对社会文化进化的整体研究类似，对政治进化的研究也必须从进化阶段的类型学开始。最著名的也是最广为接受的政治阶段分类是埃尔曼·塞维斯（Elman Service，1971b）提出的。他区分了政治进化的 4 个主要阶段：游群、部落、酋邦和国家（见表 11—1）。在讨论政治社会（political society）里主要的进化转型时，他的类型学是讨论的基础。

游群

最基本的政治社会形式是游群，它通常是与狩猎采集社会相联系的政体形式。塞维斯（Service，1971b）指出，所有游群级的政治构型都可以在狩猎采集社会中发现，尽管并不是所有的狩猎采集者都生活在游群级的组织中；而且那些发展水平超越了游群级的社会，都拥有一些在狩猎采集者中少见的基础结构（infrastructure）特征。

针对游群级社会里政治领导权的特征，莫顿·弗里德（Morton Fried，1967）提供了一些有价值的描述。他指出，它主要依赖"影响"运作，通常缺乏任何形式的真正权力，而且领导权一般在临时情境中出现，频繁地从一个人传递给另一个人。领导权的转移似乎更多地与社会形势有关，而不是与人的品质有关。弗里德还注意到，领导权的性质与生态和人口的变化密切相关。更大的领导权（以及支撑更大的领导权的权力）与更密集的人口有关，也与生产率更高的生存方式有关。

因此，游群级社会的政治结构是一种领导权经常转换的非正式的相当松散的组织形式。领导权通常被授予一个叫作"头人"的人，尽管他常常不是唯一一个行使影响和领导权的人。有些游群级的社会是松散地组织起来的，它们似乎缺乏任何类型的领导结构（leadership structure）。在所有已知的政治结构之中，爱斯基摩社会就是这种最基本的政治结构的典型。更典型的游群级的社会可能是昆桑人，他们拥有某种更常规的领导结构（Fried，1967）。不过，即使是他们，领导权的组织也仍然是松散的和非正式的。昆桑人的领袖指导迁移活动和生计活动，举行特定的仪式，但他们占据的地位不享有权力和荣誉，也不带来奖赏。弗里德（Fried，1967：83）下面的话似乎抓住了游群级政治组织的核心特征。

> 在简单平等社会（亦即游群级的社会）的民族之中，发现下述事例是困难的：一个人对其他人说"干这个"，或说出其他类似的命令。文献中充斥着这样的例子：人们说，"如果这样做，就会很好"，对这句话，当事的其他人也许服从，也许不服从。更常见的情况是，提出这一建议的人也在干这件事……头目没有能力强迫其他任何人执行他的意志。

部落

对术语"部落"最清晰、最一致的用法是埃尔曼·塞维斯（Elman Service，1971b）和马歇尔·萨林斯（Marshall Sahlins，1963，1968；cf. Fried，1967）提出来的。塞维斯和萨林斯都认为，在部落社会里，一个通常认同于统一的文化和语言的庞大社会单位，被分成了众多规模较小的、相对来说缺乏整合的村落。这些小型的村落，虽然在文化上被认同为一个整体的部落，却具有经济上独立和政治上自治的特征。因此，部落具有碎片化特征。部落中的各个村落保留着高度自治权，还没有被整合入一个单一的政治单位之中。因此，为了弄清部落社会的政治组织的性质，必须考察村落本身，而不是考察作为一个整体的部落。

表 11—1   政治组织的进化阶段

阶段	特征	生存技术的模式
游群	主要的政治角色是头人，他拥有非正式的领导力，没有高于他人的权力。	狩猎和采集。
部落	政治领袖通常通过其经济再分配者的角色获得领导权。领袖享有高声望，但权力很小，或者没有权力。领导权通常限于村落级别。村落基本上是自治的政治单位，也就是说，还没有被团结到一个共同的政治框架之中。	简单园艺社会和一些游牧社会。
酋邦	有一个中央集权的政府，它被组织为一个由有权力的酋长或准酋长构成的等级结构。各个村落失去了其政治自主权，被置于中央权威之下。	复杂园艺社会，少数狩猎采集社会，以及大量游牧社会。
国家	拥有一个高度集权的政治体系，它垄断暴力手段，攫取剩余产品，还拥有对自己进行合法化的意识形态。	农业，一些复杂园艺社会，所有的现代工业社会。

部落通常与简单园艺社会和一些游牧社会联系在一起。马歇尔·萨林斯（Marshall Sahlins, 1963）曾经描写了一种类型的部落政治的基本性质——以著名的波利尼西亚"大人物"领导体系为参照。作为部落社会的主要政治领袖，"大人物"是这样的人：他们的政治行动旨在引发他人愤愤不平的比较。不过，"大人物"并不是在下述意义上获得权力的：在出生时获得一个世袭（hereditary）职位。相反，他们必须通过自己的行动来赢得这个职位。因此，"大人物"的社会地位是个人自致的。"大人物"必备的品质通常包括以下方面：担任经济生产的组织者和财富再分配者的能力、演讲技巧、魔力，也许还有作战勇敢。前文提到，在竞争性宴会中获得成功是特别重要的保持顶级领导职位的必备资格。因此，部落政治是个人化的政治，"大人物"的社会地位并不是一个可以被授予的头衔，而是一个通过技能和勤奋赢得的职位。要赢得这一职位并不容易，一旦有丝毫懈怠或者技能衰退，很容易就会失去这一职位。

"大人物"的地位赋予那个赢得它的人巨大的声望和荣誉。不过，这个地位并没有赋予他指挥他人行动的实际权力或权威。"大人物"可以提议、建议和哄骗，多数情况下他们的愿望会获得遵从。不过，由于他们缺乏迫使他人执行命令的能力，所以他们没有任何真正的权力。因此，"大人物"领导权的政治结构是建立在影响之上的。"大人物"缺乏命令他人的能力，只有在为公共之善服务的限度内，他们才是成功的领导者。他们是真正意义上的公仆，这些公仆依赖其追随者的宽宏来保持其崇高地位。"大人物"的社会地位与外部社会（society at large）是共生的；为了获得声望和荣誉，"大人物"必须为长远的社会利益服务，否则就不能继续当"大人物"。

他们如果不能为公共之善服务，就会最终从"大人物"的地位上跌下来。

努尔人（Nuer）的社会也是一个政治占主导地位的部落社会。努尔人是农牧民族，他们生活在东非之苏丹的一个地区。在他们中间，一些非正式的领导者职位是存在的，但没有任何职位被赋予真正的权力或权威。努尔人领导者职位中最重要的是"猎豹皮酋长"。"猎豹皮酋长"在终止世仇方面承担着特殊责任，不过，这并不意味着"他有权要求他人服从。身穿猎豹皮斗篷是他的职位特权和象征"（Mair, 1964：41）。露西·迈尔（Lucy Mair, 1964：63）总结了努尔人的政治活动的部落特征。

> 在努尔人中，从受到尊敬这一点来说，某些特定的人群确实是领袖。人们会等着观察他们的所作所为，并学着做。还有一些人拥有社区其他成员所不能享受的举行仪式的权力，某些特定的仪式只能由这些人举行。不过这些人中没有任何人能够声称发布命令，他们甚至不能宣布大家已经接受的决定。

游群和部落社会的法律及秩序

游群和部落社会不具备任何专业化的法律和政治机构。它们没有拥有权力或权威的官员来做出决策，并执行决策。这就产生了一个问题：这些社会怎样维护法律和秩序，或者说，怎样维护可接受水平的和平与谐调呢？它们确实做到了，因为与任何其他类型的社会相比，游群和部落社会都没有更多的社会解体和无政府状态。

在缺乏成型的政治和法律权威的社会里，存在着一些维护内部和平的机制。这里仅仅提及两种。爱斯基摩人解决冲突、恢复秩序的一个著名的机制就是"唱歌决斗"。"唱歌决斗"是一种社会仪式，在这个仪式中，陷入棘手纠纷的人们通过"唱出来"（out‑singing）来解决纷争。在他们的歌里，产生纠纷的人们试图羞辱对方。社区的共识将决定这一比赛的胜者。一旦社区决定谁是胜者，失败者通常要接受这一决定，纷争因此而终止。

更广泛出现的维持和平的机制是对巫术的信仰和恐惧——很多游群和部落社会都实行巫术。很多人类学家认为，在缺乏正式的政治控制的情况下，对巫术的恐惧，或者害怕被指控实施巫术，是社会控制的重要机制。比特莱斯·怀定（Beatrice Whiting，1950）和盖·斯万森（Guy Swanson，1960）曾经尝试用实验的方法来检验这种观点。通过对26个小规模社会的研究，怀定发现，在其中的16个社会里，对巫术的信仰和恐惧发挥着重要作用，这16个社会中的15个（94%）社会缺乏拥有合法权力以惩罚冒犯者的官员。相反，在对巫术活动漠不关心的10个社会里，只有2个（20%）社会没有官员。盖·斯万森的研究也得到了类似的结果。在他所研究的28个社会里，他发现，"在社会角色不受制于有效的世俗权威的社会里，巫术是非常普遍的——实际上，几乎所有的这些社会都存在巫术"（Wallace，1966：182）。

安东尼·华莱士（Anthony Wallace，1966）认为，当人们害怕他人对其实施巫术时，或者害怕被指控实施巫术时，他们会非常谨慎地"不踩红线"（toe the line），以免触犯别人。在这种情况下，人们知道不被别人视为作恶者是多么重要，这通常会使他们变得更加配合。

由于游群和部落社会通常都缺乏阶级划分，所以冲突并不是起于不同的社会群体——这些群体在对有价值的经济资源的支配上有所不同——而是具有高度的个人化倾向。如果一个社会里的纷争主要是个人化的，那么维持有效的社会和平并不特别困难，因而也就不需要复杂的政治制度。当然，在复杂社会里，专业化的、形式复杂的政治机构是需要的，因为在这些社会中，结构性的阶级冲突已经成为社会生活的显著特征。

酋邦

超越了部落级的政治社会之后，下一个主要的进化阶段是酋邦。在很多重要方面，这种形式的政治组织与部落政治大相径庭。在复杂园艺社会和游牧社会里，酋邦最具特征。把酋邦与部落区分开来的特征是，前者实现了政治上的统一和集权（centralization），而后者没有。酋邦的标志是，很多分立的村庄被整合起来，构成了一个由中央管理的、自上而下进行统治的复杂整体。马歇尔·萨林斯（Marshall Sahlins，1963）再次提供了一个经典的描述。

萨林斯对这种形式的政治社会的分析建立在经典的波利尼西亚酋邦的基础之上。萨林斯研究的是他们与欧洲人接触之前，也就是18世纪后期的状况（cf. Kirch，1984）。最发达的波利尼西亚酋邦出现在汤加、塔希提和夏威夷等岛屿上。这些主权单位（sovereignty）包括数万人，这些人分散在多达数百平方英里的区域里。典型的波利尼西亚酋邦是一个金字塔式结构，由地位高低不同的酋长构成。这些酋长是各种职位和头衔的常规的、合法的占有者，他们对一个永久性的追随者群体行使权威。权威不仅源自占据这个职位的人，也源自职位本身。酋长们通过世袭继承来获得这些职位。

在其管辖范围内，波利尼西亚的酋长们有权要求将劳动力和农产品置于自己的控制之下，这使他们能够对大量的人口使用经济杠杆。通过攫取经济剩余，他们建立和控制了大型的仓库。利用其库藏，他们对人们和来访的酋长进行豪华的招待，资助工艺品的生产和技术工程（如供水系统）的建设，并组织和实施军事行动。虽然库藏的一部分被再分配给人们，但是其相当大的一部分被用于支持固定行政机构的运转，这一行政机构旨在承担各种各样的政治功能。行政官员，如仓库主管、发言人、仪式主持，以及高级僧侣、专业化的军团，都是由酋邦的剩余经济来支持的。

游牧的巴涉利人也在政治上组织为一个酋邦。其核心领袖是酋长，他被授予相当大的权力来指挥其他人的行动。弗里德里克·巴斯（Fredrik Barth，1961）注意到，人们认为权力源自酋长，而不是其追随者委托给他的。在解决纷争上——对立的各方没有办法非正式地解决这些纷争——酋长扮演了重要的政治角色。关于这一点，巴斯（Barth，1961：77）评论说：

> 酋长在这个部落体系中构成了唯一的"法庭"。酋长的判决不受习俗或先例的限制——那些请其判断的案例恰恰是没有办法在传统框架里得到调停的案例。之所以如此做，可能是案件主题的原因，也可能当事人的原因……确切地说，人们期望他做出自认为"对整个部落最

"好"的判决：人们期望他在一个宽泛的自由裁量权（wide area of free grace）中行使其特权性的仲裁权，而不受那些源自规则的对个人正义的考虑的限制。只有在那些有关遗产的判决中，他才限制其贵族权力。在这些案件上，他经常诉诸定居社区中的宗教判官的裁定。

显然，在部落领袖和真正的酋长之间，横亘着一个进化性的鸿沟。实际上，酋邦标志着政治权力和政治权威在社会生活中的制度化。波利尼西亚的酋长们（以及其他真正的酋长们）将政府的权力发展到了这样的地步：在做出和执行决策时，他们不再需要依赖其追随者的自愿服从。萨林斯指出，追随者现在开始依赖酋长，这与部落社会里的政治安排完全相反。权力和权威的真正起点是酋邦的出现，这是因为强迫别人服从所需的行政机器正是这时被创造出来的。波利尼西亚的酋长们不仅能够发布命令，还能够落实这些命令。当上述情况成为可能时，真正的权力就成了一种重要的社会力量。理查德·李（Richard Lee，1990：238）很好地把握住了这一进化转型——从部落领袖到真正的酋长——的性质。

227

> 在这些再分配社会（酋邦）发展过程中的某一个节点上，出现了一种影响深远的意识形态转型，在这一转型中，领袖的举止从谦逊变为自负，从自谦变为自夸。这一转型解除了对领袖行为的限制，也解除了一种禁锢，这为权力、声望和财富的积累大开方便之门。

不过我们必须谨慎，不要夸大这个事例，因为对酋长的权力还是有明确的限制的。酋长们仍然通过氏族纽带与普通大众相联系，人们期望他们慷慨、善良，并为公共福利服务。例如，巴涉利人明显期待酋长会向其追随者表现出最大限度的体谅。人们期待酋长是慷慨的，期待他会向其最杰出的追随者提供礼物，诸如武器和马匹（Barth，1961）。

那些不能满足这些期待的酋长经常会发现自己身陷一个众人参与的、很可能会成功的反叛之中。例如，在古代波利尼西亚，很多"吞噬了过多政府权力"的酋长被废黜并被处死（Sahlins，1963）。因此，虽然酋邦有能力把真正的权力和权威制度化，但

对其强制力仍有明确的限制。由于原始的酋长没有真正的垄断权力，而且他们又与民众拴在一起——通过氏族纽带和民众对其慷慨行为的期待——所以他们无法成为真正的独裁者。

国家

酋邦仅仅拥有有限的强制力，在需要克服最严重的抵抗时，它所得到的行政机器的支持是不够的。当这样的行政机器最终被创造出来时，被称为"国家"的政治社会形式就进化出来了。

国家不仅延续了权力日益集中的一般进化过程，还建立了对暴力的垄断，以便落实这种权力，并保证掌握权力的人能够占上风。实际上，对暴力的垄断是"国家"这一概念的核心内容。[1] 莫顿·弗里德（Morton Fried，1967：230）注意到：

> 在针对各种社会问题行使赤裸裸的权力时，国家宣称拥有最高权威（paramountcy）是至关重要的。通常情况下，这意味着，战争和杀戮成了国家的专权，只能在特定的时间和地点实施，并且只能在国家设立的特定条件下实施。
>
> 作为一种终极阐述，国家的权力体现为一种真正的物理性力量：军队、民兵、警察队伍、保安部队。这些力量拥有专业武器、专业训练、征召制度、指挥等级，以及其他结构性的控制制度。

虽然对暴力的垄断是国家的核心性质，但是国家的其他政治属性也很重要。其中一个是，氏族的重要性必须被削弱是国家出现的条件。氏族纽带，如酋邦中的氏族纽带，对强制力量的发展起到了削弱作用。随着向国家的转型，一般来说，统治者和被统治者之间的氏族纽带被消除了。因此，国家层级的统治者不仅压制其族人，而且也支配与其没有氏族关系的大量民众。

国家还有另外两个值得注意的性质（van den Berghe，1978）。其一是，它宣扬复杂的合法意识形态。仅仅是对暴力赤裸裸的使用，可能不足以保证民众对国家意志的服从；因而，统治者通常会试图说服民众，向民众说明他们拥有进行统治的道德权

228

---

① 有些社会科学家挑战了这一观念。例如，安东尼·吉登斯（Anthony Giddens，1985）和罗伯特·卡内罗（Robert Carneiro，1981）指出，大家普遍认为，在很多社会里，政府对暴力手段缺乏真正的（亦即完全的）垄断。他们声称，外在于国家的一些个人和群体，有时拥有使用暴力手段的特定能力。虽然这毫无疑问是真的，但是事实上，在这些社会里，政府仍然拥有巨大的能力，来克服针对其统治的有组织的抵抗，这才是"垄断"这一词语所传递的关键意义。

利。民众对国家的心理归属（psychological commitment）越强烈，反叛国家的可能性就越小。使意识形态合法化可以采取各种形式，但对国家统治者来说，最常见的策略是，以宗教的形式使其统治正当化：声称他们在社会中拥有超自然的天命（supernatural sanction）。其二，与酋邦不同，国家通常不是再分配中心。剩余产品向国家的流动是单向的，而且对剩余产品的这种攫取对于统治权的巩固是相当重要的——实际上是至关重要的。

作为政治进化的一个阶段，国家通常出现于农业社会，历史上大多数的国家都是农业国家。虽然这些国家共享一些基本特点，但仍然可以把农业国家分为几种不同的形式（参见本章末尾的"特别话题"）。不过，并不是所有的国家都仅限于农业层次。曾经出现过几个原始国家的例子，它们形成于基本上原始的复杂园艺社会里。最著名的是19世纪繁荣一时的西非和南非的一些国家，如西非的阿善提国（Ashanti state）和南非的祖鲁国（Zulu state）。乔治·彼得·默多克（George Peter Murdock，1959）曾经把这些国家称作"非洲专制国家"（African despotisms）。他列出了这些国家的一些显著特征，诸如绝对王权、国王地位神圣的观念、国王的仪式性隔离、用徽章标志职位、皇家法庭、区域性的官僚体制，以及政府大臣的存在等。波利尼西亚的复杂园艺式的酋邦，在与欧洲人接触之后，似乎也发展为一种原始国家，只不过它的存在时间很短。

当然，随着资本主义和工业主义的兴起，国家并没有从历史中消失，所有的工业化社会都组织了强有力的和影响广泛的国家体系。我们可以把它们称为现代国家。在现代工业化社会里，主要存在着两种形式的国家。在西方，主要的国家形式是议会民主制。在这些国家里，通过引入特定的基本自由，通过引入至少是形式上的人民对政府机器的控制，全能和专制的国家性质在很大程度上被软化了。即使议会民主制实际上并没有创造真正的民主秩序，它们也至少消灭了一些最恶劣和最专横的国家权力。另外一种现代工业化国家的主要形式是全能主义（totalitarian）国家，它是在非西方的国家社会主义社会中兴起的。在这些国家里，虽然有一些民主，但是国家仍以一种非典型的专制方式在运行着，唯一不同的是，工业化水平的技术为其提供了某种程度的暴力垄断。（下一章将详细讨论西方议会民主制与非西方的全能主义国家。）

因此，各种类型的国家是长期政治进化的结果，

在这个进化过程中，民主和平等日益被削弱，并代之以少数人对多数人的支配。虽然国家的进化是以渐进的而不是突然的方式实现的，但是它的实际出现成为人类历史的一个分水岭。因为正是在这时，强有力的领袖不再需要做出如下承诺：对其追随者要慷慨。他们可以不对其追随者承诺任何事情——除了持续的镇压和持续的辛苦劳作，他们也确实这样做了，他们有足够的垄断暴力来支持其统治。那么，早期国家的性质是什么？它们为何会形成，又是怎样形成的呢？ *229*

国家的起源

原生国家与次生国家

为了分析人类社会中国家的兴起，沿用莫顿·弗里德（Morton Fried，1967）对原生国家（pristine state）和次生国家（secondary state）的区分是有益的。在弗里德看来，次生国家是这样的一些国家：它们的兴起是一个或多个先在的（preexisting）国家存在的结果。非国家社会与一个或多个国家层面的社会之间的接触，可能会为非国家社会迅速转变为国家创造条件。波利尼西亚和非洲的很多——如果不是大多数的话——原始国家（primitive state）就是这样兴起的。然而，次生国家则不需要通过社会间的接触来形成。当新式国家逐渐或迅速地代替同一社会文化体系中的旧式国家时，我们可以说，新的国家就是次生国家。根据次生国家的概念，人类历史上绝大多数的国家在本质上都是次生的。

另一方面，最早的国家兴起的条件是，那时没有先在的国家。这些国家就是弗里德所定义的原生国家。他说："当一个原生国家诞生时，它诞生于政治真空中。也就是说，那里没有其他发展水平更高的国家存在——这些国家可能有助于它向国家形态发展。"

显然，人类历史上只存在过少数的几个原生国家。原生国家兴起于旧世界的6个区域和新世界的至少两个区域。在距今5 000年前（Fagan，1989；Wenke，1990），旧世界最早的国家在美索不达米亚（主要是今天的伊拉克）和埃及进化出来。在非洲的其他部分，原始国家兴起得较晚。例如，在3 600年前的尼罗河中部的科马地区（Kerma）、2 500年前的埃塞俄比亚的阿克苏姆地区（Axum）、公元前

200 年左右的西非杰尼地区（Jenne），等等（Connah，1987）。在中国，大约 3 800 年前，随着商朝的建立，一个土著国家开始出现（Chang，1986）。大约 4 600 年前，在北印度的印度河谷地（即今天的巴基斯坦），被称作"哈拉帕"（Harappan）的著名国家正在形成之中（Possehl，1990）。欧洲也有原生国家。在欧洲的地中海地区（主要是希腊），第一个真正的国家的兴起不晚于 2 700 年前（Champion，Gamble，Shennan，and Whittle，1984），也许早至 4 000年前（Milisauskas，1978；Fagan，1989）。温带欧洲的第一批国家，即凯尔特人国家，大约出现于 2 200 年前（Champion et al.，1984）。这些旧世界的国家很多都出现于受大河支配的地理区域，或者如欧洲的地中海地区那样靠近大海。因此，最早的美索不达米亚原生国家兴起于底格里斯河与幼发拉底河之间的肥沃区域，最早的中国原生国家进化于中国北部的黄河流域，而最早的印度原生国家则出现在印度河流域。

在新世界，原生国家的进化要晚一些。在新世界形成国家的两个区域是中部美洲（基本上是今天的墨西哥和一部分中美洲地区）和秘鲁。在中部美洲的低地地区，最先出现的国家是由奥尔麦克（Olmec）文明和玛雅（Maya）文明创立的。奥尔麦克文明繁荣于 3 200 年前到 2 800 年前。玛雅文明在公元前 300 年到公元 900 年之间达到顶峰（Fiedel，1987）。在中部美洲的高地地区（今墨西哥城的北边），大约 2 000 年前，围绕着一个叫做特奥蒂瓦坎（Teotihuacan）的城市，形成了最早的国家（Fiedel，1987）。不过，最强大的中部美洲高地国家是由阿兹台克人创立的，它的首都叫特诺奇蒂特兰。16 世纪早期，阿兹台克人达到了他们发展的顶峰。在秘鲁，大约 2 000 年前，一系列的战争和征服导致了很多复杂和庞大的政治单位的形成。它最终达到了帝国的规模，并随着印加帝国的形成而达到顶峰：印加帝国在 15 和 16 世纪达到了其繁荣的顶点（Fiedel，1987）。

原生国家的出现

有一个研究为原生国家的主要性质提供了一幅清晰的图画，这一研究是由罗伯特·亚当斯（Robert Adams 1966）完成的。亚当斯的研究致力于对新旧世界的两个案例进行比较分析：美索不达米亚和墨西哥中部。他的一个重要结论是，在国家的形成上，两者之间存在着惊人的相似之处。因而，他的分析提供了一个深刻的见解，即国家的形成是典型的平行进化过程。极有可能的是，在美索不达米亚和墨西哥，国家形成所涉及的过程在大部分领域与其他原生国家的出现过程极为相似。

在这两个事例中，最基本的是社会分层的发展。亚当斯总结说，美索不达米亚古王朝（Early Dynastic Mesopotamia）的特征是高度分层化。美索不达米亚社会的顶端是这样一些家庭：在古王朝后期和阿卡德（Akkadian）时期日益扩张，扩大了对土地的控制。很显然，这些统治性的家庭是那些庄园地产的主人。在这些庄园上劳动的很大一部分劳动力，是由奴隶构成的。

阿兹台克社会等级的顶端是皇室家庭。一段时间之后，这些家庭进化成了一个内部通婚的贵族阶层，他们在财富、教育、膳食和服饰上与民众形成了鲜明的对比。国王支配着巨额的地产，这些地产产生了大量的剩余产品，而这些剩余产品又以贡品的形式从普通人流向了统治阶级。社会等级的中间阶层是武士和商人群体。他们之下是一些氏族群体，氏族内部也是分层的，拥有一些集体的土地。再往下是那些为贵族耕种私有土地的人，他们很像欧洲中世纪的农奴。社会等级的底端是奴隶。

不论是在美索不达米亚还是在墨西哥，我们都发现了一种普遍的政治进化特征，那就是神权政治的出现及其向军事政治——最终成为征服性国家——的转型。在这两个事例中，早期国家的形成以明确的宗教关注为标志，它们特别强调庙宇的修建和僧侣的统治。不过，宗教群体的主导权很快就让位于军事集团的权力。政治权力越来越集中于王朝机构——以早期的社区团体和宗教团体为牺牲品。考古学证据证明了宫殿的存在，这些宫殿里备有私人房间，以供统治阶级家庭、高级行政官员家庭及其私人仆役居住。有证据显示，美索不达米亚存在一系列的政府衙役，如守门人、厨师、仆人、信使和奴隶。显然，这两个国家的宫殿结构显示了高度分层社会的形成，在分层社会中，权力和复杂的管理机构被大规模地建立起来。两个社会有类似的家族观念，两个社会最终都进化为征服性的国家，它们对领土的控制都扩展到了广大的区域。日益扩大对临近地区的占领导致需要更多的贡品，也需要越来越深化的社会分层，以及国家专制性的进一步增强。

关于国家起源的理论

社会科学家提出了各种各样的理论，试图解释原生国家形成的一般过程。最重要的有以下几个：

其一，功能主义理论。它强调国家作为社会整合者的作用，并把国家视为协调复杂社会文化体系的一个必要的组织结构。

其二，马克思主义理论。在解释国家的兴起方面，它认为阶级斗争是最重要的。

其三，阈值理论。它强调人口压力和自然环境在国家形成上的重要性。

功能主义理论　它是关于国家起源的一个著名理论，可以在埃尔曼·塞维斯（Elman Service，1975，1978）的著作中找到。塞维斯认为国家不是压迫性和剥削性的机构，而是统一领导的一种形式，为了维护社会中各种类型的个人和群体的共同利益，这种领导形式对社会进行组织和协调。因此，当国家兴起的时候，社会内部的主要分野并不是在富人和穷人之间，也不是在压迫者和被压迫者之间，而是在统治群体和被统治群体之间。国家之兴起，正是为了更有效地为被统治者的需要而服务。

在塞维斯看来，创立国家有三个主要的好处。首先是经济再分配。为了实现重要的生产和消费功能，国家成为自然和人力资源的动员机构。据说，通过国家层面的组织，更多样化的生态区域获得了开发。高技术工人和多样性生态区域的产品正是因为下述机构的利益而汇集在一起的：法庭、官僚机构、僧侣、军队以及广大公民。塞维斯所说的第二个主要好处是由新型的战争组织提供的。据说，愈演愈烈的战争是社会的整合力量，因为它通过战利品、俘虏和贡品的形式带来了更多的财富，因而可以提高"民族自豪感"。国家可能创造的第三种好处是公共工程建设。国家监督庙宇、陵墓、金字塔、城墙、道路、灌溉系统和其他很多公共工程的建造。

我认为，这个理论必然引起巨大的质疑。看起来，极度乐观地提出下述主张是不合适的：国家的兴起确实为社会成员带来了积极效益。当然，国家的兴起确实带来了一些重大的好处，但不是为整个社会。相反，这些益处基本上都被统治阶级收入囊中。塞维斯还认为，发动战争为社会整体带来了好处；可是，战争收益主要被最有权力的社会成员攫取，特别是统治阶级。塞维斯还声称，修建庙宇、陵墓、金字塔以及其他公共工程都是为了社会的利益，可是大多数公民的生活并没有因为这些公共工程而得到改善。实际上，很多人正是因为这些工程建设而遭受了更多的苦难，因为正是他们为这些工程计划的实现奉献了必要的劳役。

马克思主义理论　对国家起源的功能主义解释的替代品，是各种类型的冲突理论，其中一个版本就是马克思主义理论。经典的马克思主义国家观认为，用马克思的话来说，国家是"统治阶级的行政委员会"。也就是说，国家是一个政治主体，在分层的社会里，它作为工具而存在，主要是为了保护占支配地位的社会阶级的经济利益。随着社会被分为不同的阶级，从占主导地位的阶级的立场来看，国家成了一种重要的必需品。在当代，莫顿·弗里德（Morton Fried，1967，1978）是这一国家起源观点最坚定的拥护者。弗里德认为，一旦社会发展出了社会分层体系，国家的出现就将是不可避免的。对资源的不同占有机会的出现，意味着特权集团和受剥夺（disprivileged）集团的出现，那些占据特权地位的人们必须保护其地位的安全，以对抗受剥夺者抢夺其地位的威胁。实际上，在弗里德看来，"国家"概念和"分层社会"的概念基本上是一样的。

弗里德版本的马克思主义论述的问题与他的一个主张有关，即没有一个已知的分层社会是没有国家的。实际上，确实有一些分层社会并不拥有国家层面的政府。经典的酋邦，如波利尼西亚的酋邦，毫无疑问是分层的，因为它们被分成了很多社会群体，这些社会群体控制着不均等的生产资源。但是，根据定义，经典的波利尼西亚酋邦并非国家，因为它们缺乏对暴力——用于压制其成员意志——的有效垄断。

当然，在经过合理的修正之后，弗里德的观点显得很有道理：拥有复杂和深刻的分层体系的社会确实构成了国家，而且在这些社会里，支配性的经济阶级和国家之间存在着密切的关系。此外，虽然这一问题仍有待探讨，但是大量的证据已经显示，历史上，拥有统治阶级的复杂的分层体系首先出现，然后就出现了国家（Fried，1978：46；Haas，1982）。所有这些都说明了马克思主义理论的长处，它们至少显示出，与塞维斯的功能主义理论相比，马克思主义理论将我们带向了更富有成果的方向。

当然，解决这一问题并非易事，因为我们还必须考虑另一种不同的冲突理论——卡内罗著名的阈值理论，它看起来与马克思主义理论一样有说服力。

阈值理论　很多学者呼吁注意人口和生态因素

在国家兴起方面的作用（cf. Kirch，1984；Johnson and Earle，1987），但这类理论中最著名的是卡内罗（Robert Carneiro，1970，1981，1987）的阈值理论（The Circumscription Theory）。实际上，这一理论不仅是关于国家起源的理论，也是关于政治进化的整体过程的理论。

卡内罗注意到，世界上所有产生了原生国家的主要区域都存在着一个共同的因素，即"环境阈值"。当富饶的农业用地被下列地貌环绕时，这一情况就出现了：贫瘠地区、不可利用的土地或者自然屏障，如主山脉或大的水体。这一因素的潜在运作，可以在原生国家的起源地区看到。如中东地区，在那里，富饶的河谷被大片荒凉的、缺乏有效降水的土地环绕；在秘鲁，富饶的河谷被主要的山脉阻隔。

为了显示周围环境的可能后果，卡内罗从对完全不同的生态条件的分析开始他的工作，如南美的亚马孙流域。那里是一片辽阔的热带丛林，在那里，连向本土国家发展的趋势都没有出现过。这一区域可能长期以来都被各种园艺村落占据。可用作园艺工作的土地取之不尽，人口密度通常非常低，因此，人口压力即便有，也是微不足道的。在这一区域，很多园艺社会之间战争频发，但它们并不是直接为土地而战。由于适宜园艺的土地取之不尽，因而，在战争中落败仅仅意味着，败北的群体需要离开，在新的土地上重建家园。在这种情况下，可以预见的是，各个社会能够保持其独立性，也能够保存其对环境的社会政治适应能力。

在环境阈值存在的地方，情况就不同了。卡内罗注意到，在生产性土地的供给受到严格限制的地方，人口增长很快就会导致占有一片土地的村落数量增长，结果，所有的可耕土地最终都被开垦了。这给各个村落带来了加强生产的压力，以养活扩张中的人口。随着人口持续增长，人口压力成为一个严重的问题，这很可能导致战争愈演愈烈，以夺得额外的土地。在这种情况下，对败北的群体来说，战争的结果可能是他们要被疏散到一个新的地区。但因为本地已经没有适宜之地，因此，被征服的群体可能会在政治上屈服于胜利的群体，这样，酋邦级的复杂政治体系就建立起来了。随着人口进一步增长和对土地的争夺日益军事化，酋邦最终会进化为更加复杂的国家级的政体。这一进化过程的最终结果很可能是形成庞大的政治帝国，诸如在受到这种限制的地区广泛存在的帝国，如秘鲁和中东的帝国。

卡内罗在这一基本理论之上补充了"社会阈值"和"资源集中"两个概念。当对人类迁徙的限制是来自其他的社会，而不是来自地理环境的特征时，社会阈值就出现了。在政治进化中，这可以成为在物理环境之外运行的或附加的因素。当某个环境中的植物和动物资源异常丰富时，资源集中就出现了。这种丰富性有利于吸引人们来到这一区域，并刺激该地区的人口增长。人口压力可能会出现，但是要向其他地方移居的话，可能会受到那个地区已有群体的限制，即受到社会阈值的限制。战争和政治征服，进而是政治进化，将会成为预期的结果。卡内罗（Carneiro，1987）认为，正是这种过程带来了本质上的政治进化——在不受限制的区域，如亚马孙古陆（Amazonia）的某些地区。

阈值理论可能是我们所知道的最引人注目的政治进化理论，而且它经受住了时间的洗礼（Graber and Roscoe，1988）。它曾经被考古学研究和人类学研究广泛检验过，在检验得到的结果中，正面的远多于负面的（Kirch，1984，1988；Schacht，1988；Carneiro，1988）。卡内罗可能已经非常接近这样一个成就了：认定长程政治进化中的关键因素。不过，一个挥之不去的困难是，卡内罗过分强调战争，却相对忽视了政治进化的经济过程。正如帕特里克·基尔希（Patrick Kirch，1988）和罗伯特·夏赫特（Robert Schacht，1988）所指出的，农业集约化发展和政治进化之间存在着密切的关系，而这二者又与人口压力和环境阈值密切相关。难道酋邦和国家都是对分层体系——分层体系与农业集约化有关——之发展的政治反应，正像马克思主义理论所主张的那样？难道这些经济变化比战争更加重要，或者至少是同样重要（cf. Lee，1990；Earle，1991）？我们需要更多的研究，以便对上述问题做出明确的回答。因此，目前要在阈值理论和马克思主义理论之间做出明确的选择是很困难的——当然，如果必须做出这样的选择的话。

小 结

1. 政治制度是一些工具，各个社会利用这些工具来维持内部的法律和秩序，并管理社会之间的关系。在很多社会里，政治领袖获得了超越他人的权力和权威。权力是强迫他人行动的能力，而权威则为政治统治提供了道德合法性。在最简单的社会里，占主导地位的只有社会影响；这是一种非正式的政治控制手段，缺乏强制性特征。

2. 游群是最简单的政治组织。游群是狩猎采集者中最有特征的组织。在游群里，权力和权威是缺失的，领导权是高度非正式的。部落也是一种缺乏权力和权威的政治结构。部落经常被描述为碎片化的政治组织。在一个大型的文化单位里，不同的村落是高度自治的，并不存在一个整体的覆盖性结构（overarching structure）。

3. 游群和部落形式的政治组织不拥有正式的政治控制手段，但它绝不是无政府状态。这些社会中存在着许多非正式机制，如巫术指控和"唱歌决斗"，人们以此来维护法律和秩序。

4. 政治进化的第三阶段是酋邦，它标志着社会生活中权力和权威的开始。酋长对其追随者拥有相当大的控制力，包括使用暴力的能力。酋邦是统一的一体化政治体系，其中的村落失去了独立性，并

受制于酋邦。酋邦存在于许多复杂园艺群体和游牧群体中。

5. 政治进化中一个关键的分水岭是国家的兴起。国家的特征是，它在自己的领土上实施对暴力手段的垄断。这意味着，国家具有高度发展的能力，可以克服各种类型的抵抗。

6. 最早的国家兴起于5 000年前的美索不达米亚和埃及，稍后兴起于非洲的其他地区、欧洲、中国和印度。在新世界，国家在中部美洲兴起于3 000年前，在秘鲁兴起于大约2 000年前。最早的这些国家通常被称为原生国家。原生国家一旦在世界的这些区域形成，就为次生国家的建立创造了条件。原生国家的形成是典型的平行进化的例子。解释这一形成过程是现代宏观社会学的核心问题。

7. 关于一般的政治进化，特别是国家进化的最重要的理论有功能主义理论、马克思主义理论和阈值理论。表11—2展示了这些理论的基本特征以及它们的发展过程。

表 11—2　　　　　　　　　　　　　关于政治进化的理论

理论	特征	评价
功能主义理论	长期的政治进化创造了适应性越来越良好的政治结构，适应性最好的就是国家。在为社会需要进行服务方面，最早的国家比以前的政治结构做得更好。早期国家扮演了下述角色：经济再分配者、强大的战争机器，以及致力于建设重要的公共建筑的行政机构。	它是一种特别可疑的理论，极度夸大了酋邦和国家对社会整体的有益后果，却完全忽视了在建立、维持酋邦和国家的过程中，精英们狭隘的自我利益。
马克思主义理论	与社会分层的兴起和进化相伴随的，是更强有力的和更先进的政治体系。国家开始发挥作用，以便保护和增加经济上占统治地位的阶级的利益——在受到被统治阶级威胁的情况下。	它远优于功能主义理论，但其本身也不是一种特别充分和完整的理论。
阈值理论	在领土扩张被设置了物理的和社会的屏障的环境中，政治进化最迅速、最深刻。当人口压力在这些区域达到较高水平时，人们不再能够为了避免其消极影响而移向新的区域，结果引发了越来越多的社会冲突，这些冲突的高潮，就是水平越来越高的政治征服的出现。国家最终从这一过程中浮现出来。	这是一种特别引人注目的理论，毫无疑问，它汲取了政治进化的许多最重要的维度。它也许可以对马克思主义理论发挥补充的作用。

特别话题：封建主义与东方专制主义

所有的农业社会都是高度分层的、由国家组织的（state-organized）社会。不过，正像各个农业社会在经济模式和社会组织模式方面有所不同一样，它们在国家结构方面也互不相同。一直以来，社会科学家们对两种类型的农业社会充满兴趣：封建国家和那些可以被称为"农业官僚制"的国家。

在封建社会里，土地为私人所有，那些拥有土地的贵族统治着其下的农民阶级，对他们实施政治统治和法律管辖。不过，这样的土地所有并非无条件的或绝对的，也不是一朝拥有即永远拥有。相反，土地必须以采邑（fief）的形式获得。采邑是一种土地特许权，由高一级的贵族颁发给低一级的贵族（vassal，封臣），以此作为对其承担某些特殊义务的回报，特别是军事服务和人身保护。接受了采邑的封臣同时也获得

了法律管辖权，以治理与此采邑相联系的农民。因此，对土地的所有和控制，与被称为"封臣制"（vassalage）的政治制度密切相关。封臣制是地位不平等的地主之间的个人纽带。它以合约的形式存在，通过相互的义务把各方捆绑在一起，其外在象征就是表达忠诚的个人誓词。通过这一制度，一个复杂的贵族等级制被建立起来，从底层的最低顺位的封臣，一直延伸到顶端的国王或君主。原则上说，君主可能是所有土地的所有者，但实际上土地已经以采邑的形式被授予了整个贵族群体——他们由地位高低不同的各级贵族构成。每一个贵族都仅仅对那些被授予他的土地行使管辖权。 *236*

因此，封臣制和采邑制度建立了一个特殊类型的政治体系，其特征包括分权（decentralization），还包括佩里·安德森（Perry Anderson，1974a）所说的贵族等级制中的"主权分包制"（parcellization of sovereignty）。封建政体并没有把权力注入一个中央协调的国家之中，而是将权力分散到一群贵族中，他们每一个人都将其管辖权严格地限制在一个特定的地理区域，以及有限的一群人中。由于封建政体具有分权的性质，因而贵族们的驻地都在乡间（亦即在他们的城堡里）。与这种实践相伴随的是一种称赞乡村生活美德的意识形态。

适合上述描述的真正的封建制度，绝不是典型的农业社会。实际上，能够基本被历史学家们认可的封建社会只有两种。封建主义的原型盛行于9世纪到15世纪的西欧。此外，历史学家们大体上同意，12世纪到19世纪的日本存在某种类型的封建主义。虽然有地区差异，但是欧洲和日本的封建主义却惊人地相似。在这两个事例中，我们发现了封建主义的核心特征（P. Anderson，1974b：413）：

> 在军事服务、有条件的土地所有权和领主管辖权（seigneurial jurisdiction）之间有某种联系……贵族、封臣和低级封臣之间存在着等级制，这形成了宗主权和依附性的链条……骑士贵族构成了一个等级制的统治阶级。

怎样解释封建政权？大多数研究这一问题的学者曾经认为，封建形式的政府的兴起是对新的军事需求的反应，人们在大型中央帝国崩溃后遇到了这种军事需求。例如，欧洲的封建主义是在罗马帝国陷落后建立起来的。罗马政治权威的沦落使得各个社区在面对到处抢掠的日耳曼部落的攻击时脆弱不堪，这些日耳曼部落把曾经的罗马帝国当成了劫掠场。为了对抗这些攻击，把政治统治和军事专业化结合在一起，就很有必要了。

虽然很多农业社会被称作封建社会，但是它们中的大多数发展出了一种政治制度，其特点与分权的封建政权截然不同。实际上，农业社会的普遍趋势是权力的集中，而不是权力的碎片化。很多农业文明是高度集权的、官僚的、十分强大的国家，它们的民众对一小撮精英高度服从。

被我们称为农业官僚制国家的那一类国家，拥有下述核心特征：巨大的权力集中在一小撮人的手上，或者实际上集中在一个个体统治者手上，这个统治者位居社会之顶端；土地的私人所有权在某种程度上存在，但土地主要由国家控制；国家广泛地涉足并指导各种类型的公共事务，进而影响全社会；国家以专横的方式统治民众，严厉惩罚被视为威胁其生存的任何活动。这样的国家出现在很多伟大的农业文明中，如古代中国、印度、美索不达米亚和埃及。毫无疑问，其他农业社会也拥有类似的国家体系。这种国家与封臣制或采邑制度的封建政权相去甚远。它们是全权的专制国家，严厉地压迫其臣民（M. Harris，1977：157）：

> 虽然有鼓吹正义和仁慈的哲学与宗教，但是这些庞大帝国的统治者仍然经常需要依赖恐吓、暴力、 *237* 赤裸裸的恐怖来维持法律和秩序。臣民被要求完全服从，服从的最高表示是，在君主在场的时候匍匐在地，或者卑躬屈膝……在所有的这些古代帝国里，都存在着驱逐和惩罚不服从者的无情制度。间谍使统治者能够知道潜在的麻烦制造者的一举一动。惩罚的方式有毒打，以至刑讯至死……在古印度，治安法官可以判处不服从的臣民18种不同类型的刑罚，包括打脚底、倒吊、火烧指关节……在古代中国，皇帝惩罚那些表达不谨慎观点的人的方法之一是，在暗室中阉割他们。

关于专制的农业官僚国家的现代观念建立在马克思著名的观点之上：很多非欧洲社会被归于"亚细亚生产方式"（Asiatic mode of production）这一特殊类别之中。马克思认为，这些伟大的亚洲国家，如古代印度和中国，与欧洲的封建主义大相径庭。他认为，亚细亚生产方式的特性是私人土地所有制的缺失，以及中央集权国家的存在。在其辽阔的领土上，这个中央集权的国家管理着一个复杂的灌溉体系。他认为，大规模的水利型农业——这是在干燥气候中所必需的——是下述情况的逻辑基础：私人土地所有权的缺失、国家的中央集权以及国家的专制特征。

拓展了亚细亚生产方式这一观念的最著名的当代学者是卡尔·威特福格尔（Karl Wittfogel）。威特福格尔（Wittfogel，1957）对特定类型的社会——他经常称之为东方专制主义（Oriental despotism）——的下述事例进行了讨论：典型的国家土地所有制，水利型农业所必需的大型灌溉工程，以及一个残忍的、以绝对权力凌驾于臣民之上的专制君主。与马克思一样，威特福格尔声称，这种专制国家的基础是，在干燥气候中，人们需要水利型农业。威特福格尔相信，建设和维持一个庞大的灌溉工程网络，需要政府集中权力。这些工程越大，国家就越集权，也就越具有专制特征。不过，威特福格尔至少比马克思前进了一大步。他拓展了东方专制主义的概念，使其能够包括那些拥有小型水利工程的非亚洲社会（如夏威夷），以及完全没有灌溉体系的非亚洲社会（如俄罗斯）。在后一个例子中，威特福格尔指出，一旦东方专制主义发展起来，它就能够传播到其他社会。最终，威特福格尔开始把很多完全不同的社会视为东方专制主义社会——这些社会散布于世界各地。

最终，威特福格尔把专制主义水利文明的观念推得太远了。由于他把很多极其多样化的社会混入一个共同的类型中，所以他受到了严厉的批评（P. Anderson，1974b）。威特福格尔列举的水利文明包括了原始的和无国家的社会，如土著夏威夷人和美国西南部的霍皮印第安人（Hopi Indian），所以对他的批评看起来是正当的。他还因为下述原因受到批评：实际上在发现复杂的灌溉体系之前，有些社会就发展出了集权性质的政府。不过，威特福格尔的理论不是关于国家起源的理论，而是关于特殊类型的不寻常的专制国家的形成理论（M. Harris，1977）。从这一方面来说，威特福格尔拥有一些有力的辩护者。例如，马文·哈里斯（Marvin Harris，1977）主张，考古学发现普遍揭示，随着灌溉工程规模的扩大和复杂性的提高，国家的专制权力也逐步增加了。

毫无疑问，在某些方面，威特福格尔对这一理论的拓展超越了其逻辑限度。但是，真正重要的是，在威特福格尔的原则性主张中，是否有基本的真理内核。古代中国和印度等文明无疑是专制主义的、中央集权的、农业官僚制的国家。但是，水利型农业是否是这类专制制度的基础，仍然是一个未决的问题。

238

推荐阅读

Earle，Timothy（ed.）. *Chiefdoms：Power，Economy，and Ideology*. New York：Cambridge University Press，1991. 该书是一本出色的论文集，包括了有关酋邦各方面情况的最新文章。

Fried，Morton H. *The Evolution of Political Society*. New York：Random House，1967. 该书是一本重要的著作，莫顿·弗里德在其中发展了关于政治组织的进化阶段的概念。其中特别重要的是，弗里德研究了社会分层和国家的出现。

Haas，Jonathan. *The Evolution of the Prehistoric State*. New York：Columbia University Press，1982. 该书讨论了有关国家起源的考古学证据，并对功能主义和冲突理论在国家起源上的观点对立给予了特别的关注。

Harris，Marvin. *Cannibals and Kings：The Origins of Cultures*. New York：Random House，1977. 这本引人入胜的著作中的某几章，讨论了各种形式的"由国家组织的社会"（state-organized society）。在哈里斯的理论分析中，他优先强调了物质因素，特别是其中的生态因素。

Johnson，Allen W.，and Timothy Earle. *The Evolution of Human Societies*. Stanford，Calif.：Stanford University Press，1987. 该书对一般社会进化做了有益的阐述，对政治进化给予了特别强调。该书的理论视角是唯物主义的，但人口压力假说也在其中扮演了重要角色。

Kirch，Patrick Vinton. *The Evolution of the Polynesian Chiefdoms*. New York：Cambridge University Press，1984. 该书的作者是一位公认的专家，他对波利尼西亚的社会和政治进化进行了全面的考古学分析。这是迄今为止对这一重要地区所做的最全面的进化论分析。

Mair，Lucy. *Primitive Government*. Baltimore：Penguin Books，1964. 该书对原始社会里各种类型的政治体系——从游群到国家——进行了讨论，这一讨论声名卓著。该书的民族志案例来自非洲，而非洲是露西·迈尔所擅长的领域。

Sahlins，Marshall. "Poor Man，Rich Man，Big Man，Chief：Political Types in Melanesia and Polynesia." *Comparative Studies in Society and History* 5：285 - 303，1963. 该文利用美拉尼西亚和波利尼西亚的案例研究，对部落和酋邦之间的差别进行了引人入胜的讨论。

Service，Elman R. *Primitive Social Organization*：*An Evolutionary Perspective*. Second edition. New York：Random House，1971. 塞维斯在该书中提出了政治进化的主要阶段的概念：游群、部落、酋邦和国家。

Service，Elman R. *Origins of the State and Civilization*. New York：Norton，1975. 该书对一些著名的原始国家进行了有益的探讨，也讨论了新旧两个大陆上原生国家的兴起问题。该书包含了很多有用的描述性材料，以及塞维斯对原生国家的起源的功能主义解释。

Upham，Steadman（ed.）. *The Evolution of Political Systems*. New York：Cambridge University Press，1990. 该书包含了一些有价值的最新文章，这些文章的作者是研究政治进化早期阶段的专家。

Wenke，Robert J. *Patterns in Prehistory*：*Mankind's First Three Million Years*. Third edition. New York：Oxford University Press，1990. 该书对国家起源问题进行了广泛的讨论，讨论涉及了几个主要的原生国家生成中心（centers of pristine state formation）。

第十二章

资本主义、社会主义与国家的进化

本章将继续探讨第十一章提到的政治进化问题。本章将关注现代资本主义兴起以来国家制度的发展。一开始，本章将检视从相对较弱的封建国家中发展起来的强大民族国家——这些封建国家盛行于16世纪之前的欧洲。然后，我们将把注意力转向西方议会民主制的资本主义起源。我们还将检视国家社会主义国家，并特别针对下述问题进行讨论：为什么全权模式的政府与社会主义的经济组织相伴而生？本章的最后部分将讨论1989年以后苏联和东欧社会主义国家的剧变。

现代欧洲早期民族国家的形成

在其开创性的著作《强制、资本与欧洲国家》（1990）中，查尔斯·梯利（Charles Tilly）认定，在公元990年到1990年这1 000年的时间里，曾经存在过三种主要类型的国家：大型领土型国家；主权特别分散的小型国家，如城邦和城市联盟；

民族国家。梯利显示，这些国家并不是随机地存在于时空之中的。相反，每一种类型的国家都出现在特定的时空中，并且与特定形式的经济组织相关。

大型领土型国家与下述地区相关：那里的经济完全由地主阶级主导，资本和资本家很少。俄罗斯、波兰、匈牙利和勃兰登堡—普鲁士（目前是德国的一部分）是这种类型的国家。在这些国家中，地主阶级和国家之间形成了强大的同盟关系。与此相反，城邦和城市联盟则出现在这样的地方：那里有很多强大的、集中了大量资本的资本家。资本家和国家之间形成了强大的同盟关系，而国家在很大程度上

为资本家的经济利益服务。城邦和城市联盟最具梯利所谓的"欧洲的地理核心"的特征，特别是意大利的一些城邦与荷兰共和国。

这两种不同形式的国家出现于我们所讨论的那个千年的前半段——从公元990年到1490年。1490年之后，民族国家开始形成。从公元990年到1490年，没有任何与民族国家——高度集权的国家，认同于某一特定的民族，例如我们今天所说的英国、法国和德国——类似的东西。实际上，在早期这段时间里，英国、法国和德国并不存在。这些地区和其他地区分裂为数百个小国家。正像梯利（Tilly，1990：39）所指出的那样，"在那一时期，极度碎片化的主权盛行于后来成为欧洲的全部领土上"。那时，可能有多达500个国家存在于欧洲版图内。在意大利半岛，有200～300个独立的城邦；今天的德国南部地区，那时存在着69个自由城市以及大量的主教国、公国和侯国。这与今天的情况形成了鲜明的对比。今天，至少在20世纪90年代东欧民族运动之前，欧洲只有25～28个主权国家（Tilly，1990）。

在梯利看来，欧洲民族国家的形成是资本和军事力量高度集中的结果。与以前的大多数政体相比，从16世纪开始进化的新型民族国家结构都比较庞大。庞大的国家官僚机构被建立起来，而这些官僚机构既从事经济活动，也从事军事活动。在管理经济、指导经济以及与其他的民族国家开战方面，它们扮演了重要的角色。大型的常备军被建立起来，以替代封建主义时期特有的小型私人军队。历史学家通常把这些早期的新型民族国家称为"极权主义和极权型君主"。最重要的新型君主国可能有西班牙、英国和法国。在西班牙，从15世纪后期开始，

随着费尔南德（Ferdinand）和伊莎贝拉（Isabella）步入婚姻，哈布斯堡王朝掌握了权力。哈布斯堡王朝将其注意力集中于掠夺新世界的财富之上——通过在美洲建立殖民地。通过把海外殖民地的贵金属运回西班牙，哈布斯堡王朝控制的财富急剧增加。法国的极权主义是逐步发展的结果，这一进程早在14世纪时就开始了（P. Anderson，1974b）。不过，直至17世纪，在路易十四的统治之下，法国的极权主义才达到顶峰。路易十四是整个欧洲极权统治的最高象征。他以说出"朕即国家"而著称。虽然他从来没有明确地说过上面的话，但是这样的语言清晰地表达了他对自己的权力的看法（Burns，1973）。最脆弱和最短命的西欧极权国家形成于英国。在英国，随着都铎（Tudors）王权兴起，极权主义开始了。17世纪初，都铎王朝最终被斯图亚特王朝取代。英国极权主义没能挺过17世纪末。

因此，16世纪以后，一个国家之间相互依存但又高度竞争的体系建立起来了，我们今天称之为国际体系。这一体系最初局限于欧洲，可是到20世纪晚期，它已经扩展到了整个世界。世界被分成了大约180个主权国家，它们相互之间进行着大量的经济、政治和军事互动。

现代国家的出现

在当代的工业化世界里，我们可以发现两种主要类型的国家。在西方，国家采取的是议会民主制形式。虽然议会民主制国家在其他地方也存在，但是西欧和北美的主要工业化国家最具议会民主制特征。一般来说，如果我们发现了高度发达的资本主义社会，我们也会发现，议会民主制是那些社会中占主导地位的政体。

在这里，简要地指出"民主"概念意味着什么是必需的，因为这一概念具有各种各样的含义。按照字面意义来看，民主意为"民治和民享"。这一意义暗示着这样一个统治精英群体是不存在的：他们在做出政府决策的时候，毫不顾及作为整体的公众的愿望。把这一概念限制在其字面意义上是一种巨大的歪曲，因为我们怀疑，除了部落级的社会之外，世界上是否真的存在这样的政府。与上述说法不同，本书借用了蒂尔特里希·鲁施迈耶、伊弗林·胡波尔·斯蒂芬斯和约翰·斯蒂芬斯（Dietrich Rueschemeyer, Evelyne Huber Stephens, and John Stephens

1992）等人的观点，认为民主是具有下述4个特征的政府体系。

其一，存在着议会或国会等国家机构，它们享有独立于总统或总理的权力。

其二，定期的、自由的和公正的选举，通过行使普选权（亦即全部成年人口都有选举权）选出政府官员。

其三，其他政府分支对议会或者国会负责。

其四，大众享有个人权利和自由，这些自由受到普遍的尊重。

我们应该在形式民主和实质民主之间做出区分，而且使用"有限民主"（restricted democracy）的概念是有益的（Rueschemeyer, Stephens, and Stephens, 1992）。形式民主制是指，一个政府正式宣称自己是民主的，但其行为实际上与其主张不符。形式民主制政府是指缺乏真正民主行为的政府，它们仅仅在名义上是民主的。当今的绝大部分第三世界国家，特别是拉丁美洲的很多国家都落入这一类型。与形式民主制相反，实质民主制是真正的、名副其实的民主制。最后，有限民主是这样的制度：上述4个原则都存在，但有一些限制加诸其上。例如，个人权利和自由可能受到各种形式的限制，选举权可能被限定于特定的人群之中——依照性别、种族和财产标准。当今拥有完全实质性民主的所有社会都开始于有限民主，其中有些社会实现完全民主的时间特别短暂。

现代社会里另一种重要的国家形式是极权主义独裁制。极权主义独裁制的特征是，它明显缺乏议会民主制所特有的那些原则。在这种类型的国家中，权力高度集中于一个指导社会事务的中央机构，不存在个人自由，不进行自由选举，不存在政府反对派——无论是意识形态上的，还是实践上的。总之，普遍的政治压迫占据了主导地位。

当今这些主要的工业化社会的政治产物为何会如此不同？

西方议会民主制的起源

在一项著名的研究中，巴灵顿·莫尔（Barrington Moore，1966）追溯了最初的议会民主制的根源。最早的民主制起源于17世纪40年代内战时期的英国。战争损害了国王的权力，提高了议会的政治重要性。莫尔指出，这一结果也是资本主义力量的一个胜利——获益的是上层地主阶级中有商业头脑的成员，以及转入资本主义农业之前的地主。接下来的两种民主制度诞生于美国和法国。在美国，议会民主制随着 1776 年的美国革命出现，并在 1787 年的宪法起草中得到巩固。通向真正的民主制的另一个重大步骤，是由 1865 年的内战推动的。奴隶制被废除，摧毁了南方旧奴隶制的经济和政治基础——这一制度是美国最接近封建贵族制的东西。在法国，是 18 世纪 90 年代的法国革命促成了它向民主制的转变。莫尔注意到，革命摧毁了贵族阶级特权的整体结构（entire complex）——君主制和土地贵族制，革命的名义是维护私人财产权和所有公民在法律上的平等。法国革命的著名口号是："Liberté! Egalité! Fraternité!" 即自由、平等、博爱。

应该注意的是，19 世纪中叶之前，这些国家的作为没有一个像完全实质的民主制存在的样子。莫尔所讨论的政府，基本上都是议会制度，但没有多少真正的民主。例如，在美国，投票权仅仅延伸至自由的、白种的、拥有财产的成年男人，很多年之后，黑人和妇女才获得了投票权。与此相似，法国革命后数十年里所发生的事情，与目前普遍存在的情况大不相同。

在现代议会民主制的形成过程中，议会这一因素（aspect）首先出现，而完全的民主制还需要再过很多年才能实现。直到 19 世纪中叶，普选权才开始附加到本质上已经是议会制的政府之上。最早将完全投票权赋予全部男性人口的 4 个政府是瑞士（1848 年）、法国（1877 年）、挪威（1898 年）和丹麦（1915 年）。其他 4 个政府紧随其后：瑞典、比利时、荷兰和英国。西欧之外最早发展起来的民主制出现在美国、加拿大、澳大利亚和新西兰。这些社会都是殖民地，它们最初都是从英国分离出来的。还有一些欧洲国家曾经实现了向完全民主制的转型，但是这一制度只维持了很短的时间。这些国家是奥匈帝国、西班牙、意大利和德国。这 4 个国家后来又都恢复了民主制度，但是很显然，它们通向民主的道路布满了严重的障碍（Rueschemeyer, Stephens, and Stephens, 1992）。

我们怎样解释议会民主型政府的发展？必须注意的是，民主制产生于西方，在西方得到发展，而且与现代资本主义的发展有特殊的关联。实际上，当今世界上每一个核心资本主义社会都拥有真正的民主政治体系。这样一种令人惊奇的关联不可能是

偶然发生的，毫无疑问，它们之间存在着因果关联。那么，这是一种什么样的关联呢？马克思主义理路的论辩是这样进行的：政府的组织形式是由占主导地位的经济形式和社会阶级形式决定的。资本主义社会由资产阶级主导，而议会民主制则是最适合增进资产阶级经济利益的政府形式。这是因为，议会民主制给予资本家最大的经济自由度，以便其在利益追寻中纵横捭阖——在当地，也在全球范围内。对于资本家想做的事情，这一制度的干预是最小的。君主制适合封建主义和早期资本主义，不过，随着资本主义的发展，君主制对它的限制越来越大，因此君主制必须被摧毁，并被其他的政府形式替代——这个形式就是我们在目前的资本主义社会里看到的形式。

在其经典著作《独裁与民主的社会起源》一书中，巴灵顿·莫尔（Barrington Moore, 1966）对马克思主义的论辩思路进行了拓展，阿尔伯特·西曼斯基（Albert Szymanski, 1978）也做了同样的工作。莫尔认为，17 世纪 40 年代的英国内战标志着议会在政府中（相对于国王）占了上风，这是因为资本主义农场主获得了主导权；议会民主制开始占据主导地位，是因为议会代表了资本家的经济利益。关于资本主义兴起与议会政府出现之间的关系，西曼斯基（Szymanski, 1978: 147, 150）这样说：

> 随着商人阶级变成社会的主导阶级，它建立起共和的形式、议会的形式，以此作为其统治的工具。这些形式非常适合在其阶级内部进行各种各样的利益表达，并且形成一个共同的阶级意志……
>
> ……因为经济和政治利益极具多样性，所以商业阶级鼓励发展议会与共和形式的政府，以便进行妥协，并形成共同意志，这种共同意志有利于该阶级内部各种不同利益的最大化。
>
> ……政府必须保证，它不会武断地干预商业合同体系和义务（expectations）体系。在国家一方，节制（moderation）和消除武断的最大保障就是议会形式。
>
> 在英国，议会形式进一步发展并巩固了自己，因为英国一直是主要的商业强国，并最终成为世界领先的商业强国。不列颠群岛上议会主义（parliamentarianism）的发展和成功必须被理解为商业早期发展的自然结果；后来，工业资本主义在这里形成了。

马克思主义理论对民主制度议会部分的论辩看起来似乎是正确的，但是它并不适用于民主制度中人们认为最重要的部分——普选权。蒂尔特里希·鲁施迈耶、伊弗林·胡波尔·斯蒂芬斯和约翰·斯蒂芬斯（Dietrich Rueschemeyer, Evelyne Huber Stephens, and John D. Stephens, 1992）的出色研究——《资本主义发展与民主制》显示了这一点。这些作者进行了特别详细的比较性分析和历史分析，分析显示，在大多数情况下，资本家反对把群众纳入政治体系，主要是因为他们害怕工人会通过选举获得权力。鲁施迈耶等人声称，在任何情况下，对于真正民主制的发展，西方资本主义社会里的资产阶级都没有好感。那么，为什么资本主义和民主制之间存在着如此惊人的联系？鲁施迈耶等人的回答是，资本主义促进了庞大工人阶级的发展，工人阶级自我组织起来，并且用力推动公民权特别是选举权的实现。鲁施迈耶等人的研究显示，这些资本主义社会里的民主发展最早，也最完善。这些社会处于资本主义发展的前沿，因此拥有规模最大和组织得最好的工人阶级。

另一方面，在那些资本主义发展迟滞的社会中，民主制遭遇了最严重的抵抗。在这些社会中，工业发展比较缓慢，因而工人阶级规模仍然较小，而且在政治上很软弱。此外，在这些社会里，地主阶级仍然行使着很大的经济和政治权力，而该阶级本质上对民主制充满敌意。地主通过农民直接的从属和政治依附关系——鲁施迈耶等人称之为劳动压迫性的农业——来对他们进行剥削。只要地主仍然在经济中保持重要地位，民主的进展就不会很大。鲁施迈耶等人举了奥匈帝国、西班牙、意大利和德国这4个欧洲社会作为例子。在这4个社会里，民主制的出现都较晚，并且困难重重。实际上，在这4个社会里，地主都保持了相当大的经济权力，直到20世纪还是这样。这四者之中，西班牙是最后一个发展出民主制度的国家，直到最近才实现这一点，它也是一个上层地主阶级消失缓慢的国家。

鲁施迈耶等人认为，英国殖民地通向民主的道路有所不同。它们都是继承了英国的政治成就的国家，这给了它们一个有利的和较早的开端。而且，这些国家到处都是廉价土地，这使得一个庞大的独立农场主阶级的发展成为可能。除了美国南部存在奴隶制之外，其他国家不存在任何强迫劳动的（labor-repressive）农业体系。他们还注意到，除了美国南部，其他国家的高层地主阶级并不控制政府。

最后，他们指出，这些国家的工人阶级最终变得很强大，并积极推动了政治接纳（political inclusion）。所有这些条件对完善的实质性民主制的发展都是十分有利的。

鲁施迈耶等人还检视了拉丁美洲的实质性民主制的失败。他们认为，这一地区的高层地主阶级是民主制度发展的严重障碍。我们将在下一节进一步讨论这一话题。

鲁施迈耶等人的理论是一种非马克思主义的唯物主义解释。它从资本主义的发展中寻求对民主制度的出现和发展的解释；但是这种解释认为，民主制的进步并不是因为资本家的经济利益。不管资本家的经济利益是否存在，民主制都进步了。民主制进步是因为资本主义存在一个基本的矛盾：庞大的工人阶级诞生了，这个阶级能够利用其数量优势和组织力量来追求自身的利益，并对抗资本家的利益。鲁施迈耶等人的工作是一个巨大的智识进展，在理解现代民主制方面，它是一个非凡的成就。

资本主义世界体系中的国家

到目前为止，我们的讨论还没有仔细考虑世界体系这一背景，而现代资本主义是存在于这一背景之中的。正像对现代世界的经济组织问题的理解不能脱离资本主义世界经济一样，对世界上各个国家之性质的理解也不能离开对它们在世界政治秩序体系中的角色的认知。因此，世界体系视角为理解现代资本主义国家增加了一个重要的维度。

国际体系

自诞生以来，资本主义世界体系的基本特征就是政治上的分权。资本主义体系一直是由众多的相互竞争和冲突的国家构成的，这一政治组织形式被称作国际体系（Wallerstein, 1974a, b; Chase-Dunn, 1989a）。没有哪个单独的国家成功地实现过对其他所有国家的政治控制——如果那样的话，一个世界帝国可能就产生了。历史上曾经有过数次建立这样的世界帝国的尝试，最著名的是哈布斯堡王朝在16和17世纪的尝试、拿破仑时期的法国在18世纪早期的尝试，以及德国在20世纪的尝试（Chase-Dunn, 1989a），不过这些尝试都失败了。看来，资本主义经济体系的逻辑使得世界帝国的出现变得极其困难。每当某个国家开始走上可能会实现世界性的政治主宰之路时，其他国家就开始合起伙来阻止这种情况的出现。因此，资本主义经济和国际体系相辅相成。实际上，如果资本主义世界体系真的被世界性的帝国主宰，那么，资本主义的本质特征必然会被消解（Wallerstein, 1974a, b; Chase-Dunn, 1989a）。

争议产生于下述两个问题：资本主义的世界经济和国际体系是否已经合为一体，而它们则成了单一实体的组成部分？或者说，国际体系本质上是否是一个自我独立的实体？当代的韦伯主义者把国际体系看做一个大体上独立的体系（Skocpol, 1977; Zolberg, 1981; R. Collins, 1986b）。他们相信，资本主义和国家体系交织在一起；但是，世界政治体系必须被当作自我独立的实体来研究。国家是世界政治体系中的行动者，在这一体系中，政治和军事目标可以从资本主义经济利润的角度来加以理解。这一主张的很多方面无疑是正确的，但本书的立场是，资本主义国家的政治和军事目标不可能与资本主义的经济利益发生重大分离，这些经济利益形成了这些国家的运行环境。用克里斯托弗·柴斯东（Christopher Chase-Dunn, 1989a）的话来说，在资本主义世界体系中只存在"一种逻辑"，即经济和政治在本质上是不可分离的。当然，这一逻辑背后的驱动力是无休止的资本积累。

世界体系中的地位与国家形态

现在，我们必须考虑一个关键的问题：民族国家在资本主义世界体系中的位置，是怎样对特定类型的国家结构的进化发挥型塑作用的？首先，在资本主义核心地带，我们看到的是高度稳定的民主政府。当然，议会民主制是在核心国家首先兴起的。当今的每一个核心国家都是民主国家。我们已经知道为什么会如此。核心国家之所以青睐议会政府，是因为这种类型的政府最适合为资本主义的需要服务（Moore, 1966; Szymanski, 1978; Therborn, 1977）。更重要的是，核心国家是那些拥有最庞大的工人阶级的社会，而工人阶级在19和20世纪为政治接纳而进行的斗争，对完全的实质性民主的发展是至关重要的（Rueschemeyer, Stephens, and Stephens, 1992）。需要补充的是，19世纪后期，核心国家拥有一个庞大的、受教育水平很高的中产阶级，他们期望——实际上是要求——实现普遍的权利和自由（Chirot, 1977）。大体而言，民主政府的传统在先进

的资本主义国家里根深蒂固，以至于它本身构成了一股独立的力量。在这些国家里，民主哲学弥漫于社会生活的所有领域。

在资本主义的边缘国家，民主制很少。边缘资本主义国家通常拥有这样或那样的非民主政权。例如，建立在军事独裁上的政权广泛存在于边缘资本主义国家中。在半边缘资本主义国家里，工业化的工人阶级人数很少，政治上也很弱小，而占主导地位的统治阶级是由地主构成的，他们把一个庞大的农民阶级纳入了一个对劳工实施压迫的农业过程。鲁施迈耶等人（Rueschemeyer, Stephens, and Stephens, 1992）曾经指出，在一个阶级力量如此不平衡的社会里，民主制是不可能存在的。此外，为了在严重剥削和悲惨的人类苦难之下维持脆弱的秩序，极端的极权主义可能是必需的。在这种情况下，从某种角度来说，民主是一种"奢侈品"，边缘的资本主义国家是"买不起"的。

在现代资本主义的半边缘地带，民主也很少见。有些社会发展出了形式上的民主制，但它们很少有真正的民主内容。一般来说，这些社会在政治危机面前还很脆弱，正式的民主制曾经在这种危机中重新陷入威权主义。在世界上，拉丁美洲就是具有上述特征的一个地区。我们可以用与解释边缘地带民主相对缺失同样的方式，来解释边缘地带实质性民主的缺失：地主一直在主导着经济，工人阶级人数很少，并且在政治上软弱无力；严重的剥削和人类苦难制造了大量的不满情绪。因为工业化的工人阶级比较软弱，所以已经实现的有限民主通常要求工人阶级和中产阶级结成政治同盟（Rueschemeyer, Stephens, and Stephens, 1992）。

不过，针对"半边缘国家为何拥有高度威权主义国家"的问题，世界体系理论家们也指出了另一个可能的原因：对半边缘国家来说，如欲改善其在世界经济中的地位，上述状态可能是它们的一个有利条件。（20世纪50年代的韩国和60年代中期到70年代中期的巴西，就是上述观点极佳的例证。）丹尼尔·希洛特（Daniel Chirot, 1977）曾经提出，这种状态有助于促进半边缘国家经济目标的实现——通过压低消费以便为投资提供更多资金的方式，以及其他各种各样的经济手段。这种状态甚至可能变成在国际舞台上进行政治和军事对抗的重要力量；如果它们被置于某种战略地位上，而这一战略地位对主要核心强国的利益又特别重要的话，情况就是如此了。

最近这些年来，人们经常谈论发生于边缘和半边缘地带的"再民主化"过程，特别是拉丁美洲的一些情况。在一些拉丁美洲国家（如巴西），国民政府已经通过选举程序替代了军政府，并掌握了政权。有些观察家将此视为一个运动的开始，即从威权主义和压迫状态向真正的民主制度的转变（Cammack，1986）；或者认为，至少出现了建立更为民主的秩序的可能性。其他人则较为悲观，或者说是比较谨慎。费尔南多·亨里克·卡多索（Fernando Henrique Cardoso，1986）认为，对这种新的民主化趋势，我们应该持谨慎的态度。他说："在社会层面上，这一趋势是存在的，而且广泛存在；但在国家层面上，它遭遇了抵抗，在有些社会里，这一抵抗是成功的。"（Fernando Henrique Cardoso，1986：30）赫曼和皮特拉斯（Herman and Petras，1985）的观点更为激烈，他们注意到，这些国家虽然引入了正式的民主机构，但是其军事权力并没有被削弱。从某种程度上来说，通过"暗杀小组"（death squad）实施的国家恐怖实际上已经不存在了，但是这种恐怖仍然潜伏在背后（Petras，1987）。此外，针对声称"再民主化趋势很重要"的有力主张，历史性的视角也会给我们提供一些理由，这些理由并不仅仅是让我们更谨慎一些。贯穿这个世纪，很多拉丁美洲国家的政治已经显示，它在压迫性多一点的政权和压迫性少一点的政权之间周期性地摆动（Skidmore and Smith，1989；E. Stephens，1989）。考虑到这种模式，预言其政治有朝向民主制方向发展的趋势，为时过早。

目前出现于拉丁美洲的民主类型确实是形式大于内容，然而该怎样解释这一现象呢？布鲁斯·卡明斯（Bruce Cumings，1989）认为，既有经济的原因，也有政治的原因。从经济上来讲，"民主化是下列情况的必然结果：发展中国家的市场强烈要求向美国商品开放，特别是服务产业（如银行和保险业）、烟草、谷物和肉类"（Bruce Cumings，1989：30）。因此，核心经济体特别是美国的利益能够对第三世界的政府产生外部压力，推动它们接受民主制度。从政治上来讲，向民主制的转型（至少是表面上的转型）是控制和解除不满情绪的一种手段——那些不满情绪对体制构成了威胁。

现代社会主义国家：列宁主义政权

现代威权主义的最佳代表是欧洲的社会主义国家：苏联及一些东欧国家。社会主义国家在1917年诞生于俄罗斯；二战结束后不久，由于苏联的干涉，民主德国、波兰、捷克斯洛伐克、南斯拉夫、匈牙利、罗马尼亚和保加利亚也加入了社会主义阵营（在这些国家中，南斯拉夫是唯一一个通过内部革命引入社会主义的国家）。稍晚，社会主义国家在欠发达世界里兴起（见第八章表8—1），不过在这里，我们仅仅关注工业化或半工业化社会里的威权国家。当然，1989年，社会主义制度在东欧全境剧变。1991年，苏联也步其后尘。我们将在下一节详细讨论这次剧变，这里我们首先需要检视社会主义威权体制的结构，并考虑其存在的原因。

对当代社会主义国家的经典描述是由米罗凡·吉拉斯（Milovan Djilas，1957）在其著作《新阶级》中做出的。吉拉斯是南斯拉夫的前副总统，他在呼吁民主改革后，于1954年被共产党开除。1956年，由于在《新阶级》中所表达的观点，他被判处10年监禁。他虽然于1961年获释，但是在出版《与斯大林的谈话》一书后，于1962年再度入狱。

吉拉斯（Djilas，1957：37）注意到："在苏联和其他社会主义国家里发生的任何事情，都与领袖们——甚至是杰出的列宁（Lenin）、斯大林（Stalin）、托洛茨基（Trotsky）和布哈林（Bukharin）——所期望的不同。他们希望国家很快消亡，而民主得到加强。但是，相反的事情发生了。"吉拉斯解释说，革命以后的共产党具有特别高的意识形态统一性和组织集权性。在胜利后很长时间，仍然停留在政治舞台上的党，开始巩固和强化它凌驾于社会其他部分之上的权力。它维持了政治警觉气氛，在党内要求意识形态的统一，大量精力被投放于根除实际的和潜在的反对派。为了达到这些目标，他们需要恐怖性和压迫性的手段。用吉拉斯的话来说，其结果是导致了"这样一个阶级的诞生：在历史上，这一阶级——社会主义国家的官僚精英或显贵——对人民的权力是没有限制的"。

直到最近，官僚精英仍然掌握着凌驾于社会秩序之上的行政垄断权，包括对几乎所有经济活动的完全控制。他们不许对党的路线有任何意识形态上的偏离，并运用暴力迅速惩罚那些实际的偏离者。他们通过压制所有与党的官方教条相抵触的知识和艺术发现和创新来歪曲民意。吉拉斯把这样的权力称为"历史上最完整的权力"一点儿都不奇怪。

人们往往把东欧的国家社会主义国家称为"马克思主义"或"马克思列宁主义"国家。虽然这样说有一定的道理，但是这一术语具有很大的误导性，应该避免使用，或者高度谨慎地使用。苏联及东欧国家引入了马克思在 19 世纪中叶表达的一些观念，以此为社会主义的核心要素。它们把生产资料社会化，消灭了资产阶级，并围绕着中央的国家计划对经济进行重新组织。不过，在很多方面，它们是非马克思主义的。它们创造了一个资本主义商品生产的替代版本，在工作场所引入了细致的劳动分工，在消除异化劳动（alienated labor）方面惨遭失败，没能创造一个无阶级的社会。它们也没能创造出一种马克思可能会接受的政治制度。马克思说，在初始阶段，社会主义社会将被迫引入所谓的"无产阶级专政"作为政府形式。它是一个高度威权主义的政府。为了恢复社会秩序，实现向完全共产主义的过渡，这样的政府是必需的。不过，它应该只是暂时的，在合适的时候，它必须让位于一种全新的政治秩序，这一政治秩序建立在"国家消亡"的基础之上。国家将不再拥有统治权力，仅仅充当经理和经济协调者的角色。那将是一个高度民主的国家，工人阶级将直接参与政治决策。

显然，在国家社会主义国家里，任何事情的发展都与上述说法不符。重要的是，我要恢复马克思的真实言论和愿望，以正视听。在复原真相的过程中，我极力主张，放弃使用"马克思主义"或者"马克思列宁主义"来描述国家社会主义国家的特征。虽然这些国家自己使用这些术语，但我们没有任何理由保留它们。它们使用这些术语不是出于追求社会科学精确性的愿望，而是将其当作自己的合法性进行辩护的意识形态的一部分。正像肯尼斯·乔威特（Kenneth Jowitt, 1978）和丹尼尔·希洛特（Daniel Chirot, 1986）所主张的那样，把它们称作"列宁主义社会"或"列宁主义政权"更准确一些。这些政权拥有如下基本特征（Chirot, 1986: 265）：

（1）共产党拥有对政治权力的绝对垄断权。

（2）所有的关键经济部门都由国家控制和经营。

（3）存在一种形式上的承诺，即创造一个工业发达的和高度平等的社会。

（4）当局通过下述方式来使自己合法化：宣称马克思列宁主义是一种支配一切的（overarching）政治学说。

（5）共产党认为自己是科学和政治真理最终的诠释者，它的决定和行动不应受到怀疑。

（6）对个人的日常生活进行严密的管控，对人们的迁徙、言论、结社自由以及哲学和意识形态归属自由进行严格的限制。

怎样解释下述事实：国家社会主义社会极大地偏离了马克思的愿望——社会主义国家应该是高度民主的？为什么这些国家都如此具有压迫性？当然，在东欧的例子中，最初，威权主义政权是由苏联从外部强加进去的，而在很大程度上也是由苏联从外部维持的（南斯拉夫是一个例外）。那么，形成苏联自身的威权主义特征的原因是什么呢？伊曼努尔·沃勒斯坦提供了一种解释。他认为，苏联的威权主义源自它所经历的来自西方资本主义世界的严重威胁，既有政治上的，也有经济上的（cf. Chase-Dunn, 1982）。在一个真正的社会主义国家——社会主义的世界政府最终将代替资本主义的世界经济，这一威胁将会消失，而压迫性的国家也将随之消亡（Wallerstein, 1984b）。

上述论辩初看起来引人入胜，实际上需要更多地加以介绍。大约从 20 世纪 20 年代后期开始，一直到 50 年代，苏联在很大程度上退出了世界资本主义体系，并且奉行一种追赶西方资本主义的经济政策。正是在这一时期，威权主义——实际上是斯大林式的恐怖主义——达到了顶峰（Nove, 1989）。1953 年斯大林去世之后，这种恐怖主义事实上终止了；尼基塔·赫鲁晓夫（Nikita Khrushchev）的新政权开始后，苏联还出现了少许的"公开性改革"举措（Nove, 1989）。实际上，正是在赫鲁晓夫时期，苏联开始显现出一些回转的迹象，即更多参与世界经济的趋势。一个事实是，后来的苏联政权强烈地倾向于世界市场，这极大地削弱了其威权主义国家形态。上述事实暗示，威权主义是一种政治策略，它与封闭性有关，而这种封闭性是针对充满敌意的世界经济的。

不过，这并不是历史的全部。另一个著名的备选理论解释就在手边，即韦伯主义对国家的看法。韦伯认为，在少数派统治者的手中，社会主义将不可避免地导致广泛的官僚主义的权力集中。作为干预社会经济事务的手段，这种集中将是必需的。官僚主义鼓励权力的集中，而且这种权力一旦发展起来，它就会获得自我维持的本性，其堡垒将极难攻破。

目前，很难说哪一种解释更好一些——世界体系理论，还是韦伯主义的解释。接下来的 10 年将会提供一次自然的实验，这一实验将帮助我们做出选择。如果俄罗斯和东欧明显地走向民主的道路，那么世界体系理论似乎将得到证实。不过，如果它们不能像目前所显示的那样向前走，那么，韦伯关于官僚主义权力自我维系本性的论辩，看起来会更有解释力。

苏联解体和东欧剧变

每一个比较敏锐的公民都知道，20 世纪 80 年代后期和 90 年代早期，苏联和东欧发生了戏剧性的政治变革。米哈伊尔·戈尔巴乔夫于 1981 年掌权以后，不仅开启了被称为"改革"的经济改革，也在"公开性"的名义下开启了政治改革。所谓"公开性"，本质上就是在政治和社会生活中投入更多的"透明度"（openness）：赋予了大众传媒更多的自由，以使它们进行更准确和更全面的报道；对知识上和艺术上的自由表达给予了更多的宽容；举行了对官员的一些选举；释放了一些政治犯。有人会想，对"公开性"不能做如下简单的理解：因为猛然间意识到民主的人道主义意义，因而发生了哲学和知识上的彻底更新。把"公开性"看做"改革"的政治伴随物似乎更为合适：苏联将完全融入资本主义世界经济，"公开性"是这一转向的政治表达。戈尔巴乔夫和其他苏联领导人似乎认为，与以前相比，向资本主义自由市场的回归，会要求更高水平的政治"公开性"——更自由的经济要求更自由的政府（Kumar，1992）。

不过，"公开性"仅仅是政治变革的开始。1989年秋天，波兰、民主德国和罗马尼亚的政权经历了重大转型。在这些国家，共产党对政治的垄断被打破，在朝着更加民主和公开的方向上，它们采取了一些重大的步骤。1991 年，在一次推翻戈尔巴乔夫的右翼尝试失败后，苏联公开解体了；共产党失去了其权力垄断，戈尔巴乔夫被免职，其主要竞争对手——极端自由主义的鲍里斯·叶利钦（Boris Yeltsin）取而代之。从严格的意义上来说，1989 年东欧和 1991 年苏联所发生的事情是，作为一种政治、社会运动与国家意识形态的社会主义剧变了。这些国家中强烈的民族主义浪潮，使这种改变更加复杂和迅速。由于原属苏联的很多共和国要求政治主权（当然，在这些新的主权国家中，最大的和最重要的就是俄罗斯），作为单一国家的苏联解体了。捷克斯洛伐克分裂成了两个国家，斯洛伐克和捷克共和国。此外，以一种最为恐怖的方式，曾经被叫作南斯拉夫的国家分崩离析了，它被一些危险的民族主义运动压垮了——其危险性是现代世界从未见过的。

开始于 1989 年秋天的东欧剧变让所有人——社会科学家、记者、政治评论家以及普通公民——都大吃一惊。没有人想到，一个政治和军事控制达到如此水平的政党，可以如此迅速地、彻底地被推翻。我们怎样解释这种深刻的和令人震惊的政治转型呢？

丹尼尔·希洛特（Daniel Chirot，1991）指出，是国家社会主义的经济失败，特别是他所认为的整个体系的道德滑坡和道德败坏造成了这种政治转型。他认为，在这种转型发生前的最后约 20 年时间里，对全体公民来说，在道德上，这一制度已经完全不可忍受了。人们持续地暴露在日常的暴虐、无尽的谎言和腐败之下，到了一定的时候，这些促使他们疏远社会主义政权，并在道德上将其非法化。处在对这一制度进行非法化前沿的群体，是受过教育的中产阶级，特别是知识分子。希洛特（Chirot，1991：21）评论说："艺术和文学领域的知识分子将其作品呈献给中产阶级，他们帮助后者理解和解释这个体系的不道德性。因此说，这些知识分子曾经扮演了重要的角色。他们需要有接纳能力的观众，不过正是他们的作品毁灭了欧洲的社会主义。"希洛特进一步指出，在过去的二三十年时间里，对国家社会主义国家的全体公民来说，越来越明显的是，共产主义的理想不会成功。一旦这一点变得清晰，原来还能够忍受的该体系的不道德性，就变得难以忍受了。

虽然东欧的国家社会主义在 20 世纪 80 年代被非法化了，虽然有人欣然同意希洛特的说法——整个体系已经充溢着腐败和道德败坏，但是把这些现象视为导致这一戏剧性转型的充分理由，仍然是困难的。希洛特的意思似乎是说，人类历史上最强大的政治统治类型之一，仅仅因为某个人的意愿就跪地求饶。事情可不是那么简单。

兰道尔·科林斯和戴维·沃勒（Randall Collins and David Waller，1992；R. Collins，1986b）发展出一种完全不同类型的解释。他们认为，苏联剧变是一种历史现象的最新事例，这一历史现象叫作国家崩溃（state breakdown）。这是一种一国之内的严重危机，这一危机导致了广泛的政治冲突，以及国家统治能力的溃败（Goldstone，1991）。科林斯和沃勒的理论是韦伯主义理论的一种地缘政治学发展。他们认为，苏联剧变的根源是其"帝国"的过度扩张：

251

1917 年，把许多不同的民族纳入苏联；在第二次世界大战中，对东欧各国实施军事占领。这一过度扩张带来了超重的经济费用，特别是在军事建设上；随着时间的推移，这些费用变得无法承受。这一体系从根本上来说是不可持续的。科林斯和沃勒说，本质上，苏联剧变的直接原因是经济上的，不过这些经济问题源自苏维埃"帝国"的地缘政治，而不是源自作为经济制度的国家社会主义的任何内在特征。①

科林斯和沃勒的主张颇有可取之处，但我认为它并不是历史的全部。显然，这一理论确实帮我们解释了东欧全境爆发的民族主义浪潮；它还为我们揭开苏联严重的经济问题之谜提供了一丝线索。不过，我们不能简单地把国家社会主义的经济困难归咎于苏联的地缘政治安排。由于科林斯和沃勒的理论仅仅适用于苏联，因而它不能解释其东欧各国里深刻的经济麻烦。正像我们在第八章曾经注意到的那样，作为一种经济体系，国家社会主义内在的严重问题迟早会出现。雅诺什·科尔内（János Kornai, 1992）曾经显示，国家社会主义的内在本质把它变成了一种持久的短缺经济，并制造了反噬自身的日益严重的经济困难。在一段时间内，国家社会主义是相当成功的：它极大地推进了工业化进程，改善了东欧特别是苏联的生活水平。它并不像近年来被描绘的那样，彻底失败了（Szelenyi and Szelenyi, 1992）。但无论如何，到 20 世纪 70 年代中期的时候，国家社会主义开始变得萧条。从那时开始，经济每况愈下。正像第八章所注意到的那样，国家社会主义并不是这样的经济源头：它适于创造大众消费品和大众服务。因此，从 1975 年前后开始，它更加落后于西方资本主义。此外，第八章还指出，我们不能忽视包围着它的资本主义世界经济——它们创造了各种各样的压力，或者是通过破坏社会主义，或者是通过使其产生与世界资本主义体系再次衔接的愿望。这是一个与地缘政治风马牛不相及的经济困难的源头。

对于国家社会主义的经济困难，我们必须再补充三点。首先，我们必须铭记的是，俄罗斯和东欧在经济上落后于欧洲的其他部分，已经有很多世纪了——早在 16 世纪资本主义世界经济出现之前即已如此（Zeman, 1991；Chirot, ed., 1989）。欧洲的这一部分长时间受到由来已久的经济落后的困扰，因此，如欲赶上西方，它还有很长的路要走。其次，不能忽视的是，国家社会主义的经济困难浮出水面的时期，正是全球经济的滑坡期。这一经济滑坡对上述经济困难的作用是，加速了它的恶化。最后，在 20 世纪 70 年代和 80 年代，对国家社会主义社会的居民而言，它与资本主义社会之间的生活水平差异变得日益明显：这是大众媒体对西方资本主义进行描述的结果。这在很大程度上导致了大众的不满情绪。

我的结论是，在苏联和东欧发生的国家崩溃的原因主要是经济上的。（这一点毫不奇怪，因为在更早的历史时期，经济困难就曾经以重要的方式导致了国家的崩溃。请参阅本章末的特别话题。）是国家社会主义内部产生的问题——其来源各种各样——导致了被称为"改革"的经济改革和被称为"公开性"的政治改革。不过，本质上说，戈尔巴乔夫和改革者们创造了一个他们自己不能控制的魔鬼。改革一旦启动，就会走向自我毁灭，特别是当经济状况恶化的时候。到 1989 年的时候，对于东欧社会的很多成员，苏联显然已经不愿意以军事干预的方式来平息其普遍的不满。而且，随着苏联解除对东欧的军事控制，人们不再害怕参加那些曾经极度危险的公众抗议。他们走上街头，要求终止这些长期遭到痛恨的政权，甚至连东欧国家的共产党精英都希望这些政权结束。很多事情已经在水面之下发酵了很多年，当它们在一次爆发性运动中凑在一起时，它们看起来似乎是在一夜之间发生的。可是，正如我们已经看到的，这些事件已经发展了很长时间。

本章结束之前，我还想处理三个更加中肯的问题：这样的国家崩溃是人们所认为的"人民革命"，还是其他的什么事情？东欧真正的民主制的未来图景如何？在苏联解体和东欧剧变之后，社会主义的未来是什么呢？

苏联解体和东欧剧变在很大程度上是因为群众的公开反叛，这是一种在知识分子和记者中间广为流传的解释。虽然东欧各地到处都是不满情绪，但是说这种不满在导致其社会主义政权垮台中发挥了很大的作用，仍然是可疑的。反对社会主义政权的

---

① 顺便提一句，科林斯和沃勒文章背后的基本观点最早是由科林斯于 1980 年提出的。虽然直到 1986 年科林斯才发表包含这些观点的文章（cf. R. Collins, 1986b：Chapter 8），但这篇文章写于 1980 年，它预见了苏维埃"帝国"在未来的剧变。这是少有的几个准确的社会学预测之一。

运动，如果能够被称为革命的话，它也不是人民的革命，而是有些社会科学家所说的"来自上层的革命"——一部分政治精英发动的针对另一部分精英的革命。这些革命之所以发生，既是因为某个精英团体的经济利益（进而政治利益）和愿景发生了转移，也是因为苏联在很大程度上放松了对东欧的军事和政治支配。检视一下那段历史，就能够说明这一点。1956年，匈牙利出现了针对社会主义政权的人民起义；1968年，捷克斯洛伐克的社会主义政权进行了一次民主化的尝试。两次运动均被苏联的军事力量迅速而有力地镇压了。1968年到1989年之间，发生了什么事情呢？答案是，苏联的精英们，或者至少他们中的一部分，开始以完全不同的方式来看待事物。实际上，详细的资料显示，戈尔巴乔夫及其支持者渴望或者说欣然接受了1989年发生在东欧的政权改变（Kumar，1992：345-349）。公众的不满仅仅是在最后阶段才加入这些政权的倒台过程的。这个时候，基本上所有的事情都已注定，公众不满更多的是一种表演，而不是实质性的力量。克里希那·库马尔（Krishan Kumar，1992：320-321）近乎完美地描述了这一情形。

只有当上层阶级不能维持秩序的时候，我们才能发现低层阶级决心终止这种秩序的清晰证据，难道不是这样吗？这难道不是说，最主要的原因应该归到现存权力结构和现存的掌权者身上吗？也就是说，难道我们不归咎于社会顶端的病症，却要归咎于社会底端的病症吗？从某种程度上说，低层阶级中潜在的或显在的不满，正是拜社会分层秩序所赐。各种政权可能受到公众反叛的困扰，但不会屈从于它们，尽管公众公开地表达了他们的不满。在前工业世界的大多数农业帝国里，情况就是如此。

只有当社会的统治结构明显处于衰败和解体之中时，公众的不满才能够以可靠的方式被表达出来。这时，我们通常会发现来自上层阶级的发言人，他们会唤起公众对政权的对抗情绪。革命家们——往往被人从监狱中释放出来或者从流亡中回国——正忙于把不满的群众组织起来。革命成功以后，针对令人憎恨的独裁政权发动人民起义的观念，将成为新政权的官方神话。这掩盖了一个事实，即旧政权已经灭亡，它死于自己之手，而不是被爆发的公众义愤打倒的。

鉴于迄今为止的政治变革，东欧和俄罗斯的真

正民主制的前景如何呢？表面上看，前景似乎是很好的，不过仔细观察就会发现很多问题；实际上，一些社会科学家对此持悲观态度，至少对于近期的前景是悲观的（Hobsbawm，1991a；Jowitt，1992；Steel，1992）。乔威特（Ken Jowitt，1992）是一个研究苏联和东欧政治的杰出专家。他相信，腐败的威权主义政权的遗产很可能会保留一段时间，而且这一遗产不足以成为构建真正民主政治的基础。他认为，未来后社会主义国家很可能会仿效过去的拉丁美洲，而不是目前的西欧。也就是说，在建立民主制的过程中，它们将经历连续不断的失败。他相信，近期最好的愿景也不过是一种"自由的威权主义"，或者是高度受限的民主制——这一民主制是19世纪中叶以前的西欧国家的特征。乔威特的悲观主义得到了罗纳德·斯蒂尔（Ronald Steel，1992：170-171）的回应，其理由大体相同。

在所有那些理所当然的狂喜——迎接了这一地区斯大林政权的倒台的狂喜——之后，有一个事实并没有改变：大体上说，这一地区的国家都没有民主传统或现代经济。很多国家极有可能回到以前的军事主义模式或威权主义模式。所有的国家都有可能被失业、不平等以及持续的社会动荡困扰。这一传统上不稳定地区里的国家，曾经被禁锢于威权主义的范型之中，至少有40年的时间，有些国家时间更长。它们与民主化和现代化的力量隔离开，而民主化和现代化已经使西欧脱胎换骨。它们拥有无政府、民族暴力、挥之不去的仇恨、地区战争以及威权主义的长久历史。它们获得独立的事实，并不意味着它们愿意变得和平与民主。

显然，要使真正的民主制来到俄罗斯和东欧的后社会主义国家，尚需较长的时日。西方花了数百年的时间才建立起实质性的民主，直到20世纪，民主制度才大规模地建立起来。后社会主义社会不用花那么长的时间（来做到这一点），因为它们生活在一个不同的时代，而且它们可以从西方的经验中获益。不过，它们仍然需要花较长的时间来打造出某种政治安排。为了把真正的和稳定的民主变为现实，这种政治安排是必需的（Rueschemeyer，Stephens，and Stephens，1992）。它绝对不可能在一夜之间实现。

我们最后的问题是：伴随着20世纪东欧和苏联的剧变，作为一种政治哲学和世界范围内的社会政

254

治运动，社会主义的未来是什么？难道像很多观察家所声称的那样，它是万劫不复？我的回答将是一个明确的"否"。这一特殊版本的社会主义死亡了，而且它理应如此。但是，那些在20世纪首先给资本主义带来麻烦的基本社会问题仍然存在，现在还增加了一些（Hobsbawm，1991b）。虽然资本主义在西方创造了惊人的财富，但是社会和经济的不平等仍然存在。在世界范围内，民族国家之间的不平等上升到了惊人的水平。还有一个新问题浮现出来，即资本主义对环境的冲击。很显然，这种冲击非常大，因此需要对资本主义的生产扩张进行制动，而这意味着，要建立一种对自由市场进行限制的经济计划。由于这些问题存在，因此社会主义在当今的世界上仍然是高度适用的，说它会完全消失，是不可想象的。我想，将要发生的是，社会主义将会被重新思考——实际上，西方马克思主义者和其他知识分子如此行事已有一段时间了——而且社会主义者将努力从过去的严重错误中学习。过多的中央计划无疑是糟糕的，完全放弃市场原则制造了严重的经济困难。正像埃里克·霍布斯堡（Eric Hobsbawm，1991b：324）评论的那样："社会主义者的存在，就是要提醒这个世界，人民优先，而不是生产优先。人民绝不能被牺牲。"他接着说："社会主义的未来建立在下述基础之上：对它的需求仍然是巨大的，尽管在某些方面，这需求已经与以往不同。它的未来也建立在下述事实之上：资本主义仍然会制造出那些自己无法解决的矛盾和问题。"（Eric Hobsbawm，1991b：324-325）在我看来，社会主义者所面临的任务，不是反对社会主义，而是创造形式更好的社会主义。这种社会主义可以结合资本主义的最佳特征，进而创造出一种经济生活形式，这一形式将优于迄今为止世界上曾经出现过的一切东西。[①]

小　结

1. 从公元990年到1490年，欧洲所拥有的主权国家比现在要多得多，大概多至500个。公元1490年之后，高度官僚化的民族国家开始形成，欧洲国家的数量比原来少了。到19世纪后期的时候，只有大约有25~28个国家。这些新的民族国家整合了高

度集中的资本和军事力量。民族国家一旦形成，它在军事上就是十分成功的，以致其他国家或者被动地模仿它，或者消亡。

2. 早期现代欧洲的新型民族国家最初采取绝对君主制的形式，但经过一段时间以后，君主制被议会制政府取代。所谓议会制政府，就是那些立法机构的权力与君主同样大，或者比君主更大的政府。议会制政府之所以出现，是因为它最适于维护和促进资本家的经济利益。

3. 早期的议会制政府最终变成了民主政府，它在19世纪中叶之后开始向完全民主制转型。民主政府具有4个核心特征：以议会或国会机构作为其重要的权力基础，由全部成年人口选举政府官员，其他政府分支对立法机构负责，全体公民享有个人权利和自由。

4. 人们经常以理想主义的语言来解释民主制的兴起，说它是政治哲学的智识性展开（intellectual working out）。但是，更准确地说，它是资本主义扩张的有机组成部分。虽然资本家支持议会制政府，但他们通常对普选权充满敌意，因为他们害怕工人阶级通过选举获得权力。完善的实质性民主制出现在那些资本主义工业化水平最高的社会里，这些社会也拥有庞大的、组织性最强的工人阶级。在先进的资本主义国家里，正是这些阶级的政治斗争造成了民主制度。对民主制敌意最强的社会阶级是地主，民主制在下述国家遭遇了最成功的抵制：这些社会的工业化受到了限制，地主仍然主导着那里的经济。

5. 关于现代国家的世界体系视角也获得了很多洞见。相互竞争和冲突的各个民族国家构成了一个国际体系，这一体系与资本主义的世界经济紧密地交织在一起。在这一国际体系内部，核心国家通常拥有议会民主制。边缘国家很少享有民主制度。边缘国家里民主制度的缺失是可以理解的，因为其工人阶级人数很少，并且在政治上软弱不堪，何况还有高度的社会和经济不平等。半边缘国家也鲜有民主，它们往往发展出威权主义的国家，以便在世界体系中改善其地位。

6. 苏联及东欧各国被定性为威权主义政府，或者最好被称为列宁主义政权。在这些政权里，直到最近，共产党一直垄断政治权力，并将自己视为真理的唯一裁判。通过把马克思列宁主义奉为政治意

---

① 当代对这一问题进行再思考的典范人物是鲁默尔（Roemer，1994）。

识形态，该政权使自己合法化。人们不能享受个人自由，他们的生活受到政府的密切监管。

7. 世界体系理论认为，威权主义与封闭于世界经济之外的经济政策有关。根据从经济上和军事上保护自己的需要——针对充满敌意的世界资本主义体系，国家社会主义国家创造了威权主义。一个替代性的解释建立在韦伯主义的基础之上，它认为，国家社会主义自然会导致国家功能的极度膨胀，进而将巨大的权力集中到国家官僚机构的手中。这一官僚机构一旦被建立起来，就很难被驱逐。上述两种解释都包含了重要的洞见。

8. 20世纪80年代中期以后，苏联采取了一种致力于政治自由化的政策。这一政策，加之国家社会主义世界从1975年开始的日益恶化的严重的经济停滞，最终导致了社会主义政权的垮台。这种情况发生于1989年的东欧和1991年的苏联。人们对这一戏剧性的政治转型给出了各种解释：不可忍受的道德败坏所导致的广泛的民众不满情绪，与苏维埃"帝国"在东欧和亚洲的过度政治扩张相联系的经济费用，以及严重的经济困难。经济困难很可能是社会主义政权垮台的首要原因。苏联和东欧的剧变主要由于是"自上而下的革命"，而不是"人民革命"。

9. 在后社会主义社会里，建立真正民主制度的前景并不是特别好。威权主义遗产不能为建立民主机制提供坚实的基础，而且创立一种能够支撑稳定民主制度的政治机制，尚需时日。在不久的将来，一些后社会主义国家退回军事主义和威权主义的可能性仍然存在。

10. 西方的很多社会科学家和其他知识分子声称，作为一种政治意识形态，社会主义已死，并且万劫不复。不过，这一判断可能是不成熟的。一个特定版本的社会主义的破产，不同于对下述哲学失去信念：经过大幅度修正的社会主义哲学。社会主义的思维方式将会在一定时间里继续存在，因为资本主义还有很多严重的问题没有解决，而新的问题还在出现。

特别话题：第三世界和欧洲历史上的革命与国家崩溃

最近几个世纪以来，一直存在的一种极为重要的政治现象就是革命。西达·斯考切波（Theda Skocpol，1979：4）是研究革命的最重要的社会学学者。她区分了社会革命和政治革命。她对社会革命的定义是："一个社会的社会状况和阶级结构发生快速的根本的转型，并且伴随着——在某种程度上也通过——自下而上的、以阶级为基础的反叛。"政治革命与社会革命有所不同，它仅仅涉及国家结构的转型，没有相应的阶级和社会结构的转型。

杰克·格尔斯顿（Jack Goldstone）是研究革命的另一个重要学者，他使用了另一个术语——"国家崩溃"。他认为，当一个社会的政府所经历的危机十分严重，以致严重损害了其统治能力时，国家崩溃就会发生。只有一部分国家崩溃会变成真正的革命；很多国家崩溃只能导致有限的政治变革，不能被标记为"革命"。

那么，历史上都有哪些著名的和有趣的革命事例呢？还有哪些其他的社会政治冲突现象？其中名列前茅的是所谓的大革命：1789年的法国革命；1917年的布尔什维克革命，它把俄罗斯变成了苏联；开始于1911年，并在1949年达到顶峰的中国革命。还可以加上第三世界的其他社会革命，如1959年的古巴革命、1979年的伊朗伊斯兰革命，以及同年发生的尼加拉瓜革命。

我们怎样解释社会革命呢？人们提出了数个主要的革命理论，最著名的无疑是马克思主义理论。马克思提出了著名的革命概念，这一概念强调社会经济秩序与阶级斗争。众所周知，马克思预言了资本主义的最终崩溃以及被社会主义取代的命运。他认为，这一伟大转型很可能会通过革命的手段来实现。所有这些都与资本主义的逻辑和资本主义的阶级斗争有关。马克思说，随着资本主义的发展，工人阶级的规模会扩大；而资产阶级，通过逐渐地集中资本，人数实际上会减少。最终，一个庞大的工人阶级将对抗一个人数很少的资产阶级。两个阶级之间还会出现经济上的两极分化，这将强化两者之间的冲突。此外，随着资本主义的发展，工人阶级会组织得更好，到了某个时间点上，他们将会起义，并以暴力推翻资产阶级。马克思认为，反抗资本主义的第一场革命最有可能发生在英国，因为它是当时世界上工业最发达的社会；但革命发生在其他发达资本主义社会的可能性也是存在的。

不幸的是，马克思的理论已经被 20 世纪的历史完全证伪了。没有一个发达资本主义社会经历了哪怕是最牵强的这种社会主义革命。与此相反，这类革命毫无例外地都发生于农业社会，最早是 1917 年的俄罗斯，后来是中国、古巴和第三世界的其他地区。而且，是农民而不是工人阶级成了革命中最核心的阶级。为什么马克思主义理论遭到如此惨败？从根本上说，这是因为，在绝对关注经济和阶级关系时，它系统地忽视了一个主要类型的社会因素——政治因素。

在《国家与社会革命》（Theda Skocpol, 1979）中，西达·斯考切波构建了一个迄今为止令人印象最深刻的革命理论，这一理论特别强调了政治的作用。斯考切波认为，一个良好的革命理论，必须重点关注社会和政府所处的国际背景。在过去的数百年时间里，一直存在着一个资本主义的世界经济以及一个由国家构成的国际体系。斯考切波坚称，对于革命的条件和结果，上述两者都贡献良多。斯考切波（Skocpol, 1979：23）评论说："国际体系内部的这种发展，特别是战败或入侵的威胁，以及为控制殖民地而进行的争斗，实际上直接导致了所有革命危机的爆发。"

本质上，斯考切波的理论是这样的：大革命源自两种相互加强的情境的同时出现，一个是法国、俄国和中国的国家机器内部的深重危机，另一个是广泛出现的底层阶级——特别是农民——的反叛和反抗。国家危机来自两个方面：一是国际化的政治和军事压力；二是经济困难，这一经济困难在各种社会群体中制造了广泛的不满情绪。在上述三个国家中，政府都无力实施迫切需要的改革，也无力促进经济快速发展，以便有能力应对它们所遭遇的军事威胁。斯考切波特别关注战争对国家运行的影响。她认为，第一次世界大战对我们所知的布尔什维克革命的结果至关重要。俄国对第一次世界大战的参与跟广泛的经济怨怼结合在一起，形成了经济和社会乱局的条件。

大革命中另一个关键的因素是农民起义。斯考切波说，单独的政治危机或农民起义都不足以造成社会革命，两者的结合是必需的。虽然各种社会经济群体也是起义全景中的一部分，但斯考切波认为，农民起义绝对是关键。农民是最大的社会阶级，其他阶级的潜力不足以造成革命。

毫无疑问，斯考切波的理论是一个重要的进展。在发表之际，它无疑是当时最重要的革命理论。不过，其他学者的理论工作也为斯考切波提出的理论增添了内容，在某些方面还与她的理论相抵牾。关于革命的一个最新理论成就是由斯考切波的学生杰克·格尔斯顿做出的，他的理论实际上是一个更为概括的国家崩溃理论。

格尔斯顿认为，国家崩溃是一个周期性的现象，它在过去的数百年时间里出现了两次浪潮，其中一个浪潮的高峰在 17 世纪中叶，另一个高峰在 19 世纪中叶。这两次浪潮在欧洲和亚洲都出现了。在这两次浪潮中间，有大约一个世纪的政治稳定期。格尔斯顿的《现代世界早期的革命和反叛》将大多数篇幅都放在了对国家崩溃的 4 个例子的分析上：17 世纪中期的英国革命、18 世纪最后 10 年的法国革命、奥斯曼帝国的安纳托利亚起义（在 17 世纪中期达到顶峰），以及大约于 1644 年发生的中国明朝的陷落。

格尔斯顿把自己的国家崩溃模型称为人口/结构模型。它特别考虑了人口增长对各种社会群体的影响，这种影响进而导致了广泛的社会和经济不满，以及国家危机。格尔斯顿注意到，在应对人口增长的效应方面，现代欧洲和亚洲早期的大型农业国家遇到了相当大的困难。人口增长时，一系列的负面结果随之而来。比如，由于需求增长，物价上升了。这对税收系统造成了负面的冲击。结果，通货膨胀使税收收入落后于价格的上升，使得国家除了增税外没有其他选择。由于很难把税收提高到维持财政稳定的程度，因而国家财政危机随之而来。此外，如果军事对国库的要求提高的话——事情经常是这样的——财政危机还会激化。除了上述问题以外，人口增长还对社会和经济精英们造成了负面的影响，因为它使得精英位置的竞争者增多了，而数量日益增加的这些位置的觊觎者必然遭受挫折。最后，人口增长压低了工资水平。随着物价的上升和工资的下降，乡村和城市的生活苦难都加深了，这预示着食物骚乱和工资抗议将会出现。上述不幸情况结合在一起，结果造成了广泛传播的国家危机，并最终导致国家崩溃。

格尔斯顿认为，在现代欧洲和亚洲国家的早期，国家崩溃的周期性与人口波动紧密相连，而这种人口波动在很大程度上是由死亡率决定的。死亡率下降的时候，人口就增加；死亡率上升的时候，人口就会稳定或下降。是什么导致了死亡率的变化？格尔斯顿的回答是，致命疾病的发病率的改变。

格尔斯顿的理论让人印象深刻，引人入胜，而且它对人口因素的强调与我们曾经——在解释重要的进化发展时——对人口压力的强调是一致的。格尔斯顿的理论正确吗？坦率地说，回答这一问题为时尚早。在确定地回答它之前，我们需要进行多年的研究。不过，毫无疑问，与我们所知的任何革命理论相比，这一理论同样引人入胜，同样令人信服。

但是，当代第三世界的革命是怎样的呢？这一领域最重要的成果是蒂莫西·威克汉姆-克罗利（Timothy Wickham-Crowley）的《游击队与拉丁美洲革命》，这本书出版于1992年。威克汉姆-克罗利的分析关注的是20世纪后半叶发生于拉丁美洲的游击运动。威克汉姆-克罗利注意到，农民对游击队员的支持至关重要，但游击队要取得成功，需要比农民的支持更多的东西——他们也需要军事实力。但是，即使游击队得到了农民的强力支持，即使他们在军事上很强大，另一个因素也很关键：国家的性质，特别是它面对革命运动时的脆弱程度。正是在这最后一个因素上，威克汉姆-克罗利对第三世界革命理论做出了最突出的贡献。

正像威克汉姆-克罗利所展示的那样，20世纪后半叶，只有两个拉丁美洲国家的革命成功了：1959年的古巴和1979年的尼加拉瓜。是什么使得这两个社会及其政府与众不同呢？我们首先来看古巴。威克汉姆-克罗利认定，古巴社会和古巴政府有几个独特的性质，这些性质使得古巴在革命运动面前特别脆弱。在这些性质中，有三个非常突出。

其一，古巴的中产阶级和上层阶级在政治上相对弱小。这意味着，他们对国家的运行没有多少影响力，他们对国家的命运无动于衷（disaffected）。

其二，1959年推翻巴蒂斯塔政权的革命运动，是由一个规模庞大的联盟发动的。这一联盟极大地利用了农民的力量，也吸纳了中产阶级、工人阶级，甚至部分上层阶级。实际上，几乎整个古巴社会都反对巴蒂斯塔政权，希望它被推翻。第三个因素将说明这种情况的原因。

其三，最重要的是，古巴拥有一个特殊类型的政府，这个政府曾被称为"世袭执政官政权"（patrimonial praetorian regime）、"新世袭政权"（neopatrimonial regime），或者用威克汉姆-克罗利的说法，叫"黑手党政权"（mafiacracy）。在这种类型的政权中，一个高度腐败的统治者把国家变成了他自己的私人财产；他对军队进行个人化的控制，压迫各个政党，并且以极为个人化的方式分配奖励和宠幸（以及惩罚）。简言之，统治者以独断的方式控制整个国家和社会，并将它们玩弄于自己的股掌之上（bends them to his own personal whims）。威克汉姆-克罗利认为，恰恰是这种类型的政权最容易被推翻，因为那个独夫最终会遭到几乎所有社会群体的疏远。这就是使一个广泛的革命联盟成为可能的原因——这个联盟包括那些因成为反对派而获得巨大利益的人们。

看起来，对尼加拉瓜社会和国家的描述，与对古巴的描述惊人地相似。尼加拉瓜政府受制于一个独裁者（Somoza，索摩查），他深陷于腐败之中，对军队进行个人化的控制，并以暴力袭击其政治对手。简言之，尼加拉瓜也有一个新世袭政权或黑手党政权。与古巴一样，这个政府也是被一个大规模的政治联盟推翻的。

考虑到其罕见性，第三世界里革命的成功显然并不容易。不过，在那些没有新世袭政权的拉丁美洲国 ₂₆₀ 家里进行的运动，也使人极为忧惧。这些运动有时非常接近革命，至少是当它们在军事上强大并赢得农民的支持的时候。那些未能吸引农民的、军事上也不够强大的游击运动，什么事也干不成。但是它们传达的信息异常清晰：只要国家还享有社会的足够支持，只要它在大规模的革命联盟面前还不是那么脆弱，它就不会成为社会革命的牺牲品。

推荐阅读

Anderson, Perry. *Lineages of the Absolutist State*. London：New Left Books，1974. 该书是一次著名的马克思主义理论尝试，它试图解释15世纪晚期以来绝对王权在欧洲的兴起。

Carnoy, Martin. *The State and Political Theory*. Princeton，N. J.：Princeton University Press，1984. 该书对现代国家理论的综述无与伦比，它对经典的和当代的马克思主义理论给予了特别的强调。

Domhoff，G. William. *The Power Elite and the State*：*How Policy Is Made in America*. Hawthorne，N. Y.：Aldine de Gruyter，1990. 针对现代美国社会权力核心的问题，该书对诸多理论之间的争论主线进行了有益的评价。在探讨美国的权力结构方面，该书的作者是一个杰出人物。

Evans，Peter B.，Dietrich Rueschemeyer，and Theda Skocpol（eds.）. *Bringing the State Back In*. New York：Cambridge University Press，1985. 该书是一本精致的论文集，其中的论文呼吁，对于作为独立社会力量的政府给予更多的关注，而不是仅仅把它看做资产阶级的代理人。

Giddens，Anthony. *The Nation-State and Violence*. Berkeley：University of California Press，1985. 该书是一部重要著作，它研究了国家，也研究了国家的长期历史发展。

Goldstone，Jack A. *Revolution and Rebellion in the Early Modern World*. Berkeley：University of California Press，1991. 该书是一部杰作，获得了一个令人觊觎的奖项，提出了关于农业帝国和过去数个世纪的早期现代社会里的国家崩溃的概括性理论。

Lapidus，Gail W.（ed.）. *The New Russia*：*Troubled Transformation*. Boulder，Colo.：Westview Press，1995. 该书由多篇富有洞见的文章组成，它们讨论了从苏联到俄罗斯的转型过程。

Mann，Michael. *The Sources of Social Power*. Volume 1：*A History of Power from the Beginning to A. D. 1760*. Cambridge：Cambridge University Press，1986. 这是一本被广泛阅读的名著，它用数个章节讨论了现代国家的发展，基本上采用的是韦伯主义视角。

Rueschemeyer，Dietrich，Evelyne Huber Stephens，and John D. Stephens. *Capitalist Development and Democracy*. Chicago：University of Chicago Press，1992. 很显然，该书准确地讨论了民主制度——在西欧、北美、加勒比和拉丁美洲——的起源和进化。它大大地超越了以前的研究成果。对于研究现代民主政府的学者来说，这是一本必读书。

Skocpol，Theda. *States and Social Revolutions*：*A Comparative Analysis of France，Russia，and China*. New York：Cambridge University Press，1979. 该书是迄今为止对历史上的大革命进行的最佳社会学分析之一。

Szymanski，Albert. *The Capitalist State and the Politics of Class*. Cambridge，Mass.：Winthrop，1978. 针对国家在现代资本主义社会里所扮演的角色，该书用马克思主义视角进行了出色的概括性阐述。

Tilly，Charles. *Coercion，Capital，and European States*，A. D. 990 - 1990. Oxford：Basil Blackwell，1990. 针对欧洲国家在过去 1 000 年里的进化，该书进行了出色的分析，而且文笔上佳。除梯利外，再没有人更有资格处理这一庞大课题。

Wickham-Crowley，Timothy P. *Guerrillas and Revolution in Latin America*. Princton，N. J.：Princeton University Press，1992. 这是一部杰作，该书讨论了 20 世纪后半叶发生于拉丁美洲的革命及其性质和原因。

种族和民族分层的比较类型

261　　长期以来，种族和民族群体的概念是社会学家和其他社会科学家术语库的重要组成部分。这是因为，至少在过去的数百年里，种族和民族一直是构建各种分层体系的最基本因素。本章将讨论各种形式的分层的社会生活——围绕着种族和民族分野而建立起来的社会生活。本章的讨论所关注的是，这些体系是如何起源的，经历了什么样转型。我们还将特别关注这些起源和转型背后的原因。

　　最近，对种族和民族群体之间的关系的研究遇到了一些严重的障碍。旧有的理论视角往往是非历史性的，而且缺乏进行任何比较的基础；大多数理论集中于对当代美国社会的研究。它们特别注意对偏见的研究——某个种族或民族群体成员对另一个群体成员的恶意，而且这些现象在很大程度上被看做特定的人格构造的结果。强大的社会力量，特别是经济力量，不是被排除在考虑之外，就是被看做次等重要的因素。种族和民族对立往往被视作人们不理性的动机或病态的心理需求的结果。他们认为，

262　对这种对立的"治疗"，就是除去这些不健康的动机和需求。这种类型的理论视角注定要走进一个智识的死结，事实也确实如此。

　　20世纪60年代后期，很多社会科学家开始认识到旧有的理论视角的缺陷。很多人不再谈论"偏见人格"，而开始谈论更强大的社会和经济力量，这些力量造成了种族和民族的分隔和不平等，并且是造成偏见的最初原因。此外，对奴隶制的研究兴趣——不论是对美国南部的还是对其他地方的奴隶制的研究兴趣——被极大地复兴了。渐渐地，很多社会科学家将注意力转移至更具历史性和比较性的视角，在这样的视角下，种族和民族分层仅仅是更广泛的分层性社会生活的一个特例（van den

Berghe，1967）。目前学者们把很多注意力放在下述问题上：那些在群体之间制造对立的经济力量是怎样导致种族和民族分层的？这些力量又是怎样保持或摧毁特定的种族和民族分层的？与旧有的理论视角相比，这些更晚近的理论视角已经提出了更为深刻的见解。

种族和民族的概念

　　很多年以来，对社会科学家来说，种族概念是一个难于定义的概念。长期以来，生物人类学家一直以严格的生物学标准来处理这一概念。种族被视为不同的人类群体，这些群体具有不同的遗传特性。人们提出了区分种族中各种各样的"种系"或"亚种系"的建议。但是这些人类学家彼此不能就下列问题达成共识：应该认定多少数量的种系或亚种系？他们不能达成共识的问题还有：怎样区分不同的种系或亚种系（van den Berghe，1967）？一段时间以后，人们认识到，从来就没有所谓的特定种族或"纯正的"种族；种族差异跨越了一个几乎是无限度的等级范围和变化范围。因为这些问题，最近生物人类学家把"种族"术语限定于指代一个"生育群体"——这个群体分享着共同的遗传基因库，且其内部婚配的比率很高。由于生育群体经常以复杂的形式相互交叉，遗传性状群构成了连续不断的差异谱（continuous series of small gradations），而不是确定的、边界清晰的组群。

　　不过，种族群体并不仅仅是生理上相互区别的人的类型。它们还表示重要的社会类型：这一群人认同自己与其他群体的差别，其他人也认可这种差

别。它们还被看做占据一个特定地理区域的群体。美国和巴西两国大相径庭的种族分类体系完美地体现了这一点。历史上，美国仅仅承认两个种族群体（白人和黑人），并依据被马文·哈里斯（Marvin Harris，1964）称为"血统低就"（hypo-descent）的规则将人们划入不同的群体。根据这一规则，一个人只要有一丝黑人血统，不管相距多么远，都被分类为黑人。美国并不承认任何中间类型的种族身份。与此相反，在种族身份的划分上，巴西从来没有实行过这样严格的血统规则。在巴西，正像哈里斯（Harris，1964：57-58）所指出的那样：

263

> 根据实际出现的头发颜色、头发形状、眼睛颜色和皮肤颜色，超过一打的种族类型获得了认定。这些类型就像光谱一样相互重叠，没有一个类型与其他类型之间有明显的界线。

> 人们还发现，一个特定的巴西人所在的社区的其他成员，可以用多达13种叫法来称呼这个巴西人。从政治的意义上说，这些叫法涵盖了理论上的全部种族类型谱带。缺乏血统规范的进一步的结果是：显然，巴西人不仅不同意对特定的个人进行种族认定，而且似乎也不认可那些种族术语的抽象意义，而这些抽象意义是以词语和短语界定出来的。

哈里斯还注意到，巴西的体系使得人们有可能在其一生中改变其种族身份。这种改变可以通过经济上的成功来实现，也可以通过接受高等教育来实现。巴西人有一种说法："金钱使你的皮肤变白。"它的意思是，一个人获得的财富越多，他或她所归属的种族类型就越接近白人（lighter）。

社会学家的种族概念是一种社会定义，而人类学家把种族概念界定为生物学类型。将上述两者结合起来，我们基本上可以得到下述定义：种族是一个人类群体或人类类型，这群人或这类人认为自己拥有独特性——其他人也认可这一点，这种独特性具有社会意义，并且以生理学或生物学标准为基础。

与种族术语不同，"民族群体"被用来指代一个社会群体或社会类型，它们的独特性建立在文化的基础之上，而不是建立在生物学的基础之上。在现实中，种族群体和民族群体经常是重叠的：一个独特性建立在生物学标准上的群体，同时具有文化上的独特性。虽然在现实中相互交织，但是种族和民族还是相互区别的概念。本章对这些术语的使用就反映了这种区分。

两种类型的种族和民族关系

皮埃尔·凡·登·伯格（Pierre van den Berghe，1967）提出了一种有效的分类学，将种族和民族分层分成了两种基本形式（见表13—1）。这一分类学的最有效之处是，它把一个社会里特定形式的种族/民族分层与其物质性的基础设施和广阔的社会结构因素联系起来。此外，正像凡·登·伯格曾经强调的那样，这一分类学使得对这些社会——那些依据种族和民族标准进行分层的社会——的系统性比较研究成为可能。它使得对种族/民族分层模式的历史进化考察成为可能，也使得对引导这些进化性改变的力量进行考察成为可能。因此，这一分类学将成为本章余下的大部分内容的概念基础。

264

表13—1　　　　凡·登·伯格的种族关系类型——家长制的和竞争性的

	家长制的	竞争性的
决定种族关系类型的因素		
经济	制造业、农业、牧业、手工业、商业资本主义、种植园经济。	制造业最典型，但并不必然是。大型的工业资本主义。
劳动分工	简单的（"原始的"）或中等程度的劳动分工（如在大型的前工业社会里）。根据种族进行劳动分工。种族群体之间存在巨大收入差距。	劳动分工复杂（制造业），依据"理性化"的普遍标准进行划分。收入差距小，不再严格以种族划分差距。
流动性	垂直流动和水平流动等都很少（奴隶、仆人和农奴被"束缚"在其社会地位上）。	垂直流动和水平流动都很多（工业经济的要求）。
社会分层	根据水平的肤色藩篱建立种姓制度。贵族种姓与仆从种姓之间在生活水平上有巨大差距（体现在收入、教育、出生率和死亡率上）。存在同质化的（Homogeneous）高等种姓。	存在种姓制度，但肤色藩篱有向垂直方向倾斜的趋势。种姓内部分化为复杂的阶级分层。种姓之间的差距缩小，而种姓内部的差距扩大。

	家长制的	竞争性的
数量比值	少数群体占有主导地位。	多数群体占有主导地位。
价值冲突	统一的价值体系。不存在意识形态冲突。	存在价值冲突，至少"基督教"、"民主"和"自由"类型的社会里存在。
种族状况因素的各个方面		
种族关系	包容。每个人都"各就其位"，并且"知道自己的位置"。父权主义。开明专制。	对立。怀疑、仇恨。竞争（真实的或想象的）。
角色和社会地位	角色被准确地界定，社会地位是先赋的（由出身决定）。地位不平等未受到威胁。	角色界定模糊，社会地位是自致的。地位不平等受到威胁。
礼仪	繁复的、明确的。	简单且不明确。
敌意的类型	基本上来自低等种姓：奴隶翻盘；民族主义的、复兴主义的或弥赛亚式的运动。并非直接来源于种族主义。	既来自高等种姓，也来自低等种姓。更加频繁并直接来自种族主义的有骚乱、私刑、集体屠杀，还有消极抵抗、怠工、有组织的集体抗议。
媾和（混血）	高等种姓男性和低等种姓女性之间的媾和得到宽容，并频繁出现。非婚同居制度化。	受到严厉的谴责，很少见。
隔离	隔离很少。地位差异允许不平等的接触。	隔离广泛存在。社会地位差距缩小，空间距离增大。
心理征象	内化了的顺从地位。不存在对偏见进行人格化的"需求"。伪宽容。	存在把偏见与性、施虐狂和挫折联系在一起的"需求"。存在"找替罪羊"的机制。
对低等种姓的刻板印象	孩子气的、不成熟的、有活力的、不受拘束的、懒惰的、冲动的、爱玩的、幽默的。低下，但可爱。	攻击性的、傲慢的、无礼的、淫荡的、肮脏的。低级、卑鄙、危险。
偏见的强度	持续存在。	易变，对于诱发偏见的各种情境很敏感。

资料来源：Pierre L. van den Berghe, *Race and Racism：A Comparative Perspective*. New York：Wiley, 1967, pp. 31 - 32。做了微小的修订。

凡·登·伯格在家长制的种族关系和竞争性的种族关系之间进行了区分。家长制的种族关系是复杂的前工业社会所特有的，它建立在大规模的农业生产的基础之上，特别是种植园农业的基础之上。建立在家长制种族关系基础之上的最著名的社会，是奴隶制废除之前（preabolition）的巴西、美国南部和南非。在家长制体系之下，社会被僵硬地分化为数个种族阶层，这些阶层具有"像种姓制一样的"（castelike）性质，很多社会科学家也确实把这些相互区别的群体称为"种姓"。在社会地位、财富、职业、教育、健康和一般生活方式方面，这些种姓之间存在着鸿沟。种族性的种姓（racial castes）之间不允许流动。种族变成了决定劳动分工的主要标准。存在一种关于种族高下的高度发达的意识形态。支配性的群体认为自己天生比被支配的群体优越，或者因为生物学的原因，或者因为文化的原因，或者两者都有。被支配群体的成员被认为是孩子气的、不成熟的、不负责任的、爱玩的、听天由命的，总之是天生低下的，但在"守本分"（in their place）的时候还是可爱的。因此，可以依据一个严格的主仆模型来理解这一体系。高等级的群体（占有大量

265

土地、劳动力以及其他自然资源）支配着经济，而这种经济支配使其能够控制政治和法律体系。因此，正像凡·登·伯格急切地指出的那样，家长制的种族关系是一个少数人剥削和压迫多数人的极端例子。与此主仆体系相适应的是一种社会生活模式，其标志是物理距离较小（亦即很少有生理性隔离），但社会距离较大。一种复杂的社会礼仪体系规定着支配群体与被支配群体之间的互动。被支配群体成员的结构地位极其低下（highly structured inferiors），他们可能被允许与支配群体的成员进行密切的生理接触，但这并不会威胁支配群体成员的社会地位。

在很多方面，竞争性的种族关系与家长制的种族关系恰好相反。它是下述社会所特有的：具有复杂的劳动分工以及建立在制造业基础上的生产体系。占主导地位的种族群体可能是数量上的多数（numerical majority），也可能是实质上的少数（substantial minority）。当代美国、南非和英国是体现竞争性种族关系的主要社会。在这种种族分层体系中，与建立在种族种姓区分基础上的差异相比，阶级差异变得更为重要，而种族已经不再是征召职位担任者的主要标准。其政治体系往往是凡·登·伯

格所说的"种族优越论"(Herrenvolk)式的民主，也就是说，议会民主的范围受到限制，它仅仅适用于占主导地位的种族群体。主仆模式崩溃了，被下列两个群体之间的激烈竞争取代：被支配的种族群体，支配群体中的工人阶级。生理性隔离变得更普遍，以维持支配群体的特权地位。支配群体对被支配群体的印象发生了改变，从不负责任的、孩子气但可爱的弱势形象，变成了攻击性的、傲慢的、稀缺资源的不诚实竞争者，以及现存秩序的挑战者。居高临下的、善意的家长制种族关系特征消失了，代之以敌意和赤裸裸的仇恨，这些敌意和仇恨从支配群体的很多成员指向被支配群体。支配群体和被支配群体之间的冲突经常发生，其形式有私刑、种族骚乱和政治反对派的群众运动。竞争性的种族关系的最明显特征是，支配群体的很多成员陷入与被支配群体的成员公开的求职竞争之中（"竞争性的"这一说法由此而来）。这与家长制种族关系中的情况形成了鲜明的对比。在家长制种族关系中，两个群体被僵化地分隔于职业结构之中，一个群体结构性地比另一个群体低下，而支配群体通过善意的专制来对待另一个群体（"家长制"这一说法由此而来）。

新世界所有的种植园奴隶制体系都是与现代资本主义相伴而生的。从某种程度上说，这些体系都体现了家长制种族关系的特点。此外，随着奴隶制的废除和工业化的发展，有些家长制种族关系进化为竞争性的种族关系。

新世界的种植园奴隶制度

资本主义世界经济和新世界奴隶制的起源

奴隶制是一种劳动的组织和控制形式，在这种制度下，一些人的生命以资产的形式被他人占有，他们被迫为拥有他们的人工作，并且通常被剥夺了全部或大多数政治自由和权利。历史上，奴隶制以各种方式存在于很多社会里。例如，它是古希腊和古罗马主要的劳动组织形式。不过，那里的奴隶制与种族没有关系。与上述情况不同，我们这里所考虑的奴隶制类型与种族密切相关，因为几乎所有的奴隶都是来自非洲的黑人。我们可以把这种奴隶制称为种植园奴隶制，因为奴隶们在大型的种植园里工作，为世界市场生产"经济作物"(cash crops)。

种植园奴隶制体系与资本主义世界经济的早期发展相伴而生，这并非偶然。正如伊曼努尔·沃勒斯坦（Immanuel Wallerstein, 1974a：88）所指出的那样，奴隶制"显然是一种资本主义的制度，它适应资本主义经济前工业化阶段的发展"。新世界的奴隶制提供了一种基本的劳动组织形式，它可以为世界市场生产赚钱的产品。奴隶制从一开始就是一种经济制度。虽然它也是一种社会的和政治的制度——主人和奴隶的全部生活方式，但是，最初它的出现主要是由于经济的原因。不过，为什么奴隶制对早期资本主义经济的一些特定部门会如此重要？为什么不是其他的劳动体系，如农奴制或雇佣劳动？沃勒斯坦（Wallerstein, 1974a）认为，在大型种植园农业条件下——这样的种植园为一个广阔的市场生产主要的经济作物——奴隶制是一种高度赢利的劳动控制体系。因此，对早期资本主义企业家来说，奴隶制是对劳动形式的一种理性选择——为了利润，这些企业家在遥远的土地上进行大规模的农业生产。

几种主要的种植园奴隶制在新世界的许多地方发展起来。目前的估计是，通过大西洋奴隶贸易，大约有 9 500 万非洲人被作为奴隶输送到新世界(Fogel and Engerman, 1974)。奴隶贸易的最大客户是巴西，它接收了全部黑奴数量的 38%。英属加勒比、法属加勒比和西班牙属美洲地区各自接收了 17%，美国和荷属、丹麦属、瑞典属的加勒比地区各自接收了 6% (Fogel and Engerman, 1974)。

很多欧洲国家参与了奴隶贸易，也参与了新世界种植园社会的建设。葡萄牙把巴西建成了一个重要的奴隶社会。西班牙在墨西哥和南美的各个地区建立了奴隶制，一段时间以后，又于 19 世纪在古巴建立了一个本质上是奴隶制的社会。在它们独立之前，英国一直占有英属西印度群岛，当然还占有美国的各个殖民地。法国占有法属西印度群岛，包括圣多明各岛（St. Domingue, 今天的海地）和马提尼克岛（Martinique）。甚至荷兰和丹麦也参与进来，荷兰在荷属圭亚那（目前的苏里南）建立了一个小型的奴隶社会，丹麦人则在圣克鲁瓦（St. Croix）建立了另一个小型奴隶社会。

当时，新世界的奴隶体系所生产的最大宗的经济作物是蔗糖——为了给咖啡加糖，欧洲人大量地需要这种东西。巴西、英属和法属的西印度群岛以及古巴是最大的蔗糖生产者。种植园奴隶制还为市场生产其他的一些产品，其中包括咖啡、可可、靛蓝、棕榈和稻米（Fogel and Engerman，1974）。当然，美国的奴隶制生产的主要产品是棉花，不过，直到19世纪初这一产品才变得重要起来。

还必须提到的是，并不是所有的奴隶都在农业种植园中工作；他们还从事家仆工作，有很多人从事开矿工作，特别是在西班牙属美洲和巴西。

美国南部的奴隶制

虽然奴隶制起源于17世纪末的美国南部，但直到19世纪初，美国南部才崛起为主要的奴隶社会。在此之后，其主要产品当然是棉花，大多数棉花被出口到英国，以供其兴盛的纺织工业之用。到18世纪中叶，奴隶制已经从最初的马里兰和弗吉尼亚扩展到了遥远南方的大部分地区，其传播远至西部的得克萨斯州。

在美国的奴隶制中，黑人永远在数量上占少数。1650年，在南方的殖民地中，他们仅占全部人口的3%；到1770年，他们的比重上升至40%（Fogel and Engerman，1974）。这一数字与其他种植园体系中——那里的黑人常常在数量上占有明显优势——普遍的数据形成了鲜明的对比。此外，与主要的甘蔗种植社会相比，美国种植园的规模非常小。19世纪末，弗吉尼亚和马里兰的平均奴隶保有量少于13人（Fogel and Engerman，1974）。在南北战争期间，只有最大的农场主有拥有100～200个奴隶的种植园，大多数种植园只有30个奴隶，或者更少。考虑到西印度群岛和巴西拥有多达500个奴隶的种植园，这个数字显得太小了。

美国南部奴隶体系由一个富裕的、有权的农场主阶级主导，这种奴隶制所包含的奴隶主仅仅是全部奴隶主的一小部分。农场主通过对土地和人员的占有来控制经济，主导政治制度，并创立了为其自身利益服务的南方奴隶制法律。很多历史学家认为，大农场主们本质上是贵族阶级，其意识形态与资本主义企业家精于算计的观点相对立（Genovese，1965，1969）。不过，在其对南方奴隶制经济的著名研究《十字架上的时间》中，罗伯特·福格尔和斯坦利·伊戈尔曼（Robert Fogel and Stanley Engerman，1974）富有说服力地展示了，农场主是"精明的资本主义商人"，他们具有高度理性的和算计性的眼光。实际上，考虑到他们置身于其中的广大经济体系，他们又怎么可能是其他模样？由于他们是在为世界市场而生产，因此，如果他们在对赢利和亏

损问题视而不见的情况下仍能生存，那将是不可思议的。

在美国南部，主人和奴隶之间的关系受制于一种无所不在的社会结构和家长制意识形态。种植园在很大程度上是一个自足的世界，在那里，主人和奴隶之间的接触密切而频繁。种族之间的社会互动受到高度发达的礼仪体系的约束。人们期望奴隶对其主人保持谦卑——通过恭敬的称谓以及体现其低下的自身地位的体态和言语，而主人则以名字来称呼他们的奴隶。虽然男黑人和女白人之间的性行为受到严厉的谴责，但是白人奴隶主经常与其女性黑人奴隶发生性关系。年轻的白人男孩的第一次性经验往往是从奴隶女孩身上得到的，主人以几个女奴隶为妾也是常见的做法。在意识形态领域，针对黑人的低劣性，白人有一套复杂的先入为主的观念。通常，黑人被认为是不负责任的长大了的孩子。主人对待奴隶的方式很严厉但充满爱意，就像父亲对待孩子一样（van den Berghe，1967）。

巴西的奴隶制

在新世界所有的种植园体系中，最大和最重要的体系是由葡萄牙人在巴西建立起来的。大约在16世纪中叶，第一批奴隶被葡萄牙人从非洲引入巴西；到17世纪的时候，一个发展良好的奴隶体系就已经在运行之中了。大多数巴西奴隶在甘蔗、咖啡、棉花和可可种植园里工作。17世纪的奴隶制为甘蔗种植业所主导。经营一个成功的甘蔗种植园，至少需要80名奴隶，有些种植园甚至雇用数百名奴隶（van den Berghe，1967）。当蔗糖的重要性下降时，巴西转向了大规模的咖啡种植园，在18和19世纪，咖啡是占支配地位的经济作物。

巴西严重依赖大西洋的奴隶贸易；前文提到，它接收了输入新世界的全部奴隶数量的38%。巴西的奴隶制建立在大规模运作的基础上，贯穿巴西的整个奴隶制时代，黑奴的数量都超过白人。1789年，在全部的2 300万人口中，有1 500万人是非洲奴隶。1872年，白人也仅占全部人口的38%（van den Berghe，1967）。与美国南部相反，巴西的奴隶劳动力并不是自我繁殖的。由于持续不断的奴隶输入，人们并不注意女奴隶的生育能力，她们生的孩子很少。奴隶们被迫劳动到极限，如果他们死了，就会被新来者替代。

巴西的奴隶制度是高度家长制的，与美国南部的奴隶社会惊人地相似。凡·登·伯格详细地描述

了巴西的种植园生活（van den Berghe，1967：65-66）。

显然，法真达（fazenda，甘蔗种植园）是家长制种族关系的经典事例。它是一个自足的小社会，有自己的食物供应、修理厂、小教堂、驻地牧师、医院和学校……

从居住形式上说，大房子（casa grande）里住的是主人的家人和内仆，它控制着附近的奴隶居所（senzala）——那里住着农业劳动力和手艺人。主人和奴隶的关系是密切的，也就是说，不论是空间上还是感情上都很靠近，尽管他们的社会距离很远。白人孩子由黑人奶妈（amas）抚养，以一个年龄、性别与其一样的奴隶为玩伴。当白人男孩长到性成熟的时候，他会与父亲的某个女奴发生密切的性关系，并且在其性活跃的年纪里，继续保持与女奴的乱交关系。对白人男性来说，与女奴的跨种族非婚同居关系是完全可以接受的。而且，根据这种双重性道德，婚姻并不是保留这种奴隶媵妾的障碍。甚至天主教教士们也大量地与有色人种的女人发生混血生育行为。

以种族为标准进行的劳动分工，其界限异常清晰。葡萄牙贵族是优秀的休闲家，他们几乎仅仅参与战争和做爱……

主人和奴隶之间的社会距离由严谨的支配—服从礼仪来维持。限制性规则、服装样式，以及象征性的体态规范着地位差异巨大的人们之间的社会交往，但这些人相互之间进行着持续而密切的接触。例如，在去往公共场所的时候，主人被人用轿子抬着，被一批奴隶随从簇拥着，而这些奴隶必须组成训练有素的队形。

在奴隶制时期，针对黑人形成了很多刻板印象，它们至今还是巴西民间传说的一部分。非洲裔巴西人被认为是淫荡的、生理上很诱人的、听天由命的、长大了的孩子。

只要对一些地方进行微小的行文改动，凡·登·伯格对巴西家长奴隶制的描述，就可以用来描述美国南部的种植园生活。

西印度群岛和古巴的奴隶制

英属西印度群岛是加勒比海上的几个小岛，最著名的就是巴巴多斯和牙买加。在17和18世纪，这些岛屿深陷于种植园奴隶制之中，甘蔗是当时最大宗的经济作物。17世纪中叶以后，越来越多的奴隶被输入，甘蔗种植园迅速建立起来。到19世纪，英属西印度群岛已经完全依赖于甘蔗生产了（Foner，1975）。其经济和政治被一个人数很少的农场主阶级控制着，其中最重要的部分由不在场地主（absentee owner）构成。这些地主依靠高额利润在英国过着奢侈的生活，把种植园留给工头管理（Foner，1975）。依据菲利普·弗纳（Philip Foner，1975）的描述，西印度群岛的奴隶制特别严厉和残忍。

法属西印度群岛包括瓜德罗普岛（Guadeloupe）和马提尼克岛以及最重要的圣多明各岛。在18世纪，圣多明各岛的甘蔗种植园利润甚丰。与其他地方的甘蔗种植园类似，法属西印度群岛的甘蔗种植园规模十分庞大。因此，黑奴的数量远远多于白人。1790年，圣多明各岛的白人居民有3.2万人，自由民有2.4万人，奴隶有4.8万人（Foner，1975）。法国的农场主阶级与英国的一样，主要由不在场地主构成。法属西印度群岛的奴隶制也是极度残忍的。

丹麦属西印度群岛主要是小岛圣克鲁瓦。甘蔗种植园的不在场地主主要是丹麦人。荷属西印度群岛主要是南美北部海岸上的苏里南国（荷属圭亚那）。与大多数西印度群岛的农场主类似，荷兰人也是不在场地主。苏里南有大型的甘蔗、咖啡、棉花和木材种植园，在这些种植园里，黑奴的数量远远超过白人。在残忍地对待奴隶上，荷兰人臭名昭著。

在西班牙的管理下，19世纪的古巴变成了一个主要的甘蔗生产园，那时，圣多明各岛因为一次成功的奴隶起义而崩溃。在弗纳的描述中，19世纪古巴的奴隶制极为残忍，奴隶主对奴隶敲骨吸髓。他还进一步注意到，随着甘蔗生产的加强，奴隶制的残忍程度相应地提高了。

西印度群岛不同的奴隶制度有一些共同的特征。在所有地方，甘蔗生产都是经济的核心要素。所有的地方都由农场主主导，其成员主要是不在场地主。所有地方的制度都格外残忍。在这种情况下，美国南部和巴西所特有的家长制毫无疑问无法在这里得到全面的发展（Genovese，1969）。

奴隶制与资本主义世界经济

在检视新世界的种植园奴隶体系的时候，我们可以采用两种不同的但同样重要的视角。你可以观察其内在动力、其奴隶主阶级和奴隶阶级的性质，以及两个阶级之间的关系；也可以深入考察这一体系是如何运作的，以及对于那些生活于其中的人们和群体来说，其后果是什么。当然，你还可以从一个更广阔的视角来检视奴隶社会，即从它参与资本主义世界经济的视角。从这些视角来看，我们就有可能对下述力量有一个更清晰的概念：这个力量制造、维持并最终摧毁了新世界的奴隶社会。迄今为止，我们一直从两个角度来看待奴隶制，但是，我们对各个奴隶社会与资本主义世界经济之间的关系则着墨不多。

对奴隶制特别是英属西印度群岛的奴隶制在英国资本主义发展中所扮演的角色的一项深刻研究，是埃里克·威廉姆斯（Eric Williams, 1966; org. 1944）在其著作《资本主义和奴隶制》中做出的。威廉姆斯的主要观点是，奴隶制在创造利润方面扮演了至关重要的角色，正是这些利润导致英国资本主义极度扩张；它还在财政上支持了工业革命。

威廉姆斯特别强调了三角贸易（triangular trade）在英国资本主义发展中扮演的角色。三角贸易连接了非洲、英属西印度群岛和英国，三者共同构成了一个在经济上相互依赖的庞大网络。从英国起航的船只运载了制成品货物；这些货物在非洲换得黑奴，并获得一定的利润；然后，非洲黑奴在种植园里生产农产品，这些产品被运回英国又可以带来一笔利润。

三角贸易刺激了许多行业，造船是其中较为著名的一个。为了进行奴隶贸易，特殊类型的船舶被制造出来。造船工业造就了英国的海港城市，如布里斯托尔、利物浦和格拉斯哥。羊毛和棉花产品的生产也获得了极大的提升，因为这些物品在交换奴隶中相当重要。其他随着三角贸易成长起来的行业还有蔗糖加工，而布里斯托尔和格拉斯哥等城市的繁荣，很大程度上也是建立在其制糖工业之上的。因为蔗糖生产可以产生一种副产品，即朗姆酒，因而朗姆酒酿造也成为一种重要的工业。冶金工业也得到了扩张：为了锁住黑奴，链子和链锁被制造出来，枪炮被运到非洲换取奴隶；炼糖炉、滚轴、熟铁和钉子被生产出来，卖给种植园。银行业受到了直接的刺激，因为造船家和奴隶贩子在建立银行方面举足轻重。保险公司也起源于这一时期，因为奴隶贩子感到需要为其人力货物购买保险，以对抗损失。

因此，18 世纪英属西印度群岛的种植园在英帝

国的经济中发挥了至关重要的作用。它们是一个巨大的经济网络的关键环节，而这一网络导致了英国资本主义的极大扩张。不过，美国革命之后，西印度群岛的作用减弱了，而美国的作用却迅速加强。19 世纪上半叶，美国的奴隶制在英国资本主义的发展方面发挥了主要作用。在这一段时间，英国最庞大的行业当然是纺织业，而英国对原棉的需求急剧增加。到 19 世纪中期，美国为其提供了大部分棉花："1786 年至 1790 年，美国为英国提供了不到百分之一的棉花；1826 年至 1830 年，是四分之三；1846 年至 1850 年，是五分之四。"（Williams, 1966: 128）因此，对于 19 世纪美国南部的奴隶制棉花王国的巨大扩张，英国负有重大责任。

显然，种植园奴隶制密切地参与了西方资本主义发展的整个过程。16 世纪到 18 世纪之间，新世界繁荣起来的很多奴隶制政权都与资本主义的经济利益有着不可分割的关系。当然，种植园奴隶制在新世界仅仅存在了大约 3 个世纪。它是在何时何地结束的？更重要的是，它为什么会被废除？

奴隶制和奴隶贸易的废除

英国和美国于 1807 年放弃了它们在奴隶贸易中的角色，虽然在此之后仍有很多非法奴隶贸易继续进行，但大西洋的奴隶贸易在 1867 年就完全停止了（Blackburn, 1988; Fogel, 1989）。在奴隶贸易正式结束二十多年后，奴隶制才得以废除（见表 13—2）。1838 年，英国在其全部殖民地废除了奴隶制，美国于 1865 年废除了奴隶制，而古巴于 1886 年废除除奴隶制。最后一个终止奴隶制的社会是巴西，它于 1888 年废除了奴隶制。

这些事件背后的驱动力量是什么？对于英国废除奴隶贸易，伊曼努尔·沃勒斯坦（Immanuel Wallerstein, 1979a）提出了两个原因。首先，19 世纪初，英国开始在非洲进行殖民入侵，以便把它当作一个生产农作物的地区。对英国来说，让非洲人在自己的祖国充当殖民工人，比让他们成为遥远地方的奴隶价值更高。其次，沃勒斯坦声称，英国人企图阻止其竞争对手，特别是法国人获得奴隶。戴尔·托米什（Dale Tomich, 1990: 54）曾经对第二点进行了重申。他认为，法国商人和承运人"把英国立即废除奴隶贸易的需求看做一种战略，即通过剥夺殖民地不可或缺的劳动力供应，一劳永逸地摧毁殖民地的复兴"。

年份	决定
1804	海地废除奴隶制。
1807	英国和美国禁止继续参与国际奴隶贸易。
1813	阿根廷开始逐步解放奴隶。
1814	哥伦比亚开始逐步解放奴隶。
1823	智利废除奴隶制。
1824	中美洲废除奴隶制。
1829	墨西哥废除奴隶制。
1831	玻利维亚废除奴隶制。
1838	全部英国殖民地废除奴隶制。
1842	乌拉圭废除奴隶制。
1848	法国和丹麦的全部殖民地废除奴隶制。
1851	厄瓜多尔废除奴隶制。
1854	秘鲁和委内瑞拉废除奴隶制。
1863	全部荷兰殖民地废除奴隶制。
1865	美国废除奴隶制。
1873	波多黎各废除奴隶制。
1886	古巴废除奴隶制。
1888	巴西废除奴隶制。

资料来源：Robert William Fogel, *Without Consent or Contract*：*The Rise and Fall of American Slavery*. New York：Norton, 1989, pp. 206 - 207, Table 6。

对于奴隶制的废除这件事，历代学者都曾提醒人们注意人道主义情感在其中所发挥的作用。他们认为，这种情感在终止奴隶制方面发挥了关键作用。正如罗伯特·威廉姆·福格尔（Robert William Fogel，1989）曾经展示的那样，出于道德考虑，英国的、美国的和其他地方的很多团体从18世纪中叶开始就呼吁终止奴隶制。对很多团体来说，奴隶制的道德对立面是宗教。不过，说反对奴隶制的道德斗争和人道主义斗争本身有很大的作为，似乎不太可能。可能的情况是，因为这些团体的呼吁恰好与重大的政治和经济利益重叠了，所以这些呼吁才受到了重视（Fogel，1989）。而且，在有些情况下，反对奴隶制的人道主义主张，不过是掩盖其背后的经济动机的幌子。埃里克·威廉姆斯（Eric Williams，1966）认为，在英属西印度群岛，情况基本上就是这样的。例如，威廉姆斯注意到，虽然很多废奴主义者谴责西印度群岛的奴隶制，但他们却容忍了（实际上是鼓励了）巴西、古巴和美国的奴隶制。威廉姆斯认为，情况之所以如此，是因为对英国来说，西印度群岛的种植园已经成了一种经济负担；与此

同时，继续长久地维持巴西、古巴和美国的奴隶制，却与英国的重大经济利益相符。威廉姆斯（Williams，1966：190 - 191）进一步解释说：

> 废奴主义者抵制来自西印度群岛的奴隶生产的产品，这些产品沾满了黑人的鲜血。但是，英国资本主义却依赖美国奴隶生产的棉花，这些棉花同样与奴隶制有关，同样沾满了鲜血。西印度群岛人可以理直气壮地问："是否只有下述国家的奴隶制应该受到谴责：其成员与不与这些国家做生意，而它在这些国家也没有利益关系（原文如此）？"[①] ……而西印度群岛蔗糖的抵制者却坐在古巴桃花心木制成的椅子里，面对巴西蔷薇木制成的桌子，用着奴隶用乌木制成的墨水台……

> 巴西的蔗糖是必需的吗？资本家们说是，对于保持英国资本主义的运行，它确实是必需的。废奴主义者站在了资本家一边。

显然，在威廉姆斯看来，奴隶制和对奴隶制的抵制都根植于经济考虑之中，其他一些学者沿用了

---

① "原文如此"（sic）几个字是英文作者在引用他人文字时加上的拉丁文短语的中文意思，并非译者所加。这一段话确实令人费解。——译者注

他的思路。巴灵顿·莫尔（Barrington Moore，1966）在尝试解释美国内战和废除奴隶制的时候，曾经强调了经济因素。莫尔的主张是，南方的奴隶制度最终不能与北方工业资本家的经济利益兼容。他声称，在由谁来控制西部边疆土地的问题上，南方的蓄奴者与北方的工业主义者陷入了一场艰苦的争斗，并发动了一场战争来结束这场争斗。当然，北方赢得了战争，这意味着南方奴隶贵族制失败了。戴尔·托米什（Dale Tomich 1990）认为，经济的作用更为核心。在讨论马提尼克的奴隶制殖民地时，托米什注意到，那里的奴隶制在 1848 年就被废除了，因为它在经济上已经失效。如欲使蔗糖制造业赢利更多，就必须废除奴隶制，代之以新的劳动组织模式。伊曼努尔·沃勒斯坦（Immanuel Wallerstein，1979a）也强调了经济的因素，但他是从整个资本主义世界经济的角度予以强调的。沃勒斯坦认为，奴隶制必须被废除，因为对于失去了主要的奴隶产地（非洲）的世界经济来说，奴隶的经济成本太高了。

对废除奴隶制这一事实的最新解释把焦点放在了政治的而不是经济的因素之上（Fogel，1989；Blackburn，1988）。在讨论这一问题的专著《殖民地奴隶制的崩溃：1776—1848》中，罗宾·布兰克伯恩（Robin Blackburn，1988：520）评论说："奴隶制并不是因为经济原因崩溃的，而是因为它在政治上已经不堪一击。"布兰克伯恩的研究显示，奴隶制政权的经济政治实力与废奴运动之间存在着密切的关系。在美国、巴西和古巴，奴隶制最强大，存在的时间也最长。相反，在那些奴隶制政权相对软弱的地区，如南美、英属和法属西印度群岛，奴隶制结束得最早。奴隶制的实力还与殖民主义是否存在有关：在殖民主义被推翻并获得了政治独立的地方，奴隶制很强大；在殖民关系留存的地方（如西印度群岛），奴隶制很脆弱。布兰克伯恩总结说，在那些蓄奴者在政治经济上被边缘化的地区，废奴运动取得了最大的进展。如果这种边缘化恰好碰上了成功的奴隶起义，如果比蓄奴者更有力的团体从废奴运动中获益，情况就更是如此。

虽然强调政治因素重于经济因素，但是，布兰克伯恩的主张与对废奴运动的经济解释实际上相去不远。他接受了其他人的主张：资本主义的进步造成了对奴隶制的反对。他说（Blackburn，1988：520）："就资本主义进步促进废奴运动的程度来说，它是间接性的，因为它引起了阶级斗争，还因为在

工业革命之初诞生的新兴国家有能力这样做。"他（Blackburn，1988：521）对西印度群岛的评论也值得注意："对城市里的统治阶级来说，蓄奴的经济重要性很小，而与加勒比殖民地的贸易已经江河日下。"因此，对布兰克伯恩来说，毫无疑问，经济因素仅仅是隐藏在背后的因素，它只是形成了废奴运动这一政治运动诞生的基础。

最近数十年来，对废除奴隶制历史的研究与对奴隶贸易的研究再度兴起。很多研究正在进行，但是对于废奴运动的根本原因，人们还不能达成共识。为了真正把握这一问题，我们还需要花费一些时间。尽管如此，我还是预测，未来的研究将会显示，在遍布新世界的废奴运动中，经济力量的作用甚大。我认为，未来的研究还将显示，在不同的奴隶制政权中，在不同的历史时期，废奴运动所涉及的经济因素的类型各不相同。例如，莫尔认为，美国的奴隶制之所以终止，很可能是因为它与工业资本家经济利益的进一步发展不相容。但是，对古巴和巴西的奴隶制政权来说，情况就并非如此，因为即使在今天，这些社会也不是工业化的资本主义社会。很难想象，某一种经济原因能够解释各种各样的奴隶制政权的崩溃问题。我认为，未来的研究还将显示，政治动机是重要的，但其重要性仅限于，它与深层经济利益是联系在一起的。

工业资本主义与竞争性种族和民族关系的发展

随着 19 世纪后期奴隶制的最终毁灭，非洲裔人士不再是奴隶了，但在大多数情况下，他们作为一个种族分裂社会里被压迫成员的历史并没有终止。旧的家长制奴隶制分崩离析了，但它很快被种族分层的社会取代，在这个社会里，一种新的种族关系——竞争性种族关系迅速崛起。在这样的社会里，黑人名义上是自由的，但他们必须与那些试图将他们强置于社会秩序之底层的力量作斗争。

竞争性种族关系在美国的发展

针对竞争性种族关系在美国的出现和发展，皮埃尔·凡·登·伯格（Pierre van den Berghe，1967）进行了有价值的探讨。他注意到，奴隶制的灭亡标志着黑白关系的全新时代的开始。黑人男性不再被视为"乐天的、唱歌的奴隶"，而是越来越多地被认

为是"傲慢的"和"蛮横的",不知道"自己的本分",是白人的经济竞争对手,是针对白人女性的强奸犯。

经济上,奴隶制变成租佃制度和劳役偿债制度。很多获得了自由的人发现,他们被困在土地上,只有竭尽全力才能维持生计。种植园主将其土地分成小块,以便个体佃户耕种。食物、种子、工具和其他必需的物品被借贷给自由人,以使他们耕种自己的那份土地。由于种植园主操纵着一切,所以黑人佃户的债务永远都还不完。黑人佃户因而陷入了一个劳役偿债体系,在这个体系中,他们被牢牢地与土地和地主捆绑在一起,跟他们做奴隶时一样。

在19世纪的最后25年,低层白人发现,他们开始越来越多地与数百万自由的黑人进行接触和竞争。白人和黑人"受迫于经济条件而相互对抗,相互冲撞,并在很大范围内为同一份工作而展开竞争"(W. Wilson,1978:56)。黑人对白人日益加重的经济威胁导致了政治上的褫权(disfranchisement),以及复杂的"吉姆·克劳"① 隔离制度的诞生。特别是在南方,隔离制度侵入了社会生活的每一个领域:"下列行为成为违反法律或民德(mores)的侵权行为:白人和黑人结伴旅行、共同进餐、一起排便、一起等待、葬在一起、做爱、玩耍、休闲,甚至相互交谈,除非他们采取刻板的主仆互动方式。"(van den Berghe,1967:89-90)

除了褫权和隔离,另一种旨在消除或缓冲黑人的经济威胁的策略出现了:恐怖行为。三K党(Ku Klux Klan)出现了,他们广泛地对黑人实行威胁、酷刑和谋杀。守望团体(Vigilante group)也形成了,他们也参加恐怖行动,以便使黑人"守住他们的本分"。私刑成了社会生活的一个显著特征,旨在维持白人的优越性。

第一次世界大战前后,北方的工业经济日益扩张,为了寻找工作,黑人开始向北方移民。在那里,黑人与白人为了寻找工作而激烈地竞争。在这段时间,黑人经常被白种商人用作罢工破坏者。快速涌入的黑人在北方城市里造成了住房的短缺,白人与黑人之间也开始为娱乐和休闲设施的使用权展开竞争,如休闲广场和公共海滩。这些事件造成了白人和黑人之间强烈的敌意,并引发了数起种族骚乱,

其中最严重的就是1917年圣路易斯的骚乱和1919年芝加哥的骚乱。威廉·朱利叶斯·威尔逊(William Julius Wilson,1978:76)注意到:"总之,骚乱凸显了跨种族的经济变革的后果,因为所有的严重骚乱都与工业冲突(industrial strife)有直接或间接的关系。"

到20世纪30年代,北方的大城市里都有黑人的集中居住区,黑人贫民窟逐渐得到巩固。大多数北方黑人都集中在这些贫民窟里。根据威尔逊(Wilson,1978)的说法,到第二次世界大战结束的时候,种族关系的另一个时代开始了:黑人的社会和经济命运开始取决于阶级因素,而不是种族因素。

南非的种族和民族分层

针对南非的种族分层的发展,凡·登·伯格(van den Berghe,1967)提供了一个敏锐的分析。目前的南非共和国最初被荷兰人殖民,他们从1652年开始在这里定居。到17世纪末的时候,一种僵化的种族分层体系开始发挥作用。1658年,荷兰人开始进口奴隶。他们着手建立的奴隶制形式,其基础是中等规模的从事各种农业生产的农场,而不是大型的种植园。不过,南非的奴隶制确实发展出了家长制的特点。白人农场主生活在一个独立的宅院里,黑奴围绕在其周围。劳动分工显然是按照种族建立起来的,因为白人认为体力劳动是丢脸的。不平等的地位制度由复杂的种族性礼仪维持。

有些荷兰人并非奴隶主,他们是半游牧者,持续不断地向边陲地区扩张。他们被称为布尔人,对土著游牧民族霍屯督人进行殖民,并迫使霍屯督人接受农奴的地位。18世纪70年代,布尔人的扩张速度大大减缓,因为他们碰到了班图部族。但是,1836年,随着"大迁徙"② 的到来,这种扩张又开始了,并持续了十多年。

南非竞争性种族关系的时代开始于19世纪末。1886年,随着黄金被发现,南非开始工业化,而黄金采掘领导着工业化进程。这一产业被19世纪初定居于南非的英国殖民者控制着。英国矿主对没有技术的矿工的需求量甚大,他们看上了生活在这一地区的很多非洲部落民。通过各种威吓手段,他们

---

① 1876—1965年美国颁布法律,对有色人种(主要针对黑人,但也包含其他族群)实行种族隔离制度,以吉姆·克劳法(Jim Crow laws)为代表。——译者注

② 1835—1848年,大约1.5万名布尔人从开普地区向北迁徙,侵占了奥兰治河与林波波河之间数十万平方公里的土地。在此过程中,许多当地土著被布尔人驱逐和杀害。——译者注

将很多部落民吸引到了金矿工业里。在这些行业中，黑人在经济上对白人矿工构成了威胁。白人和黑人工人之间激烈的经济竞争，特别是1910—1924年间的竞争导致了今天被称为种族隔离（apartheid）的制度的形成。这是一种严厉的直接针对非洲人的种族隔离和排斥政策。1948年，南非国民党（Afrikaner Nationalist party）上台，种族隔离制度于是成为南非政府的官方政策，但其基础在1924年就建立起来了（Ndabezitha and Sanderson, 1988）。

20世纪90年代，南非无疑是冲突最频繁、种族隔离最严重的社会之一。它被分成4个主要的种族群体：

其一，欧洲人，或曰白人，占人口的18%；

其二，印度人，占人口的3%；

其三，有色人种——白人与土著霍屯督人混血的后代，大约占总人口的10%；

其四，非洲人，他们构成了人口的主体，占总人口的70%，这一群体由各种各样的非洲部落民构成，他们在各个历史时期被整合入南非民族之中。

后3个群体整体上被称为"非白人"，一种僵化的种姓界限把他们与欧洲人区隔开来。

支配着白人和非白人之间关系的种族隔离制度是一个巨大的社会现象，它包含了社会、经济和政治等各个维度。狭义地说，它指的是一种严厉的在种族之间进行隔离的政策，适用于社会生活的每一个领域。严格的种族隔离法律适用于住房、学校、交通、医院、墓地、厕所、体育设施、交通及其他事项。不过，种族隔离制度的经济和政治维度更加重要，因为它对大多数人口的生活质量来说意义重大。

南非的白人对权力和财富进行最大限度的垄断。

277 白人拥有大部分土地，其中英国人拥有大部分的矿山、制造业，并控制着南非的大部分银行、金融业和商业。从1948年开始，荷裔南非人（Afrikaner，荷兰人的后裔，他们使用变异了的荷兰语，即Afrikaans）垄断了政治权力。军队、海军、法律体系和文官系统中所有的高级职位都被白人占据。白人控制了几乎所有有吸引力的工作，而非白人绝对集中于低收入和低声望的工作上。1960年，白人的家庭平均收入大约是非洲人的14倍，是有色人种和印度人的5倍。[1975年，白人与非洲人之间的收入比率有所下降，但仍然很大，约为10∶1（Nattrass, 1981：288）。]

多年来，压迫性的政权一直是南非的特征。虽

然从技术上说，这个国家是议会民主制，但是其民主程序仅仅适用于白人。对非白人来说，连假装的民主都没有。这是"种族优越论"民主的经典事例。非洲人没有投票的权利。直到不久前，他们还被要求到任何地方均须携带身份证，只要警察要求，他们就必须出示。有一段时间，每年超过100万人被逮捕，大多数是因为对种族隔离法律的技术性违反和轻微违反。非洲人一直生活在警察的监视、威胁和酷刑之下。

在过去的20年时间里，通过各种社会和政治运动，非洲人对种族隔离制度发起了强大的进攻。在这段时间里，事情是变好了，还是变坏了，抑或是维持原状呢？皮埃尔·凡·登·伯格（van den Berghe, 1990）是研究南非的杰出专家，在做了大约30年的密集的田野工作之后，他提出了一个报告。他认为，种族隔离制度很多细微的方面已被废除，虽然南非仍然存在劳动的种族隔离，但是在工业领域，僵化的肤色藩篱已经消失，而这种藩篱曾经是种族隔离制度的核心内容。人们也不再痴迷于所谓的种族纯洁。不过，他说，下列事情一如既往：教育仍然像以前一样是隔离的；虽然国家在很大程度上撤销了对黑人生活的日常控制，但是警察把上述直接控制手段改成了"潜在的间接控制、安全维护、恐怖主义，对政治帮派主义、阶级和民族争斗的鼓励，以及黑人之间相互欺压性质的犯罪"（van den Berghe, 1990：27）。凡·登·伯格总结说，在改善大多数非洲人的生活条件、增加其机会方面，变化甚微。

1994年，一个包括黑人和白人的新联合政府通过选举上台，种族隔离制度在法律上被正式终止。不过，前面的讨论已经表明，由于种族隔离制度所遗留的严重问题仍然存在，而这些问题目前又因为黑人内部的部落区隔而变得复杂化，因而，我认为南非近期的形势是极其严峻的。事情不但不会好转，反而会继续恶化。

关于竞争性种族关系的理论

人们提出了各种各样的理论，来解释竞争性种族关系时代种族对立的历史。其中最有价值的那些理论强调，种族对立是经济力量和阶级斗争的后果。 278 不过，即使是这些经济理论，在解释种族对立的基本原因时，也表现出了某种程度的理论冲突。

正统的马克思主义理论解释主张，种族对立是资本与劳动之间的冲突的直接产物（Cox, 1948；

Szymanski，1976；Reich，1977）。资本家渴望得到最廉价的劳动力，并且以有意识的行动来降低劳动力成本。资本家利用种族划分，来进一步提高其经济利益。他们有意识地在白人和黑人之间煽动种族对立，进而分裂工人阶级，使其内部互相对立。这妨碍了工人阶级内部高度团结的实现，也妨碍了其组织潜力的充分运用，进而限制了其争取更高工资的能力。

埃德娜·波纳齐齐（Edna Bonacich，1972，1979）认为，上述解释是对种族对立动力学的过度简化。她提出了一种与此不同的劳动力市场分裂理论（split labor market theory）。这一理论的中心假设是，种族对立首先出现在沿种族分界线发生分裂的劳动力市场里。一个分裂的劳动力市场，必须"包含至少两种类型的工人，他们在同一份工作上的劳动力价格有差异；或者，如果他们真的干同一份工作，劳动力价格就会出现差异"（Bonacich，1972：549）。劳动力市场分裂理论认为，种族对立并不是资本家和工人之间冲突的简单结果，而是三个经济群体之间对立的结果：资本家、高薪工人和廉价工人。资本家的主要目的是，获得的劳动力越廉价、越驯服越好。当劳动力成本太高时，如果可能，资本家就会转向更廉价的劳动力。高薪工人的主要兴趣是保持高工资，并且阻止其他工人群体削弱其经济安全。因此，高薪工人害怕与廉价工人的竞争，并把后者当作威胁，竭尽全力对其进行驱逐。廉价工人自然也希望自己的经济利益最大化，这常常将其带入与高薪工人的竞争之中。资本家可能会努力利用廉价工人来破坏罢工，或者降低竞价。

当高薪工人和廉价工人来自不同的种族或民族群体时，种族或民族对立就产生了。这种对立可能采取两种主要的形式：排斥运动或种姓制度。采取哪一种，取决于其特定的内在条件。

当廉价工人的群体生活在一个特定的区域之外，并试图向其中移民时，出现的往往是排斥运动。随着廉价工人进入以前由高薪工人控制的劳动力市场，高薪工人感受到了直接的经济威胁，并开始要求将廉价工人完全排斥在劳动力市场之外。波纳齐齐认为，19世纪晚期，当廉价的中国工人和日本工人向美国移民时，就发生了这种情况。随着中国和日本移民的增多，高薪工人的经济福利受到了直接的威胁，他们开始提出下列要求：阻止亚洲工人移入。实际上，美国政府满足了这些要求。

当廉价工人已经存在于劳动力市场里，并且无法被驱逐时，与排斥运动不同的种姓制度就会产生。在这种制度之下，高薪工人垄断了待遇优裕的工作，将底薪工作分派给廉价工人，进而消除了他们降低工资报价的威胁。波纳齐齐说，这种种姓制度最著名的代表就是美国和南非的种族分层体制（cf. ₂₇₉ Bonacich，1972，1981）。

与正统的马克思主义理论——它认为种族对立源自资本主义企业家有意识的行动——相反，波纳齐齐的劳动力市场分裂理论认为，种族对立主要源自工人阶级内部不同部分之间的冲突。波纳齐齐因而暗示，高薪工人其实是种族对立的起因，他们在导致种族对立的过程中的作用方式被正统的马克思主义解释忽视了。虽然两种理论都强调经济冲突是种族/民族对立的基础，但是它们却是以完全不同的方式予以强调的。

威廉·威尔逊（William Wilson，1978）相信，正统的马克思主义理论和劳动力市场分裂理论都有其有效性，但必须被应用于不同的历史情境之中。根据种族关系发挥主导作用的方式，威尔逊把美国历史划分为三个不同的历史阶段：前工业时期、工业时期和现代工业时期。前工业时期的特征是拥有种植园奴隶制体系。威尔逊说，正统的马克思主义理论令人满意地解释了这一时期的种族分层体系。白人奴隶主是主导经济阶级，他们有意识地把黑人变成了奴隶，以提高其经济利益。

随着奴隶制度的终结，美国种族关系的工业时期开始了，并一直持续到二战结束。这一阶段的特征是白人工人和黑人工人之间持续冲突——自由的黑人为了工作与白人进行直接的竞争。威尔逊认为，正统的马克思主义理论无法解释这一时期占主导地位的种族关系。据说，劳动力市场分裂理论在解释这时出现的种族冲突时，效果要好得多。看起来，威尔逊提供的证据支持这一主张。我们一次次地发现，资本家有意——而且在很大程度上成功地——雇用了大量的廉价黑人工人。不过，经济上受这种行为威胁的白人工人们也成功地建立了一种种姓体制，以保护自己更富特权的经济地位。

最后，威尔逊说，现代工业时期的种族关系，是从二战结束到现在美国社会的特征。威尔逊相信，上述两种理论都不足以解释这一时期的种族分层结构（参阅本章末尾的特别话题）。

威尔逊关于对正统的马克思主义理论和劳动力市场分裂理论进行补充的主张，似乎也适用于解释南非种族对立的历史。正统的马克思主义理论似乎适用于南非的前工业时期，但从南非的工业化开始，劳动力市场分裂理论似乎是一个更为有效的解释（Bonacich，1981；Ndabezitha and Sanderson，1988）。前文已经提到，南非的竞争性种族关系时代，开始于1886年大型金矿的发展。白人矿主使用了各种威吓措施，以吸引非洲人为了工资进入矿山工作。出于各种原因，非洲人可以以更低的市场工资被雇用；因此，竞争性种族关系时代刚刚开始，劳动力市场的分裂就在南非产生了。因为非洲劳动力比较廉价，所以资本家矿主试图更大规模地雇用他们。这意味着，他们将成为白人矿工越来越大的经济威胁。其结果是，白人矿工和黑人矿工之间爆发了大量的各种形式的冲突，白人工人极力阻止矿主雇用黑人。到1924年，白人工人成功地选出了这样一个政府：该政府高度响应了他们排除非洲裔工人的竞争的要求。因此，到那个时候，现代种族隔离制度的基础已经建立起来（Fredrickson，1981）。毫无疑问，近年来极具压迫性的种族隔离制度反映了，在面对三分之二的人口所施加的巨大经济威胁时，一个享有特权的、在人数上比较弱势的群体在保护自己时所进行的拼命努力。

种族主义的起源和发展

长期以来，被称为"种族主义"的现象一直是社会科学家们关切的重大问题。皮埃尔·凡·登·伯格（Pierre van den Berghe，1996）曾经为种族主义提供了一个出色的定义。他认为，种族主义是"这样一种信念，即特定的生理特征（如肤色或面部特点）与智力、道德或行为特征有关，进而在我们这一物种的亚群体之间建立一个品质或价值的等级制。因此，种族主义的核心是一种信念，即通过生物遗传，生理外观这一外显性状（visible phenotype）与能力或行为产生了因果关联"（van den Berghe，1996：1055）。种族主义教义假设，某一种族成员的社会、经济和政治成就，是他们优越的遗传天赋的结果。与此相似，另一些种族成员的"失败"，据说是由于其内在缺陷，而且这种缺陷是不可修补的。正像凡·登·伯格在其定义中所注意到的那样，人们通常认为，这些可疑的缺陷存在于智力或性格领域。不过，种族主义教义经常把这种缺陷扩展到其他性状之上。

凡·登·伯格的"种族主义"定义可以被称为"经典的"或"严格的"定义。对种族主义的这一概括，被社会学家和其他社会科学家当作一种传统使用了数十年。不幸的是，在过去25年里，由于意义被过度扩展，这一术语的品质被降低了（cf. C. A. Wilson，1996）。传统上，种族主义被视为一种意识形态或信念体系，除此无他；但其目前的意义已经被扩展了，以至于包括了偏见（一种态度），还有各种各样的行为（van den Berghe，1996）。凡·登·伯格注意到，在这一问题上，学术话语和通俗话语已经没有真正的分别了。看起来，种族主义概念实际上被用以指称任意形式的种族对立观念，或者是不平等的任何面相，只要它是存在于种族群体之间的（例如，黑人在认知能力测验中得分较低；虽然很多运动员是黑人，但是很少有职业运动教练是黑人）。

一个在意义上被如此不加批评地泛化和贬低了的概念，不太可能有多大的用途。因此，在本书中，我们保留这一术语的传统词义。这样做的关键是，我们必须把种族主义与其他3种概念区别开来：文化中心主义、偏见和歧视。第二章已经讨论过，文化中心主义指的是某文化的成员所持有的一种信念：他们的生活方式比其他文化的成员的生活方式更优越。文化中心主义与种族主义的其中一个区别是，文化中心主义是建立在文化观念之上的信念体系，而不是建立在生物学优越性之上。另一个区别是，文化中心主义是人类社会生活的普遍特征，实际上是一种普适的人类现象。

偏见是一种不喜欢的或者敌视的态度，这种态度为某个种族或民族群体的成员所持有，并指向另一个种族或民族群体的成员。通常，人们类型化地运用这一态度，也就是说，针对某个种族或民族群体来使用。如果说种族主义是一种信念体系，那么偏见则是一种情感反应或感情。种族主义和偏见经常同时出现于个人身上或者社会之中，但它们不一定相互关联，有时真的互不相关。极有可能，某个社会的某些成员是种族主义者，但他们并不持有多少偏见。南北战争前的美国南部就是这种情况。例如，奴隶主对黑人怀有种族主义观念，但是他们的家长主义经常使他们发现，黑人们是一些"可爱的家伙"。正像种族主义者可以不怀有多少偏见一样，怀有偏见的人也可能并没有种族主义观念。

最后，歧视或排斥指的是一个种族或民族群体对另一个种族或民族群体的不平等的或不公平的对待。歧视与文化中心主义、种族主义或偏见的区别是，它是一种外在的行为，仅仅涉及人们的所作所为，并不涉及他们的所思所想和内心感受。因此，虽然歧视经常与种族主义观念和感情偏见联系在一起，但它并非总是如此，有的时候还确实不是。

我们再回到种族主义的问题上来。关于它，关键的问题是，从跨文化的角度和历史的角度来看，它是普遍存在的吗？它存在于各种不同类型的社会之中吗？它是世界上各种古代文明和中世纪文明——其中很多拥有奴隶制——的普遍特征吗？例如，古希腊和古罗马都有发达的奴隶制度，但是，这些制度与种族交织在一起，这种方式是否造成了一种种族主义的意识形态？在这一问题上，学者们分成了两派：一派人声称种族主义是古老的和广泛存在的，甚至是普世的（Gossett，1963；Kovel，1984；Todorov，1993）；另一派声称，它在很大程度上仅限于近代和现代世界（Cox，1948；van den Berghe，1967；Fredrickson，1971，Smedley，1993）。托马斯·格赛特（Thomas Gossett，1963）声称，他在古印度、古埃及、中国早期思想以及古代犹太人中，发现了种族主义和种族歧视。奥德雷·斯迈德雷（Audrey Smedley，1993）认为，种族主义是17—19世纪西欧和北美的资本主义扩张的独特产物。在她看来，有些学者幼稚地假设，人类具有种族主义和种族歧视的内在倾向。对于这些人，她持高度批评的态度。奥利弗·克伦威尔·考克斯（Oliver Cromwell Cox，1948）所持的观点也与格赛特恰恰相反。他声称，种族对立是现代世界的独特产物，没有一个古代文明出现过种族对立。考克斯说，古代的埃及人、巴比伦人、波斯人不是种族主义者，古代的希腊人和罗马人也不是。古典文明使用文化和语言，而不是种族，作为其在不同群体之间进行划分的基础，也就是说，他们用文化和语言来划分优越和低劣的等级。考克斯总结说，直到资本主义开始对非西方人进行剥削，种族主义才出现。凡·登·伯格承认，某些类型的种族主义意识形态偶尔出现于现代西方世界之外，但他仍然总结说，大体上说，种族主义是西方资本主义和殖民主义的产物。

我和我的学生约书亚·杜布鲁（Dubrow and Sanderson，1997）曾经研究过古代文明中的相关文献，试图对这一事项做出判断（Sherwin-White，1967；Lewis，1971，1990；Snowden，1983；Thompson，1989）。这些文献与三个文明有关：古埃及、古罗马和伊斯兰教世界。从我们的综述提供的证据来看，种族对立的一些因素——种族偏见、种族排斥或

歧视，似乎存在于罗马和伊斯兰教的古代文明之中。但是，古埃及似乎没有表现出多少种族主义思想，种族对立的证据就更少了；而种族主义——从本书所定义的严格意义上来说——在这3个文明中似乎都不存在。古埃及几乎没有表现出对种族概念有任何认知，更不用说关于种族优越与低下的完整意识形态了。虽然古罗马显示了中等程度的种族偏见，但这却是建立在与社会地位有关的意识形态之上，而不是建立在与种族有关的意识形态之上。

因此，依据其严格定义，种族主义似乎是近代和现代世界的产物，那些主张其他观点的学者是错误的，因为他们未能在种族主义与种族对立的其他维度之间做出区分。前文提到，这种区分是至关重要的。与欧洲殖民主义和新世界种植园奴隶制的建立相伴随，种族主义的兴起方式是一般性的和基础性的。在18世纪的西方世界，它才被具体化，并于19世纪达到顶峰（Noel，1972a）。皮埃尔·凡·登·伯格（Pierre van den Berghe，1967：15）曾断言："它在19世纪的第三或第四个十年出现，大约在1880年到1920年进入黄金时代，此后开始衰落。"在这段时间，它得到了极大的改善和强化，渗入了西方社会生活的每一个角落。

有些学者相信，针对黑人的消极信念和态度在奴隶制出现之前就存在了，而且它实际上有助于奴隶制的兴起。例如，温斯洛普·乔丹（Winthrop Jordan，1974）发现，16世纪早期，英国人就对非洲人持有一些消极的观念，认为他们是"淫荡的"，是"异教徒"，甚至是"野兽"。他相信，在把非洲人变成北美殖民地的奴隶方面，这些早期观念至少发挥了一些作用。不过，乔丹所指涉的观念并不是种族主义意识形态的组成部分，它们无疑代表了欧洲人的一种文化中心主义的反应——在面对与他们的文化截然不同的人群的时候。16世纪早期，英国人是高度文化中心主义的，但他们还不习惯于种族主义思维。所以，将文化中心主义看做奴隶制产生的必要条件，是毫无道理的。

以类似的方式，卡尔·戴格尔（Carl Degler，1972）声称，在很大程度上，北美奴隶制受到了殖民者中已存的种族偏见的影响。戴格尔的最终目的是要显示，作为政治经济和社会制度的奴隶制，受到了那些建立和维持它的人们的心理观念的严重制约。不过，诺伊尔（Noel，1972b）评论说，戴格尔实际上混淆了种族主义、偏见、文化中心主义和歧视，因而他的论辩只能造成混乱。此外，他执着于

282

殖民者对黑人的心理观念，这使他忽视了经济力量在奴隶制形成方面所发挥的重大作用（Noel，1972b）。

乔丹和戴格尔等学者看事情的视角似乎是错误的。如果不去检视奴隶制是怎样源自特定的心理观念这一问题，而是检视奴隶制的建立怎样导致了奴隶主意识形态观念——针对他们奴役的那些人——的转变这一问题，他们的收获会更大。当我们以这种方式提出问题的时候，我们将开始理解"作为意识形态的种族主义如何诞生"这一问题。

现代社会科学家们已经达成了高度的共识，即种族主义之所以出现，是因为要将那些残忍的压迫和剥削正当化、合理化——在种植园奴隶制之下，数百万人曾经忍受这些压迫和剥削（Cox，1948；Williams，1966；Foner，1975）。菲利普·弗纳指出，种族主义首先被西班牙人用于奴役新世界的印第安人。但他进一步评论说："种族主义的真正发展开始于更多永久性的奴隶——非洲人——的引入，英国人为这一发展做出的贡献名列前茅。"（Foner，1975：89）说种族主义是因为对奴隶制的合理化和正当化而兴起的，并不意味着那些持有种族主义思想的人真的不相信这些思想——他们仅仅是想说服他人，他们正在干的事情在道德上是合理的。相反，那些持有针对黑人的种族主义观念的人才确实相信，他们的信念从本质上说是正确的。当人们相信自己的所作所为因为黑人的内在低劣性而被正当化了时，他们将在没有任何负罪感的情况下继续其行径。

诺伊尔（Noel，1972a）注意到，奴隶制的发展恰好与西方世界的民主政治原则同时出现。由于奴隶制与这些民主观念十分不相容，所以为了避免严重的逻辑矛盾，需要一种特殊的正当化方式。种族主义意识形态认为，非洲黑人天然的低劣性使得他们仅仅适合处在顺从的社会地位上。这种意识形态恰好提供了这样的正当化解释。

我们还必须解释种族主义思想在19世纪所经历的极度强化现象。吊诡的是，我们可以从奴隶制被废除的角度来解释它。废除奴隶制意味着，数百万黑人被解放，他们进入劳动力市场与白人展开竞争，因而对白人构成了严重的经济威胁。面对这一威胁的一个办法是，仅仅以他们的种族背景为理由，努力把黑人排斥在很多经济职位之外。一种更精致的种族主义意识形态，可能是这方面极为有效的工具；在改变了的经济环境中，可以将它作为一种意识形态武器，用以将黑人限制在低薪工作上，并使其正

当化。上述主张得到了下述事实的支持：在黑人对白人工人阶级造成的经济威胁最大的时候，亦即大约从1890年到1930年，美国的种族主义达到了顶峰（W. Wilson，1978）。威廉·朱利叶斯·威尔逊（William Julius Wilson，1973：42）观察到："种族分层体系受到两个方面的挑战：一是，被压迫者寻求分享支配群体的权利和特权；二是，其他个人和群体开始反对种族剥削。这时，出现了这样一种需求：对种族支配体制进行更加直白和有力的正当化。当怀揣利益的支配群体的代言人开始公开谴责被支配种族群体的时候，即是如此。"换言之，在种族分层体制受到攻击的时候，我们就可以预言，种族主义将会得到强化。

进化视角下的民族性

不久以前，关于民族性的未来的主导观点还是一种功能主义的观点。功能主义理论主张，民族忠诚是一种原发性的依恋（attachment），这种依恋是前工业社会所特有的；然而，随着工业社会的完全成熟，这种依恋注定会消失（cf. Hraba，1979；A. D. Smith，1981；Hechter，1975，1976）。在现代工业化世界里，民族纽带是极其不适应的，因此正日益被消解。现代工业化社会强调成就和普适价值，这些东西与民族性的特殊主义（particularism）格格不入。对于劳动体系的理性化管理——它对工业化至关重要——来说，民族情感和纽带是具有功能破坏性的（dysfunctional）。此外，国际贸易、运输和通信的扩张使文化上各式各样的人们互相接触，从而有助于弥合民族差异。

20世纪，特别是过去三四十年里发生的事情清楚地显示，与民族有关的社会变迁的功能主义理论基本上是不准确的（A. D. Smith，1981；Hechter，1976）。随着20世纪的推进，民族纽带不是变得不重要了，而是变得更加重要了。正像安东尼·史密斯（Anthony Smith，1981：12）所指出的那样："在每个大洲，实际上在每个国家，民族性都再次成为关键的社会和政治力量。大多数国家的多民族构成，它们的文化整合政策，日益提高的民族对抗、民族冲突的频率和强度，民族运动的广泛传播等，这些主要的趋势和现象都证实了，民族性在现代世界里所扮演的角色越来越重要。"

在其评论文章里，史密斯进一步列举了数十个

最近发生的民族冲突或民族运动。其中包括马来西亚的民族骚乱、日本人对部落民的敌视、分裂了巴基斯坦和印度的穆斯林—印度教冲突、黎巴嫩的内战、中东的巴勒斯坦冲突、南非的种族冲突、尼日利亚的豪萨人（Hausa）与伊博人（Ibo）之间的冲突、加拿大的魁北克运动、美国的黑人起义、北爱尔兰冲突、比利时的弗莱芒人（Fleming）与瓦隆人（Walloon）之间的冲突、苏联对少数民族的迫害，等等。史密斯的表单比上面列的要长得多，但毫无疑问的是，这个表单还可以大幅延长。

基本上来说，功能主义理论有两个合理的替代者。一个是经济冲突理论。这一理论认为，民族性的复兴是多个世代（或者多个世纪）以来的历史——某些民族群体对另一些民族群体进行经济支配——的遗产。因此，当代的民族冲突是历史上被征服的民族复活的幽灵，它回来纠缠占主导地位的民族群体，强迫他们为其罪恶付出代价。这种理论已经在本章被应用于数个民族和种族冲突的事例；对其他的很多事例，它似乎也完全适用。有两个事例特别突出。加拿大法语人口的魁北克分离运动就是一个好例子。在魁北克，法语人口远多于英语人口，即使如此，法裔加拿大人仍然是一个被高度支配的弱势群体。英裔加拿大人不成比例地控制着经济，一般来说，法裔加拿大人的经济状况比英裔加拿大人要差很多。

北爱尔兰的情况更为明显，即经济冲突扮演了主要的角色。人们经常把新教徒和天主教徒之间的冲突解释为宗教斗争，但是，把它视为社会经济领域的冲突更为合适。迈克尔·海克特尔（Michael Hechter, 1975）表示，对于目前爱尔兰冲突的根源，必须从爱尔兰的英国殖民史角度来理解。多个世纪以来，爱尔兰对英国的关系是一种边缘关系。从英国的利益出发，它成了一个"生产和出口原材料"的地区，一个"内部殖民地"。英国人对爱尔兰的殖民伴随着极端的民族仇视。爱尔兰的英国地主是新教徒，他们鄙视信仰天主教的农民的传统文化和宗教。

285

如今北爱尔兰的种族对立似乎是历史上的经济状况的遗产。天主教徒不成比例地集中于社会经济阶梯的底端。他们受制于经济歧视，并受到占多数的新教徒的蔑视。虽然与新教徒和天主教徒之间的冲突有关的毫无疑问并不仅仅是社会经济差异，但这些差异是冲突的根源。

另一种有助于解释目前民族性持续发挥作用的理论（如果不是一个强有力的理论对手的话），有时

被称作"原生主义"（primordialism）（cf. van den Berghe, 1981；A. D. Smith, 1981, 1986）。原生主义认为，民族纽带是基础性的，实际上是不可化约的（irreducible）人类依恋，它可以被软化，但永远不会被完全消除。与功能主义理论不同，这种观点认为，民族纽带是人类关系的本质特征，这也适用于那些工业化社会。

很多原生主义主张的最本质问题是，他们假设民族忠诚是一种"自然的"人类倾向，但他们没有告诉我们，它为何会如此。凡·登·伯格（van den Berghe, 1981: 17）评论说："作为一种理论基础，除了下述意识形态之外，原生主义者无所依傍：模糊/浪漫主义，甚至是民族主义者的种族主义意识形态——原生主义者把这些指定为其观点的例证。这所谓的'血缘的呼唤'（voice of the blood）往往把人们推向部落主义、种族主义和民族褊狭，它的神秘和令人怀疑的力量是什么呢？"

不过，原生主义的社会生物学版本通过纳入下述建议，解决了上述难题：民族忠诚的倾向根植于人类的生物程序（biogram）之中（cf. van den Berghe, 1981；Reynolds, Falger, and Vine, 1986）。在古人类中，对个人生存来说，强有力的群体忠诚可能是一个具有高度适应性的机制，因而受到自然选择的青睐。这一主张不能被轻易忽视，而且它完全可以成为对民族依恋（ethnic attachment）的理论解释的补充——这一解释特别强调经济冲突。民族依恋显然受到了社会文化条件的影响，特别是经济条件的影响。不过，由于它们在时空之中无所不在（cf. A. D. Smith, 1986），所以很难令人相信它们仅仅是社会文化力量的附庸。在解释种族和民族分层的大多数面相——本章就是探讨这些问题的——上，社会生物学理论并不能做出多大贡献，但是，在解释下述问题时它也许有所帮助：为什么，至少是民族忠诚和民族认同的某些倾向，在人类社会里是永恒的？

小 结

1. 社会学家通常把种族群体定义为背负着社会意义的可以从生理上进行区分的不同人群。民族群体则是可以从文化上而不是从生理上进行区分的不同人群。不过，在实际生活中，种族群体和民族群体常常是交叉的。

2. 种族关系可以分为两类：家长制的和竞争性

的。家长制的种族关系是前工业社会特有的，是建立在种植园农业和奴隶制基础上的种族关系。在占主导地位的种族群体和被支配的种族群体之间，存在着种姓式的社会区隔，一套复杂的种族礼仪规范着两者之间的关系。与竞争性的种族关系相连的是工业化的资本主义社会，这种社会拥有制造业经济和雇佣工人。以前的家长制的种族礼仪，逐渐让位于种族群体之间为争夺经济职位而展开的激烈冲突。

3. 奴隶制和奴隶贸易是在新世界日益扩张的资本主义的重要组成部分。奴隶制出现在边缘的资本主义社会里，在这些社会特定的经济配置下，奴隶制似乎是最能赢利的劳动力组织方式。奴隶制经济和核心国家的资本主义之间存在着密切的联系。

4. 美国南部奴隶制的顶峰是在 1800—1860 年之间，当时的奴隶制经济主要是棉花的生产。一种经典的家长制种族关系体系脱胎于其中。与美国南部的奴隶制相比，巴西的奴隶制有几个方面的不同，不过，巴西奴隶制形成的家长制种族关系，与美国南部的家长制体系惊人地相似。奴隶制还存在于西印度群岛。在这里，它似乎采取了一种特别残忍和专横的方式，家长制种族关系基本上缺失。毫无疑问，这主要是因为西印度群岛的农场主都是不在场地主，还因为奴隶的数量占压倒性的优势。

5. 一个流行的说法是，奴隶制和奴隶贸易的废除，源自对奴隶制的道德和人道主义反对。不过，说这种反对本身就能够终止奴隶制，似乎不大可能。其他的解释关注经济和社会因素。英国对奴隶贸易的禁止，其动机可能是希望剥夺竞争对手拥有的奴隶。西印度群岛的奴隶制废除于 19 世纪 30 年代和 40 年代，不过，那时奴隶制在经济上正处于衰落之中，而奴隶主的政治权力也正在变弱。美国奴隶制之所以被废除，大概是由于拥有政治和经济权力的北方工业资本家的经济利益与奴隶制极其不相容。在那些获得了政治主权的社会，在那些奴隶制在经济上很稳固的社会，在那些奴隶主政治上很强势的社会，奴隶制存续的时间最长。

6. 奴隶制的终止带我们进入了竞争性种族关系的时代。在美国，白人和黑人之间各种极端形式的经济和社会冲突在 19 世纪后期兴起，持续并贯穿了 20 世纪。白人利用隔离、恐怖以及排斥性措施等各种各样的手段来对抗黑人带来的经济威胁。在世界各地，竞争性种族关系的最极端版本出现在 20 世纪的南非。南非由一个白人少数群体主导，这个群体极大地垄断了权力和财富。僵化的种族隔离制度规范着白人和黑人之间的关系。近年来，种族冲突增多了，并且采取了越来越暴力的形式。

7. 关于竞争性种族关系的主要理论，包括正统的马克思主义理论和劳动力市场分裂理论。马克思主义理论认为，资本家企图制造种族冲突，以便分化工人阶级，使他们更易于被剥削。劳动力市场分裂理论认为，种族对立起源于一种更为复杂的情况，即种族上占多数的或者民族上占多数的高薪工人，试图阻止少数群体的低薪工人在平等的条件下与他们进行经济竞争。这种努力可能导致排斥运动或种姓体制。

8. 种族主义是这样一种意识形态：它认为某些种族群体在生物学上比其他种族群体低下。我们绝不能把它与偏见、文化中心主义或歧视混为一谈。种族主义在很大程度上似乎是西方资本主义、殖民主义和种植园奴隶制的独特产物。很多社会学家认为，种族主义是作为一种使奴隶制正当化的手段兴起于西方的。奴隶制终止后种族主义的强化，可以被理解为一种重大的经济威胁的结果，当时，这种威胁是黑人带给白人的。

9. 关于民族性的功能主义进化理论断言，随着工业社会的成熟，民族区隔将会逐渐消失。可是，20 世纪民族区隔在很多方面变得更严重了，而且民族冲突也增加了。民族区隔深刻地与社会经济组织以及社会冲突交织在一起，而并不仅仅是传统的群体依恋的象征性表达。另一种可能是，对民族忠诚的基本倾向根植于人类的生物程序之中，正像一些社会生物学家最近所建议的那样。

特别话题：黑人的发展问题

在过去 10 年左右的时间里，对很多社会科学家来说，一个关键的问题是，美国的黑人在实现与白人平等方面取得了多大的进步。这些社会科学家注意到，20 世纪 60 年代的民权运动就是为了实现这一特定目的而展开的。那么，在这一运动开始 40 年后的今天，它取得了多大程度的成功？

雷纳德斯·法尔雷（Reynolds Farley, 1984）阐述了关注黑人进步问题的三个不同观点。乐观的观点认为，在过去的数十年里，黑人大体上是在进步；悲观的观点声称，黑人的进步是虚幻的，至少比人们通常所认为的少得多；而两极分化理论（polarization thesis）则声称，有些黑人确实一直在明显进步，但是大量黑人却一直在经历机会的萎缩，并更加落后于白人。

法尔雷本人可能就是乐观观点的代表。法尔雷承认，在有些地方，黑人仍然与40年前一样落后于白人。例如，黑人的失业率仍旧是白人失业率的2倍；白人和黑人之间的居住隔离仍然很显著；在这个国家的大城市里，学校之间的种族整合进展甚微。但是，法尔雷声称，在其他领域，黑人明显进步了。受教育水平之间的差异已经缩小，黑人获得高声望和高薪职位的机会大大增加了，受雇用的黑人的收入明显提高了。法尔雷总结说，两者相较，黑人的获益是实质性的，而且范围广泛。

阿尔方索·匹克内（Alphonso Pinkney, 1984）对悲观观点极为热衷。匹克内并没有声称近年来黑人没有实现任何进步，但他确实断言，这种进步的程度被白人社会科学家和黑人社会科学家极度夸大了。他极为关注的是，他所认为的种族主义、偏见和歧视仍然顽固地存在于社会之中。他相信，美国仍然是一个十足的种族主义社会，尽管较为露骨的种族主义形式已经衰落。据说，种族主义已经成为一种独立的和自我巩固的意识形态，它造成了持续的种族歧视和种族压迫。结果，在提高职业和收入水平方面，在被白人作为平等伙伴对待方面，黑人的成功是非常有限的。

两极分化理论与上述两种观点都相悖，但我认为它是三者之中最有道理的。毫无疑问，这一观点最重要的代表是威廉·朱利叶斯·威尔逊，一位杰出的黑人社会学家。威尔逊的观点复杂而微妙，它们被阐述在相隔10年写就的两本书里。在《种族重要性的衰落》一书中，威尔逊认为，美国的种族关系经历了三个截然不同的阶段：前工业时期、工业时期和现代工业时期。正文中提到，威尔逊曾经说，正统的马克思主义理论似乎能够解释前工业时期的种族关系类型，而劳动力市场分裂理论在解释工业时期的种族对立方面更胜一筹。不过，二战结束之后，美国的种族关系进入了现代工业时期。威尔逊认为，对这一时期，无论是正统的马克思主义理论还是劳动力市场分裂理论，均不适用。实际上，他发展了一种全新的理论，用以解释这一时期的种族关系类型。他声称，现代工业时期经历了"种族重要性的衰落"，也经历了与之相应的阶级重要性的提高。换言之，他认为，黑人的经济运气目前已经更多地取决于阶级的力量，而不是种族的力量。 *288*

威尔逊将其论证建立在这样的基础之上：对过去数10年来黑人的阶级结构变化进行分析。他注意到，在20世纪的前25年，黑人中产阶级开始形成。二战之前，这个阶级只占全部黑人人口的很小一部分。不过，大概从1950年起，它开始了明显的扩张：从1950年占黑人人口的16%增长到1960年的24%，又增长到70年代的35%左右。（根据威尔逊的定义，黑人人口中的"中产阶级"包括收入稳定的工人阶级。）威尔逊把这种增长归功于公司的普遍扩张，以及国营经济部门的普遍扩张。他认为，对于那些更有才华和教育程度更高的黑人来说，这种扩张极大地增加了他们获得白领工作的机会。

很多黑人都集中在社会经济阶梯之低层，这实现了黑人中产阶级的增长，又导致黑人的收入分配比白人的收入分配更为不平等。因此，尽管最近数十年来黑人实现了可观的向上流动，但是大型的黑人底层阶级贫民窟仍然存在。近年来，底层阶级的经济状况还显著地恶化了。威尔逊认为，这些贫困的黑人代表了数十年前对黑人之歧视的遗存。但是他进一步指出，目前，他们的经济运气更多地取决于他们的阶级地位——他们与低层阶级的白人分享这种地位，而不是他们的种族。威尔逊说，大型黑人底层阶级的形成，源于数十年来系统的种族歧视；但是，这一阶级的顽固存在，却应该归咎于他们的阶级认同，而不是持续的种族歧视。

因此，在黑人的发展这一问题上，威尔逊的观点是，在过去的四五十年时间里，黑人社会已经越来越分化为两部分：一个小型的中产阶级和一个大型的底层阶级。在《真正的弱势群体》一书中，威尔逊将其注意力集中在了底层黑人阶级的状况之上。他注意到，正是从他撰写上一本书（《种族重要性的衰落》）的时候开始，这一底层阶级变得越来越贫困和无精打采，也越来越受到隔离。这一群体的成员越来越多地受到失业、家庭破裂的困扰，越来越多地陷于对社会福利的依赖，越来越多地转向暴力犯罪和其他非法活动，以此来应对他们日益恶化的社会状况。威尔逊提出数个因素来解释这种持续性的恶化。虽然黑人底层阶级的形成是数十年来极端的种族歧视的结果，但是不能用歧视来解释其社会状况的恶化，能解释这种恶化的是经济、人口和社会条件的某种混合体。很多工业离开了市中心——黑人往往集中在那里，带走了大量的工作岗位，而大多数受教育水平不高的黑人仅有从事这些工作的资格。黑人青年的数量也大幅上升了，这加重了失业问题。与此同时，公司的扩张和政府经济部门的扩张——如前所述——使得越来越多有才华和受过良好教育的黑人进入稳定的白领工作。在此之后，这些中产阶级的黑人搬出了黑人社区——他们曾经与底层黑人同住的地方，搬进了曾经全是白人的工人阶级社区和中产阶级社区。这给黑人社区的整合造成了严重的打击，并进一步加重了黑人底层阶级的苦难。威尔逊（Wilson，1987：56-57）解释说：

> 中产阶级和工人阶级家庭从很多贫民窟社区中出走，带走了一个重要的"社会缓冲器"（social *289* buffer），这一缓冲器本来可以抵挡顽固的、日益严重的失业现象的冲击——失业曾经在20世纪70和80年代踩踏过内城（inner-city）的社区……这一主张建立在下述假设之上：虽然内城里真正穷困的地区经历了长期的失业率上升，但是，如果该地区的社会支撑基础仍然来自经济上稳定和安全的家庭，那么，本地区的基本制度就会保持其社会功能。而且，在那样的时期，上述类型的家庭会提供主流的角色榜样，并维持下述理念的活力：教育是有意义的；稳定的工作是社会福利的良好替代品；家庭稳定是常态，而不是例外。

> 因此，在一个家庭成员很少有稳定职业的社区里，在一个绝大多数家庭都曾经陷入长期失业的社区里，人们会经历一种社会隔绝，这种社会隔绝将人们排除在工作网络体系之外。由于这个网络体系也渗入其他社区，因此它在了解或获得工作机会方面非常重要，因为工作机会存在于城市的不同区域。当工作前景变得渺茫的时候，其他的可能性，如社会福利和地下经济，就不仅日益成为一种依赖，还会被视为一种生活方式。

怎样扭转这种日益让人绝望的状况呢？威尔逊极力主张，不能简单地使用所谓的"种族特异政策"（race-specific policy）——如"配额保证计划"（affirmative action programs）[①]——来解决这一问题。实际上，这样的计划只能有效地为较富裕的黑人创造机会，但这些较富裕的黑人最不需要这样的机会。人们所呼吁的至少是一种政府领导的根本性的经济改革计划，这一计划将会创造底层黑人也有能力获得的新工作。这样的计划是否能够在不久之后出台，我们拭目以待。

推荐阅读

Blackburn，Robin. *The Overthrow of Colonial Slavery*，1776-1848. London：Verso，1988. 该书独特而又全面地分析了奴隶制和奴隶贸易被废除的过程。它还对废奴运动提出了一个政治性的解释。

Bonacich，Edna. "The Past，Present，and Future of Split Labor Market Theory." In Cora B. Marrett and Cheryl Leggon（eds.），*Research in Race and Ethnic Relations*，Volume 1. Greenwich，Conn.：JAI Press，1979. 该文是"种族敌视的劳动力市场分裂理论"的创立者所撰写的一本出色的研究报告，它讨论了该理论的成就、该理论所引发的正在进行的研究，以及该理论的缺点——这些缺点在以后可能需要应对。

Fogel，Robert William. *Without Consent or Contract：The Rise and Fall of American Slavery*. New York：Norton，1989. 该书是对福格尔和伊戈尔曼的著作《十字架上的时间》的重新演绎和修订，是最近对美国南部奴隶制经济的出色研究。它还包含了对废奴运动的详细论述。

Fredrickson，George M. *White Supremacy：A Comparative Study in American and South African History*. New York：Oxford University Press，1981. 该书是一项著名的比较研究，它研究了美国和南非的种族关系史。

---

① 在工作岗位等机会的分配中，不是完全依据能力和资质进行分配，而是为弱势群体保留高于其竞争能力的职业机会。——译者注

Harris, Marvin. *Patterns of Race in the Americas*. New York：Norton, 1964. 该书对拉丁美洲家长制的劳动力组织体系进行了发人深省的对比研究。该书解释了，为什么西班牙人会在其新世界的殖民地发展一种债务劳役体系，而不是像巴西的葡萄牙人那样建立一种奴隶制度。关于巴西的奴隶制，该书提供了许多有益的洞见。

Hechter, Michael. *Internal Colonialism：The Celtic Fringe in British National Development*，1536 - 1966. Berkeley：University of California Press, 1975. 该书从世界体系的视角，对英国对凯尔特少数民族的压迫进行了有价值的研究。

Layton-Henry, Zig. *The Politics of Race in Britain*. London：Allen and Unwin，1984. 该书出色地描述了第二次世界大战结束后英国的竞争性种族关系的兴起。

Smith, Anthony D. *The Ethnic Revival*. Cambridge：Cambridge University Press, 1981. 虽然对于 20 世纪世界上民族情绪的复兴，作者没有提出有说服力的理论，但是对唯物主义的民族性理论的局限性，他确实提出了一些合理的观点。

Tomich, Dale W. *Slavery in the Circuit of Sugar：Martinique and the World Economy*，1830 - 1848. Baltimore：Johns Hopkins University Press, 1990. 这是一个系列研究的最新成果，该系列研究的对象是新世界的种植园奴隶制与资本主义扩张之间的关系。

van den Berghe, Pierre L. *Race and Racism：A Comparative Perspective*. New York：Wiley, 1967. 通过对 4 个不同社会的历史分析和比较分析，该书展示并说明了凡·登·伯格"家长制—竞争性"的种族关系类型学。对于研究种族和民族分层的学者来说，该书是必读书。

van den Berghe, Pierre L. *The Ethnic Phenomenon*. New York：Elsevier, 1981. 针对各种类型的种族和民族分层，该书展示了大量的对比性资料。这是典型的凡·登·伯格式的著作，资料翔实、发人深省、文笔优美。

van den Berghe, Pierre L. "South Africa after thirty years." *Social Dynamics* 16（2）：16 - 37，1990. 该文深刻地评价了南非在 1960 年到 1990 年间的社会变迁，也评价了那些在此期间没有改变的东西。

Williams, Eric. *Capitalism and Slavery*. New York：Putnam, 1966. （初版于 1944 年。）这是一项经典研究，其研究主题是，英属西印度群岛的奴隶制对英国资本主义扩张和工业革命的贡献。

Wilson, William Julius. *The Truly Disadvantaged：The Inner City, the Underclass, and Public Policy*. Chicago：University of Chicago Press, 1987. 对于美国底层黑人日益严重的困境研究，该书做出了原创性的贡献。在阅读时，应该与该作者的另一本书——《种族重要性的衰落》相互参照。

第十四章

劳动的性别分工和性别不平等

291 社会学家使用"性别"（sex）这个词来指称男人与女人之间的生理差异，用"社会性别"（gender）这个词来区别男人和女人的社会特征。一个社会的性别关系代表了该社会一种社会的和文化的安排（elaboration），这种安排被建构进了两性的生理差异之中。因此，我们可以说"性别＝男性/女性"，而"社会性别＝男人/女人"。性别和社会性别相互对应，但不是完全对应，因此一个人的性别绝不可能完全决定其社会性别。本章的目的之一即是，确定在人类社会里性别和社会性别的对应程度有多大，以及对应程度为何会这么大。

所有人类社会都把性别作为对个体进行社会劳动分工的主要标准。虽然所有社会通常都有一些适合两性扮演的角色，它们都规定有些角色是男性所特有的，另一些角色是女性所特有的；但是，实际上，在世界上任何一个社会里，各种工作的性别分工都不是随意的或随机的。此外，不仅所有的社会都有劳动的性别分工，而且所有的社会都有与之相

292 适应的、与男性特质（masculinity）和女性特质（femininity）有关的意识形态，包括评价男女两性之相对地位的观念。因此，在评价两性的社会地位方面，或者在评价两性对社会的整体运行的不同贡献方面，没有一个社会是随意和随机的。简而言之，所有社会都有劳动的性别分工、结构化的性别不平等，以及关于男性特质与女性特质的意识形态。本章试图描述和解释这一普遍的社会现象的各个方面。

劳动的性别分工和性别不平等：总体模式

在给人们分派有性别特征的（gender-typed）职业角色方面，各个社会之间有很大差异。有些活动，如制陶、纺织或园艺，在有些社会里被分派给男人，而在另一些社会里则被分派给女人。不过，即使有这些差异，在世界上大多数社会里，还是有一些职业被一致地分派给男人，而另一些职业则被一致地分派给女人。

运用一个包括 185 个社会的样本，默多克与普罗弗斯特（Murdock and Provost，1973）试图在遍布世界各地的职业中，找出那些被一致认定为"男性的"或"女性的"职业。他们认为，被一致认定为男性职业的有捕猎大动物、金属加工、矿石融化、伐木、木工、乐器制作、设陷阱、造船、石工、骨头加工、动物角加工以及接骨。被一致认定为女性职业的有燃料收集、饮料制作、收集野生植物并加工成食物、奶制品加工、洗衣、汲水以及烹饪。在全世界所有地方，妇女还广泛地参与儿童抚育事务，并从事普通家务劳动。

一般来说，那些被一致地分派给男人的活，倾向于要求具有较强的体力，冒较高的风险，有较大的危险，较多地离家远行，需要较高水平的群体合作、较长时间的技术训练，以及较高的技能水平（Parker and Parker，1979）。与此相反，被一致认为是女性职业的活动涉及的危险较少，有较高的重复性，不需要注意力的高度集中，更易于被中断，并且较少需要训练和技能（Parker and Parker，1979）。

本章更关注的是两性之间的相对地位：在多大程度上，两性被不平等地对待和评价？人类社会在多大程度上是以男性为中心的，或者是以女性为中心的？威廉·戴威尔和马文·哈里斯（William Divale and Marvin Harris，1976）曾经认定，在游群社会和部落社会中，男性在物质、社会和意识形态方面的优越性构成了一个复合体（complex），而且这一复合体广泛存在。他们注意到，在这些社会里，男性优越的制度以各种方式被表现出来。例如，婚姻和家族事务就透露了这些组织的性别不对称性（gender asymmetry）。从父居（patrilocality）和从夫居（virilocality）——围绕着男性构成的婚后居住形式——的出现频率，大概是从母居（matrilocality）和从妻居（uxorilocality）——围绕着女性构成的婚后居住形式——出现频率的 8 倍。此外，父系血统制（patriliny）——通过男性来追溯血统——大约是母系血统制（matriliny）出现频率的 5 倍。[①] 即使在母系血统制社会，控制家族事务的权力也被授予了男人，而不是女人。显著的性别不对称也在婚姻事务中透露出来，因为一夫多妻制（polygyny）——一个男人与多个妻子结婚——出现的频率，是一妻多夫制（polyandry）——一个女人与多个丈夫结婚——出现频率的 141 倍。

无所不在的性别不对称也是游群和部落的政治制度的显著特征。头人领导权（headmanship）是狩猎采集社会的特征，但那里并没有所谓的"女头人领导权"。类似地，大人物领导权（bigmanship）广泛地存在于园艺者中，但与其对立的事物——"女性大人物领导权"（bigwomanship），却从来没有人报道过其存在。男人对政治领导权的垄断还表现在下述事实上：男人完全垄断了武器和狩猎事务，以致妇女常常被禁止触碰或手持这些武器。

游群和部落社会意识形态领域的性别不对称问题尤为突出。戴威尔和哈里斯注意到，强调女人低贱的观念广泛存在。在很多社会里，妇女被普遍认为是邪恶和污染的来源，很多禁忌之所以存在，就是为了限制妇女的活动，特别是在其月经期间。男性神祇的数量远远多于女性神祇的数量，传奇男英雄的数量远远多于传奇女英雄的数量。在很多社会里，男人用面具、牛叫以及其他神圣仪式来恐吓女人。意识形态领域的性别不对称也反映在对男孩的偏爱上，这一偏爱往往体现为这样一个规则：头生子必须是男性。

游群和部落社会制度中的男性主义的很多例子，都可以用来补充戴威尔和哈利斯的表单。相较于和女性相关的仪式性行为，男性的仪式性行为更为频繁，也更为复杂。男性有秘密社会，但女性就没有与其严格对应的组织。男人主导着声望较高的经济活动领域。与男人从事的劳动相比，女人从事的劳动通常被赋予较低的社会地位。妇女经常遭受严重的生理虐待（如轮奸），而男人很少遭受这种虐待。

当然，性别不对称制度绝不仅限于游群和部落社会。相反，进化程度更高的社会表现出新的，而且往往是更强的女性从属性。在农业社会里，经济和政治事务是严格地围绕着男性的控制权组织起来的，妇女被引领到私人的、家庭的幽闭之中。在大多数这样的社会里，妇女的行动受到严格的控制，而且通常特别关注与性有关的妇女活动（sexuality）。简而言之，农业社会里妇女的地位通常十分低，以至于被当作依赖性的卑亲属来对待。农业世界几乎完全是一个男性中心和男性主导的世界。

工业社会的特征也是显著的两性不平等，尽管并不像在农业社会里那么极端。在所有的工业社会里，男人都主导着地位高的职位，而工业化时代的国家体系更在男人的严密控制之下。妇女被严格地限制在地位低、报酬低的工作岗位上，或者是家务领域及其功能上（或者是上述两者兼具）。不论是男人还是女人都认为，妇女的社会地位是从属于男性的社会地位的。在目前的世界上，没有任何一个工业社会具有性别平等的特征。

从前文的叙述中浮现出来的令人震惊的画面，就是广泛存在的，实际上是普遍存在的女性的屈服地位。当然，在有些社会里，妇女的总体地位是相当高的，但从来没有在一个已知的社会里，在社会生活的所有相关领域，妇女获得了与男人完全平等的地位。在我们占有可靠信息的每一个社会里，男人的社会地位都高于女人。即使是在性别关系最平等的狩猎采集社会里，情况亦是如此。在狩猎采集社会中，男人垄断了领导地位，而男人垄断的一项活动——狩猎，被认定为比采集——女性垄断的活动——的声望要高。

虽然偶尔有不同意的声音（cf. Leacock，1978）出现，但是关于男性主导和女性从属的普遍性，

---

① 关于这些术语的充分讨论，请参阅第十五章的相关内容。

社会科学家们达成了广泛的共识。当然，没有人严肃地对待 19 世纪一些人类学家的推测：最初存在着原始的女权主义制度（matriarchy），那时妇女主导着男人。人们从来没有发现过女权主义制度，它曾经存在过的可能性也微乎其微。同样，没有社会科学家声称，在哪个社会里发现了完全的性别平等。米歇尔·罗萨尔多和路易·兰姆菲尔（Michelle Rosaldo and Louise Lamphere，1974：3；cited in Giele，1977）的观点可以作为当代社会科学舆论的代表。

> 无论在哪里，我们都发现妇女被排除在特定的重要经济和政治活动之外，与男人的角色相比，她们作为妻子和母亲的角色，其权力与特权要少得多。因此，公道地说，在某种程度上，所有的当代社会都是男性主导的，虽然女性从属性的水平和表现差别巨大，但是性别不对称是目前人类社会生活的普遍现象。

进化视野中的劳动性别分工与性别不平等

在上面的引文中，罗萨尔多与兰姆菲尔注意到，虽然有些两性关系特征是普遍的，但各个社会的两性关系差异甚大。这些差异与普遍性一样值得进行社会科学研究。检视这些差异的最好方法是，考察性别角色模式与某社会的技术适应性之间的关系。

狩猎采集社会

狩猎采集社会里的主要经济角色都是高度性别化的。狩猎不折不扣地是男人的工作，而采集基本上是妇女的工作。虽然妇女偶尔也会狩猎小型的动物，干点儿捕鱼的活计，但是大型动物狩猎和深海捕鱼普遍被男人垄断着。同样，虽然男人有时也会参与采集活动，但是采集主要是女性关心的事情。在不同的狩猎采集社会里，肉食和植物性食物提供生存支持的比例大相径庭。在有些狩猎采集者中，如爱斯基摩人，狩猎几乎满足了其全部的生存需求。可是，在大多数狩猎采集社会里，采集所提供的食物在全部的生存需求中占有较大的比例。这一事实突显了采集活动对大多数搜寻者（forager）的极端重要性，并且表明，妇女通常在这些社会里扮演了

重要的生产角色。

在评价狩猎采集者中两性之间的相对社会地位时，厄尔尼斯丁·弗里代尔（Ernestine Friedl，1975）注意到，男人获得承认和声望的机会通常比女人多得多，而这些机会通常来自他们的猎手角色。狩猎使男人拥有了在家庭之外交换肉食的机会，而肉食是搜寻者最珍视的食物。在男人通过肉食提供大多数食物的地方，如在爱斯基摩人中，男人的社会地位要远远高于妇女。同样，在男人狩猎很少而妇女对生存贡献很大的地方，男人和女人的社会地位接近平等。

男人通过狩猎为生存做出贡献这一事实，似乎也给了男人控制妇女的机会。在男人很少从事狩猎的地方，以及男人对肉食的垄断很低的地方，他们对妇女的控制很少。例如，一夫多妻制在这样的社会里就很少见。在男人通过狩猎提供了大宗食物供给的地方，男人对妇女的敌意（aggression）就很明显，强大的男性主导模式就存在于这种地方。例如，爱斯基摩人中出现了男性主导和女性服从的普遍模式。妇女被当作性对象，而且她们无力掌控自己的命运。弗里代尔因而总结说，在男人垄断经济生产的地方，男性的主导权最大；在男人和女人为生计共同工作的社会里，性别平等几乎实现。

对狩猎采集社会里的性别角色进行概括并非易事，因为已有的模式五花八门。在某些搜寻者中，如爱斯基摩人或澳大利亚的各部落，明显存在男性主导，它本质上是一种男性至上复合体（male-supremacy complex）。在其他群体中，如在昆桑人中，性别平等几近实现。超越这些模式变化，我们似乎可以进行下述概括：在所有的狩猎采集群体中，男人一般会垄断政治决策，并且至少在某种程度上拥有较高的社会地位；在大多数——但绝不是全部——群体中，妇女享有高水平的自主性以及较高的社会地位；与其他所有的社会类型相比，搜寻者社会最接近于性别平等的实现。

园艺社会

在有关两性关系的一项主要研究中，凯伊·马丁和芭芭拉·伏尔西斯（Kay Martin and Barbara Voorhies 1975）分析了妇女在园艺社会里的地位。但是，他们并没有在简单园艺社会和复杂园艺社会之间做出区分。

通常，在园艺社会里，妇女延续了其在经济生产中的重要角色。在分析了来自《民族志辑录》

（Murdock，1967）的一个由 515 个园艺社会组成的样本后，马丁和伏尔西斯注意到，在其中 41% 的社会里，妇女主导着耕作活动；在其中 22% 的社会里，男人主导着耕作活动；在其中 37% 的社会里，男人和女人分担耕作活动。另外，作物在总膳食中的重要性越高，男人就越可能参与耕作活动。

对妇女在园艺社会里的地位进行分析，与其家族类型是分不开的，因为家族类型与妇女活动的性质紧密相关。运用一个由 104 个园艺社会构成的样本，马丁和伏尔西斯发现，56% 的社会是父系血统制，24% 的社会是母系血统制。一般来说，在那些实行母系血统制的园艺社会里，妇女的地位较高。在母系血统制的园艺者中，妇女是全部社会机构的中心，这提高了她们的整体社会地位。家族关系通过妇女进行追溯，男人通过他们的母亲和姐妹来追溯自己的血统联系，而不是通过他们的父亲来追溯。在这样的社会里，女性是经济活动的核心。土地是母系的，妇女以自己的血统的名义耕种土地，这意味着，妇女经常对政治事务施加很大的影响。不过，母系园艺社会的政治仍然被男人控制着，唯一的区别是，在这种情况下，男人以妇女的兄弟而不是丈夫的角色来行使权威。因此，虽然母系社会通常很尊敬妇女，但是妇女在政治上仍然从属于男人，她们的整体社会地位仍然低于男人。母系血统制削弱了男性的主导权，但并没有消除它。

由于父系社会通过男人来追溯其血统，所以在父系血统制园艺者中，男人成了社会结构的中心。土地由男人拥有和继承；与母系园艺社会相比，妇女与经济资源之间保持了更边缘的关系。父系园艺者中的妇女是家族群体中的经济生产者，而这些家族群体是通过她们的丈夫组织起来的，也在她们丈夫的主导之下。因此，这些社会里的妇女地位通常很低，毫无疑问低于那些依据母系制度组织起来的社会里的妇女地位。在父系社会里，妇女作为一个生育者被丈夫占有，任何后代都属于父亲及其家族。妇女代表了丈夫和父亲的家族的投资。在父亲的家族，年轻的女孩提供有价值的劳务；结婚以后，她成为丈夫家族的财产——既因为其劳动，又因为其生育服务。在结婚的时候，妇女迅速地从父亲的家族成员转变为丈夫的家族成员。当这件事发生的时候，婚姻就意味着，妇女进入了一个陌生人的世界。妇女在这个新世界里的地位是很低的。直到年老的时候，她们才可能获得尊敬与影响力，而且也只能通过与其儿子或其他男性亲属的关系来做到这一点。

在不同的园艺社会里，妇女地位的差异很大。在其中一极，我们发现了北美印第安易洛魁人的社会，其中妇女的地位特别高，影响也特别大（Brown，1975）。在另一极，我们发现了雅努玛玛人的社会，在这个社会里，女性极其顺从，社会生活完全是以男性为中心的（Chagnon，1983）。在园艺者中，与雅努玛玛人相比，易洛魁人更多地是一个例外，因为总体来看，园艺社会中妇女的地位都很低。显然，说园艺社会妇女的社会地位通常都很低——与在狩猎采集社会里的妇女相比，似乎是有道理的。不过，在农业社会里，妇女的地位降到了谷底。

农业社会

在从园艺社会向农业社会的转型中，技术和经济生活发生了巨大的改变。这些改变对两性关系的性质产生了重要的影响（Martin and Voorhies，1975）。随着复杂园艺耕作向农业耕作的转变，妇女在很大程度上被剥夺了经济生产这一重要角色，经济生产进而被男人控制。随着男人对生产的控制，家庭事务及相关家务活动被分派给了妇女。于是，马丁和伏尔西斯所说的"内外两分法"（inside-outside dichotomy）发展了起来，其他人把它称为"公务—家务"（public - domestic）分野。这是一种社会生活的分配，即把社会生活大体上分成两个分裂的、各不相同的领域。一方面是公共活动的领域，这些活动发生在家庭之外。另一方面是家庭活动的领域，或是"内部"领域，后一领域主要与烹饪、清洁、洗衣、护理和育儿有关。人们认为，后一领域具有明显的女性特质。

直到农业社会兴起以后，内外两分法才有了完整的可识别性，因为农业水平以下的大多数社会或者不承认这一区分，或者这一区分才刚刚开始发展。随着这一区分的出现，男人和女人开始生活在显著不同的世界里，人们还发展出精致的意识形态，鼓吹男人的"自然"优越性，强调女人的"自然"低劣性。内外两分法的出现，与女人的结构性低下地位降至最低点密切相关。

在大多数农业社会里，一个广泛存在的生活特征是，妇女被孤立和排除在很多活动之外（Martin and Voorhies，1975；Mandelbaum，1988）。禁止妇女拥有财产、从事政治活动、接受教育，实际上是禁止她们从事家门之外的任何活动。在很多农业社会，从法律上说，妇女是男人的卑亲属，是依赖于男人的被监护对象。特别是在伊斯兰教社会，妇女穿着覆盖除眼睛之外全身各处的服装，由此她们与男人的隔绝被符号化了。通常，农业社会对女性的性活动实施严格的控制。很多农业社会要求女孩婚前保持贞操，婚前和婚外的性行为可能导致严厉的惩罚，越轨的妇女甚至会被自己的丈夫和其他族人杀死。与此相反，农业社会允许甚至鼓励男人的非婚性行为。妇女还被禁止提出离婚，它通常是男人的特权。

在农业社会，人们通常认为，对于那些需要智力、膂力和情感坚定性的工作来说，男人更为适合。相反，妇女注定只适合担任那些生理性的、重复性的和缺乏创造性的角色。总之，妇女是父亲和丈夫的社会附庸，通常也在经济上完全依赖于他们。人们认为妇女是依赖性的、不成熟的，需要男性的保护和指导，这些观念深深地植入了农业社会的宗教、道德和法律之中（Martin and Voorhies，1975）。

虽然严重的男性主导制广泛地存在于很多园艺社会和一些狩猎采集社会里，但是农业社会中男性优越制度是最完善、最强大的，其内在一致性也是最高的。在农业社会的各个生活领域，如物质领域、社会领域和意识形态领域，妇女通常占据极为低下的社会地位。从整体上来看，这一事实可能与农业经济生产的性质密不可分。

工业社会

工业化资本主义社会　资本主义和工业主义把妇女重新带入了经济生产领域。不过，旧的性别角色模式的很多方面依然如故。大部分家务劳动仍然由妇女完成，男人仍然主导着政治、最有声望和报酬最高的工作，也主导着家庭之外的社会生活领域。妇女仍然被限制在低薪的、低声望的工作上，例如职员工作、秘书工作和服务工作。妇女还主导着具有强烈抚育色彩的工作，如小学教育和护理。通向公司高层管理职位和行政职位的道路，只为妇女打开了一个小口。男人仍然垄断着社会地位最高的职业，如建筑、法律、医疗、工程以及大学教育。在男人和女人拥有同样的或类似的职位的情况下，女人的报酬远低于男人。目前，美国全职妇女的工资中值仅仅是男人的 72% 左右（U. S. Bureau of the Census，1992）。

很多社会科学家，特别是马克思主义者曾经阐明，资本主义对妇女的社会地位产生了负面的影响（J. Thomas，1988）。不过，虽然妇女在很多社会生活领域普遍处于从属性的社会地位，但是自资本主义出现以来，妇女在很多方面获得了解放。例如，她们实际上实现了与男人的政治和法律平等，不再被认为是男人的卑亲属或被监护者。与所有农业社会和第三世界社会的妇女相比，与很多园艺社会和游牧社会的妇女相比，资本主义社会里的妇女社会地位获得了戏剧性的改善，她们在不受男人的专横影响之下把握自己生活的能力也戏剧性地提高了。

爱德华·肖特尔（Edward Shorter，1976）曾经认为，这一改善至少是从 18 世纪开始的。当时，通过受雇于家庭手工业和早期形式的工厂，很多妇女融入了资本主义的市场经济之中。新发现的这一经济角色提高了妇女的整体权力、独立性以及与男人之间的相对地位。肖特尔（Shorter，1976：520）注意到："与在传统的道德经济（traditional moral economy）中不同，在资本主义的市场经济中，妇女的工作把资源从外部带入……因此，妇女对家庭经济的贡献变得明显了，也量化了。周薪（weekly wage packet）成了争夺家庭权力的武器。"肖特尔强调说，妇女地位的这些改变仅限于农民和工人，中产阶级和上层阶级的情况可能不太一样。在这些较为富裕的群体里，在资本主义的早期阶段，妇女的地位实际上可能降低了，因为妇女对其丈夫的经济依赖度提高了。不过，肖特尔也指出，农民和工人阶级的妇女构成了这一阶段人口的绝大多数。

更晚近以来，妇女的地位得到了大幅度的改善，这与 20 世纪妇女快速加入劳动力大军的运动有关。在所有的工业资本主义社会里，妇女都是劳动力大军的重要组成部分（见表 14—1）。19 世纪晚期，秘书工作和职员工作需要大量的妇女。不过，二战之前，大多数工作的妇女都是单身、孀居或离婚者；大多数已婚妇女，特别是有孩子的妇女，都留在家里。例如，1930 年，美国只有 11.7% 的已婚妇女在家庭之外工作，而 50.5% 的单身妇女和 34.4% 的孀居和离婚妇女在家庭之外工作（U. S. Department of Commerce，1975）。但是，二战之后，已婚妇女，甚至是那些有孩子的妇女，加入劳动大军的人数显著增加了。例如，1948 年，美国只有 10.8% 的有 6 岁以下孩子的已婚妇女加入劳动大军（U. S. Department of Commerce，1975）；但是到 1980 年，这种类型的妇女加入劳动大军的比例是 45.1%；到 1995 年的时候，这一比例上升到了 63.5%（U. S. Bureau of the Census，1996）。

表 14—1　　　　　　　　　一些工业化国家的妇女劳动力参与度（1960—1994 年）

国家	妇女中劳动力的比例（%）*				妇女占劳动力的比例（%）		
	1960	1970	1980	1994	1970	1980	1994
美国	42.6	50.4	61.3	63.7	36.7	41.9	45.0
加拿大	33.7	41.1	57.8	67.8	32.2	40.0	44.0
法国	45.4	47.5	52.5	59.5	36.6	40.1	44.0
德国**	49.2	48.1	50.0	61.8	35.9	37.8	41.0
日本	60.1	55.4	54.9	62.1	39.3	38.7	40.0
瑞典	50.1	60.6	75.7	74.4	39.5	45.2	47.0
英国	46.1	53.5	61.7	65.4	36.2	40.3	43.0

* 劳动力中所有年龄的妇女占 15～64 岁全部人口的比例。

** 1960—1980 年的数据仅包括联邦德国的数据，1994 年的数据是统一后的德国的数据。

资料来源：U. S. Bureau of the Census, *Statistical Abstract of the United States*. Washington，D. C.：U. S. Government Printing Office，1985，Table 1492；1988，Table 1402；and 1996，Table 1349。World Bank，*World Development Report*，New York：Oxford University Press，1996，Table 4。

在过去的数十年里，妇女还大量加入了各种知识行业（learned profession）。1960 年，美国下述职业中妇女人数所占比例为：医生的 5.5%、牙医的 0.8%、律师的 2.5%、工程师的 0.4%（U. S. Bureau of the Census, 1985）。但是到 1995 年的时候，她们构成了医生人数的 24.4%、牙医人数的 13.4%、律师人数的 26.4%、工程师人数的 8.4%（U. S. Bureau of the Census, 1996）。虽然在进入这些职业的机会方面，妇女并没有实现与男人的平等，但无论如何，情况显著地改善了。

国家社会主义社会　在苏联，妇女构成了劳动大军的一半，她们出现在苏联劳动大军的所有层次上。妇女在苏联劳动大军中占有高比例是人力资源严重短缺的结果，而这一人力资源短缺又是苏联参加二战的结果。战争之后，妇女开始大量进入各种职业。近年来，苏联妇女在职业结构的所有层次上都保持了高比例，包括专业领域。令人特别感兴趣的是专业领域妇女的参与。伯耐斯·罗森塔尔（Bernice Rosenthal, 1975）注意到，苏联妇女构成了医生人数的 72%，律师人数的 35%，法官和助理法官（associate judge）人数的 47%，牙医、医学学生和护士人数的 90%，高级农业专家人数的 58%，会计、统计师和规划师人数的 76%，所有科学家人数的 38%，工程师人数的 33%。这些数据似乎表明，苏联妇女在经济部门向平等迈出了一大步。不过这些数据是具有高度误导性的，罗森塔尔（Rosenthal, 1975：444 - 446）解释说：

苏联的医生职业与美国的医生职业没有可比性。苏联医疗职业的低收入臭名昭著……在

医学职业内部，医院和科室的头目是男人；他们是外科医生和高薪的专家，而妇女则是全科医生、助产士、护士以及住院医生……法律也不是一个挣钱多的行业，在其内部，"首席法官"（advocats，薪水最高的专家）通常是男人。女法官和助理法官（官方数据将这两者归在一起）集中在低级法院里。

在研究层级中，苏联科学院中声名卓著的正式院士，只有 2% 是妇女；准院士中，只有 2.5% 是妇女。从来没有妇女做过院长、副院长、主任科学秘书（Chief Scientific Secretary），或者是成为苏联科学院主席团的成员。

在苏联社会里，权力、金钱和声望都归于工厂和集体农庄的高层行政官员。在必须对男人发号施令的权威职位上，妇女凤毛麟角。在工厂里，16% 的总工程师是妇女，12% 的科室主任是妇女……女性行政人员最多地出现在日常工作中，她们不能制定政策。次级职务，如图书管理员、"抄表员"（ratesetter）和技术员大多是女性。

苏联社会的高层，妇女比男人更难进入；而在经济部门的最底层，妇女则过度集中。虽然妇女构成了劳动大军的一半，但她们的总收入只占工资总数的四分之一……超过一半的苏联妇女的收入低于苏联的平均工资——每月 103 卢布。此外，很多妇女挣的是计件工资，她们的工资经常低于苏联官方的最低工资——每月 60 卢布。

根据罗森塔尔的说法，苏联妇女在经济结构中明显只占据了次要的地位。实际上，这一地位与资

本主义社会职业结构中妇女的地位非常相似。妇女在苏联政治中的代表性非常低。苏联社会里妇女的政治参与权被严格限制于政府的低级职位上，她们很少出现在高层的政治职位上（Rosenthai，1975）。

虽然妇女在苏联经济中扮演了重要角色，但她们并没有被解除家务劳动。在苏联，家务劳动仍然被视为绝对"女性"的工作，男人对家务劳动的贡献甚微，或者根本没有。这给苏联妇女带来了双重负担：工作场所的劳动责任以及家务劳动的全部责任。罗森塔尔（Rosenthal，1975：429）评论说："家庭和工作场所的'双重负担'构成了对实现平等来说不可逾越的障碍，而这一障碍还有待克服。"

因此，在走向性别平等的道路上，与主要工业资本主义社会相比，苏联显然并没有更多的进展。不论是在资本主义社会，还是在国家社会主义社会，基本的性别不平等都仍是社会生活中非常显眼的部分。就此来看，在人类历史上，工业化和政治意识形态都没有成功地终结男性的支配地位与女性的从属地位。在任何有关性别不平等的理论解释中，这个事实都无法被忽视。

第三世界

从很多方面来说，当代欠发达世界里的妇女地位与过去农业社会里的情况非常相似（Ward，1985）。在农业部门，一般是男人主导农业工作，这一经济控制力也使他们控制了社会生活中其他主要的制度部门。因此，两性之间强烈的父权主义关系是第三世界里农民生活的普遍特征，而农业社会旧有的内外两分法仍顽固地存在着。

在农业部门之外，工作角色当然非常不同，但妇女的地位似乎仍然非常低下。妇女一般集中在低薪的工作上，这些工作的声望最低。她们在职业和管理职位上的代表性明显低于其人口比例，而在服务性工作，特别是家政服务工作，如管家、厨师、奶妈、女家庭教师和仆人中，她们的代表又过高。妇女还在一些传统的手艺工作上有极高的代表性，这些工作涉及制陶、裁缝、编篮、制毯以及编织（cf.Chinchilla，1977；Arizpe，1977）。

最近，世界资本主义体系的组织发生了一些变化，这些变化对第三世界妇女的工作和地位具有重大的意义（cf.Ward，1985，1990；Fuentes and Ehrenreich，1983）。第九章提到，在过去的二三十年时间里，出现了一种向新的国际劳动分工发展的趋势（Fröbel et al.，1980）。为了利用廉价劳动力，降低生产成本，发达资本主义国家一直在对很多行业进行地理上的重新布局。最常被重新布局的行业是纺织工业，在经常发生这种重新布局的国家中，下列国家及地区名列前茅：新加坡、韩国、牙买加、多米尼加共和国、萨尔瓦多、墨西哥及中国台湾、中国香港（Safa，1981；Fernandez-Kelly，1983；Tiano，1990）。这一过程所涉及的第三世界工人中，妇女的人数是压倒性的，特别是年轻的单身妇女。

对第三世界的妇女来说，这些重大的经济变化意味着什么呢？一个大体上积极的后果是，新的工作机会使很多妇女获得了经济独立，这将缓解家庭，特别是她们的父亲对她们的控制。不过海伦·萨法（Helen Safa，1981）指出，这种经济独立似乎伴随着严重的经济剥削。妇女在这些新工业中从事的工作不要求多少技能，但报酬很低。在大多数情况下，这些工作单调乏味，通常需要长时间高度集中注意力。在电子工业中，工人们要花很长时间来看显微镜，通常从事这个工作仅仅数年时间，她们的视力就会受损（Safa，1981）。这些新工业不仅报酬极低，附加收益（fringe benefit）通常也是不存在的，如参加工会或工人组织的其他形式的机会——而这样做也许能使条件改善。在很多拥有这些新工业的第三世界国家和地区，政府竭尽全力阻止工人们组织起来，包括以暴力的方式压制工人们的抗议（Safa，1981）。

对第三世界妇女的地位进行严谨的概括并非易事，因为不同国家和地区之间差异显著。不过，总体而言，第三世界妇女享有的社会地位极为低下，而且，说她们的地位因为最近的经济改变而得到改善是令人生疑的。第三世界目前的苦难非常深重，而妇女无疑比男人更多地承担了这一苦难的重负。

关于性别不平等的理论

人们提出了各种理论来解释性别分工的性质以及性别的不平等。其中有些理论主要关注对普遍模式的解释，其他理论则更加关注解释性别角色的变异性。社会生物学理论试图借助两性之间的基本生物学差异来解释普遍的男性优势。这些理论假设，无论性别不平等的社会复杂程度如何，性别角色差异的建立必须与人类生物学一些特定的基本性质相适应。唯物主义理论——分为马克思主义版本和非马克思主义版本——试图把性别角色类型解释为社会经济基础的产物。它们更多地关注性别角色体系

301

的差异性，而且通常假设，主要是技术的性质、经济生产和生态，而不是生物学规律，决定了两性之间怎样相处。政治学理论也试图解释性别角色模式的差异性。其中最突出的理论强调，参与战争概率的差异是性别角色差异的决定性因素。由于这些主要理论努力解释性别不平等的不同方面（普适性相对于差异性），所以它们之间可能是相辅相成的，而不是相互对立的。

302

社会生物学理论

皮埃尔·凡·登·伯格（Pierre van den Berghe, 1973）和斯蒂文·葛尔德博格（Steven Goldberg, 1993）提出了他们对性别角色的社会生物学解释。凡·登·伯格展示了一种生物进化理论，这一理论的基础是灵长目研究提供的证据以及对人类进化的假设性重构。他的主要观点是，当代所有的性别角色安排（arrangement）都是现代人对其所继承的来自灵长目及人科祖先的基本"生物程序"的反映。生物程序就是这样一种东西：它使男人有狩猎、发起战争和保护群体的倾向，使妇女有抚育幼儿的倾向。凡·登·伯格把它视为隐藏在男人在政治上主导女人这一普遍模型背后的力量。

意识到这一点很重要：凡·登·伯格仅仅是为了解释普遍的男性主导地位，才提出这一社会生物学理论的。他说，男性主导在形式上或强度上的变异并不是出自生物学原因，而是因为文化对人类生物程序进行了不同的处理（elaboration）。因此，在这一理论中，没有任何内容可以解释不同社会之间的性别制度差异。之所以说凡·登·伯格的理论是"社会生物的"，是因为在解释性别角色的各种行为时，生物因素和社会文化因素都是必需的。

斯蒂文·葛尔德博格（Steven Goldberg, 1993）最近出的一本书使用了一个政治上特别不正确的题目：《男人为何统治：关于男性主导的一个理论》。在这本书中，葛尔德博格试图解释，为什么所有地方的男人都垄断着该社会的领导角色和高级职位。他说，这一模式的原因是神经内分泌学的（neuroendocrinological）：男人的睾丸素浓度比女人要高得多（实际上前者是后者的10倍之多）。睾丸素的水平似乎与攻击性、支配性和竞争性水平密切相关。因此，男人有着更强烈的获取主导地位的倾向，这意味着，总体来说，他们更经常地把获得领导地位和社会地位作为目标。在对这些职位的竞争中，妇女天然地居于劣势。葛尔德博格认为，有一点特别值得注意，

那就是，根据社会学家、人类学家和历史学家的观察得知，从来没有一个社会例外于他所描述的模式。他说，推翻他的理论所需要的仅仅是一个例外，但这个例外并没有出现。人们提出了各种例外情况，但仔细检视之后，发现它们都不成立。

大多数社会学家都不同意凡·登·伯格和葛尔德博格提出的这种理论，他们声称，性别角色的这些性质是通过社会化过程学习来的。人们教育小男孩要有攻击性和主导性，教育小女孩要有抚育性（nurturant）。这些文化模式以社会传承的方式从一代传到下一代。不过，凡·登·伯格和葛尔德博格指出，上述讨论存在一个问题，它没有考虑下述问题：为什么全世界都以同样的方式教育男孩和女孩？他们声称，文化模式和社会化实践仅仅是下述事实的反映：小男孩就是更富攻击性，而小女孩就是更富抚育性的。或者，用葛尔德博格的话来说，这些社会化模式仅仅是对基本的心理生理学（psycho-physiological）事实的社会学适应：所有社会里的人们都视这一事实为理所应当。

303

目前已经积累起来的大量证据表明，凡·登·伯格和葛尔德博格的主张基本上是正确的。证据来自下列领域：类人猿灵长目动物的行为研究、性别差异的跨文化研究、人类发展的性别差异研究等。这些证据均指向同一个结论，即人类生物学因素是两性行为差异的重要组成部分。

赛伊穆尔和希尔达·帕克尔（Seymour and Hilda Parker, 1979）注意到，两性之间在攻击性上的行为差异，极为广泛地分布于动物世界之中。雄性动物表现出更高水平的攻击性，而且据报道，在非人科灵长目动物中，雄性动物特别喜欢打斗性的（rough-and-tumble）游戏，特别喜欢威胁性和支配性的行为。此外，这些差异开始于幼儿时期，并且持续终生，这与人类无异。帕克尔等人（Parker and Parker）对许多研究证据进行了综述，这些证据显示，在各种哺乳类动物中，睾丸素与攻击行为和支配行为之间有显著的相关性。例如，对恒河猴的研究表明，血清中睾丸素水平高的猴子更倾向于使用攻击性和支配性的行为，较少出现"母性"（maternal）类型的行为。当雌猴被注射了睾丸素以后，它就更具攻击性，并且进行更多的支配性行为。

最后，帕克尔等人检视了关于人类发展的一些数据，这些数据强烈表明，两性之间在生物学倾向上存在差异（cf. Money and Ehrhardt, 1972）。有些女性在胚胎期接受了超过正常水平的雄性激素，历

时性研究显示，这些人后来的发展与其他女性不同。她们表现出更高水平的攻击性和精力支出（energy expenditure），更可能选择男性而不是女性作为自己的伙伴，对玩具娃娃的兴趣较少，对其他与母性行为有关的女性游戏的兴趣也较少，对非家务事有更高的兴趣，更多地被描述为"假小子"。

在上述详细综述和其他发现的基础上，帕克尔等人总结说："在生物心理学（biopsychological）性别差异和劳动的性别分工之间，存在着简洁的、合逻辑的一致性。"

除了上述内容，我们也不能忽视两性之间明显的生物学差异：男人在生理上更魁梧、更强壮，而妇女需要生产和抚育孩子。在塑造劳动分工的特定面相时，这些生物学事实无疑扮演了关键的角色。在狩猎采集社会中，把男人培养成猎手显然更有好处，因为与男人相比，怀孕和哺乳的妇女无疑不太适合捕猎。男人没有背负这些责任，而且他们也更敏捷和强壮，这就形成了一个必然选择：男人应该捕猎野生动物（特别是大型动物）。

此外，男人拥有较强的体力，这无疑是他们在所有社会里都垄断着费力和累人工作的一个原因。例如，妇女通常在园艺社会里的耕作工作中发挥重要作用，这种类型的耕作不需要很强的体力和耐力。可是，男人在密集型（intensive）农业里垄断着经济生产，在这种情况下，劳动要求高水平的体力和精力付出。而且，不难发现，所有的社会都把妇女当作儿童保健服务的主要提供者，之所以如此，是因为妇女必须生产和照顾孩子，而生物进化毫无疑问造就了妇女善解人意的性情，这种性情对儿童保健工作是至关重要的。还有一个坚实的理由足以解释下述问题：为什么世界上的各个社会都把技能低下和易于中断的工作分派给妇女？因为出于照顾儿童的责任要求，其他同时进行的工作很可能会经常地、不可预料地被打断。低技能的工作不是很要求注意力集中，因而它更适合那个主要承担儿童保健的性别。

妇女的生育和抚养责任，似乎还很适应妇女对经济生产的整体参与方式，这也是下述事实的原因：在向农业社会的转型过程中，妇女丧失了大多数的生产角色。刚才提到，男人拥有更强的体力和耐力，这无疑在他们主导农业经济生产上发挥了重要的作用。可是，妇女生产和抚养孩子的责任同样重要——如果不是更重要的话。与其他任何社会相比，农业社会里的妇女都倾向于生育更多的孩子，这进而加重了她们抚

育儿童的责任。肩负这些责任的妇女很难更多地参与经济活动——这些经济活动可能会使他们长时间地离开孩子。母亲们也很难把她们的孩子带到田地里，因为农业活动（如耕地）对孩子们来说是很危险的（cf. Ember，1983；Blumberg，1978）。

人类生物学因素也可以在性别角色的转变过程中体现出来，这发生在以色列的吉布兹中（Tiger and Shepher，1975；Spiro，1979）。吉布兹（kibbutz）是公社式的居住地，由20世纪早期来自东欧的移民建立于以色列。很多这样的居住地目前还在运行，并继续繁荣。吉布兹根据强大的意识形态原则——经济上和性别上的平等主义——建立起来。最初的时候，男人和女人在农业活计中并肩工作；妇女积极参与政治管理；儿童在公共托儿所里接受抚育；无论男人还是女人，都承担着做饭、洗衣和育儿服务等责任。

从最初这种接近性别平等的状况开始，在一到两代人的时间里，吉布兹变成了一个具有显著性别差异的社会。目前，男人垄断了农业工作，妇女主要承担着做饭、洗衣、在托儿所里照顾孩子等责任。此外，男人在政治行政领域的代表性远高于其人口比例。泰格尔和舍匹尔（Tiger and Shepher，1975）报告说，妇女自愿从农业生产和政治领域中退出。泰格尔和舍匹尔对这种改变的解释是，它的出现源自不同性别的生物学自然偏好：男人自然地倾向于从事费力的工作，并主导政治；而妇女的偏好则指向与服务有关的角色，以及抚育儿童的角色。

马克思主义理论

在其著名的《家庭、私有制和国家的起源》一书中，弗里德里希·恩格斯提出了马克思主义对妇女从属地位的解释（Friedrich Engels，1970；org. 1884）。恩格斯的灵感来自马克思以及19世纪的进化论人类学家路易斯·亨利·摩尔根。在恩格斯看来，早期人类社会经济具有"为消费而生产"的特征。本质上，家庭是一个共同体，所有的工作都是围绕家庭这个整体进行的。妇女是这一共同体事务的平等参与者，他们对经济生产做出了重要的贡献。

随着私有制的发展，这一切都被一扫而空。男人成了财产的主人，为交换而生产代替了为消费而生产。作为私有财产的主人，男人获得了政治主导权。妇女开始为其丈夫进行生产，而不再是为整个共同体进行生产。恩格斯认为，正是私有财产的发

展以及随之而来的男人对财产的控制，构成了妇女从属地位的基础。

这一解释部分正确。恩格斯设想，不存在私有财产和社会阶级的社会将给予妇女平等的地位。但我们已经清楚地看到，事情并非如此。从某种程度上来说，不仅男性主导是普遍存在的，而且很多前国家和前阶级社会的特征也是强有力的妇女从属模式。因此，说私有财产和社会阶级是妇女从属地位的根本原因，显然不符合事实。不过，这些事实与妇女地位整体上的陡然下降密不可分。因此，恩格斯的理论为我们提供了重要的洞见，尽管作为解释妇女从属地位的一般理论，他的理论可能是不可接受的。

凯伦·撒克斯（Karen Sacks，1975，1979）对恩格斯的主张进行了马克思主义式的发展。她认为，在社会文化进化中，妇女地位的普遍降低与"为交换而生产"和私有财产的出现密不可分。这种情况之所以出现，是因为它对统治阶级是有利的。统治阶级之所以选择男人来生产有价值的产品，是因为他们不必抚育孩子，因而可以更大限度地被剥削。妇女因此被引导着进入家务劳动领域。一旦在妇女的家务工作与男人的大生产舞台（larger productive arena）之间做出划分，造成下述情况的条件就产生了：妇女被定义为未成年人以及依赖男人的被监护者。

撒克斯试图从整体上把妇女地位与社会生产方式的性质联系起来。这种尝试是值得肯定的。但她的理论有一点非常可疑：她提出，在阶级分化的社会里，男人控制经济生产是因为统治阶级的意愿。统治阶级似乎与这件事没有关系。即使统治阶级无所作为，在下述社会里，男人也会主宰经济生产：生产需要大量集中的劳动力投入，妇女的生育责任干扰了她们对生产活动的深度参与。

马克思主义理论对现代资本主义社会里妇女的从属地位特别关注，这一点在近年来很突出（cf. Morton，1971；Vogel，1983）。这些理论把性别区分与资本家对可剥削的（exploitable）劳动力的需求联系起来。他们提出，男人支配女人是资本家支配工人的结果。妇女在劳动力的再生产方面扮演着男人无法扮演的角色。也就是说，由于妇女是儿童的养育者，所以她们必须持续地生育更多的后代，使他们成为资本家未来的工人。这要求她们将注意力集中在家务上，这种要求又有助于保证丈夫对她们的支配。

妇女们特殊的育儿角色导致了她们的从属地位，*306* 这是一个重要的想法。妇女们集中在家务劳动上，进而被排除在劳动大军之外。上述情况剥夺了她们许多有价值的资源——凭借这些资源，她们可以为男女平等而斗争。不过，马克思主义在这一问题上的不足之处是，它坚持把这种情况视为阶级现象。那么，对于那些不属于被支配阶级的妇女，我们怎样解释她们地位的低下？在回答这一问题时，马克思主义者提不出任何自洽的理论，这表明，对于妇女的从属地位，真相比他们发现的要多得多。

非马克思主义的唯物主义理论

一个重要的非马克思主义性别关系理论是由马丁和伏尔西斯（Martin and Voorhies，1975）提出来的。他们声称，应该把性别关系看做特定的生态、技术和经济安排的适应性后果（adaptive consequence）。

在狩猎采集社会中，在当时的生产方式框架内，男人狩猎、女人采集被视为是高度适应性的。由于妇女从事采集活动意味着她们对生计贡献巨大，所以男人们不能垄断经济资源，也无法利用这样的垄断来建立强有力的女性从属模式。因为妇女对生计有重大贡献，她们掌握着自己的资源，因此能够将这种资源控制变成相对较高的社会地位。

妇女在园艺社会里的地位与决定其资源控制力的物质条件紧密联系在一起。在那些缺乏严重的自然资源压力的社会里，母系血统制是常见的。这给了妇女相当高的地位，因为她们是整个社会结构的中心，土地由母系亲属群体拥有和继承，而妇女是为自己的母系家族而运用自己的生产力。那些承受着严重的资源压力的园艺社会，通常会发展出父系血统制。妇女是为了她们的丈夫或父亲的父系家族而运用自己的生产力，妇女为男性利益服务。在这种情况下，妇女地位相对较低。

在马丁和伏尔西斯看来，农业社会里男人对生产的控制是具有高度适应性的。与妇女相比，男人们从事需要密集劳动的活动要适合得多，因为妇女必须承担生育孩子的责任。男性对经济资源的控制，使他们有能力控制家庭之外全部的社会生活领域，在他们这样做的时候，妇女的地位跌到了谷底。

沿着历史的轨迹，工业社会把农业社会里旧有的内外两分法永久化了，因为男人仍然主导着生产过程。不过，在改变传统的性别关系这件事情上，工业技术的进步贡献良多。日益复杂的技术使下述情况成为可能：妇女娴熟地承担起大量的家庭外角色。一旦她们开始这样做，她们的整体社会地位就显著改善了。

雷·莱塞尔·布隆伯格（Rae Lesser Blumberg，1984）提出了一个类似的理论。布隆伯格认为，在世界上的各个社会中，决定妇女地位的关键因素都是其经济实力。哪里的妇女经济实力强大，哪里的妇女就能够把这种实力转化为相对较高的社会地位。相反，哪里的妇女经济实力弱，哪里的妇女的社会地位就毫无例外地低下。

307 布隆伯格提出了决定妇女经济实力的 3 个因素。第一个因素是妇女的劳动力的不可或缺性。这一因素包括下列内容：妇女对家庭生计需求的贡献程度，女性劳动者对技术技能的控制，女性劳动者脱离男性的管控而自主行事的程度，还有女性工作群体的规模和团结性。第二个因素是家族体系的组织性。在从母居和母系血统占主导地位的地方，妇女的经济实力较强，因为她们深入参与了财产的控制和管理。第三个因素是分层体系的整体性。布隆伯格认为，在分层体系发展完善的社会里，妇女们境遇不佳，因为强有力的分层体系会削弱妇女所拥有的经济实力的整体水平。

布隆伯格强调说，妇女拥有经济实力并不仅仅意味着她们有能力把这种实力转化为较高的社会地位，或者转化为男人对她们的关心和尊重；它还意味着，她们有能力——以相对独立于男性控制的方式——掌控自己的生活。用布隆伯格的话来说，经济实力给了妇女可观的"生活选择"。这些选择包括控制下述事情的能力：生育、性生活、结婚、离婚、家庭事务、活动自由，以及接受教育。

马丁和伏尔西斯提供的解释以及布隆伯格提供的解释，似乎能够弥补马克思主义理论的主要缺陷。这些理论家令人信服地表示，性别角色与潜在的经济基础密切相关。因而，他们理解了性别角色体系所展示出来的全部变异范围。在妇女深入参与生产过程的地方，她们控制着资源，并把这些资源转化为较高的社会地位和对自身生活的控制。与此相反，在妇女大体上被排除于生产过程的地方，她们不能控制资源；男性对经济资源的控制转化成了在社会生活的各个领域控制和压迫妇女的机会，而男人们迫不及待地利用这一机会来促进他们自身的利益。

政治学理论

戴威尔和哈里斯（Divale and Harris，1976）提出了一种新颖的理论以解释男性至上的社会制度为何在游群和部落社会里占主导地位。根据这一理论，游群和部落社会里男性至上的制度是战争的副产品。战争是一种手段，在资源稀缺时，它被用来控制人口。战争通过分散人口，通过合理分配人口与食物供给——特别是动物蛋白的供给，降低了人口压力。溺死女婴的做法也被认为是一种控制人口的因素。通过选择性地杀死一部分女婴，游群和村庄社会得以稳定其人口，并阻止其生活水平的严重恶化。

于是，被戴威尔和哈里斯称为"战争—溺女婴—男性至上复合体"（warfare-female infanticide-male supremacy complex）——一种功能性的相关特质群（a functionally related pattern of traits）——的现象就出现了。战争和溺女婴都有助于维持男性至上的制度。男人在使用便携式武器时的优越能力，意味着他们将成为武士，而战争促使他们变得富有攻击性、好斗。相应地，女性被训练得很被动，因为她们是对男人在战场上的胜利的奖赏（通过一夫多妻制的实践）。溺女婴对创造男性至上的制度也有 308 影响，因为男性至上的意识形态可以使杀害女婴的行为正当化。

戴威尔和哈里斯曾经利用 112 个游群和村庄的数据来对其理论进行检验，他们声称这些数据能够支撑他们的理论。另外，哈里斯指出，雅努玛玛人中战争、溺女婴和男性至上的强有力模式，是体现和支持该理论的民族志案例。雅努玛玛人是世界上最好斗的民族之一（Chagnon，1983）。雅努玛玛男人因其攻击性水平极高而著称，这种攻击性既针对男人，也针对女人。村庄之间的男性暴力行为非常普遍；村庄之间的战争或者是为战争作准备，是雅努玛玛人生活的常态。很难再发现另一个更为彻底地充溢着男性至上制度的社会了。男人完全控制着社会生活的经济和政治部门，而亲属团体是高度男性中心主义的。男人主导着宗教生活，只有他们可以使用致幻药"伊俾因"（ebene），这种物质是雅努玛玛宗教活动的重要组成部分。男人经常对妇女使用各种暴力：用斧头攻击她们，用箭射她们，用烧红的木棍烫她们，用耳环拽她们的耳垂以致其耳垂远垂头外。从意识形态上来说，雅努玛玛男人认为女人是绝对低劣的二等公民，她们在生活中的地位是咎由自取的。雅努玛玛妇女基本上服从她们的命运，年轻的姑娘从其早年经历得知，她们的世界是一个完全以男性为中心的世界。

另一个社会科学家也强调，战争是理解男性主导地位的关键，他就是兰道尔·科林斯（Randall Collins，1975，1985b）。不过，科林斯的理论比戴威尔和哈里斯的理论的概括程度更高，其适用范围涵盖所有的社会（至少是前工业社会）。科林斯提出，在没有军事威胁、武器没有充分发展的情况下，男人没有理由组织为军事团体。在这样的情况下，相对平等的男女关系占主导地位。相反，如果有充分发展军事组织的需要，那么对男性的体力特征和攻击性特征的强调就会受人青睐，这一倾向将导致高水平的男性主导。

人们对这些政治学理论进行了仔细的辨析，有足够的证据显示，军事主义和男性主导彼此相关。不过，认为这些理论构成了一种可接受的理解男性至上制度的普遍解释，似乎理由不足。这是因为，战争不太可能是男性主导制度的主要原因。历史上有太多这样的例子，很多没有战争的社会拥有强大的男性主导制度，而战争频仍的社会却相当重视妇女的作用。不过，在强化既有的男性主导状态方面，战争可能是一个重要因素。例如，在像雅努玛玛这样的社会里，男性至上的制度被发挥到了夸张的地步，而这与长期的战争状态密不可分（cf. Chagnon，1983）。但是，这一事实并没有把战争上升到这样的高度：它是男性主导制度的主要决定因素。

性别不平等的理论：一些结论

关于人类社会里劳动的性别分工和性别不平等，我们可以得出什么结论呢？从我们综述过的大量证据来看，下述结论可能是合适的：不对称的劳动性别分工具有显著的跨文化一致性，至少某种形式的男性主导制度是普遍的，这可以解释为基本的两性生物学差异的结果；劳动的性别分工和男性主导程度的跨文化差异，可以从生态的、技术的和经济制度的角度进行解释；在有些社会里，军事主义和战争使男性主导制度极大地强化了。

正如前文所提示的，没有任何一个因素或者一组因素可以完全解释性别关系。要解释性别制度的不同面相，必须引入不同的因素。用描述阶级等级制和种族等级制的方式来概括性别等级制，似乎是不合适的。阶级等级制和种族等级制与个人和群体

之间的生物学差异没有任何关系，它们是特定的经济生产体系的结果。建立在性别基础上的等级制也受到了生产制度的重大影响，但事情似乎没有到此为止。现有证据提示我们，性别等级制，至少从其普遍性上来讲，也建立在人类生物程序的基础之上。[①]

小　结

1. 所有的人类社会都有劳动的性别分工和性别不平等。男人被分派的工作一般涉及更强的体力、更多的危险、更多的技术训练、更经常地离家外出。妇女被分派的角色一般更具有重复性，对精力集中的要求更少。性别不平等普遍青睐男性。在社会的政治和家庭制度中，在意识形态上层建筑中，在两性之间日常互动的无数方面，这种情况都是显而易见的。

2. 社会之间性别角色的差异也至关重要。狩猎采集社会比任何其他社会都更接近性别平等的状态。在这些社会里，妇女经常拥有相当大的权威和自主性，认为女性低下的强烈观念通常是不存在的。

3. 在给予妇女社会地位方面，各园艺社会之间存在显著差异。在某些园艺群体，比如易洛魁人中，妇女拥有很高的地位和巨大的权威。在其他园艺群体，如雅努玛玛人中，妇女受到严厉的压制，并且要忍受各种生理性虐待。园艺社会里的性别角色模式与其家族结构有很大关系。

4. 妇女的地位在农业社会里是最低的。这些社会以其"内外两分法"著称。男人一般主导家庭之外的所有活动，而妇女基本上被限制在围绕家庭而形成的生活之中。在大多数农业社会中，妇女被认为是依赖于男人的被监护者。这些社会里还存在着各种强烈的观念，即认为女性天生就是低劣的。

5. 在很多方面，资本主义和工业主义把妇女从其极端的从属地位中解放了出来，她们在农业时代一直在忍受这种从属地位。如今，妇女拥有了更大的自主权，获得了更多的尊重。最近数十年来，妇女开始在工作世界中占据越来越显著的位置，她们

---

① 需要强调的是，作为对占主导地位的性别不平等进行正当化的依据，"人类生物学因素在两性关系中发挥了重要作用"的主张没有被用在这里，也不应该被用在任何地方。在导致了某种人类状况的科学分析与支持这一状况的道德之间，存在着巨大的差异。此外，尽管从某种程度上说，性别角色模式的某些方面明显被生物学因素复杂化了，但是很多社会科学家还是指出，我们需要记住"人的生理不是天定的"这句话。

甚至更多地进入了知识职业。不过，性别不平等的许多重要方面依然如故。国家社会主义社会里妇女的高社会地位被夸大了。在某些方面，这些社会里妇女的地位还不如工业化资本主义社会里的妇女地位。

6. 很难概括第三世界国家里妇女的地位，不过总体来说，妇女的地位很低。而且，在这些社会里，与男人相比，妇女受生活的经济负担的影响更为强烈。

7. 社会科学家提出了很多关于性别不平等的理论，其中最重要的是社会生物学理论、唯物主义理论以及政治学理论。表 14—2 描述并评价了这些理论。

表 14—2　　　　　　　　　　　　　　　　　　　关于性别不平等的理论

理论	特征	评价
社会生物学理论	关注性别不平等的普遍形式。它认为男性垄断政治、战争和社会中的高级职位的原因，根植于我们的祖先数百万年以前形成的基因。妇女对抚育角色的偏好也被认为根源于生物学因素。	积累起来的很多证据显示，很多社会生物学上的主张是有根据的。不过，这些理论只能解释性别不平等的普遍性质，它们无法解释性别不平等模式的那些重要的差异性。
马克思主义理论	在理解妇女的从属地位时，强调阶级区分和经济剥削的类型。长时段的进化版本强调，妇女的地位是在进化过程中降低的，是私有财产、为交换而生产以及阶级分层之发展的结果。仅仅关注现代资本主义的理论版本认为，妇女的从属地位源自资本主义剥削劳动力的需要。	在经济生产方式和妇女地位之间发现了普遍的关联，这一理论方向是正确的；但是将妇女的从属地位解释为社会分层和阶级斗争的结果，这似与事实不符。
非马克思主义的唯物主义理论	把性别关系与特定的技术、经济、人口和生态条件联系起来。在那些有利于妇女参与经济生产和拥有高水平的经济实力的条件下，妇女一般拥有较高的社会地位。如果不是这样，她们一般要遭受男人强有力的支配。	在解释性别不平等的历史差异和跨文化差异方面，它取得了最大成功。它优于马克思主义理论的地方是，显示了阶级分层和性别不平等大体上是相互独立的。
政治学理论	把男性主导制看做战争和军事主义的副产品。在战争和军事组织是社会之显著特征的地方，为了把男人训练得富有攻击性，必须付出某种代价。这导致了对男性特质的过度强调，以及相应的对妇女的贬低。	它并不是一种充分的对性别不平等的概括性解释，不过它可能对唯物主义理论做出了有用的补充，因为它有助于解释男性主导制的一些极端特征。

特别话题：现代女性主义的兴起

在过去的一个世纪里，工业资本主义社会生活中一个令人惊奇的特征是女性主义的兴起。实际上，那时曾经出现过两波女性主义运动。第一波开始于 19 世纪中叶，然后断断续续地出现，一直持续到 1920 年左右。妇女在废奴运动中非常活跃，还领导了很多反对丑恶现象的运动，特别是反对酒精消费和卖淫。这些运动中，最著名的可能是 "基督教妇女禁酒联合会"（Women's Christian Temperance Union）（R. Collins, 1985b）。20 世纪初，很多工业社会里的妇女为了获得选举权而积极努力。第一个赋予妇女选举权的国家是新西兰。澳大利亚、瑞典、挪威和芬兰很快学习了新西兰的榜样。英国于 1918 年把选举权扩大至妇女，美国是在 1920 年，法国是在 20 世纪 40 年代（R. Collins, 1985b）。

从 1920 年到 20 世纪 60 年代，主要的工业国家的女性主义都处于潜伏状态。从 60 年代开始，第二波女性主义出现了。妇女开始要求在社会生活的主要领域与男人平等，并且大规模地加入了劳动大军。一种新型的女性主义意识出现了：妇女把自己看做与男人平等的人，并且认为自己有资格享受传统上由男人享受的基本社会奖赏。而且，很多妇女追求自立和独立的身份——过去她们被剥夺了这些东西。她们开始认为自己拥有妻子和母亲角色之外的社会角色，并且坚持要求男人承认这种独立出来的身份（separate identity）。这一现象很好地体现在下述事情上：越来越多的妇女在结婚后保留自己的姓氏（或者将自己的姓氏与丈夫的姓氏连在一起），晚婚者增多，结婚率和生育率下降。

第二波女性主义也经历了旨在促进妇女权益的组织的蓬勃发展。毫无疑问，这些组织中最重要的就是"全国妇女组织"（National Organization of Women，NOW），它于 1966 年成立于美国。这一组织背后最重要的推动力量是贝蒂·弗里丹（Betty Friedan），她后来成为该组织的首任主席。在此之前 3 年，弗里丹写了一本书，叫《女性的奥秘》（1963），这本书被视为现代女性主义运动的智力催化剂。这本书强烈地谴责了当代社会里妇女的从属地位。全国妇女组织目前是一个重要的组织，它在美国全国范围内为妇女权利进行游说，并且在社会生活的各个领域反对那些阻碍妇女实现性别平等的社会状况。例如，它极力推动妇女争取自我控制生育的权利，极力推动实现男女之间严格的法律平等。这一组织在其早期阶段就非常有影响，312 琼·曼戴尔（Joan Mandle，1979：171）指出：

> 不论是对全国妇女组织这一团体来说，还是对妇女运动本身来说，1970 年都是一个主要的分水岭。（这一年）8 月，全国妇女组织资助了极为成功的"要求平等的妇女罢工"（Women's Strike for Equality），这是有史以来在美国举行的与妇女有关的最大抗议。这次罢工对妇女运动特别重要。这是因为，首先，它涉及全国妇女组织与其他妇女团体的密切合作，所有的团体都支持这次行动；其次，这次罢工极大地宣传了全国妇女组织，因此，罢工之后其地方分支快速地扩大了。

两波女性主义运动都与西方资本主义性质的重大改变密切相关，特别是那些影响了妇女在劳动大军中的地位的改变。在时间上，第一波女性主义运动与下述变化重合：随着经济领域公司部门的扩张，妇女大量进入各种类型的白领秘书工作和职员工作（R. Collins，1985b）。根据马文·哈里斯（Marvin Harris，1981）的说法，资本家越来越多地寻求这些妇女劳动力，以便填充经济领域日益增长的服务性岗位和信息岗位。哈里斯相信，妇女越来越多地加入劳动大军，这一情况最终在她们中间激发出了女性主义意识。她们更密切地与男人并肩工作，而且她们开始发现，虽然与男人干着基本相同的工作，但是她们的报酬却远低于男人。随着上述情况的出现，她们敏锐地意识到，那些对抗她们的歧视力量是多么强大。这一理解有助于促进一种更广泛的意识的发展，这一意识与妇女的整体社会地位有关。

因此，哈里斯相信，作为一种意识形态和一种有组织的社会运动，现代女性主义可以溯源到重大的经济变革；在这些变革中，妇女们日益被整合进家庭之外的工作世界。考虑到沿着这一路线发展数十年之后可能会发生的进一步的变革，我们可以预见，人数日益增加的妇女会继续增强她们的社会力量和女性主义意识。与此同时，在通向与男人平等的道路上，妇女们也会继续前进。

推荐阅读

Blumberg, Rae Lesser. "A general theory of gender stratification." In Randall Collins (ed.), *Sociological Theory* 1984. San Francisco: Jossey-Bass, 1984. 该文提供了一个关于性别不平等的重要理论，作者敏锐地察觉到，在建立智识性理论时，需要历史的和比较的视角。

Chafetz, Janet Saltzman. *Sex and Advantage: A Comparative, Macro-Structural Theory of Sex Stratification*. Totowa, N. J.: Rowman and Allanheld, 1984. 该书关于性别不平等的视角与马丁、伏尔西斯和布隆贝格的理论大体类似。

Friedl, Ernestine. *Women and Men: An Anthropologist's View*. New York: Holt, Rinehart and Winston, 1975. 这是一本简短但信息丰富的书，它检视了狩猎采集社会和园艺社会里两性之间的关系。

Goldberg, Steven. *Why Men Rule: A Theory of Male Dominance*. Chicago: Open Court, 1993. 该书极为谨慎而又理性地讨论了所有已知社会里男人对领导地位和高级职位的垄断。

Leacock, Eleanor Bd., and Helen I. Safa (eds.) *Women's Work: Development and the Division of Labor by Gender*. South Hadley Mass.: Bergin and Garvey, 1986. 该书中的文章和个案研究重点关注的是资本主义在第三世界的扩张对妇女的冲击。 313

Martin，M. Kay，and Barbara Voorhies. *Female of the Species*. New York：Columbia University Press，1975. 本书对所有类型的人类社会中的性别角色进行了详细的进化主义分析。该书认为，性别角色主要是生态力量、技术力量和经济力量的适应性后果。

Rossi，Alice S. "Gender and parenthood." *American Sociological Review* 49：1-19，1984. 该文富有说服力地论证了两性之间的生物学差异的重要性，特别是涉及父母职责差异的部分。该文最初是美国社会学会 1983 年年会上主席的演讲。

Thomas，Janet. "Women and capitalism：Oppression or emancipation?" *Comparative Studies in Society and History* 30：534-549，1988. 该文是对相互对立的理论视角的综述，其主题是早期资本主义和工业主义对妇女地位的影响。

Tiger，Lionel，and Joseph Shepher. *Women in the Kibbutz*. New York：Harcourt Brace Jovanovich，1975. 该书叙述了一则极为重要的故事：一个致力于消除传统性别角色的公社式社会里的传统性别角色的回归。

van den Berghe，Pierre L. *Age and Sex in Human Societies：A Biosocial Perspective*. Belmont，Calif.：Wadsworth，1973. 该书讨论了灵长目动物的性别差异、人类的性生物学，以及在极为不同的文化中，性别角色在性质上的差异。该书认为，有关性别的习俗（gender arrangement）根植于生物学之中，但差异巨大的文化方式把它给放大（elaborated）了。

Vogel，Lise. *Marxism and the Oppression of Women：Toward a Unitary Theory*. New Brunswick，N. J.：Rutgers University Press，1983. 该书是一本有趣的历史著作，它讨论了各个流派的马克思主义者对"妇女问题"的论述——从马克思、恩格斯一直到当代的马克思主义者。它还提供了一种马克思主义理论视角，用以解释当代资本主义社会中妇女的从属地位。

Ward，Kathryn（ed.）. *Women Workers and Global Restructuring*. Ithaca，N. Y.：Cornell University Press（ILR Press），1990. 这是最近出版的一部重要论文集，它讨论的是快速变化中的全球经济对妇女地位的影响。

第十五章 | 比较视角和进化视角下的婚姻、家庭和家族

314　　婚姻、家庭和家族体系是一些制度化的手段，人类社会通过这些手段来组织、实施涉及求偶和生育的重要活动。家庭制度具有诸多功能。其功能之一就是为下列活动提供法定的权利：性行为、人类再生产、训练儿童和组织家庭工作群体（domestic work group）。上述活动与劳动的性别分工、财产的转移和其他形式的继承都保持一致。家庭制度在个人之间建立了社会关系的网络，这些网络建立在姻亲（affinity，亦即"婚姻"）和血缘关系（consanguinity，亦即遗传相关性）之上。这些网络承担着重要的社会功能。

　　婚姻、家庭和家族制度是人类社会的普遍特征。不过，这些制度的性质在各个社会之间差异巨大。在现代工业社会，在组织和整合社会上，与经济和政治所承担的角色相比，家庭体系所承担的角色只是次要的，而且工业社会里的很多社会关系存在于家庭生活的框架之外。可是，在前工业社会，特别是在原始社会，作为很多社会活动领域的组织形式，家庭具有重要的意义。在原始社会，那些本来属于经济、政治、宗教事务的活动，是在家族群体中进*315*行的。在原始社会，家族是主导性的，以至于很多社会科学家把原始社会称为"以家族为基础"（kinship-based）的社会。

　　本章将从非常广泛的比较视角和进化视角来观察家庭和家族。本章的前半部分将关注前工业社会里的家庭和家族。我们将忽略家庭生活的细枝末节，重点关注家庭和家族体系的一般类型，以及对各种类型的人类社会里的人们来说，它有什么适应意义。本章的后半部分将仔细检视一种特定的文化——西方资本主义——中的家庭生活。我们将主要关注，在过去的 300 年里，西方的家庭是怎样进化的，在

这段时间里，西方的家庭模式发生巨大改变的原因是什么。

亲属群体的性质

　　如果把所有的细节都考虑在内，那么全世界出现的家族群体类型会令人眼花缭乱。不过，如果把这些微小的差异忽略掉，那么全世界各个社会里的家族群体类型就屈指可数了。将其区分为 3 种类型是一种方便的选择：核心家庭、扩大家庭和社团血统群体（corporate descent group）。虽然并没有穷尽全部家族群体类型，但是这 3 种类型包括了世界上大多数的基本家族群体。

　　核心家庭是一个家族单位，它包括已婚的配偶和他们的直系子女，这些人维持共同的生计，并作为一个社会单位共同行动。核心家庭广泛存在于人类社会之中，实际上，它几乎普遍存在。虽然核心家庭是广泛存在的，但是仅仅在一部分社会里，它是主要的亲属单位。很多狩猎采集社会看重核心家庭，把它作为占主导地位的亲属群体。此外，在所有的工业社会里，核心家庭都是主要的家庭单位（唯一的例外可能是日本，它非常看重更大的亲属群体）。作为最小和最简单的家族单位，核心家庭的重要性仅限于进化谱带（evolutionary spectrum）的两端。在进化谱带的中间地带，即园艺社会和农业社会，核心家庭的重要性要大打折扣，并被纳入较大的亲属群体之中。这些较大的亲属单位可能是扩大家庭，也可能是社团血统群体。

　　扩大家庭是这样一个亲属群体：它将相互联系的各个核心家庭成员团结在一起，并使其作为一个

单位采取行动。这样的群体也许组成一个家庭，也许并不组成一个家庭。它的名字来源于这样一个事实：它扩大了亲属群体的范围，使其超越了核心家庭的边界。与工业社会相比，在所有的前工业社会里，扩大家庭通常都更加重要。当然，从逻辑上来说，所有社会里都存在某种形式的扩大家庭，因为对亲属关系的追溯不可能终止于核心家庭的边界。即使是在工业社会，作为社会单位的扩大家庭也具有起码的社会意义：扩大家庭范围内的亲属经常以金钱的或者其他的方式相互帮助；在节日或其他的特殊场合，扩大家庭的成员会聚集在一起，并作为一个单位采取行动。

316

扩大家庭通常包括较小范围的亲属网络。不过，在很多社会里，亲属纽带可以继续延伸，进而包括亲属范围内的很多个人。如果这种情况出现，社团血统群体通常就会形成。这样的群体是一个网络，其中的个人把自己的血统或家谱关系追溯到一个共同的祖先。社团血统群体可能包括数百人甚至数千人，它作为单一的、独立的亲属群体发挥作用。它是人类社会中规模最大、最复杂的亲属群体。社团血统群体在工业社会里完全不存在，它在狩猎和采集者中间也不常见。可是，在园艺社会和农业社会里，它到处存在；实际上，在园艺社会里，它是占主导地位的亲属单位类型。

居住和血统制度

地方群体和血统群体

家族体系的两个最重要的特征是居住规则与血统规则。所有的社会都通过使用这些规则，把个体组织为各种类型的亲属群体。居住规则决定了结婚之后，谁和谁住在一起。人们通过这些规则建立起地方群体或亲属群体，其成员在家庭活动或家庭外活动中进行合作。表15—1展示了世界上各个社会所使用的主要婚后居住规则。

正如表15—2所揭示的，从父居在世界上的各种文化中获得了绝对的青睐，在一个包括857个社会的居住方式的样本里，它占了超过三分之二的份额。在从父居制度中，丈夫带着妻子住在自己的父亲的家庭里。较少的情况是从母居，它在一个包括857个文化的样本里，占了13％的份额。在从母居制度中，妻子带着丈夫住在自己的扩大家庭里。少

见但有趣的做法是从舅居（avunculocality）。在这一制度中，丈夫带着妻子住在自己的母亲的兄弟那里。虽然这一做法乍看起来有些怪异，但是，我们揭示出其发生的条件之后就会发现，它实际上是极其有道理的。

婚后与妻子的亲属群体住在一起，还是与丈夫的亲属群体住在一起，对此有些社会并不进行明确的限制，因此出现了"双居制"（bilocality）。在这种制度中，已婚夫妻轮流住在丈夫和妻子的亲属群体中。当已婚夫妻既可以选择住在丈夫的群体中，也可以选择住在妻子的群体中时，"两可居制"（ambilocality）就出现了。一种少见的令人好奇的居住安排是"巢居制"（natolocality）。在这种制度中，丈夫和妻子不住在一起，他们仍各自住在自己出生的家庭里。最后，还有一种与西方工业社会的居住方式最相似的居住制度：新居制（neolocality）。在这一制度中，已婚夫妻会建立一个属于自己的新的独立居所。虽然前工业社会也有新居制，但它最频繁地出现在工业化类型的社会里。实际上，在几乎所有的工业社会里，新居制都是标准的居住方式。新居制最适用于强调核心家庭的社会，我们自己的社会就是这样的。

317

表 15—1　世界上各个社会的婚后居住规则　　316

从父居	已婚夫妇住在丈夫的父亲的家庭里。
从母居	已婚夫妇住在妻子的母亲的家庭里。
从舅居	已婚夫妇居住在丈夫的舅舅的家庭里。
双居制	已婚夫妇轮流居住在丈夫和妻子的亲属群体里。
两可居制	已婚夫妇既可以选择居住在丈夫的亲属群体里，也可以选择居住在妻子的亲属群体里。
巢居制	丈夫和妻子不住在一起，仍各自住在其出生的家庭里。
新居制	已婚夫妇建立一个属于自己的独立居所。

与居住规则相反，人们通过血统规则建立网络，这一网络由家谱上相互联系的人构成，其中很多人并不经常住在一起。地方群体包括那些居住在一起的人，而血统群体则包括那些保持了共同的家谱纽带的人，无论他们是否住在一起。因此，地方群体和血统群体的区别是，一者拥有共同的住址，一者拥有共同的身份认同。

虽然所有社会都有血统规则，但是，在不同的社会之间，家族群体的性质或根据这些规则构成的类型相差很大。在世界上的大多数社会中，血统规则都是与亲属体系结合在一起的，而这一亲属体系

是建立在对祖先的会聚性追溯（ancestor-focus）的基础之上的（Fox，1967）。这种情况创造了我们目前所称的社团血统群体。这是由下述人员构成的一些群体：他们追溯到一个共同的祖先，而这个祖先被视为该群体的创立者。这一社团血统群体的成员身份，界定了一个人对该群体的其他成员的权利和义务。社团血统群体通常具有下述特征（W. Stephens，1963）。

（1）社团性：社团血统群体是一个整体，为了群体中任何一个成员的利益，整个群体都可以像一个单一的法人（legal individual）一样行动。

（2）名称：由于社团血统群体具有社团性，因而它自然需要一个名称来代表其身份。社团血统群体的名称经常来自植物、动物或其他自然现象。

（3）外婚制：大多数社团血统群体禁止其成员与群体内的其他成员结婚，强迫他们在其他血统群体中寻找结婚对象。

（4）共同的宗教信仰：一个社团血统群体的成员，通常通过实施共同的礼仪和仪式来体现他们的身份认同。

（5）社团财产共有：一个社团血统群体的成员们共同享有土地和其他财产的所有权。个人也许只能以群体成员的身份拥有土地。这可能是社团血统群体最重要的特征。

（6）相互帮助与相互款待的义务：社团血统群体的成员经常接到要求，在必要的时候相互提供帮助。

社团血统群体在规模和复杂程度上相差很大。其规模可以小到十数人，也可以大到上百万人（后者的例子如中国的传统家族）。平均起来，它们大概包括数十个到数百个成员。在成员相互关系的确定性上，这些群体之间也有差异。如果一个群体的成员能够精确认定相互之间的家谱关系，那么这个社团血统群体就是通常所说的宗族。如果一个社团血统群体的成员只能够推断，而不是精确地认定相互之间的家谱关系，那么这个群体通常被称为氏族。因此，氏族通常比宗族要大，而且数个宗族也可能联合在一起组成一个氏族。

前文提到，拥有社团血统群体的社会，将其亲属体系建立在对祖先的会聚性追溯的基础之上。不过，还有一些社会使用"自我会聚"（ego-focus）作为组成亲属群体的基础。这一制度是以任意一个健在的个人为起点，来追溯亲属关系，而不是追溯至某个推定的共同祖先。自我会聚导致了小规模的个人化亲属群体的出现，即所谓的亲戚群体（kindred）。这样的群体并不是社团，且其功能比社团血统群体要少得多。在大多数时间里，亲戚群体是不活跃的，只有在一些特殊的场合他们才会活动起来，诸如节日、仪式，或者当其成员需要群体的帮助时。亲戚群体在下述社会里最为重要：重视核心家庭作为主要亲属群体的重要性的社会，即工业社会和很多狩猎采集社会。

表15—3 显示了人类社会主要的血统制度。

表15—2　　　　　　　　　各种血统制度和居住制度的出现频率

居住规则	血统制度									
	父系		母系		并行		双系		合计	
	频数	百分比	频数	百分比	频数	百分比	频数	百分比	频数	百分比
从父居	384	96.2	18	14.8	25	92.6	161	52.0	588	68.6
从母居	0	0	44	36.0	0	0	67	21.7	111	13.0
从舅居	0	0	36	29.5	1	3.7	0	0	37	4.3
双居制	5	1.3	14	11.5	1	3.7	53	17.2	73	8.5
新居制	6	1.5	6	4.9	0	0	28	9.1	40	4.7
两可居制	4	1.0	4	3.3	0	0	0	0	8	0.9
合计	399	100.0	122	100.0	27	100.0	309	100.0	857	100.0
合计百分比		46.5		14.2		3.2		36.1		100.0

资料来源：Slightly modified from Pierre L. van den Berghe, *Human Family Systems*：*An Evolutionary View*. New York：Elsevier，1979，p. 111，Table 11。

表15—3　　　　　　　　　世界上各个社会里的血统制度

单系血统（通过单一的路线追溯血统，或者是男性，或者是女性）	父系血统制	通过男性来追溯血统，亦即通过一个人的父亲、父亲的父亲、父亲的父亲的父亲等来追认血统。
	母系血统制	通过女性来追溯血统，亦即通过一个人的母亲、母亲的母亲、母亲的母亲的母亲等来追认血统。
	并行血统制	在同一个社会里，父系血统制和母系血统制并行不悖。

共源血统（在这一体系中，男性和女性的血统都被用于建立血统群体）	两可血统制	在这一体系中，血统群体的建立或者通过男性的血统，或者通过女性的血统。
	双系血统制	在这一体系中，个人亲族的确立，既可以通过男性的血统，也可以通过女性的血统。

父系血统制

统计了全世界近一半的血统体系之后不难发现，父系血统制在血统群体的主要类型中最常见（见表15—2）。父系血统体系是通过男性追溯血统的体系。这意味着，比如说，一个年轻的男人将通过其父亲、父亲的父亲、父亲的父亲的父亲……来追溯其主要的亲属体系。因此，这个年轻男人属于一个由其父亲（以及父亲的父亲等）、父亲的兄弟、自己的兄弟、自己的儿子等人构成的血统群体。他的母亲可能是也可能不是他的父系群体的成员（不同的父系社会在这一点上有所不同），但毫无疑问，他的母亲的亲属（比如，他母亲的父亲、母亲的母亲、母亲的兄弟和姐妹）不会是他的群体的成员。

依据妻子在血统群体内的位置，父系血统社会可分为多种类型。当然，女孩是出生在其父亲的父系血统群体里的，不过她结婚后会发生什么却不能一概而论。在很多父系血统社会里，女人终生都是其父亲的父系家族的成员，因此，婚后她在其丈夫的父系血统群体中仍然是一个外人。在另外一些父系血统社会里，女人结婚后被纳入丈夫的父系血统群体。在后一种情况下，虽然事实上她主要与自己丈夫的群体相联结，但她仍然与父亲的群体保持某种联系。

父系血统社会里的主要亲属纽带存在于父子之间。例如，土地和其他财产的继承，是从父亲到儿子。妇女通常作为生育者而受到重视，但群体的延续是通过男性来实现的，因为人们通常认为孩子主要属于父亲，而不属于母亲。

当然，在一个父系血统群体中，任何一个人的亲属都比上文所说的要多，而我们关注的仅仅是主要亲属的认定。重要的是，在父系血统制中，把人们联系起来的是通过男性来追溯的血统。因此，一个人的父系亲属是父亲一方的亲属，而不是母亲一方的亲属。把男性血统作为唯一的亲属认定依据，使父系血统社会能够把它的成员组织

为紧密的、独立的、互不交叉的具有社团性质的亲属群体。

母系血统制

虽然母系血统制不像父系血统制那样普遍，但它确实出现在世界上约14%的社会里，因此它绝不罕见（见表15—2）。这种类型的血统体系有一些有趣的特征，它并不仅仅是父系血统制的对立镜像（Fox，1967）。

母系血统制通过女性来追溯亲属纽带。年轻男人通过其母亲、母亲的母亲、母亲的母亲的母亲……来认定自己的血统。任何一个人的群体成员都包括他的母亲（以及母亲的母亲，以此类推）、他的姐妹、他的兄弟、他的母亲的兄弟和姐妹。一个人的父亲，绝不是该人的母系群体的成员。因此，一个女人的孩子属于她的母系血统群体，但一个男人的孩子却不属于他的母系血统群体。显然，丈夫和妻子不属于同一个母系血统群体。与某些父系血统社会不同，母系血统社会里的个人从不在结婚后改变其血统群体身份。一个人出生于某个母系血统群体中，也终老于该母系血统群体。此外，追溯母系血统体系中所有潜在的亲属是徒劳的。母系血统制建立在下述原则的基础上：基本的亲属纽带通过女性来追溯，而不是通过男性来追溯。因此，女性而不是男性，使母系血统群体生生不息。

与建立在父系血统制基础上的社会相比，母系血统社会有一些关键的不同之处。实际上，母系血统群体面临着一个非常特殊的问题：虽然母系血统通过女性来追溯其血统，但是在血统群体事务的管理方面，男人并没有被弃置不用。父系血统社会里的男人作为父亲和丈夫控制其群体，而母系血统社会里的男人则作为兄弟和舅父实施控制。事实上，母系血统社会里的男人要扮演两种角色：一方面，他将是另一个母系家族里的女人的丈夫；另一方面，他将扮演他自己的母系家族（亦即他的姐妹和母亲

的家族）里的兄弟角色。对一个男人来说，扮演自己母系家族中的兄弟角色才是最重要的，因为他与其姐妹们的孩子有着特殊的关系，特别是和她们的儿子们。他在训练外甥方面承担着重大责任，而遗产将会从他（作为舅父）传向他的外甥们。

这一事实导致了母系血统社会里两种基本的"父职"（fatherhood）的出现："生物学父职"和"社会学父职"。一个男人是他的亲儿子的生物学父亲，又是自己母系家族里姐妹的儿子们（他的外甥们）的社会学父亲（作为舅父）。这在母系血统社会中造成了一种紧张关系，而这种紧张关系在父系血统制中是不会出现的。在父系血统社会里，一个男人仅仅是其亲生儿子的生物学父亲；而在母系血统制中，一个男人既是父亲，又是舅父。舅父承担着养育年轻男孩的主要责任，但那些生物学父亲经常干涉这些舅父的权利，企图为自己的亲生儿子尽一些责任。

因为母系血统社会通过女性来追溯血统，但仍然让男人管理家庭事务，所以这些社会面临着一些父系血统制不会遇到的特殊问题。由于父系血统制和母系血统制并非相互对立的镜像，所以总结一下它们之间的差异是很有必要的（Zelditch，1964；D. Schneider，1961）。

（1）在父系血统制下，女性可能被从其出生的血统群体中割裂出来，完全被纳入自己丈夫的血统群体中。但在母系血统制下，不会发生这样的割裂，男人和女人都终生留在其出生的血统群体之中。

（2）在父系血统制下，丈夫和父亲的角色至关重要，但是母系血统制甚至不需要上述角色来维持群体的存在。

（3）建立强有力的夫妻纽带与母系血统制是不相容的。不过，在父系血统制下，这种纽带既是相容的，也是必需的。

（4）在父系血统体系中，并不需要特殊的机制来应对内婚的姻亲（in-marrying affines）；但在母系血统制中，内婚的姻亲对血统群体是一个威胁，必须有特殊的机制来应对这一威胁。

（5）在母系血统社会里，孩子与亲生父亲建立了联系，与其母亲的兄弟（他的舅父）也建立了联系，这两者之间有直接的竞争倾向。在父系血统社会里，不会出现这样的问题。

双系血统制

321

双系血统制指的是，同时通过男性和女性来追溯血统关系。这不会导致社团血统群体的形成（从逻辑上说，它不会导致这样的群体形成），相反，它会形成小规模的个人化的自我会聚群体，即所谓的"亲戚群体"。实际上，亲戚群体是为特殊目的而存在的亲属群体，它可能长期处于不活跃状态，只有在特殊情况下才会被激活。亲戚群体之间大幅度地相互交叉（例如，父亲和儿子具有不同的但又相互交叉的亲戚群体）。因为上述原因，所以它们绝不会成为社团性的组织。这样的群体在狩猎采集社会里最常见，在工业社会里也普遍存在。例如，在我们自己的社会里，当一个人提到他的扩大家庭的所有成员时，他说的是一个双系的亲戚群体。

父系血统制下的居住形式

表15—2显示，在父系血统社会里，从父居是具有绝对优势的居住形式。所以，绝大多数父系血统社会干净利落地把居住选择和血统都交给了男性来控制。下面的事例会展示父系血统制和从父居的实际运作情况（Fox，1967）。

在传统中国，血统是围绕着外婚制的父系宗族组织起来的。宗族又分成不同的支系（sublineages），而这些支系经常散布在多个村庄里。居住形式是从父居。结婚之后，妇女的血统群体身份从其父亲的家族转移到其丈夫的家族；她从出生的父系宗族中完全分裂出来，并且被纳入丈夫的群体之中。

一个性质上有所不同的父系血统体系存在于加纳北部的塔伦西人（Tallensi）中。这些塔伦西人既饲养牛群又耕种土地，他们的居住方式是从父居。血统群体以贵族群体（patrician）的形式存在，这些贵族群体又分成许多宗族。外婚制的规则既适用于氏族，也适用于宗族。妇女随其丈夫而去，但绝不会走远，因而很容易与其出生的宗族保持密切的关系。从这一点上来说，塔伦西人与传统中国形成了鲜明的对比。中国妇女完全丧失了在其出生的宗族中的身份，而塔伦西妇女则继续在其父亲和兄弟的血统群体中扮演重要的角色。

母系血统制下的居住形式

因为大多数父系血统社会都是从父居的，所以血统和居住紧密地捆绑在一起。但在母系血统社会里，事情就不是如此明了了。母系血统社会出现了各种各样的居住规则（见表15—2）。最经常与母系血统制联系在一起的是从母居，但是，只有三分之一稍强的母系血统社会采取了这种居住制度。美国西南部的霍皮人采用的就是这种从母居的母系血统制。霍皮人主要的血统群体是外婚的母系氏族（matriclan），这些氏族是拥有土地的社团群体。霍皮人的母系氏族又进一步分为没有名字的母系宗族。成年男人住在自己妻子的家里，他在那里当然是一个外人。虽然男人在婚后分散到各处，但他们从来没有远离其出生的家庭，因此，他们很容易在自己的母系血统群体中继续从事许多重要的活动。

母系血统社会采用从舅居与采用从母居居住形式的可能性大致相同（见表15—2）。一个从舅居的著名母系血统社会是特洛布莱恩岛上的居民（Trobriand Islander）（Keesing，1975）。在这些人中间，妇女跟随其丈夫住在他母亲的兄弟的家里。在少年时代，男孩子离开他的父母的家，回到他自己的母系群体所在的村庄。男孩子的姐妹将留在其父亲的家里，一直到她们结婚。当然，结婚的时候，她们就会跟随丈夫搬进他母亲的兄弟的家里。

双系血统制下的居住形式

存在于狩猎采集者中的双系血统制，最常与从父居联系在一起。不过，从母居和双居制也存在于这些社会中。在双系血统制的工业社会里，新居制是常见的居住方式。

居住制度和血统制度的起因

罗宾·福克斯指出，很多学者在谈论居住和血统制度的时候，好像这些制度是从天而降，落在实行这些制度的民众头上的。要想理解这些制度背后的动力，这样的看法不可能提供任何洞见。更好的策略是，把它们作为社会生活的实际条件的适应性后果来加以检视（Keesing，1975；M. Harris，1979；Goody，1976）。

一个重要的假设是，从逻辑上来说，居住制度早于血统制度。这意味着，一个社会必须首先在一种可操作的家庭制度中把自己组织起来，然后才能够组织他们的血统制度。根据这一观点，血统制度基本上是对已经存在的家庭制度的反映和确认。为了实现逻辑链条的完整性，必须解决一个问题：采用这种居住模式而不是那种居住模式的决定性条件是什么？这一策略带来了一些坚实的成果。不过，我们必须意识到，一旦形成，血统模式可能就会拥有自身的因果逻辑。也有可能，有些居住模式实际

上是源自已经建立起来的特定血统体系。为了解释这一令人目眩的两可居现象，这样的逻辑似乎是必需的。

从父居和父系血统制的原因

人们提出了很多因素来解释占绝对主导地位的从父居和父系血统制。这些因素包括人口压力、有限的土地和资源、与邻近群体频繁的战争，以及集中的财富模式的存在（M. Harris，1975；Martin and Voorhies，1975）。在这种情况下，把父亲、儿子和兄弟们聚拢在一起，以便追求在土地和人口上的利益，就是一种高度适应性的社会安排（M. Harris，1975）。不过，对居住和血统的男性偏好起决定作用的因素，很可能就是人类社会中普遍存在的一般性的男性偏好。根据我们在第十四章里获知的内容来看，从父居和父系血统社会的数量远远超过从母居和母系血统社会的数量，就没有什么奇怪的了。

男性中心主义的亲属体系广泛存在于差别巨大的社会里。这提示我们，从父居和父系血统制能够适应各种各样的物质条件，因此具有相当大的适应弹性。例如，狩猎采集社会常常是从父居的。这大概反映了这样一种需求：为了重要的狩猎目的而把男性亲属聚拢在一起。园艺社会的亲属群体也强烈地倾向于从父居和父系血统制。男性中心主义的亲属制度为何在这一社会里占绝对多数，对此，马文·哈里斯和马丁、伏尔西斯提出的因素很可能是决定性的。基于相似的原因，农业社会也常常倾向于从父居和父系血统制。由于男人绝对支配着这些社会里的经济生产，所以下述需求就非常强烈：将男性亲属聚拢在一起，以便组成合作性的工作团队。父系血统制很容易从上述家庭组织中发展出来。

从母居和母系血统制的原因

由于从父居和父系血统制是如此普遍，又由于它们出现在各种条件之下，所以就出现了一个紧迫的需要，即找出导致某些社会采取从母居和母系血统制的原因。情况似乎是，母系血统制总是起源于具有从母居这一先决条件的地方。因此，问题就变成了，怎样确定那些使从母居具有高度适应性的因素。

目前，人们最广泛认可的对从母居制度的解释是由麦尔文和卡罗尔·埃姆博尔提出来的（Melvin and Carol Ember，1971；C. Ember，1974）。他们认为，某些社会在陷入至少是某种程度的内战（亦即

与离家很近的邻近社会的战争）时，通常会形成从父居模式。不过，当某些社会陷入纯粹的外部战争（战争离家很远）时，当战争要求妇女深度涉入经济生产时，从母居就是其典型的结果。因此，在男人离开自家领土很长时间的情况下，在由此导致的女性对生计做出巨大贡献的情况下，会出现把亲属群体中的妇女聚拢在一起的强烈需求。现存的证据倾向于支持埃姆博尔等人的结论。实行从母居和母系血统制的典型社会，是纽约州西部的易洛魁人社会。这些人经常与数英里以外的群体发生战争。男人经常离家很长时间，进行战争和狩猎活动。此外，妇女在生计活动中扮演了主导性的角色。易洛魁人体现并证实了埃姆博尔等人的结论，很多其他社会亦是如此。

我们还可以进一步提高埃姆博尔的主张的概括性，进而主张，任何造成男人长期离家的活动，都会给一个社会带来采取从母居制度的压力（M. Harris，1975，1979）。例如，在美国西南部的纳瓦霍人（一个采用从母居和母系血统制的民族）中，妇女在自家附近放羊，男人为挣工资而饲养马匹，而养马活动需要长期离家。类似地，在采取母系血统制的特洛布莱恩岛人中，男人也因贸易活动而常常离家远行。

即使上述关于从母居和母系血统制起源的主张是正确的，我们也必须解释，为什么几乎所有的母系血统制社会采取从舅居的情况和采取从母居的情况同样普遍。在这一点上，必须放弃居制先于血统制的假设，因为从舅居毫无疑问是已经存在的母系血统制的结果。福克斯指出，从母居在下述母系血统制社会里运行最好：家庭不是非常分散，财富的集中程度也不高。如果家庭变得高度分散，财富开始高度集中，从母居就会遇到问题。如果男人远离其母系血统家庭并高度分散，那么他们将很难参与群体的日常运作。此外，随着财富日益集中，男人在管理和控制这些财富上可能会遇到困难。因此，当一个母系血统社会的规模、复杂性和财富集中程度提高的时候，它们就会面临很大的压力，就会放弃从母居制度。这种社会一般采取的居住解决方案是从舅居，因为这种居制再一次把母系血统社团群体的男性头目们聚拢在一起，使他们能够有效地参与对群体事务的管理。因此，从舅居似乎是一种适应性解决方案，以应对母系血统体系在进化成长过程中所遇到的问题。

双系血统制的原因

形成双系血统体系的原因是众所周知的。这种体系主要出现于狩猎采集社会和工业社会。这两种社会虽然在大多数方面都大相径庭，却共享一个特征：其技术—经济体系要求大量的地理性流动。狩猎采集者必须流动，因为他们需要不断地寻找食物。工业社会的成员也要频繁流动，因为他们总是在找工作，或者改变工作，等等。在这种情况下，小型的、结构松散的、具有高度弹性的家庭体系最具适应性。双系血统制正好提供了这样一个体系。

比较视角下的婚姻

世界上的各个社会存在着三种基本的婚姻形式：一夫一妻制、一夫多妻制和一妻多夫制。（有些学者曾提出"群婚"制，但没有证据证明它曾经存在过。）一夫一妻制就是一个男人与一个女人结婚。虽然这是西方工业社会的成员所熟悉的一种婚姻形式，但在全世界青睐的婚姻形式中，它无疑占少数。实际上，在所有的社会中，大约只有15%的社会青睐这种形式，并把它作为法定行为而加以制度化。在所有的当代工业社会里，它都是法定的婚姻形式，在狩猎采集者中它也很常见。它偶尔也出现于园艺社会中。在农业社会的历史上，在非精英阶级中，一夫一妻实际上是唯一的婚姻形式。相反，农业社会里的精英们通常更青睐一夫多妻制，一旦可能，他们就会这样做。在古代社会，以将一夫一妻制度化而著称的农业社会只有古希腊和古罗马。随着基督教的兴起，以及对一夫一妻制（甚至贞洁）的极端意识形态化，中世纪的欧洲变成了一夫一妻制的社会（有少数例外）。在我们探讨一夫一妻制的形成原因之前，我们首先需要面对世界上最受青睐的婚姻形式。

一夫多妻制指的是一个男人和两个或更多个女人之间的婚姻。世界上大约85%的社会采取这种类型的婚姻形式。虽然一夫多妻制占绝对多数，但是在的确实行这一婚姻制的社会里，它的实施也受到了很大的限制。实际上，在大多数实行一夫多妻制的社会里，大多数人仍然只和一个配偶结婚。要了解这样做的原因并不难。由于男人和女人的数量大致相等，因而所有的男人都奉行一夫多妻制是不可能的。因此，在实行一夫多妻制的社会里，通常只有少数男人拥有多个妻子，他们通常是社会等级最高的成员。

我们必须区分两种类型的一夫多妻制：后宫一夫多妻制（harem polygyny）和棚屋一夫多妻制（hut polygyny）（van den Berghe，1973）。后宫一夫多妻制出现于农业社会和一些复杂园艺社会中。它指的是，一个政治统治者有一大群妻子（后宫）供其差遣。不过，更常见的是棚屋一夫多妻制。在这种形式的一夫多妻制中，一个男人拥有的妻子通常为3~4个。妻子们通常各自拥有独立的居所，丈夫与每个妻子轮流共寝。妻子们通常按齿序分级，而且通常存在某种机制，以应对妻子之间经常出现的嫉妒心理。

一夫多妻制在园艺社会里最常见，在农业社会的精英中较常见，在狩猎采集社会的成员中也大量存在。它在父系血统社会里比在母系血统社会里更常见。一夫多妻制目前仍然存在于很多非洲社会里，出现在整个中东地区和其他地方的伊斯兰教世界里，尽管它也受到了很多限制。目前它最常见于社会传统部门（sector），在城市化和现代化程度较高的部门比较少见。

怎样解释对一夫多妻制婚姻的广泛偏爱？最常被援引的解释是经济解释（White and Burton，1988）。如前文所述，一夫多妻制最常见于园艺社会。在园艺社会中，妇女在"女耕"农业体系中扮演耕种者的角色，因而她们是一种经济财产。男人可以通过拥有多个妻子来改善其经济状况。确实，在大多数一夫多妻制社会里，妇女都是经济财产；而且在这些社会里，男人至少是部分地倾向于选择一夫多妻制，因为这可以增加他们的财富。不过，妇女的经济价值不太可能是造成一夫多妻制婚姻最基本的原因。

一个更令人信服的解释是社会生物学解释，它认为，一夫多妻制是男人的繁殖策略的自然结果（van den Berghe，1979；Symons，1979；Hartung，1982）。男人与很多女人交配的欲望来自他们对性交数量和性交多样性的欲望，而且这一欲望是一种由进化带来的生物适应，它将提高一个男人的总体适应性（inclusive fitness）——在社会的总基因库中提高其基因的代表性，既包括目前的基因库，也包括后代的基因库。这一主张因为下述事实而变得极有说服力：男人渴望有多个配偶确实是具有文化普遍性的（Symons，1979）。即使在那些实施一夫一妻制的社会里，男人们也经常通过各种手段获得多个伴

侣，如婚外恋和养小妾（合法的性伴侣，但不享受妻子的合法地位）。不过，从某种程度上来说，社会生物学解释和经济解释可能是相辅相成的（van den Berghe，1979）。无论如何，财富的增加无疑有利于提高男人的总体适应性；因此，男人增加财富的欲望可能根植于人类生物程序的某一部分，而这部分程序也引导着他对性交多样性的欲望。

一妻多夫制婚姻指的是一个女人与两个或多个男人之间的婚姻。一妻多夫往往是兄弟共妻，也就是说，一个女人嫁给几个兄弟。它很少见，出现于不到1%的人类社会里。它的罕见，特别是与一夫多妻制的极为常见结合起来考虑，无疑与生物学倾向有关，特别是男人的生物学倾向。从社会生物学的角度来看，男人最不喜欢的婚姻形式必然是一妻多夫制，因为这一婚姻形式最不可能促进其总体适应性，反而最有可能促进其他男人的总体适应性（van den Berghe，1979）。考虑到一妻多夫制与男人的自然倾向相对立，我们认为，一妻多夫制出现的条件肯定极不寻常。不过，我们怎样解释它呢？

实行一妻多夫制的社会通常也实行一夫多妻制和一夫一妻制。一个解释是，一妻多夫制通常与"上攀婚"（hypergyny）联系在一起，即妇女嫁给社会地位更高的男人。这导致社会顶层形成一夫多妻制，进而造成社会底层妇女的稀缺。在这种情况下，除非社会地位低的男人愿意保持独身，否则一妻多夫制实际上就是唯一的选择。

威廉·达勒姆（William Durham，1991）在研究了中国西藏的各种农民群体之后，提出了一个不同的解释。达勒姆研究的这个西藏群体拥有全部样式的婚姻实践。兄弟共妻是最常见的，但也有人采取一夫一妻制和一夫多妻制。西藏有一种极不寻常的风俗，曾被称为"多夫多妻制"，即两个或多个男人与两个或多个女人结婚——这是一种最接近群婚制的风俗。西藏人生活在海拔非常高的地方，土地很干燥，因而产出很有限。他们建立家庭的最常见方式就是兄弟几个继承同一块土地，然后娶一个女人做他们的妻子。达勒姆认为，如果兄弟几个把土地分割了，每个人都娶一个妻子，那么就没有人有足够的土地来维持体面的生活，每个人都要受苦。相反，兄弟几个在同一片土地上讨生活，则提高了劳动力的供给。因此，兄弟共妻是对一个面临独特困难的经济状况的理性反应。那么，为什么有些婚姻是一夫一妻的，而有些婚姻是一夫多妻的呢？一夫一妻的婚姻可能是因为某人没有兄弟，因此他继

承了整块土地，然后娶了一个妻子。一夫多妻可能源自一桩一夫一妻的婚姻，但第一个妻子不能生育，所以男子又娶了第二个。如果某个家庭有数个女儿但没有儿子，也可能出现这种情况。在这种情况下，父母可以为女儿们安排一桩婚姻，让她们共同嫁给一个独子。一妻多夫制家庭也可能变成多夫多妻制家庭：因为第一个妻子不能生育，所以这个家庭的丈夫们又娶了第二个妻子。

虽然上述对中国西藏一妻多夫制的解释是一种经济的解释，但是达勒姆坚称，肯定还有更多因素在发挥作用。达勒姆进行了多次计算机模拟，这些模拟显示，从长远来看（三代或更多代以后），兄弟共妻的生育成果比兄弟们分割土地然后各自娶妻的生育成果要大。因此，他的解释既是经济的，又是社会生物学的。兄弟共妻在经济上和生育上都具有适应性。

某些社会一概采取一夫一妻制的原因仍不清楚，尽管人们已经提出了数种理论。农业社会的非精英阶层采取一夫一妻制，大概是它对经济条件适应的结果。从总体上来说，男性农民的经济条件不足以让他们供养多个妻子。实际上，很多人连供养一个妻子的条件都没有，因此他们被迫单身。当然，娶妻的经济成本无法解释现代工业社会中的一夫一妻制。在这些社会里，生活水平已经足够高，因而其中至少有 20% 的男人能够养得起一个以上的妻子。在现代一夫一妻制这个问题上，我们真正需要解释的是它的下述性质：由法律确立，被社会强制推行。

对此，理查德·亚历山大（Richard Alexander, 1987）曾经提出了一个社会生物学的解释。他声称，社会强制推行一夫一妻制是一种生育策略，旨在促进机会平等。因为男人们会为争夺妻子而竞争，所以给予男人平等的接近潜在妻子的机会，可以降低男人之间的竞争。亚历山大声称，上述安排的结果是，男人之间的合作更多了，而在利用大量年轻男性发动战争的现代社会里，合作是一个核心因素。亚历山大还相信，下述事实也值得注意：通过法律强制实施一夫一妻制的社会，正是公开宣称"正义就是机会平等"的社会，也是相信有一个唯一的不偏袒任何人的上帝的社会。

另一个解释是由理查德·波斯纳（Richard Posner, 1992）提出来的。波斯纳声称，在工业社会里，通过社会强制来实施的一夫一妻制源自这样一个事实：这些社会所拥有的是有感情的婚姻。我们很快就可以清楚地看到，17 和 18 世纪，这种类型的

婚姻开始在西方社会发展。它建立在一个男人和一个女人持续终生的亲密关系的基础之上，而维持这种亲密关系的关键因素就是性的忠诚。波斯纳认为，一夫多妻制将极大地削弱这种婚姻制度。因此，随着感情婚姻（companionate marriage）的发展，一夫多妻制必将消亡。

对这一理论进行严格的检验是困难的，因为西方的感情婚姻开始发展的时候，它就已经是一夫一妻制的了。一夫一妻制是基督教传统的一个基本内容。我们永远也不可能知道，如果它们在感情婚姻出现之前是一夫多妻制的社会，接下来将会发生什么（尽管我们可以推测，它们将会为了一夫一妻制而放弃一夫多妻制）。不过，我们确实知道日本的情况。日本是一个长期具有一夫多妻制和蓄妾历史的国家。1898 年，日本在一部新的民法典中废除了这些制度，而此时正是它开始工业化和现代化的时候（Murstein, 1974）。

目前到了回答下述问题的时候：如果第三世界国家选择工业化和现代化，那么一夫多妻制将会发生怎样的变化？目前，非洲和伊斯兰世界仍然广泛实施一夫多妻制，尽管它在有些国家已经被非法化，在大多数其他国家也受到了各种各样的限制（Welch and Glick, 1981；Nasir, 1994；Pitshandenge, 1994）。这些限制通常涉及下述情况：要求一个男人在其第一次婚姻开始的时候宣布，他是否还有娶更多妻子的意愿（如果他开始的时候宣布不再娶更多妻子，那么他未来再娶妻就是非法的）。由于在这些第三世界国家，一夫多妻制和一夫一妻制混合存在，所以，看看哪些人会实行一夫多妻制，哪些人会拒斥它，将是很有趣的。一项针对尼日利亚 20 世纪 70 年代的婚姻实践的研究（Ware, 1979）显示，与来自较高社会经济背景的、受过良好教育的妇女相比，来自较低社会经济背景的、教育水平不高的妇女更有可能加入一夫多妻制的婚姻。例如，在没有受过正规教育的妇女中，58% 的人处于一夫多妻制婚姻之中；而在受过大学教育的妇女中，只有 4% 的人处于一夫多妻制婚姻之中。此外，在来自乡村的没有技能的妇女之中，57% 的人处于一夫多妻制婚姻之中；而在专业出身的妇女中，只有 17% 的人处于一夫多妻制婚姻之中。正是受过最好教育的妇女拒绝了一夫多妻制婚姻，这一事实似乎支持了波斯纳的解释。海伦·威尔（Helen Ware, 1979：191）在谈到尼日利亚的婚姻时说："特别是对于那些由于移民或正规教育而与其出生的家庭（families of origin）

隔离开来的人来说，伴侣关系才是她们的目标。"针对非洲的情况，爱丽丝·阿姆斯特朗等人（Alice Armstrong et al.，1993：337－338）表达了更具概括性的看法："目前很多妇女从伴侣关系和爱情的角度来看待婚姻，一夫多妻制不可能满足她们的期待。"

不幸的是，我们很难知道如果波斯纳的理论应用于古罗马和古希腊将会如何，因为这两个社会显然没有感情婚姻。我们又该怎样解释中世纪欧洲的一夫一妻制，特别是感情婚姻兴起以前的情况呢？怎样解释通常是一夫一妻制的狩猎采集社会的情况？也许亚力山大的社会生物学理论能够解释，为什么社会强制性的一夫一妻制会存在于古代社会之中。也许是因为基督教的影响，中世纪的欧洲才实行一夫一妻制。这些问题仍然有待回答，根据目前的情况，我们很难说哪个单一的简单理论能够解释我们在世界各地观察到的各种各样的一夫一妻制案例。

现代西方家庭的发展

本书的大多数读者都生活在这样的社会里：其中的家庭建立在夫妻二人之间深厚的感情和紧密的伴侣关系之上，而且婚姻的基础是浪漫的爱情，而不是经济因素或家庭血统。年轻人期望他们对配偶的选择不受家庭的裁制，并且与选中的人保持密切的情感关系和性关系。不过，这种家庭模式是现代社会的独特创造。在 17 或 18 世纪之前的西方，没有什么地方的家庭或家庭生活是以这种方式组织起来的。本章剩下的部分将叙述现代西方家庭制度的进化过程。我们首先要检视前工业时期欧洲和北美的家庭生活，并描述数个世纪之前开始的巨大改变。然后，我们将会讨论，在 20 世纪最后 30 多年里，家庭生活发生了哪些戏剧性的改变。

西方社会前工业时期的家庭构成

在所有的工业社会里，核心家庭都占绝对多数。社会生活的工业化模式与核心家庭之间的密切关系曾经使社会学家主张，是工业化导致了核心家庭的出现。人们曾经认为，在工业化之前，西欧和北美的所有人基本上都生活在大型的扩大家庭里。不过，在过去的大约 30 年时间里，对现代家庭史感兴趣的社会学家和社会史家进行了新的研究，这些研究显示，上述旧的看法是不正确的，至少是必须经过严格检验的。

最早挑战传统智慧的两个社会学家是西德尼·格林菲尔德（Sidney Greenfield，1961）和弗兰克·弗斯滕伯格（Frank Furstenburg，1966）。格林菲尔德和弗斯滕伯格都声称，在工业化之前很长的时间里，北美殖民地和西欧就出现了核心家庭，而且工业化对家庭结构的影响被夸大了。不过，对这一问题最重要的研究是由英国历史社会学家彼得·拉斯莱特及其同事们做出的（Laslett，1977；Laslett and Wall，1972）。详细的实证研究使拉斯莱特相信，17 和 18 世纪，北美殖民地、英国、法国和德国的大多数人都生活在核心家庭里，这些家庭的平均规模是 5～6 人。此外，拉斯莱特认为，核心家庭占主导地位的情况是西欧和北美所特有的。在东欧和非西方文化中，人们所熟悉的扩大家庭模式更为典型。 *329*

有趣的是，前工业时期的欧洲的家庭模式与资本主义的传播有密切的关系（见表 15—4）。核心资本主义（core capitalism）广泛渗透的那些地区，正是核心家庭制度占绝对优势的地区。西欧的其他地区，如法国南部、德国的部分地区和奥地利，一般以某种类型的扩大家庭，即所谓的"主干家庭"（stem family）为主要的家庭形式（Shorter，1975）。在主干家庭中，农夫及其妻子把他们的农场传给某一个儿子。儿子和儿媳接手并经营这个农场，他们与公婆生活在一起，直到公婆死去。随着孙辈的出生，有一段时间，三代人将共同生活在这种类型的扩大家庭之中。在东欧，一种更为复杂的扩大家庭体系则是最常见的模式。在塞尔维亚，主要的家庭单位被称作"扎德卢加"（zadruga）（Shorter，1975）。扎德卢加是一个由 3～4 个核心家庭构成的家庭，他们服从家长（patriarch）的权威，并构成一个独立的经济单位。一个平均规模的扎德卢加，拥有 10～30 个成员。在俄罗斯的部分地区，一种类似的扩大家庭占有主导性的地位，即所谓的"盖辛德"（Gesind）。这种家庭的平均规模是 14 个人（Shorter，1975）。

因此，西方核心家庭的兴起似乎与资本主义的发展关系更密切，而不是与工业化关系更密切。实际上，正像上文所提示的（表 15—4 的提示更为醒目），在欧洲的家庭模式和早期资本主义世界经济的分层结构之间，似乎存在着非常密切的关系（Alderson and *330* Sanderson，1991）。正是在资本主义的核心区域，核心家庭第一次被确立为常规模式；而且，一个地区在经济上与核心区域越不相似，这个地区就越不可能拥有核心家庭式的家庭（nuclear family house-hold）。因此，与核心区域相比，半边缘地区的家庭类型可能更为复杂，而边缘区域可能会拥有更加复杂的家庭类型（此外，它们所拥有的复杂家庭的规模会更大，结构更为繁复）。

表 15—4　　　　　　　　　　　　一些工业化国家或地区的家庭构成

国家或地区	社区/地区	年份	简单家庭（%）	复杂家庭（%）
1. 北美殖民地	罗得岛	1689	97	3
2. 比利时	兰皮尔尼斯	1814	69	20
3. 比利时	利兹威格	1739	85	12
4. 法国北部	瓦朗谢纳附近的村庄	1693	86	11
5. 法国北部	布鲁奈尔-恩-威克森	1625	84	7
6. 英国	30 个记录可靠的村庄	1622—1821	72	15
7. 俄罗斯	科尔兰德（斯巴伦庄园）	1797	43	51
8. 俄罗斯	米西诺庄园	1814	8	85
9. 塞尔维亚	贝尔格莱德	1733	55	32
10. 爱沙尼亚	范德拉	1683	45	52
11. 匈牙利	阿尔索尼克	1792	44	54
12. 意大利	莫里斯，伊瑟尼亚	1753	63	37
13. 意大利	费索里，图斯坎尼	1790	40	51
14. 法国南部	蒙特普雷森特	1644	51	37
15. 法国南部	米拉比欧	1745	51	42
16. 奥地利	黑登雷彻斯坦庄园	1763	—	25
17. 德国	格尔森密尔	1785	68	30

注：简单家庭由一对已婚夫妇构成，或者由一对已婚夫妇（或鳏寡者）及其子女构成。复杂家庭由一种或多种类型的扩大家庭构成。

资料来源：1. Laslett（1977）；2. Danhieux（1983）；3. Laslett（1977）；4. Flandrin（1979）；5. Lions and Lachiver（1967）；6. Laslett（1977）；7. Plakans（1982）；8. Czap（1983）；9. Laslett（1977）；10. Palli（1974）；11. Andorka and Farago（1983）；12. Douglass（1980）；13. Laslett（1977）；14. Biraben（1970）；15. Flandrin（1979）；16. Berkner（1972）；17. Laslett（1983）。

家庭类型与资本主义生产方式密切相关，这种关联是家庭对劳动力需求的反映（Alderson and Sanderson，1991）。在核心区域，核心家庭式的家庭与资本主义式的农场主在经济上是相互适应的，而这些农场主日益成为核心区域的特色。对农场主来说，由于资本主义劳动力市场的存在，雇用工人比自己培植工人更有效率。可是，半边缘区域的佃农和边远地区的农民的经济需求就大为不同了。在这些地区，工人承担着保持高水平经济产出的巨大压力，因为他们是为某种类型的上级地主（overlord）而生产，而不是为自己而生产。这就需要大量的劳动团队，而这种团队必须依靠家庭成员才能够建立起来。在这一问题上，由于没有劳动力市场，边缘区域的农民更是别无选择。半边缘区域的佃农可以通过劳动力市场来雇用一些劳力，有时他们确实这样做。不过，这种策略的经济成本过高，因此应该尽量避免（Berkner and Shaffer，1978）。

那么，怎样评价"工业化造就了核心家庭"这一假说呢？毫无疑问，这一假说必须经过更严格的检验，但我们也不能完全抛弃它。显然，即使是在核心家庭早于工业化出现的地区，工业化也加快了朝向核心家庭的转型。而且，在世界上那些工业化之前核心家庭不占主导地位的地区，工业化已经形成了一个显著的向核心家庭主导的方向发展的运动（Goode，1970）。例如，在日本，从 17 世纪中叶到 19 世纪，扩大家庭仍然普遍存在（Laslett，1977）；但是到了现代，核心家庭显然已经成为常规模式（Kumagai，1986）。由于现代工业经济所创造的对地理性流动的需求，在大多数人的生活里，扩大家庭将是一个大累赘；因此，核心家庭实际上是唯一适合的家庭类型。

另外，在西方，一旦扩大家庭在经济上不再具有适应性，对核心家庭的强调就必然会受到个体的自由愿望——从老一代的控制下获得自由——的鼓励。对西方与日本的比较就显示了这样的见解。在日本，对核心家庭的强调达不到西方那样的程度（Kumagai，1986），日本也以反对西方类型的个人主义和自由著称。

现代家庭制度的进化

现代家庭的出现有一段引人入胜的历史，当代的两位社会史家很好地讲述了这段历史。他们分别是写出《现代家庭的诞生》(1975) 的爱德华·肖特尔，以及写出《1500—1800 年英国的家庭、性和婚姻》(1979) 的劳伦斯·斯通 (Lawrence Stone)。肖特尔的研究重点关注的是法国，但他相信他的分析适用于西欧大多数地区。他也相信，欧洲大多数地区向现代家庭的转型，都开始于 18 世纪中期前后。斯通的著作讨论的是英国，他把向现代主义转型的开始时间定得比肖特尔早一个世纪。两位作者基本上都同意，这一家庭转型开始于中产阶级和上层阶级，但后来传播到了低层阶级。

欧洲的传统家庭　在整体状况和家庭关系结构方面，前现代的欧洲家庭与现代家庭没有多少相似之处。首先，没有证据表明，当时丈夫和妻子的关系通常建立在深厚的感情和伴侣关系的基础之上。虽然我们现在所知的浪漫爱情当时是存在的，但它并不常见，也不被认为是婚姻的适当基础。婚姻由配偶各自的家庭包办，经济的考虑决定配偶的选择，甚至决定是否结婚。显然，当时的婚姻纽带基本上是经济关系，而不是感情关系。关于这一点，肖特尔 (Shorter, 1975：57) 注意到：

> 夫妻一方死亡的可能性似乎不会在夫妻之间导致很强烈的情感反应。在巴黎东边 (Seine-et-Marne，塞纳-马恩地区) 的村民中，人们很少在遗嘱里为配偶订立条款。更多的是经济纽带，而不是情感纽带，把农民夫妇绑在一起：当妻子生病的时候，丈夫常常为了省钱而不请医生，但却准备在为生病的母牛和公牛请兽医时"花一大笔钱" (cascade gold)[①]。这是因为，归根结底，一头母牛的价值大于一个妻子的价值。

妻子当然是有价值的，特别是从经济上来讲。她的家务劳动是非常重要的，而且她在生育后代方面是必不可少的；但她对丈夫的价值不过如此，前现代的欧洲的社会和经济条件并不允许人们在婚姻关系中发展出深厚的感情。

前现代的亲子关系也与现代的亲子关系大相径庭。那时，父母和子女之间似乎没有多少情感纽带。母亲很少哺育自己的孩子。孩子经常是一出生就被托付给雇来的奶妈，她会在一年或者更长的时间里照顾这个孩子。此外，当时对待儿童的常见方式，在今天看来可能是一种极端形式的儿童虐待。他们长时间无人看管；为了清静，他们经常被父母用钩子钩住衣服挂起来；此外，正如肖特尔所描述的，他们经常被"留在自己的粪便里"数个小时。他们还常常遭受各种各样的暴力，这经常导致重伤和死亡。还有一个事实是，一个家庭的孩子经常叫同样的名字。一个新生儿所叫的名字，很可能就是他刚刚死去的哥哥的名字，或者两个孩子都叫同样的名字。这意味着下述观念是不存在的：每一个孩子都是一个独特的个体，父母应该和他建立独特的关系。

关于前现代亲子关系的这种观点曾经获得了广泛的认可，但也遭到了强烈的挑战 (Pollock, 1983; Shahar, 1990)。林达·波洛克 (Linda Pollock) 断言，这种观点既有逻辑漏洞，又有经验性的错误。从逻辑上来讲，她提醒到，对其他物种的社会生物学研究显示，亲代照料是哺乳类和非人灵长类的基本属性。她说，通过推理，人类也应如此。波洛克还指出，对其他社会的儿童抚育进行的人类学研究显示，良好的亲代照料是广泛存在的人类特征，全世界的父母都给了他们的孩子足够多的照料。波洛克声称，她搜集了足够多的经验数据，这些数据表明，18 世纪之前的父母与后来的父母一样为死去的孩子感到悲伤，那时的孩子并不是经常受到残忍的对待。她相信，从总体上来说，那时的父母与孩子在情感上相互依恋，并且对孩子的福祉相当关心。

波洛克叙述了关于动物的亲代照料的社会生物学研究，也叙述了关于其他社会的亲代行为的人类学研究。虽然她的叙述毫无疑问是正确的，但是她的结论真有可能是错误的。她没有考虑到，在某种程度上，极端的社会和经济条件可以使典型的亲代行为发生扭曲。让我们回忆一下第三章所提到的乌干达的伊克人的故事。因为丧失了大多数的生存手段，一个社会的社会凝聚力被摧毁了，伊克人就是一个这样的例子。考林·特布尔 (Colin Turnbull, 1972) 观察到，伊克人不仅丧失了社会凝聚力，而且他们的父母对孩子也特别无情，连最基本的亲代照料都消失了。我们还可以思考溺婴的例子。人们观察到，在非常特殊的条件下，特别是在经济压力下，这种社会现实是普遍存在的。在父母很难供养孩子的情况下，这是一种高度可预测的行为 (Daly and Wilson, 1988)。最后，考虑一下现代社会里对儿童虐待的最新报道。毫无疑问，这一现象比我们

---

①　原意为"让金子流淌"。——译者注

想象的要普遍得多。如果它在现代社会中都是如此常见，那么在经济状况要糟糕得多的前现代社会，它又会多么寻常呢？

因此，当社会和经济条件施压于典型的亲子互动时，极端形式的父母行为可能会出现，而它也确实出现了。这恰恰是我们在前现代欧洲所观察到的现象。斯通指出，婴儿和儿童的死亡率太高了，以至于母亲对孩子投入太多的感情是不可思议的。深深地陷入对孩子的依恋，然后看着他们大量死去，将是一种无法忍受的痛苦经历。所以，父母对孩子的情感匮乏，并非是父母的自愿选择，而是外在条件强加给他们的。面对使人精疲力竭的经济条件以及较高的婴儿和儿童死亡率，父母的冷漠是一种可预测（也具有心理适应性）的反应。20世纪后期，工业社会中父母在其孩子身上投入大量情感的一个基本原因是，现代儿童有极高的存活率。

传统家庭的最后一个特点是，它基本上缺乏隐私，或者说是它与社会的"分立性"。我们大多数人生活于其中的家庭形式——与社会相对隔离的、私立的社会单位——当时并不存在。肖特尔评论说，传统家庭"被刺得浑身是洞"（pierced full of holes）。外人跟家庭成员自由地互动，家庭成员之间的关系跟家庭成员与外人的关系毫无二致。换言之，家庭与社会之间并不存在真正的边界。

现代家庭的兴起　传统家庭基本上是社会的一
333 个经济亚系统（subsystem），"更多地是一个生产单位和生育单位，而不是一个情感单位"（Shorter, 1975：5）。它最关注的问题是财产的代际传递以及生育。它作为财产传递者的关键角色，揭示了家里的长辈在为儿女包办婚姻时强有力的地位。不过，在17和18世纪，这种家庭模式开始衰落，让位于20世纪后期我们所熟悉的家庭模式。劳伦斯·斯通认为，现代家庭的兴起涉及4个基本特征的出现：家庭成员之间情感纽带日益增强，日益关注个人的自由、权利和婚姻幸福，日益关注性乐趣［并把它与罪（sin）和负罪感分离开来］，以及对私密的家庭生活的盼望日益增强。

向现代家庭的转型中，最重要的一个方面是以浪漫爱情为基础的婚姻的出现。毫无疑问，人类社会甫一出现，浪漫爱情就已经存在；但在17和18世纪之前，在任何社会里，它在选择婚姻对象方面都不会起重要作用。以浪漫爱情为基础的婚姻的出现是革命性的。这一现象实际上包括两个方面。首

先，年轻人在择偶时开始拒绝父母的干预，日益要求自己择偶的权利。其次，婚姻日益被看做情感单位而不是经济单位，婚姻双方是由配偶之间的情感纽带联结在一起的，而不是出于对财产所有权的考虑才结合在一起。配偶之间的情感纽带类型，从冷淡或冷漠变成了情感至高无上。他们成了共度一生的伴侣。配偶（或婚前情侣）开始把彼此理想化，并且宁愿选择对方的陪伴，而不是其他任何人的陪伴。他们花费无数的时间在一起，用爱称相互称谓，还通过诗歌、文学和歌曲来表达爱恋。例如，18和19世纪文学最有趣的一个特点是浪漫小说的兴起，这类小说是当时正在发生的巨大家庭变迁的宏伟象征。

家庭情感革命也改变了父母和子女之间的关系：父母（特别是母亲）对孩子的福祉越来越关心，这成为一种明显的现象。妈妈们开始自己为孩子哺乳，而不再把他们送到奶妈那里，并且开始关心可以培养健康人格的育儿方法。对孩子的忽视和生理虐待急剧减少，对孩子的惩戒方法也越来越进步。育儿的宽容时代（era of permissiveness）显然正在来临。

性行为也开始发生巨大的变化。毫无疑问，在前现代的欧洲，男女都会有性冲动，而且男人和女人都会在某种程度上寻求性的快乐。不过，以现代的标准来看，当时婚内和婚外的性行为既不频繁，也不重要。用肖特尔的话来说，当时的两性关系是"坚决非色情化的"。婚前的性行为可能是不常见的，特别是妇女，而婚外恋十有八九是罕见的（对妇女来说必然极为罕见），也没有多少证据表明当时存在自慰行为。

17和18世纪经历了传统性行为模式的巨大变迁。在这段时间里，婚前性行为似乎急剧增加了，因为我们看到，私生子的数量明显增多了。婚内 334 性行为似乎变多了，并且具有了更多的色情意味。至少是与过去相比，社会生活变得高度色情化了，"性愉悦即目的"的观念变得越来越普遍。

与上述变化相比，家庭与外部世界之间关系的改变也并不逊色，这种变化被肖特尔称为"家庭化（domesticity）的兴起"。现代家庭变得越来越私密化，它与社会之间的界线越来越清晰。在前现代家庭，家庭成员之间的关系跟家庭成员与外人之间的关系同样紧密，但在17、18和19世纪，这些情况都变了。到19世纪中叶，家庭变成了这样的单位：它坚守其私密存在，以及与外部世界的分离（甚至是

隔离）。肖特尔（Shorter，1975：227－228）为"家庭化到底是什么"这一问题提供了一个清晰的解答。

所谓家庭化，就是家庭意识到它自己是一个珍贵的情感单位，这个单位必须对抗外来入侵，以保护自身的隐私和隔离状态。家庭化是现代情感洪流的第三波先锋队。母爱创造了一个情感之巢，现代家庭就安卧于其中，它使很多妇女远离公共生活。除此之外，家庭化还把整个家庭封闭起来，阻止家庭与周围世界的传统互动。家庭成员所感受到的凝聚力，开始超过他们在同龄伙伴群体或同性伙伴群体之中所感受到的凝聚力。我们确实看到了家庭化的外在表现：在法国，人们去掉了刻在大门上的姓名，这样其他人就不便来敲门；在德国，爸爸与孩子的林中散步把他从牌桌上拉走；在所有地方，人们在家中度过的时间都越来越长。

解释家庭的现代转型 现代家庭的进化大体上是几个世纪以来的巨大变迁的产物，这种变迁是向着高度商业化的资本主义文化发展的（Shorter，1975；Stone，1979；Zaretsky，1976；Lasch，1977）。通过经济个人主义的兴起这个中介，肖特尔把资本主义的兴起与现代家庭的进化联系了起来（Shorter，1975：258－259）。

在这种观念的传播上，市场组织的自由放任、资本主义生产，以及劳动大军的无产阶级化的开始，比任何其他因素都重要。

……资本主义是怎样使得我称之为"浪漫革命"（romance revolution）的观念深入未婚者中间的呢……市场逻辑对个人主义观念有着积极的要求：只有每一个参与者都无情地追求其自身利益——贱买贵卖，以其竞争者（也就是其同胞）为代价增加自己的利益，这个制度才能够成功。只有各种各样的经济利己主义（egoism）被内化到心中，自由市场才能实现其倡导者的愿望。这是因为，如果人们的经济行为受到人道主义或共同体主义（communitarian）顾虑的影响，市场就会变得无效率。因此，每一个陷入自由市场的人都持有这样的态度："人不为己，天诛地灭。"（Look out for number one）

……在市场中学到的利己主义变成了共同体的义务和规范，也变成了家庭和家族的纽带。简而言之，它变成了规范着家庭行为和性行为

的文化规则。

……所以，通过加入市场化的劳动大军，资本主义对浪漫爱情施加了影响：经济个人主义导致了文化上的利己主义，个人满足变得比融入共同的福祉更为重要；自由的愿望造成私生子如潮水般涌现。

虽然肖特尔为浪漫爱情的出现和性行为的自由化提供了上述解释，但是他对父母对子女情感涉入的加深（greater parental involvement in children）的解释却有所不同。他主张，这与生活水平的提高有关。母亲对孩子冷漠是低下的生活水平造成的不幸结果，也是极高的儿童死亡率带来的不幸后果。但是，随着18和19世纪生活水平的显著提高，以及婴儿死亡率和儿童死亡率的相应下降，妈妈们可以在她们的孩子身上投入更多的情感。

那么，怎样解释家庭化的兴起，即家庭与外部世界的隔离？克里斯托弗·拉什（Christopher Lasch，1977）曾经指出，18和19世纪，私密家庭是作为一种避难所出现的——人们可以在其中逃避外部世界的残酷现实。用拉什的名言来说，家庭变成了"无情世界中的天堂"。在拉什心目中，无情的世界就是指竞争性的资本主义市场。工作环境的强烈竞争性创造了一种对避难所的需求，在这样的避难所中，人们可以从工作场所的刀风剑雨（slings and arrows）中恢复过来，以便再次投身其中。拉什（Lasch，1977：xix）这样写道："随着商业、政治和外交活动变得越来越野蛮，越来越像战争，人们开始在下列事物中寻找天堂：私人生活、人际关系，以及最重要的爱与体面最后的避难所——家庭。"

当代家庭革命

不过，拉什也提出，在过去数十年里，家庭承受了过大的压力，它越来越难以承担资本主义市场中的避难所的角色。无论上述说法是否正确，自20世纪60年代以来，西方家庭都承受了巨大的压力，也经历了深刻的变革。这既涉及夫妻关系，也涉及父母与其青春期子女的关系。

婚姻关系中的新变化

20世纪60年代以来，受到最广泛讨论的家庭生活变化就是同居的显著增多——两个人生活在一起但不结婚。同居的增多是所有西方工业社会的一个显著现

335

象，尽管有些社会比另一些社会更严重一些。例如，20世纪70年代，美国同居的比例大幅度上升。1965—1974年，只有11%的人结婚之前同居过；而1975—1979年，这一比例上升到了32%；1980—1984年，这一比例又上升到了44%（Cherlin，1992）。同居在法国也很普遍。1977年的一次调查发现，年龄为18~29岁的已婚夫妻中，31%的夫妻在结婚前同居过（Cherlin，1981）。法国的同居关系比美国的同居关系延续的时间更长。在美国，只有10%的同居关系延续了至少5年；但在法国，有30%的同居关系延续了那么长时间（Cherlin，1992）。在现代工业社会中，瑞典是同居率最高的国家，而且它的同居率比其他的国家高得多。到20世纪70年代后期全部已婚妇女中有96%婚前同居过。在今天的瑞典，同居基本上已经是一种普遍的做法。实际上，瑞典的同居现象实在是太普遍了，以至于在同居关系中生下第一个孩子已经是常见的事。事实上，斯堪的纳维亚国家拥有同居和非婚生子的悠久传统，这一传统可以追溯到数个世纪以前（Cherlin，1992）。

目前的高同居率并没有对婚姻造成多大威胁。车尔林（Cherlin，1992）认为，同居似乎成了结婚的准备阶段，而不是其永久性的替代品；大多数同居者计划跟和他/她同居的人结婚。不过，毫无疑问，同居变得如此普遍，意味着在过去25年里，婚姻和家庭生活发生了根本的改变，人们对它的期待也大不相同了。

在过去25年里，家庭生活的另一个重大变化是生育率的明显下降，或妇女的生育活动的明显减少。二战之后，生育率明显上升了，主要生育期处于20世纪50年代中晚期的妇女，平均每人生育3.2个孩子〔这就是著名的"婴儿潮"（baby boom）时期〕。不过从20世纪60年代早期开始，生育率明显下降了，主要生育期处于70年代的妇女人均生育子女数降低到了1.9个。自70年代中期以来，生育率似乎一直保持在这一低水平上（U. S. Bureau of the Census，1992）。

最后，同样重要的是离婚的趋势。图15—1显示，从19世纪中叶以来，离婚率基本上一直在上升。它在二战期间出现了一次陡升（因为战争对婚姻生活造成了破坏），然后在20世纪40年代后期基本回到了战前的水平，一直到60年代。从70年代开始，它急剧上升：从1960年的每1 000个已婚妇女中有9人离婚，到1979年的每1 000个已婚妇女中有23人离婚。经历了1979年的高峰后，离婚率开始缓慢下降；到80年代中期，每1 000个已婚妇女中仅有21人离婚。虽然离婚率从那时开始一直较平稳，但它仍然是很高的。如果它维持在这个水平，那么1985年以来缔结的所有婚姻中，大约半数都会以离婚告终（Cherlin，1992）。

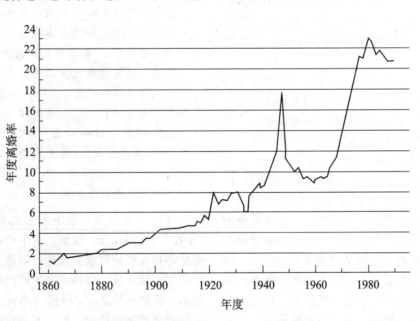

图15—1　美国1860—1985年间的离婚率

注：这里显示的离婚率是每1 000位15岁以上已婚妇女中的离婚人数，或者是每1 000对现存的婚姻中的离婚数。

资料来源：Andrew J. Cherlin, *Marriage*, *Divorce*, *Remarriage*, revised and enlarged edition. Cambridge, Mass.：Harvard University Press, 1992, Figure 1 - 5。

婚姻关系的这些趋势在瑞典体现得最为明显（Popenoe，1988）。在目前所有的工业社会中，瑞典的结婚率是最低的，它也是初婚年龄最小的国家之一。从20世纪60年代开始，婚姻日益被非婚同居取代。例如，1960年大约只有1%的同居伴侣是未婚的，但到了1983年，这一数据陡升到了21%（Popenoe，1988）。此外，正如上文所述，同居如今几乎已经成为一种普遍的做法——作为婚姻的替代或前奏。瑞典在下述两个事项上也领先于工业社会：单亲家庭以及单身家庭（single-person household）的比例。另外，在所有的工业社会中，它的平均家庭规模是最小的。

解释新的家庭变化

怎样解释目前家庭关系中的剧烈变动？为什么年轻人在结婚前普遍同居、少生孩子？为什么离婚比例高得惊人？有人说，目前家庭变迁应该归咎于与家庭生活有关的价值观和态度的改变，不过这种解释没有多少道理。即使这是正确的，我们也会遇到另一个问题，即与婚姻家庭生活有关的价值和态度为何会改变。但是，上述解释似乎根本就是不正确的。最近的民意调查显示，家庭观念以及对家庭生活态度的改变直到20世纪60年代后期、70年代早期才开始，而最近的行为改变实际上开始于60年代早期。情况似乎是，态度和价值观的改变步了行为改变的后尘，而不是造成了那些行为改变（Cherlin，1992）。

车尔林的调查证据显示，最近的这些趋势来源于根本性的经济变迁，这些变迁与妇女加入劳动大军有关。这一趋势与下述现象几乎同时出现：有孩子的已婚妇女参与家庭之外的全职工作的比例急剧上升。随着妇女大量地加入劳动大军，她们的经济实力实际上增强了，这降低了她们对丈夫的依赖度。她们更加不可能生活在一段不愉快的婚姻里。过去，妇女们感觉她们没有多少机会来终结一段不满意的婚姻，因为她们在独立养活自己和孩子方面会面临巨大的困难。可是如今这种情况根本改变了——两性间的权力平衡改变了。在这种情况下，妇女对婚姻的期待也发生了改变。她们对婚姻寄予厚望，在它不能满足自己的希望时，就迅速地终结它。男人对婚姻的期待也发生了相应的变化。由于男人和女人都深陷于事业之中，所以孩子很难再像以前一样重要了。正因为如此，年轻夫妻生育的孩子也更少了。最后，同居是对越来越高的婚姻失败率的符合

逻辑的反应。因为年轻人知道了婚姻的风险有多么高，所以他们希望在走进婚姻时有如此的感觉：我们有很大的把握使它运转正常。因此，同居成了可能会发生的婚姻的一个尝试阶段。

亲子关系的新变化

目前的家庭革命不仅涉及婚姻关系，还涉及亲子关系的所有方面。亲子关系也发生了重要的改变，特别是父母与青春期子女的关系。在很长一段时间里，这一关系一直在改变，但在最近二三十年，这种改变明显加快了。这些改变朝着父母对孩子日益丧失控制的方向发展，父母与孩子日渐进入完全不同的两个世界。肖特尔（Shorter，1975）认为，孩子们陷入了一个复杂的年轻人亚文化中，这一亚文化在塑造年轻人的价值观方面，与父母的教诲至少是不相上下的。作为教育者的父母与子女越来越疏离；而且很多年轻人认为，他们的父母（以及所有的老一代人）没有多少价值观可以传递给他们。根据肖特尔（Shorter，1975：276-277）的说法，我们正在见证下述事情。

> 青春期的少年越来越远离父母的教诲。20世纪60年代，代际关系开始经历亲属关系曾经经历过的变化：从功能关系转变为友谊关系。在核心家庭的全盛时期，向十几岁的孩子传递价值观和态度的重担落在父母的肩上，游戏规则是在壁炉边通过无数次的亲密交流学会的。不过，随着后现代家庭呼啸而来，父母正在失去其教育者的角色。这一任务落在了同伴身上，伴随着这种转移，世代延续的家庭的感觉——代际关系之链也随之而去。父母变成了朋友（一种情感关系），而不再是家族的代表（一种功能关系）。如果真是如此，那么我们正在面对一种史无前例的新模式。

肖特尔注意到，亲子关系的革命似乎是一种"推拉"（push-pull）现象。孩子们被年轻人独立文化的迅猛发展拉得越来越远，但他们似乎也在被自己的家庭往外推，这是家庭所经历的根本性改变的结果。更糟糕的是，父母已经不再像以前那样有充足的时间与孩子待在一起。鉴于双职工家庭已经成为家庭生活的主要形式，父母任何一方都难以像以前一样抽出时间，对孩子进行高强度的教育和社会化。因此，过去普遍拥有的密切的亲子关系越来越少见了，这使得青春期亚文化变得更加有吸引力。

当前的家庭危机

尽管同居和离婚的比例是如此之高,但是人们仍然希望结婚。至少90%的人选择结婚,离婚后的再婚率也非常高(Cherlin, 1992)。所以,家庭并不是一种正在解体的制度,尽管它与原来的样子已经大不相同(参阅本章末尾的特别话题)。

也许,家庭真正的危机并不是人们的非婚同居多了,也不是人们离婚多了;真正的危机是,家庭越来越不能发挥拉什所说的"天堂"或"避难所"的功能。肖特尔把这种发展趋势称为"毁巢"(destruction of the nest)。家庭似乎越来越失去其庇护儿童和成年男人的功能,再也无法使他们远离发达资本主义文化中的极端竞争压力,也使妇女越来越多地遭受这种压力。在阿里·罗素·霍斯柴尔德(Arlie Russell Hochschild, 1997)的一本新书中,他研究了现代美国公司雇员的工作和家庭生活状况。他惊奇地发现,从某种意义上说,与数十年前相比,人们的职业生活和家庭生活正好颠倒了。工作场所成了避难所,而压力则集中在家庭里。父母双方在工作上花费的时间都超过10个小时,这表明,与家庭生活相比,他们更青睐职业生活。结果,家庭生活的节奏明显加快了。父母为满足孩子的情感需求而付出的时间越来越少。霍斯柴尔德讲了一个令人震惊的故事:一个男孩子的双亲某一天都要上班,但他在这一天遇到了紧急事故,因而必须被送往医院。然而,他的父母宁愿上班,也不愿陪伴他们的儿子!毫无疑问,所有这些都会对现代社会里的个体幸福产生心理影响,也会影响人类关系的性质和整体基调。

进化视角下的婚姻、家庭和家族

与技术、经济和政治组织等现象的进化不同,家庭和家族体系的进化没有展现出任何线性的方向。相反,家庭体系的进化展现了一个曲线模型(Blumberg and Winch, 1977)。在家庭的进化谱带中,小型的核心家庭伴随着双重血统制在两端占据主导地位(即狩猎采集社会和工业社会),而复杂的单系的社团血统群体则集中在谱带的中间位置(即园艺社会和农业社会)。此外,把不同形式的单系居住制度与单系血统制度看做社会文化进化的不同"阶段"的代表,也是不可能的。例如,从父居和从母居,以及父系血统制和母系血统制,是对不同的潜在条件的不同适应方式。没有哪一种制度可以被认定为社会文化进化的"低级"或"高级"("早期"或"晚期")发展阶段(它们是一种特定的形式,而不是普遍的进化模式)(cf. Aberle, 1961)。不过,婚姻、家庭和家族体系是普遍的进化现象,这是因为在整体的进化转型过程中,它们展示了常规性的变异。

根据由90个狩猎采集社会组成的一个样本分析,马丁和伏尔西斯(Martin and Voorhies, 1975)发现,在这些社会中,62%的社会是双系血统制,26%是父系血统制,只有12%是并行血统制(double descent)或母系血统制。居制通常是从父居或双居制,核心家庭受到格外的重视。因此,狩猎采集社会一般拥有非常有弹性的家庭体系,这样的家庭体系在经常迁徙的搜寻型生计(foraging existence)条件下是具有高度适应性的。虽然狩猎采集型的家庭模式和工业社会的家庭体系之间存在相似之处,但是它们之间也存在关键性的差异。在狩猎采集者中,家族代表着全部的社会生活结构,实际上每一个人都是族人。因此,家族对狩猎采集者的社会生活的主导程度,在工业社会的成员看来,是不可思议的。

狩猎采集社会里的婚姻制度常常是一夫多妻制,但是与园艺社会相比,狩猎采集社会中的一夫多妻制出现的概率要低一些。外婚制普遍适用于核心家庭,有时也扩展到较大的亲属类型。有时候,外婚制适用于整个游群。

园艺社会的主要特征是,存在社团血统群体——它通常是单系血统制的变体。父系血统制是最常见的血统制类型。运用一个由104个园艺社会组成的样本,马丁和伏尔西斯(Martin and Voorhies, 1975)报告说,其中56%的社会是父系血统制,24%是母系血统制,3%是并行血统制,16%是双系血统制。在大多数这样的社会里,核心家庭高度屈从于大型的亲属群体。这些大型亲属群体主导着社会生活,为每一个人规定他或她在世界上的位置。个人之间的相互关系建立在他们的社团群体成员的基础之上——作为同一或不同群体的成员,或者作为同一群体的特定类型的亲属。所有的社会活动都在亲属群体的框架内进行。

在社会文化进化的这个阶段,这种群体特别重要,因为它们出现的目的是规范人们对土地的占有,以及对土地产出的占有。单系血统制有利于独立的、界限清晰的、不相互交叉的亲属群体的形成,因而享有巨大的优势。这使得每个人都成为某个群体的成员，而且仅仅是这一个群体的成员。这种群体的成员身份界定了他对土地和其他财产的权利；而且它确立了一组特定的亲属，这些亲属在必要时会提供资助和帮助。

在对婚姻的规范这件事情上，社团血统群体扮演着举足轻重的角色。它们通常实行外婚制，这迫使人们在自己的群体之外寻找配偶。园艺社会里的婚姻通常是一夫多妻制的，绝大多数园艺者显然更青睐这种形式的多偶制婚姻。

随着社会分层的强化和农业社会中国家的出现，亲属群体的重要性开始降低。阶级、种姓和产业成了社会组织的关键要素，并开始置换以前的亲属群体的某些功能。国家取代亲属群体，成为主要的社会整合力量。即使亲属群体在大多数人的生活中继续发挥重要作用，但是其结构也已发生改变。单系血统制衰落了，双系血统制的重要性上升：这两种类型的血统制在农业社会里出现的概率大致相当。一个由53个农业社会组成的样本显示，45％的社会是父系血统制的，45％是双系血统制的，只有9％是母系血统制的（Martin and Voorhies, 1975）。因此，虽然社团血统群体继续存在于很多农业社会里，但是拥有大型双系血统的扩大家庭的社会也同样多。

虽然很多农业社会允许一夫多妻，但是一夫一妻却是大多数人绝对的婚姻形式。此外，内婚制——人们一般与自己的社会群体或自己的社会类别内部的人结婚——可能比外婚制更为重要。因此，婚姻被严格地限制在个人自己的阶级、种姓、宗教和民族群体内部。

工业社会是通过复杂的经济体系和国家组织起来的，而不是通过亲属群体。亲属和家庭生活的重要性被极大地削弱了。核心家庭出现并成为占主导地位的家庭单位，双系扩展的亲属网络虽然存在，但是在社会生活中发挥的作用非常小。与前工业社会相比，工业社会里的家庭功能要小得多，它以前的很多功能被其他制度夺走了。例如，它不再是经济生产单位，而被贬低为经济生活中的一个消费单位。

工业社会里的婚姻完全是一夫一妻制的，一夫多妻制为法律所禁止。内婚制强烈地规范着工业社会。人们一般在自己的社会阶级、种族群体、民族群体和宗教群体之中互相通婚。

341 小　结

1. 人类社会里最基本的亲属群体是核心家庭、扩大家庭和社团血统群体。核心家庭包括丈夫、妻子以及他们的后代，他们生活在一起并维持一个共同的家庭。扩大家庭是由相互联系的许多核心家庭构成的大型亲属网络。社团血统群体是由扩大家庭构成的规模更大的家庭团体，它出现在很多前现代社会里。

2. 所有的社会都有对居住地和血统群体进行管理的方法。居住群体是维持一个共同家庭的亲属群体。它们可能属于从父居、从母居、从舅居、双居制、两可居制、巢居制，或者属于新居制。血统群体是由一些人组成的群体，这些人依据特定的亲属关系原则把自己组织起来。从性质上来说，这些原则可能是父系血统制、母系血统制、并行血统制、两可血统制或者双系血统制（bilateral）。

3. 在世界上的各个社会里，父系血统制是最常见的血统制类型。它通过父亲追溯血统，并围绕着父子关系形成血统群体。父系血统群体几乎都是从父居的。母系血统制较为少见，它通过母亲的血缘追溯血统。母系血统群体的核心是一组姐妹和兄弟，后者是血统群体事务的管理者。母系血统体系的独特性在于，它建立了"社会父职"制度。在这种制度中，儿童主要由其舅父抚养，而不是由其亲生父亲抚养。母系血统群体最常实行的是从母居或从舅居制度，但它们也实行其他类型的居住制度。

4. 大多数社会科学家相信，居住制度的建立早于血统制度，是它催生了相应的血统制度。从父居和父系血统制似乎出现在各种各样的基础设施条件下，也出现在各种各样的结构性条件下，不过特别容易出现于下述情况中：人口压力很大，经常与相邻社会发生战争，财富高度集中。最广泛地被接受的关于从母居的理论是，它兴起于要求男人长期离开家园的条件下。远离家园而发动的战争似乎是男人不在家的最常见原因。一旦从母居建立起来，母系血统制自然就随之而来。有些从母居和母系血统制的社会倾向于向下述方向进化：保留自己的母系血统制度，但实行从舅居制。这可能是因为需要团结男性亲属，以便对新形式的财富进行管理。

5. 在全世界范围内，共有三种基本的婚姻形式，分别是一夫一妻制、一夫多妻制和一妻多夫制。一夫多妻制是世界上大多数人类社会所青睐的婚姻形式；但是，即使是在允许一夫多妻的社会里，大多数人还是一夫娶一妻。对一夫多妻制极其广泛的偏好，主要反映了男人对性行为多样性的兴趣，也许还有他们对增加自己财富的兴趣。在农业社会里，实行一夫一妻制通常是因为男人无力养活多个妻子。不过，在工业社会里，一夫一妻制之所以是常规形式，可能是因为，一夫多妻制与情感式的婚姻针锋相对。一妻多夫是一种非常少见的做法，目前对它的理解仍然极不完善。至少在某些一妻多夫制社会里，一妻多夫制反映了保证家庭财产不被分割的需求，以此保证其中的个体能够有足够多的土地养活自己。

6. 社会科学家已经修正了自己以前的观点，即工业化创造了现代核心家庭。最近的证据表明，在西欧和北美，核心家庭早在工业化之前就存在了。核心家庭首先兴起于核心资本主义渗透最深的地区。

7. 传统的欧洲家庭基本上是一个经济单位，而不是一个情感单位。感情并不是婚姻纽带的重要组成部分，大多数父母在其孩子身上投入的情感很少。从很多方面来说，非家庭成员之间的关系与家庭成员之间的关系同样紧密。

342

8. 在17和18世纪，西方家庭开始向高度情感化（sentimentality）的方向发展。配偶之间的关系越来越多地建立在情感之上，通常情况下，浪漫爱情成为婚姻的基础。父母对孩子的冷漠急剧减少，并开始注意孩子的人格发展。家庭越来越成为一个与外部世界隔绝的私密群体。

9. 这些家庭行为的改变最早、最广泛地出现在

英国和法国，这显然与现代资本主义的兴起有关。随着人们越来越关注自己在性和爱上的个人需求，对资本主义来说极为重要的个人主义似乎渗入了婚姻和家庭组织。不过，家庭与外部世界之间日益加深的相互隔离，似乎是对极具竞争性的资本主义市场的一种适应。家庭成为这种竞争的避难所。

10. 在过去三四十年里，西方工业社会的家庭生活发生了一次革命。离婚率急剧上升，人们更经常地在没有婚姻利益（benefit of marriage）的情况下生活在一起。妇女倾向于少生孩子，并且推迟首次怀孕的时间。这些改变似乎与下述情况密切相关：有幼儿的已婚妇女加入劳动大军的比例从根本上提高了。亲子关系也明显改变了，而且是向着父母对孩子的控制日益减弱的方向改变。

11. 婚姻、家庭和家族是一种进化现象，但它绝不是以简单的方式进化的。亲属群体与某个社会的技术发展阶段之间的关系是非线性的。双系血统制和对核心家庭的重视一般出现在进化谱带的两端：最不发达的一端和最发达的一端，亦即狩猎采集社会和工业社会。园艺社会通常拥有单系的社团血统群体。这些群体在对土地的管理上发挥着重要的作用。农业社会一般也更重视单系的社团血统群体，但是它不像园艺社会那么重视。

特别话题：家庭正在衰落吗？

数十年来，社会科学家和普通人都在争论一个问题：现代工业社会里的家庭是否正处于衰落之中？实际上，这一争论似乎在每一个新的十年都会重来一次。戴维·波普诺（David Popenoe, 1988）注意到，20世纪的大多数社会学家基本上都认为，家庭正在衰落的说法是错误的。他们认为，家庭一直在改变，以适应新的环境，但这并不意味着它正在衰落，或者其重要性正在降低。不过，波普诺自己却挑战了这一观点，他声称，20世纪后半叶，家庭确实处于深刻的衰落之中。在波普诺看来，"衰落"的意思是："家庭这一社会制度变得越来越衰弱；它正在逐渐丧失其权力和功能，丧失其对行为和舆论的影响力。总体上来说，它在生活中的重要性越来越小。"（Popenoe, 1988：xii）在波普诺的著作《扰动之巢：家庭变迁和现代社会的衰落》（1988）中，他至少从10个维度讨论了家庭的衰落。

（1）现代家庭的凝聚力已经降低，它控制其个体成员行为的能力也已经降低；它的权力已经丧失，并将其交给了其他的社会群体，如国家、大众传媒、学校和同伴群体。

（2）家庭变得更小了，孩子更少了；单亲家庭增多了。

（3）今天的家庭所从事的集体活动少了，作为一个社会单位，它干的事情更少了。

343

（4）亲子之间有意义的接触时间变少了。对此，他们的借口是，他们与孩子共度了"黄金时光"（quality time）。

（5）现在的家庭花在发展和维护以家庭为中心的日常活动上的时间少了，例如那些围绕着进餐时间、睡眠时间、生日和节假日而进行的活动。

（6）孩子们进入了一个与核心家庭以外的亲属接触更少的时代。

（7）婚姻更容易破裂，一点儿也不持久和稳定。

（8）由于婚姻极易破裂，所以儿童忍受着越来越强的对父母婚姻可能会破裂的焦虑；如果父母婚姻真的破裂了，他们所遭受的焦虑更大。

（9）孩子们曾经与父母的工作有密切的联系，他们因此能够发展出与成年人的职业角色有关的心理模型；目前，情况已经不是这样了，孩子们越来越多地生活在他们自己的独立世界里。

（10）家庭主义——强调家庭作为一种重要的社会制度的意义——衰落了，它日益被其他价值观替代，如与个人自我实现相关的价值观、与平等主义有关的价值观等。

大多数社会学家可能会同意上述大多数或全部观点——从它们准确地描述了 20 世纪后期的家庭情况这个意义上来说。不过，波普诺对这些事实的评价是消极的，而大多数社会学家对这些事实的评价可能要积极得多。例如，在其关于家庭的教材中，兰道尔·科林斯（Randall Collins，1985：473）写道："在这些变化中，家庭并没有从根本上衰落。"他又说："从某些方面来说，它甚至变得更强大了。"他还补充说（Randall Collins，1985：473-474）：

> 人们现在之所以组织家庭，主要是出于他们对家庭的个人需求。爱情变得更重要，而不是不重要。人们缔结婚姻主要是为了爱，因为他们不再受制于对家庭的经济依赖……孩子们所得到的爱也比以前要多。每个家庭的孩子都少了，但他们的出生时机经过了精心的选择。这实际上使孩子对其父母来说变得更加重要了，而不是相反……
>
> ……家庭虽然活在张力之中，但它似乎从未像现在这样欣欣向荣。

依据基本相同的事实，波普诺和科林斯为何得出了如此不同的结论？我认为，唯一可以接受的答案是，他们从不同的政治视角来看待这些事实。波普诺采取的是一个相对保守的视角，这对社会学家来说是不寻常的；而科林斯采取的是自由主义的视角，这是社会学家的典型视角。正像安德鲁·车尔林（Andrew Cherlin，1992：138）所评论的那样，当他们检视家庭变迁的各种维度时，"家庭变迁的自由主义辩护者们关注的是，成人之间的情感关系增强了，妇女的自主性提高了；而保守主义者则关注孩子，关注家庭的不稳定性"。换言之，科林斯的结论是，家庭并没有衰落，因为他赞同家庭所经历的变迁；而波普诺的结论是，家庭正在沦陷，因为他希望看到的是家庭对其成员实施更强有力的控制。

我想说，波普诺和科林斯都抓住了真理的一部分重要内容。毫无疑问，最近数十年来，家庭变迁的很多方面，如急剧升高的离婚率、黑人中女户主家庭数量的惊人上升等，确实值得担忧；但是，家庭变迁的其他方面，如更高的个人自主性、妇女得到的机会越来越多等，却是非常积极的。在这一点上，要做到两全其美是不可能的，在其他事情上亦是如此。不久之前，在西方社会，家庭曾经是一种强有力的、十分有凝聚力的社会制度，它用强力管控其个体成员的生活；其中，夫妻关系和亲子关系是冷漠的和形式化的。实际上，在世界上的大部分地区，它仍在如此运作，正像它在社会进化史的大多数时间里所做的那样。家庭变迁带来了个体自主性的提高，带来了个体自我实现机会的增多，也带来了夫妻之间和亲子之间更多的温情。如果我们珍视这些变化——西方社会里的大多数成员都是这样想的，那么我们就会愿意承认，我们既将有所得，亦将有所失。

所以，对"家庭是否在衰落"这一问题的最终回答是"没有答案"，至少是没有一个单一的、明确的答案。从某种意义上说，家庭确实在衰落，而且还会继续衰落下去；但从另外的意义上看，我们完全有理由说，家庭正像科林斯所说的，"似乎从未像现在这样欣欣向荣"。

推荐阅读

Anderson, Michael. *Approaches to the History of the Western Family*，1500-1914. London：Macmillan Press，1980. 该书简要地但富有启发性地介绍了三种相互对立的理论视角，即 16 世纪以来欧洲家庭史研究的三种理论视角。

Berger, Brigitte, and Peter L. Berger. *The War over the Family：Capturing the Middle Ground*. Garden

City，N. Y.：Doubleday（Anchor Books），1983. 该书为家庭这一重要社会制度进行了辩护，并且呼吁，在家庭的有效性面临巨大的削弱性压力时，强化家庭。

Cherlin，Andrew J. *Marriage*，*Divorce*，*Remarriage*. Revised and enlarged edition. Cambridge，Mass.：Harvard University Press，1992. 该书是近来最好的研究之一，它研究了当代婚姻关系和家庭关系的巨变。

Collins，Randall，and Scott Coltrane. *Sociology of Marriage and the Family*：*Gender*，*Love*，*and Property*. Fourth edition. Chicago：Nelson Hall，1995. 该书可能是最近几十年来最好的家庭社会学教材。与其他家庭社会学教材相比，它具有异乎寻常的比较视角和历史视角。在一系列历史事务和现实事务上，该书是发人深省的阅读材料。

Fox，Robin. *Kinship and Marriage*. Baltimore：Penguin Books，1967. 该书介绍了关于婚姻和家族体系的比较研究，文笔优美，信息量巨大。书中论述乱伦禁忌、居住、血统和婚姻交换体系的一些章节尤为出色。

Goody，Jack. *Production and Reproduction*：*A Comparative Study of the Domestic Domain*. New York：Cambridge University Press，1976. 针对"经济生产组织怎样塑造了家庭结构的性质"这一问题，该书进行了有益的讨论。该书重点关注的是欧亚大陆的农业社会里的家庭制度与非洲园艺社会里的家庭制度分道扬镳的方式。

Pasternak，Burton，Carol R. Ember，and Melvin Ember. *Sex*，*Gender*，*and Kinship*：*A Cross-Cultural Perspective*. Upper Saddle River，N. J.：Prentice Hall，1996. 该书采用一种宽泛的比较视角，出色而简洁地讨论了家庭和亲属现象。

Popenoe，David. *Disturbing the Nest*：*Family Change and Decline in Modern Societies*. New York：Al-dine de Gruyter，1988. 该书研究了当代家庭革命的问题，并对瑞典的情况给予了特别的强调。该书宣称，现代工业社会里的家庭正处于严重的衰退之中。

Shorter，Edward. *The Making of the Modern Family*. New York：Basic Books，1975. 该书显示，在 18 和 19 世纪，西欧的家庭关系中出现了一种"情感革命"，并试图认定这一"情感革命"的原因。虽然本书具有把现代核心家庭加以浪漫化的趋势，但它仍然对我们理解西方家庭的发展做出了重要的贡献。

Stone，Lawrence. *The Family*，*Sex and Marriage in England*，1500 - 1800. Abridged edition. New York：Harper & Row，1979. 该书是另一项一流的历史研究成果，它讨论了 17—19 世纪西欧的家庭革命。 *345* 该书的论述与肖特尔的论述很相似，但是它对历史细节给予了更多关注。

van den Berghe，Pierre L. *Human Family Systems*：*An Evolutionary View*. New York：Elsevier，1979. 该书对范围广泛的亲属现象进行了有益的讨论，它还试图展示生物学因素和社会文化因素是怎样纠缠在一起，并进而塑造行为模式的。

第十六章

大众教育的兴起和扩张

346   本章将讨论教育这一社会现象。教育是任何类型的正式的或半正式的文化或知识传授体系。虽然从这个角度上说，教育是人类社会的普遍特征，但本章还是主要关注高度正规的教育制度，这一教育制度是过去一两个世纪以来西方世界的特征。本章的重点是，描述并尝试解释大众教育的诞生及其扩张，这种情况既发生在工业国家，也发生在第三世界。与本书的其他章节一样，这一章我们也将采用比较的和历史的视角。

教育制度的性质和类型

比较视角和历史视角下的教育

    教育是一种普遍的文化现象，但是在不同的社会里，其性质是截然不同的。兰道尔·科林斯（Randall Collins, 1977）指出，全世界范围内共有3种基本的教育类型：实践技能教育、地位群体教育、官僚式教育。

347   实践技能教育旨在传授特定的技巧和技能，这些技巧和技能在从事职业活动以及其他活动时非常重要。这种教育通常建立在师傅带徒弟的基础上。在原始社会，这基本上是唯一的教育形式。它同样出现在农业社会里（如工匠向学徒传授技能），在某种程度上也出现在现代工业社会里。

    在原始社会里，重要的手艺如金属加工，重要的社会角色如巫师，一般都通过学徒制来进行学习。在农业文明里，学徒制也是进行下述职业知识传授的基础：医生、建筑工程师和建筑师。人们要传授的最重要的技能是识字。正式的识字教育开始于古代的美索不达米亚和古埃及，在那里，人们建立了特殊的学校，训练孩子们成为抄写匠（R. Collins, 1977）。

    实践技能教育的突出特点是，它并没有各种仪式，而伴有仪式是地位群体教育和官僚式教育的特点。实践技能教育并不要求出勤率、考试、分数和等级资格，因为对这种教育的有效性的唯一可行的检验，就是在实践中获得成功（R. Collins, 1977）。

    地位群体教育的目的是，在高度分层的社会里体现并强化精英群体的声望和特权。在任何技术的意义上说，这种教育通常都是不切实际的，它经常致力于学习和讨论一组秘传的知识。它广泛存在于农业社会和工业社会。科林斯（Collins, 1977：9-11）评论说：

> 从历史的角度来看，教育被用来组织地位群体，比用于其他任何目的都多。由于地位群体活动的核心定位是休闲和消费，所以地位群体教育与实践技能教育的显著区别是它对物质生产技能的排除。因为地位群体将共同的文化作为群体成员的标志，所以地位群体教育以俱乐部的形式进行，并引入了很多仪式来展示群体的团结性，还以此在公众场合区分成员和非成员。地位群体教育的这种俱乐部性质在中国绅士身上打下了烙印，他们在聚会中文绉绉地讲话，并创作诗歌；受此影响的还有古希腊的学者团体，他们是人口中的精英阶层。

> 因此，地位群体教育是仪式性的、美学的，被隔离于实践活动之外。它的礼仪很少戏剧化地表现群体内部的等级，正式的分数、竞争性的考试和分级制通常是不存在的……主要的区

别是在自己人和外人之间，而不是群体成员之间。通常，没有对出勤的正式要求，正规等级制的缺乏反映了这样一个事实：掌握地位群体的文化是教育的目的……

……在中国，最早的受过教育的人是卜师或先知，他们在官廷里宣读神谕，他们也许向学徒传授他们的技能……（后来）中国绅士的休闲活动围绕着写诗作画进行，最有声望的社会活动是"文学聚会"。他们在聚会中吟诵并讨论文学作品……

……在印度，从文字出现开始，教育就与地位群体的声望密切相关。婆罗门僧侣垄断了关于吠陀的知识，这有助于封闭进入这一种姓的大门，并使种姓制度合法化……

与此相似，在日本平安时期早期的官廷里，男女侍臣们发展出了精致的写诗文化和艺术欣赏文化，他们甚至创作出日本第一部伟大的散文体小说。他们接受的主要是非正式的家庭教育。在伊斯兰世界，教育从对神圣经典和法律的宗教训练中发展起来，并形成了一种文化，这种文化在繁荣时代的大都市里，为富人提供了娱乐和社会地位……

在欧洲，作为地位竞争之基础的非正式教育在文艺复兴期间最为突出，在意大利富裕的商业城市里更是如此，德国、荷兰、法国和英国也有类似的情况。在日常社会生活中，写诗和引用经典是声望的标志。

官僚式教育是政府创立起来的，为了下述两个目的（或是其中之一）：为政府职位或其他职位招募人员；对群众进行社会化或进行管制，以获取他们的政治服从。这种类型的教育通常非常强调考试、出勤率、分数和等级。它在几个伟大的历史文明中都很常见，特别是在那些拥有中央官僚国家的文明中。例如，传统中国拥有精致的官僚式教育，它的核心是考试制度。个人必须通过严格的考试，才能够取得担任重要政府官僚职位的通行证。职位越高，候选人需要通过的一系列考试就越复杂。通常只有极少一部分候选人能通过每次考试（R. Collins, 1977）。

官僚式教育仍然是很多当代社会的特征。在欧洲，现代学校制度的建立显然与强大的官僚制国家的出现和巩固有关（R. Collins, 1977）。科林斯（Collins, 1977：19）注意到："在17和18世纪，军事扩张主义的、严格官僚化的普鲁士国家在两件事

情上领先：一是，在中小学和大学层面上建立了一个公共学校体系；二是，从大学学历持有者中招募国家官吏。"

这些不同类型的教育经常在同一个社会里结合在一起。例如，在农业社会里，三种类型的教育通常都存在，尽管某一种教育可能比其他两种更受重视。现代工业社会的教育体系主要是地位群体教育和官僚式教育的结合，而官僚式因素优先。这样的体系也会从事实践技能的培训，但教育的这一方面明确地从属于其他两种。

还有一种重要的区分不应该被忽略，这种区分把当代的官僚式教育分为两类。这两种类型分别被称作"赞助流动"（sponsored-mobility）体系和"竞争流动"（contest-mobility）体系。大多数的西欧国家建立起了赞助流动型的教育体系。在学生的早期教育阶段，赞助流动体系将他们分别送入两种教育通道之中。大约在11岁的时候，学生们会参加资格考试。那些通过考试的学生——他们通常是少数——被送入通向大学教育的通道，并由此通道通向了这一通道所提供的专业机会。那些没有通过考试的学生，将进入最终通向职业教育的通道。这一体系具有高度的阶级隔离倾向，因为通过考试的中产阶级、上中产阶级和上层阶级出身的学生比例，远高于其人口比例；而没有通过考试的工人阶级出身的学生比例，也远高于其人口比例。经典的赞助流动体系曾经出现在英国、德国和法国，但英国已经向着竞争流动体系的方向走了很远，因此它大概居于这两者之间。

竞争流动型的教育体系并不正式对学生进行分流（channeling）[但是微妙的、不正式的分流或"导向"（tracking）大体上仍然存在]，而且存在着追求高等教育的公开竞争。在这样的体系中，学生们并不是参加一次资格考试，其教育和专业机会就被永远地决定了；实际上，他们的能力有多大，禀赋有多高，他们就能够走多远。美国拥有典型的竞争流动型教育体系。在某种程度上，这样的体系也出现在日本和苏联。竞争流动体系比赞助流动体系更具有平等主义的倾向，它给了工人阶级出身的学生更多的机会，允许他们在最终的成功前反复地失败。

现代教育制度的出现

现代的正规大众教育体系主要是在19世纪兴起的，并在20世纪得到了巩固。它诞生于工业化水平较高的国家，但最终传播到了全世界。在所有工业

社会里，长时间的正规教育是年轻人的普遍经历，第三世界也越来越是如此。表 16—1 提供了关于各国入学规模的一些信息，既包括现代工业社会的，也包括欠发达社会的。基础教育在工业化世界里无疑已经普及了。很多第三世界国家也实现了基础教育的普及，其他大多数国家则已经非常接近这一目标，至少在非洲以外的地方是如此。工业社会里的中学教育也已经普及或接近普及。在欠发达国家里，中学教育还没有普及，但已有长足的发展，特别是在拉丁美洲。在非洲，中学教育还没有多少进展。

表 16—1 显示，高等教育——既包括学院和大学，也包括商业学校和其他中学后的（postsecondary）技术学校——也变成了工业社会教育体系的一个重要组成部分。在工业社会中，高等教育入学率非常可观，第三世界国家也在向这个方向发展。不过，必须谨慎地解读表 16—1 所显示的高等教育入学率。有些数据是夸大的，还有一些数据有被夸大了的可能。出现这种情况的原因是，它们的计算方式有问题。这些数据显示的是毛入学率，也就是说，无论年龄几何，一个社会里的大学生都被特定年龄段的全部人口数整除，这个年龄段通常是 18～22 岁或 19～23 岁。由于高龄大学生的数量日益增多，所以就会出现下述明显趋势：随着时间的推移，毛入学率被人为地夸大了。毫无疑问，加拿大和美国的数据被夸大得最多。不过，表 16—1 也显示了每 10 万人口中的大学生数量。我们可以看到，虽然加拿大和美国的入学率被夸大了，但是这两个国家的单位人口大学生数量，即每 10 万人口中接受高等教育的学生数量，仍然居世界前两位。

既然我们已经考察了世界各地、各层次教育体系的规模和重要性，那么我们就需要考虑，这些体系是怎样开启的，又是怎样随着时间的推移而扩张的。西方社会中第一个实行强制教育的国家是德国（普鲁士），它在 1763 年就这样做了。在德国之后实行强制教育的国家有丹麦（1814 年）、瑞典（1842 年）、挪威（1848 年）、意大利（1859 年）、瑞士
351 （1874 年）、英格兰和威尔士（1880 年）、法国（1882 年）、荷兰（1900 年）、比利时（1914 年）

（Flora，1983；Johansen，Collins，and Johnson，1986）。在美国，第一个建立强制教育制度的州是马萨诸塞，它于 1852 年实行强制教育。到 1900 年的时候，美国已经有 32 个州建立了强制教育制度（Flora，1983）。日本的强制教育开始于 1872 年（Hane，1992）。到 19 世纪末的时候，强制性基础教育体系已经在整个西方世界很好地建立起来，入学率也已经很高（Benavot and Riddle，1988）。

在大多数西方社会，中学教育在 19 世纪就已经存在，但在 20 世纪的中间三分之一段（the middle third）之前，它没有经历重大扩张（Flora，1983）。直至 1950 年，大多数西方社会的中学教育甚至都非常有限，10～19 岁年龄段的人上中学的比例不足 20%（Flora，1983）。可以预见，高等教育的发展比中学教育更晚。直到 1965 年，只有加拿大和美国的高等学校入学率达到相应年龄段人口的 18%。20 世纪 60 年代之后，高等教育才开始大规模地扩张，进而成了一股重大的社会力量——与今天的情况一样。

虽然教育体系从 18 世纪以来一直在扩张，但 352 是，在世界范围内，教育扩张最猛烈的单一时段出现在二战之后，特别是 1950 年至 1970 年。用约翰·梅耶及其同事们（Meyer，Ramirez，Rubinson，and Boli-Bennett，1977）的话来说，这一时期见证了一次"世界教育革命"。表 16—2 显示了这一时期巨大的教育扩张。虽然在这一时期开始的时候，全部工业社会的强制基础教育基本上已经普及，但是到这一时期结束的时候，欠发达世界的基础教育也向这个方向前进了一大步。在这一时期，中学教育也大范围地扩张了，特别是在富裕国家。此外，毫无疑问，正是在这一时期，高等教育经历了第一次急剧扩张，至少在工业化世界里是这样。我把梅耶等人的时间延长到了 1993 年，直到今天，在世界范围内，重大的教育扩张仍在进行之中。从 1970 年至 1993 年，中学入学率几乎翻番，而在这段时间里，高等教育入学率翻了两番还多。（与前面一样，我们必须意识到，1993 年的入学率也被人为地夸大了，特别是高等教育入学率，所以我们必须谨慎地解读这些数据。）

350 表 16—1 一些国家的入学率

国家	小学教育	中学教育	高等教育		每 10 万人口中的高等教育学生数
			全部	学院和大学	
发达国家					
英国	113	94	37	15	2 788
荷兰	97	123	45	21	3 352

续前表

国家	小学教育	中学教育	高等教育		每10万人口中的高等教育学生数
			全部	学院和大学	
法国	106	106	50	33	3 623
德国	97	101	36	—	2 319
丹麦	99	115	41	35	3 284
瑞典	100	99	38	—	2 697
加拿大	103	106	103	45	6 980
美国	107	97	80	50	5 546
澳大利亚	108	84	42	25	3 267
日本	102	96	30	24	—
苏联	106	99	21	—	—
俄罗斯	107	88	45	19	3 104
捷克	99	86	16	8	1 484
匈牙利	95	81	17	11	1 312
波兰	98	84	26	22	1 952
欠发达国家					
埃塞俄比亚	27	11	1	1	68
尼泊尔	109	36	3	3	490
坦桑尼亚	70	1	1	1	—
印度	102	49	—	—	—
中国	118	55	4	3	377*
加纳	76	37	2	—	—
塞内加尔	60	16	3	3	298
印度尼西亚	115	45	10	9	951
尼日利亚	90	29	—	—	—
埃及	97	76	17	14	1 542
泰国	88	44	19	12	2 029
秘鲁	119	65	40	25	3 264
土耳其	97	64	16	14	1 918
哥伦比亚	119	62	16	14	—
智利	98	67	27	21	2 369
巴西	112	44	12	12	1 080
墨西哥	112	58	14	14	1 509
阿根廷	107	62	39	30	3 206
韩国	101	93	48	38	4 756

注：上述数据显示的是1993年的毛入学率。苏联的数据是1989年的。所谓毛入学率，指的是某一教育等级上的所有年龄的全部学生，占该教育等级全部适龄人口的比例。在小学和中学水平上，入学率经常超过100%，因为存在超过适宜年龄的学生。这意味着，数据在某种程度上被人为地夸大了。

高等教育被定义为所有的中学后教育，包括学院、大学和各种职业学校。它的入学率统计了接受高等教育的所有学生，但仅仅统计了学院和大学的适龄人口。这一比例也可能被人为地夸大了，其原因与中小学入学率被夸大的原因相同。

＊中国的数据系原书数据，但该数据译者未及查证。——译者注

资料来源：World Bank, *World Development Report*. New York：Oxford University Press，1996，Table 7；UNESCO，*Statistical Yearbook* 1996，Paris：UNESCO，Tables 3.2，3.9，and 3.10。

表16—2　　　　　　　　　　　全世界1950—1993年间的入学率　　　　　　　　　　　　　*351*

	百分比			国家的数量	
	1950年	1970年	1993年	1950年和1970年	1993年
小学生					
所有国家	58	83	92.5	117	113

	百分比			国家的数量	
	1950 年	1970 年	1993 年	1950 年和 1970 年	1993 年
富裕国家	90	102	101.8	51	59
贫困国家	37	72	82.3	56	54
中学生					
所有国家	12.7	30.5	59.3	102	107
富裕国家	21.3	46.4	81.9	49	55
贫困国家	5.3	17.0	35.3	46	52
高校学生					
所有国家	1.4	5.3	22.7	109	101
富裕国家	2.6	9.2	29.2	46	61
贫困国家	0.6	2.6	12.7	55	40

注：上述数据显示的是毛入学率。所谓毛入学率，指的是某一教育等级上的所有年龄的全部学生，占该教育等级全部适龄人口的比例。在小学和中学水平上，入学率经常超过 100%，因为存在超过适宜年龄的学生。这意味着，数据在某种程度上被人为地夸大了。

高等教育被定义为所有的中学后教育，包括但不限于学院和大学。与中学的情况一样，这一等级的数据也有可能被人为地夸大了，特别是 1993 年的数据。

富裕国家是指人均国民收入高于世界中值的国家，贫困国家是指该指标低于世界中值的国家。

资料来源：1950、1970 年的数据来自 John W. Meyer, Francisco O. Ramirez, Richard Rubinson, and John Boli-Bennett, "The World Educational Revolution, 1950-1970," *Sociology of Education* 50：242-258, 1977, Table 1。1993 年的数据来自 World Bank, *World Development Report*. New York：Oxford University Press, 1996, Table 7.

解释教育制度的兴起和扩张

功能主义理论

不久以前，功能主义理论（Clark，1962；Trow，1966）还主导着对教育的社会学思考。在尝试解释教育的性质以及它过去大约一个世纪的扩张时，这一理论把教育说成工业社会的功能需求的结果，特别是那些源自技术和经济变迁的功能需求。在这种理论看来，教育之所以采取了其特有的形式，是因为只有这样，它才能对工业社会的正常运行做出积极的贡献。科林斯（Collins，1979）总结了这一理论的主要原则。

其一，工业社会里技术变革的结果是，工作对教育的要求一直在提高。这包括两个方面：

（1）要求低技能的工作在减少，而要求高技能的工作在增加。

（2）即使是同样的工作，对技能的要求也在持续提高。

其二，正规教育为人们提供了从事高技能工作所必需的训练。

其三，鉴于上述情况，工作对教育的要求在不断提高，越来越多的人需要在学校里花费更多的时间。

科林斯（Collins，1979）认为，现有的证据与对教育和教育变迁的上述解释发生了严重的对立。功能主义理论主张，因为要求低技能的工作减少了，要求高技能的工作增多了，所以对教育的要求也提高了。针对上述说法，科林斯认为，这样的过程只能解释少数教育升级（educational upgrading）现象。例如，一个广为人知的研究发现，在 20 世纪，只有 15% 的教育扩张可以归功于职业结构的转型（Folger and Nam，1964）。下述断言也被认为与现有证据相矛盾：工作对技能的要求升级了，所以它对教育的要求也提高了；正规教育提供了必要的工作技能。为了检验这些观点，科林斯提出了两个问题：受教育水平更高的雇员生产率更高吗？职业技能是在学校里学来的，还是在其他地方学来的？对于第一个问题，他的回答是"否"；对于第二个问题，他的回答是"其他地方"。针对第一个问题，他推荐了一个重要的研究（Berg，1971）。这个研究显示，与受教育程度较低的雇员相比，受教育程度较高的雇员的生产率通常并不高，在某些情况下甚至比受教育程度较低的雇员的工作效率更低。针对第二个问题， *353* 科林斯提供的证据显示，学生在学校里学到的大多数东西与工作技能的掌握无关，在工作中掌握这些技能会更快，也更容易（cf. D. Brown，1995）。

功能主义理论假设，贯穿 20 世纪，工作技能的水平整体上提高了。这样的假设受到了严重的质疑（Braverman，1974；D. Brown，1995）。实际上，该理论只适用于少数工作，这一比例大概不超过 20%。在哈利·布雷福尔曼（Harry Braverman, 1974）的著作《劳动与垄断资本：20 世纪的工作贬值》中，他的研究令人信服地显示，自 19 世纪后期以来，很多工作对技能的要求实际上降低了。

马克思主义理论

针对美国教育的起源和扩张，塞缪尔·鲍尔斯和赫伯特·金提斯（Samuel Bowles and Herbert Gintis, 1976）在其著作《资本主义美国的学校教育》中提出了一个马克思主义的解释。鲍尔斯和金提斯认为，资本主义经济深刻地形塑了美国的教育制度。他们说，在所有层面的教育制度的形成过程中，资本主义都产生了重大的影响，旨在通过教育培养出顺从和高产出的工人，这些工人将使资本家的利润最大化。美国的教育体系并不是自主地发展起来的，它被资本主义经济挟持，被迫为其目标服务。

鲍尔斯和金提斯明确关注下述问题：资本主义是怎样形塑美国教育的历史进化的？他们注意到，大众公共教育在 19 世纪的兴起，正好与工业化的开端以及工厂体系的出现重合。他们声称，大众公共教育的引入，是资本家对下述需求的部分反应：对新型劳动人口进行社会化和管制。他们认为，资本家是公共教育制度最热情的支持者；在工厂工人最集中的地区，学校出现得最多。把高级中学从精英机构变成大众教育机构，与垄断资本主义的兴起密不可分。到目前为止，劳动大军的大部分由雇佣劳动者构成，其中很多人还是新移民。鲍尔斯和金提斯认为，为了管制一个规模更庞大的、更具民族多样性的、更不服管教的劳动大军，必须把教育体系扩张到一个新的水平。

在鲍尔斯和金提斯看来，二战以来高等教育的扩张是下述因素带来的结果：雇主对技术型、职员型和其他白领技术人才的需求大幅度增加，少数民族青年和工人阶级青年对接受高等教育的需求也日益增加。不过，最近几年高等教育也发生了其他的一些重大改变，这主要是指教育多样性和职业化（vocationalization）的提高。近年来最突出的一个变化是社区学院（community college）的大幅度增加，这种学院具有强烈的职业化性质，而且它吸引到的很大一部分学生都是工人阶级出身。在鲍尔斯和金提斯看来，开办社区学院是一种手段，它既满足了对高等教育的增长需求，也没有威胁到那些更精英化的学院和大学。

虽然鲍尔斯和金提斯关注的只是美国的教育制度，但人们通常假设，他们的理论适用于所有的西方教育制度。不过，一旦用这种理论对其他教育制度进行检视，我们很快就会发现，这一理论适用性不佳。在很多欧洲国家以及日本，大众教育在工业化开始之前就出现了（Boli, Ramirez, and Meyer, 1985）；而在英国，大众教育在工业化启动之后一个多世纪才开始。此外，在美国，大众教育首先是作为一种乡村现象出现的，因此它并非是由资本主义工业化推动的（Meyer, Tyack, Nagel, and Gordon, 1979）。

尽管鲍尔斯和金提斯的某些特定观点不能被接受，但是，不可否认的是，一般来说，现代教育都深植于经济制度之中；而且从某种程度上说，正是经济变迁导致了它的变迁和扩张。资本主义文化广泛地渗入教育体系之中，特别是在高等教育层面。早在其名著《美国的高等教育》一书中，索尔斯坦·维布伦（Thorstein Veblen）就注意到，商人控制了美国的大学教育。从维布伦这样写到现在，又过去了四分之三世纪，商人及其道德观念对美国大学的控制更强了。实际上，从整体性质和运作方式来看，这些大学越来越像是资本主义公司。欧洲的大学似乎也走在同一条进化道路上，尽管它们还远远地落在后面。遍布整个工业化世界，教育越来越具有推动商品化（advancing commodification）的特征，而这特征是资本主义进化的重要趋势。

国家构建理论

针对大众教育体系的发展和扩张，约翰·梅耶和他的同事们提出了一个具有政治导向性的理论（Meyer, Ramirez, Rubinson, and Boli-Bennett, 1977; Meyer, Tyack, Nagel, and Gordon, 1979; Boli, Ramirez, and Meyer, 1985）。因为没有合适的名称，所以我把这种理论称为"作为国家建构手段的教育理论"。这一理论的提倡者通常反对其他竞争性理论的假设，他们尤其认为，这些理论没有一个可以令人满意地解释现代大众教育体系的独有特征。他们声称，这些独有特征是：

（1）大众教育体系的倾向，是普及性、标准化和高度理性化。它以同样的方式适用于每一个人，跨越了阶级、民族、种族、宗教和性别界限。

（2）在世界范围内，大众教育体系是高度制度化的。在世界上差异巨大的各个社会之间，它出奇地相似，而且随着时间的推移，越来越相似。

（3）大众教育体系被特别地指向一个目的：对作为主要社会单位的个人进行社会化。例如，我们可以从下述现象看到这一点：在很大程度上，教育仪式颂扬的是个人选择与个人责任，而不是个体在社团群体（corporate group）如社会阶级、种姓和扩大家庭中的植入（imbeddedness）。

国家构建理论认为，在现代世界上，大众教育是作为一个强有力的社会化工具兴起的。利用这一工具，现代的、理性的民族国家的价值和梦想拥抱了每一个人。约翰·鲍利、弗兰西斯科·拉米立兹和约翰·梅耶（John Boli, Francisco Ramirez, and John Meyer, 1985：158）写道："宽泛地说，开创大众教育是一个有意识的现代政治构建计划，它依据集体主义的宗教的、政治的和经济的善与目的，来对个人进行重构。"

约翰·梅耶、戴维·提亚克、乔安娜·内格尔和奥德里·高登（John Meyer, David Tyack, Joane Nagel, and Audri Gordon, 1979）曾经把这一思路用于理解美国1870年至1930年间的教育发展。与鲍尔斯和金提斯恰恰相反，他们强调，在很大程度上，这一时期的大众教育不是一种都市化的、工业化的现象。他们声称，它的乡村特征至少与其城市特征相当，而且很可能前者更为突出。所以，它的动机是美国社会的一个重要愿望，即用正在出现的新民族文化来对儿童进行社会化。这种文化是资本主义的、理性的和高度个人主义的。这些作者（John Meyer, David Tyack, Joane Nagel, and Audri Gordon, 1979：601）解释说：

> 理解整个过程的关键是理解美国农民所扮演的角色——他们是资本主义文化的重要承载者，他们在世界市场中进行理性的计算，他们渴望在一个自由的社会里保持行动的自由……
>
> 一个建立在自由的个体——它不但从传统的社区形式中解放出来，也从旧世界的国家主义中解放出来——基础上的政治经济或合乎道德的政体（moral polity）需要巨大的努力和持续的警惕性：（从无知中）教育这些个体，（从罪恶中）改变他们的灵魂，把他们从政治附属中（从贵族制中）解救出来，把他们从懒惰中（从旧世界的风俗中）解救出来。解放这些个体，并把他们与对千禧美国（millennial America）的教育和救赎联系在一起，似乎是有责任的公民群体力所能及的事情。

对这个资本主义的、个人主义的政治文化来说，其主要的教育主体——理性和普及性是它们的前提，但其结构几乎是非国家化的——是这样的行动者：其权威更多地来自道德，而不是来自官方。它们由一些协会构成，以20世纪的眼光来看，这些协会看起来更像是社会运动——宗教的和其他的志愿群体，而不是那些裹着官僚国家合法外衣的组织……这些群体行动不仅是为保护自己的孩子，也是为这些孩子建立一个千禧年社会。他们的思维模式既是政治的，又是经济的和宗教的。有一点也很清楚，这些鼓动建立学校的人实际上经常是一些古怪的人，他们也为自己的宗教、政治和经济利益服务；但是，从宽泛的意义上说，他们是通过建立一个扩大的民族社会来实现这些利益追求的。

在我看来，这一理论很值得称道，因为它似乎能够很好地解释现代教育体系的特定性质——梅耶及其同事们认为，这些特征是至关重要的。它显然不仅能够帮助我们理解大众教育的起源，也能够帮助我们回答下述问题：为什么基础教育在世界上这么多的国家里变得如此重要——从某种程度上说，中等教育亦是如此？不过，作为一种工具，这一理论似乎不足以解释高等教育的许多新发展，特别是，为何它在有些社会里的扩张如此迅速和深远。此外，国家构建理论甚至不能充分地解释中等教育的扩张。要解释这些现象，我认为必须借助我们要讨论的最后一个理论，即兰道尔·科林斯和罗纳德·道尔（Ronald Dore）提出的文凭通胀理论。

文凭通胀理论

文凭通胀理论的最佳版本是由兰道尔·科林斯在其著作《文凭社会》（1979）一书中提出来的。这本书重点关注美国的教育体系，以及它为何变成了世界上最庞大和最复杂的教育体系。不过，科林斯的整体理论的一个重要部分，也可以应用于其他国家的现代教育体系。科林斯将冲突理论的韦伯主义版本作为其理论的一般基础。他特别利用了韦伯的地位群体概念，认为在形塑美国的教育制度方面，地位群体的作用比阶级更重要。科林斯认为，美国社会里最重要的地位群体是民族群体。

在科林斯看来，美国教育体系的性质和它在过去一个世纪里的扩张，都根植于美国社会的民族多样性之中。这种多样性导致了民族群体之间为争夺特权和声望而进行激烈的争斗。这种争斗开始于19世纪后期，一直持续到20世纪。科林斯认为，教育成了这种斗争的主要工具。占主导地位的群体以教育制度为工具，维持他们的文化和经济主导地位。对他们来说，教育是一种机制，可以把他们的主导性文化价值传递给工人中的新移民群体；它还是一种资源，可以用来强化自己的经济主导地位。不过，被压迫的群体也把它视为一种资源，用以改善自己的经济地位。接受某种程度的教育被认为是创建了一些资格，这些资格可能会打开通往专业职位的道路，而这些职位是人们所向往的。因此，教育成了一个舞台，不同的群体都可以在这个舞台上为获得经济成功而争斗。随着这种争斗的进行，教育的规模开始扩大，重要性开始提高。

可是，随着越来越多的人获得文凭，大家预料不到的和不希望发生的事情发生了：文凭的价值下降了。与通货膨胀相类比，科林斯把它称作"文凭通胀"过程。正像货币流通过多会膨胀一样，当越来越多的人拥有文凭的时候，文凭也会膨胀。教育领域的文凭膨胀意味着，同样数量的文凭不再能够换取它以前能够换取到的东西。一个人即使只想在对经济成功的争夺中与他人持平，也必须获得更多的文凭。科林斯认为，这正是美国的教育体系在过去一个世纪里发生的情况。针对教育的争斗导致了持续的教育贬值，随着时间的推移，这又导致了教育体系以及教育体系内工作需求的巨大扩张。由于个人现在必须用大学学历来"购买"三四十年前用高中学历就可以"买到"的工作，所以大量的年轻人涌入了大学。科林斯坚称，大多数人去大学并不是因为他们渴望学习，而是因为他们想要一纸文凭，而他们希望这张文凭能够带来经济回报。①

科林斯还特别注意到，随着美国教育的扩张，教育机构被迫在课程以及整体性质上进行重大改变，以便吸引更多的大众顾客。最突出的改变是，稀释经典的人文课程（liberal arts curriculum），并引入大量的课外活动。例如，把高中变成一个大众教育机构就伴随着所谓的激进教育运动。激进主义的两个主要发明，一是引入体育和其他课外活动，二是用"模糊的生活适应能力"（rather vague life-adjustment）训练替代经典课程（R. Collins，1979：115-116）。当更多的人开始进入学院和大学的时候，类

似的变化也发生了，大多数人追求的是文凭，而不是智识上的满足。科林斯（Collins，1979：124-125）指出：

> 对大量学生来说，充满活力的大学吸引人的地方，并不是它所提供的训练，而是自己在其中上学的经历。通过一种新的更悠闲的方式，老一代的精英得以永久化。在公众的眼中，学院第一次由于足球比赛而引人注目，而校友和国家的立法者发现了忠于母校的新方式。与此同时，男女校友会开始广泛流行，进而出现了各种学院传统，如宴饮、派对、游行、舞会和"校风"（school spirit）。毫不夸张地说，大学社交文化代替虔诚的、未经改革的学院文化，对入学率的上升是至关重要的；或者说，足球而不是科学，才是美国高等教育的拯救者。

> ……首先，新的工业化上层阶级开始把大学文化作为消费对象来对待，那些以知识为导向的人和寻求教师职业的人，也越来越多地受到这种文化的吸引。上大学已经成为美国上层阶级和中上层阶级年轻人生活乐趣的前奏。

> ……重新把训练当作学院的核心功能的尝试失败了。学生们不希望破坏一年级和二年级之间的班际对抗仪式、三年级的舞会和四年级的特权……大多数学生发现，学院教育的精髓是颇为吸引人的地位赢取（status-conferring）仪式，是学院里的社会生活，而不是课堂学习的内容。

科林斯注意到，各个工业社会的教育制度之间存在着显著的差异。前文提到，英国、德国和法国拥有小型的赞助流动型的教育体系，而诸如美国和苏联这样的工业化社会则拥有大型的竞争流动型的教育体系。科林斯相信，通胀程度较低的赞助流动型的教育体系，往往在阶级隔离程度高的社会里发展。教育体系的阶级隔离特征反映了大社会里的阶级隔离特征。对高等教育的竞争受到严格的限制，结果，高等教育体系维持了相对较小的规模。相反，膨胀程度很高的竞争流动型的教育体系一般在阶级隔离程度低的社会中发展。低程度的阶级隔离与强烈的平等主义意识形态联系在一起，而教育体系成了实现这一意识形态的焦点。结果，对高级别教育

---

① 教育的巨大扩张实际上没有对经济不平等产生任何影响，科林斯、鲍尔斯和金提斯都指出了这一事实。从科林斯的观点来看，这并不奇怪。所有水平的教育文凭都扩张了，因此，那些拥有教育头衔的地位群体能够保持其领先优势。一段时间以后，有些群体从高中毕业生变成了学院毕业生，而其他群体却从获得学院学位变成了攻读研究生课程，以此类推。

的更公开的竞争出现了，这又进一步导致了通胀规模更大、通胀速度更快的教育体系的出现。

科林斯的理论对功能主义和马克思主义的解释都是一个重大的发展。不过，这一理论有一个问题，它与科林斯的一个主张有关，即民族多样性是教育扩张的根源。这一断言遭到经验研究的反驳（Boli, Ramirez, and Meyer, 1985）。实际上，即便是日常观察，也会引发对这种说法的怀疑。例如，世界上民族异质性（heterogeneous）最高的社会是苏联，而世界上民族同质性最高的社会是日本，但苏联的教育扩张程度远小于日本。幸运的是，有一个简单的想法可以解释这一问题，即文凭通胀和教育扩张并不依赖于民族异质性因素。这样就可以挽救科林斯理论中最重要的部分。

358 罗纳德·道尔（Ronald Dore, 1976）提出了类似的理论。他把这一理论应用于数个西方工业社会，尤其是，他还把它用于解释第三世界许多国家的教育体系。科林斯称之为文凭主义（credentialism）的过程被道尔称为资质主义（qualificationism）。所谓文凭主义或曰资质主义指的是，教育体系是围绕着人们对有职业价值的文凭的追求，而不是围绕着具有自身价值的学习而建立起来的。道尔认为，在所有或大多数工业社会里，资质主义都是一个重要的现象。而且，欠发达国家似乎投身于对工业国家的教育模式的模仿，进而把强有力的资质主义因素带入了自己国家的教育体系之中。所有的（至少是大多数）当代社会都染上了道尔所说的"证书病"（the diploma disease）。"证书病"是一种恶性循环，陷于其中的人们汲汲于证书或学位的获得，因为雇主在其招聘声明中，越来越强调这种教育资质。两个方面相互反馈，而文凭的通胀就是其结果。

虽然与其他发达工业社会相比，美国和加拿大的资质主义特征似乎更为突出，但是在20世纪，资质主义无疑已经成了其他所有工业社会的教育体系的显著特征。例如，20世纪的英国和日本经历了非常显著的资质主义的发展。（参阅本章末尾的特别话题，其中分析了资质主义在日本的发展。）工程师和图书管理员的职业准备在历史上的变迁，是英国教育体系中资质主义上升的良好指标（Dore, 1976）。19世纪晚期，土木工程师不需要参加任何正规的考试，他们只需通过学徒制度进入这个行业。到20世纪中期，情况发生了明显的变化，文凭对进入这一行业已经非常重要了。到1970年，接受正规教育的职业准备已经成为绝对的必要条件。图书管理员也经历了类似的过程。20世纪初，

成为图书管理员不需要任何正规学位。可是到20世纪30年代，文凭已经变得非常有用；到1950年，它已经成为最低要求；到1970年，成为图书管理员的最低正规教育职业准备年限被延长了。显而易见的是，这一年限还将继续被延长。

最近数十年来，很多欠发达国家所经历的资质主义，似乎是发展特别迅速的类型。它们是道尔所说的"晚发展效应"（late-development effect）的受害者：发展得越晚，学校入学率升高得就越快。在这些国家里，文凭已经是人们进入现代部门（例如，公务员职位、办公室工作等）的必要条件。这些工作非常诱人，因为它们所提供的经济回报比普通人所见识过的要高得多。因此，人们对这些工作趋之若鹜，进而导致严重的文凭通胀。

资质主义的泛滥有一些严重的后果。其中有两个可能最为重要。第一个是"过度教育"问题（Freeman, 1976）。越来越多的人都持有某种特定等级的文凭，但要求这种文凭的工作的数量却没有以相同的比例增加，因而很多文凭持有者再也无法在这个等级上获得雇佣。他们或者接受一份并不需要他所受过的教育的工作，或者继续接受更多的教育，希望以此获得一份自己想要的工作。因此，过度教 *359* 育问题既是资质主义的结果，又是造成资质主义加速泛滥的原因。

资质主义泛滥的第二个严重后果是教育本身的质量下降了。道尔评论说，一旦资质主义在教育体系中占了上风，考试就开始主导课程，学习就被仪式化了，好奇心和创造力将会受到轻视，学生们不仅不能从其所学中发展出兴趣，反而还丧失了对相关事物的关注。教育导向变了，变成了围绕着通过考试和拿到成绩单运行，而不是围绕着心灵扩展、智力刺激和对好奇心的满足运行。教室变成了一个思想贫瘠的地方，其特征是充满了仪式化了的无聊。当学生们日益意识到教育体系的真正性质和功能时，当文凭通胀达到很高的水平时，"文凭危机"可能就出现了。科林斯认为，在过去的30年时间里，美国就曾经发生过文凭危机。他评论说（Collins, 1979：191-192）：

> 在20世纪60年代，文凭体系进入了确定无疑的危机状态……受压迫的民族群体，特别是黑人和拉丁裔美国人，制造了巨大的社会压力，要求融入占据主导地位的教育和职业制度之中。结果是，对制度的信任出现了复杂的危机，还有各种反对和批评。

……学生们开始要求恢复传统的课程标准。这些要求所采取的形式通常是向更高的"实用性"（relevance）转变，或者是转向少数民族自己的文化。不过，替代方案实际上缺乏实质性内容；他们的主要诉求——反对那些常规标准——是消极的，学生们认为，这些标准纯粹是——在获得文凭的过程中进行的——一种程式化的东西。最近，课程改革的理想主义又被操作性的犬儒主义替代。选择留在体制内的学生已经适应了高分数的目标，而不管课程的实际内容如何，也不管是怎样得到高分的，这些导致了学历的通胀；与此同时，学生的实际学习成就一直在持续地下降。

虽然资质主义在发达国家和欠发达国家都造成了负面的影响，但是欠发达国家的状况似乎更糟糕。在某些欠发达国家，文凭持有者的失业率达到了很高的水平，这使他们遭受了很严重的挫折。此外，道尔评价说（Dore，1976：81）：

> 在后发展国家，学校体系的诞生和以资质为基础的职业体系的发展，很可能是同步的。作为被"现代性"包裹的一部分，"学校"和"正规教育"的概念最近才被帝国主义势力引入这些社会。与此相反，大多数老牌工业国家都有正规教学的传统（以及某种教育制度），这些传统可以追溯到前工业时代，也就是在文凭获得生计价值（bread-and-butter value）之前。换言之，可以追溯到下述时代：那时学习的目的是获得知识或智慧，或者让一个人变得受人尊敬、神圣、正直或内心丰富。在一些古老的国家，这些古老的传统仍然顽强地存在着。它们有助于维持这样的寓言（fiction）：教育是提升道德和智识的事业，也是充实道德和智识的事业。这种寓言是非常重要的。人们认为是真实的东西，它其实就是真实的。这一寓言确实发出了对抗性的力量，削弱了那种资质导向（qualification-orientation）的倾向，特别是在下述情况下：反抗的学生们勇敢地重申了上述寓言，要求废除考试，敦促大学停止出卖自己，因为大学已经沦为资本主义体系的人类资源分类器。（即使他们确实在彷徨犹豫，疑于这样一个问题：哪一个大学老师会真的接受他们的建议，废除所有等级的文凭以及考试？）在后发展社会中，除了第一代纯粹的拯救心灵的传教学校（soul-saving mission school）（甚至这些学校也可能如此）之外，所有的学校都承担着选择/资格认证功能。在这些社会里，上述有用的对抗性寓言没有本土的历史根基，因此很难建立和维持。对文凭的追逐可能会更加露骨和无耻。

结论：解释大众教育的兴起和扩张

那么，我们怎样解释大众教育在20世纪的兴起及其长时间的扩张呢？我建议把国家建构理论和文凭通胀理论结合起来（舍弃民族冲突的观点）。约翰·梅耶及其同事们提出了一个有说服力的并受到广泛支持的主张，即现代教育起源时，它主要是一种培养现代公民的手段。当然，培养现代公民所要求的，远远少于人们目前所接受的教育，特别是工业化程度更高的社会里的教育。这就是我们要借助于文凭通胀理论的地方。请记住，文凭通胀是一个自我维持的（self-perpetuating）过程。它一旦开始，就有依其自身意志进行下去的趋势，很难停止。本质上，这一过程很简单：文凭市场的逻辑导致持续的资质扩张（qualification expansion）。随着更多的人获得文凭，从文凭持有者有资格获得的工作类型上说，这些文凭的价值下降了。因此，除非人们愿意降低其职业理想，否则他们必须在学校里待更长的时间，以便取得更高的文凭。而且，那些人们曾经渴望获得的、可以作为谋求某一特定职位的基础的文凭，最终变成了谋职的最低条件。道尔（Dore，1976：5）解释说：

> 资质攀升（qualification-escalation）的社会机器是大概就是这样运作的。正常情况下，公交公司可能要求周薪为5英镑的售票员具备初中学历，要求周薪为7英镑的职员具备高中学历。可是当高中毕业生的人数大大超过职员的职位数时，有些高中毕业生就决定接受那份周薪为5英镑的售票员工作了——这总比没有工作强。公交公司优先把工作给了他们。很快，售票员职位就充斥着高中毕业生：高中文凭成了这一岗位的必备资质。
>
> 雇主们为什么让资质这样攀升，关于这一点还不是完全清楚。主要的原因似乎是，他们对广泛传播的"教育改善人才"的神话不加质疑，进而成为这一神话的受害者。所以，他们认为，如果他们能够找到一个高中毕业生而不是初中毕业生，那么他们所花的5英镑就更加物有所值……或者可能是下面的情况：面对争

360

取 5 个售票员工作的 50 个求职者——他们同样都能干好这份工作，简化整个过程的办法是，仅仅考虑持有高中文凭的 10 个人，同时为拒绝其他的 40 个人提供清晰、客观和合理的理由。

不论其原因是什么，这种情况确实发生了。高中生得到了售票员的工作，学士学位的人抢占了职员的工作。在学校的阶梯上站得更高的压力被强化了，政府也承受了更大的压力，进而建立更多的学校，以便让更多的孩子升入更高等级的学校。我们很难看到这一过程的极限。

小 结

1. 在世界上的各个社会中存在着 3 种类型的教育体系。实践技能教育的功能是，向年轻一代的社会成员传递实用的知识和技能。地位群体教育体系旨在标示上层群体的社会地位。这种教育通常是极其不实用的，它致力于传递和讨论神秘的知识。官僚式教育体系的功能有两个：一是赢得群众的政治服从，二是为各种职位招募人员。这种教育体系强调出勤、分数和证书。

2. 现代工业社会里的教育体系是地位群体教育和官僚式教育的混合体。但在过去的数十年时间里，它越来越向官僚式教育的方向进化。在有些工业化社会里，赞助流动型的教育体系占主导地位，在这种情况下，在低年龄段对学生进行分流的做法大量存在。在其他工业化社会里，存在着竞争流动型的教育体系。这种体系具有更强的公开竞争倾向，通常并不以分流机制（tracking mechanism）为基础。

3. 大多数的大众教育体系开始于 19 世纪，并在 20 世纪得到了巩固。到 19 世纪末的时候，大多数西方社会都建立了强制性的基础教育，小学的入学率已经很高。数十年前，工业世界的基础教育就已经普及了。在大多数第三世界国家，基础教育目前已经普及或者接近普及。

4. 中学教育的发展相对较晚。公共中学教育于 1870 年左右开始于美国，不过，那时中学教育是学院教育之外的备选项目，而不是学院教育的准备阶段。在 20 世纪的最初几十年里，中学教育实现了大幅度的扩张；到 1930 年，它已经变成了一个大众化机构，其主要任务是为学院教育做准备。中学教育在欧洲扩张较慢。大概直到二战时期，大多数欧洲国家的中学教育才开始第一次重大扩张。在目前的工业化世界里，中学教育已经普及或接近普及。它也广泛扩散到了第三世界里较发达的地区。在很多第三世界国家里，大多数适龄人口都能上中学。

5. 自大众教育体系诞生以来，1950 年至 1970 年可能是教育扩张最明显的时期。这一时期的教育扩张是如此迅速，以至于有些社会学家说，这一时期经历了一次"世界教育革命"。1970 年以来，教育体系一直在进行着大幅度的扩张，尽管可能比 1950 年至 1970 年扩张得慢一些。

6. 上述教育扩张的结果是，世界上大多数人都在某种正规的教育机构中待了很多年。教育已经成为世界各地大多数人生活中极端重要的部分，特别是在高度工业化的国家里。

7. 针对现代教育体系的兴起和扩张，社会学家提出了 4 种主要理论，分别是功能主义理论、马克思主义理论、国家建构理论和文凭通胀理论。表 16—3 展示了这些理论的主要观点，并对它们进行了评价。

362　表 16—3　　　　　　　　　　　　　　　关于现代教育制度的理论

理论	特征	评价
功能主义理论	由于要实现工业化，就必须改变教育的功能，所以，现代教育体系产生并逐步扩张了。工业化提高了工作对技能的要求，因而必须扩大教育范围，为人们提供他们所需的训练，以使他们在这一领域里有效地工作。	虽然它是一种被广泛接受的理论，但是它与许多重要事实相抵触。人们在学校中学到的大多数内容与特定的工作技能关系并不大，而且这些技能大多能够很快在工作中学到。
马克思主义理论	这一理论的鲍尔斯和金提斯版本很著名。在他们看来，现代教育体系是为了对正在崛起的工人阶级进行管制而兴起的，而且它也是资本主义社会里的一种意识形态，旨在使阶级不平等正当化。资本家的需要塑造了教育的内容和性质，而且教育体系的扩张与工业资本主义的进化是同时发生的。	虽然资本主义以各种形式渗入了现代教育体系之中，但是鲍尔斯、金提斯以及其他马克思主义理论家们的理论在大量证据面前还是不能很好地自圆其说。大众教育和工业化经常并不是同时出现的。

理论	特征	评价
国家建构理论	现代大众教育体系之所以产生并得到扩张，是因为要满足人们广泛的社会化需求，以便在现代的、理性主义的、技术进步的工业化（或正在工业化的）社会中成为一个好公民。教育成了一个庞大的工具，把个人与现代政治体系的目标捆绑在一起：促进经济发展和社会的整体现代化。	这种理论似乎揭示了现代大众教育背后的关键力量，似乎也可以成功地解释各国的教育体系为何如此相似；但是它不能解释教育体系所经历的大幅扩张，特别是在高等教育层面。
文凭通胀理论	这一理论是由科林斯和道尔提出的，它主张，教育是一种高价值的商品，被个人当作追求经济成功和向上流动的工具。教育体系成了争夺文凭和学位的中心舞台。一旦启动，这种争斗就会进入某种类型的膨胀循环（inflationary spiral），因为在为成功而进行争斗的过程中，人们即使只想实现持平，也必须在教育上跑得更快一些。	这一理论似乎揭示了现代世界里教育扩张背后的关键因素。不过，在解释大众教育的起源方面，这种理论的解释力不足。

特别话题：日本的教育制度

由于日本在当代的工业化社会里是一个后来者，所以它建立了工业化世界中资质导向性最强的教育体系（Dore，1976）。罗纳德·道尔（Dore，1976）评论说，几乎是从工业化进程的一开始，日本就把资质主义纳入了职业准备过程之中。早在 1910 年，日本的很多商业公司就试图仅仅招募大学毕业生。在进入技术性职业和谋求政府管理职位的时候，大学学历日益变成一种必要条件。

20 世纪，日本经历了大幅度的教育扩张。1918 年，私立学院被授予自称为大学的权利；20 年之后，26 所这样的大学建立起来。与此同时，还有 19 所国立大学和 2 所地方大学建立起来。到 1950 年，高等教育机构的数量膨胀到 350 所。1960 年，高等教育机构增至 525 所（245 所大学和 280 所初级学院），1971 年增至 861 所（382 所大学和 479 所初级学院），1980 年增至 963 所（446 所大学和 517 所初级学院）。到 1987 年，共有 230 万学生在 474 所大学和 561 所初级学院里注册（Kitamura，1991）。这毫无疑问表明了教育的极速扩张，但我们似乎还看不到尽头。喜多村和之（Kazuyuki Kitamura，1991：310）注意到：

> 虽然人们预测，大学适龄人口的数量在 20 世纪 90 年代将会下降，但是，1987 年和 1988 年仍然出现了一次建立新教育机构、新院系和新教育计划的"狂潮"。在 1987 学年，9 所新大学（1 所公立大学、8 所私立大学）和 15 所初级学院（1 所国立学院、1 所公立学院、13 所私立学院）被建立起来；在 1988 学年，17 所新大学（1 所国立大学、1 所公立大学、15 所私立大学）和 11 所初级学院（1 所国立学院、2 所公立学院、8 所私立学院）被创立。

日本的学院和大学里的注册名额似乎仍然不能满足学生的需求，很多日本学生目前正在西方的学院和大学里就读。我们很难得知，这一教育扩张过程何时和怎样结束，或者至少是何时会明显放慢。

不过这仅仅是日本教育体系的一个方面。对其性质和内容的检视还将揭示出，它已经是一个资质导向性非常强烈的教育体系。在小学和中学里，学生们承受着获得好分数的巨大压力，因为只有获得好分数才能进入好的大学。很多学生把放学之后的大部分时间用于学习，每天都学到很晚。父母，特别是那些"教子妈妈"，常常无情地强迫自己的孩子学习。这些似乎还不够，很多学生就读于著名的"填鸭式学校"（cram school），这种学校的目的是针对大学入学考试进行额外补习。学生们在上述考试中必须取得高分，才能进入自己选中的大学（Frost，1991）。上述考试本身也强调死记硬背，强调对事实的记忆，而这些事实在大多数西方人眼中可能无足轻重（Frost，1991）。这整个过程被日本人称为"考试地狱"，人们对这一过程深感不悦，并且抱怨连天。正如彼得·弗罗斯特（Peter Frost，1991：291-292）所说："至少从 20 世纪 20 年代开始，日本的媒体就一直在不停地抱怨这个'考试地狱'，说它剥夺了孩子们健康的童年，弱化了孩子的求知欲，让女性不敢申请上大学，忽视了学术领导才能；即使有些学生最终被学院录取了，他们也不用从事任何学术研究工作。"上述最后一点似乎最令人震惊：即使有些学生最终被学院录取了，他们也不用从事任何学术研究工作！不错，这些说法都是真实的。乍看起来它们似乎不着边际，但仔细一看却是完全正确的。它明白无误地告诉我们，日本的教育是一种高度仪式化的学习过程，学习内容本质上是无关大局的。日本学生通过死记硬背所学到的东西，大都是细枝末节的事实，日本的大学生通常完全不需要进行学术研究。上述事实体现出来的是，日本的教育体系是一个纯粹的职业招募体系，或者是一个筛选机制，它与对有价值的知识的掌握没有丝毫关联。学生是否掌握了在承担特定工作时"必须知道的知识"并不重要，重要的是，他们在经历了这个极具竞争性、对心理的要求极其苛刻的过程之后，幸存了下来。这些无疑是资质导向的教育体系的招牌。

推荐阅读

Beauchamp，Edward R.（ed.）. *Windows on Japanese Education*. Westport，Conn.：Greenwood Press，1991. 该书是一本论文集，论述了日本教育体系的各个方面。

Boli，John，Francisco O. Ramirez，and John W. Meyer. "Explaining the origins and expansion of mass education." *Comparative Education Review* 29：145 – 170，1985. 该文对现代教育体系进行了研究，重点关注大众教育在建立现代理性主义国家（modern rational state）方面所发挥的作用。

Bourdieu，Pierre，and Jean-Claude Passeron. *Reproduction：In Education，Society，and Culture*. Beverly Hills，Calif.：Sage，1977. 这是两位法国社会科学家撰写的知名著作，他们的论点与鲍尔斯、金提斯关于教育的社会功能的观点很相似。

Bowles，Samuel，and Herbert Gintis. *Schooling in Capitalist America*. New York：Basic Books，1976. 该书论述了资本主义经济对美国教育的塑造作用。

Brown，David K. *Degrees of Control：A Sociology of Educational Expansion and Occupational Credentialism*. New York：Teachers College Press，1995. 该书是一项富有洞见的研究成果，它研究了 20 世纪初美国文凭主义的兴起，以及高等教育在美国的扩张。

Collins，Randall. "Some comparative principles of educational stratification." *Harvard Educational Review* 47：1 – 27，1977. 该文检视了人类社会中主要的教育类型，它强调要发展一种理论，用以解释工业社会里相互分立的（divergent）教育体系。为了理解美国和其他当代工业化国家中教育的本质，该文提供了一个出色的比较性的和历史性的基础（baseline）。

Collins，Randall. *The Credential Society：An Historical Sociology of Education and Stratification*. New York：Academic Press，1979. 该书对美国的教育体系进行了出色的分析，也分析了它在过去一个世纪中里程碑式的扩张。

Dore，Ronald. *The Diploma Disease：Education，Qualification，and Development*. Berkeley：University of California Press，1976. 针对 20 世纪世界范围内文凭导向的教育体系的增长，该书进行了发人深省的分析，并且对第三世界文凭主义的增长给予了特别的关注。

Halsey，A. H.，A. F. Heath，and J. M. Ridge. *Origins and Destinations：Family，Class，and Education in Modern Britain*. Oxford：Clarendon Press，1980. 在研究当代英国的教育对其阶级结构的作用这一问题上，该书提供了一项重要的研究成果。

Karabel，Jerome，and A. H. Halsey. *Power and Ideology in Education*. New York：Oxford University Press，1977. 该书是一本论文集，它讨论了教育社会学各方面的问题，而且这些论文采用了各种各样的理论视角。

第十七章

宗教信仰、宗教行为的形式和功能

365 宗教的真理性来源于它对人类道德经验的象征性再现。它的错误在于，它试图用自己来代替科学，并假称自己诗性的宣言是关于现实的信息。

——尤金·热内维斯（Eugene Genovese）

所有社会都拥有某些足以被贴上"宗教"标签的思维模式和行为类型，从这个意义上说，宗教是人类社会生活的普遍特征。在宗教的名义下发生的大多数事情都属于上层建筑，包括特殊类型的符号、图形、信念和价值，人类用这些东西来解释自己的存在。当然，由于宗教还体现了仪式性的内容，所以宗教的某些部分也属于社会结构。本章我们将探讨，人类宗教生活的结构特征和上层建筑特征是怎样与社会结构中的经济基础和其他社会结构一同出现的。与其他章节一样，我们既会关注这一现象所揭示出来的社会文化相似性，也会关注其差异。我们的关注必然是带有科学性质的关注。我们希望弄清下列问题：什么是宗教？在不同的时间和空间，它都采取了那些不同的存在方式？它是怎样随着物质环境和社会制度的改变而改变的？与超自然现象的经验事实有关的问题（上帝或其他超自然实体是否真的存在）超出了科学话语的界限。我们应该把这个问题留给哲学家和神学家，让他们去思考超自然力量是否存在及其可能性质的话题。不过，不论超自然力量是否真的存在，一旦人们相信它存在并 *366* 采取相应的行动，它就会变成一种社会事实，并具有社会意义。本章所考察的就是关于这些信仰和行动的各种社会事实。

当然，很多人仍旧坚持认为，以科学途径研究宗教现象是不适宜的——如果不是不可能的话。他们声称，这种途径不会产生任何真正的洞见，而只会歪曲这一现象的恰当精神意义。不过，一个多世纪以来，社会科学家们一直在系统地研究宗教现象，而其结果也具有深刻的启示性。

宗教的本质

即使是给宗教下一个哪怕只有一丝准确性的定义，社会科学家们也感觉困难重重。下一个好定义所遇到的主要问题是，要决定把现象的边界划在哪里。罗兰德·罗伯特森（Roland Robertson）指出，社会科学家已经提出了两种主要类型的宗教定义：包容性的（inclusive）和排斥性的（exclusive）。包容性定义以最宽泛的条件来界定宗教，认为它可以是任何含有"神圣性"（sacredness）的信仰和仪式体系，而且这一体系指向"人类终极关怀"。青睐包容性定义的人通常认为，不仅围绕着超自然力量的有神论体系是宗教，而且各种无神论的信仰体系如共产主义、民族主义、人道主义等也是宗教。与此相反，宗教的排斥性定义把宗教严格限定为这样的信仰体系：它假定存在超自然的实体、权能或力量。由于无神论信仰体系如共产主义和人道主义不涉及超自然领域，所以它们被自动地排除在宗教之外，即使人们可能承认，这些无神论体系具有一些与宗教体系相同的要素。下面是一些包容性宗教定义的范例：

> 宗教是一个与神圣事物——一些被供奉起来、禁止亵渎的事物——有关的信仰和实践的完整体系；这些信仰和实践被整合入一个单一的道德共同体之中，这个共同体被称为教会，即所有团结于其中的人（Durkheim，1965：62；

org. 1912)。

我把宗教定义为一系列象征形式和行动，它把人与其终极生存状态联系在一起（Bellah，1964：359）。

所以，宗教可以被定义为一个信仰和实践的体系，很多人把这个体系当作一种手段，并通过这个手段与人类生活的终极问题进行斗争。（Yinger，1970：7）

上述第一个定义非常著名，历年来被很多社会学家不断引用。对迪尔凯姆来说，宗教的核心特征是，它指向一个被人类定义为神圣的领域，亦即特别受崇敬、尊敬甚至是敬畏的对象。这一领域与世俗领域或平常世界以及日常生活形成了鲜明的对比。上文引述的第二个和第三个定义强调，宗教指向人类的"终极关怀"——这一点最重要。这些终极关怀是什么呢？英格尔（Yinger，1970）把终极关怀定义为宗教的精髓。依据英格尔的观点，终极关怀与下列事项有关：死亡这一事实，应对挫折、苦难和人生悲剧的心理需求，将敌意和利己主义纳入掌控之中的需求，以及"应对下述力量的需求：压迫我们的力量，威胁我们的生计、健康、生存的力量，对我们在社会群体中的良好适应构成威胁的力量——对于这些力量，我们是不可能用经验知识充分地加以把握的"（Yinger，1970：6）。

第一次看到它们，感觉这些定义似乎不容置疑。不管怎样，宗教通常与人类所假设的一个具有神圣意义的领域有关，而且下述说法通常是正确的：宗教信仰与实践特别关注人类生存所面临的终极问题——贝拉（Bellah）和英格尔都强调了这些问题。不过，这些宗教定义是有问题的。它们的问题并不源于它们说了些什么，而是源于它们没有说什么。在这些定义中，没有一个定义把宗教限制在下述界限之内：一个假设"有超自然力量存在"的人类思维与实践体系。在所有这些包容性的定义中，只要认定了一个神圣关怀的领域，只要把自己与终极意义联系起来，任何事情都可以被称为宗教。实际上，英格尔自己就说过："一些无神论的信仰和实践体系与有神论的信仰和实践体系共享很多事情，所以我们把它们叫作宗教再正常不过了。"（Yinger，1970：13）即使某些无神论体系与有神论体系共享一些重要因素，但是把无神论体系与有神论体系混为一谈，好像它们本质上是一种东西，这种做法仍然是一种智识上的歪曲。一个信仰体系是否假设有超自然王国的存在，这一点具有至关重要的意义。

显然，本书将采用宗教的排斥性定义。其他人也倾向于采用这样的限定。罗兰德·罗伯特森强调了排斥性定义的重要性，并且认为，宗教"是一系列的信仰和象征（价值观就直接来源于此），这些信仰和象征与下述观念相契合：在经验事实与超验的、超越性的事实之间界限分明；在意义上，经验性事务比非经验性事务低下"（Roland Robertson，1970：47）。与此类似，安东尼·华莱士（Anthony Wallace，1966：5）把宗教定义为"一种行为，这种行为可以归入与超自然的存在、权能和力量有关的信仰和仪式之中"。沿着这样的路线，我们应该把宗教定义为一种由信仰与实践构成的有机体，这一有机体建立在未经证实的信念之上；这种信念所持有的假设是，存在能够影响物质世界和社会世界的超自然的实体、权能和力量。

这一定义包含着三个主要因素。首先，宗教总是涉及一系列的仪式和实践，这些仪式和实践被社会的某些成员或某个阶层以社会的方式组织、建立起来。个人私下里的想法并不构成宗教，只要这些想法仍然是私人性的，或者没有被纳入更大的教条或仪式之中。也就是说，这些想法也许具有宗教的性质，但其本身却不能构成宗教。其次，相关信仰之所以被认为是正确的，是因为它仅仅建立在信念的基础之上，通常也没有人感到需要从经验的意义上来证实它。因此，宗教信仰处于科学证明的领域之外，其中很多内容也处于科学证伪的领域之外。简而言之，宗教信仰的接受标准与科学证据的标准无关，无论是证实还是证伪。最后，最重要的是，宗教总是涉及"存在超自然领域"的观念，而且这一领域高于日常的、可知的和自然的世界，也超越这一世界。依据这里提出的这一定义，只有满足了上述三个条件，一个信仰和实践体系才能被称为宗教。

除了界定宗教是什么之外，我们还需要界定宗教不是什么。首先，不应该把宗教与对神或各种神祇的信仰等同起来。虽然很多宗教体系假定存在神或神祇——这些神或神祇统治着人类，而且人们应该向它们表示尊敬或虔诚——但是其他很多宗教体系却不是这样的。例如，在美拉尼西亚和波利尼西亚全境，其核心宗教观念是关于"玛娜"（mana）的。玛娜并没有任何神性，相反，玛娜是一种抽象的超自然力量，它飘浮在人与物的周围，或渗入人与物的体内。运气特别好的人被认为体内充满玛娜，而运气不好的人被认为失去了他的玛娜。为了获得有益的结果，人们可以控制或利用玛娜，但它只是一种非人格化的力量，并不是一种神性或精神性的存在。

其次，把宗教等同于道德体系也是不合适的。宗教体系常常与世俗的道德体系密切相关，但这两者绝不是一回事。在很多社会里，宗教体系和世俗道德在很大程度上是相互独立的。

很多学者明确区分了宗教和巫术。两者的区别通常是，宗教建立在"祈求"（supplication）的基础之上，而巫术建立在"操纵"（manipulation）的基础之上。也就是说，信教的人向超自然的力量请求、恳求或哀求某种东西，但这种超自然的力量可以拒绝这些请求；而信巫术的人试图强迫那种超自然的力量为自己的目的服务（de Waal Malefijt, 1968）。不过，其他现代人类学家不接受这一划分，他们认为，宗教和巫术经常混杂在一起，要区别这两者往往会在实践中迷失方向（R. Robertson, 1970）。

我们还应该说说宗教和科学之间的区别以及它们之间的关系。宗教涉及超自然或"超验的"（supraempirical）存在，或者将关于存在及其性质的主张建立在信念、神启、直觉和想象的基础之上；与此相反，科学将其主张限制于自然的或经验的范围之内，并且要求，它的主张必须被置于被广泛认可的（agreed-upon）证据标准之下，无论是证实还是证伪。在这两种事实和理解模式之间，存在着一个巨大的鸿沟；它们建立在截然不同的观念基础之上，实际上，这两种观念在"知识和真理由什么构成"的问题上互不相容。这意味着，从逻辑上来说，宗教和科学的冲突是不可避免的。此外，如果宗教对经验事实的主张与既定的科学知识原则发生冲突，那么宗教主张必须让位于科学主张，因为在获得关于经验世界的知识时，后者所展示出来的模式略胜一筹。实际上，历史上一直是这样的：每当宗教与科学在关于经验世界的主张这一问题上发生冲突，科学总是获胜。不过，这并不意味着，为了理解人类存在的所有方面，科学模式应该或能够取代宗教模式。只要宗教把自己限制于超自然或超验的领域，那么它与科学原则的冲突就会停止，因为没有哪个科学家曾经试图检验这个领域的存在或性质。因此，对那些科学完全无法涉足的人类理解领域，宗教将维持其绝对控制，而且可能会永远地维持下去。

宗教的进化

针对宗教进化的学术研究落后于对很多其他社会文化生活现象的学术研究。不过，人们已经提出了有关宗教进化的很多图式（scheme），安东尼·华莱士的图式可能是最好的（Anthony Wallace, 1966）。华莱士认为，任何社会的宗教都是崇拜制度（cult institution）的混合体，而崇拜制度是"一系列仪式，它们都拥有同样的目标，它们都因为类似的或相互联系的信仰而被明确地合理化了，而且它们都受同一社会群体的支持"（Anthony Wallace, 1966：75）。华莱士认定了 4 种主要的崇拜制度。个人主义的崇拜制度存在于下述情况中：没有萨满师、牧师或其他专业神职人员来执行各种仪式；相反，如有需要，每一个人都由自己作为专家来执行特定的仪式。在萨满型的崇拜制度中，有业余的神职人员即萨满师存在，他被认为具有特殊的宗教资格和法力。为了顾客的利益，也为了挣一点报酬，萨满师通常会对超自然力量进行干预。与个人主义的崇拜制度相反，萨满型的崇拜制度保留了宗教分工，即在拥有特殊技能和法力的宗教专家与普通人之间存在着畛域之分。第三个层次的崇拜制度是公共型的崇拜制度。公共型的崇拜制度的特点是，一个普通人群体"以各种社会群体为对象（这些群体包括特殊类群的成员，如年龄群体、性别群体、秘密社会的成员、特定的家族、特殊的患者群体，也包括社区全体成员），负责执行重要的偶发性或季节性仪式"（Anthony Wallace, 1966：86 - 87）。公共型的崇拜制度包括易洛魁人的农业仪式、中国人和有些非洲部落的祖先崇拜仪式，这些地方没有全职牧师制度，也不存在广泛的宗教等级。不过，宗教等级却存在于教会型的（ecclesiastical）崇拜制度之中。这样的崇拜制度的基础是，存在职业牧师制度，而且其组织形式是科层化的。牧师团的成员是全职的神职人员，他们通过选举或任命来充任各种教职。牧师和教民之间存在着鲜明的界限：前者垄断宗教知识并指导宗教仪式，而后者通常是宗教知识和仪式的被动接受者。

根据崇拜制度的不同组合，华莱士认定了宗教的 4 种进化类型（见表 17—1）。

● 萨满型宗教，仅仅包括个人主义的和萨满型的崇拜制度。

● 公共型宗教，包括个人主义的、萨满型的和公共型的崇拜制度。

● 奥林匹亚型宗教，包括个人主义的、萨满型的和公共型的崇拜制度，也包括围绕着万神庙（polytheistic pantheons）而组织起来的教会型的崇拜制度。

● 一神教，包括个人主义的、萨满型的、公共型的和教会型的崇拜制度，但这些崇拜制度是围绕着一个单一的神组织起来的。

华莱士相信，萨满型宗教主要盛行于狩猎采集社会。爱斯基摩人奉行萨满型的宗教。他们认为，各种大小神祇充斥着整个世界，其中最重要的是赛德纳（Sedna），即海洋动物的守护者。他们的一种主要的崇拜制度是萨满崇拜。萨满师从事的最重要的活动是每年去海底旅行，在这次旅行中，他试图说服海洋动物守护者赛德纳释放他所控制的猎物，以便帮助爱斯基摩人活过下一年。爱斯基摩萨满师还经常被叫来诊断疾病。爱斯基摩人还保留着两种个人主义的崇拜，即精神拯救者崇拜（Spirit Helper Cult）和猎物崇拜（Game Animal Cult）。这些崇拜涉及各种宗教行为，如进行各种特定的个人性的仪式表演，避免触犯各种个人禁忌。

370

公共型崇拜在园艺社会里最具特征性。华莱士指出，这种宗教在下述社会中都有发现：很多北美印第安社会、很多非洲社会（北非的伊斯兰教社会和那些统一的非洲王国除外）、一些美拉尼西亚和波利尼西亚民族。美拉尼西亚的特洛布莱恩群岛就是依据公共型宗教组织起来的。在那里，主要的崇拜制度是华莱士所谓的"技术性巫术崇拜"。在这种崇拜中，公共巫师主持一些公共仪式，这些仪式涉及种植园巫术、独木舟巫术和捕鱼巫术。这些仪式本质上是历法性的，与季节循环联系在一起。在这种公共型崇拜之外，特洛布莱恩群岛的居民还有其他的公共型崇拜和萨满仪式，他们还从事各种个人性的宗教实践。

奥林匹亚型宗教最常见于复杂园艺社会和早期农业社会。在新世界的早期文明如玛雅、阿兹台克和印加文明中，曾经出现过奥林匹亚型宗教；它也出现在很多非洲的统一酋邦或王国中；出现在中国和印度周边的一些东亚社会里，如缅甸、印度尼西亚和朝鲜；还出现在古希腊和古罗马。非洲的达荷美王国奉行一种奥林匹亚型宗教。除了个人主义的、萨满型的和公共型的崇拜，达荷美还拥有一种多神崇拜（Great Gods Cult）。这种崇拜具有教会型崇拜的很多特点，因为它积极支持达荷美的统治阶级，并使其合法化。这一崇拜形式拥有一个牧师团以及很多庙宇。万神殿里的神被分入 4 个分殿（sub-pantheon），每个殿都与独立的宗教等级相联系，每一个宗教等级都拥有自己的牧师团、庙宇和仪式。作为一种典型的奥林匹亚型宗教，它的每一个神祇都与特定的自然领域相关，在这个特定领域里说了算。

当然，世界上的伟大宗教，如犹太教、基督教、伊斯兰教和印度教，都是一神教。这些宗教兴起于复杂的农业社会背景之下，并一直延续到了现代工业时代。虽然这些一神教之间也存在着根本性的差异，但它们共享一个观念，即存在着唯一的一个神，我们都应该崇拜和遵从他。

表 17—1　　　　　　　　　社会文化进化中的宗教

宗教类型	社会的技术水平	事例
萨满型：只有个人主义的和萨满型的崇拜制度	狩猎采集	爱斯基摩人、昆人、中非的姆布蒂（Mbuti）人
公共型：存在个人主义的、萨满型的和公共型的崇拜制度	简单园艺	特洛布莱恩岛人、很多北美印第安部落
奥林匹亚型：存在个人主义的、萨满型的和公共型的多神教会型的崇拜制度	复杂园艺和早期农业	玛雅人、阿兹台克人、印加人、古希腊人和古罗马人、一些非洲王国
一神教：存在个人主义的、萨满型的和公共型的一神教会型的崇拜制度	复杂农业和当代工业	古代中国和印度、中世纪欧洲、当代西方资本主义社会、当代日本

轴心时代与基督教的兴起

公元前的第一个千年，特别是公元前 6 世纪左右，人类意识发生了一次非同寻常的革命。这次革命包括古希腊人的重大哲学成就，以及世界上各大宗教的兴起——就我们当前的目的来说，它是最重要的。这一时期被称为轴心时代（Jaspers，1953；Eisenstadt，1986），卡尔·雅斯贝尔斯（Karl Jaspers，1953：2）总结了它的性质和意义。

这一时期集中了一些最不寻常的事件。中国生活着老子和孔子，中国哲学的所有流派都在此时形成……印度人创造了《奥义书》和佛陀，而且印度也像中国一样发展出了有可能出现的全部哲学光谱：从怀疑主义到唯物主义，从苏菲主义到虚无主义。在伊朗，查拉图斯特拉（Zarathustra）正在宣扬一个善恶斗争的世界。在巴勒斯坦，先知们出现了，从伊利亚（Elijah）、以赛亚（Isaiah）、耶利米（Jeremiah），一直到以赛亚二世（Deutero-Isaiah）。古希腊见证了荷马（Homer）的出现，哲学家如巴门尼德（Parmenides）、赫拉克利特（Heraclitus）和柏拉图（Plato）的出现，悲剧作家的出现，修昔底德（Thucydides）和阿基米德（Archimedes）的出现。在这几个世纪里，这些名字所代表的一切，几乎同时诞生于中国、印度和西方……

这一时期，诞生了我们至今仍在思考的基本范畴，开创了世界上的各种宗教，而人类至今仍然依靠这些宗教生活。此时，走向普适性的步伐迈入了所有的领域。

对轴心时代各种现象出现的原因的研究很少，但我们确实知道，轴心时代与两种主要的社会进展同时出现：一种是经济的，一种是政治的。从经济方面来说，公元前 651 年到公元前 430 年之间的一段时间，见证了世界上一次主要的城市化浪潮（Chandler，1987）。在这一时期，大城市几乎增加了两倍，而这些城市的总人口实现了超过 3 倍的增长。这一时期也与政治帝国在规模和范围上的巨大提升联系在一起（Taagepera，1978；Eckhardt，1992）。在轴心时代接近结束的时候，特别是公元前 430 年到公元 100 年，世界上又出现了另一波城市化浪潮，而且一个真正的贸易轴心在东亚和地中海之间出现了（McNeill，1982；Curtin，1984）。难道是政治和经济的发展推动了轴心时代意识形态的发展？要反驳这样一个观点可能是困难的，我们稍后还会回到这一话题上来。

正是在轴心时代结束的时候，一个主要的宗教诞生了，这一宗教迄今仍然绝对主导着整个西方世界：基督教。在公元前 1 世纪，早期基督教是犹太教的一个分支；随着时间的推移，它变成了有史以来最成功的宗教运动之一（如果不是最成功的话）。在其名著《基督教的兴起》一书中，社会学家罗德 *372* 尼·斯塔尔克（Rodney Stark，1996）追溯了基督教在最初几个世纪里的发展，并试图解释它的扩张。斯塔尔克注意到，基督教发展迅速，其信徒大约每 10 年增长 40%。据斯塔尔克估计，在公元 40 年的

时候，大约有 1 000 个基督徒；到公元 100 年的时候，增长到了 7 530 人；到公元 200 年时是 217 795 人，公元 300 年时是 6 299 832 人，公元 350 年时是 33 882 008 人。公元 316 年，罗马皇帝康斯坦丁（Constantine）皈依基督，并宣布基督教为罗马帝国的国教。斯塔尔克认为，这并不是因为基督教教条中有什么新的、令人深信不疑的信念，而是因为基 *371* 督教发展到了十分重要的地步，它已经成为一种可以借重的政治力量。因此，康斯坦丁的行为是一个精明的政客的行为，而不是一个虔诚的信徒的行为。

为了解释基督教在其最初的三个世纪里为何如此受欢迎，斯塔尔克强调了一系列的因素，但其理论分析的核心部分是城市苦难和疾病的存在。对大多数人来说，在古罗马的城市里，在大多数基督教信徒生活的其他城市里，生活就意味着苦难和混乱不堪。在这些城市里，城市人口密度极高，大多数人生活在极度拥挤的空间里和极度肮脏的条件下。犯罪和社会骚乱猖獗。不同民族群体构成的一个高度混合体存在于城市里，民族仇恨和民族冲突司空见惯。斯塔尔克认为，基督教大大有利于人们应对与这些问题有关的苦难。

当然，基督教之所以具有吸引力，最重要的原因是无所不在的疾病，特别是经常扫荡城市的瘟疫。斯塔尔克认为，瘟疫压倒了希腊、罗马世界里其他主要解释体系的解释能力和安抚能力，这些体系包括异端宗教（paganism）和希腊哲学。在这种情况下，基督教有能力为下述问题提供一个更可接受的、更有安抚性的解释：为什么这么多人生活在痛苦之中？斯塔尔克（Stark，1996：161）说得很好：

> 基督教承担了复兴运动的功能，这一运动是对希腊和罗马世界里的痛苦、混乱、恐惧及暴行做出的反应……通过提供社会关系的新模式和新类型——以便应对很多紧急的城市问题，基督教复兴了希腊、罗马城市里的生活。对于那些充斥着无家可归者和赤贫者的城市来说，基督教提供了慈善，也提供了希望；对于那些充斥着新来者和陌生人的城市来说，基督教提供了即刻的投靠对象；对于那些充斥着孤儿和寡妇的城市来说，基督教提供了一种大家庭的新感觉；对于那些暴力肆虐和民族冲突猖獗的城市来说，基督教提供了社会团结的新基础……对于面临瘟疫、火灾和地震的城市来说，基督教提供了有效的护理服务。

因此，基督教实际上是一种具有高度适应性的

宗教。它不仅向人们承诺他们死后将远离痛苦，而且还提供当下的奖赏。斯塔尔克（Stark，1996：188）指出："因为人们希望基督徒帮助那些不幸的人，而且很多这样的人确实获得了帮助；所以，面对不幸，所有人都有了更大的安全感。因为基督教要求信徒去护理病人和濒死之人，所以很多这样的人都得到了护理。因为基督教要求信徒爱别人，所以他们也得到了别人的爱。"实际上，在严格的达尔文主义的意义上，基督教是具有实际的适应性的。当灾难（如瘟疫）来袭时，基督徒比其他人适应得更好，而且确实更可能存活下来。这也有助于基督教的传播，因为当瘟疫过后，基督徒在人口中所占
373 的比例会更高。

虽然斯塔尔克显然不是马克思主义者，但是他对基督教的快速成长的解释，与马克思对人类的宗教依附现象的一般性阐述很相似。马克思把宗教称为"人民的鸦片"。这一表述所表达的一层意思就是，人们希望宗教成为缓解他们的苦难与痛苦的手段，而这些苦难与痛苦则是经济剥削和政治压迫的结果。斯塔尔克并没有把剥削和压迫当做罗马帝国人们苦难的根源，但他的关注点仍然是，宗教是对苦难做出的反应。

但是，对于比较视角和历史视角的社会学来说，解释基督教的兴起和传播，不能仅仅解释宗教本身。因为基督教晚于犹太教，实际上也发源于犹太教，而犹太教——产生于公元前第二个千年的后期——又晚于一种叫作琐罗亚斯德教的宗教。这些宗教有诸多共同点，而这些共同点是世界上的新事物——它们都是信仰唯一真神的宗教，并且相信这个神法力无边；而且它们在善与恶之间划出了一条清晰的界线，而上帝就是要从邪恶中挽救人类（Cohn，1993）。在世界历史上，这些宗教在类似的时间发展出来，这不可能是一种巧合。我们再把主要的亚洲宗教如儒教、佛教和印度教纳入考虑之中——它们与西方宗教大约同时出现，事情看起来就更不像巧合了。

所以，问题就不再是为什么基督教会出现于那个千年，而是为什么世界上大多数的主要宗教都出现于那一个千年之内。此外，为什么宗教进化的这一时期与主要的经济和政治变迁相联系？从经济变迁的角度来说，对上述问题的回答可能是，随着城市化的进展，更多的人生活在规模更大的城市里。

这意味着，人们所经历的苦难的数量成比例地增加了。从政治变迁的角度来说，帝国规模的扩大和帝国数量的增加意味着，战争的数量相应地增加了，而战争对普通人所造成的伤害也成比例地增加了。换言之，公元前的第一个千年是一个社会剧烈变迁的时代，是一个很多人的生活遭到严重破坏的时代。所以，新形式的宗教必然要出现，以帮助人们应对这些变迁所带来的痛苦和苦难。这是一个合乎逻辑的推理。在世界上各种主要的宗教里，另一个主要的和本质性的新主题是"拯救"（Bellah，1964），这一观念与善恶之间的分野密切相关。世界越来越被看成一个邪恶的地方，人们希望从那里逃离。可能的情况是，世界日益被看做是邪恶的，因为它确实变得越来越邪恶；也就是说，它变得越来越危险、残忍、不安全，令人恐惧和憎恶。

宗教与现代世界

基督教在公元4世纪成为罗马帝国的国教，后来演变为天主教，进一步成了西方世界的主导性宗教。很多人说，在漫长的封建时代（有时被称为"黑暗时代"）——它从公元5世纪后期罗马的陷落一直延续到16世纪左右——天主教是把欧洲维系在一起的黏合剂。当然，基督教在这段时间也发生了 374 变化，不过，在西欧（有少数例外），基督教和罗马天主教是同义词。到16世纪的时候，这一切都将改变，其形式是针对教堂的反叛，即著名的新教改革。

新教改革[①]

可以说，新教改革开始于1517年。那一年，马丁·路德（Martin Luther）把他著名的《95条论纲》钉在了教堂的大门上。所以，路德是改革主义思想的创始人，是被称为路德主义的新教主要分支的创立者。路德所反对的天主教的核心问题，在他看来，是教会内部广泛存在的弊端和腐败，以及天主教关于拯救的全部教义：通过神甫的告解（absolution）来解除罪恶。路德希望建立一种宗教，这种宗教将回到《圣经》表达出来的基督教原初精神；他宣示了一种拯救教义，这种教义根植于个人对上帝的深刻信仰，而不是根植于代表宗教官僚机构（教会）的一个宗教官僚的行动。

---

① 本节讨论的根据是斯皮兹（Spitz，1985）和盖·斯万森（Swanson，1967）的理论。

路德的想法几乎马上获得了很多人的回应，并获得了迅速和广泛的传播。很快，这些想法被目前是德国的组成部分的当时许多主权国家接纳，然后传播到了瑞典和丹麦等斯堪的纳维亚国家（见表 17—2）。在英国，与新教很相似的一种宗教形式——英国国教——被创建起来。很快，其他新教改革者也学习了路德的榜样，其中最著名的是瑞士人乌尔里希·茨温利（Huldrych Zwingli）和法国人让·加尔文（Jean Calvin；即约翰·加尔文，John Calvin）。加尔文显然更加重要。加尔文虽然是法国人，但是在瑞士的日内瓦度过了大半生，这个城市也因此成为加尔文主义的诞生地。加尔文的想法与路德相似，并且显示了路德的影响。当然，加尔文的神学具有很多不同的面相。其中最重要的，可能是他著名的前定论。这一理论主张，永生的上帝预先决定了哪些人会被拯救，哪些人会遭天谴。这是对路德的拯救观念的一个修改，它无疑明显地偏离了天主教会对拯救的看法。与路德主义一样，加尔文主义也得到了迅速和广泛的传播（见表 17—2）。它被瑞士的很多行政区接纳，也被荷兰、德国的一些州和苏格兰低地接纳，甚至被波兰和匈牙利的一部分地区接纳。

欧洲的很多地区对宗教改革极力抵抗（见表 17—2）。在名列前茅的地中海国家——意大利、西班牙和葡萄牙，新教观念没有什么影响，天主教保持了绝对的主导地位。在瑞士的几个行政区，天主教会高枕无忧；在德国的几个主权小邦中，在奥地利、苏格兰高地和大多数东欧国家，也是如此。法国也保留了天主教，尽管宗教改革开始后新教观念在这里传播很快。虽然在人口中占少数，但数量仍然可观的法国人确实皈依了新教，但法国的新教运动被暴力镇压了，因而仍然信奉新教的法国人的数量减少到了屈指可数的地步。

表 17—2　　16 世纪欧洲的新教国家和天主教国家 375

接受路德教或英国国教的国家或地区	
● 德国的普鲁士（1525）、符腾堡（1535）、萨克森（1539）、勃兰登堡（1539）、黑森（1605）* ● 英格兰（1553）	● 瑞典（1536） ● 丹麦（1536）
接受茨温利教或加尔文教的国家或地区	
● 瑞士的下列行政区：日内瓦（1536）、巴塞尔（1528）、沙夫豪森（1530）、伯尔尼（1528）、苏黎世（1525）、格拉鲁斯（1531）、阿彭策尔（1523） ● 德国的克里夫斯（1569）和马克（1569） ● 波希米亚（1593）	● 联合省（尼德兰）（1579） ● 匈牙利（1540） ● 特兰西瓦尼亚（1557） ● 苏格兰低地（1560）
保留天主教的国家或地区	
● 意大利的威尼斯和佛罗伦萨 ● 瑞士的下列行政区：施维茨、瓦尔登、乌里、楚格、弗莱堡、卢塞恩、索洛图恩 ● 波兰 ● 法国 ● 奥地利	● 德国的巴伐利亚、于利希、博格 ● 葡萄牙 ● 西班牙 ● 爱尔兰 ● 苏格兰高地

* 括号里的数字表示某个州正式接受新教的年份，或者该州的多数居民成为新教徒的年份。有些州的宗教状况后来发生了变化，而这通常是政治占领的结果。

资料来源：Guy E. Swanson，*Religion and Regime：A Sociological Account of the Reformation*. Ann Arbor：University of Michigan Press，1967。

对宗教改革的解释

为了理解宗教改革的原因——它为何起源，它
375 的观念为何在彼时彼地被接受，理解天主教和新教之间的重要教义差异是非常关键的。马克斯·韦伯（Max Weber，1958；org. 1905）认为，新教中最重要的教义创新是关于拯救观念的——我们完全有理由相信他是对的。新教废除了教会颁发拯救令的角色。人们不再通过神甫的中介来获得拯救，而是通过以直接的和个人的方式接近上帝而获得拯救。路德的“因信仰和上帝的宽宏而获救”的教义，与加尔文的通过前定（predestination）获得拯救的观念，都把上帝与个人直接联系在一起，并且废除了官僚式的教会组织所担任的拯救者角色。很多社会学家

认为，这意味着，与天主教不同，新教是一种高度个人化的宗教。这一点特别地体现在 17 世纪对加尔文教义的改进上。16 世纪由加尔文订立的僵化的前定论教义逐渐被修订，而它也变得越来越灵活。加尔文主义者认为，上帝确实前定了个人的命运，不过他允许个人通过某种方式知道他的意志——如果不是改变的话。那些通过自己的牺牲和艰苦努力获得了现世成功的人，可以把这种成功看成一种来自上帝的启示，即他们都是被拯救者中的一员。这就是著名的"新教伦理"，它是韦伯《新教伦理与资本主义精神》一书中最突出的主题（Weber，1958；org. 1905；cf. H. M. Robertson，1959）。

376

一个令人难过的事实是，社会学家在很大程度上忽视了宗教改革。这既是因为大多数社会学家用的都是非历史视野，也是因为宗教社会学不发达。即使是韦伯把新教伦理与资本主义联系起来的著名研究，也只是解释资本主义的兴起，而并没有对新教本身的兴起提出一个系统性的解释。对宗教改革最完整的社会学分析之一，是盖·斯万森（Guy Swanson，1967）的研究。他提出了一种政治理论。斯万森认为，进行了宗教改革的欧洲国家，都拥有一个服务于各种外部需要的组织，如商人、工匠和贵族团体。这一观念根植于斯万森更加一般性的主张中，即宗教的基本功能是一种机制，这种机制旨在使政治结构合法化，并且成为政治结构的表征。斯万森分析了欧洲的 41 个主权国家，这些分析显示，实际上，在政府形式（依据斯万森对这些形式所进行的定义和分类）与对新教的取舍之间，存在着惊人的相关性。不过，很有可能的是，斯万森所指出的相关性实际上只是一种假象，其背后还有其他因素在发挥作用，那就是经济因素。在很大程度上，被斯万森与接受新教相联系的政府模式，正是那些资本主义利润和观念在其中扮演了重大角色的政府。

如果说有些神学家和历史学家还关心一点因果问题的话，那么他们应该更加倾向于主张，宗教改革的主要目的是消除教会的弊端，或者是神学教条的某种逻辑性的展开——宗教观念的内在逻辑发展（cf. Lortz，1972）。毫无疑问，宗教改革的领袖们关心的是教会里被他们视为恶习的很多活动，他们有强烈的动机去解决这些问题。可是，弊端已经存在了很长时间，为什么解决问题的尝试会出现在那个特定的时间？为什么这一尝试在有些地方成功，在另一些地方却失败了呢？此外，如果新教仅仅涉及宗教观念的内在发展，那么为什么这些观念采取了特定的形式？我认为，对这些问题的回答最有可能围绕着历史上的一种关系展开，即宗教改革与现代资本主义兴起之间的关系（cf. Engels，1978，org. 1850；Walker，1972；Wuthnow，1980）。韦伯正确地指出了宗教改革与现代资本主义兴起之间密切的历史关系，但他把因果关系弄颠倒了。大体上说，新教出现并传播于欧洲那些成为资本主义发展前沿的部分。这是因为，新教观念极大地促进了资本主义世界观的表达和合法化，还因为新教能够为特定的做法带来经济利益。罗伯特·伍斯诺（Robert Wuthnow，1980：63-64）写道：

> 新教改革发生在下述情况下：人口快速增长；谷物价格长时间上升；由于来自美洲的金条进口，货币流通量急剧上升；海军和军事上实现创新；贸易强化和扩张，这一扩张使德国和波兰的贵族、瑞士的城市官员、荷兰和英国的商人受益颇丰，他们所有人都在波罗的海与地中海之间的贸易扩张中发达了起来。正是在这些区域，宗教改革首先实现了制度化。改革者对教会的攻击暗示了哈布斯堡帝国的非神圣性——它的合法性严重地依赖于其对普遍信仰的守卫——并且拓宽了通向合法权威的道路……宗教改革引发了教会土地的世俗化，向精英阶层提供了独立于教会的财政收入和其他税收，并鼓励有利于商业性农业发展的土地改革……16 世纪中叶之后，西班牙因为镇压新教起义引发了严重的财政危机，因此欧洲的经济核心日益向北方移动；与此同时，宗教改革的稳固地位得以确立。

377

在更晚近的一项研究中，伍斯诺（Wuthnow，1989）提出了资本主义和宗教改革之间一种更为复杂的关系。通过使用一种本质上是新韦伯主义的逻辑，伍斯诺声称，资本主义与宗教改革的关系是间接的，而不是直接的。当国家摆脱了土地贵族的控制之后，资本主义的传播便使改革者的思想获得了政治上的支持。在这种情况下，政府对宗教改革热心支持，因为它可以带来很多政治上的实际利益。另外，在土地贵族继续控制国家的地方，国家粉碎了宗教改革的努力。贵族和教会息息相关，特别是，教会为贵族的支配地位提供了强大的社会合法性。因此，贵族有充分的理由对抗那些削弱教会权威的努力，也对抗那些削弱教会的持续影响力的努力。

伍斯诺的理论有一定的道理。例如，这一理论在解释法国的例外情况的时候似乎特别贴切：法国是一个核心资本主义社会，但法国的新教没有取得多少进展。伍斯诺认为，在法国，"贵族对国家的控制过于严密，因而宗教改革不可能成功"（Wuthnow, 1989：91）。伍斯诺的理论虽然看起来很有启发性，却无法被证实。他的分析是不全面的，因为他仅仅考虑了国家是否受到了贵族的控制这一个因素。他没有考虑下述事实：在资本主义早期发展的地区，国家在摆脱了贵族的控制之后，却又落入了其他经济群体（如商人和资本家地主）的控制之下。因为伍斯诺忽视了这些群体的战略意义，所以他无法证明真正发挥作用的是政治而不是经济。下述事实——伍斯诺自己也屡次注意到这个事实——也显示了经济的重要作用：城市阶级（商人和工匠）对改革者思想的接受程度和促进作用最为突出，而乡村阶级（地主和农民）对这些思想的抵抗最强烈。

现代工业社会里宗教组织的类型

从本质上说，作为新教改革的结果，现代工业社会的特征是其巨大的宗教多样性，在其边界内包含大量的不同宗教群体。不过，这些不同的群体都可以被归入数量有限的几种组织类型中。

较早研究这一主题的学者是恩斯特·特洛尔奇（Ernst Troeltsch, 1931），他关注宗教组织的分类问题。特洛尔奇认定了两种极端类型的宗教组织，他378称之为教会和帮派（sect）。特洛尔奇的概念化操作的结果是，作为一种宗教组织，教会被认为有如下特征：它规模庞大，实际上与整个社会有同样的广延（coextensive）；个人在其中出生，并在婴儿时接受洗礼；它拥有一种神权（ecclesiastical）结构，其中神甫就是上帝在人间的延伸；它特别强调既定的教义和教条；它接受世俗世界当下的状况，甚至极其认同世俗统治阶级。中世纪的罗马天主教被视为这种宗教组织的典范。

与教会相比，帮派居于另一个极端。它规模小，成员仅限于一些被选定的个人。个人都是在成年以后才加入其中的。其成员构成了一个"信徒共同体"，他们告诉自己：我们与其他宗教群体的成员在宗教上完全不同。它并没有一个神权性的结构，其管理者是普通人。它特别强调"过正确类型的生活"。它对世俗世界充满敌意，通常把世俗世界看做腐败的和颓废的。

社会学家发现，特洛尔奇的概念总来说是有益的，但只能作为一个出发点。大多数学者认为，需要区分更多的类型，以便完全把握工业社会里宗教组织的多样性。米尔顿·英格尔（Milton Yinger, 1970）区分了 5 种类型的宗教群体：教困（ecclesiae）、教派（denomination）、传统帮派（established sect）、帮派、邪教（cult）。

英格尔所认定的教困与特洛尔奇的教会（church）概念非常相似。不过，在他看来，教困与社会支配阶层的结盟关系，比中世纪的罗马天主教会还要紧密。因此，教困不能满足其很多成员的需求，特别是来自社会底层的成员。出于这一原因，英格尔把教困称为"僵化状态中的普适教会"。斯堪的纳维亚的路德教会和英国的国教会是比较好的教困的例子。

教派是一种常规性的、受人尊敬的宗教组织，它在本质上与世俗权力保持着和谐的关系。不过，与特洛尔奇的教会或教困不同，教派与社会整体的广延不同；相反，它被限制在阶级、种族和区域的范围内。当代的教派通常是原来的传统帮派，或者是这些帮派进化成了更常规的、更受人尊敬的组织。在美国，长老会（Presbyterians）、卫理公会（Methodists）和浸信会（Baptists）是教派的典型。

在英格尔看来，传统帮派是（特洛尔奇所说的）帮派里的一种，它保留了很多帮派的特征，但它向更常规和更受尊敬的方向上进化了很多。从这个意义上来说，传统帮派位于教派和帮派之间，同时拥有两者的某些性质。英格尔举出贵格会（Quakers）作为这种类型的宗教群体的例子。本质上，英格尔的帮派概念与特洛尔奇的帮派概念是相同的。不过，英格尔又区分了几种不同的帮派。接受型帮派（acceptance sect）通常不寻求改变世界，它与世界和平共处；它的帮派性质建立在对其宗教教义的执着之上——这些教义的性质是神秘的、秘不外传的。敌意型帮派（aggressive sect）拒斥这个世界，并试图改变世界；它通常以末世主义的幻象为基础。耶和华见证会（Jehovah's Witnesses）属于这种类型的帮派。第三种类型是逃避型帮派（avoidance sect）。这379种帮派拒斥世俗的世界，但并不做出任何特殊的努力去改变其性质；相反，这种群体的成员企图逃离这个世界，并且追求特殊的宗教知识以及对人性的洞见。这样的群体如五旬节运动（Pentecostals），"寻求'出神'（trance）、幻象以及'外语能力'——临时性地遁入一个由他们的标准统治的世界"（Yinger, 1970：277-278）。

邪教居于与教困相对立的另一个极端上。它们通常很小，持续时间很短，是围绕着一个克里斯玛型的（charismatic）领袖建立起来的。虽然它们与帮派类似，但是它们对自己的宗教教义持有更极端态度；在它们与占主导地位的宗教传统或社会传统之间，是激进的破裂关系。正像英格尔所提示的那样，它们是"宗教的突变体"。邪教的例子包括美国的撒旦教会（Church of Satan）和克里希那意识会（Krishna Consciousness）等组织。

宗教组织的这些类型反映了，在工业社会里，各种各样的宗教形式是怎样适应不同个体和群体的需求的。英格尔清楚地表明，教困几乎完全是为社会主导阶层的需求和利益而存在的。教派是一个拥抱各式成员的群体，但它仍然青睐来自特殊背景的个体和群体。例如，在美国社会里，上层中产阶级倾向于进入圣公会、公理会（Congregationalists）和长老会，但是，浸信会所吸引的来自社会经济底层的成员的比例远高于其人口比例。人们普遍同意，帮派型群体是对各种社会剥夺做出的反应。最常见的情况是，经济剥夺把人们推向帮派，但其他类型的剥夺也可能是帮派形成的原因。各种类型的心理剥夺，有时是导致人们加入特定帮派的主要原因。邪教通常兴起于社会快速变迁的情况下；这些变迁让人迷惑，使人沉迷于对世界本质的探究，并使他们具有下列倾向：在极端的宗教群体中寻求对其疑惑的解决。例如，在20世纪60年代和70年代，新的邪教组织在美国层出不穷。这些邪教组织就是对那一段时间里发生的让人迷失方向的各种变化的反应（cf. Glock and Bellah，1976；M. Harris，1981）。宗教是为人类生存的各种基本问题提供答案的一种主要途径；由于这些问题五花八门，所以，作为应对这些问题的手段，宗教所做出的反应也是各种各样的。

世俗化与宗教的未来

关于世俗化的争论

世俗化的概念指的是这样一个过程：宗教对社会生活的很多领域的影响一直在降低。很多社会学家已经认可了这样的观点：世俗化是过去数个世纪里西方社会的主要趋势；或者至少是自工业化开始以来的主要趋势。他们认为，科学进步、工业化、城市化的力量，以及社会在整体上的理性化和现代化，使得宗教越来越远离社会生活的舞台——这个舞台原本是被宗教占领着的。这一世俗化理论的加强版声称，世俗化过程是一股无情的力量，其高潮就是有组织的宗教的消亡。世俗化理论的弱化版仅仅主张，世俗化是一个重要的历史趋势，但世俗化宗教活动并不必然会终结。

杰弗里·哈登（Jeffrey Hadden，1987）曾经声称，社会学家对世俗化理论的接受是如此广泛，以至于它变成了一种不能挑战的、理所应当的真理。哈登的说法大体不错。不过，近年来出现了对世俗化理论的各种挑战。哈登自己就声称，这一理论在经验上是错误的，对这一理论的支持，更多地来自社会学家对有组织的宗教的敌视，而不是对证据的系统性检视。哈登提出了下列证据来反驳世俗化理论。

（1）自第二次世界大战以来，各国出现了普遍的宗教复兴，至少在美国是如此。

（2）近年来，更加保守的宗教传统大为繁荣，如福音派和基要主义。

（3）美国的天主教徒的信仰和行为受到了梵蒂冈第二次会议的强烈影响，结果，美国教会目前的权威比历史上任何时候都高。

（4）绝大多数的美国人仍然宣示对上帝的信仰。

（5）在过去的40年里，美国教会成员的统计数字的浮动很小，教堂出席人数也保持了惊人的稳定性。

（6）在最近的数十年里，宗教虔诚水平（如祷告）维持稳定。

提姆西·克利本（Timothy Crippen，1988）也反驳了世俗化理论。他所遵循的思路在这一理论的诸多反对者中变得越来越普遍。他认为，现代社会里的宗教正在经历转型，而不是衰落（cf. Bellah，1970；Glock and Bellah，1976；Wuthnow，1976；Stark and Bainbridge，1985）。他认为，"传统宗教可能正在衰落"，但是，"即使如此，宗教仪式仍然是强而有力的，并且在新的信仰和仪式中展示自己——这些信仰和仪式与现代形式的支配和交换（dominance and exchange）是同时出现的"（Timothy Crippen，1988：325）。克利本认为，"新神祇"正在兴起，代替了那些"旧神祇"，而与这些新神祇有很大关系的是"新的神圣信仰和仪式，这些信仰和仪式代表了民族国家的主权和个人的完整性"（Timothy Crippen，1988：331）。克利本所说的"新宗教"，就是罗伯特·贝拉曾经说过的"市民宗教

(civil religion)"。

在我看来，克利本的理论是站不住脚的，因为它完全建立在经典的、包容性的宗教定义之上。虽然克利本明确地倾向于这一定义，但是他也欣然承认，从包容性的视角来看，最近几个世纪以来，社会生活确实发生了深刻的世俗化变化。那么，哈登的主张又将如何？虽然他所指出的宗教趋势得到了大体上准确的认定，但问题是，他的主张既缺乏历史性的视角，也缺乏比较性的基础。哈登实际上只讨论了一个国家，即美国，而且他的分析仅仅覆盖了一个短暂的历史时期。这显然是不够的。众所周知，从很多方面来说，在所有的西方当代工业社会里，美国的宗教化程度都是最高的，而且很多社会学家曾经谈论过"美国例外主义"（Zeitlin，1984）。我们不应该仅仅用一个社会——还是一个不寻常的社会——来证伪一个原本应该应用于很多社会的一般性理论。

因此，哈登和克利本的反驳以及那些大体上同意他们的观点的社会学家的反驳，并没有对世俗化理论造成多大的损害，特别是它的弱化版本。世俗化理论的一个坚定的捍卫者是英国著名的宗教社会学家布莱恩·威尔逊（Bryan Wilson，1982）。威尔逊指出，世俗化理论建立在下述观念的基础之上：一般来说，早期人类社会赋予了宗教重大的社会意义。威尔逊说，下述主张基本上是正确的："简单的文化和传统的社会，还有过去的社区……对超自然力量的关注似乎是全心全意的。"（Wilson，1982：150）威尔逊断言，与过去的社会和社区相比，当代工业社会经历了：

381

> 财产和宗教机构被政治权力绑架，昔日宗教所承担的很多活动和功能转入了世俗的控制之下；人们奉献给超验关怀的时间、精力和资源的比重下降了；宗教机构堕落了；在行为上，与严格的技术标准相伴的各种需求取代了宗教箴言；经验的、理性的、工具性的取向逐渐取代了特定的宗教意识（这些意识的范围是，从对魔法、仪式、符咒、祷告的依赖，到宽泛的源于精神的道德关怀）；对自然和社会的神秘的、诗性的和艺术性的解释被抛弃，代之以就事论事的（matter-of-fact）描述，与此相伴的是，价值、情感取向与认知取向之间出现了严格的分离。

无法否认，威尔逊对宗教变迁的定性是准确的；因此，我们完全有理由支持世俗化理论对最近事态

的解释。不过，我们仍然需要评价世俗化理论的这一版本，并将它应用于未来的宗教。

宗教的未来

鉴于最近数世纪以来的世俗化进程，我们对宗教的未来有什么合理的期待呢？世俗化过程是否会持续和加强，并达到下述程度：宗教在社会文化生活中最终被完全消除；或者，无论人类社会的科学技术发展到什么水平，宗教信仰和宗教活动的一些内核都会被保留下来？面对这些问题，社会科学家们的回答大相径庭。很多人认为，现代科学技术最终将摧毁宗教这一社会制度。其他人则主张，尽管宗教的重要性会进一步降低，但是，作为社会文化体系的一个顽强的和永久性的成员，它会一直存在下去。安东尼·华莱士（Anthony Wallace，1966：264-265）持前一种观点，他声称：

> 宗教的进化前景就是灭绝。对超自然的存在和超自然的力量——这些东西影响自然却不遵循自然规律——的信仰将会衰败，变成一种有趣的历史记忆。当然，这样的事件不可能在下一个世代出现，这一过程很有可能会花费数百年的时间。甚至个人性的小邪教群体——他们用超自然主义的解释来应对幻觉、出神和痴迷等现象——偶尔也可能出现。但是，作为一种文化特质，作为下述两种情况的结果，对超自然力量的信仰注定会在全世界消亡：科学知识日益丰富并广泛传播；世俗的信念使人们意识到，如果只是为了有效地举行仪式，超自然信仰并不是必需的。这一结局对人类来说是好是坏，与预测结果无关；这一过程是不可避免的。

米尔顿·英格尔对此持反对意见。在英格尔看来，宗教是一种"剩余性的"（residual）的制度，在他的语汇中意为"永远留存的东西"。宗教是为终极问题提供解答的手段；由于终极问题将永远与我们相伴，也由于其中一些问题科学无法回答，所以宗教将永远留存，以降低不确定性。英格尔（Yinger，1970：9）对这个问题的表述如下： 382

> 难道没有任何核心功能可以成为宗教活动的持久源泉吗？或者，正像邓拉普（Dunlap）所说的那样，科学、哲学、艺术、政府、医学，诸如此类的东西都在持续地对宗教进行蚕食，以致它变成了一个"自杀性制度"？我自己发

现，很难想象存在这样一个社会：其中终极性的重大问题均已解决。我们减少了过早死亡的数量，发现的仅仅是衰老的悲剧。我们开始征服贫困，却意识到，这一成就背后的知识，仅仅是制造了氢弹的知识的一部分。我怀疑……人类能够发明出一种世俗制度来承担宗教目前所承担的功能。上述信念本身就是一个"城堡里的希望"（citadel of hope），而不是一个被经验证实了的命题。

……根据我的定义，现有的证据使我倾向于这样的观点：宗教是人类社会一个永久性的面相，与家庭（无论其怎样变迁）或者政府（纵然种类变化多端）相比，它消失的可能性并不更大。

华莱士的思路也很有道理。科学总是侵蚀宗教信仰，而且我们知道，当人们掌握了高度发达的知识视野（特别是科学视野）之后，他们的宗教信仰就会走向消融（Glock and Stark, 1965）。因此，如果对先进知识的传播充溢于未来社会之中（我们有理由期待情况将会如此），宗教就很可能会崩溃，或者说，其重要性将急剧降低。一方面，英格尔的思路仍有一定的吸引力。终极关怀中最终极的内容是关于人类的限度的，即人都会死这一事实。在某种程度上，全世界所有的文化都沉迷于对这一问题的关怀。人类从来都不愿意接受自己的宿命，他们不断地创造出"死后的生活"的观念，以否认"事情总会结束"这一事实。宗教是实现下述目的的唯一制度化手段：人们对宿命之事进行顽强的抗争。这一课题完全超出了科学的边界。无论科学在解释和控制经验世界上多么成功，在面对非经验的关怀时，它都无能为力——正如上面的例子。在上述考虑的基础上，我们完全有理由相信，宗教信仰和仪式的某些内核会永久地存在下去。虽然未来宗教的影响范围无疑会日益缩小，但是预测其影响会完全消失仍然是不明智的。

小 结

1. 社会科学家提出了两种截然不同的宗教定义。包容性定义强调，宗教是围绕着所谓的神圣事物组织起来的信仰和实践体系，或者是指向人类终极关怀的信仰和实践体系。排斥性定义较为严格，它把宗教的概念限制于下述信仰和实践：假设世界上存在并运行着超自然的力量。本书采用排斥性的宗教定义。

2. 宗教是一种进化现象，正如人类社会的其他组成部分是进化现象一样。关于宗教，安东尼·华莱士提出了一种有用的图式，他区分了4个阶段的宗教类型：萨满型、公共型、奥林匹亚型和一神教。这些阶段与技术、经济和政治的进化阶段有着良好的对应关系。

3. 在公元前的第一个千年里，世界上大部分地区都发生了一次人类思维的革命，这次革命被称为"轴心时代"。这次革命与世界上大多数主要宗教的出现息息相关，这些宗教都是一神教，并且都设想善恶之间存在着尖锐的对立。轴心时代与下述两件事情相互呼应：世界城市化进程的巨大进步，贸易网络规模和范围的扩大。在这段时间里，政治帝国的规模大幅度扩大，它们之间的战争也大量增加。与这些经济和政治发展联系在一起的破坏性改变，很可能是新型宗教发展的前提条件。

4. 基督教是轴心时代兴起的世界主要宗教之一。基督教对人们有巨大的吸引力，成为历代以来最成功的宗教之一。它的传播十分迅速，在仅仅3个世纪的时间里，它就由一个小小的犹太教分支变成了罗马帝国的国教。基督教之所以拥有巨大的吸引力，是因为它有能力为生活在希腊、罗马的污秽城市——这些城市里到处是拥挤、疾病、犯罪、混乱和民族仇恨——里的人们提供抚慰。

5. 现代形式的宗教组织本质上开始于16世纪的新教改革。这是一次伟大的宗教转型，它挑战了天主教会的权威，也挑战了它关于拯救的教义。从历史的角度来看，它与资本主义世界经济的开端是一致的。此外，新教很有可能是巨大的经济变迁在宗教上的体现。

6. 现代工业社会里中存在着各种各样的宗教组织。英格尔认定了5种基本类型的宗教群体：教团、教派、传统帮派、帮派和邪教。宗教组织的这些类型与各种社会群体密切相关，如阶级群体、种族群体、民族群体和区域性群体。这表明宗教能够适应各种人类需求。

7. 最近数世纪以来，日益发展的经济理性化、工业化、城市化和科学进步，在现代工业社会导致了广泛的世俗化。不过，世俗化将在什么样的程度上进行下去，仍是一个有待回答的问题。有些社会科学家认为，宗教的进化前景就是消亡。其他社会科学家则认为，因为宗教承担了"剩余制度"的功能，所以宗教信仰和宗教实践的一个最小内核会永 久地存在下去。

特别话题：基督复活与千禧年运动

宗教在社会里是一股保守的力量，还是一股解放的力量？它是一股保持现状的力量，还是一股推动变革的力量？对这一问题最为著名的回答可能是由马克思做出的，这与他的"宗教是人民的鸦片"观点联系在一起。他说，人们认为宗教缓和了自己的苦难和痛苦，但是实际上宗教只是简单地抚慰了他们。宗教让他们容忍他们所处的社会状况，并使他们丧失改变这些状况的意志。这一结果大大有益于社会的统治精英——对他们来说，宗教有利于维护他们在社会中的地位，因为宗教宣称，现有的社会秩序是超自然意志的代表和体现，因而人们应该接受现状。因此，马克思主义对宗教的观点是，宗教是一股巨大的社会保守力量。

有非常强大的证据为马克思的主张提供支持。随着社会分层的出现，超自然力量对世俗道德的关注度提高了，它促使管理世俗社会秩序的手段出现（Swanson，1960）。强有力的集权政治体系——酋邦和国家，与强有力的牧师团和神圣宗教制度的出现高度相关。神甫们高度分享对政治权力的行使。实际上，早期的 384
酋邦和王国有神权国家——由宗教官吏进行管理的政府形式——的倾向。随着酋邦进化到国家阶段，政府主要落入了世俗政治官僚的手中，而不是神职酋长（priest-chief）或神职国王（priest-king）的手中；不过，这些世俗官僚仍旧与神甫们保持着密切的联系，并积极地把牧师制度当作支撑自身权力的工具。纵观历史，大多数酋长和国王都以宗教理由——声称自己是神祇的直接转世，或者是上帝在人间的主要代表——来使自己的统治正当化。即使是在当今世界，宗教和保守政治也通常是紧密的同盟关系。现代政府和现代社会的分层秩序通常会得到正统宗教的强大支持，而现代社会里最传统的宗教分支很可能是最保守的政治派别（Glock and Stark，1965；G. Marx，1967；Sanderson，1973）。

不过，如果停在这里，那么，关于宗教在人类社会里所扮演的角色，我们就只给出了一个片面的景象。虽然最常见的情况是宗教维护既定的社会制度，但还是存在大量的事例，在这些事例中，宗教承担了促使世界改变的催化剂的功能。历史上很多时候，很多地方的人们都组织起来，发起了许多由宗教激发的社会运动，并致力于改变既有的社会秩序。这些运动通常被称为复兴运动或千禧年（millenarian）运动。"复兴"的概念意味着，试图创立一种新的或"复兴的"生存模式，这种生存模式远比当下的现状更令人神往。"千禧年"的概念通常被用在一种社会宗教运动上，这种运动期待千禧年——一个充满和平、和谐的繁荣的新时代，实际上就是人间的天堂——的来临。这一运动通常是由一个克里斯玛型的领袖领导的，即所谓的弥赛亚。

复兴运动或千禧年运动通常发生在社会压力极大的情况下，或者是发生在出现社会危机的情况下：在社会急剧变化的时期，当人们完全丧失传统的生活模式或迷失方向的时候；当土著文化因为殖民主义、战争或外来文化的入侵而发生重大变化的时候；或者在压迫和剥削达到极限的时候。在这种情况下，人们开始感到迷惑，或者怀疑自己身上发生了什么；应对压力的、严格意义上的世俗手段缺失，此时，千禧年运动就可能出现（M. Harris，1974）。从本质上说，在其意识形态和促进改变的策略中，所有的千禧年运动都既包含宗教的成分，也包含政治的成分；不过，在其宗教成分和政治成分的构成比例上，不同的运动之间差异很大。

这些社会宗教运动出现在历史的很多时间点上，出现的地点遍布全世界。它们出现在古代的、中世纪的和现代的欧洲、美拉尼西亚、波利尼西亚、非洲、南美洲、印度尼西亚和其他地区。我们今天还可以看到它们，甚至在工业化的西方社会也可以看到它们。这类运动绝大多数以失败告终，但也有少数在某种程度上获得了成功。例如，基督教最初就是犹太教千禧年运动的进一步发展。最著名的复兴运动或千禧年运动（除了早期的犹太教运动之外）发生于美拉尼西亚、中世纪欧洲以及北美洲的印第安人中间。

马文·哈里斯（Marvin Harris，1974）讨论了犹太教的军事弥赛亚主义——这一运动大约发生于基督在世的时候——并试图展示它怎样促进了基督教的诞生。古代的巴勒斯坦民族长期处于一系列强大帝国的殖民统治之下。在罗马帝国的统治之下，大多数居住在巴勒斯坦的犹太人遭受着严重的压迫和剥削。无地农民、低收入的工匠、仆人和奴隶构成了大多数人口。除了他们之外，还存在一个人数很少的精英阶层，他们由神甫、地主和商人构成，过着豪华奢侈的生活。

正是在罗马人统治时期，犹太教军事弥赛亚主义的传统发展成一种强有力的宗教和政治力量。很多人挺身而出，声称自己就是弥赛亚。他们还声称将会把巴勒斯坦从罗马人的压迫中解放出来，并在世上建立上帝的王国。除了阐发上帝之国将会来临的宣言，他们还积极参与军事行动，建立了很多弥赛亚组织的军队，并与罗马军团战斗。他们至少进行了两次对抗罗马军队的重大战役，一次是在公元 68 年至 73 年，另一次是在公元 132 年至 136 年。基督就是诸多弥赛亚中的一个：他带领信众在巴勒斯坦起义，以对抗罗马人的压迫和剥削。人们普遍相信，基督的教诲具有严格的和平性质，而且他反对暴力和复仇。不过，哈里斯尖锐地驳斥了这样的基督形象，并且声称，基督的行动实际上与犹太教军事弥赛亚主义的传统高度一致。他提出了大量证据来支持自己的观点。

正像基督教崛起于千禧年运动一样，新型的千禧年运动很快又从基督教中兴起——至少在它变成一个地位高度稳固的宗教之后是这样的。到中世纪后期，千禧年运动普遍把矛头指向那些宗教的、经济的和政治的统治力量（Cohn，1970）。这类运动大多以末世主义的幻象为指导思想，亦即以一些教条为指导思想，这些教条宣称，世界末日马上就要来临，一位弥赛亚将在世间建立一个天堂般的乐园。在很多情况下，自称弥赛亚的人倡导并实际参与军事行动——这些军事行动既针对世俗权威，也针对宗教权威。一个特别具有军事性质的欧洲千禧年运动就是再洗礼派（Anabaptist）运动（Cohn，1970）。

大多数再洗礼主义者是农民和工匠，他们相信财产的公共所有制，对国家采取怀疑的态度，并且倾向于拒绝外部社会。很多人沉溺于对最后的审判日（day of reckoning）即将到来的信仰——这一天到来的时候，强权将会被打倒，基督将会归来，并在世间建立一个千禧国。16 世纪 30 年代早期，他们占领了德国的芒斯特镇（Munster），并宣称它就是新的耶路撒冷。在其领袖让·马提斯（Jan Matthys）的领导下，他们感到他们正在开启一次社会革命。马提斯死后，一个叫作让·博克尔松（Jan Bockelson）的人继承了他的位置。博克尔松在芒斯特镇建立了一个新政府，这个政府对所有公开的、私人的、精神的和物质的事务行使权威。他还建立了一种新的道德规范，这种规范十分严苛，连争吵和撒谎也都是死罪。最终，博克尔松宣布自己是国王——新耶路撒冷的国王，并且开始穿着华丽的礼袍，佩戴由贵金属制成的戒指和项链。与此同时，他把严酷的生活强加在其追随者的头上。

再洗礼主义者对芒斯特镇的占领以彻底的灾难告终。饥荒最终扫荡了这个城镇。这次饥荒十分严重，使得人们实际上不得不进食杂草、苔藓、旧鞋、墙皮，甚至是尸体。饥饿所造成的死亡是如此频繁，以至于必须挖掘公共坟坑。一旦有人企图逃离该镇，博克尔松就会砍下他们的头，并将他们的尸体卸为四块，钉在高处示众，以警告其他人。后来，这种暴行几乎变成了日常现象。军队围困了该镇一段时间，最终攻下了它，为新耶路撒冷画上了句号。

再洗礼主义运动似乎是一个特别极端的事例，从某种角度来说，它确实是。不过，中世纪欧洲还经历了很多其他的千禧年运动，其中的极端行为是一种典型现象。例如，在 13 和 14 世纪，一群自我鞭笞者（flagellants）投身于一种宗教仪式之中，在这种仪式中，他们用大长钉暴打自己，直到肉块从身上脱落下来。

大约在 19 世纪末，美拉尼西亚的很多地区落入了欧洲的殖民统治之下，使这一地区的土著居民的生活陷入了严重的混乱。在这种情况下，一种被称为"货物崇拜"的复兴运动发展了起来（Worsley，1968）。 这种崇拜活动里最顽固的意识形态因素是，相信满载着现代西方工业产品（货物）的船只随时都会到来，以便土著尽情地使用和享受。这些货物由土著人死去的祖先送出并押运而来，这些祖先事先已经复活。当货物到达的时候，一个快乐并繁荣的新时代就会开始。早期，土著人认为这些货物会通过船运到达，因而他们忙着修建港口以便停泊船只。不过，随着飞机的出现，人们说货物会通过飞机运来，这促使群体里的很多成员开始修建跑道，以便飞机降落。崇拜群体有对土著社会进行重新组织的教义，这些教义也被他们永久化了。其中最重要的是，欧洲人将会被驱逐，土著社会将重新回到土著人自己的控制之下。这种崇拜至今仍然存在。

19 世纪，作为对白人入侵和传统文化被破坏等情况的反应，复兴运动也在北美洲的印第安部落中兴起。

其中最著名的就是"幽灵舞蹈"（Ghost Dance）运动。这一运动有两次高潮，第一次是在1870年，第二次是在1890年（Lantemari，1963；cf. Thornton，1981）。第一波"幽灵舞蹈"运动发生在派尤特人（Paviot-sos）中间，他们是生活在内华达和加利福尼亚的印第安人。派尤特人的领袖是一个叫作伍兹伍伯（Wodzi-wob）的先知，他在1869年看到一个幻象后创立了这一运动。在他的幻象中，伍兹伍伯看到了一列载有印第安祖先的火车。他认为，这些旅客将用一次巨大的爆炸来宣告他们回到地球："伍兹伍伯的启示出现在高山之巅：伟大的神灵将宣告，一次重大灾难很快就会震动整个世界，在这个过程中，白人将从印第安人的土地上消失。大地将会裂开以吞噬白人，而所有的建筑、产品和工具将会留给印第安人使用。"（Lantemari，1963：132）伍兹伍伯的启示开始扩散，很快就传播到了美国西部的所有地方。1890年的"幽灵舞蹈"运动由一个叫作伍瓦卡（Wovoka）的派尤特印第安人发起。伍瓦卡在他的人民中宣扬一种严苛的道德规范：不要打架，不要撒谎，不要偷窃，不要喝威士忌，要辛勤工作并彼此相爱。他预言说，白人将会被一阵强风刮走，但他们所有的财产将会留给印第安人（de Waal Malefijt，1968）。与"幽灵舞蹈"的早期版本相似，这一运动很快就广泛传播到了其他部落，包括肖肖尼人（Shoshoni）、阿拉帕霍人（Arapaho）、夏安人（Cheyenne）、基奥瓦人（Kiowa）和苏人（Sioux）。

千禧年运动并不限于在原始的、古代的和中世纪的社会里出现。相反，它甚至不断地出现于西方工业社会里。最近的千禧年运动的例子是人民圣殿教（People's Temple），它是在吉姆·琼斯（Jim Jones）牧师的领导下组织起来的。这一邪教在20世纪60年代和70年代的美国发展繁荣。它与以前很多其他的千禧年运动惊人地相似。琼斯认为自己是弥赛亚，他必须把自己的追随者从世界的邪恶中拯救出来。1974年，琼斯与人民圣殿教的数百名成员在圭亚那的丛林里建立了一个定居点，这个定居点被叫作琼斯镇（Jones-town）。与再洗礼主义者一样，琼斯镇以彻底的灾难告终。1978年，因为知道美国政府计划对此地进行调查，所以琼斯说服他的追随者在集体自杀仪式上喝下有毒的饮料，与此同时，琼斯把一颗子弹射入了自己的头颅。

虽然复兴运动和千禧年运动的激进性质证伪了马克思的主张，即宗教就其本性来说是一种内在的保守力量；但是，这些运动实际上为马克思的宗教社会学理论的一个主要维度提供了强有力的支持：人们接受宗教是为了缓解痛苦和苦难。因此，虽然宗教经常是一种保守的力量，而不是一种激进的力量，但是，即使是激进的宗教运动也显示，宗教经常是"人民的鸦片"。

推荐阅读

Cohn，Norman. *The Pursuit of the Millennium：Revolutionary Millenahans and Mystical Anarchists of the Middle Ages*. Revised edition. New York：Oxford University Press，1970. 该书对中世纪欧洲的千禧年运动进行了富有才华的讨论。

Cohn，Norman. *Chaos，Cosmos，and the World to Come：The Ancient Roots of Apocalyptic Faith*. New Haven，Conn.：Yale University Press，1993. 该书研究了世界上三个主要地区的千禧年运动的各个维度：琐罗亚德斯教、犹太教和基督教。

Harris，Marvin. *Cows，Pigs，Wars，and Witches：The Riddles of Culture*. New York：Random House，1974. 该书对下述宗教进行了发人深省的讨论：犹太教的军事弥赛亚主义、早期基督教和现代欧洲早期的"女巫狂热"（great witch craze）。

Spitz，Lewis W. *The Protestant Reformation*，1517-1559. New York：Harper & Row，1985. 虽然明显缺乏理论性，但是该书仍然对宗教改革的基本特征进行了有益的展示。

Stark，Rodney. *The Rise of Christianity：A Sociologist Reconsiders History*. Princeton，N. J.：Princeton University Press，1996. 该书是迄今对早期基督教发展的最好的社会学分析之一。作者特别关注下述问题：那么多人如此迅速地皈依基督教的理性原因是什么？

Swanson，Guy. *The Birth of the Gods*. Ann Arbor：University of Michigan Press，1960. 该书对50个原

始社会和古代社会进行了翔实的研究，该研究揭示了引发各种形式的宗教信仰的社会条件。

Thomas，Keith. *Religion and the Decline of Magic*. New York：Scribners，1971. 该书对英国 16 和 17 世纪广泛流行的各种信仰，如星相学、巫术和魔术治病，进行了发人深省的研究，该书也研究了上述信仰的最终衰落。

Turner，Bryan S. *Religion and Social Theory：A Materialist Perspective*. London：Heinemann，1983. 该书是社会学家对宗教进行唯物主义（基本上是马克思主义）分析的尝试之一。

Wallace，Anthony F. C. *Religion：An Anthropological View*. New York：Random House，1966. 该书是具有人类学倾向的杰出宗教学教科书之一。

Wilson，Bryan. *Religion in Sociological Perspective*. New York：Oxford University Press，1982. 该书是一个著名的英国专家对宗教社会学的一些主要课题进行的概述。

Wuthnow，Robert. *Communities of Discourse-Ideology and Social Structure in the Reformation，the Enlightenment，and European Socialism*. Cambridge，Mass.：Harvard University Press，1989. 该书的第一部分可能是迄今为止对宗教改革所做的最系统的社会学论述。

Yinger，J. Milton. *The Scientific Study of Religion*. New York：Macmillan，1970. 该书是一部具有社会学倾向的杰出的宗教学教科书。

第十八章

回顾与展望：过去的1万年与未来的100年

388 　在最后一章里，我们将对历史做一次较长的回顾，对未来做一次较短的展望。在回顾中，我们试图总结人类在过去1万年时间里所经历的最巨大的变迁，以及这些变迁对人类状况和社会生活水平的意义。关键的问题是，人类在多大程度上——正如人们普遍相信的那样——持续不断地改善着自己的生活？在展望中，我们试图利用我们对过去1万年里社会文化进化的理解，来预测下一个世纪的人类未来。这种展望必然是具有高度选择性的，我们重点关注一些关键事务，如环境的恶化与核战争的可能性。在本章乃至本书的结尾，我们将简要地考察，作为思考未来的一个可靠指南，关于世界历史的一般性理论到底有多重要。

过去的1万年：人类进步了吗？

　　在过去的1万年时间里，与人类整体生活质量相关的最重要的进化趋势与下列事项有关：生活水平、工作的数量和质量、平等、民主和自由。为了使我们对这些趋势的讨论更有意义，我们将使用一

389 个叫作"普通世界公民"的抽象概念。我们将从这个假设的人的角度出发，来评判主要的进化变迁所蕴含的意义。世界普通公民是人类的一个典型社会——该社会在任何一个历史时期都占绝对多数——中的一个典型成员。例如，1.5万年前，所有人都生活在狩猎采集社会里，因此那时的世界普通公民就是一个猎人或采集者。而到了3 000年前，农业生活方式基本上成为地球上占主导地位的生活方式，因此那时的世界普通公民就是一个农民。由于世界上大多数人口目前生活在欠发达国家，所以

今天的世界普通公民就是第三世界里的一个农民或城市工人。需要记住的是，世界普通公民概念的使用是一种纯粹的方法论技巧，旨在简化对宏大进化趋势的性质和意义的讨论。谈论一个世界普通公民，就是谈论进化趋势怎样影响大多数的世界人口——如果不是所有的个体、群体和社会的话。

生活水平

　　如果想谈论生活水平的进化趋势，这一概念的高度主观倾向必须被中性化。在需要或渴望那类物质资料的事情上，不同的社会有不同的观念。例如，在今天的发达工业资本主义社会里，人们开始依赖一些东西，如轿车、音响系统、微波炉、个人电脑等；而且，如果拿走这些东西，他们就有被剥夺的感觉。另一方面，狩猎采集者并不需要或渴望这些物品。他们当然不会因为没有这些东西而产生被剥夺的感觉。由于对这些东西的欲望是一种人造的需求，而不是基本的人类需求，所以在是否拥有这些东西上，比较狩猎采集者和现代工人（或任何其他类型的社会的成员）是没有意义的。

　　唯一有意义的对生活水平进行比较的方式是，从人们普遍渴望的物品或生活状态的角度进行比较——所有人都需要和渴望这些物品或状态，没有它们，人们就会产生被剥夺感。膳食质量就被认为是生活水平的普适标准。根据这一标准来看，在过去的1万年时间里，人类的生活水平整体上下降了，至少从世界普通公民的角度来看是如此。最近的证据显示，古代的狩猎采集者所享用的膳食，热量充足，富含动物蛋白，极富营养价值。正像第四章里所阐述的那样，狩猎采集者构成了一个"原始富裕社

会"——在这种社会里，人们只需付出最小的努力，就能满足他们所有的基本需要。

生活水平的下降开始于向第一批农业（或园艺）社会转型的时期（参阅第四章的特别话题）。不过，生活水平的真正下降是在数千年之后，彼时，人们正在大肆强化其农业生产措施。到世界普通公民变成农民的时候，生活水平已经急剧地下降了。一个普通农业社会里的普通农民的膳食，比早先的普通狩猎采集者的膳食要低劣得多。农民的膳食以缺乏热量、蛋白质和营养而臭名昭著，而且它还可能是极度单调乏味的。兰斯基（Lenski，1966：270 - 271）曾经注意到中世纪英国的情况："普通农民的膳食比下述内容多不了多少：早晨是一片面包和一杯麦芽酒；中午是一片涂了奶酪的面包，也许还有一两个洋葱作调味品，以及麦芽酒；晚上是一碗浓汤，随后是作为主餐的面包和奶酪。很少有肉食，而麦芽酒通常是很淡的。"欧洲以外的地方也同样糟糕，甚至更糟糕（至少在过去的几个世纪里是如此）。在中国和日本，普通农民很少吃肉；在印度，实际上全部人口都被迫采取强制性的素食主义。在中国，即使是富裕的官吏，吃的肉也很少（Braudel，1981）。

虽然现代工业社会里的社会成员膳食质量得到了提高，但是这些人并不是世界人口中的多数。现在地球上的大多数人都生活在第三世界，他们是贫穷的农民或城市工人。当代第三世界的普通成员，是否比过去农业社会里的普通农民明显富裕一些，这是有疑问的。

如果以健康水平和疾病发病率为标准来衡量生活水平的进化趋势，类似的图景还会出现。狩猎采集者比我们通常想象的要健康得多，也更加远离疾病（M. Harris，1977；Cohen and Armelagos，1984；Cohen，1989）；他们的人均寿命虽然短，但与农民的人均寿命相埒。而且，人类所熟悉的最致命的传染病是农业社会里高密度的城市生活的产物（Mc-Neill，1976）。当然，现代医学在先进的工业国家获得了长足的进步。在最近数十年里，第三世界的婴儿死亡率大幅度下降，其人均寿命也有所延长。不过，这些进步大都是 19 世纪的成果。例如，美国 20 世纪初的人均寿命只有 49 岁。因此，在人类历史的大多数时间里，生活水平的主要趋势是下降或者保持稳定。

整体生活水平的下降有两个基本原因。其一是人口增长。日益提高的人口压力迫使人们采取密集型生产方式。可是这些手段的引入并没有使人们的生活水平提高，甚至连原有的水平都没有维持住，因为人口压力一直在压低生活水平。通过强化生产手段，人们仅仅做到没有使生活水平降低到严重的程度。生活水平下降的另一个基本原因是阶级分层的出现，而人口增长也是造成阶级分层的部分原因。有些个人和群体获得了对生产资料的控制权，他们有能力强迫其他的个人和群体为他们创造经济剩余，而支配性群体就依靠这些剩余过活。在前工业社会，这一过程在农业社会达到了顶峰，这在很大程度上导致了农民生活水平的低下。在现代资本主义时代，由核心资本主义国家主导的世界分层体系是造成第三世界人民生活水平低下的最重要原因。

工作的数量和质量

毫无疑问，在过去的 1 万年时间里，工作的数量上升了，而工作的质量下降了。与其他类型的社会成员相比，狩猎采集者似乎工作得较少，享有更多的休闲时间。来自当代狩猎采集社会的证据显示，他们极力抵制技术的改进，因为他们知道，这会增加他们的工作负担。与狩猎采集社会的人们相比，园艺社会的成员工作确实更加辛苦，工作时间确实更长。但是，在生活水平上，真正显著的变化似乎与农业社会的出现相关。与所有的前工业社会类型相比，农业社会里的工作负担明显加重了。在现代社会，工作负担水平仍然非常高，不论是在工业社会，还是在第三世界（Minge-Klevana，1980）。如果我们把用于挣钱、购买食品和烹饪食品的 40 个小时和用于维护家居的时间加在一起的话，工业社会里的一个普通成员花在生计活动（subsistence activi-ties）上的时间大概是每周 60 个小时。这大概是很多狩猎采集者每周工作负担的 3～4 倍。第三世界的普通工人在生计活动上所花的时间还要高得多。

上述讨论的一个基本假设是，人们似乎遵循着所谓的"最小努力规律"（Zipf，1965；Harris，1979）。依据这一规律，在其他条件等同的情况下，人们更青睐那些花费最低的精力就可以完成的活动，这似乎是人类的本性。因此，增加工作负担通常是人们希望避免的事情。在什么条件下（与没有这些条件的情况相比），人们愿意更勤奋、更长时间地工作呢？有三种基本的原因可能会让人们提高其精力花费：政治强迫、经济上不得已，以及心理状态。当一些人获得了高于其他人的权力，并强迫他们提高工作强度的时候，人们将会更勤奋、更长时间地工作。如果日益降低的生活水平迫使人们强化生产措施，他们也会增加劳动量。最后，人们可能接受这样的信念，即辛勤工作是一种道德上的优点，而懒惰是一种道德上的缺点（这种想法是最近几个世纪以来西方文明中新教工作伦理的基础）。在过去的数千年里，前两者是工作负担增强的主要原因。

那么，工作质量的情况如何呢？马克思认为，工作是人类自我实现的主要手段。当人类根据自己的目的和设计操纵世界的时候，他们认识到了自己的本性，并实现了生活的意义。原始社会的狩猎采集者和农业社会里的工匠是自我实现的工作者的经典实例。在很大程度上，这对农民来说也是正确的。虽然受到剥削，虽然生活水平低下，但是他们对其工作享有相当大的控制权，并且在与自然和季节的和谐关系中工作。所以，在前资本主义社会和前工业社会里，工作并不是异化劳动（Thomas，1964）。真正的异化劳动出现于向现代工业资本主义转型的时候。在工业资本主义社会，工人们被贬低为生产工具，他们承担的是常规的、碎片化的任务。他们失去了对生产手段的控制权，也不能控制自己的生产活动，并且对他们所生产的最终产品没有任何认同感。在第三世界，大多数工作也是异化劳动，这是因为，资本主义的生产方式和控制工人的方式已经在很大程度上侵入了欠发达社会。因此，人类工作质量——人类基本需求中最重要的一个——的发展趋势是负面的。

平等

对于社会和经济平等的整体趋势，我们不会出现误判。它坚定地走向更大的不平等，特别是在那些与对经济资源的占有相关的方面。游群社会和部落社会是平等社会，其中唯一的不平等是地位和影响力的不平等。这些不平等通常并不是社会世袭的，而且它们与对经济资源和政治权力的占有无关。在游群社会和部落社会，有影响、有声望的领袖拥有的财富并不比其他人多，他们也没有强迫其他人行动的能力。换言之，在这些社会里，阶级分层是不存在的。

阶级分层一般在更复杂的园艺社会里出现，那里的人口压力已经十分严重。正是在这里，社会第一次被划分为占有不平等权力和财富的不同群体。虽然第一种形式的分层制度通常并不向被支配阶级的成员进行强制性的经济征收；但是，在高密度的农业社会里，阶级分层变得如此极端，以至于被支

配阶级的成员通常会遭受严重的经济剥削。正是在这样的社会里，富人和穷人之间巨大的社会和经济鸿沟出现了。虽然与过去的农业社会相比，当代工业社会已经缩小了一些极端的分层差距；但是，在世界资本主义经济里，国家之间的经济不平等可能比人类历史上的任何时期都严重。

在过去的1万年时间里，人类历史的整体趋势是，在人类事务中朝着越来越严重的剥削方向发展。游群和部落社会所表现出来的模式是公共占有、密切合作，剥削通常是不存在的。随着人口的增长以及资源短缺的出现，人们的行为越来越自私，有些群体开始剥削其他群体。人越多则资源短缺越严重，而资源短缺导致了更激烈的争夺资源的冲突，这又进一步造成了资源控制权的不平等。此外，权力还会产生权力：站在高端的群体总想维持现有的地位，甚至还想进一步提高自己的有利地位。因此，社会分层倾向于自己壮大自己。

随着现代工业资本主义和国家社会主义社会的出现，剥削并没有消失，而是采取了新的形式，这在资本主义条件下更为严重。随着资本主义渗透至全球，它在世界各国之间制造了巨大的经济鸿沟。这一鸿沟目前不是在缩小，而是在扩大，并不断引发剧烈的政治冲突。

民主和自由

虽然从某种程度上说，存在一种强烈的倾向，即在西方资本主义社会里，民主和自由的概念可以互换；但是，这两个相互关联的概念仍然具有不同的意义。民主是自我统治的过程，在这一过程中，人们通过公开的讨论和辩论来决定自己的事务，而且没有任何一个人或群体可以对他们发号施令。

根据这一定义，在过去的1万年时间里，人类社会离民主越来越远。游群和部落社会从本质上来说是民主的，因为它们缺乏一个能够对他人发号施令的精英群体。头人和大人物是领袖，他们享有一定的影响力和尊崇，但是他们没有真正的权力。人们没有任何遵循其意愿的义务，而且，对于那些无视其建议的人们，这些领袖不能实施任何惩罚。民主制度的被削弱与阶级分层的出现，处于社会文化进化的同一个基点上。随着大型农业社会及其复杂分层体系的发展，民主降到了极低的水平。在这样的社会里，人数极少的精英统治着其他人，并且能够对不服从者实施严厉的惩罚。

在现代社会，人们创造了一种民主形式，即议

会民主制。在这一政治制度之下，人们得到了很大程度的保护，可以免遭权力的凌虐，而这种凌虐在农业社会里是司空见惯的。不过，被认为是民众直接参与政府事务的那种民主制，更多的是一种幻想，而不是现实。西方的议会由一群精英来控制，他们的行动是自我服务性的，而且在很大程度上，他们的行动处于民众的有效控制之外。

那么，自由的情况如何呢？对自由的进化史的评价，关键取决于这一概念的定义，而对这一概念的定义却五花八门。在西方思想传统中，自由通常被概念化为个人自主。从这个意义上说，自由就是指个人的思想和行动不受来自外部的限制。自主的个体是指那些沿着自己的轨迹向前走且不受他人干涉的人。亚历山德拉·玛丽兰斯基和乔纳森·特纳（Alexandra Maryanski and Jonathan Turner, 1992）断言，个人自主和社会文化进化之间存在着非线性的关系。最充分的自由出现在进化谱带的两端——狩猎采集社会和工业社会，而园艺社会和农业社会里的人所享有的自由最少。玛丽兰斯基和特纳声称，在园艺社会里，对个人自主的主要外在限制是家族网络；而在农业社会里，对自由的主要限制是权力。他们还认为，家族对自由的限制大于权力对自由的限制。我同意玛丽兰斯基和特纳整体的主张，但我质疑他们的下述说法：园艺社会里的个人所受到的限制是最严厉的。我会推荐农业社会来享有这项可疑的"荣誉"。在农业社会里，人们不仅要忍受亲属关系和亲属义务的限制，还要忍受严重的阶级压迫，以及国家的绝对权力。

玛丽兰斯基和特纳的主张的另一个问题是，他们忽视了风俗和传统的限制力量。狩猎采集社会里的人们享有不受他人强制的巨大自由，而且个人自主受到高度珍视（Gardner, 1991）；但是，他们很少有确立自己的规范性行为标准的自由。实际上，人们受到法国社会学家埃米尔·迪尔凯姆所说的集体意识（collective conscience）——群体意志——的高度控制。对遵守群体规范和价值的群体压力是极其强烈的，对违反者的惩罚通常是非常严厉的，包括私刑和被群体驱逐。狩猎采集者所遇到的情况也可能发生在园艺社会和农业社会的成员身上。考虑到自由的这一维度，即所谓的个体性（individuality），相对来说，所有前工业社会里的人实际上都是不自由的。正是现代资本主义和工业主义创造了最高水平的人类自由。在现代工业资本主义社会里，政府保护个人权利和自由，个人的自我展现（self-expression）也得到极大的鼓舞。这种个人化的自由概念渗透到了现代西方资本主义社会的各种基本社会制度之中（但是非西方的资本主义社会——日本还没有走到这一步）。

还有第三种形式的自由，你可以把它叫作人类"物种实现"（species-realization）的自由。这一自由概念与马克思的传统思想有关（cf. Elster, 1985）。这种意义上的自由涉及这样一种能力上的平等，即每一个个体都能够实现其作为人类物种的本性。对马克思来说，当每个人都拥有实现生活意义和目的的全部可能性时，自由就存在了，特别是当这些意义和目的可以通过工作来实现的时候。马克思认为，只有在技术高度发达的无阶级社会——未来的共产主义社会里，自由才能够实现。他相信，虽然现代西方工业社会赋予了个体特定的政治自由，但它没有实现真正人类自由。这是因为，大多数人还受到资产阶级的剥削，他们还没有获得真正实现自己的人类本性的机会。如果我们遵循对自由进行概念化这一传统，我们就会发现，在人类历史上，自由并没有增加；而且从某种意义上说，自由还减少了，因为前资本主义社会的成员通常拥有相当多的机会，他们可以通过劳动实现自己的人类本性。

与自由概念联系的还有另一个重要维度。自由就是人类的"物种实现"，而人类本质上就是社会动物，所以自由只能在社会中实现，也只能通过社会来实现。也就是说，只有当人们参与到与人类同伴的社会关系——这些关系在本质上是有意义的——中的时候，他们才能被视为是自由的。这意味着，自由更可能存在于下述社会里：为了与他人分享一系列共同的价值和标准，每个人都对自己的个人自我展现进行某种特定的限制。由于个人的自我展现越来越成为西方社会的常见现象，所以从马克思主义的意义上来说，这些社会里的自由实际上减少了。

重新思考"进步"观念

上述讨论再一次提醒我们注意前文断言的内容：在使用进步概念来为过去1万年里发生的事情定性时，我们一定要极为谨慎。显然，这段时间发生的大多数事情，实际上都是一种文化退化。否则，我们该怎样看待生活水平的下降、工作数量的上升和质量的恶化、显著的社会和经济不平等的出现，以及民主制的被削弱？当然，这些变化并非适用于所有社会中的所有个人和群体。对有些个人和群体来说，生活水平提高了；工作变得更清闲、更容易、更令人满意了；而经济不平等的出现和民主制的削弱实际上是有益的，而不是有害的。可是对世界上大多数的人来说——对我们的世界普通公民来说，历史一直在走下坡路。

一方面，我们说在这些方面生活质量整体上下降了，并不意味着社会生活的其他领域没有进步。人类取得了大量艺术、智识、文学、科学和技术上的成就。这些成就，如毕加索、莫扎特、莎士比亚、爱因斯坦、达尔文、达·芬奇等人的成就，不能被抛在一边，不能说它们无关紧要。因此，我们可以说，人类在过去的1万年里确实创造了特定形式的进步，尽管重大的退化也发生了。

展望未来：环境退化

现在，我们离开对过去发生的事情的回顾，对未来进行一下展望。讨论的第一部分将围绕着两件事情进行。在我看来，在最近这些年，人类将面临两种最严重的威胁。其一，技术的极度发展和世界范围内严重的资源分配不公，将会导致重大的生态和人口问题；其二，极具竞争性的现代资本主义国际体系有可能导致毁灭世界的战争。

生态与人口灾难？

在《探究人类前景》一书中，罗伯特·黑尔布劳纳（Robert Heilbroner，1980）提出了一个极其悲观的对未来的判断。他是这样说的（Robert Heilbroner，1980：20）："我认为，人类的前景是痛苦的、艰难的，也许是绝望的，他们能够将其未来前景维持下去的希望其实是非常渺茫的。……除了继续过去的黑暗、残忍和混乱，我们能否设想一个不一样的未来？我对上述问题的回答是否定的。是否还有更糟的事情迫近？我对这个问题的回答是肯定的。"

为什么未来看起来如此严酷？黑尔布劳纳发现了三个基本的原因。其中之一是目前世界范围内的人口增长。他认为，在一个世纪的时间里，第三世界的总人口将会达到约400亿，而工业社会的人口却只有14亿～17亿。从黑尔布劳纳写成《探究人类前景》到现在，将近20年过去了，这期间一些第三世界国家的生育率已有所下降。因此，说到21世纪晚期生活在世界上这些地区的人口数量将达到400亿，这样的预测是过高了。不过，即使这一数字被减半，也将有200亿人生活在第三世界，这仍然是一个庞大的数字，它将会带来极为严重的后果。这一人口膨胀的最明显后果可能是第三世界国家里经济状况的显著恶化。与这种恶化相伴随的无疑是社会紊乱的出现，为了控制这些紊乱，政府的独裁性质将会强化。黑尔布劳纳注意到："这种情况可能会持续相当长的时间，这将有效地消除世界上其他地方的人们对该地区的关注，进而把这里的数十亿居民推入某种生活状态：与这种状态类似的景象，我们目前在印度和巴基斯坦最糟糕的地区随意一瞥就能看到。"（Heilbroner，1980：38）

当然，也有这样的可能：有些第三世界国家试图扭转这一局面——在其变得过于严峻之前。但是，黑尔布劳纳认为，这需要一个"铁腕"政府的出现，这个政府将致力于实施严格的生育控制政策，如在中国所实行的那样。黑尔布劳纳还指出，这类政府不可能把它们的威权主义手段限制在管理生育率这一件事情上；它们可能会把其权力延伸至社会生活的其他很多领域。因此，在很多第三世界国家里，控制人口增长的努力会伴随着政治压迫的普遍增多。

黑尔布劳纳对目前的人口增长率的可能后果进行了总结，他认为（Heilbroner，1980：43-44）：

> 如果目前对人口增长率的预测哪怕只具有粗略的准确性，如果在下两个时代，产出增长的环境限制……开始发挥其负面影响，那么落后地区的人类生存状况的严重恶化将不可避免，除非人类能够对世界的产出和能源进行再分配——这种再分配的规模我们从来都没有严肃地思考过。即使在最好的情况下，这样的再分配也极难实现。……除非是在某种类型的威胁之下，否则这种史无前例的国际财富转移是无法想象的。我们必须面对的可能性是，没有任何东西可丧失的（have "nothing" to lose）欠发达国家，将会把自己的核武器对准头等舱乘客的脑袋，这些人有一大堆东西需要守护。

黑尔布劳纳还因为另一个原因感到悲观，那就是工业国家消耗自然资源的速度。他相信，我们正在逼近一个极限，即地球支持工业技术的能力极限。为了避免近期发生生态灾难，工业化国家必须开始对他们的资源消耗速度设定严格的限制。黑尔布劳纳认为，与人口控制相似，这一目标只能通过威权主义政府的兴起来实现，因为私人和群体不会自愿限制他们的资源使用速度。所以，对我们的基本民主制度来说，这又是一个严重的威胁。毫无疑问，如果工业活动显著减少，则生活水平必然会显著下降。

未来，人类还面临着第三个日益逼近的威胁，那就是工业活动的副产品——大量的热能（Heilbroner，1980：50）。

让我们做一个豪迈的假设，即所有的困难都会被克服，因而工业还会不受干扰地再增长一个世纪，工业产出获得了上千倍的增长，而且也没有遭遇资源短缺的限制。即使上述假设成真，我们仍需面对另一个障碍，即大自然的最后通牒。所有的工业生产，当然包括对资源的采掘，都需要使用能源。而所有的能源，包括那些产自自然过程的能源，如风能和太阳能，都不可避免地会产生热辐射。

因此，工业增长的限度最终取决于生态圈（ecosphere）吸收热量的能力……人造的热辐射数量……正在以指数速率增加，它既是工业增长的原因，又是其结果。

黑尔布劳纳相信，按照目前的能量消费速度，我们可能还有一个世纪的时间来解决"热污染"的问题。如果失败，人类灭绝就是我们的未来。

道涅拉·麦多斯、丹尼斯·麦多斯和乔甄·兰德尔斯等人（Donella Meadows, Dennis Meadows, and Jørgen Randers, 1992）的最新研究强有力地支持了黑尔布劳纳的悲观结论。他们进行了13轮计算机模拟实验，这一实验的目的是确定下述问题的答案：为了在整个21世纪维持一个可持续的世界（sustainable world），我们需要对资源消耗和人口增长实施什么样的控制？在这13轮模拟实验中，只有两轮推导出了可持续的世界，其他所有的模拟都导向了生态崩溃。这些研究显示，只有下列措施同时实施，一个可持续的世界才是可能的。

（1）控制污染。

（2）提高土地产出。

（3）防止土壤侵蚀。

（4）发展资源利用效率更高的技术。

（5）培育新技术。

（6）一对夫妇只生两个孩子。

（7）每个国家都把自己的工业产出限制在韩国目前的水平上。

此外，这些措施必须尽快实施，也许要在20年之内实施。假设麦多斯等人是正确的，再进一步假设上面那些事情都能够干成，这样的假设能实现吗？不一定。找到一种办法，说服世界上每一对夫妇只生两个孩子，将是极其困难的；说服资本家大幅度降低他们的工业产出同样困难。实际上，资本家永远不会自愿限制他们的产出，因为他们认为这样做是一种经济上的自杀行为。持续不断的资本积累是世界资本主义体系的发动机，只有在极端的条件下，亦即当灾难与他们狭路相逢时，资本家才会自愿限制他们的产出。但是，到那时就已经太晚了。我们将再一次回到高度威权主义政府的话题，只有这种政府才能实现生态的可持续发展。但是，鉴于资本家对国家行动非同寻常的影响力，我们怀疑这样的政府是否真的能出现。

对悲观态度的批评

我刚才讨论的"注定黯淡"（gloom and doom）的未来前景受到了经济学家朱利安·西蒙（Julian Simon, 1981）的严厉批评。西蒙强烈地反驳关键资源将很快枯竭的观点。他认为，根据这一术语（"有限的"）的任何一种意义来看，我们的自然资源都不是"有限的"，因为技术突破非常有可能在未来出现，它会扭转由资源枯竭带来的任何严重问题。西蒙相信，宿命论的（doomsaying）预测者在基本的方法论问题上犯了一个严重的错误：他们把自己的预测建立在自然资源的"已知储备"这一概念之上。

西蒙声称，本质上说，利用这一概念对未来进行预测是没有价值的，因为任何自然资源的"已知储备"都受限于科学家和工程师在找寻它们时的勤奋程度。西蒙相信，相对于"已知储备"这一概念所表达的数量，我们的自然资源的储存量可能巨大无比。在西蒙看来，这种预测方式应该被下述方式取代：用资源的价格走势来衡量它的稀缺性。他声称，价格走势数据清楚地显示，我们的资源稀缺性不是提高了，而是降低了，因为从历史上看，这些资源的价格走势是下行的。简而言之，西蒙相信，无论是在近期还是在遥远的未来，我们都没有任何理由因为重要自然资源的可得性而大惊小怪。

西蒙也对提出下述预测的人提出了严厉的批评：人口的高速增长将会在未来导致悲惨的社会后果。在他看来，历史记录显示，人口增长并不必然造成消极的社会后果。实际上他是在主张，在很多情况下，人口增长是有益的而不是有害的。例如，它经常刺激技术的进步。因此，我们没有任何理由为持续的人口增长担忧，不论是在发达国家，还是在欠发达国家。

虽然很难评价西蒙关于自然资源可得性的主张，但我们有充分的理由对他关于人口的主张提出高度的质疑。西蒙声称，虽然 20 世纪 60 年代的人口学家担心欠发达国家的生育率不会降低，但是在 70 年代，其中有些国家的生育率确实开始下降了。他的结论是，根据这一点，我们有很大的把握相信，第三世界在整体上或早或晚（很可能是更早）会经历第一世界国家已然经历过的人口模式转型。

这是一个模棱两可的推理。虽然生育率在有些欠发达国家下降了（中国是最好的例子），但是在大多数欠发达国家里，生育率仍然维持在高水平上。像西蒙那样言断，欠发达国家很快就会在人口发展上走发达国家走过的路，是违反逻辑的。实际上，事情看起来并不是那么确定。迄今为止，大多数欠发达国家并没有重复发达国家的人口史，正像它们没有重复发达国家的经济史一样。

当然，指出西蒙的主张的基本逻辑漏洞，并不是要说明他明显错了，而悲观主义者是正确的。这样做只是想表明，西蒙对悲观主义者的理论的排斥态度是没有根据的。我们唯一可说的是，对于过去和未来的不加批判的乐观主义态度，是西蒙著作的明显特征。他似乎成了下述观点的受害者：人类在过去的 1 000 年里一直在进步。例如，他断言："从有记录以来，生活水平就一直在随着世界人口的增加而提高。"（Simon, 1981：345）这是不真实的。正像在本书前面的章节中所看到的，从新石器革命到现在，对于世界上大多数人来说，重大的技术革新似乎一直与生活水平的下降联系在一起。因此，虽然西蒙不断地争辩说，宿命论者没有从历史中汲取合适的教训，但是西蒙似乎也没有做到这一点。

与西蒙的观点相比，我显然更加同情悲观主义者的观点。悲观主义分析的雄辩性在于它冷静的现实主义：资本主义和工业主义数百年的扩张带来了一些折磨人的问题，悲观主义者承认这些问题的真实性。黑尔布劳纳的立场走得太远，已经接近宿命主义。我们必须以最严肃的态度对待麦多斯等人所倡导的温和立场。我判断，他们的下述观点极有可能是正确的：如果不想让世界文明在 21 世纪的某个时候遭受生态崩溃和经济崩溃的话，我们必须做出某些重大的改变，而且必须尽快这样做。

展望未来：战争与政治

战争与资本主义世界经济

许多社会科学领域的学者都注意到，在历史上大多数时候，资本主义都具有下述特征：经济繁荣和经济衰退构成了高度规则的周期（Goldstein, 1988；Wallerstein, 1984c）。学者们观察到，经济上升期毫无例外地被经济下行期接替，而且这一摆动有着令人惊奇的规整节奏。发现资本主义的这一特征的第一个学者是俄罗斯经济学家尼古拉·康德拉季耶夫（Nikolai Kondratieff, 1984；org. 1928）。他认定，经济周期的时长大约是 50 年。经济上升期开始后，经过大约 25 年到达顶峰，然后经济下行期开始。经济下行期也持续大约 25 年，在到达低谷后，新的上升期又会开始。康德拉季耶夫所认定的经济波动或经济周期因此被称为"康德拉季耶夫波动"。不过，由于很多学者都发现过类似的波动，所以这种波动不一定非要专门与康德拉季耶夫联系在一起（Goldstein, 1988）。因为这个原因，所以我就简单地将它称为"长波"。

许多学者都对下述事实感到震惊：资本主义历史上的长波与战争息息相关。在有关这一问题的一项重要研究中，约书亚·格尔德斯坦（Joshua Goldstein, 1988）展示，自 1495 年以来，令人惊奇的是，长波一直与主要战争的爆发相互对应（见表 18—1）。格尔德斯坦认定，自 1495 年以来，历史上共出现了 10 个长波周期。他发现，列强之间的主要战争几乎总是出现在上升周期的后半段。这种令人惊奇的规律只有一个例外，那就是二战，它出现在上升周期的开始阶段。不过，二战不一定是一个真正的例外。有些社会科学家认为，一战和二战实际上是一场大战争的两个阶段，并不是两次独立的战争。如果这是一个有效的解释，那么格尔德斯坦认定的那个模式就是完美的了。

值得强调的是，格尔德斯坦的数据与整体的战争频率没有关系，与战争的持续时间也没有关系。它仅仅关注规模巨大的战争。这些战争总是出现在经济上升期的终末阶段。虽然可以用很多思路来解释这一经验性发现，不过格尔德斯坦的理论是，只有当列强们能够承担这样做的经济成本时，它们才会发动真正的大战。主要战争之所以发生于上升周期的终末阶段，是因为只有在这个时候，列强们才有财政实力来进行这样的军事行动。

下一次大战的可能性

以自己的发现为基础，格尔德斯坦进一步预测了下一次主要战争的出现时间。大约从 1970 年开始，世界经济一直处于下行期，下一个上升周期预

表 18—1 　　　　　　　　资本主义的历史长波和主要战争：1495—1975 年

周期	战争周期的开始时间	战争的高潮时间	延续时间（年）	长波周期的结束时间
1	(1495)	1521—1529	(35)	1528
2	1530	1552—1556	28	1558
3	1558	1593—1604	47	1594
4	1605	1635—1648	44	1649
5	1649	1701—1713	65	1719
6	1714	1755—1763	50	1761
7	1764	1803—1815	52	1813
8	1816	1870—1871	56	1871
9	1872	1914—1918	47	1917
10	1919	1939—1945?	(27)	(1968/1980?)

周期	最大的战争	年度死亡人数峰值
1	第一次和第二次查理五世战争；（奥斯曼哈布斯堡战争）*	13 000
2	第五次查理五世战争；（奥斯曼哈布斯堡战争）*	22 000
3	阿曼达战争；（奥土战争）*	11 000
4	三十年战争：瑞典法国战争阶段	88 000
5	西班牙王位继承战争	107 000
6	七年战争	124 000
7	拿破仑战争	156 000
8	普法战争	90 000
9	第一次世界大战	1 934 000
10	第二次世界大战	2 158 000

　　* 第 1～3 周期的战争高潮主要是基于欧洲内部的战争，而不是针对土耳其的战争。不过，针对土耳其的战争也纳入了数据之中，并显示在括号里。

　　资料来源：Joshua S. Goldstein, *Long Cycles：Prosperity and War in the Modern Age*. New Haven, Conn.：Yale University Press, 1988，p. 241，Table 11. 3。

400

计于 2000 年前后开始。如果真是这样的话，那么这一上升期将在 2025 年左右达到顶峰，这意味着，下一次主要战争预计将会出现于从 2015 年到 2025 年的那一个 10 年。实际上，格尔德斯坦认为，从 2000 年到 2030 年的这一段时间，都是爆发战争的"危险时期"，尽管他预计，在这一时期的终末阶段发生战争的可能性最大。

　　格尔德斯坦的预测有赖于下述假设的有效性：未来，世界政治体系的基本性质不会发生重大改变。可是，世界体系理论的有些理论家认为，这一假设不可能站得住脚（Wallerstein，1982；Arrighi，1982；cf. Chase-Dunn and O'Reilly，1989）。他们认为，核武器的存在改变了一切。由于核心国家拥有核武器，所以战争是不可想象的，所有人都认为，没人能在战争中获胜。但是，并不是所有的世界体系理论家都持有这样乐观的观点。克里斯托弗·柴斯东和肯

尼斯·奥雷利（Christopher Chase-Dunn and Kenneth O'Reilly，1989）考察了一系列因素，他们认为，这些因素对未来大战的发生概率有重大影响，他们把这些战争称为"核心战争"（core war）。这些因素包括长波周期、环境问题的激化、美国在世界经济中地位的下降、核裁军努力，以及旨在降低战争威胁的新型国际组织的出现。他们总结说："在未来的数十年里，降低核心战争概率的事态发展不足以抵消那些提高战争概率的因素。在未来的 40 年时间里，核心国家之间发生重大战争的概率高达 50%。"（Christopher Chase-Dunn and Kenneth O'Reilly，1989：61）

避免灾难性战争：未来世界政府的可能性

　　如果核心战争在 21 世纪早期爆发，那它也不一

定是核战争，不过核武器完全有可能涉入其中。因此，一个确切的可能性是，在不久的将来可能会有一场战争，这场战争将会吞噬文明，也许还会威胁到人类的生存。怎样做才能避免这样一场史无前例的灾难？柴斯东（Chase-Dunn，1989b，1990；Bornschier and Chase-Dunn，1985）认为，问题的答案就是世界国家的建立。世界国家将是一个覆盖全球的（overarching）政治体系，它将在全世界范围内集中进行政治和经济决策；它将消除互相竞争、互相冲突的民族国家体系，即国家间体系，这一体系在过去500年左右的时间里一直是资本主义世界经济的特征。这样，毁灭世界的战争威胁将会被大大降低——如果不是完全消除的话。此外，这样的国家将会是一个极其有效的工具，它可以消除世界范围内经济资源分配的不平等；因此，它将在下述事情上大有作为：改善第三世界存在的严重的经济不发达状况。

柴斯东建议，未来的世界国家应该整合资本主义和社会主义两者的最佳特征。它应该包括一个进行政治和经济决策的中央系统；但与此同时，它也应该具有充分的分权特性，能够容忍地方特色和民族特色，容忍重要的文化差异。在柴斯东的心目中，这种类型的世界国家能够消除民族国家之间最糟糕和最危险的斗争形式，与此同时又允许它们保留高度的民族认同感。因此，世界国家并不是一个简单的政治组织，而是一种人为建立的架构，它可以监视各个社会里的政治和经济运行状况。

柴斯东还有一个贡献：他认为，世界国家的建立潜藏着一个巨大的危险。一个确切的可能性是，这样一个国家将变成一种奥威尔式的巨兽，这个国家的权力将变得十分大，以至于会构成对所有类型的个人自由的严重威胁。不过他相信，这个风险是值得一冒的，因为另一种风险——人类灭绝——也一样大，而且更为可怕。再者，如果我们提前知道了世界国家对自由所构成的威胁，我们就可以采取措施来避免出现这种可能性。

我特别同意柴斯东的建议，不过，人们会对其可操作性提出严肃的质疑，至少在近期会这样。如果下一次的重大战争是一场核战争，如果它距离我们只有15～25年之遥，那么，要创建柴斯东心目中的那种政治结构，我们剩下的时间已经很少。让人高度怀疑的是，那个被称为智人的高度民族中心主义的物种，能否在如此短的时间里把自己高度民族主义的意识形态替换为一种泛人类（panhuman）的意识形态。

结论：从一般性历史理论的视角看未来

没有人真正知道未来——即使是最近的未来——会发生什么，即使是那些最杰出的社会分析家，也很少能够有把握地预测"什么将要来临"。不过有一点是确定的：如果我们没有一个很好的关于过去的概括性理论，那么绝对不要指望我们能聪明地预测"什么事情在等待着我们"。为了理解过去的历史，本书采用了一种唯物主义和进化论视角，也许可以说，这样的视角是我们通向未来的可靠指南。我不知道黑尔布劳纳、格尔德斯坦和柴斯东的预测是好是坏，但我相信，从某种程度上来说，他们抓住了最核心的因素，这些因素在塑造未来方面居于最核心的地位。今天，我们生活在资本主义的世界经济里，而这个经济已经扩张和进化了500年。世界经济与国家间体系密切地结合在一起，这两者都曾经与社会主义国家在许多重要领域进行过互动。资本主义的世界体系创造了巨大的技术进步，而这些进步目前正在威胁着我们这个物种，既有生态意义上的威胁（持续的环境退化），也有政治意义上的威胁（核战争的威胁）。我们目前的形势是千钧一发。把头埋进沙子里并否认这些现实将于事无补。它们就在那里，并且具有特殊的紧迫性。作为明智的公民，我们有义务研究它们，并竭尽所能，以免被它们带入深渊。既然如此，我们还有其他的选择吗？

小　结

1. 在过去的1万年时间里，人类社会生活的很多根本性变化反映的似乎是文化的退化，而不是文化的进步。对世界上的大多数人来说，生活水平下降了，工作量增加了，工作的质量下降了，财富和权力的不平等变得日益显著，而少数人对多数人的支配毫不迟疑地取代了民主制。

2. 罗伯特·黑尔布劳纳是一个现代思想家，他对人类未来的发展前景持有一种深刻的悲观主义想法。他相信，世界上过多的人口和对自然资源的过度消耗有可能给人类的生活质量带来灾难性的后果——既在眼前，也在未来。

3. 麦多斯和兰德尔斯等人进行的电脑模拟提示我们，如果我们想在 21 世纪维持一个生态上和经济上可持续发展的世界，那么我们必须马上对人口增长、工业产出和资源消耗设定严格的限制。

4. 经济学家朱利安·西蒙对上述观点持严厉的批评态度。他坚持认为，未来比宿命论者所想象的要美好得多。西蒙相信，与悲观主义者黑尔布劳纳、麦多斯和兰德尔斯所声称的数量相比，现有自然资源的数量要大得多。他还相信，第三世界的人口增长速度正在放缓，很快就会达到相对较低的水平，这种人口增长水平是高度工业化国家的特征。

5. 纵观资本主义的历史，战争是极为常见的现象，但最具破坏性的战争毫无例外都发生在经济上升周期的终末阶段。对历史趋势的推论表明，下一次大战很可能在今后 15 年到 25 年的某个时间里爆发。我们有充分的理由相信，这样的战争会涉及核武器的使用。震惊于这一恐怖的前景，很多社会科学家开始建议，构建一个世界国家，以便采取重大行动，避免战争的发生。

6. 贯穿本书的关于人类历史的概括性理论提示我们，塑造未来的最重要因素是社会生活中物质条件的改变。为了理解未来，我们必须密切关注世界资本主义体系，以及这一体系中的国际经济不平等、政治紧张和军事紧张。这一世界性的资本主义生产组织既具有重大的政治军事影响力，又具有重大的生态影响力。

特别话题：后现代状况

近年来，各种门类的知识分子和艺术家们开始越来越多地谈论一种现象，这一现象有各种叫法，如"后现代主义"、"后现代性"或"后现代状况"。事实上，后现代主义是一种宽泛的文化和知识运动，它开始于 20 世纪 60 年代后期、70 年代早期，而且它在哲学、社会科学、艺术、建筑、文学和电影领域都有广泛的影响。后现代主义者认为自己正在对抗现代主义或现代性。现代性诞生于 19 世纪后半叶，它的出现与被称为"启蒙运动"的文化和知识运动相伴随。现代主义或现代性与下述信念有关：相信线性的人类发展、寻找客观的知识和真理、使用社会科学知识来对社会进行理性的计划与重建。它还与这样一种想法有关：世界是内在和谐的，也是确定的，并且可以用各种知识形式和艺术形式把它表现成那种样子。

相反，后现代主义拒斥这种内在和谐的、客观可知的世界观，也不认为可以对世界进行理性的分析和改进（Harvey，1989）。描述后现代思维的关键词是碎片化、不确定性、多元主义、朝生暮死、不连续性、混乱和相对主义。在哲学和社会学理论中，后现代主义涉及这样一种说法，即对世界的任何解释都无法证明它自身的客观有效性；所有的解释都是主观的，发源于解释者的社会和历史境遇；通向知识的任何一条路都不比其他的路更好，每一条路都应该获得尊重。他们并不认为科学是高人一等的知识获得方式，因为科学在技术上的应用导致了支配和压迫，而不是人类的解放。科学仅仅是另一种"语言游戏"。由于没有哪种理论能够证明自身的客观有效性和知识的优越性，所以我们唯一能做的就是"解构"它，或者是批判性地检视它的基本要素、基础性假设及其社会和历史背景（Lyotard，1985；Derrida，1978）。

后现代艺术和建筑的特征是，各种因素被混合或者拼接，而以前这些因素被分别放置。在后现代艺术中，被称为"拼图"的艺术形式到处存在；在后现代建筑中，指导性的主题是，在同一个结构中混合前现代和现代的建筑样式；在后现代电影中，看起来没有可比性的（incommensurable）东西被混合在一起。戴维·哈维（David Harvey，1989：48）曾经说过："我们发现，在诸如《蓝丝绒》这样的电影中，中心角色在两个极不协调的世界之间转换：一个是 20 世纪 50 年代的传统小镇，这个小镇拥有高中和自己的药店文化；另一个是怪诞的、暴力的、性成瘾的地下世界，这里充斥着毒品、痴呆和性反常。"后现代主义还与下述观念有关：不存在合适的美学价值等级，大众的品位与知识精英的品位同样美好。美学世界与知识世界一样，也具有价值极其多元化的特征，针对这种多元主义，相对主义是唯一合适的立场。这种极端的相对主义曾经受到很多人的诟病。例如，戴维·哈维（David Harvey，1989：116）在谈到后现代主义时说：

> 因为它（后现代主义）对解构主义——虚无主义的邻居——有特殊的癖好，因为它有"美学高于伦理学"的倾向，所以它走得太远了……后现代主义哲学家告诉我们，不仅要接受，还要喜爱声音的

碎片化与不和谐，并且通过这种碎片化与不和谐来理解现代世界。汲汲于对他们遇到的每一种理论进行解构和非法化（delegitimating），他们只能以谴责自己的主张的有效性而告终；最后，他们没有留下任何东西来充当理性行动的基础。

实际上，如果走到逻辑尽头的话，后现代主义将会完全毁灭自己；仅有的一点审慎也已随风而逝。如果没有任何视角可以证明自己是客观有效的，如果后现代主义是一种视角（它显然是），那么还有哪种理智能够留存下来，可以让人们严肃对待？

后现代主义对人类理智进行攻击的原因是什么呢？人们提出了各种各样的回答，但在我看来，最合理的回答是由马克思主义的地理学家戴维·哈维提出来的。在其杰出著作《后现代状况》一书中，哈维（Harvey，1989）认为，作为一种经济生产方式，资本主义不断变化的特征导致了他所谓的"时空压缩"（time-space compression）的持续加重。这是一种日渐窄化的对时空的心理感受，它源于资本主义生产的全球化水平的持续提高。哈维认为，在资本主义历史上，曾经出现过数次时空压缩的浪潮。哈维声称，最近一次发作开始于 20 世纪 70 年代早期，而且与以前的发作一样，对那些经历过它的人们来说，这次发作也从心理上使他们感到困扰和不稳定。与这种心理不稳定时期相伴的是文化和知识表达体系（systems of cultural and intellectual representation）的戏剧性转换，而后现代主义就是这样一种表达形式，它随着最后一次时空压缩的发展而发展。过去 30 年的最大特征可能是资本主义生产步伐的急剧加速，以及社会生活步伐的整体加速。下面我将引用一段哈维的话，他对这件事情的表述真是太好了（Harvey 1989：284 - 286）。

我想说，在过去的 20 年里，我们经历了一个"时空压缩"的密集阶段，它对文化和社会生活都产生了冲击，这种冲击是干扰性的，会让人迷失方向……

……通过有组织地向垂直断裂（vertical disintegration）——如分包（sub-contracting）、外包（outsourcing）等——转变，生产加速了。这扭转了垂直整合（vertical integration）的趋势，并且日益造成了生产的迂回性（roundaboutness in production），甚至在财政集权日益提高的情况下也是如此。其他组织化转变，如降低库存的"适时"（just-in-time）送货系统，还有新的电子控制技术、小批量生产等，都会缩短很多生产部门的周转时间。对工人们来说，所有这些都意味着工作过程的强化（加速进行），意味着为了满足新的劳动需求，技能失效（de-skilling）和技能再培训（re-skilling）的速度也加快了。

生产周转速度加快使得平行进行的交换和消费过程也加快了。通信体系和信息流动的改善以及技术传播的理性化……使产品在市场中的高速循环成为可能……金融服务（在电子贸易的协助下）也相应地加速了……

在消费领域的诸多进展中，有两项进展特别重要。时尚消费走向了大众（与精英相对应）市场，这为消费步伐的加快提供了渠道……第二个趋势是从商品消费转向服务消费——不仅有个人服务、商业服务、教育服务和健康服务，还有娱乐服务、观光服务，这些服务还走进了下列领域：娱乐、观光、突发事件和消遣……

从整体上说，资本周转速度的加快带来了无数成果，其中有些成果对后现代的思维方式、感受方式和做事方式都产生了特殊影响，我将把注意力放在它们身上。

第一个重大成果是，强调下列事物具有反复无常和朝生暮死的性质：时尚、产品、生产技术、劳动过程、观念和意识形态、价值和惯例等。"所有固体都将融化在空气里"的感觉从来没有像现在这样无处不在……

在产品生产领域，主要的成果是强调瞬时性（方便食品和快餐，以及其他享受）和一次性（一次性的杯子、盘子、刀叉、包装、餐巾、服装等）的价值和美德……它不仅意味着要扔掉产品（这造成了严重的垃圾处理问题），还意味着要抛弃价值、生活方式和持久的关系，要丢弃旧物品、老建筑、老地方、故人的依恋感，要放弃习得的做事方式和生存方式……人们被迫应对下列事物：一次性、新奇性、（某些东西用过后）立即废弃的前景……这意味着人类心理将发生重大的改变……各种刺激如爆炸般涌来，特别是在物质消费的前沿，这造成了感觉负担过重（sensory overload）的问题。

如果哈维的理论是正确的，那么未来就具有不祥的意味。"时空压缩"被建构入资本主义发展的本来逻辑之中，而生产和社会生活的步伐正在持续不断地加快。未来的"时空压缩"浪潮将会更加猛烈，将造成更加严重的心理彷徨。如果这种情况真的发生的话，那么，未来的人们在回顾历史的时候就会发现，20 世纪后期的后现代主义其实还是很温和的。不言而喻，这不是一个令人神往的前景。

推荐阅读

Cohen，Mark N. *Health and the Rise of Civilization*. New Haven：Yale University Press，1989. 该书对不同进化类型的很多社会里的健康、营养和疾病进行了极为详细的分析。科恩使用了大量的经验数据，以令人信服的理由说明，与后来进化出来的社会相比，狩猎采集社会所享受的健康和营养水平是相当好的。

Galtung，Johan，Tore Heiestad，and Erik Rudeng. "On the decline and fall of empires：The Roman Empire and Western imperialism compared." *Review* 4：91 - 153，1980. 该文对资本主义世界经济目前的状况与 *405* 罗马帝国开始衰落时期的状况进行了比较。这是一个发人深省的对比，可能有很多优点，但读者阅读时必须小心谨慎。

Gendron，Bernard. *Technology and the Human Condition*. New York：St. Martin's Press，1977. 该书对关于未来的各种乐观和悲观的看法进行了很好的综述。该书检视了作者所称的"乌托邦、反乌托邦（dystopian）和社会主义观念"。

Giddens，Anthony. *The Consequences of Modernity*. Stanford：Stanford University Press，1990. 该书是一位重要的社会学家的著作，它认为，我们生活在高度现代化的社会之中，而不是生活在后现代社会中。该书还探索了"高度现代化"的性质，以及它对个人的日常生活和心理存在（psychological existence）的影响。

Goldstein，Joshua S. *Long Cycles*：*Prosperity and War in the Modern Age*. New Haven：Yale University Press，1988. 该书对资本主义历史的经济上升周期和经济下降周期进行了全面彻底的分析，并特别将其应用于战争周期。该书对未来进行了重要的预测。

Harvey，David. *The Condition of Postmodernity*. Oxford：Blackwell，1989. 该书对自 20 世纪 70 年代以来出现的关于"后现代"的文化思想进行了分析，并特别讨论了从当代艺术、建筑和智识生活中透露出来的上述事实。该书还提出了一种极其发人深省的对后现代状态的唯物主义解释以及对这种解释的批评。

Heilbroner，Robert. *An Inquiry into the Human Prospect*. New York：Norton，1980. 近年来，对人类的未来采取深刻的悲观看法的书大量涌现出来，该书就是其中比较著名的一本。该书的新版本——20 世纪 90 年代的修订本也已出版，但变化不大，黑尔布劳纳的悲观主义依然维持不变。

Kennedy，Paul. *Preparing for the Twenty-first Century*. New York：Random House，1993. 该书是最新的对人类未来的悲观和令人忧心的预测。

Meadows，Donella H.，Dennis L. Meadows，and Jorgen Randers. *Beyond the Limits*：*Confronting Global Collapse*，*Envisioning a Sustainable Future*. Post Mills，Vt.：Chelsea Green，1992. 通过电脑模拟，该书的作者指出，如果世界还想在 21 世纪保持生态和经济的可持续性，我们就必须对人口增长、资源利用和工业产出施加某些限制。

Sanderson，Stephen K. *Social Transformations*：*A General Theory of Historical Development*. Oxford：Blackwell，1995. 该书的第八章和第九章提供了本书所没有的对下述问题的讨论：进步和预测未来的问题。

Sennett，Richard. *The Fall of Public Man*. New York：Random House（Vintage Books），1976. 该书为理解过去两个世纪里资本主义的个人主义倾向问题提供了重要的洞见。

Simon，Julian. *The Ultimate Resource*. Princeton，N. J.：Princeton University Press，1981. 该书强烈批判了有关未来"注定黯淡"的看法；它认为，我们有足够的理由相信，人类拥有一个灿烂的未来。

Wagar，W. Warren. *A Short History of the Future*. Second edition. Chicago：University of Chicago Press，

1992. 世界体系理论为这本无与伦比的小说提供了背景。在这部小说中，一位来自 23 世纪的历史学家讲述了从 20 世纪后期到他生活的那个时代的世界历史。到 2015 年的时候，世界落入了 12 个巨型公司的控制之中。2044 年发生的灾难性的核战争导致了一个社会主义世界联邦的诞生。在将近一个世纪的时间里，这个联邦政府一直管理着整个世界，但它最终被数千个小邦国取代，某些资本主义因素也重新建立起来。 *406*

名词解释

absolute immiseration，thesis of 绝对贫困化，绝对贫困化理论：它认为随着资本主义世界经济的发展，资本主义边缘社会的人类整体生活水平正在恶化。参见"相对贫困化，相对贫困化的理论"。

absolutism 绝对主义，见"绝对王权"。

absolutist monarchy 绝对王权：欧洲中世纪和现代早期出现的一种国家类型。在这样的国家中，围绕着国王形成了中央集权的官僚体系。这种官僚式的中央集权，与国家权力的全面加强有关。参见"民族国家"。

accumulation 积累：从资本主义活动中获得的剩余价值被再次投资于资本主义活动，进而导致经济生产和交换的整体规模的扩张。

accumulationist 积累者，见"积累"。

adaptation 适应：从生物学角度来说，适应是有机体获得某种遗传物质，进而提高其在特定环境中的生存率的过程。从社会文化的角度来说，适应是社会生活的各种特征得以发展的过程——因为这些特征可以满足特定个体或社会群体的特定需求或愿望。

adaptive 适应的，见"适应"。

affinity 姻亲：建立在婚姻基础上的亲属关系。

agrarian society 农业社会：农业社会是这样一种社会：其成员通过使用集约的和先进的农业方法谋生，例如，使用犁以及畜力来耕地。

agriculture 农业：与园艺种植业不同，在农业中，人们精心照料大块的土地，并使用犁和役畜来进行耕种。

agrobureaucratic state 农业官僚制国家：一种农业国家，在这样的国家里，巨大的权力集中于统治者以及围绕在其周围的官僚机构中。这样的国家以中央集权的方式控制大片领土，并且通常大量涉足公共工程的建设。

alienation 异化：根据马克思主义理论，在资本主义制度下，工人们不再把工作看做本质上快乐的活动，而是把它看做一种使人变蠢和非人化的活动。用更一般的社会学说法来说，异化是人们感到被其他人疏远，也被自己社会的基本特征疏远的过程。

ambilocality 两可居制：新婚夫妇既可以居住在丈夫的亲属群体中，也可以居住在妻子的亲属群体中。

ancestor-focus 对祖先的会聚性追溯：通过某个真实的或虚构的祖先来追溯血统关系。

antagonistic cooperation 对抗性合作：一种合作行为，这种行为的起因是，人们企图满足其长远的私利。参见"开明的自利"。

anthropological linguistics 人类语言学：研究人类语言的学问，主要研究语言与社会文化类型的关系以及语言的变迁。

anthropology 人类学：研究人类的学问。

archaeology 考古学：通过检查早期人类遗留的人工制品来研究过去的历史的学问。史前考古学研究那些没有文字记录的社会，而历史考古学则研究那些发展出了文字的社会。

articulated economy 关联经济：一种经济类型，其中许多经济部门相互高度关联，因此一个部门的变化，会在很大程度上引起另一个部门的变化。这样的经济是平衡的和多样化的。

Asiatic mode of production 亚细亚生产方式：在马克思和当时的历史学家看来，亚细亚生产方式是农业社会的一种特征，即私人土地所有权的缺失以及高度压迫性的中央集权国家，这种国家是为了管理复杂的灌溉体系而诞生的。

authority　权威：命令他人行动的一种权利，这种权利具有社会的合法性。

average world citizen　普通世界公民：一种高度抽象化的人格，它是任一特定时代占统治地位的典型人类社会的典型社会成员。

avunculocality　从舅居制：新婚夫妇居住在丈夫的母亲的兄弟的家里的居住制度。

balanced reciprocity　平衡互惠，见"互惠"。

band　游群：政治进化的一个阶段，其中主要的政治领袖是头人，他并没有强迫他人行动的能力。此外，这是一个狩猎采集者的社会，他们一起搜寻食物，并居住在一起。

basic class locations　基本阶级地位：根据赖特的马克思主义阶级模型，基本社会地位是与所有权和权威相一致的阶级地位。

beliefs　信仰：一个群体或社会里的成员所共享的信念，这些信念是关于"什么是真和什么是假"的问题的。

big men　大人物：拥有较高声望和声誉的人，他在很多园艺社会特别是美拉尼西亚社会里扮演政治领袖和经济领袖的角色。

bilateral descent　双系血统制：通过追溯男性亲属和女性亲属来构建某个人的亲族的血统制度。

409　**bilocality**　双居制：新婚夫妇在丈夫和妻子的亲属群体中轮流居住的制度。

biological anthropology　生物人类学：研究人类生物学特征的学问，特别是那些涉及在过去数百万年的进化的学问。

biological evolution　生物进化：有机体种群随着时间的推移而发生的遗传改变，通常是有益的遗传突变的结果。

bourgeoisie　资产阶级：根据马克思主义理论，资产阶级是指那些拥有资本的阶级。

bureaucracy　官僚机构：一种社会组织，理性化——或者为了实现目标而刻意地谋划最有效的手段——是这种社会组织至高无上的特征。官僚机构通常具有高度模式化的组织、复杂的命令等级以及对复杂的书面沟通形式的严重依赖。

bureaucratic　官僚的，见"官僚机构"。

bureaucratic education　官僚式教育：官僚式教育是这样一种教育体系：它被设计为一种招募手段，以便为职业位置招募人员；它还是对大众进行

社会化的手段，以便得到他们的政治服从。

capitalism　资本主义：资本主义是一种致力于生产商品和在市场上进行商品销售的经济制度，其目标是赚取最大利润，并随着时间的推移而积累利润。

cargo cult　货物崇拜：20世纪在美拉尼西亚出现的一种复兴运动。在这种运动中，当地的土著人把自己组织起来，因为他们相信，他们死去的祖先将会回来，并把大量的西方货物带给他们。

caste　种姓：一种高度固化的分层体系，通常仅限于南亚地区。在这样的体系中，围绕着特定的职业，形成了内婚制的和高度隔绝的社会阶层。

chiefdom　酋邦：一种集权的政治体系，其组织由层次不同的酋长和低级酋长构成。

chiefly ownership　领主所有制：一种财产权，其特征是，土地由占统治地位的领主及其贵族家庭所有（至少理论上是如此）。

church　教会：根据特洛尔奇的理论，教会是与整体社会并存的一种宗教组织，它具有某种法定的神职结构，特别重视已有的宗教教条，接受世俗世界现有的样子，并且把它奉为世界的基本特征。

clan　氏族：一种社团血统群体，它的成员并不能准确地认定他们的血缘联系，却仍然要这样做。

class　阶级，见"社会阶级"。

class structuration　阶级结构化：一个社会阶级的文化独特性的程度，以及在某种阶级结构中，阶级之间的隔绝水平。

cognatic descent　血缘血统制：在这样的血统制度中，男人和女人都被用来建立血缘群体。

commodification　商品化：商品化是这样一个过程：其中经济生产越来越被交换价值主导。

commodity　商品：商品是一种既有使用价值又有交换价值的人类产品。

communal cult institution　公共崇拜制度：这种崇拜制度的特征是，由一群非职业人士来实施宗教仪式，而这些仪式对他们的群体很重要，这些群体包括年龄群体、秘密组织、性别群体或者是亲属群体。

communal religion　公共宗教：公共宗教包括公共型的、萨满型的和个人主义的崇拜制度。

competitive race relations　竞争性种族关系：种族关系的一种，它是工业社会所特有的。在这样的

种族关系中，为了争夺经济和其他社会地位，历史上曾经存在过的压迫群体和被压迫群体陷入了极端的竞争和冲突之中。

conflict 冲突：各种不同的个体和社会群体之间的利益对立关系，这种对立可能被明显地观察到，也可能不能被观察到；这种对立可能会爆发为公开的争执和暴力，也可能不会。其中一个例子是马克思指出的资本家和工人之间的利益对立。

Conflict Principle 冲突原则：冲突原则是这样一种观点：认为社会冲突是人类关系的基本特征，是社会组织过程的主要决定因素。

conflict theory 冲突理论：一种理论策略，它试图把社会现象理解为利益对立以及不同的个体和群体之间目标对立的结果。

consanguinity 血缘关系：建立在遗传关系之上的亲属关系。

contest-mobility educational system 竞争流动型的教育体系：在这种教育体系中，不存在任何对学生的导向或分流机制，而且，原则上，学生们为了获得更高的教育，可以进行自由的竞争，只要他们有那样的才华和意愿。

contradictory class locations 对立的阶级地位：按照赖特的马克思主义阶级模型，那些与所有权维度和权威维度不一致的阶级地位，即是对立的阶级地位。

convergent evolution 交汇进化：交汇进化是指使得两个或多个原本不同的社会变得日益相似的变化。

core 核心：核心由资本主义世界经济中的下述社会构成：它们在技术上和经济上最先进，它们集中生产最先进的产品，它们往往拥有最强大的政府和军队。

corporate descent group 社团血统群体：一种亲属网络，其成员从一个共同的祖先追溯血统，并且作为相互分散的单一群体发挥功能。

corvée 劳役：高度分层的农业社会里的一种制度，即为了特定的工程而征召大量劳工。

cottage industry 家庭手工业，见"外包体系"。

counterculture 反文化：大文化中所包含的小文化，但这种小文化从整体上拒斥它身处的大文化。

credential inflation 文凭通胀：教育资质随着时间的推移而贬值的过程，贬值的原因是越来越多的人拥有了这种资质。参见"文凭主义"。

cult 邪教：小规模的且寿命短暂的宗教群体，它们的教条和宗教实践与某个社会里已有的宗教传统发生了严重的矛盾。

cult institution 崇拜制度：一系列的宗教仪式，这些仪式的目标相同，它们被一些类似的信仰合理化了，并且受到同一个社会群体的支持。

cultural anthropology 文化人类学：研究社会生活模式的学问，重点关注原始社会和当代的农民社会。

cultural relativism 文化相对主义：文化相对主义是这样一种观念：文化模式只能以其自身的标准（terms）来进行评价，而不是用其他文化模式的标准来进行评价。从严格的意义上讲，文化相对主义假设，所有的文化模式都是"同等有效的"，而且是由这一文化本身来决定什么事情是对的或错的，是好的或坏的。

culture 文化：一个社会里的成员习得的和共享的生活方式的总和，包括技术、知识，以及有组织的行为和思维模式。

demesne 庄园：封建庄园的"宅边农场"或者由地主直接占有的土地，其耕种收获仅仅被地主享用。

demographic 人口的，见"人口学"。

demographic transition 人口转型：人口改变的过程，与大规模的工业化相联系，在这个过程中，死亡率和出生率急剧下降，家庭规模也显著缩小。

demography 人口：人类的人口特征，比如规模、密度、年龄和性别分布。

denomination 教派：一种传统的令人尊敬的宗教组织，其成员仅限于来自特定阶级、种族和地区的人士。

dependency theory 依附理论：解释经济欠发达问题的一种理论策略，它认为，欠发达源自经济依附，很多国家在历史上曾经经历了这种依附。参见"经济依附"。

devolution 退化：社会变迁的一种，这种变迁导致了某些特征的出现，而这些特征是社会文化进化的早期阶段的特征。

dialectical materialism 辩证唯物主义，见"历史唯物主义"。

differential access to resources 资源占有之不同：社会文化体系中的不同阶层对生产资料的控制水平的差异。

diffusion 扩散：文化要素从一个社会向另一

个社会传播的过程。

disarticulated economy 非关联经济：在这样的经济中，其不同部门没有紧密地相互联系在一起，因此一个部门的增长对另一个部门的增长贡献甚微或没有贡献。这类经济的特征是缺乏多样性，过度专业化，这在那些为出口而进行生产的原材料制造部门特别典型。

discrimination 歧视：一个社会群体（如种族、民族群体、性别等）对另一个社会群体不平等和不公平的对待。

distribution 分配，见"经济分配"。

divergent evolution 发散性进化：发散性进化是一种变迁类型，它使得两个或更多原来相似的社会变得越来越不同。

ecclesia 教困：一种类似于教会的宗教组织，但它不能成功地满足其很多成员的需求。

ecclesiastical cult institution 教会型崇拜制度：在这种类型的崇拜制度中，有一个专业的牧师团，他们拥有全职的官僚型职位。

ecology 生态：人类社会必须适应的自然环境以及这一环境和社会模式之间的关系。

economic dependency 经济依附：某个社会的经济落入另一个外国社会的主导之下的过程。

economic distribution 经济分配：一系列的社会关系，在这些关系中，人们对他们所生产的产品和服务进行分配。

economic exchange 经济交换：一系列的社会关系，人们通过这些关系彼此之间转移有价值的东西。

economic production 经济生产：一系列的社会关系，人们通过这些关系来创造有价值的东西。

economic surplus 经济剩余：一定数量的有经济价值的物品，这些物品超过了生产这些价值物的人们的基本生存需求。

economy 经济：一系列的社会关系，人们通过这些关系组织生产、分配和交换有价值的物品。

education 教育：任何正式的或半正式的文化和知识训练体系。

ego-focus 自我会聚：以某个活着的个体为出发点，来追溯血统关系。

412

empirical 经验的：从事系统的观察并搜集数据，以便检验某些假设性想法的价值。

endogamy 内婚制：人们在自己的社会群体内部通婚的倾向，特别是在自己的种族、民族群体、宗教群体和社会阶级内部。

enlightened self-interest 开明的自利，见"对抗性合作"。

established sect 已确立的帮派：一种宗教帮派，从某种程度上说，它已经在常规化和受人尊敬的道路上进化良久。

ethnic group 民族群体：一种社会群体类型，它们具有建立在文化标准基础上的可理解的独特性。

ethnocentrism 文化中心主义：一种普遍存在的信念，这种信念认为，自己的文化或社会优于其他任何文化或社会。人们会说，"我的群体是（所有群体的）中心"。

ethnography 民族志：对一种文化的详尽的文字记录，由某个外来的观察者撰写而成。

ethnomethodology 民俗方法论：一种微观社会学理论策略，它仿效符号活动论，但更为极端地强调"对现实之定义的共享"。民俗方法论者试图研究——通常非常详尽地——人们构建社会现实的定义的方式。

evolution 进化，见"生物进化"和"社会文化进化"。

evolutionary theory 进化论：一种理论策略，它试图描述和解释长时段社会变迁的直接结果。功能主义的进化理论一般把长时段的社会变迁看做社会复杂性的提高——这种提高创造了一个适应日益良好的社会。唯物主义的进化理论把人类社会生活的主要转型解释为社会对变化中的物质条件做出的反应。

exchange 交换，见"经济交换"。

exchange-value 交换价值：物品在与其他的物品进行交换时所获得的价值。

exogamy 外婚制：禁止在亲属群体内部——通常是社团血统群体内部——结婚的制度。

exploitation 剥削：一种经济过程，其中一方在另一方的强迫下，放弃过多而获得过少。

extended family 扩大家庭：一些相互关联的核心家庭联合在一起，作为一个确定的社会单位发挥作用。

feudalism 封建主义：农业社会里出现的一种经济和政治制度，根据这种制度，私人地主以采邑的形式占有土地。参见"采邑"和"封臣制"。

feudal state 封建国家：一种农业国家，其特征是权力的碎片化，也就是说，权力被分散于各个政治领袖手中，每一个政治领袖都控制着一小片领土。

fief 采邑：高级贵族授予低级贵族的一片土地，作为对低级贵族承担下述责任的回报：军事服务和个人保护。

forced labor 强迫劳动：它指的是下述任何劳动体系：工人们不能就其劳动的种类和数量进行自由的谈判，也不能就劳动补偿问题进行自由的谈判。

freedom 自由：依据西方个人主义传统，自由就是下述权利的相对缺失：一个人根据其个人标准而行动和思考的权利。根据马克思主义的传统，自由就是人们的基本人性的全面实现。

functional analysis 功能分析：一种观点，它假设社会现象可以从其有效性——实现个体和群体目的的有效性——上获得解释。

413 **functionalism** 功能主义：一种当代理论策略，它以下述标准分析社会现象：它们为维护社会的存在和稳定而发挥的功能。功能主义者通常假设，社会有与有机体相似的各种需求，而且它们必须发展特定的结构，以便满足这些需求。

gender 社会性别：由社会性和文化性构成的信念和社会实践，这些信念和实践与男女之间的生物学分化联系在一起。参见"性别"。

gender inequality 性别不平等：男人和女人享有的权力和特权的不平等，包括对男人和女人价值的不平等评价。

generalized reciprocity 一般互惠，见"互惠"。

geopolitics 地缘政治学：政治学和地理学的交叉科学。地缘政治学关注涉及国家之间领土和外交关系的问题，既有地区性的，也有世界性的。参见"国际体系"。

goal displacement 目标位移：发生在现代官僚机构中的现象，即本来用于实现某种特定目标的手段，最终变成了实现官僚们自己目标的手段。

Herrenvolk democracy 种族优越论的民主：一种议会民主制度，它的民主原则仅仅适用于占主导地位的种族群体。

historical materialism 历史唯物主义：马克思和恩格斯最初的理论策略，它是第一种系统的社会学唯物主义。也被称作辩证唯物主义。参见"唯物主义"。

history 历史学：研究过去的学问，既是描述性的，也是理论性的。

horticulture 园艺：农业的简单形态，其中，对土地（种植园）的备耕工作是粗糙的，人们用手工工具进行耕种。

human nature 人类本性：普遍存在的人类种族的心理特征和生物特征。

hunter-gatherer society 狩猎采集社会：这种社会的成员主要通过或完全通过狩猎野生动物或搜集野生植物来维持生计。

hypergyny 上攀婚：妇女与比自己社会等级高的男人的婚姻。

idealism 唯心主义：在社会科学领域，唯心主义的信条是，人类社会生活的基本特征，源于人类思想和观念的性质。

idealist 唯心主义者，见"唯心主义"。

ideological superstructure 意识形态上层建筑：有组织的信仰、价值、情感和符号体系，这一体系被某个社会文化系统的成员所共享。

inclusive fitness 总体适应性：单个有机体的自身适应性和它所代表的基因——它和与其有亲缘关系的其他有机体共享这些基因——的适应性的总和。也被称为"亲属选择"。

individualism 个人主义：按照法国社会学家迪尔凯姆的看法，个人主义是这样一种社会和道德信条：把个人看做是道德关切的主要对象。根据这样的社会哲学，个人的权利、需求、目标等恰恰是通过社会本身而得到促进的。

individualistic cult institution 个人主义的崇拜制度：在这样的崇拜制度中，一个人可以根据自己的需要举行宗教仪式。

industrial capitalism 工业资本主义：经济活动的形式之一，它随着工业革命在欧洲的出现而出现，它是目前大多数西欧和北美社会以及澳大利亚和日本的特征。根据马克思主义理论，它涉及通过剥削劳动力来创造利润；与此同时也对自身进行再生产。 414

industrialization 工业化：工业化是这样一种过程：通过这一过程，建立在机器和工厂生产体系之上的经济体系和社会生活，成为社会的特征。参见"机械化"。

industrial society 工业社会：工业社会达到了这样的技术水平：对机器的使用代替了手工劳动，机器被广泛地应用于经济生产过程之中。

influence 影响：一方的思想和行为使另一方的思想和行为发生改变的过程。

intensification of production　生产强化：在从事经济生产的过程中，能量消耗提高的过程。这可以通过下述方式实现：提高劳动投入、使用更多的自然资源、提高技术水平，或者是上述方式的任意组合。

intensive horticultural society　复杂园艺社会：在复杂园艺社会里，其成员引入了能源密集型的耕作手段，如缩短土地的休耕时间或者使用更先进的工具和生产技术。

interstate system　国际体系：存在于民族国家之间的一种复杂的竞争和冲突体系——这些民族国家在资本主义世界经济中密切地交织在一起。

kindred　亲戚群体：一种小规模的亲属群体，通常只在特定的时间才举行活动，如仪式性场合或者需要帮助的时候。

kin selection　亲属选择，见"总体适应性"。

labor power　劳动力：根据马克思主义理论，劳动力指的是工人工作的能力。

Law of Least Effort　最小努力规律：在其他情况相同的情况下，人们一般会采取能量耗费最小的行动。

legitimacy　合法性，见"合法化"。

legitimation　合法化：一种社会过程，通过这种过程，特定的社会关系被视为在道德上是正当的和合适的。

lineage　宗族：一种社团血统群体，其成员可以认定他们之间的血统联系。

lineage ownership　宗族所有制：一种公共土地所有制，指的是公共土地所有权归属于大型的亲属群体。

macrosociology　宏观社会学：这种类型的社会学研究大规模的社会组织，特别是社会整体和由不同的社会构成的世界网络。一般来说，宏观社会学更加关注比较性和历史性研究。

manor　领地：封建地主所控制的土地和劳动力。

market　市场：一种经济制度，它涉及商品和服务的买卖——买卖的方式是社会地组织起来的。

market-dominated society　市场主导的社会：既拥有市场，也拥有交易场所的社会。在这样的社会中，市场原则主导着经济活动。

marketless society　无市场的社会：既没有市场，也没有交易场所的社会。

marketplace　交易场所：从事市场活动的物理空间。

material infrastructure　物质基础：社会文化系统的成员用以满足其需要——这些需要与经济生产和人口再生产有关——的原材料及其社会形式。

materialism　唯物主义：一种社会科学观点，它认为人类社会生活的基本特征取决于"社会生活的物质条件"，如经济、物理环境以及技术水平。

materialist　唯物主义者，见"唯物主义"。

matrilineal descent　母系血统，见"母系血统制"。

matriliny　母系血统制：只通过女性来追溯血统的制度。

matrilocality　从母居制：新婚夫妇居住在妻子的母亲的家里的制度。

mechanization　机械化：机器和其他先进技术日益被应用于经济生产的过程。参见"工业化"。

mercantilism　重商主义：17 和 18 世纪早期的一种经济实践，其中政府授予贸易公司垄断经营权，所以这些公司可以从与外国殖民地的贸易中获得大笔利润。

merchant capitalism　商业资本主义：根据马克思主义理论，商业资本主义是一种早期资本主义，它大概兴盛于 1450—1750 年。在这样的资本主义中，贸易公司利用优惠的贸易条款，在全世界范围内赚取利润。

microsociology　微观社会学：社会学的一种，它调查和研究发生在小群体和面对面社会关系中的社会行为模式。

millenarian movement　千禧年运动，见"复兴运动"。

mode of production　生产方式：马克思和恩格斯使用过的一个概念，用以指称一个社会的技术发展水平，以及与之相关的整体经济组织（特别是从财产所有权的角度）。

modernization theory　现代化理论：研究经济欠发达问题的一种理论策略，它假设目前的欠发达国家停留在一种"传统"状态，因为它们具有某种内在缺陷，而这些缺陷构成了发展的障碍。

monogamy　一夫一妻制：一个男人与一个女人结婚的婚姻形式。

monopoly capitalism　垄断资本主义：资本主义的一个阶段，通常开始于 19 世纪最后 25 年，其特征是经济的基本单位——巨型公司兴起，核心国家大量在资本主义边缘地区投资。

415

monotheistic religion 一神教：一种宗教形式，除了围绕着一个单一的上帝概念组织起来的教会式崇拜制度之外，它还包含个人主义的、萨满型的、公共型的崇拜形式。

national states 民族国家：高度集权的、官僚地组织起来的、武力强大的国家，它们在16和17世纪兴起于欧洲。参见"绝对王权"。

natolocality 巢居制：一种居住形式，丈夫和妻子分别居住在他们婚前一直居住的家庭里。

natural selection 自然选择：有利基因被保留下来——因为它们具有较高的生存价值，不利基因被清除——因为它们具有较低的生存价值——的过程。新的基因的突变和扩散就等于是进化。

Neolithic Revolution 新石器革命：一次重大的技术转型，开始于1万年前，最重要的是，它与农业的出现联系在一起。

neolocality 新居制：新婚夫妇建立自己的独立家庭的一种居住制度。

norms 规则：社会共享的行为规范，它既规定了被禁止的行为，也规定了可取的和必须要做的行为。

nuclear family 核心家庭：一种亲属单位，它包括已婚夫妇以及他们的直系后代，这些人维持一个共同的家庭，并且作为一个固定的群体共同行动。

416

Olympian religion 奥林匹亚宗教：一种宗教形式，它既包括个人主义的、萨满型的和公共型的崇拜制度，也包括具有多神类型的教会型崇拜制度。

Oriental despotism 东方专制主义：卡尔·威特福格尔提出的一种农业国家类型，其特征是庞大的中央集权、对公共工程的建设广泛参与以及针对臣民大众的残酷独裁。参见"亚细亚生产方式"。

parallel evolution 平行进化：两个或更多的社会所发生的在形式上和速率上都很相似的变迁。

parliamentary democracy 议会民主制：一种依赖国会或议会而存在的政府形式，其中，政府的其他分支必须向议会负责；定期对政府官员进行自由选举；大众享有个人的权利和自由。

partial redistribution 部分再分配，见"再分配"。

party 政党：一种社会群体，它的成员企图在社会的政治领域使用某种程度和某种类型的权力。

pastoralism 游牧主义，见"游牧社会"。

pastoral society 游牧社会：一种社会类型，其成员主要通过放牧畜群来维持生计。

paternalistic race relations 父权主义种族体系：一种种族关系，这种种族关系是前工业社会所特有的。在这种种族关系中，一个种族群体的成员把另一个种族群体的成员贬低到从属的社会地位上，把他们视为孩子般的人，认为他们需要来自主导种族群体的"父亲般的"保护和指导。

patrilineal descent 父系血统制，见"父系血统"。

patriliny 父系血统：通过男人来追溯血统的制度。

patrilocality 从父居：新婚夫妇住到丈夫的父亲的家庭之中的制度。

patrimonial ownership 世袭所有制：一种领主所有制，即土地由一个地主阶级私人所有，而且通过家族血统进行继承。

peasant 农民：耕作者，通常生活在农业社会或当代的欠发达社会里，一般情况下，他对土地——他依靠这土地维持生计——所有者或控制者的经济和政治关系是服从性的。

peripheral market society 边缘市场社会：一种社会类型，这种社会拥有交易场所，但市场原则并不是经济生活的主要组织者。

periphery 边缘：资本主义世界经济中经济最不发达的部分，资本主义核心对它进行高度的剩余产品剥削。

polity 政体：一种社会组织形式，一个社会通过这种组织来维持法律和秩序，并与其他社会发生关系。

polyandry 一妻多夫制：一个女人与多个男人结婚的婚姻制度。

polygyny 一夫多妻制：一个男人与多个女人结婚的婚姻制度。

population pressure 人口压力：对一个具有特定技术水平的社会来说，导致经济生活水平恶化的人口密度水平。

postsocialism 后社会主义：一个用于描述1989年以后东欧及苏联的经济和政治状况的概念，这些社会发生了重大的政治和经济变迁，包括共产党不再执政和经济的私人所有。

postsocialist societies 后社会主义社会，见"后社会主义"。

potlatch 冬节：一种豪华的施舍宴饮，最近几个世纪以来，这种宴饮在美洲西北海岸的印第安部落中非常盛行。

417 **power** 权力：一方强迫另一方行动的力量，即使这种行动违反了后者的意志，后者也要遵从。

practical-skill education 实践技能教育：一种教育体系，这一体系的目标是教授特定的技术技能。

prebendal ownership 受俸所有制：一种领主所有制，即土地由强大的政府拥有，而政府又把土地分配给官员，由官员来监管土地的耕种情况，而官员则依靠土地来维持生计。

precapitalist economy 前资本主义经济，见"边缘社会"。

precapitalist society 前资本主义社会：现代资本主义社会出现以前存在的社会，它还不具备资本主义经济的特征。

preindustrial society 前工业社会：工业革命以前存在的社会，尚未获得工业水平的技术。

prejudice 偏见：某个种族或民族群体对另一个种族或民族群体所持有的不喜欢或敌意的态度。

prestige 声望：一个人或群体所获得的社会荣誉或尊敬。

primitive communism 原始共产主义：一种经济所有制形式，即所有的个体和群体都对支持其生活的自然资源拥有平等的权利。

primitive society 原始社会：还没有发展出文字的社会，它拥有相对简单的狩猎采集、游牧或农业技术，而且是依据亲属模式而密集地组织起来的。

primordialism 原生主义：与民族研究有关的一种观点，即民族身份是第一位的人类关切，它很难被清除——如果不是不能被清除的话。

Principle of Infrastructural Determinism 基础设施决定原则：认为物质基础在创造社会生活方面具有逻辑上的首要性；这种观点还认为，社会的物质特征对其他的特征产生了重大的影响。

Principle of Sociocultural Adaptation 社会文化适应原则：这一原则认为，社会生活的特征取决于人们在面对基本问题时做出的反应，也取决于他们自己的需求和愿望。

Principle of Sociocultural Integration 社会文化整合原则：这一原则认为，社会的各种因素结合在一起，构成了整体的系统。

pristine state 原生国家：在原来不存在其他国家的状态中诞生的国家。

private property 私人财产：重要的生产资料被群体或社会中的一小部分人占有和控制。

privilege 特权：个体或群体获得的物质利益，或者获得这些物质利益的机会。

production 生产，见"经济生产"。

production-for-exchange 为交换而生产：一种经济生产类型，其中生产者的目的是创造能够产生价值特别是金钱的产品——在它们与其他价值物进行交换的时候。

production-for-use 为消费而生产：一种经济生产类型，其中生产者的目的是创造具有直接或间接消费价值的产品。

profit 利润：在资本家扣除了生产成本如房租和税款之后剩余的价值。参见"剩余价值"。

progress 进步：社会生活及其各种特征的完善或改进。

proletarianization 无产阶级化：无产阶级化是这样一种过程：合同形式的劳动，亦即所谓的雇佣劳动，日益变成占主导地位的劳动组织形式。

proletariat 无产阶级：根据马克思主义理论，无产阶级是指向资本家出售自己的劳动力来谋生的阶级。

protoculture 原文化：一些类人猿进行有限形 418 式的工具使用和符号运用的能力。

pure redistribution 纯粹再分配，见"再分配"。

putting-out system 外包体系：资本主义工业的一种早期形式，即工人们留在家里生产产品，而这些产品将会被卖给资本主义的企业家。企业家除了在订购产品时提供原材料和部分工资外，并不影响生产过程。也被称为"家庭手工业"。

qualificationism 文凭主义：教育体系被定位于对证书价值的追求，而不是对其内在品质的追求。此外，随着时间的推移，教育体系的"证书追求特征"实现了扩张。参见"文凭通胀"。

race 种族：人的一种类型，人们通过这种类型来认定自己和他人的独特身份——这种独特性建立在生物学的标准之上。

racism 种族主义：一种复杂的意识形态，它认为某个种族在生物学上是高贵的，而其他的所有种族都比它低下。根据这一信条，不同种族之间不平等的经济和社会地位是由其遗传差异造成的。

rank society 等级社会：一种没有社会分层的社会，其中，引发激烈竞争的高级社会地位的数量是非常有限的。

rationalization 理性化：韦伯创立的一种理念，这一理念指向现代西方社会的一种倾向，即社会关系日益为深思熟虑的算计——算计出最有效的目标实现手段——所主导。

reciprocity 互惠：因为他人的给予而进行回报的责任，以及回报行为本身。在特定的时间、以特定的数量进行互惠，是平衡互惠。如果回报是模糊的和不特定的，那就是一般互惠。

redistribution 再分配：一种经济分配过程，其中，物品被汇集到一个中心位置（个人或群体），然后再以某种方式回到它们的源头。如果被传递的所有物品都回到了它们的源头，那么这就是纯粹再分配。如果被传递的物品只有一部分回到了源头，那么这就是部分再分配。

relative immiseration，thesis of 相对贫困化，相对贫困化理论：相对贫困化理论认为，资本主义世界经济中的经济鸿沟在继续扩大，因而，与核心社会相比，边缘社会的人类整体生活质量仍在恶化（但不是绝对的）。参见"绝对贫困化，绝对贫困化理论"。

religion 宗教：一系列有组织的信仰和实践，这些信仰和实践建立在未经证实的信念之上。这些信仰和实践还假定，存在一种超自然的主体、权力或力量，它会对物理的和社会的世界发挥作用。

repression 压迫：一种国家行为，即国家以强力阻止人们采取那些被认为对国家有害的行动。

revitalization movement 复兴运动：一种社会宗教运动。人们试图从根本上改变社会结构，并建立起一个更加有意义和有价值的社会。也被称作"千禧年运动"。

revolution 革命：社会状态和阶级结构的快速和根本的转型，这种转型既伴随着来自底层的以阶级为基础的反叛，也通过这种反叛而得以实现（斯考切波）。

rule of hypo-descent 血统低就规则：种族分类的一种原则，这种原则在美国最常见。它把种族相异的父母所生的后代归类于社会地位低下的那个（父母的）种族群体。

rules of descent 血统规则：一个社会的社会成员对其亲属网络进行组织的方式，也是明确亲属之间权利和义务的方式。

rules of residence 居住规则：一个社会的社会成员把自己组织为家庭，或组织为居住群体的方式。

scarcity 稀缺：自然资源数量不足的状态，这一状态与某个群体或社会的技术水平和人口压力有关，也与他们所感受到的生活水平有关。

science 科学：一种智力探究的模式，它试图对世界进行自圆其说的解释。这种尝试建立在实证的基础之上，也就是说，建立在系统观察和数据搜集的基础之上。科学也指上述智力活动的日积月累的结果。

scientific 科学的，见"科学"。

secondary state 次生国家：受已经存在的国家的影响而诞生的国家。

sect 帮派：一种小型的宗教组织，它把自己认定为受拣选信徒（select believer）的共同体，这种组织没有法定的教会结构，通常对世俗世界怀有敌意，也对已确立的宗教组织怀有敌意。

secularization 世俗化：宗教对社会生活的影响持续降低的过程。

seigneurial ownership 领主所有制：一种由地主阶级拥有土地所有权的制度。在这样的制度中，地主阶级有权对使用土地的人实施严厉的惩罚。

semiperiphery 半边缘：资本主义世界经济的一部分，它既不像核心那样具有高度的剥削性，又有没有受到像边缘那样的剥削。世界经济的这一中间地带的经济活动，是核心式和边缘式的混合体。

sex 性别：男人和女人之间的生物学差异。参见"社会性别"。

shamanic cult institution 萨满型的崇拜制度：在这样的宗教制度中，一个非全职的宗教专家，即所谓的萨满，为获得一份报酬而举行宗教仪式。

shamanic religion 萨满教：一种宗教类型，其中只有个人主义的和萨满型的崇拜制度。

sign 信号：动物交流的构成要素，其意义取决于生物遗传。

simple commodity production 简单商品生产：一种前资本主义的经济活动，在这样的经济活动中，生产者制造产品主要是为了换取价值相等的其他产品。

simple horticultural society 简单园艺社会：简单园艺社会是这样的社会：其成员依赖简单的农业技术维持生计。通常情况下，这些技术涉及休耕期漫长的、使用手工工具的、小面积种植园的耕种。

slavery 奴隶制：一种劳动组织形式，在这种制度中，有些人作为财产被奴隶主占有，并且在奴

419

隶主的强制下工作，他们被剥夺了大部分或全部的政治权利。

social class 社会阶级：在一般社会学中，社会阶级是一种人的类群，这些人因为其职业角色而共享相似的特权水平和社会地位。在马克思主义社会学中，社会阶级是与生产资料所有权有相似关系的那些人，他们也享有类似的对自己和他人工作的控制水平。

social closure 社会封闭：社会群体利用特定的社会标准把自己区分开来的倾向。通过这种区分，他们可以对资源实施垄断，因为人们认为，为了获得特权和声望，这样的垄断是必不可少的。

420

social differentiation 社会分化：经常与社会变迁相伴随的日益提高的社会复杂性。

social inequality 社会不平等：存在于社会的个体成员之间的不平等的社会影响水平和声望水平。

social influence 社会影响，见"影响"。

social institution 社会制度：社会文化体系的任何一个组成部分，它涉及已经确立的、常规的社会行为模式和社会意识，例如经济、政体、家族和宗教。

socialism 社会主义：在马克思的原著中，社会主义是社会的一种形式，其中私人财产和社会阶级是不存在的，劳动不再被视为一种商品（commodity），人们真正拥有实现自己的自由的机会。参见"国家社会主义"。

socialization 社会化：社会成员向新一代传递文化的过程，这一过程可以通过各种形式的训练和教育来实现。

social mobility 社会流动：在一个社会的阶级结构里，个体在不同的社会地位之间进行上下移动。

social stratification 社会分层：在社会内部（或世界经济内部），不同的社会群体拥有不平等的社会权力、特权和声望水平。

social stratum 社会阶层：一种人的类群，在一个社会里，这些人大体上享有同样的权力、特权和声望水平。

social structure 社会结构：组织化的社会行为模式，而这些行为模式对社会文化系统的成员来说都是相同的。

societal needs 社会需求：功能主义的一个基本概念，它假设，社会必须满足一些基本的前提条件才能存在。在这一点上，社会与有机体或人类个体基本上是相同的。

sociobiology 社会生物学：一种理论策略，它试图把人类社会生活的各种特征解释为人类生物学特征的结果。这一理论的基本概念是"总体适应性"。社会生物学认为，多数有机体的行为，包括人类行为，源于他们使自己的总体适应性最大化的努力，或者是使其基因在未来世代中再现的努力。

sociocultural adaptation 社会文化适应，见"适应"。

sociocultural continuity 社会文化连续性：在时间流逝的过程中，保持社会的基本特征。

sociocultural evolution 社会文化进化：在社会文化体系（或其一个或多个部分）内部出现的、质变性的结构转型，而且这种转型体现了某种方向性。

sociocultural extinction 社会文化灭绝：某种社会文化体系的消失——通过其成员的死亡，或者是被另一个社会文化体系吸纳。

sociocultural system 社会文化体系：以文化的方式组织起来的一个社会集合体。

sociology 社会学：科学地研究人类社会生活的所有面相的一种学问。

sponsored-mobility educational system 赞助流动型教育体制：一种教育体系，在这样的教育体系中，学生们在其学习生涯的早期就被分流而进入不同的职业轨道。这种分流的依据是学生们在标准考试中的表现。

state 国家：国家是一种政治体系，它在其特定的领土之内声称，自己垄断了对暴力手段的使用。

state breakdown 国家崩溃：出现于政府内部的危机，这种危机十分严重，以至于使政府的统治瘫痪。

state socialism 国家社会主义：一种经济形式，其中，政府是生产工具的主要所有者和管理者。

state socialist 国家社会主义者，见"国家社会主义"。

status group 地位群体：一种社会群体，其成员共享相似的生活方式或文化观点，以及相似的社会地位或声望水平。

421

status-group education 地位群体教育：一种教育体系，其主要目的是传播知识和行为模式，因为在高度分层的社会里，拥有这些知识和行为是精英群体的声望和特权的标志，而这也会强化他们的声望和特权。

stem family 主干家庭：扩大家庭的一种类型，在这样的家庭里，老年夫妇与一个子女及该子女的孩子生活在一起。

subculture 亚文化：大文化中包含的小文化，而且这种小文化大体上接受大文化的更为宽泛的模式（broader pattern）。

surplus expropriation 对剩余的剥削：以这样或那样的强迫手段攫取某个群体所创造的经济剩余，使之落入另一个群体的手中。

surplus value 剩余价值：根据马克思主义理论，剩余价值就是价值的增加，它是超出资本家最初投资的部分。

symbol 符号：符号是信息交流中言语的（speech）构成要素，它是武断的（arbitrary），或者说，它的意义取决于社会的定义，而不是生物遗传。符号的另一个含义是指任何生理创造或社会创新（physical or social invention）——这种创造或创新是社会共享的意义的表征。

symbolic interactionism 符号互动论：微观社会学里一个主要的理论策略，它强调社会生活的定义元素和主观因素（definitional and subjective elements）。符号互动主义者特别关注人们怎样使用符号来建构他们对现实的定义，也特别关注这些共享的定义是怎样形塑他们的社会行动的。

technology 技术：人类满足其需求和愿望的物质手段，包括工具、技术和知识。

teleological explanation 目的论解释：一种试图以下述方式解释各种现象的尝试：揭露那个被大家所怀疑的目的——而这个目的正是需要实现的；或者揭露某种目标或最终状态——而这个目标或状态正是需要达到的。

teleology 目的论，见"目的论解释"。

theoretical strategy 理论策略：一组高度抽象的概念、假设和原则，人们在最宽泛的意义上使用它们，以便对现象进行解释。

theory 理论：一种判断（或一组相互联系的判断），人们提出这种判断，用以解释特定的现象或者相关的现象。

theory of kin selection 亲属选择理论：社会生物学理论策略的基本理论前提，它主张，很多类型的人类社会生活都反映了个体使其总体适应性最大化的努力。

theory of surplus value 剩余价值理论：马克思的理论，这一理论主张，资本家的利润来源是，他付给工人的报酬少于他们生产的产品的全部价值。

thesis of absolute immiseration 绝对贫困化理论，见"绝对贫困化，绝对贫困化理论"。

thesis of relative immiseration 相对贫困化理论，见"相对贫困化，相对贫困化理论"。

totalitarian dictatorship 极权主义独裁制：一种政府形式。在这种政府形式下，权力集中于政府精英之手，而这些精英在统治人民的时候，从不考虑"舆情"的概念，也不会考虑人民的个人权利和自由。

transnational corporation 跨国公司：在多个国家拥有分支生产机构的公司。

tribe 部落：由游群或村庄组成的社会网络，这些游群和村庄共享同一种文化，说同一种语言。部落还用于指称一种政治进化水平，其特征是中央集权缺失，政治领袖也没有强迫他人行动的权力。

underdeveloped society 欠发达社会：资本主义世界经济内部的技术和经济上最不发达的成员。

undeveloped society 不发达社会：处于资本主义世界经济框架之外的社会，因此它保持了前资本主义和前工业化的状态。

unilineal descent 单系血统制：仅仅通过单方的血缘关系来追溯血统，也就是说，要么通过男性，要么通过女性来追溯血统。

unilineal descent groups 单系血统群体，见"单系血统制"。

use-value 使用价值：产品的实用价值，或者通过消费它而传递的好处。

values 价值：共同的价值尺度，这一尺度是一个社会的成员所共享的，或者是其亚群体彼此共享的。

vassalage 封臣制：封建社会里贵族之间的个人纽带，这一纽带是通过高级贵族向低级贵族授予采邑而建立起来的——作为回报，低级贵族宣誓保护上级贵族，并为上级贵族服务。参见"采邑"。

wage labor 雇佣劳动：一种劳动关系，在这种关系中，为了确定劳动补偿价格和劳动条件，工人们在法律的意义上自由地与雇主讨价还价。

world-economy 世界经济：一个不存在政治集权的世界体系，因此，这个体系在相互竞争的国家之间保持了多极化。世界经济的特征取决于生产和交换的经济关系，而这一关系具有整合世界经济的功能。参见"核心"、"边缘"和"半边缘"。

world-empire 世界帝国：一个在政治上和军事上集权的（或团结起来的）世界体系。

world-system 世界体系：一个相当大的社会体系，它拥有高度的自主性、广泛的劳动分工以及文化群体的多样化。

world-system theory 世界体系理论：一种理论策略，其目标是解释 16 世纪以来资本主义进化的诸多特征。它认为，资本主义进化构成了一种等级制秩序，用以对剥削他人的国家和被剥削的国家进行安排——每一个国家只有作为整个体系的组成部分，才能被合理地理解。当这一理论被应用于当代世界的欠发达国家时，它预测，停滞与恶化将会是大多数国家的命运。当然，它也确实认定了一些条件，在历史的关键点上，这些条件使一些国家改善了它们的地位。

参考文献

Aberle, David F. 1961. "Matrilineal descent in cross-cultural perspective." In David M. Schneider and Kathleen Gough (eds.), *Matrilineal Kinship*. Berkeley: University of California Press.

Abonyi, Arpad. 1982. "Eastern Europe's reintegration." In Christopher Chase-Dunn (ed.), *Socialist States in the World-System*. Beverly Hills, Calif.: Sage.

Abu-Lughod, Janet. 1988. "The shape of the world system in the thirteenth century." *Studies in Comparative International Development* 22 (4):3–24.

———. 1989. *Before European Hegemony: The World-System A.D. 1250–1350*. New York: Oxford University Press.

Adams, Robert McC. 1966. *The Evolution of Urban Society*. Chicago: Aldine.

———. 1972. "Demography and the 'Urban Revolution' in lowland Mesopotamia." In Brian Spooner (ed.), *Population Growth: Anthropological Implications*. Cambridge, Mass.: MIT Press.

Aganbegyan, Abel. 1988. "New directions in Soviet economics." *New Left Review* 169:87–93.

———. 1989. *Inside Perestroika: The Future of the Soviet Economy*. Translated by Helen Szamuely. New York: Harper & Row.

Alderson, Arthur S. 1997. "Globalization, deindustrialization, and the great u-turn: The growth of direct investment in 18 OECD nations, 1967–1990." Ph.D. dissertation, University of North Carolina at Chapel Hill.

Alderson, Arthur S., and Stephen K. Sanderson. 1991. "Historic European household structures and the capitalist world-economy." *Journal of Family History* 16:419–432.

Alexander, Jeffrey C. 1982. *Theoretical Logic in Sociology. Volume 1: Positivism, Presuppositions, and Current Controversies.* Berkeley: University of California Press.

———. 1984. *Theoretical Logic in Sociology. Volume 4. The Modern Reconstruction of Classical Thought: Talcott Parsons.* Berkeley: University of California Press.

Alexander, Jeffrey C. (ed.). 1985. *Neofunctionalism.* Beverly Hills, Calif: Sage.

Alexander, Richard D. 1987. *The Biology of Moral Systems.* Hawthorne, N.Y.: Aldine de Gruyter.

Amin, Samir. 1974. *Accumulation on a World Scale.* New York: Monthly Review Press.

———. 1991. "The ancient world-systems versus the modern capitalist world-system." *Review* 14:349–385.

Anderson, Charles H., and Jeffrey Gibson. 1978. *Toward a New Sociology.* Third edition. Homewood, Ill.: Dorsey Press.

Anderson, Michael. 1980. *Approaches to the History of the Western Family, 1500–1914.* London: Macmillan Press.

Anderson, Perry. 1974a. *Passages from Antiquity to Feudalism.* London: New Left Books.

———. 1974b. *Lineages of the Absolutist State.* London: New Left Books.

Andorka, Rudolf, and Tamas Farago. 1983. "Preindustrial household structure in Hungary." In Richard Wall, Jean Rodin, and Peter Laslett (eds.), *Family Forms in Historic Europe.* Cambridge: Cambridge University Press.

Angel, J. Lawrence. 1975. "Paleoecology, paleodemography, and health." In Steven Polgar (ed.), *Population, Ecology, and Social Evolution.* The Hague: Mouton.

Apter, David E. 1987. *Rethinking Development: Modernization, Dependency, and Post-Modern Politics.* Beverly Hills, Calif.: Sage.

Arizpe, Lourdes. 1977. "Women in the informal labor sector: The case of Mexico City." *Signs: Journal of Women in Culture and Society* 3:25–37.

Armstrong, et al. 1993. "Uncovering reality: Excavating women's rights in African family law." *International Journal of Law and the Family* 7:314–369.

Arrighi, Giovanni. 1982. "A crisis of hegemony." In Samir Amin et al., *Dynamics of Global Crisis.* New York: Monthly Review Press.

Aseniero, George. 1994. "South Korean and Taiwanese development: The transnational context." *Review* 17:275–336.

Aston, T. H., and C. H. E. Philpin (eds.). 1985. *The Brenner Debate: Agrarian Class Structure and Economic Development in Pre-Industrial Europe.* Cambridge: Cambridge University Press.

Atkinson, A. B. 1983. *The Economics of Inequality.* Second edition. Oxford: Oxford University Press.

Baca-Zinn, Maxine, and D. Stanley Eitzen. 1993. *Diversity in American Families.* Third edition. New York: Harper Collins.

Baran, Paul, and E. J. Hobsbawm. 1973. "The stages of economic growth: A review." In Charles K. Wilber (ed.), *The Political Economy of Development and Underdevelopment.* New York: Random House.

Barash, David P. 1977. *Sociobiology and Behavior.* New York: Elsevier.

Barfield, Thomas J. 1989. *The Perilous Frontier: Nomadic Empires and China.* Oxford: Basil Blackwell.

Barnet, Richard J., and Ronald E. Müller. 1974. *Global Reach: The Power of the Multinational Corporations.* New York: Simon & Schuster (Touchstone).

Barrett, Richard E., and Martin King Whyte. 1982. "Dependency theory and Taiwan: Analysis of a deviant case." *American Journal of Sociology* 87:1064–1089.

Barth, Fredrik. 1961. *Nomads of South Persia.* New York: Humanities Press.

Bates, Daniel G., and Fred Plog. 1991. *Human Adaptive Strategies.* New York: McGraw-Hill.

Beals, Ralph L., and Harry Hoijer. 1971. *An Introduction to Anthropology.* Fourth edition. New York: Macmillan.

Beard, Charles. 1962. *An Economic Interpretation of the Constitution of the United States.* New York: Macmillan. (Originally published 1913.)

Beauchamp, Edward R. (ed.). 1991. *Windows on Japanese Education.* Westport, Conn.: Greenwood Press.

Beaud, Michel. 1983. *A History of Capitalism, 1500–1980.* New York: Monthly Review Press.

Becker, Howard S. 1963. *Outsiders: Studies in the Sociology of Deviance.* New York: Free Press.

Bell, Daniel. 1973. *The Coming of Post-Industrial Society.* New York: Basic Books.

Bellah, Robert N. 1964. "Religious evolution." *American Sociological Review* 29:358–374.

———. 1970. *Beyond Belief: Essays on Religion in a Post-Traditional World.* New York: Harper & Row.

Benavot, Aaron, and Phyllis Riddle. 1988. "The expansion of primary education, 1870–1940: Trends and issues." *Sociology of Education* 61:191–210.

Benedict, Ruth. 1934. *Patterns of Culture.* Boston: Houghton Mifflin.

Bennett, H. S. 1937. *Life on the English Manor: A Study of Peasant Conditions, 1150–1400.* Cambridge: Cambridge University Press.

Berg, Ivar. 1971. *Education and Jobs: The Great Training Robbery.* Boston: Beacon Press.

Berger, Brigitte, and Peter L. Berger. 1983. *The War over the Family: Capturing the Middle Ground.* Garden City, N.Y.: Doubleday (Anchor Books).

Berger, Peter L. 1986. *The Capitalist Revolution.* New York: Basic Books.

Berger, Peter L., and Thomas Luckmann. 1966. *The Social Construction of Reality.* Garden City, N.Y.: Doubleday (Anchor Books).

Berger, Stephen D. 1974. "Review of Daniel Bell, *The Coming of Post-Industrial Society.*" *Contemporary Sociology* 3:101–105.

Berkner, Lutz K. 1972. "The stem family and the developmental cycle of the peasant household: An eighteenth-century Austrian example." *American Historical Review* 77:398–418.

Berkner, Lutz K., and John W. Shaffer. 1978. "The joint family in the Nivernais." *Journal of Family History* 3:150–162.

Berreman, Gerald D. (ed.). 1981. *Social Inequality: Comparative and Developmental Approaches.* New York: Academic Press.

Bettinger, Robert L. 1991. *Hunter-Gatherers: Archaeological and Evolutionary Theory.* New York: Plenum.

Betzig, Laura L. 1986. *Despotism and Differential Reproduction.* Hawthorne, N.Y.: Aldine de Gruyter.

Bickerton, Derek. 1990. *Language and Species.* Chicago: University of Chicago Press.

Bienefeld, Manfred. 1981. "Dependency and the newly industrialising countries (NICs): Towards a reappraisal." In Dudley Seers (ed.), *Dependency Theory: A Critical Assessment.* London: Frances Pinter.

Binford, Lewis R. 1968. "Post-Pleistocene adaptations." In S. R. Binford and L. R. Binford (eds.), *New Perspectives in Archaeology*. Chicago: Aldine.

Biraben, J. N. 1970. "Document." *Annales de démographie historique*, pp. 441–462.

Bischof, Norbert. 1975. "Comparative ethology of incest avoidance." In Robin Fox (ed.), *Biosocial Anthropology*. London: Malaby Press.

Blackburn, Robin. 1988. *The Overthrow of Colonial Slavery, 1776–1848*. London: Verso.

———. 1991. "Fin de siècle: Socialism after the crash." In Robin Blackburn (ed.), *After the Fall: The Failure of Communism and the Future of Socialism*. London: Verso.

Blau, Peter, and Otis Dudley Duncan. 1967. *The American Occupational Structure*. New York: Free Press.

Bluestone, Barry, and Bennett Harrison. 1982. *The Deindustrialization of America*. New York: Basic Books.

Blomstrom, Magnus, and Bjorn Hettne. 1984. *Development Theory in Transition*. London: Zed Books.

Blumberg, Rae Lesser. 1978. *Stratification: Socioeconomic and Sexual Inequality*. Dubuque, Iowa: Brown.

———. 1984. "A general theory of gender stratification." In Randall Collins (ed.), *Sociological Theory 1984*. San Francisco: Jossey-Bass.

Blumberg, Rae Lesser, and Robert F. Winch. 1977. "The curvilinear relation between societal complexity and familial complexity." In Robert F. Winch, *Familial Organization*. New York: Free Press.

Blumer, Herbert, 1969. *Symbolic Interactionism*. Englewood Cliffs, N.J.: Prentice-Hall.

Bohannan, Paul, and George Dalton (eds.). 1962. *Markets in Africa*. Evanston, Ill.: Northwestern University Press.

Boli, John, Francisco O. Ramirez, and John W. Meyer. 1985. "Explaining the origins and expansion of mass education." *Comparative Education Review* 29:145–170.

Bollen, Kenneth. 1983. "World system position, dependency, and democracy: The cross-national evidence." *American Sociological Review* 48:468–479.

Bonacich, Edna. 1972. "A theory of ethnic antagonism: The split labor market." *American Sociological Review* 37:547–559.

———. 1979. "The past, present, and future of split labor market theory." In Cora B. Marrett and Cheryl Leggon (eds.), *Research in Race and Ethnic Relations*. Volume 1. Greenwich, Conn.: JAI Press.

———. 1981. "Capitalism and race relations in South Africa: A split labor market analysis." In Maurice Zeitlin (ed.), *Political Power and Social Theory*. Volume 2. Greenwich, Conn.: JAI Press.

Bornschier, Volker, and Christopher Chase-Dunn. 1985. *Transnational Corporations and Underdevelopment*. New York: Praeger.

Bornschier, Volker, Christopher Chase-Dunn, and Richard Rubinson. 1978. "Cross-national evidence of the effects of foreign investment and aid on economic growth and inequality: A survey of findings and a reanalysis." *American Journal of Sociology* 84:651–683.

Boserup, Ester. 1965. *The Conditions of Agricultural Growth*. Chicago: Aldine.

———. 1981. *Population and Technological Change*. Chicago: University of Chicago Press.

Boswell, Terry E. 1986. "A split labor market analysis of discrimination against Chinese immigrants, 1850–1882." *American Sociological Review* 51:352–371.

Bourdieu, Pierre, and Jean-Claude Passeron. 1977. *Reproduction: In Education, Society and Culture.* Beverly Hills, Calif.: Sage.

Bowler, Peter J. 1983. *The Eclipse of Darwinism.* Baltimore: Johns Hopkins University Press.

———. 1988. *The Non-Darwinian Revolution.* Baltimore: Johns Hopkins University Press.

Bowles, Samuel, and Herbert Gintis. 1976. *Schooling in Capitalist America.* New York: Basic Books.

Bradshaw, York W., and Michael Wallace. 1996. *Global Inequalities.* Thousand Oaks, Calif.: Pine Forge Press.

Braudel, Fernand. 1981. *The Structures of Everyday Life.* (Volume 1 of *Civilization and Capitalism, 15th–18th Century.*) New York: Harper & Row.

———. 1982. *The Wheels of Commerce.* (Volume 2 of *Civilization and Capitalism, 15th-18th Century.*) New York: Harper & Row.

———. 1984. *The Perspective of the World.* (Volume 3 of *Civilization and Capitalism, 15th–18th Century.*) New York: Harper & Row.

Braverman, Harry. 1974. *Labor and Monopoly Capital: The Degradation of Work in the Twentieth Century.* New York: Monthly Review Press.

Brenner, Robert. 1976. "Agrarian class structure and economic development in pre-industrial Europe." *Past and Present* 70:30–75.

———. 1977. "The origins of capitalist development: A critique of neo-Smithian Marxism." *New Left Review* 104:25–92.

Bronson, Bennet. 1972. "Farm labor and the evolution of food production." In Brian Spooner (ed.), *Population Growth: Anthropological Implications.* Cambridge, Mass.: MIT Press.

Brown, David K. 1995. *Degrees of Control: A Sociology of Educational Expansion and Occupational Credentialism.* New York: Teachers College Press.

Brown, Judith K. 1975. "Iroquois women: An ethnohistoric note." In Rayna R. Reiter (ed.), *Toward an Anthropology of Women.* New York: Monthly Review Press.

Burch, Ernest S., and Linda J. Ellanna (eds.). 1994. *Key Issues in Hunter-Gatherer Research.* Oxford: Berg.

Burns, Edward McNall. 1973. *Western Civilizations.* Volume 2. Eighth edition. New York: Norton.

Cameron, Kenneth Neill. 1973. *Humanity and Society: A World History.* New York: Monthly Review Press.

Cammack, Paul. 1986. "Resurgent democracy: Threat and promise." *New Left Review* 157:121–128.

Campbell, Donald T. 1965. "Variation and selective retention in sociocultural evolution." In Herbert R. Barringer, George I. Blanksten, and Raymond W. Mack (eds.), *Social Change in Developing Areas: A Reinterpretation of Evolutionary Theory.* Cambridge, Mass.: Schenkman.

Cann, R. L. 1987. "In Search of Eve." *The Sciences* 27:30–37.

Cann, R. L., M. Stoneking, and A. C. Wilson. 1987. "Mitochondrial DNA and human evolution." *Nature* 325:31–36.

Cardoso, Fernando Henrique. 1982. "Dependency and development in Latin America." In Hamza Alavi and Teodor Shanin (eds.), *Introduction to the Sociology of "Developing Societies."* London: Macmillan Press.

———. 1986. "Democracy in Latin America." *Politics and Society* 15:23–41.

Cardoso, Fernando Henrique, and Enzo Faletto. 1979. *Dependency and Development in Latin America.* Berkeley: University of California Press.

Carneiro, Robert L. 1968. "Slash-and-burn cultivation among the Kuikuru and its implications for cultural development in the Amazon Basin." In Yehudi A. Cohen (ed.), *Man in Adaptation: The Cultural Present*. Chicago: Aldine.

———. 1970. "A theory of the origin of the state." *Science* 169:733–738.

———. 1972. "The devolution of evolution." *Social Biology* 19:248–258.

———. 1973. "The four faces of evolution." In J. J. Honigmann (ed.), *Handbook of Social and Cultural Anthropology*. Chicago: Rand McNally.

———. 1978. "Political expansion as an expression of the principle of competitive exclusion." In Ronald Cohen and Elman R. Service (eds.), *Origins of the State*. Philadelphia: Institute for the Study of Human Issues.

———. 1981. "The chiefdom: Precursor of the state." In Grant D. Jones and Robert R. Kautz (eds.), *The Transition to Statehood in the New World*. New York: Cambridge University Press.

———. 1985. "The role of natural selection in the evolution of culture." Unpublished manuscript. New York: American Museum of Natural History.

———. 1987. "Further reflections on resource concentration and its role in the rise of the state." In Linda Manzanilla (ed.), *Studies in the Neolithic and Urban Revolutions*. Oxford: British Archaeological Reports. International Series, No. 349.

———. 1988. "The circumscription theory: Challenge and response." *American Behavioral Scientist* 31:497–511.

Carnoy, Martin. 1984. *The State and Political Theory*. Princeton, N.J.: Princeton University Press.

Cashdan, Elizabeth A. 1980. "Egalitarianism among hunters and gatherers." *American Anthropologist* 82:116–120.

———. 1985. "Coping with risk: Reciprocity among the Basarwa of northern Botswana." *Man* 20:454–474.

———. 1989. "Hunters and gatherers: Economic behavior in bands." In Stuart Plattner (ed.), *Economic Anthropology*. Stanford, Calif., Stanford University Press.

Castells, Manuel. 1996. *The Information Age: Economy, Society, and Culture. Volume 1: The Rise of the Network Society*. Oxford: Blackwell.

Cavalli-Sforza, L. L., and M. W. Feldman. 1981. *Cultural Transmission and Evolution*. Princeton, N.J.: Princeton University Press.

Chafetz, Janet Saltzman. 1984. *Sex and Advantage: A Comparative, Macro-Structural Theory of Sex Stratification*. Totowa, N.J.: Rowman and Allanheld.

Chagnon, Napoleon A. 1983. *Yanomamö: The Fierce People*. Third edition. New York: Holt, Rinehart and Winston.

———. 1992. *Yanomamö: The Last Days of Eden*. San Diego: Harcourt Brace Jovanovich.

Chambliss, William J., and Thomas E. Ryther. 1975. *Sociology: The Discipline and Its Direction*. New York: McGraw-Hill.

Champion, Timothy, Clive Gamble, Stephen Shennan, and Alasdair Whittle. 1984. *Prehistoric Europe*. New York: Academic Press.

Chandler, Tertius. 1987. *Four Thousand Years of Urban Growth*. Lewiston, N.Y.: St. David's University Press.

Chang, Kwang-chih. 1986. *The Archaeology of Ancient China*. Fourth edition. New Haven: Yale University Press.

Chase-Dunn, Christopher. 1975. "The effects of international economic dependence on development and inequality: A cross-national study." *American Sociological Review* 40:720–738.

———. 1982. "Socialist states in the capitalist world-economy." In Christopher Chase-Dunn (ed.), *Socialist States in the World-System*. Beverly Hills, Calif.: Sage.

————. 1989a. *Global Formation: Structures of the World-Economy.* Oxford: Blackwell.

————. 1989b. "Is a world state necessary?" Paper presented at the joint meetings of the British and American International Studies Associations, London, March 24.

————. 1990. "World-state formation: Historical processes and emergent necessity." *Political Geography Quarterly* 9:108–130.

Chase-Dunn, Christopher, and Kenneth O'Reilly. 1989. "Core wars of the future." In Robert K. Schaeffer (ed.), *War in the World-System.* Westport, Conn.: Greenwood Press.

Chase-Dunn, Christopher (ed.). 1982. *Socialist States in the World-System.* Beverly Hills, Calif.: Sage.

Chaudhuri, K. N. 1985. *Trade and Civilisation in the Indian Ocean.* Cambridge: Cambridge University Press.

Cherlin, Andrew J. 1981. *Marriage, Divorce, Remarriage.* Cambridge, Mass.: Harvard University Press.

————. 1992. *Marriage, Divorce, Remarriage.* Second edition. Cambridge, Mass.: Harvard University Press.

Childe, V. Gordon. 1936. *Man Makes Himself.* London: Watts & Co.

Chinchilla, Norma S. 1977. "Industrialization, monopoly capitalism, and women's work in Guatemala." *Signs: Journal of Women in Culture and Society* 3:38–56.

Chirot, Daniel. 1977. *Social Change in the Twentieth Century.* New York: Harcourt Brace Jovanovich.

————. 1985. "The rise of the West." *American Sociological Review* 50:181–195.

————. 1986. *Social Change in the Modern Era.* San Diego: Harcourt Brace Jovanovich.

————. 1991. "What happened in Eastern Europe in 1989?" In Daniel Chirot (ed.), *The Crisis of Leninism and the Decline of the Left.* Seattle: University of Washington Press.

Chirot, Daniel (ed.). 1989. *The Origins of Backwardness in Eastern Europe.* Berkeley: University of California Press.

Clark, Burton R. 1962. *Educating the Expert Society.* San Francisco: Chandler.

Clarke, William C. 1966. "From extensive to intensive shifting cultivation: A succession from New Guinea." *Ethnology* 5:347–359.

Cohen, G. A. 1978. *Karl Marx's Theory of History: A Defence.* Princeton, N.J.: Princeton University Press.

Cohen, Jere. 1980. "Rational capitalism in Renaissance Italy." *American Journal of Sociology* 85:1340–1355.

Cohen, Mark N. 1977. *The Food Crisis in Prehistory.* New Haven: Yale University Press.

————. 1984. "An introduction to the symposium." In Mark N. Cohen and George J. Armelagos (eds.). *Paleopathology at the Origins of Agriculture.* New York: Academic Press.

————. 1985. "Prehistoric hunter-gatherers: The meaning of social complexity." In T. Douglas Price and James A. Brown (eds.), *Prehistoric Hunter-Gatherers.* New York: Academic Press.

————. 1989. *Health and the Rise of Civilization.* New Haven: Yale University Press.

Cohen, Mark N., and George J. Armelagos. 1984. "Paleopathology at the origins of agriculture: Editors' summation." In Mark N. Cohen and George J. Armelagos (eds.), *Paleopathology at the Origins of Agriculture.* New York: Academic Press.

Cohen, Mark N., Roy S. Malpass, and Harold G. Klein (eds.). 1980. *Biosocial Mechanisms of Population Regulation.* New Haven: Yale University Press.

Cohen, Percy. 1968. *Modern Social Theory.* New York: Basic Books.

Cohen, Ronald, and Elman R. Service (eds.). 1978. *Origins of the State.* Philadelphia: Institute for the study of Human Issues.

Cohn, Norman. 1970. *The Pursuit of the Millennium: Revolutionary Millenarians and Mystical Anarchists of the Middle Ages.* Revised edition. New York: Oxford University Press.

———. 1993. *Cosmos, Chaos, and the World to Come: The Ancient Roots of Apocalyptic Faith.* New Haven, Conn.: Yale University Press.

Colchester, Marcus. 1984. "Rethinking Stone Age economics: Some speculations concerning the pre-Columbian Yanoama economy." *Human Ecology* 12:291–314.

Collins, Randall. 1975. *Conflict Sociology: Toward an Explanatory Science.* New York: Academic Press.

———. 1977. "Some comparative principles of educational stratification." *Harvard Educational Review* 47:1–27.

———. 1979. *The Credential Society: An Historical Sociology of Education and Stratification.* New York: Academic Press.

———. 1980. "Weber's last theory of capitalism: A systematization." *American Sociological Review* 45:925–942.

———. 1985. *Sociology of Marriage and the Family: Gender, Love, and Property.* Chicago: Nelson-Hall.

———. 1986a. "Is 1980s sociology in the doldrums?" *American Journal of Sociology* 91:1336–1355.

———. 1986b. *Weberian Sociological Theory.* New York: Cambridge University Press.

———. 1988. *Theoretical Sociology.* San Diego: Harcourt Brace Jovanovich.

———. 1994. *Four Sociological Traditions.* New York: Oxford University Press.

Collins, Randall, and Scott Coltrane. 1995. *Sociology of Marriage and the Family: Gender, Love, and Property.* Fourth edition. Chicago: Nelson-Hall.

Collins, Randall, and David Waller. 1992. "What theories predicted the state breakdowns and revolutions of the Soviet bloc?" In Louis Kriesberg (ed.), *Research in Social Movements, Conflicts and Change.* Volume 14. Greenwich, Conn.: JAI Press.

Connah, Graham. 1987. *African Civilizations.* Cambridge: Cambridge University Press.

Conelly, W. Thomas. 1992. "Agricultural intensification in a Philippine frontier community: Impact on labor efficiency and farm diversity." *Human Ecology* 20:1–21.

Cowgill, George L. 1975. "On causes and consequences of ancient and modern population changes." *American Anthropologist* 77:505–525.

Cox, Oliver C. 1948. *Caste, Class, and Race.* New York: Monthly Review Press.

Crane, George T. 1982. "The Taiwanese ascent: System, state, and movement in the world-economy." In Edward Friedman (ed.), *Ascent and Decline in the World-System.* Beverly Hills, Calif.: Sage.

Cribb, Roger. 1991. *Nomads in Archaeology.* Cambridge: Cambridge University Press.

Crippen, Timothy. 1988. "Old and new gods in the modern world: Toward a theory of religious transformation." *Social Forces* 67:316–336.

Cumings, Bruce, 1984. "The origins and development of the northeast Asian political economy: Industrial sectors, production cycles, and political consequences." *International Organization* 38:1–40.

———. 1989. "The abortive abertura: South Korea in the light of Latin American experience." *New Left Review* 173:5–32.

Curtin, Philip D. 1984. *Cross-Cultural Trade in World History.* New York: Cambridge University Press.

Czap, Peter. 1983. "A large family: The peasants' greatest wealth: Serf households in Mishino, Russia, 1814–1858." In Richard Wall, Jean Rodin, and Peter Laslett (eds.), *Family Forms in Historic Europe.* Cambridge: Cambridge University Press.

Dahrendorf, Ralf. 1958. "Out of utopia: Toward a reorientation of sociological analysis." *American Journal of Sociology* 64:115–127.

Dalton, George. 1972. "Peasantries in anthropology and history." *Current Anthropology* 13:385–416.

———. 1974. "How exactly are peasants exploited?" *American Anthropologist* 76:553–561.

Daly, Martin, and Margo Wilson. 1978. *Sex, Evolution and Behavior.* North Scituate, Mass: Duxbury Press.

———. 1988. *Homicide.* Hawthorne, N.Y.: Aldine de Gruyter.

Danhieux, Luc. 1983. "The evolving household: The case of Lampernisse, West Flanders." In Richard Wall, Jean Rodin, and Peter Laslett (eds.), *Family Forms in Historic Europe.* Cambridge: Cambridge University Press.

Davis, Howard, and Richard Scase. 1985. *Western Capitalism and State Socialism: An Introduction.* Oxford: Blackwell.

Davis, Kingsley, and Wilbert E. Moore. 1945. "Some principles of stratification." *American Sociological Review* 10:242–249.

Dawkins, Richard. 1976. *The Selfish Gene.* New York: Oxford University Press.

———. 1986. *The Blind Watchmaker.* New York: Norton.

de Ste. Croix, G. E. M. 1981. *The Class Struggle in the Ancient Greek World.* Ithaca, N.Y.: Cornell University Press.

Degler, Carl N. 1972. "Slavery and the genesis of American race prejudice." In Donald L. Noel (ed.), *The Origins of American Slavery and Racism.* Columbus, Ohio: Merrill.

———. 1991. *In Search of Human Nature: The Decline and Revival of Darwinism in American Social Thought.* New York: Oxford University Press.

Delacroix, Jacques, and Charles C. Ragin. 1981. "Structural blockage: A cross-national study of economic dependency, state efficacy, and underdevelopment." *American Journal of Sociology* 86:1311–1347.

Derrida, Jacques. 1978. *Writing and Difference.* Translated by A. Bass. Chicago: University of Chicago Press.

de Waal Malefijt, Annemarie. 1968. *Religion and Culture: An Introduction to Anthropology of Religion.* New York: Macmillan.

Divale, William Tulio, and Marvin Harris. 1976. "Population, warfare, and the male supremacist complex." *American Anthropologist* 78:521–538.

Dixon, William J., and Terry Boswell. 1996a. "Dependency, disarticulation, and denominator effects: Another look at foreign capital penetration." *American Journal of Sociology* 102:543–562.

———. 1996b. "Differential productivity, negative externalities, and foreign capital: Reply to Firebaugh." *American Journal of Sociology* 102:576–584.

Djilas, Milovan. 1957. *The New Class.* New York: Praeger.

Dobb, Maurice. 1963. *Studies in the Development of Capitalism.* Revised edition. New York: International Publishers.

Dobzhansky, Theodosius. 1962. *Mankind Evolving.* New Haven: Yale University Press.

Domhoff, G. William. 1990. *The Power Elite and the State: How Policy Is Made in America.* Hawthorne, N.Y.: Aldine de Gruyter.

Dore, Ronald. 1976. *The Diploma Disease: Education, Qualification, and Development.* Berkeley: University of California Press.

Dos Santos, Theotonio. 1970. "The structure of dependence." *American Economic Review* 60:231–236.

Douglass, William A. 1980. "The south Italian family: A critique." *Journal of Family History* 5:338–359.

Dubrow, Joshua, and Stephen K. Sanderson. 1997. "Was there racial antagonism in the ancient world?" Paper presented at the annual meetings of the American Sociological Association, Toronto, August.

Duby, Georges. 1968. *Rural Economy and Country Life in the Medieval West.* Translated by Cynthia Postan. Columbia: University of South Carolina Press.

Durham, William H. 1991. *Coevolution: Genes, Culture, and Human Diversity.* Stanford, Calif.: Stanford University Press.

Durkheim, Emile. 1965. *The Elementary Forms of the Religious Life.* New York: Free Press. (Originally published 1912.)

Earle, Timothy. 1991. "Property rights and the evolution of chiefdoms." In Timothy Earle (ed.), *Chiefdoms: Power, Economy, and Ideology.* New York: Cambridge University Press.

Earle, Timothy (ed.). 1991. *Chiefdoms: Power, Economy, and Ideology.* New York: Cambridge University Press.

Eckhardt, William. 1992. *Civilizations, Empires, and Wars: A Quantitative History of War.* Jefferson, N.C.: McFarland.

Eckstein, Susan. 1986. "The impact of the Cuban revolution: A comparative perspective." *Comparative Studies in Society and History* 28:502–534.

Eisenstadt, S.N. (ed.). 1986. *The Origin and Diversity of Axial Age Civilizations.* Albany: State University of New York Press.

Ekholm, Kajsa. 1981. "On the structure and dynamics of global systems." In J. S. Kahn and J. R. Llobera (eds.), *The Anthropology of Precapitalist Societies.* London: Macmillan Press.

Ekholm, Kajsa, and Jonathan Friedman. 1982. "'Capital' imperialism and exploitation in ancient world-systems." *Review* 4:87–109.

Eldredge, Niles, and Stephen Jay Gould. 1972. "Punctuated equilibria: An alternative to phyletic gradualism." In Thomas J. M. Schopf (ed.), *Models in Paleobiology.* San Francisco: Freeman, Cooper.

Ellis, Lee, and M. Ashley Ames. 1987. "Neurohormonal functioning and sexual orientation: A theory of homosexuality-heterosexuality." *Psychological Bulletin* 101:233–258.

Elster, Jon. 1985. *Making Sense of Marx.* Cambridge: Cambridge University Press.

Elvin, Mark. 1973. *The Pattern of the Chinese Past.* Stanford, Calif.: Stanford University Press.

Ember, Carol R. 1974. "An evaluation of alternative theories of matrilocal versus patrilocal residence." *Behavior Science Research* 9:135–149.

———. 1978. "Myths about hunter-gatherers." *Ethnology* 17:439–448.

———. 1983. "The relative decline in women's contribution to agriculture with intensification." *American Anthropologist* 85:285–304.

Ember, Melvin, and Carol Ember. 1971. "The conditions favoring matrilocal versus patrilocal residence." *American Anthropologist* 73:571–594.

Engels, Frederick. 1963. "Speech at the graveside of Karl Marx." In Howard Selsam and Harry Martel (eds.), *Reader in Marxist Philosophy.* New York: International Publishers. (Originally given 1883.)

———. 1970. *The Origin of the Family, Private Property, and the State.* Edited by Eleanor Burke Leacock. New York: International Publishers. (Originally published 1884.)

———. 1973. *The Condition of the Working Class in England.* Moscow: Progress Publishers. (Originally published 1845.)

———. 1978. "The peasant war in Germany." In Karl Marx and Frederick Engels, *Collected Works.* Volume 10. New York: International Publishers. (Originally published 1850.)

Ericson, Richard E. 1995. "The Russian economy since independence." In Gail W. Lapidus (ed.), *The New Russia: Troubled Transformation.* Boulder, Colo.: Westview.

Erikson, Robert, and John H. Goldthorpe. 1993. *The Constant Flux: A Study of Class Mobility in Industrial Societies.* Oxford: Oxford University Press (Clarendon Press).

Erikson, Robert, John H. Goldthorpe, and Lucienne Portocarero, 1982. "Social fluidity in industrial nations: England, France and Sweden." *British Journal of Sociology* 33:1–34.

Esping-Andersen, Gosta. 1990. *The Three Worlds of Welfare Capitalism.* Princeton, N.J.: Princeton University Press.

Evans, Peter B. 1979. *Dependent Development: The Alliance of Multinational, State, and Local Capital in Brazil.* Princeton, N.J.: Princeton University Press.

———. 1987. "Class, state, and dependence in east Asia: Lessons for Latin Americanists." In Frederic C. Deyo (ed.), *The Political Economy of the New Asian Industrialism.* Ithaca, N.Y.: Cornell University Press.

Evans, Peter B., Dietrich Rueschemeyer, and Theda Skocpol (eds.). 1985. *Bringing the State Back In.* New York: Cambridge University Press.

Fagan, Brian M. 1989. *People of the Earth: An Introduction to World Prehistory.* Sixth edition. Glenview, Ill.: Scott, Foresman.

Farb, Peter. 1978. *Man's Rise to Civilization.* Revised edition. New York: Bantam Books.

Farley, Reynolds. 1984. *Blacks and Whites: Narrowing the Gap?* Cambridge, Mass.: Harvard University Press.

Farley, Reynolds, and Walter R. Allen. 1987. *The Color Line and the Quality of Life in America.* New York: Russell Sage Foundation.

Fernandez-Kelly, Maria Patricia. 1983. *For We Are Sold, I and My People: Women and Industry in Mexico's Frontier.* Albany: State University of New York Press.

Fiedel, Stuart J. 1987. *Prehistory of the Americas.* New York: Cambridge University Press.

Firebaugh, Glenn. 1992. "Growth effects of foreign and domestic investment." *American Journal of Sociology* 98:105–130.

———. 1996. "Does foreign capital harm poor nations? New estimates based on Dixon and Boswell's measures of capital penetration." *American Journal of Sociology* 102:563–575.

Flandrin, Jean-Louis. 1979. *Families in Former Times: Kinship, Household, and Sexuality in Early Modern France.* Cambridge: Cambridge University Press.

Flannery, Kent V. 1973. "The origins of agriculture." *Annual Review of Anthropology* 2:271–310.

Flora, Peter. 1983. *State, Economy, and Society in Western Europe, 1815–1975.* Volume 1. Frankfurt: Campus Verlag.

Fogel, Robert William. 1989. *Without Consent or Contract: The Rise and Fall of American Slavery.* New York: Norton.

Fogel, Robert William, and Stanley L. Engerman. 1974. *Time on the Cross: The Economics of American Negro Slavery.* Boston: Little, Brown.

Folger, J. K., and C. B. Nam. 1964. "Trends in education in relation to the occupational structure." *Sociology of Education* 38:19–33.

Foner, Philip S. 1975. *A History of Black Americans.* Westport, Conn.: Greenwood Press.

Fox, Robin. 1967. *Kinship and Marriage.* Baltimore: Penguin Books.

Frank, Andre Gunder. 1966. "The development of underdevelopment." *Monthly Review* 18(4):17–31.

———. 1967. "Sociology of development and underdevelopment of sociology." *Catalyst* 3:20–73.

———. 1969. *Capitalism and Underdevelopment in Latin America.* New York: Monthly Review Press.

———. 1979. *Dependent Accumulation and Underdevelopment.* New York: Monthly Review Press.

———. 1980. *Crisis: in the World Economy.* New York: Holmes & Meier.

———. 1981. *Crisis: in the Third World.* New York: Holmes & Meier.

———. 1992a. "Economic ironies in Europe: A world economic interpretation of East-West European politics." *International Social Science Journal* 13:41–56.

———. 1992b. "Nothing new in the East: No new world order." *Social Justice* 19:34–61.

Frayer, David W., Milford H. Wolpoff, Alan G. Thorne, Fred H. Smith, and Geoffrey G. Pope. 1993. "Theories of modern human origins: The paleontological test." *American Anthropologist* 95:14–50.

Fredrickson, George M. 1971. "Toward a social interpretation of the development of American racism." In Nathan I. Huggins, Martin Kilson, and Daniel M. Fox (eds.), *Key Issues in the Afro-American Experience.* New York: Harcourt Brace Jovanovich.

———. 1981. *White Supremacy: A Comparative Study in American and South African History.* New York: Oxford University Press.

Freeman, Richard B. 1976. *The Overeducated American.* New York: Academic Press.

Fried, Morton H. 1957. "The classification of corporate unilineal descent groups." *Journal of the Royal Anthropological Institute* 87:1–29.

———. 1967. *The Evolution of Political Society.* New York: Random House.

———. 1978. "The state, the chicken, and the egg: Or, what came first?" In Ronald Cohen and Elman R. Service (eds.), *Origins of the State.* Philadelphia: Institute for the Study of Human Issues.

Friedan, Betty. 1963. *The Feminine Mystique.* New York: Dell.

Friedl, Ernestine. 1975. *Women and Men: An Anthropologist's View.* New York: Holt, Rinehart and Winston.

Fröbel, Folker, Jürgen Heinrichs, and Otto Kreye. 1980. *The New International Division of Labour.* Cambridge: Cambridge University Press.

Frost, Peter. 1991. "'Examination hell.'" In Edward R. Beauchamp (ed.), *Windows on Japanese Education.* Westport, Conn.: Greenwood Press.

Fryer, Peter. 1984. *Staying Power: The History of Black People in Britain.* London: Pluto Press.

Fuentes, Annette, and Barbara Ehrenreich. 1983. *Women in the Global Factory.* INC Pamphlet No. 2. New York: Institute for New Communications.

Furstenburg, Frank F., Jr. 1966. "Industrialization and the American family: A look backward." *American Sociological Review* 31:326–337.

Futuyma, Douglas J. 1986. *Evolutionary Biology.* Second edition. Sunderland, Mass.: Sinauer.

Galtung, Johan, Tore Heiestad, and Erik Rudeng. 1980. "On the decline and fall of empires: The Roman Empire and

Western imperialism compared." *Review* 4:91–153.

Gardner, Peter. 1991. "Foragers' pursuit of individual autonomy." *Current Anthropology* 32:543–572.

Gardner, R. A., and B. T. Gardner. 1969. "Teaching sign language to a chimpanzee." *Science* 165:664–672.

Gazzaniga, Michael S. 1992. *Nature's Mind.* New York: Basic Books.

Geertz, Clifford. 1963. *Agricultural Involution: The Processes of Ecological Change in Indonesia.* Berkeley: University of California Press.

Gendron, Bernard. 1977. *Technology and the Human Condition.* New York: St. Martin's Press.

Genovese, Eugene D. 1965. *The Political Economy of Slavery.* New York: Random House (Vintage Books).

———. 1969. *The World the Slaveholders Made.* New York: Random House (Vintage Books).

———. 1974. *Roll, Jordan, Roll: The World the Slaves Made.* New York: Random House (Vintage Books).

Gereffi, Gary, and Donald L. Wyman (eds.). 1990. *Manufacturing Miracles: Paths of Industrialization in Latin America and East Asia.* Princeton, N.J.: Princeton University Press.

Gershenkron, Alexander. 1962. *Economic Backwardness in Historical Perspective.* Cambridge, Mass.: Harvard University Press.

Gibbs, James L., Jr. 1965. "The Kpelle of Liberia." In James L. Gibbs, Jr. (ed.), *Peoples of Africa.* New York: Holt, Rinehart and Winston.

Giddens, Anthony. 1973. *The Class Structure of the Advanced Societies.* New York: Harper & Row.

———. 1980. *The Class Structure of the Advanced Societies.* Second edition. London: Hutchinson.

———. 1981. *A Contemporary Critique of Historical Materialism.* Berkeley: University of California Press.

———. 1985. *The Nation-State and Violence.* Berkeley: University of California Press.

———. 1990. *The Consequences of Modernity.* Stanford, Calif.: Stanford University Press.

Giddens, Anthony, and David Held (eds.). 1982. *Classes, Power, and Conflict: Classical and Contemporary Debates.* Berkeley: University of California Press.

Giele, Janet Zollinger. 1977. "Introduction: Comparative perspectives on women." In Janet Zollinger Giele and Audrey Chapman Smock (eds.), *Women: Roles and Status in Eight Countries.* New York: Wiley.

Gills, Barry K., and Andre Gunder Frank. 1992. "World system cycles, crises, and hegemonial shifts, 1700 B.C. to 1700 A.D." *Review* 15:621–687.

Glock, Charles Y., and Robert N. Bellah (eds.). 1976. *The New Religious Consciousness.* Berkeley: University of California Press.

Glock, Charles Y., and Rodney Stark. 1965. *Religion and Society in Tension.* Chicago: Rand McNally.

Goldberg, Steven. 1993. *Why Men Rule: A Theory of Male Dominance.* Chicago: Open Court.

Goldstein, Joshua S. 1988. *Long Cycles: Prosperity and War in the Modern Age.* New Haven: Yale University Press.

Goldstone, Jack A. 1991. *Revolution and Rebellion in the Early Modern World.* Berkeley: University of California Press.

Goldthorpe, John H. 1980. *Social Mobility and Class Structure in Modern Britain.* Oxford: Clarendon Press.

Good, Kenneth R. 1987. "Limiting factors in Amazonian ecology." In Marvin Harris and Eric B. Ross (eds.), *Food and Evolution.* Philadelphia: Temple University Press.

———. 1993. "Foraging and farming among the Yanomami: Can you have one without the other?" Paper presented at the 7th International Conference on Hunting and Gathering Societies, Moscow.

Goode, William J. 1970. *World Revolution and Family Patterns.* New York: Free Press.

Goodenough, Ward. 1969. "Frontiers of cultural anthropology: Social organization." *Proceedings of the American Philosophical Society* 113:329–335.

Goody, Jack. 1976. *Production and Reproduction: A Comparative Study of the Domestic Domain.* Cambridge: Cambridge University Press.

Gorin, Zeev. 1985. "Socialist societies and world system theory: A critical survey." *Science and Society* 49:332–366.

Gossett, Thomas F. 1963. *Race: The History of an Idea in America.* Dallas, Tex.: Southern Methodist University Press.

Gould, Stephen Jay, and Niles Eldredge. 1977. "Punctuated equilibria: The tempo and mode of evolution reconsidered." *Paleobiology* 3:115–151.

Graber, Robert B., and Paul B. Roscoe. 1988. "Introduction: Circumscription and the evolution of society." *American Behavioral Scientist* 31:405–415.

Granovetter, Mark. 1979. "The idea of 'advancement' in theories of social evolution and development." *American Journal of Sociology* 85:489–515.

Greenfield, Sidney M. 1961. "Industrialization and the family in sociological theory." *American Journal of Sociology* 67:312–322.

Haas, Jonathan. 1982. *The Evolution of the Prehistoric State.* New York: Columbia University Press.

Hadden, Jeffrey K. 1987. "Toward desacralizing secularization theory." *Social Forces* 65:587–611.

Hall, John A. 1985. *Powers and Liberties: The Causes and Consequences of the Rise of the West.* Berkeley: University of California Press.

Hall, John Whitney. 1970. *Japan: From Prehistory to Modern Times.* New York: Delacorte Press.

Halliday, Fred. 1991. "The ends of cold war." In Robin Blackburn (ed.), *After the Fall: The Failure of Communism and the Future of Socialism.* London: Verso.

Hallpike, C. R. 1986. *The Principles of Social Evolution.* Oxford: Clarendon Press.

Halsey, A. H., A. F. Heath, and J. M. Ridge. 1980. *Origins and Destinations: Family, Class, and Education in Modern Britain.* Oxford: Clarendon Press.

Hamilton, William D. 1964. "The genetical evolution of social behavior, parts 1 and 2." *Journal of Theoretical Biology* 7:1–51.

Handwerker, W. Penn. 1986. "The modern demographic transition: An analysis of subsistence choices and reproductive consequences." *American Anthropologist* 88:400–417.

Hane, Mikiso. 1992. *Modern Japan: A Historical Survey.* Second edition. Boulder, Colo.: Westview Press.

Hardin, Garrett. 1968. "The tragedy of the commons." *Science* 162:1243–1248.

Harner, Michael J. 1970. "Population pressure and the social evolution of agriculturalists." *Southwestern Journal of Anthropology* 26:67–86.

———. 1975. "Scarcity, the factors of production, and social evolution." In Steven Polgar (ed.), *Population, Ecology, and Social Evolution.* The Hague: Mouton.

Harris, David R. 1977. "Alternative pathways toward agriculture." In Charles A. Reed (ed.), *Origins of Agriculture.* The Hague: Mouton.

Harris, Marvin. 1964. *Patterns of Race in the Americas.* New York: Norton.

———. 1968. *The Rise of Anthropological Theory.* New York: Crowell.

———. 1971. *Culture, Man, and Nature: An Introduction to General Anthropology.* New York: Crowell.

———. 1974. *Cows, Pigs, Wars, and Witches: The Riddles of Culture.* New York: Random House.

———. 1975. *Culture, People, Nature: An Introduction to General Anthropology.* Second edition. New York: Crowell.

———. 1977. *Cannibals and Kings: The Origins of Cultures.* New York: Random House.

———. 1979. *Cultural Materialism: The Struggle for a Science of Culture.* New York: Random House.

———. 1980. *Culture, People, Nature: An Introduction to General Anthropology.* Third edition. New York: Harper & Row.

———. 1981. *America Now: The Anthropology of a Changing Culture.* New York: Simon and Schuster.

———. 1985a. *Good to Eat: Riddles of Food and Culture.* New York: Simon and Schuster.

———. 1985b. *Culture, People, Nature: An Introduction to General Anthropology.* Fourth editon. New York: Harper & Row.

Harris, Marvin, and Eric B. Ross. 1978. "How beef became king." *Psychology Today* 12(5):88–94.

———. 1987. *Death, Sex and Fertility: Population Regulation in Preindustrial and Developing Societies.* New York: Columbia University Press.

Hartung, John. 1982. "Polygyny and inheritance of wealth." *Current Anthropology* 23:1–12.

Harvey, David. 1989. *The Condition of Postmodernity.* Oxford: Blackwell.

Hassig, Ross. 1985. *Trade, Tribute, and Transportation: The Sixteenth-Century Political Economy of the Valley of Mexico.* Norman: University of Oklahoma Press.

Hatch, Elvin. 1983. *Culture and Morality: The Relativity of Values in Anthropology.* New York: Columbia University Press.

Hayden, Brian. 1981. "Research and development in the Stone Age: Technological transitions among hunter-gatherers." *Current Anthropology* 22:519–48.

Hechter, Michael. 1975. *Internal Colonialism: The Celtic Fringe in British National Development, 1536–1966.* Berkeley: University of California Press.

———. 1976. "Ethnicity and industrialization: On the proliferation of the cultural division of labor." *Ethnicity* 3:214–224.

Heilbroner, Robert L. 1963. *The Great Ascent: The Struggle for Economic Development in Our Time.* New York: Harper & Row.

———. 1972. *The Making of Economic Society.* Fourth edition. Englewood Cliffs, N.J.: Prentice-Hall.

———. 1980. *An Inquiry into the Human Prospect.* New York: Norton.

———. 1985. *The Making of Economic Society.* Seventh edition. Englewood Cliffs, N.J.: Prentice-Hall.

Hendrix, Lewellyn, and Zakir Hossain. 1988. "Women's status and mode of production: A cross-cultural test." *Signs: Journal of Women in Culture and Society* 13:437–453.

Henry, Donald O. 1989. *From Foraging to Agriculture: The Levant at the End of the Ice Age.* Philadelphia: University of Pennsylvania Press.

Herman, Edward, and James Petras. 1985. "Resurgent democracy: Rhetoric and reality." *New Left Review* 154:83–98.

Hill, Christopher. 1953. "The transition from feudalism to capitalism." *Science and Society* 17:348–351.

Hill, J. H. 1978. "Apes and language." *Annual Review of Anthropology* 7:89–112.

Hill, Kim, Hillard Kaplan, Kristen Hawkes, and Ana Magdelena Hurtado. 1985.

"Men's time allocation to subsistence work among the Aché of eastern Paraguay." *Human Ecology* 13:29–47.

Hilton, Rodney (ed.). 1976. *The Transition from Feudalism to Capitalism.* London: New Left Books.

Hobsbawm, Eric J. 1968. *Industry and Empire.* New York: Pantheon.

———. 1991a. "Goodbye to all that." In Robin Blackburn (ed.), *After the Fall: The Failure of Communism and the Future of Socialism.* London: Verso.

———. 1991b. "Out of the ashes." In Robin Blackburn (ed.), *After the Fall: The Failure of Communism and the Future of Socialism.* London: Verso.

Hochschild, Arlie R. 1997. *The Time Bind: When Work Becomes Home and Home Becomes Work.* New York: Henry Holt.

Hockett, Charles F., and Robert Ascher. 1964. "The human revolution." *Current Anthropology* 5:135–168.

Hodges, Richard. 1988. *Primitive and Peasant Markets.* Oxford: Blackwell.

Hogbin, H. Ian. 1964. *A Guadalcanal Society: The Kaoka Speakers.* New York: Holt, Rinehart and Winston.

Hole, Frank. 1977. *Studies in the Archaeological History of the Deh Luran Plain.* Ann Arbor: University of Michigan Museum of Anthropology, Memoir No. 9.

Holton, Robert J. 1985. *The Transition from Feudalism to Capitalism.* New York: St. Martin's Press.

Hoogvelt, Ankie M. M. 1982. *The Third World in Global Development.* London: Macmillan Press.

Hraba, Joseph. 1979. *American Ethnicity.* Itasca, Ill.: F. E. Peacock.

Huaco, George A. 1963. "A logical analysis of the Davis-Moore theory of stratification." *American Sociological Review* 28:801–804.

———. 1986. "Ideology and general theory: The case of sociological functionalism." *Comparative Studies in Society and History* 28:34–54.

Huxley, Julian. 1942. *Evolution: The Modern Synthesis.* New York: Harper & Brothers.

Ingold, Tim. 1986. *Evolution and Social Life.* Cambridge: Cambridge University Press.

Jaspers, Karl. 1953. *The Origin and Goal of History.* New Haven, Conn.: Yale University Press.

Johansen, J. H., H. W. Collins, and J. A. Johnson. 1986. *American Education.* Fifth edition. Dubuque, Iowa: Wm. C. Brown.

Johnson, Allen W., and Timothy Earle. 1987. *The Evolution of Human Societies: From Foraging Group to Agrarian State.* Stanford, Calif.: Stanford University Press.

Jolly, Alison. 1972. *The Evolution of Primate Behavior.* New York: Macmillan.

Jones, E. L. 1988. *Growth Recurring: Economic Change in World History.* Oxford: Clarendon Press.

Jordan, Winthrop D. 1974. *The White Man's Burden.* New York: Oxford University Press.

Jowitt, Kenneth. 1978. *The Leninist Response to National Dependency.* Berkeley: Institute of International Studies.

———. 1992. *New World Disorder: The Leninist Extinction.* Berkeley: University of California Press.

Kaneda, Tatsuo. 1988. "Gorbachev's economic reforms." In P. Juviler and H. Kimura (eds.), *Gorbachev's Reforms.* Hawthorne, N.Y.: Aldine de Gruyter.

Karabel, Jerome, and A. H. Halsey. 1977. *Power and Ideology in Education.* New York: Oxford University Press.

Keesing, Roger M. 1975. *Kin Groups and Social Structure.* New York: Holt, Rinehart and Winston.

Kelly, Robert L. 1995. *The Foraging Spectrum: Diversity in Hunter-Gatherer Lifeways.* Washington, D.C.: Smithsonian Institution Press.

Kennedy, Paul. 1987. *The Rise and Fall of*

the Great Powers. New York: Random House (Vintage Books).

———. 1993. *Preparing for the Twenty-first Century.* New York: Random House.

Kerckhoff, Alan C., Richard T. Campbell, and Idee Winfield-Laird. 1985. "Social mobility in Great Britain and the United States." *American Journal of Sociology* 91:281–308.

Kirch, Patrick Vinton. 1984. *The Evolution of the Polynesian Chiefdoms.* New York: Cambridge University Press.

———. 1988. "Circumscription theory and sociopolitical evolution in Polynesia." *American Behavioral Scientist* 31:416–427.

———. 1994. *The Wet and the Dry: Irrigation and Agricultural Intensification in Polynesia.* Chicago: University of Chicago Press.

Kitamura, Kazuyuki. 1991. "The future of Japanese higher education." In Edward R. Beauchamp (ed.), *Windows on Japanese Education.* Westport, Conn.: Greenwood Press.

Klein, Richard G. 1989. *The Human Career: Human Biological and Cultural Origins.* Chicago: University of Chicago Press.

Kohl, Philip L. 1978. "The balance of trade in southwestern Asia in the mid-third millennium." *Current Anthropology* 19:463–492.

———. 1989. "The use and abuse of world-systems theory: The case of the 'pristine' west Asian state." In C. C. Lamberg-Karlovsky (ed.), *Archaeological Thought in America.* Cambridge: Cambridge University Press.

Kohlberg, Lawrence. 1971. "From is to ought: How to commit the naturalistic fallacy and get away with it in the study of moral development." In Theodore Mischel (ed.), *Cognitive Development and Epistemology.* New York: Academic Press.

Kolko, Gabriel. 1962. *Wealth and Power in America.* New York: Praeger.

Kondratieff, Nikolai. 1984. *The Long Wave Cycle.* New York: Richardson and Snyder. (Originally published 1928.)

Kontorovich, Vladimir. 1987. "Labor problems and the prospects for accelerated economic growth." In Maurice Friedberg and Heyward Isham (eds.), *Soviet Society Under Gorbachev.* Armonk, N.Y.: Sharpe.

Koo, Hagen. 1987. "The interplay of state, social class, and world system in east Asian development: The cases of South Korea and Taiwan." In Frederic C. Deyo (ed.), *The Political Economy of the New Asian Industrialism.* Ithaca, N.Y.: Cornell University Press.

Kornai, János. 1992. *The Socialist System: The Political Economy of Communism.* Princeton, N.J.: Princeton University Press.

Kottak, Conrad Phillip. 1978. *Anthropology: The Exploration of Human Diversity.* Second edition. New York: Random House.

Kovel, Joel. 1984. *White Racism: A Psychohistory.* Second edition. New York: Columbia University Press.

Kriedte, Peter. 1983. *Peasants, Landlords and Merchant Capitalists: Europe and the World Economy, 1500–1800.* Cambridge: Cambridge University Press.

Kumagai, Fumie. 1986. "Modernization and the family in Japan." *Journal of Family History* 11:371–382.

Kumar, Krishan. 1992. "The revolutions of 1989: Socialism, capitalism, and democracy." *Theory and Society* 21:309–356.

———. 1995. *From Post-Industrial to Post-Modern Society: New Theories of the Contemporary World.* Oxford: Blackwell.

Kushnirsky, F. I. 1988. "Soviet economic reform: An analysis and a model." In S. Linz and W. Moskoff (eds.), *Reorganization and Reform in the Soviet Economy.* Armonk, N.Y.: Sharpe.

Landes, David S. 1969. *The Unbound Prometheus: Technological Change and Industrial Development in Western Europe from 1750 to the Present*. New York: Cambridge University Press.

Lane, David. 1971. *The End of Inequality? Stratification Under State Socialism*. London: Penguin Books.

———. 1982. *The End of Social Inequality? Class, Status, and Power Under State Socialism*. London: Allen and Unwin.

———. 1985. *Soviet Economy and Society*. Oxford: Blackwell.

———. 1987. *Soviet Labour and the Ethic of Communism*. Boulder, Colo.: Westview Press.

Langton, John. 1979. "Darwinism and the behavioral theory of sociocultural evolution: An analysis." *American Journal of Sociology* 85:288–309.

Lanternari, Vittorio. 1963. *The Religions of the Oppressed*. New York: Knopf.

Lapidus, Gail W. 1983. "Social trends." In Robert F. Byrnes (ed.), *After Breshnev: Sources of Soviet Conduct in the 1980s*. Bloomington: Indiana University Press.

———. 1988. "Gorbachev's agenda: Domestic reforms and foreign policy reassessments." In P. Juviler and H. Kimura (eds.), *Gorbachev's Reforms*. Hawthorne, N.Y.: Aldine de Gruyter.

Lapidus, Gail W. (ed.). 1995. *The New Russia: Troubled Transformation*. Boulder, Colo.: Westview.

Lasch, Christopher. 1977. *Haven in a Heartless World: The Family Besieged*. New York: Basic Books.

Laslett, Peter. 1977. *Family Life and Illicit Love in Earlier Generations*. Cambridge: Cambridge University Press.

———. 1983. "Family and household as work group and as kin group: Areas of traditional Europe compared." In Richard Wall, Jean Rodin, and Peter Laslett (eds.), *Family Forms in Historic Europe*. Cambridge: Cambridge University Press.

Laslett, Peter, and Richard Wall. 1972. *Household and Family in Past Time*. Cambridge: Cambridge University Press.

Leach, E. R. 1954. *Political Systems of Highland Burma*. Boston: Beacon Press.

Leacock, Eleanor B. 1978. "Women's status in egalitarian society: Implications for social evolution." *Current Anthropology* 19:247–275.

Leacock, Eleanor B., and Helen I. Safa (eds.). 1986. *Women's Work: Development and the Division of Labor by Gender*. South Hadley, Mass.: Bergin and Garvey.

Lee, Richard B. 1968. "What hunters do for a living, or, how to make out on scarce resources." In Richard B. Lee and Irven DeVore (eds.), *Man the Hunter*. Chicago: Aldine.

———. 1972. "The !Kung bushmen of Botswana." In M. G. Bicchieri (ed.), *Hunters and Gatherers Today*. New York: Holt, Rinehart and Winston.

———. 1978. "Politics, sexual and nonsexual, in an egalitarian society." *Social Science Information* 17:871–895.

———. 1979. *The !Kung San: Men, Women, and Work in a Foraging Society*. New York: Cambridge University Press.

———. 1984. *The Dobe !Kung*. New York: Holt, Rinehart and Winston.

———. 1990. "Primitive communism and the origin of social inequality." In Steadman Upham (ed.), *The Evolution of Political Systems: Sociopolitics in Small-Scale Sedentary Societies*. New York: Cambridge University Press.

Lee, Richard B., and Irven DeVore (eds.). 1968. *Man the Hunter*. Chicago: Aldine.

Leggett, Robert E. 1988. "Gorbachev's reform program: 'Radical' or more of the same?" In S. Linz and W. Moskoff (eds.), *Reorganization and Reform in the Soviet Economy*. Armonk, N.Y.: Sharpe.

Lenski, Gerhard E. 1966. *Power and Privilege: A Theory of Social Stratification*. New York: McGraw-Hill.

———. 1970. *Human Societies: A Macrolevel*

Introduction to Sociology. New York: McGraw-Hill.

Lenski, Gerhard E., and Jean Lenski. 1978. *Human Societies: An Introduction to Macrosociology.* Third edition. New York: McGraw-Hill.

———. 1987. *Human Societies: An Introduction to Macrosociology.* Fifth edition. New York: McGraw-Hill.

Lenski, Gerhard, and Patrick Nolan. 1984. "Trajectories of development: A test of ecological-evolutionary theory." *Social Forces* 63:1–23.

Le Roy Ladurie, Emmanuel. 1974. *The Peasants of Languedoc.* Champaign: University of Illinois Press.

Leupp, Gary P. 1992. *Servants, Shophands, and Laborers in the Cities of Tokugawa Japan.* Princeton: Princeton University Press.

Lewis, Bernard. 1971. *Race and Color in Islam.* New York: Oxford University Press.

———. 1990. *Race and Slavery in the Middle East.* New York: Oxford University Press.

Leys, Colin. 1982. "African economic development in theory and practice." *Daedalus* 111(2):99–124.

Lieberman, Leonard. 1989. "A discipline divided: Acceptance of human sociobiological concepts in anthropology." *Current Anthropology* 30:676–682.

Lions, P., and M. Lachiver. 1967. "Dénombrement de la population de Brueil-en-Vexin en 1625." *Annales de démographie historique,* pp. 521–537.

Lord, Jane, and Stephen K. Sanderson. 1997. "Current theoretical and political perspectives of Western sociological theorists." Paper presented at the annual meetings of the American Sociological Association, Toronto, August.

Lortz, Joseph. 1972. "Why did the Reformation happen?" In Lewis W. Spitz (ed.), *The Reformation: Basic Interpretations.* Lexington, Mass.: Heath.

Lyotard, Jean-Francois. 1985. *The Postmodern Condition.* Minneapolis: University of Minnesota Press.

McCord, William, and Arline McCord. 1977. *Power and Equity: An Introduction to Social Stratification.* New York: Praeger.

McCorriston, Joy, and Frank Hole. 1991. "The ecology of seasonal stress and the origins of agriculture in the Near East." *American Anthropologist* 93:46–69.

McNeill, William H. 1976. *Plagues and Peoples.* Garden City, N.Y.: Doubleday (Anchor Books).

———. 1982. *The Pursuit of Power: Technology, Armed Force, and Society Since* A.D. *1000.* Chicago: University of Chicago Press.

MacNeish, Richard. 1978. *The Science of Archaeology.* North Scituate, Mass.: Duxbury Press.

Mair, Lucy. 1964. *Primitive Government.* Baltimore: Penguin Books.

Mandel, Ernest. 1989. *Beyond Perestroika: The Future of Gorbachev's USSR.* Translated by Gus Fagan. London: Verso.

Mandelbaum, David G. 1988. *Women's Seclusion and Men's Honor: Sex Roles in North India, Bangladesh, and Pakistan.* Tucson: University of Arizona Press.

Mandle, Joan D. 1979. *Women and Social Change in America.* Princeton, N.J.: Princeton Books.

Mann, Michael. 1986. *The Sources of Social Power. Volume 1: A History of Power from the Beginning to* A.D. *1760.* Cambridge: Cambridge University Press.

———. 1988. *States, War and Capitalism.* Oxford: Blackwell.

Martin, M. Kay, and Barbara Voorhies. 1975. *Female of the Species.* New York: Columbia University Press.

Marx, Gary T. 1967. "Religion: Opiate or inspiration of civil rights militancy among Negroes?" *American Sociological Review* 32:64–72.

Marx, Karl. 1963. *Karl Marx: Early Writings.* Edited by Tom Bottomore. New York:

McGraw-Hill. (Originally written 1843–1844.)

———. 1967. *Capital*. Three volumes. New York: International Publishers. (Originally published 1867.)

———. 1978. "The eighteenth brumaire of Louis Bonaparte." In Robert C. Tucker (ed.), *The Marx-Engels Reader*. Second edition. New York: Norton. (Originally published 1852.)

———. 1979. "Letter to Engels." In Saul K. Padover (ed.), *The Letters of Karl Marx*. Englewood Cliffs, N.J.: Prentice-Hall. (Originally written June 18, 1862.)

Marx, Karl, and Friedrich Engels. 1970. *The German Ideology*. Edited by C. J. Arthur. New York: International Publishers. (Originally written 1846.)

Maryanski, Alexandra, and Jonathan H. Turner. 1992. *The Social Cage: Human Nature and the Evolution of Society*. Stanford, Calif.: Stanford University Press.

Matthews, Mervyn. 1978. *Privilege in the Soviet Union*. London: Allen and Unwin.

Mayr, Ernst. 1942. *Systematics and the Origin of Species*. New York: Columbia University Press.

———. 1963. *Animal Species and Evolution*. Cambridge, Mass.: Harvard University Press.

———. 1982. *The Growth of Biological Thought*. Cambridge, Mass.: Harvard University Press (Belknap Press).

———. 1988. *Toward a New Philosophy of Biology*. Cambridge, Mass.: Harvard University Press.

———. 1991. *One Long Argument: Charles Darwin and the Genesis of Modern Evolutionary Thought*. Cambridge, Mass.: Harvard University Press.

Meadows, Donella H., Dennis L. Meadows, and Jørgen Randers. 1992. *Beyond the Limits: Confronting Global Collapse, Envisioning a Sustainable Future*. Post Mills, Vt.: Chelsea Green.

Mellars, Paul A. 1985. "The ecological basis of social complexity in the Upper Paleolithic of southwestern France." In T. Douglas Price and James A. Brown (eds.), *Prehistoric Hunter-Gatherers*. New York: Academic Press.

Mencher, Joan P. 1974. "The caste system upside down: Or the not-so-mysterious East." *Current Anthropology* 15:469–494.

———. 1980. "On being an untouchable in India: A materialist perspective." In Eric B. Ross (ed.), *Beyond the Myths of Culture: Essays in Cultural Materialism*. New York: Academic Press.

Merton, Robert K. 1957. *Social Theory and Social Structure*. New York: Free Press.

———. 1961. "Bureaucratic structure and personality." In Amitai Etzioni (ed.), *Complex Organizations: A Sociological Reader*. New York: Holt, Rinehart and Winston.

Meyer, John W., Francisco O. Ramirez, Richard Rubinson, and John Boli-Bennett. 1977. "The world educational revolution, 1950–1970." *Sociology of Education* 50:242–258.

Meyer, John W., David Tyack, Joane Nagel, and Audri Gordon. 1979. "Public education as nation-building in America: Enrollments and bureaucratization in the American states, 1870–1930." *American Journal of Sociology* 85:591–613.

Milisauskas, Sarunas. 1978. *European Prehistory*. New York: Academic Press.

Minge-Klevana, Wanda. 1980. "Does labor time decrease with industrialization? A survey of time-allocation studies." *Current Anthropology* 21:279–298.

Money, John, and A. A. Ehrhardt. 1972. *Man and Woman, Boy and Girl*. Baltimore: Johns Hopkins University Press.

Moore, Barrington, Jr. 1966. *Social Origins of Dictatorship and Democracy*. Boston: Beacon Press.

Morton, Peggy. 1971. "A woman's work is never done." In Edith Hoshino Altbach (ed.), *From Feminism to Liberation.* Cambridge, Mass.: Schenkman.

Moseley, K. P., and Immanuel Wallerstein. 1978. "Precapitalist social structures." *Annual Review of Sociology* 4:259–290.

Moulder, Frances V. 1977. *Japan, China and the Modern World Economy.* New York: Cambridge University Press.

Murdock, George Peter. 1959. *Africa: Its Peoples and Their Culture History.* New York: McGraw-Hill.

——. 1967. *Ethnographic Atlas.* Pittsburgh: University of Pittsburgh Press.

Murdock, George Peter, and Caterina Provost. 1973. "Factors in the division of labor by sex." *Ethnology* 12:203–225.

Murphy, Raymond. 1988. *Social Closure: The Theory of Monopolization and Exclusion.* Oxford: Clarendon Press.

Murstein, Bernard I. 1974. *Love, Sex, and Marriage Through the Ages.* New York: Springer.

Mutel, Jacques. 1988. "The modernization of Japan: Why has Japan succeeded in its modernization?" In Jean Baechler, John A. Hall, and Michael Mann (eds.), *Europe and the Rise of Capitalism.* Oxford: Blackwell.

Nasir, Jamal J. 1994. *The Status of Women Under Islamic Law.* Second edition. London: Graham and Trotman.

Nattrass, Jill. 1981. *The South African Economy: Its Growth and Change.* Cape Town: Oxford University Press.

Ndabezitha, Siyabonga W., and Stephen K. Sanderson. 1988. "Racial antagonism and the origins of apartheid in the South African gold mining industry, 1886–1924: A split labor market analysis." In Cora Bagley Marrett and Cheryl Leggon (eds.), *Research in Race and Ethnic Relations.* Volume 5. Greenwich, Conn.: JAI Press.

Nef, John U. 1964. *The Conquest of the Material World.* Chicago: University of Chicago Press.

Noble, William, and Iain Davidson. 1996. *Human Evolution, Language, and Mind.* Cambridge: Cambridge University Press.

Noel, Donald L. 1972a. "Slavery and the rise of racism." In Donald L. Noel (ed.), *The Origins of American Slavery and Racism.* Columbus, Ohio: Merrill.

Noel, Donald L. (ed.). 1972b. *The Origins of American Slavery and Racism.* Columbus, Ohio: Merrill.

North, Douglass C., and Robert Paul Thomas. 1973. *The Rise of the Western World: A New Economic History.* New York: Cambridge University Press.

Nove, Alec. 1989. *Glasnost in Action: Cultural Renaissance in Russia.* London: Unwin Hyman.

Oates, Joan. 1978. "Comment on 'The balance of trade in southwestern Asia in the mid-third millennium.'" *Current Anthropology* 19:480–481.

Office of Management and the Budget. 1973. *Social Indicators 1973.* Washington, D.C.: U.S. Government Printing Office.

Oliver, Douglas. 1955. *A Solomon Island Society: Kinship and Leadership Among the Siuai of Bougainville.* Cambridge, Mass.: Harvard University Press.

Palli, Heldur. 1974. "Perede strukturist ja selle uurimiset." *Proceedings of the Soviet Academy of Estonia* 23:64–76.

Parker, Seymour, and Hilda Parker. 1979. "The myth of male superiority: Rise and demise." *American Anthropologist* 81:289–309.

Parkin, Frank. 1971. *Class Inequality and Political Order: Social Stratification in Capitalist and Communist Societies.* New York: Holt, Rinehart and Winston.

——. 1979. *Marxism and Class Theory: A Bourgeois Critique.* New York: Columbia University Press.

——. 1987. *The Mind and Body Shop.* New York: Atheneum.

Parsons, Talcott. 1937. *The Structure of Social Action.* New York: McGraw-Hill.

——. 1966. *Societies: Evolutionary and*

Comparative Perspectives. Englewood Cliffs, N.J.: Prentice-Hall.

———. 1971. *The System of Modern Societies.* Englewood Cliffs, N.J.: Prentice-Hall.

———. 1977. *The Evolution of Societies.* Edited by Jackson Toby. Englewood Cliffs, N.J.: Prentice-Hall.

Pasternak, Burton, Carol R. Ember, and Melvin Ember. 1996. *Sex, Gender, and Kinship: A Cross-Cultural Perspective.* Upper Saddle River, N.J.: Prentice Hall.

Patterson, Francine G. 1978. "The gestures of a gorilla: Language acquisition by another pongid." *Brain and Language* 12:72–97.

Patterson, Orlando. 1977. *Ethnic Chauvinism: The Reactionary Impulse.* New York: Stein and Day.

———. 1982. *Slavery and Social Death: A Comparative Study.* Cambridge, Mass.: Harvard University Press.

Pearson, M. N. 1991. "Merchants and states." In James D. Tracy (ed.), *The Political Economy of Merchant Empires.* New York: Cambridge University Press.

Petras, James. 1987. "The anatomy of state terror: Chile, El Salvador and Brazil." *Science and Society* 51:314–338.

Phillips, Kevin. 1990. *The Politics of Rich and Poor.* New York: Random House.

Phillipson, David W. 1985. *African Archaeology.* Cambridge: Cambridge University Press.

Piddocke, Stuart. 1965. "The potlatch system of the southern Kwakiutl: a new perspective." *Southwestern Journal of Anthropology* 21:244–264.

Pinker, Steven. 1994. *The Language Instinct: How the Mind Creates Language.* New York: William Morrow.

Pinkney, Alphonso. 1984. *The Myth of Black Progress.* New York: Cambridge University Press.

Pines, Maya. 1978. "Is sociobiology all wet?" *Psychology Today* 11(12):23–24.

Pitshandenge, Iman Ngondo A. 1994. "Marriage law in sub-Saharan Africa." In Caroline Bledsoe and Gilles Pison (eds.), *Nuptiality in Sub-Saharan Africa.* Oxford: Oxford University Press (Clarendon Press).

Piven, Frances Fox, and Richard A. Cloward. 1971. *Regulating the Poor: The Functions of Public Welfare.* New York: Random House (Vintage Books).

Plakans, Andrejs. 1982. "Ties of kinship and kinship roles in an historic eastern European peasant community: A synchronic analysis." *Journal of Family History* 7:52–75.

Plattner, Stuart (ed.). 1989. *Economic Anthropology.* Stanford, Calif.: Stanford University Press.

Polanyi, Karl. 1957. "The economy as instituted process." In Karl Polanyi, Conrad M. Arensberg, and Harry W. Pearson (eds.), *Trade and Market in the Early Empires.* Glencoe, Ill.: Free Press.

Pollock, Linda. 1983. *Forgotten Children: Parent-Child Relations from 1500 to 1900.* New York: Cambridge University Press.

Popenoe, David. 1988. *Disturbing the Nest: Family Change and Decline in Modern Societies.* Hawthorne, N.Y.: Aldine de Gruyter.

Popkin, Samuel L. 1979. *The Rational Peasant.* Berkeley: University of California Press.

Population Reference Bureau. 1989. *World Population Data Sheet.* Washington, D.C.: The Bureau.

Posner, Richard A. 1992. *Sex and Reason.* Cambridge, Mass.: Harvard University Press.

Possehl, Gregory L. 1990. "Revolution in the Urban Revolution: The emergence of Indus urbanization." *Annual Review of Anthropology* 19:261–282.

Postan, Michael M. 1972. *The Medieval Economy and Society.* Berkeley: University of California Press.

Premack, David. 1970. "A functional analysis of language." *Journal of the Experimental Analysis of Behavior* 14:107–125.

Price, T. Douglas, and James A. Brown (eds.), 1985. *Prehistoric Hunter-Gatherers*. San Diego: Academic Press.

Reich, Michael. 1977. "The economics of racism." In David M. Gordon (ed.), *Problems in Political Economy*. Second edition. Lexington, Mass.: Heath.

Reischauer, Edwin O. 1956. "Japanese feudalism." In Rushton Coulborn (ed.), *Feudalism in History*. Princeton, N.J.: Princeton University Press.

Reiter, Rayna R. (ed.). 1975. *Toward an Anthropology of Women*. New York: Monthly Review Press.

Remnick, David. 1997. *Resurrection: The Struggle for a New Russia*. New York: Random House.

Reynolds, Vernon, Vincent Falger, and Ian Vine (eds.). 1986. *The Sociobiology of Ethnocentrism*. Athens: University of Georgia Press.

Riesman, David. 1950. *The Lonely Crowd*. With the assistance of Reuel Denney and Nathan Glazer. New Haven: Yale University Press.

Ritzer, George. 1992. *Sociological Theory*. Third edition. New York: Knopf.

Robertson, H. M. 1959. "A criticism of Max Weber and his school." In Robert W. Green (ed.), *Protestantism and Capitalism: The Weber Thesis and Its Critics*. Boston: Heath.

Robertson, Roland. 1970. *The Sociological Interpretation of Religion*. New York: Schocken Books.

Roemer, John E. 1982a. "New directions in the Marxian theory of exploitation and class." *Politics and Society* 11:253–287.

———. 1982b. *A General Theory of Exploitation and Class*. Cambridge, Mass.: Harvard University Press.

———. 1994. "A future for socialism." *Politics and Society* 22:451–478.

Rosaldo, Michelle, and Louise Lamphere (ed.). 1974. *Women, Culture, and Society*. Stanford, Calif.: Stanford University Press.

Rosenthal, Bernice Glatzer. 1975. "The role and status of women in the Soviet Union: 1917 to the present." In Ruby Rohrlich-Leavitt (ed.), *Women Cross-Culturally*. The Hague: Mouton.

Ross, Eric B. 1980. "Patterns of diet and forces of production: An economic and ecological history of the ascendancy of beef in the United States diet." In Eric B. Ross (ed.), *Beyond the Myths of Culture: Essays in Cultural Materialism*. New York: Academic Press.

Ross, Robert J. S., and Kent C. Trachte. 1990. *Global Capitalism: The New Leviathan*. Albany: State University of New York Press.

Rossi, Alice S. 1984. "Gender and parenthood." *American Sociological Review* 49:1–19.

Rossides, Daniel. 1976. *The American Class System: An Introduction to Social Stratification*. Boston: Houghton Mifflin.

———. 1990. *Social Stratification: The American Class System in Comparative Perspective*. Englewood Cliffs, N.J.: Prentice Hall.

Rostow, W. W. 1960. *The Stages of Economic Growth: A Non-Communist Manifesto*. New York: Cambridge University Press.

Roxborough, Ian. 1979. *Theories of Underdevelopment*. London: Macmillan Press.

Rubinson, Richard, and Deborah Holtzman. 1981. "Comparative dependence and economic development." *International Journal of Comparative Sociology* 22:86–101.

Rueschemeyer, Dietrich, Evelyne Huber Stephens, and John D. Stephens. 1992. *Capitalist Development and Democracy*. Chicago: University of Chicago Press.

Runciman, W. G. 1989. *A Treatise on Social Theory. Volume II: Substantive Social Theory*. Cambridge: Cambridge University Press.

Ruyle, Eugene E. 1973. "Slavery, surplus, and stratification on the Northwest Coast: The ethnoenergetics of an incipient stratification system." *Current Anthropology* 14:603–631.

Sacks, Karen. 1975. "Engels revisited: Women, the organization of production, and private property." In Rayna R. Reiter (ed.), *Toward an Anthropology of Women*. New York: Monthly Review Press.

———. 1979. *Sisters and Wives: The Past and Future of Sexual Equality*. Westport, Conn.: Greenwood Press.

Safa, Helen I. 1981. "Runaway shops and female employment: The search for cheap labor." *Signs: Journal of Women in Culture and Society* 7:418–433.

Sahlins, Marshall. 1958. *Social Stratification in Polynesia*. Seattle: University of Washington Press.

———. 1960. "Evolution: Specific and general." In Marshall Sahlins and Elman R. Service (eds.), *Evolution and Culture*. Ann Arbor: University of Michigan Press.

———. 1963. "Poor man, rich man, big man, chief: Political types in Melanesia and Polynesia." *Comparative Studies in Society and History* 5:285–303.

———. 1968. *Tribesmen*. Englewood Cliffs, N.J.: Prentice-Hall.

———. 1972. *Stone Age Economics*. Chicago: Aldine.

———. 1976a. *Culture and Practical Reason*. Chicago: University of Chicago Press.

———. 1976b. *The Use and Abuse of Biology: An Anthropological Critique of Sociobiology*. Ann Arbor: University of Michigan Press.

Sanders, William T. 1972. "Population, agricultural history, and societal evolution in Mesoamerica." In Brian Spooner (ed.), *Population Growth: Anthropological Implications*. Cambridge, Mass.: MIT Press.

Sanderson, Stephen K. 1973. "Religion, politics, and morality: A study of religious and political belief systems and their relation through Kohlberg's cognitive-developmental theory of moral judgment." Unpublished Ph.D. dissertation. Lincoln: University of Nebraska.

———. 1985. "The provincialism of introductory sociology." *Teaching Sociology* 12:397–410.

———. 1990. *Social Evolutionism: A Critical History*. Oxford: Blackwell.

———. 1991. "The evolution of societies and world-systems." In Christopher Chase-Dunn and Thomas D. Hall (eds.), *Core/Periphery Relations in Precapitalist Worlds*. Boulder, Colo.: Westview Press.

———. 1994a. "The transition from feudalism to capitalism: The theoretical significance of the Japanese case." *Review* 17:15–55.

———. 1994b. "Expanding world commercialization: The link between world-systems and civilizations." *Comparative Civilizations Review* 30:91–103.

———. 1994c. "Evolutionary materialism: A theoretical strategy for the study of social evolution." *Sociological Perspectives* 37:47–73.

———. 1995. *Social Transformations: A General Theory of Historical Development*. Oxford: Blackwell.

Sanderson, Stephen K., and Lee Ellis. 1992. "Theoretical and political perspectives of American sociologists in the 1990s." *The American Sociologist* 23:26–42.

Sansom, George. 1961. *A History of Japan, 1334–1615*. Stanford, Calif.: Stanford University Press.

Savage-Rumbaugh, E. Sue. 1986. *Ape Language: From Conditioned Response to Symbol*. New York: Columbia University Press.

Savage-Rumbaugh, E. Sue, Duane M. Rumbaugh, and Kelly McDonald. 1985. "Language learning in two species of apes." *Neuroscience and Biobehavioral Reviews* 9:653–665.

Schacht, Robert M. 1988. "Circumscription theory: A critical review." *American Behavioral Scientist* 31:438–448.

Schneider, David M. 1961. "The distinctive features of matrilineal descent groups." In David M. Schneider and Kathleen Gough (eds.), *Matrilineal Kinship*. Berkeley: University of California Press.

———. 1968. *American Kinship: A Cultural Account*. Englewood Cliffs, N.J.: Prentice-Hall.

Schneider, David M., and Kathleen Gough (eds.). 1961. *Matrilineal Kinship*. Berkeley: University of California Press.

Schneider, Jane. 1977. "Was there a precapitalist world-system?" *Peasant Studies* 6:20–29.

Scott, James C. 1976. *The Moral Economy of the Peasant*. New Haven: Yale University Press.

———. 1990. *Domination and the Arts of Resistance*. New Haven: Yale University Press.

See, Katherine O'Sullivan, and William J. Wilson. 1988. "Race and ethnicity." In Neil J. Smelser (ed.), *Handbook of Sociology*. Beverly Hills, Calif.: Sage.

Sennett, Richard. 1976. *The Fall of Public Man*. New York: Random House (Vintage Books).

Service, Elman R. 1963. *Profiles in Ethnology*. New York: Harper & Row.

———. 1966. *The Hunters*. Englewood Cliffs, N.J.: Prentice-Hall.

———. 1971a. *Cultural Evolutionism: Theory in Practice*. New York: Holt, Rinehart and Winston.

———. 1971b. *Primitive Social Organization: An Evolutionary Perspective*. Second edition. New York: Random House.

———. 1975. *Origins of the State and Civilization*. New York: Norton.

———. 1978. "Classical and modern theories of the origins of government." In Ronald Cohen and Elman R. Service (eds.), *Origins of the State*. Philadelphia: Institute for the Study of Human Issues.

Shahar, Shulamith. 1990. *Childhood in the Middle Ages*. New York: Routledge.

Shannon, Thomas Richard. 1996. *An Introduction to the 'World-System Perspective*. Second edition. Boulder, Colo.: Westview Press.

Shepher, Joseph. 1983. *Incest: A Biosocial View*. New York: Academic Press.

Sherwin-White, A. N. 1967. *Racial Prejudice in Imperial Rome*. Cambridge: Cambridge University Press.

Shorter, Edward. 1975. *The Making of the Modern Family*. New York: Basic Books.

———. 1976. "Women's work: What difference did capitalism make?" *Theory and Society* 3:513–527.

Shreeve, James. 1995. *The Neandertal Enigma: Solving the Mystery of Modern Human Origins*. New York: William Morrow.

Silver, Morris. 1985. *Economic Structures of the Ancient Near East*. London: Croom Helm.

Simon, Herbert A. 1976. *Administrative Behavior*. Third edition. New York: Free Press.

Simon, Julian. 1981. *The Ultimate Resource*. Princeton, N.J.: Princeton University Press.

Simpson, George Gaylord. 1949. *The Meaning of Evolution*. New Haven: Yale University Press.

———. 1953. *The Major Features of Evolution*. New York: Columbia University Press.

Sjoberg, Gideon. 1960. *The Preindustrial City*. New York: Free Press.

Skidmore, Thomas E., and Peter H. Smith. 1989. *Modern Latin America*. Second edition. New York: Oxford University Press.

Skocpol, Theda. 1977. "Wallerstein's world capitalist system: A theoretical and historical critique." *American Journal of Sociology* 82:1075–1090.

———. 1979. *States and Social Revolutions.* New York: Cambridge University Press.

Smedley, Audrey. 1993. *Race in North America: Origin and Evolution of a Worldview.* Boulder, Colo.: Westview Press.

Smith, Alan K. 1991. *Creating a World Economy: Merchant Capital, Colonialism, and World Trade, 1400–1825.* Boulder, Colo.: Westview Press.

Smith, Anthony D. 1973. *The Concept of Social Change.* London: Routledge and Kegan Paul.

———. 1981. *The Ethnic Revival.* Cambridge: Cambridge University Press.

———. 1986. *The Ethnic Origins of Nations.* Oxford: Basil Blackwell.

Smith, Thomas C. 1959. *The Agrarian Origins of Modern Japan.* Stanford, Calif.: Stanford University Press.

Snowden, Frank M. 1983. *Before Color Prejudice.* Cambridge, Mass.: Harvard University Press.

So, Alvin Y. 1990. *Social Change and Development: Modernization, Dependency, and World-System Theories.* Newbury Park, Calif.: Sage.

Sober, Elliott. 1984. *The Nature of Selection: Evolutionary Theory in Philosophical Focus.* Cambridge, Mass.: MIT Press.

Spencer, Daniel Lloyd. 1958. "Japan's pre-Perry preparation for economic growth." *American Journal of Economics and Sociology* 17:195–216.

Spiro, Melford. 1979. *Gender and Culture: Kibbutz Women Revisited.* Durham, N.C.: Duke University Press.

Spitz, Lewis W. 1985. *The Protestant Reformation, 1517–1559.* New York: Harper & Row.

Stampp, Kenneth M. 1956. *The Peculiar Institution: Slavery in the AnteBellum South.* New York: Random House (Vintage Books).

Stark, Barbara L. 1986. "Origins of food production in the New World." In David J. Meltzer, Don D. Fowler, and Jeremy A. Sabloff (eds.), *American Archaeology Past and Future.* Washington, D.C.: Smithsonian Institution Press.

Stark, Rodney. 1996. *The Rise of Christianity: A Sociologist Reconsiders History.* Princeton, N.J.: Princeton University Press.

Stark, Rodney, and William Sims Bainbridge. 1985. *The Future of Religion.* Berkeley: University of California Press.

Starr, Paul. 1982. *The Social Transformation of American Medicine.* New York: Basic Books.

Statesman's Year-Book 1984–85. 1984. New York: St. Martin's Press.

Stavrianos, L. S. 1975. *The World Since 1500: A Global History.* Third edition. Englewood Cliffs, N.J.: Prentice-Hall.

Stebbins, G. Ledyard. 1969. *The Basis of Progressive Evolution.* Chapel Hill: University of North Carolina Press.

———. 1974. "Adaptive shifts and evolutionary novelty: A compositionist approach." In Francisco José Ayala and Theodosius Dobzhansky (eds.), *Studies in the Philosophy of Biology.* Berkeley: University of California Press.

Stebbins, G. Ledyard, and Francisco J. Ayala. 1981. "Is a new evolutionary synthesis necessary?" *Science* 213:967–971.

Steel, Ronald. 1992. "Europe after the superpowers." In Charles W. Kegley, Jr., and Eugene R. Wittkopf (eds.), *The Future of American Foreign Policy.* New York: St. Martin's Press.

Stephens, Evelyne Huber. 1989. "Capitalist development and democracy in South America." *Politics and Society* 17:281–352.

Stephens, William N. 1963. *The Family in*

Cross-Cultural Perspective. New York: Holt, Rinehart and Winston.

Stevenson, Paul. 1974. "Monopoly capital and inequalities in Swedish society." *The Insurgent Sociologist* 5(1):41–58.

———. 1982. "Capitalism and inequality: The negative consequences for humanity." *Contemporary Crises* 6:333–372.

Stone, Lawrence. 1979. *The Family, Sex and Marriage in England, 1500–1800.* Abridged edition. New York: Harper & Row.

Stringer, C. B., and P. Andrews. 1988. "Genetics and the fossil evidence for the origin of modern humans." *Science* 239:1263–1268.

Stringer, Christopher, and Clive Gamble. 1993. *In Search of the Neanderthals.* London: Thames and Hudson.

Swanson, Guy. 1960. *The Birth of the Gods.* Ann Arbor: University of Michigan Press.

———. 1967. *Religion and Regime: A Sociological Account of the Reformation.* Ann Arbor: University of Michigan Press.

Sweezy, Paul. 1976. "A critique." In Rodney Hilton (ed.), *The Transition from Feudalism to Capitalism.* London: New Left Books. (Originally published 1950.)

———. 1980. *Post-Revolutionary Society.* New York: Monthly Review Press.

Symons, Donald. 1979. *The Evolution of Human Sexuality.* New York: Oxford University Press.

Szelenyi, Ivan. 1992. "Social and political landscape, Central Europe, fall 1990." In Ivo Banac (ed.), *Eastern Europe in Revolution.* Ithaca, N.Y.: Cornell University Press.

Szelenyi, Ivan, and Balazs Szelenyi. 1992. "Why socialism failed: Causes of the disintegration of East European state socialism." Paper presented at the annual meetings of the American Sociological Association, Pittsburgh, Pennsylvania, August.

Szymanski, Albert: 1976. "Racial discrimination and white 'gain." *American Sociological Review* 41:403–413.

———. 1982. "The socialist world-system." In Christopher K. Chase-Dunn (ed.), *Socialist States in the World-System.* Beverly Hills, Calif.: Sage.

———. 1983. *Class Structure: A Critical Perspective.* New York: Praeger.

Tabatabai, Hamid. 1996. *Statistics on Poverty and Income Distribution.* Geneva: International Labour Office.

Taagepera, Rein. 1978. "Size and duration of empires: Systematics of size." *Social Science Research* 7:108–127.

Tainter, Joseph A. 1988. *The Collapse of Complex Societies.* New York: Cambridge University Press.

Templeton, Alan R. 1993. "The 'Eve' hypotheses: A genetic critique and reanalysis." *American Anthropologist* 95:51–72.

Terrace, H. S. 1979. "How Nim Chimpsky changed my mind." *Psychology Today* 12:65–76.

———. 1985. "In the beginning was the 'name.'" *American Psychologist* 40:1011–1028.

Terrace, H. S., L. A. Petitto, R. J. Sanders, and T. G. Bever. 1979. "Can an ape create a sentence?" *Science* 206:891–900.

Testart, Alain. 1982. "The significance of food storage among hunter-gatherers: Residence patterns, population densities, and social inequalities." *Current Anthropology* 23:523–37.

———. 1988. "Some major problems in the social anthropology of hunter-gatherers." *Current Anthropology* 29:1–32.

Therborn, Goran. 1977. "The rule of capital and the rise of democracy." *New Left Review* 103:3–41.

Thomas, Janet. 1988. "Women and capitalism: Oppression or emancipation?"

Comparative Studies in Society and History 30:534–549.

Thomas, Keith. 1964. "Work and leisure in pre-industrial society." *Past and Present* 29:50–66.

———. 1971. *Religion and the Decline of Magic.* New York: Scribners.

Thompson, Lloyd A. 1989. *Romans and Blacks.* London: Routledge.

Thornton, Russell. 1981. "Demographic antecedents of a revitalization movement: Population change, population size, and the 1890 Ghost Dance." *American Sociological Review* 46:88–96.

Tiano, Susan. 1990. "Maquiladora women: A new category of workers?" In Kathryn Ward (ed.), *Women Workers and Global Restructuring.* Ithaca, N.Y.: ILR Press.

Tiger, Lionel, and Robin Fox. 1971. *The Imperial Animal.* New York: Holt, Rinehart and Winston.

Tiger, Lionel, and Joseph Shepher, 1975. *Women in the Kibbutz.* New York: Harcourt Brace Jovanovich.

Tilly, Charles. 1984. "The old new social history and the new old social history." *Review* 7:363–406.

———. 1990. *Coercion, Capital, and European States, A.D. 990–1990.* Oxford: Basil Blackwell.

Tilly, Charles (ed.). 1975. *The Formation of National States in Western Europe.* Princeton, N.J.: Princeton University Press.

Todorov, Tzvetan. 1993. *On Human Diversity: Nationalism, Racism, and Exoticism in French Thought.* Cambridge, Mass.: Harvard University Press.

Tomich, Dale W. 1990. *Slavery in the Circuit of Sugar: Martinique and the World Economy, 1830–1848.* Baltimore: Johns Hopkins University Press.

Toulmin, Stephen. 1972. *Human Understanding.* Princeton, N.J.: Princeton University Press.

Trivers, Robert. 1985. *Social Evolution.* Menlo Park, Calif.: Benjamin/Cummings.

Troeltsch, Ernst. 1931. *The Social Teaching of the Christian Churches.* Two volumes. New York: Macmillan.

Trow, Martin. 1966. "The second transformation of American secondary education." In Reinhard Bendix and Seymour Martin Lipset (eds.), *Class, Status, and Power.* Second edition. New York: Free Press.

Tumin, Melvin M. 1953. "Some principles of stratification: A critical analysis." *American Sociological Review* 18:387–393.

Turnbull, Colin. 1972. *The Mountain People.* New York: Simon & Schuster (Touchstone).

Turner, Bryan S. 1983. *Religion and Social Theory: A Materialist Perspective.* London: Heinemann.

Turner, Ralph H. 1960. "Modes of social ascent through education: Sponsored and contest mobility." *American Sociological Review* 25:121–139.

United Nations. 1983. *Statistical Yearbook 1981.* New York: United Nations.

———. 1988. *1985/1986 Statistical Yearbook.* New York: United Nations.

———. 1992a. *Human Development Report.* New York: United Nations.

———. 1992b. *Statistical Yearbook.* New York: United Nations.

UNESCO. 1983. *Statistical Yearbook.* Paris: UNESCO.

———. 1996. *Statistical Yearbook.* Paris: UNESCO.

Upham, Steadman (ed.). 1990. *The Evolution of Political Systems: Sociopolitics in Small-Scale Sedentary Societies.* New York: Cambridge University Press.

U.S. Bureau of the Census. 1982. *Statistical Abstract of the United States.* Washington, D.C.: U.S. Government Printing Office.

———. 1984. *Current Population Reports, Series P-60, No. 142. Money Income of*

Households, Families and Persons in the United States: 1982. Washington D.C.: U.S. Government Printing Office.

———. 1985. *Statistical Abstract of the United States.* Washington, D.C.: U.S. Government Printing Office.

———. 1988. *Statistical Abstract of the United States.* Washington, D.C.: U.S. Government Printing Office.

———. 1990. *Statistical Abstract of the United States.* Washington, D.C.: U.S. Government Printing Office.

———. 1991. *Statistical Abstract of the United States.* Washington, D.C.: U.S. Government Printing Office.

———. 1992. *Statistical Abstract of the United States.* Washington, D.C.: U.S. Government Printing Office.

———. 1996. *Statistical Abstract of the United States.* Washington, D.C.: U.S. Government Printing Office.

U.S. Department of Commerce. 1975. *Historical Statistics of the United States.* Washington, D.C.: U.S. Government Printing Office.

van den Berghe, Pierre L. 1967. *Race and Racism: A Comparative Perspective.* New York: Wiley.

———. 1973. *Age and Sex in Human Societies: A Biosocial Perspective.* Belmont, Calif.: Wadsworth.

———. 1978. *Man in Society: A Biosocial View.* Second edition. New York: Elsevier.

———. 1979. *Human Family Systems: An Evolutionary View.* New York: Elsevier.

———. 1981. *The Ethnic Phenomenon.* New York: Elsevier.

———. 1990. "South Africa after thirty years." *Social Dynamics* 16(2):16–37.

———. 1996. "Racism." *Encyclopedia of Cultural Anthropology* 3:1054–1057. New York: Henry Holt.

Vanfossen, Beth. 1979. *The Structure of Social Inequality.* Boston: Little, Brown.

Veblen, Thorstein. 1965. *The Higher Learning in America.* New York: Augustus M. Kelly. (Originally published 1918.)

Vogel, Lise. 1983. *Marxism and the Oppression of Women: Toward a Unitary Theory.* New Brunswick, N.J.: Rutgers University Press.

Wagar, W. Warren. 1992. *A Short History of the Future.* Second edition. Chicago: University of Chicago Press.

Walker, P. C. Gordon. 1972. "Capitalism and the Reformation." In Lewis W. Spitz (ed.), *The Reformation: Basic Interpretations.* Lexington, Mass.: Heath.

Wallace, Anthony F. C. 1966. *Religion: An Anthropological View.* New York: Random House.

Wallerstein, Immanuel. 1974a. *The Modern World-System: Capitalist Agriculture and the Origins of the European World-Economy in the Sixteenth Century.* New York: Academic Press.

———. 1974b. "The rise and future demise of the world capitalist system: Concepts for comparative analysis." *Comparative Studies in Society and History* 16:387–415.

———. 1979a. "American slavery and the capitalist world-economy." In Immanuel Wallerstein, *The Capitalist World-Economy.* New York: Cambridge University Press.

———. 1979b. "Dependence in an interdependent world: The limited possibilities of transformation within the capitalist world-economy." In Immanuel Wallerstein, *The Capitalist World-Economy.* New York: Cambridge University Press.

———. 1980. *The Modern World-System II: Mercantilism and the Consolidation of the European World-Economy, 1600–1750.* New York: Academic Press.

———. 1982. "Crisis as transition." In Samir Amin et al., *Dynamics of Global Crisis.* New York: Monthly Review Press.

———. 1983. *Historical Capitalism.* London: Verso.

———. 1984a. "Marx and history: Fruitful and unfruitful emphases." *Contemporary Marxism* 9:35–43.

———. 1984b. "The quality of life in different social systems: The model and the reality." In Immanuel Wallerstein, *The Politics of the World-Economy.* New York: Cambridge University Press.

———. 1984c. "Long waves as capitalist process." *Review* 7:559–575.

———. 1984d. "Patterns and prospectives of the capitalist world-economy." In Immanuel Wallerstein, *The Politics of the World-Economy.* New York: Cambridge University Press.

———. 1989. *The Modern World-System III: The Second Era of Great Expansion of the Capitalist World-Economy, 1730–1840s.* San Diego: Academic Press.

Ward, Kathryn (ed.). 1990. *Women Workers and Global Restructuring.* Ithaca, N.Y.: ILR Press.

Ware, Helen. 1979. "Polygyny: Women's views in a transitional society, Nigeria 1975." *Journal of Marriage and the Family* 41:185–195.

Weber, Max. 1927. *General Economic History.* With an introduction by Ira J. Cohen. New Brunswick, N.J.: Transaction Books.

———. 1958. *The Protestant Ethic and the Spirit of Capitalism.* New York: Charles Scribner's Sons. (Originally published 1905.)

———. 1978. *Economy and Society.* Two volumes. Edited by Guenther Roth and Claus Wittich. Berkeley: University of California Press. (Originally published 1923.)

Weissner, Polly. 1982. "Risk, reciprocity, and social influence on !Kung San economies." In Eleanor Leacock and Richard B. Lee (eds.), *Politics and History in Band Societies.* Cambridge: Cambridge University Press.

Welch, Charles E. III, and Paul C. Glick. 1981. "The incidence of polygamy in contemporary Africa: A research note." *Journal of Marriage and the Family* 43:191–193.

Wenke, Robert J. 1984. *Patterns in Prehistory: Mankind's First Three Million Years.* Second edition. New York: Oxford University Press.

———. 1990. *Patterns in Prehistory: Mankind's First Three Million Years.* Third edition. New York: Oxford University Press.

Westergaard, John, and Henrietta Resler. 1975. *Class in a Capitalist Society: A Study of Contemporary Britain.* New York: Basic Books.

White, Benjamin. 1976. "Population, involution and employment in rural Java." *Development and Change* 7:267–290.

———. 1982. "Child labour and population growth in rural Asia." *Development and Change* 13:587–610.

White, Douglas R., and Michael L. Burton. 1988. "Causes of polygyny: Ecology, economy, kinship, and warfare." *American Anthropologist* 90:871–887.

White, Leslie. 1945. "History, evolutionism, and functionalism." *Southwestern Journal of Anthropology* 1:221–248.

———. 1949. *The Science of Culture.* New York: Grove Press.

———. 1959. *The Evolution of Culture.* New York: McGraw-Hill.

Whiting, Beatrice. 1950. *Paiute Sorcery.* New York: Viking Fund Publications in Anthropology, No. 15.

Wickham-Crowley, Timothy P. 1992. *Guerrillas and Revolution in Latin America: A Comparative Study of Insurgents and Regimes Since 1956.* Princeton, N.J.: Princeton University Press.

Wilber, Charles K. (ed.) 1973. *The Political Economy of Development and Under-development*. New York: Random House.

Wilkinson, David. 1992. "Cities, civilizations, and oikumenes: I." *Comparative Civilizations Review* 27:51–87.

———. 1993. "Cities, civilizations, and oikumenes: II." *Comparative Civilizations Review* 28:41–72.

Wilkinson, Richard G. 1973. *Poverty and Progress: An Ecological Perspective on Economic Development*. New York: Praeger.

Williams, Eric. 1966. *Capitalism and Slavery*. New York: G. P. Putnam's Sons. (Originally published 1944.)

Wilson, Bryan. 1982. *Religion in Sociological Perspective*. New York: Oxford University Press.

Wilson, Carter A. 1996. *Racism: From Slavery to Advanced Capitalism*. Thousand Oaks, Calif.: Sage.

Wilson, Edward O. 1975. *Sociobiology: The New Synthesis*. Cambridge, Mass.: Harvard University Press.

———. 1977. "Foreword." In David P. Barash, *Sociobiology and Behavior*. New York: Elsevier.

Wilson, William J. 1973. *Power, Racism, and Privilege*. New York: Free Press.

———. 1978. *The Declining Significance of Race*. Chicago: University of Chicago Press.

———. 1987. *The Truly Disadvantaged: The Inner City, the Underclass, and Public Policy*. Chicago: University of Chicago Press.

Winch, Robert F. 1977. *Familial Organization*. New York: Free Press.

Winter-halder, Bruce. 1993. "Work, resources, and population in foraging societies." *Man* 28:321–340.

Winterhalder, Bruce, and Eric Alden Smith (eds.). 1981. *Hunter-Gatherer Foraging Strategies: Ethnographic and Archaeological Analyses*. Chicago: University of Chicago Press.

Wittfogel, Karl. 1957. *Oriental Despotism*. New Haven: Yale University Press.

Wolf, Eric. 1966. *Peasants*. Englewood Cliffs, N.J.: Prentice-Hall.

———. 1982. *Europe and the People Without History*. Berkeley: University of California Press.

Wolpoff, Milford H. 1989. "Multiregional evolution: The fossil alternative to Eden." In P. Mellars and C. B. Stringer (eds.), *The Human Revolution*. Edinburgh: Edinburgh University Press.

Woodburn, James. 1968. "An introduction to Hadza ecology." In Richard B. Lee and Irven DeVore (eds.), *Man the Hunter*. Chicago: Aldine.

———. 1982. "Egalitarian societies." *Man* 27:431–451.

Woolfson, Charles. 1982. *The Labour Theory of Culture*. London: Routledge & Kegan Paul.

World Bank. 1984. *World Development Report*. New York: Oxford University Press.

———. 1986. *World Development Report*. New York: Oxford University Press.

———. 1988. *World Development Report*. New York: Oxford University Press.

———. 1992. *World Development Report*. New York: Oxford University Press.

———. 1996. *World Development Report*. New York: Oxford University Press.

———. 1997. *World Development Report*. New York: Oxford University Press.

Worsley, Peter. 1968. *The Trumpet Shall Sound: A Study of "Cargo" Cults in Melanesia*. New York: Schocken Books.

Wright, Erik Olin. 1978. *Class, Crisis and the State*. London: New Left Books.

———. 1979. *Class Structure and Income Determination*. New York: Academic Press.

————. 1983. "Giddens's critique of Marxism." *New Left Review* 138:11–35.

————. 1985. *Classes.* London: Verso.

Wright, Erik Olin, David Hachen, Cynthia Costello, and Joey Sprague. 1982. "The American class structure." *American Sociological Review* 47:709–726.

Wuthnow, Robert. 1976. *The Consciousness Reformation.* Berkeley: University of California Press.

————. 1980. "World order and religious movements." In Albert Bergesen (ed.), *Studies of the Modern World-System.* New York: Academic Press.

————. 1989. *Communities of Discourse: Ideology and Social Structure in the Reformation, the Enlightenment, and European Socialism.* Cambridge, Mass.: Harvard University Press.

Yanowitch, Murray. 1977. *Social and Economic Inequality in the Soviet Union.* White Plains, N.Y.: Sharpe.

Yellen, J. E. 1977. *Archaeological Approaches to the Present: Models for Reconstructing the Past.* New York: Academic Press.

Yesner, David R. 1994. "Seasonality and resource 'stress' among hunter-gatherers: Archaeological signatures." In Ernest S. Burch, Jr., and Linda J. Ellanna (eds.), *Key Issues in Hunter-Gatherer Research.* Oxford: Berg.

Yinger, J. Milton. 1970. *The Scientific Study of Religion.* New York: Macmillan.

Yoshihara, Kunio. 1986. *Japanese Economic Development.* Second edition. Tokyo: Oxford University Press.

Zaretsky, Eli. 1976. *Capitalism, the Family, and Personal Life.* New York: Harper & Row.

Zaslavsky, Victor. 1995. "From redistribution to marketization: Social and attitudal change in post-Soviet Russia." In Gail W. Lapidus (ed.), *The New Russia: Troubled Transformation.* Boulder, Colo.: Westview.

Zeitlin, Irving. 1973. *Rethinking Sociology: A Critique of Contemporary Theory.* Englewood Cliffs, N.J.: Prentice-Hall.

————. 1984. *The Social Condition of Humanity.* Second edition. New York: Oxford University Press.

Zelditch, Morris, Jr. 1964. "Cross-cultural analyses of family structure." In H. T. Christensen (ed.), *Handbook of Marriage and the Family.* Chicago: Rand McNally.

Zeman, Z. A. B. 1991. *The Making and Breaking of Communist Europe.* Oxford: Blackwell.

Zemtsov, Ilya, and John Farrar. 1989. *Gorbachev: The Man and the System.* New Brunswick, N.J.: Transaction Books.

Zipf, George Kingsley, 1965. *Human Behavior and the Principle of Least Effort.* New York: Hafner. (Originally published 1949.)

Zolberg, Aristide R. 1981. "Origins of the modern world system: A missing link." *World Politics* 33:253–281.

致　　谢

对于下述材料在本书中的重印许可，本书作者心怀感激：

科林斯对本书引用《伟大的提升》（*The Great Ascent* by Robert Heilbroner，copyright ⓒ 1976）中的材料的重印许可。

哈佛大学出版社对本书引用《婚姻、离婚和再婚（第二版）》［*Marriage，Divorce，Remarriage* (second edition) by Andrew Cherlin，ⓒ 1992］中的材料的重印许可。

皮埃尔·凡·登·伯格对本书重印《种族和种族主义》（*Race and Racism* by Pierre L. van den Berghe，copyright ⓒ 1967）中第 31 页和第 32 页上的图片的许可。

普林斯顿大学出版社对本书重印《社会主义制度》（*The Socialist System* by Janos Kornai，copyright ⓒ 1992）中第 6～7 页上的表格的许可。

北卡罗来纳大学出版社和杰哈德·兰斯基对本书重印《权力与特权：一种社会分层理论》（*Power and Privilege：A Theory of Social Stratification* by Gerhard Lenski，copyright ⓒ 1966，1984）中第 284 页上图 1 的许可。

沃尔索/新左派书局对本书重印《阶级、危机和国家》（*Class，Crisis and the State* by Erik Olin Wright，copyright ⓒ 1978）中第 63 页上的图片的许可。

魏夫兰出版社对本书重印《人类家庭制度》（*Human Family Systems* by Pierre L. van den Berghe，copyright ⓒ 1979）中的表格 11 的许可。

耶鲁大学出版社对本书重印《长周期：现代史上的繁荣与战争》（*Long Cycles：Prosperity and War in the Modern Age* by Joshua S. Goldstein，copyright ⓒ 1988）中的表 11—2 的许可。

455

主题索引

（下文中的页码为原著页码，即本书边码。页码中的 f 代表脚注，t 代表表格）

465

468

474

图书在版编目（CIP）数据

宏观社会学/（美）桑德森著；高永平译．—4版．—北京：中国人民大学出版社，2013.1
社会学译丛·经典教材系列
ISBN 978-7-300-16473-1

Ⅰ.①宏… Ⅱ.①桑… ②高… Ⅲ.①宏观社会学-教材 Ⅳ.①C91

中国版本图书馆 CIP 数据核字（2012）第 260464 号

社会学译丛·经典教材系列

宏观社会学（第 4 版）
［美］斯蒂芬·K·桑德森　著
高永平　译
Hongguan Shehuixue

出版发行	中国人民大学出版社	
社　　址	北京中关村大街 31 号	**邮政编码** 100080
电　　话	010-62511242（总编室）	010-62511398（质管部）
	010-82501766（邮购部）	010-62514148（门市部）
	010-62515195（发行公司）	010-62515275（盗版举报）
网　　址	http://www.crup.com.cn	
	http://www.ttrnet.com（人大教研网）	
经　　销	新华书店	
印　　刷	北京市易丰印刷有限责任公司	
规　　格	215 mm×275 mm　16 开本	**版　　次** 2013 年 1 月第 1 版
印　　张	21.75 插页 2	**印　　次** 2013 年 1 月第 1 次印刷
字　　数	660 000	**定　　价** 49.00 元

PEARSON

　　为了确保您及时有效地申请培生整体教学资源,请您务必完整填写如下表格,加盖学院的公章后传真给我们,我们将会在 2~3 个工作日内为您处理。

　　需要申请的资源(请在您需要的项目后划"√"):

☐ 教师手册、PPT、题库、试卷生成器等常规教辅资源

☐ MyLab 学科在线教学作业系统

☐ CourseConnect 整体教学方案解决平台

请填写所需教辅的开课信息:

采用教材				☐ 中文版 ☐ 英文版 ☐ 双语版
作　者			出版社	
版　次			ISBN	
课程时间	始于　　年　月　日		学生人数	
	止于　　年　月　日		学生年级	☐ 专科　　☐ 本科 1/2 年级 ☐ 研究生　☐ 本科 3/4 年级

请填写您的个人信息:

学　校			
院系/专业			
姓　名		职　称	☐ 助教 ☐ 讲师 ☐ 副教授 ☐ 教授
通信地址/邮编			
手　机	电　话		
传　真			
official email(必填) (eg:XXX@ruc. edu. cn)		email (eg:XXX@163. com)	
是否愿意接受我们定期的新书讯息通知: ☐ 是　☐ 否			

系 / 院主任:_____(签字)

(系 / 院办公室章)

___年___月___日

100013　北京市东城区北三环东路 36 号环球贸易中心 D 座 1208 室

电话:(8610)57355169

传真:(8610)58257961

Please send this form to:Service. CN@pearson. com

Website:www. pearsonhighered. com/educator

出教材学术精品　育人文社科英才

中国人民大学出版社读者信息反馈表

尊敬的读者：

　　感谢您购买和使用中国人民大学出版社的_____一书，我们希望通过这张小小的反馈表来获得您更多的建议和意见，以改进我们的工作，加强我们双方的沟通和联系。我们期待着能为更多的读者提供更多的好书。

　　请您填妥下表后，寄回或传真回复我们，对您的支持我们不胜感激！

1. 您是从何种途径得知本书的：

　　❏书店　❏网上　❏报刊　❏朋友推荐

2. 您为什么决定购买本书：

　　❏工作需要　❏学习参考　❏对本书主题感兴趣

　　❏随便翻翻

3. 您对本书内容的评价是：

　　❏很好　❏好　❏一般　❏差　❏很差

4. 您在阅读本书的过程中有没有发现明显的专业及编校错误，如果有，它们是：____

　　_____

　　_____

　　_____

5. 您对哪些专业的图书信息比较感兴趣：_____

　　_____

6. 如果方便，请提供您的个人信息，以便于我们和您联系（您的个人资料我们将严格保密）：

　　您供职的单位：_____

　　您教授的课程（教师填写）：_____

　　您的通信地址：_____

　　您的电子邮箱：_____

请联系我们：

电话：62515637

传真：62510454

E-mail：gonghx@crup.com.cn

通讯地址：北京市海淀区中关村大街 31 号　100080

中国人民大学出版社人文分社